Jacob Thiessen

Die umstrittenen Paulusbriefe – Abschriften und Fälschungen?

Studien zu Theologie und Bibel

im Auftrag der
Staatsunabhängigen Theologischen Hochschule Basel
herausgegeben von

Prof. Dr. Jacob Thiessen,
Prof. Dr. Johannes Schwanke
und
Dr. Stefan Schweyer

Band 19

LIT

Jacob Thiessen

Die umstrittenen Paulusbriefe – Abschriften und Fälschungen?

Intertextuelle, literarkritische und theologische Studien

Mit zwei Ergänzungen von Rüdiger Fuchs

LIT

Bibliografische Information der Deutschen Nationalbibliothek
Die Deutsche Nationalbibliothek verzeichnet diese Publikation in der
Deutschen Nationalbibliografie; detaillierte bibliografische Daten sind
im Internet über http://dnb.d-nb.de abrufbar.

ISBN 978-3-643-80239-2

© LIT VERLAG GmbH & Co. KG Wien,
Zweigniederlassung Zürich 2016
Klosbachstr. 107
CH-8032 Zürich
Tel. +41 (0) 44-251 75 05   E-Mail:
zuerich@lit-verlag.ch   http://www.lit-verlag.ch

Auslieferung:
Deutschland: LIT Verlag Fresnostr. 2, D-48159 Münster
Tel. +49 (0) 2 51-620 32 22, E-Mail: vertrieb@lit-verlag.de
E-Books sind erhältlich unter www.litwebshop.de

Inhalt

Vorwort 11

1. Prolegomena 13
   1.1 Allgemeine Einführung.. 13
   1.2 Intertextualität und die Echtheitsfrage der Paulusbriefe 14
       1.2.1 Einführung 14
       1.2.2 Allgemeine Anmerkungen zum Thema „Intertextualität"............... 16
       1.2.3 Intertextualität und biblisch-exegetische Methodik................ 19
       1.2.4 Die Intertextualität, der Stil und die Verfasserfrage 24
       1.2.5 Kurze Auswertung und abschließende Anmerkung 34

2. Der 2. Thessalonicherbrief – eine Widerlegung des
   1. Thessalonicherbriefs? 35
   2.1 Warum der 2. Thessalonicherbrief nicht von Paulus stammen soll......... 35
       2.1.1 Das Verhältnis zum 1. Thessalonicherbrief................................ 35
       2.1.2 Die Eschatologie des 2. Thessalonicherbriefs 36
       2.1.3 Der Vorwurf der absichtlichen Fälschung 40
       2.1.4 Die „Hervorhebung der Überlieferung" und 2. Thess 3,17 42
       2.1.5 Wendungen, die bei Paulus sonst nicht erscheinen 43
   2.2 Die Verwandtschaft der zwei Thessalonicherbriefe 44
       2.2.1 Vorbemerkungen... 44
       2.2.2 Die Einleitungen und Abschlüsse der Thessalonicherbriefe 44
       2.2.3 Übersicht über weitere Paralllelen zwischen den Briefen 46
       2.2.4 Die Erweiterung des Segenswunsches und dessen
             Wiederaufnahme in den Thessalonicherbriefen............................. 49
       2.2.5 Leiden und Bedrängnis als Thema der zwei Thessalonicherbriefe .. 52
       2.2.6 Begriffe und Ausdrücke im Zusammenhang mit der Parusie Jesu ... 53
       2.2.7 Die „Unordentlichen" als Thema in den zwei Briefen 55
       2.2.8 Verschiedene weitere Ausdrücke in den Thessalonicherbriefen 55
   2.3 Weitere Argumente für die Authentizität
       des 2. Thessalonicherbriefs.. 57
       2.3.1 Die altkirchliche Bestätigung.. 57
       2.3.2 Die sprachlichen und inhaltlichen Beziehungen
             zu anderen Paulusbriefen 58
       2.3.3 Abschließende Anmerkungen 60

3. Studien zum Epheser- und zum Kolosserbrief................................... 61
   3.1 Das Verhältnis zwischen dem Epheser- und dem Kolosserbrief
       – und ihre Beziehung zu den übrigen Paulusbriefen 61
       3.1.1 Einführung 61

3.1.2 Beispiele für das komplexe Verhältnis zwischen dem Epheser-
   und dem Kolosserbrief – und den übrigen Paulusbriefen 63
   3.1.2.1 Die „Erlösung durch sein Blut" (Eph 1,7) im Kontext der Briefe 63
   3.1.2.2 Die Offenbarung des „Geheimnisses" (Eph 1,9) 67
   3.1.2.3 Die „Hausverwalterschaft" (Eph 3,2.9) 73
3.1.3 Durch den jeweiligen Hintergrund verursachte Unterschiede 75
   3.1.3.1 Die Problematik der Irrlehren im Kolosser- und im Epheserbrief 75
   3.1.3.2 Die Betonung der „Erkenntnis" u. a. in den Einleitungen
       der Gefangenschaftsbriefe 81
   3.1.3.3 Die Betonung der „Fülle", der „Weisheit" und des „Reichtums" 84
   3.1.3.4 Die Beschneidung im Epheser- und im Kolosserbrief 86
   3.1.3.5 Die Einheit zwischen Juden- und Heidenchristen 88
   3.1.3.6 Die Betonung des „einstigen Wandels" 93
   3.1.3.7 Das „Bürgerrecht Israels" für die „Entfremdeten" (Eph 2,12) 95
3.1.4 Christologische und ekklesiologische Aspekte im Vergleich 98
   3.1.4.1 Die Wendung „in welchem" mit Bezug auf Jesus Christus 98
   3.1.4.2 Das Innewohnen des Christus in den Gläubigen
       und das Wachstum der Gemeinde 100
   3.1.4.3 Die Verwendung christologischer Titel 104
3.1.5 Weitere Parallelen und Unterschiede zwischen
   dem Epheser- und dem Kolosserbrief 113
3.1.6 Das Verhältnis des Epheser- und des Kolosserbriefs
   zum Philipper- und zum Philemonbrief 116
   3.1.6.1 Die Einleitungen der Gefangenschaftsbriefe im Vergleich 116
   3.1.6.2 Der Schluss des Epheser- und des Kolosserbriefs 119
   3.1.6.3 Weitere Parallelen des Philipperbriefs zum Kolosser-
       und zum Epheserbrief 123
   3.2.6.4 Parallelen zwischen den Gefangenschaftsbriefen und Röm 12 131
   3.1.6.5 Die „Christushymnen" im Philipper- und Kolosserbrief
       im Vergleich mit dem Epheserbrief 133
   3.1.6.6 Eph 4,4-10 im Verhältnis zu diesen „Christushymnen" 140
   3.1.6.7 Eph 5,15-20 und die Parallelen im Kolosser- und im Philipperbrief .. 143
   3.1.6.8 Eph 5,19f. im Kontext des Epheserbriefs und des Psalters 145
   3.1.6.9 Phil 4,6-20 im „Kontext" des Phlipper- und des Epheserbriefs 148
   3.1.6.10 Zusammenfassendes Fazit in Bezug auf die „Hymnen" und Gebete 150
3.1.7 Eph 1,3-14 als Grundlage der Theologie
   der Gefangenschaftsbriefe 154
   3.1.7.1 Einführung 154
   3.1.7.2 Die Einleitung der Gefangenschaftsbriefe im Vergleich 154
   3.1.7.3 Die „trinitarische" Aufbau von Eph 1,3-14 im Kontext
       des Epheser- und des Kolosserbriefs 156
   3.1.7.4 Eph 1,8-12 und die Parallelen im Philipper- und Kolosserbrief 159

  3.1.7.5 Kol 1,5.9.27 als Anknüpfung an den Epheserbrief 160
  3.1.7.6 Abschließende Anmerkungen 163
 3.2 Die Verfasserfrage des Epheser- und Kolosserbriefs 166
 3.2.1 Stellungnahme zu den Einwänden gegen die Echtheit
    des Epheserbriefs 166
  3.2.1.1 Einleitende Anmerkung 166
  3.2.1.2 Das Verhältnis des Epherserbriefs zum Kolosserbrief 167
  4.2.1.3 Der Stil des Epheserbriefs 170
  3.2.1.4 Begriffe und Theologie des Epheserbriefs 178
  3.2.1.5 Die Hapaxlegomena im Epheserbrief 187
  3.2.1.6 Weitere Argumente für die Echtheit des Epheserbriefs 190
   3.2.1.6.1 Die Verwendung des Alten Testaments 190
   3.2.1.6.2 Sprachliche und stilistische Argumente 192
   3.2.1.6.3 Weitere inhaltliche Argumente für die Echtheit des Briefs 199
   3.2.1.6.4 Die altkirchliche Bestätigung der paulinischen
      Verfasserschaft 200
 3.2.2 Stellungnahme zu den Einwänden gegen die Echtheit
    des Kolosserbriefs 201
  3.2.3.1 Einleitende Bemerkungen 201
  3.2.3.2 Sprache und Stil des Kolosserbriefs 201
  3.2.3.3 Die Theologie des Kolosserbriefs 205
  3.2.3.4 Weitere Argumente für die Echtheit des Kolosserbriefs 211
 3.2.3 Zur Frage nach der ursprünglichen Empfängerschaft
    des Epheserbriefs 215
 3.2.4 Abfassungsort und -zeit der Gefangenschaftsbriefe 220
  3.2.4.1 Einführung 220
  3.2.4.2 Stellungnahme zur Ephesus- und zur Cäsarea-These 221
  3.2.4.3 Was für Rom als Abfassungsort spricht 224
  3.2.4.4 Der angedeutete Prozess und die Hoffnung auf Freilassung 226

4. Die „Pastoralbriefe" – Fälschungen eines Paulusschülers? 231
 4.1 Gemeinsamkeiten der Briefe an Timotheus und Titus 231
 4.1.1 Einführung 231
 4.1.2 Die Briefeinleitungen im jeweiligen Kontext 233
 4.1.3 Die Betonung der Rettung Gottes durch Jesus Christus für alle 239
 4.1.4 Der Gebrauch christologischer Titel und die militärische
   Epiphaniesprache 241
 4.1.5 Die Bekämpfung der Irrlehren 242
 4.1.6 Die Betonung des Bewahrens, der richtigen Lehre
   und der Nachfolge 243
 4.1.7 Die Betonung der „gesunden Lehre", des „gottesfürchtigen"
   Lebens und der Besonnenheit 245

4.1.8 Die Betonung guter Werke, des Erbarmens Gottes
und des guten Gewissens 249
4.1.9 Zum Gebrauch weiterer Begriffe und Ausdrücke......................... 253
4.1.10 Zur Wortstatistik in den Pastoralbriefen..................................... 256
4.1.11 Kurze Auswertung und ergänzende Beobachtungen 257
4.2 Unterschiede der Briefe an Timotheus und Titus (Rüdiger Fuchs) 259
   4.2.1 Einleitung.. 259
      4.2.1.1 Vorbemerkung... 259
      4.2.1.2 „Paulus" und die „Pastoralbriefe" 259
      4.2.1.3 Die Gründe für die Unterschiede der Briefe an Timotheus und Titus. 260
      4.2.1.4 Lukas und die „Pastoralbriefe"... 263
   4.2.2 Paulus und seine Mitarbeiter als Ursachen für ganz verschieden
      geartete Unterschiede 267
   4.2.3 Inhaltliche Unterschiede 271
      4.2.3.1 Theologie und Soteriologie... 271
      4.2.3.2 Christologie und Soteriologie 277
      4.2.3.3 Pneumatologie 282
      4.2.3.4 Das Gebet.. 284
      4.2.3.5 Andere Wesen der unsichtbaren Welt 287
      4.2.3.6 Die Rolle der Frau im Titus- und 2. Timotheusbrief und anders
        im 1. Timotheusbrief 293
      4.2.3.7 Häresiebekämpfung 294
        4.2.3.7.1 Vorbemerkung... 294
        4.2.3.7.2 Die Gegner 294
        4.2.3.7.3 Die Art des Umgangs mit den Gegnern 298
      4.2.3.8 Ekklesiologie und Paulusbild in den paulinischen
        Mitarbeiterschreiben 308
      4.2.3.9 Ethik... 322
        4.2.3.9.1 Glaube, Hoffnung, Liebe.................................. 322
        4.2.3.9.2 Ethik jenseits der Forderung der Agape 326
      4.2.3.10 Eschatologie... 328
      4.2.3.11 Stilistische Differenzen.. 329
        4.2.3.11.1 Lukanismen in den Briefen an Timotheus und Titus 330
        4.2.3.11.2 Weitere Stilunterschiede 332
      4.2.3.12 Timotheus und Titus: Inhalte und Form
        der an sie adressierten Briefe... 336
      4.2.3.13 Unterschiede in der Briefform und im Briefaufbau 337
        4.2.3.13.1 Gemeinsamkeiten der Timotheusbriefe gegen den Titusbrief
          (und andere Paulinen)..................................... 337
        4.2.3.13.2 Besonderheiten in der Form jedes einzelnen der drei Briefe 340
      4.2.3.14 Schlussbemerkungen 346

4.3 Die Verfasserfrage der Briefe an Timotheus und Titus 349
   4.3.1 Einführung – aktueller Stand und Selbstzeugnis 349
   4.3.2 Einwände gegen die Echtheit der Pastoralbriefe
       und Stellungnahme... 350
       4.3.2.1 Die äußeren Daten der Pastoralbriefe 350
       4.3.2.2 Sprache und Stil der Pastoralbriefe 352
       4.3.2.3 Die Ekklesiologie der Pastoralbriefe 354
       4.3.2.4 Weitere theologische Aspekte 357
       4.3.2.5 Die behandelten Irrlehren 362
       4.3.2.6 Abschließende Bemerkungen 363
   4.3.3 Zusätzliche Argumente für die Echtheit der Pastoralbriefe 365
       4.3.3.1 Die Erwähnung verschiedener Mitarbeiter des Paulus
            und die persönlichen Notizen in den Pastoralbriefen 365
       4.3.3.2 Sprachliche und inhaltliche Beziehungen zu anderen Paulusbriefen .. 368
4.4 Frühe Datierung der Briefe an Timotheus und Titus
(Rüdiger Fuchs) 373
   4.4.1 Die Datierung vor 65 n. Chr. 373
   4.4.2 Die Datierung des 1. Timotheus- und des Titusbriefs
       um 53/54 n. Chr. 376
   4.4.3 Die Datierung des 2. Timotheusbriefs um 59/60 n. Chr. 383
   4.4.4 Weitere Absicherung der Datierung des 1. Timotheus-,
       Titus- und 2.Timotheusbriefs 384
4.5 Spätere Datierung der Briefe an Timotheus und Titus 389
   4.5.1 Einleitende Anmerkungen zum Todesjahr des Paulus 389
   4.5.2 Vertreter der späteren Datierung und ihre Begründung 389
   4.5.3 Auswertung der unterschiedlichen Datierungen 393
   4.5.4 Zur Datierung des 1. Timotheusbriefs 400
   4.5.5 Zur Datierung des Titusbriefs 401
   4.5.6 Zur Datierung des 2. Timotheusbriefs 402

5. Literarkritik, Pseudepigrafie und Paulusschule 405

6. Bibelstellenregister (Auswahl) 411

7. Bibliografie 423

Vorwort

Die neutestamentlichen Einleitungsfragen sind seit einigen Jahren Teil meiner Lehrveranstaltungen an der Staatsunabhängigen Theologischen Hochschule Basel (STH Basel) und somit auch Teil meines Forschungsbereichs. In den letzten Jahren kamen u. a. interextuelle Studien zu den Paulusbriefen dazu, wobei ich mich besonders mit den „Gefangenschaftsbriefen" (Epheser-, Philipper-, Kolosser- und Philemonbrief) beschäftigt habe. Ich war und bin fasziniert von dem, was ich dabei entdeckte. Mir wurde immer deutlicher bewusst, dass man den Reichtum dieser Briefe nur dann wirklich erkennen kann, wenn man sie sozusagen als „Synopse" liest, in der sie sich gegenseitig ergänzen. Das setzt allerdings grundsätzlich voraus, dass sie vom gleichen Verfasser stammen – obwohl eine „kanonische" Lektüre natürlich auch dann möglich (und sinnvoll) ist, wenn biblische Schriften nicht vom gleichen Autor stammen.

Mir ist bewusst, dass die These einer einheitlichen Verfasserschaft bezüglich der neutestamentlichen Paulusbriefe nicht nur auf Zustimmung stoßen wird, aber es lohnt sich, sie vorurteilsfrei zu prüfen. Dabei geht es mir nicht darum, die These der paulinischen Verfasserschaft mit jedem einzelnen Argument als zweifelsfrei bewiesen darzulegen. Viel wichtiger ist es meines Erachtens, das gesamte Erscheinungsbild zu beachten.

Mir ist dabei bewusst, dass das Studium der vorliegenden Monografie nicht immer ganz einfach sein wird. Das Verfassen der Studie selbst war mit großem Aufwand verbunden. Für mich hat sich dieser Aufand allerdings gelohnt. Die Studie zeigt nicht nur, dass zahlreiche Argumente gegen die Authentiziät einiger Paulusbriefe sorgfältig überdacht werden sollten, sondern hilft vor allem auch, die Texte der Briefe besser im Kontext zu verstehen.

Ich danke an dieser Stelle Pastor Rüdiger Fuchs herzlich. Er hat nicht nur zwei Beiträge für diese Monografie geliefert, sondern auch meine Beiträge kritisch durchgesehen und Verbesserungsvorschläge gemacht. Rüdiger Fuchs beschäftigt sich seit Jahren besonders mit den Unterschieden zwischen den Pastoralbriefen und mit der Datierungsfrage. Ich freue mich deshalb, dass er mit seinen Studien meine Ausführungen sinnvoll ergänzt. In Bezug auf die unterschiedliche Datierung der Pastoralbriefe zwischen Fuchs und mir kann sich der Leser selbst jeweils aus erster Hand ein Bild machen. Ebenso danke ich Prof. Dr. Christian Stettler (Zürich und STH Basel) und Dr. Joel White (Gießen). Stettler hat einen Teil meiner Ausführungen kritisch gegengelesen und hilfreiche Anmerkungen dazu gemacht, und White hat ein Gesamtgutachten erstellt.

Riehen/Basel, im September 2016   Jacob Thiessen

1. Prolegomena

1.1 Allgemeine Einführung

In den letzten Jahren konzentriert sich die Exegese biblischer Texte vermehrt auf die Analyse kanonisch-intertextueller Zusammenhänge zwischen den verschiedenen Texten und Schriften.[1] Intertextuelle Studien zu Paulusbriefen setzen oft die Pseudonymität des/der untersuchten Briefe(s) als „bewiesen" voraus.[2] Andererseits wird vor allem auf Grund literarkritischer Studien vermehrt dargelegt, dass einzelne Briefe wie z. B. der Kolosserbrief oder der 2. Thessalonicherbrief zumindest in der heutigen Form kaum nachpaulinisch sein können bzw. dass die Argumente für die Echtheit bei genauer Betrachtung wesentlich mehr Gewicht haben als die Argumente, die gegen ihre Echtheit vorgetragen werden.[3] Die Zeit scheint auf jeden Fall dafür reif zu sein, diese Fragen nochmals aufzugreifen und aufzuarbeiten.

Meiner Ansicht nach wird das intertexuelle Verhältnis zwischen den sogenannten Deuteropaulinen und den übrigen Paulusbriefen[4] oft zu einfach dargestellt

---

[1] Vgl. dazu u. a. Steins, Bindung Isaaks, 9–102.
[2] Vgl. z. B. Frank, Kolosserbrief, 1–2; Merz, Selbstauslegung, 72.
[3] In Bezug auf den 2. Thessalonicherbrief vgl. z. B. Reicke, Re-examining, 39–43; Carson/Moo, Einleitung, 649–656; Cullmann, Einleitung, 69ff.; Feine, Einleitung, 112ff.; Guthrie, Introduction, 592ff; Hagner, New Testament, 464ff.; Harrison, Introduction, 265f.; Jewett, Thessalonian Correspondence, 10–18; Kucicki, Eschatology, 33ff. und 311ff.; Kümmel, Einleitung, 229–232; Marshall, 1 and 2 Thessalonians, 28–45; Malherbe, Letters, 373–375; Michaelis, Einleitung, 230f.; Mauerhofer, Einleitung 2, 64ff.; Niebuhr, Paulusbriefsammlung, 275f.; Röcker, Belial und Katechon, bes. 228–230 und 522f.; Weima, 1–2 Thessalonians, 46–54 und 436f.; Wilckens, Theologie 1/3, 66. In Bezug auf den Epheserbrief vgl. u. a. Reicke, Re-examining, 75–78; Carson/Moo, Einleitung, 582ff.; Guthrie, Introduction, 496ff; Hoehner, Ephesians, 30ff.; Mauerhofer, Einleitung 2, 129ff.; Michaelis, Einleitung, 196ff.; Thielman, Ephesians, 18ff.; Weißenborn, Apostel, 292ff. In Bezug auf den Kolosserbrief vgl. u. a. Guthrie, Introduction, 572ff; Hagner, New Testament, 563ff.; Niebuhr, Paulusbriefsammlung, 266; Ollrog, Paulus, 236–242; Stuhlmacher, Theologie 2, 2; Schweizer, Kolosser, 26f.; Schweizer, Theologische Einleitung, 87 (als Frage); Schmithals, Literarkritische Analyse, 149–170 (Schmithals geht von einem echten Brief aus, der nach dem Tod des Paulus überarbeitet worden sei). In Bezug auf die Pastoralbriefe vgl. u. a. Reicke, Re-examining, 51ff., 68ff., 85ff. und 105ff.; ders., Chronologie, 82ff.; Carson/Moo, Einleitung, 671ff.; DeSilva, Introduction, 733ff.; Guthrie, Introduction, 607ff.; ders., Pastoral Epistles, 1956, 41ff.; Harrison, Problem, 20ff.; Johnson, Timothy, 64ff.; Mounce, Pastoral Epistles, XLVIff.; Mauerhofer, Einleitung 2, 170ff.; Michaelis, Einleitung, 238ff.; Mounce, Pastoral Epistles, XLVIff.; Neumann, Authenticity, 167ff.; Neudorger, Timotheus, 15ff.; ders., Titus, 18ff.; Weißenborn, Apostel, 361ff. (vgl. auch z. B. Smith, Pauline Communities, 2012).
[4] Es geht dabei um Intertextualität im engeren Sinn (vgl. dazu weiter unten), also um

und nicht wirklich in seiner ganzen Komplexität untersucht. Ein Grund dafür scheint zu sein, dass die nachpaulinische Verfasserschaft in zahlreichen Studien als „bewiesen" vorausgesetzt wird. Auch wenn intertextuelle Studien nicht primär das Ziel haben, etwas über die Authentizität der untersuchten Schriften auszusagen, so sind sie m. E. doch auch in Bezug auf die vorliegende Thematik aufschlussreich und sollten sorgfältig durchgeführt werden.

Auf Grund der Komplexität der Beziehungen zwischen einzelnen Paulusbriefen – z. B. zwischen dem Kolosser- und dem Epheserbrief – liest sich die folgende Studie sicher nicht so leicht wie ein Roman. Ich lade dennoch dazu ein, diesen sehr interessanten, wenn auch manchmal anstrengenden Weg zu gehen.

Sicher wird der Leser nicht alle Argumente gleich überzeugend finden. Zudem zeigen die Ausführungen, dass selbst die beiden Verfasser dieser Studie nicht immer zum gleichen Ergebnis kommen. Gerade dadurch soll eine sachliche Auseinandersetzung ermöglicht werden.

1.2 Intertextualität und die Frage der Echtheit der Paulusbriefe

1.2.1 Einführung

Der Begriff „Intertextualität" wurde Ende der sechziger Jahre durch Julia Kristeva geprägt, wobei Kristeva gegen den Strukturalismus betonte, dass (die einzelnen) Texte nicht als autonom zu betrachten seien.[5] Das betrifft jeden Text, da sich gemäß Bachtin jeder Text „als Mosaik von Zitaten" aufbaut und „Absorption und Transformation eines anderen Textes" ist.[6] Dabei beziehen sich nicht mehr „die Stimmen des Textes, sondern die Texte selbst" aufeinander.[7] In diesem Zusammenhang betont Alkier, dass das Konzept der Intertextualität „den Textwissenschaften die Aufgabe" stellt, die Beziehungen, die ein Text mit anderen Texten einzugehen in der Lage ist, zu erforschen", und dass es zu bedenken gebe, „dass kein Text isoliert von anderen Texten produziert und rezipiert wird".[8]

Parallelen in den verschiedenen Briefen, die nahelegen, dass es sich z. B. um Anlehnungen, Zitate oder Ausdrücke vom gleichen Autor handelt.

[5] Vgl. Kristeva, Bachtin, 345–375 (= Kristeva, Bachtin, 2003, 334–348). Vgl. auch Alkier, Intertextualität – Annäherungen, 3f.

[6] Kristeva, Bachtin, 2003, 337. Vgl. auch Weise, Spezifik, 41: „Indem Texte auf vielerlei Weise einander bedingen und miteinander verzehrt sind, wird deutlich, daß ein Text niemals ganz autonom sein kann, sondern immer in ein Geflecht von Beziehungen zu anderen Texten eingebunden, immer selbst Intertext ist." Zu den verschiedenen Formen und Funktionen von Intertextualität vgl. ebd., 41–46; zur Eingrenzung des Begriffs vgl. u. a. Heinemann, Eingrenzung, 21–37; vgl. auch Steyer, Irgendwie, 83–106.

[7] So Herrmann, Dialogizität, 18.

[8] Alkier, Intertextualität, 60. Nach Schneider führte die „sehr breite Diskussion in der

Alkier unterscheidet zwischen *begrenzter* und *unbegrenzter Intertextualität*.[9] Bei der *begrenzten Intertextualität* werden nur Textbeziehungen berücksichtigt, „die im auszulegenden Text eingeschrieben sind oder zumindest auf der Basis des vorhandenen Zeichenbestandes des zu interpretierenden Textes postuliert werden" könnten, während es bei der *unbegrenzten Intertextualität* darum geht, dass jeder einzelne Text „zum gesamten Universum der Texte, auch zu denjenigen, die nach ihm produziert wurden, ja sogar zu denen, die erst noch produziert werden", in Beziehung steht.[10] Zudem unterscheidet Alkier zwischen einer *produktionsorientierten*, einer *rezeptionsorientierten* und einer *textorientierten Perspektive* der Intertextualität.[11] Die *produktionsorientierte Perspektive* fragt „im Sinne des begrenzten Intertextualitätskonzepts nach der Verarbeitung benennbarer Texte im zu interpretierenden Text", wobei nicht nur darauf geachtet wird, „welche Texte zitiert oder andersweitig eingespielt werden, sondern auch darauf[,] wie das geschieht".[12] Die *rezeptionsorientierte Perspektive*, „die sich überwiegend einem begrenzten Intertextualitätskonzept verpflichtet weiß", fragt „nach den Vernetzungen mindestens zweier Texte in historisch nachweisbaren Lektüren"[13], während die *textorientierte Perspektive* „im Sinne der unbegrenzten Intertextualitätskonzepts nach Sinneffekten" fragt, „die sich aus dem Zusammenlesen zweier oder mehrere[r] Texte ergeben, auch wenn dies nicht genealogisch, analogisch oder rezeptionsgeschichtlich begründet wird"[14].

Intertextuelle Studien spielen in der Bibelwissenschaft u. a. in Bezug auf die Bedeutung der alttestamentlichen Texte im Neuen Testament eine wichtige Rolle.[15] In dieser vorliegenden Monografie geht es jedoch besonders um die Frage, wie Texte bzw. Themen der Paulusbriefe in den umstrittenen Paulusbriefen „aufgenommen" werden. Für das Verständnis dieser Briefe ist dieser Punkt von großer Bedeutung. Dabei ist natürlich auch entscheidend, ob sich Paulus selbst an seine früheren Briefe anlehnt bzw. gleiche oder ähnliche Gedanken wieder

---

Folge Kristevas ... zu einer schier unübersehbaren Flut von Intertextualitäts-Theorien" (Schneider, Texte, 365). Darauf kann im Folgenden nicht im Einzelnen eingegangen werden.

[9] Vgl. Alkier, Intertextualität, 60f. Vgl. dazu auch u. a. Herwig, Intertextualitätsforschung, 163ff.

[10] Alkier, Intertextualität, 60.

[11] Vgl. ebd., 62f. Vgl. auch u. a. Stierle, Werk, 351ff.

[12] Alkier, Intertextualität, 62.

[13] Alkier, Intertextualität, 63. Vgl. auch u. a. Herrmann, Dialogizität, 21ff.; Holthuis, Intertextaulität, 31; Dronsch, Text, 32ff. (mit unterschiedlichen Gesichtspunkten).

[14] Alkier, Intertextualität, 63.

[15] Nach Grohmann bezeichnet „Intertextualität" eigentlich genau das, „womit sich theologische Exegese seit jeher beschäftigt: Beziehungen von bestimmen alttestamentlichen Texten zu neutestamentlichen Texten, die diese alttestamentlich rezipiert haben" (Grohmann, Aneignung, 54).

aufgreift oder ob ein Paulusschüler nach seinem Tod die Schriften des Apostels konsultiert und durch „Anlehnungen" vielleicht sogar versucht, die Authentizität des Schreibers vorzutäuschen. In der folgenden Studie werden deshalb intertextuelle Studien mit literarkritischen und theologischen Studien verbunden.

1.2.2 Allgemeine Anmerkungen zum Thema „Intertextualität"

Bei intertextuellen Studien wird die Frage nach dem Verfasser – und damit auch die Frage nach dem historischen Kontext – oft ausgeblendet.[16] Diese Ausklammerung der Verfasserfrage, wie sie in der intertextuellen Analyse außerbiblischer Texte zu beobachten ist, ist nach Thomas Homscheid angesichts „der vielschichtigen Problematik, die der Begriff und das Dasein des Autors bei der Analyse reproduktiver Literatur stellt, ... nicht verwunderlich".[17] Homscheid ergänzt:

> „Ausgehend von Michail Bachtins Konzept der Dialogizität, basiert der Ansatz der Intertextualität auf ähnlichen Grundvoraussetzungen wie der Poststrukturalismus und der Dekonstruktivismus, nämlich der Dezentrierung des prodozierenden Subjekts, der Absage an die bürgerliche Vorstellung von autonomer Identität und der Idee eines infiniten und unabgeschlossenen Verweissystems der Texte aufeinander."[18]

Dieser „Vereinnahmung des Intertextualitätsbegriffs durch postmoderne Theoretiker" wird nach Homscheid jedoch auch widersprochen.[19] Der „gemeinsame Grundgedanke der divergierenden Intertextualitätskonzeptionen" sei „die Frage nach der Präsenz von Texten ineinander".[20] „Intertextualität beschäftigt sich mit

---

[16] Nach Frauke Berndt und Lily Tonger-Erk geht die Quellenforschung im Gegensatz zur Intertextualitätstheorie „klar definierten ‚Prätexten'" nach und versucht „textgenetische Abhängigkeitsverhältnisse" nachzuweisen (Berndt/Tonger-Erk, Intertextualität, 65; vgl. dazu Dicke, Quelle, 203). Und sie ergänzen: „Schon früh in die Kritik geraten ist die positivistische Quellenforschung des 19. und 20. Jahrhunderts, insofern sie sich damit begnügt hat, einzelne Quellen zu identifizieren" (Berndt/Tonger-Erk, Intertextualität. 65f.). Das an dieser Stelle erwähnte Problem ist den biblischen Einleitungswissenschaften nicht fremd.

[17] Homscheid, Interkontextualität, 78.

[18] Ebd.; vgl. dazu auch u. a. Allen, Intertextuality, 21ff.; Berndt/Tonger-Erk, Intertextualität, 32ff.; Barthens, Tod, 185–197; Foucault, Autor, 198–229. Berndt und Tonger-Erk betonen, „dass Bachtin das dialogische Wort eben nicht nur auf frühere Wörter, sondern auch auf zukünftige Antworten hin geöffnet hat. Damit muss eine Analyse des dialogischen Wortes in einem literarischen Text nicht nur nach ‚Prätexten', sondern sozusagen auch nach Kontexten und ‚Posttexten' suchen" (Berndt/Tonger-Erk, Intertextualität, 33).

[19] Vgl. Homscheid, Interkontextualität, 78f..

[20] Ebd., 79.

der Bezugnahme eines Textes auf einen einzelnen oder eine Gruppe von vorangegangenen Texten – kurzum den Prätext, wobei die Reichweite des Begriffs umstritten ist ..."[21]
Susanne Holthuis unterscheidet verschiedene Typen von Intertextualität, so z. B. zwischen Auto- und Hetero-Intertextualität.[22] Mit *Auto-Intertextualität* sind Beziehungen zwischen verschiedenen Texten *eines* Autors gemeint, während unter dem Begriff *Hetero-Intertextualität* Bezüge auf die Texte eines anderen Autors verstanden werden. Dabei können u. a. Zitationen, Anspielungen, Einwirkungen allgemeiner Art oder auch das Plagiat vorkommen,[23] wobei die Grenzen fließend sind[24]. Zu den Einwirkungen allgemeiner Art gehört es z. B., wenn ein Text zwar nicht auf den Prätext hinweist, aber ohne diesen auch nicht existieren könnte.[25] Umgekehrt betont Homscheid, dass die „Beschäftigung mit der Frage nach der reproduktiven, mimetischen oder nachahmenden Qualität von Literatur" auch die Betrachtung dessen fordere, „was im Gegensatz zum Reproduktiven als original oder originell erachtet wird",[26] wobei die Frage nach der individuellen Autonomie des schreibenden Subjekts eine Rolle spielt[27].

> „Letztlich geht es um die Frage, was der einzelne Mensch tun kann, um seine als natürlich angenommene Individualität vor der Maschinerie der kulturellen und kontextuellen Einbindung zu retten, die in einem schleichenden, größtenteils unbewusst ablaufenden Prozess den individuellen Menschen zu einer homogenen Masse austauschbarer und inhaltsloser Gestalten pluralisiert."[28]

---

[21] Ebd. Vgl. auch Kristeva, Probleme, 80: „Wir nennen Intertextualität dieses textuelle Zusammenspiel, das sich im Inneren eines einzigen Textes vollzieht." Grundlage für diese Definition von Kriseva ist, dass sie auch „die Kultur mit ihren Strukturen und Systemen als einen Text" generalisiert, wie Homscheid feststellt (Homscheid, Intertextualität, 80). Nach Homscheid geht es beim von Kristeva eingeführten Begriff der Intertextualität im Wesentlichen „um die effektive Präsenz eines älteren Textes in einem neueren Text, die sich in unterschiedlichen Graduierungen der Offensichtlichkeit manifest macht" (ebd, 83).
[22] Vgl. Holthuis, Intertextualität, 49ff.
[23] Vgl. dazu u. a. Gérard, Palimpseste, 10ff.; Allen, Intertextuality, 95ff.
[24] Vgl. dazu u. a. Helbig, Intertextualität, 31; Förster, Zwischen freier Benutzung, Zitat und Plagiat, 40–51.
[25] Vgl. dazu ebd., 15. Werner Kahl betont, dass es „eine problematische Verkürzung – ja ein Missverständnis – des *Intertextualitätskonzepts*" wäre, „wollte man darunter ausschließlich Zitations- bzw. Allusionspraktiken verstehen" (Kahl, Psalm 2, 232). Für Leppä schließt „literarische Abhängigkeit" auch den unbewussten Bezug auf die mündliche Überlieferung mit ein (vgl. Leppä, Making, 365).
[26] Homscheid, Intertextualität, 89.
[27] Vgl. ebd., 102.
[28] Ebd., 103f.

Reproduktion und Originalität stehen nicht im Widerspruch zueinander, sondern bedingen sich gegenseitig, da die „Fähigkeit zu Lernen und das seit frühester Kindheit begonnene Durchlaufen eines Lernprozesses, der, ausgehend von basalen Grundbefähigungen, im Laufe der Zeit immer weiter ausdifferenziert werden kann", eine „wesentliche Voraussetzung für eine mögliche Kontextualisierung des Menschen und seine spätere Befähigung zur originären Autorschaft ist".[29]

Die „Nachahmung" (*imitatio*) [30] stellt nach Genette in der Literatur „keine sehr homogene Klasse von Figuren dar".[31] In ihr entfalten sich nämlich „gleichrangig die Imitationen der Wendungen einer Sprache in einer anderen, eines Zustands derselben Sprache in einem anderen, eines Autors durch einen anderen".[32] Vor allem aber enthalte sie

> „Figuren, die aufgrund ihres formalen Verfahrens nicht nur den Figuren der Konstruktion im engeren Sinn, sondern darüber hinaus den Figuren der Syntax im weitesten Sinn, der Morphologie oder gar (und dies ist am häufigsten der Fall) dem Vokabular zuzurechnen sind."[33]

Aber auch dann, wenn ein Autor bei einem anderen Autor „Anleihen ... machte, um seinen Stil zu imitieren, oder wenn eine Sprache von einer anderen, um ihren ‚Geist' zu imitieren, eine Figur ‚des Stils' oder ‚des Gedankens' oder gar einen typischen Tropos entlehnte", handelt es sich um *Nachahmungen*.[34]

Broich und Pfister haben Kritirien für die intertextuelle Forschung erabreitet.[35] Pfister geht dabei auf sechs qualitative Kriterien ein: Referentialität, Kommunikativität, Autoreflexivität, Strukturalität, Selektivität und Dialogizität.[36] Es geht dabei u. a. um die Frage, ob der Autor auf ein Wort oder eine linstuistische Struktur Bezug nimmt und in welchem Grad dem Autor und den Rezipienten dieser Bezug bewusst ist. Bei der Dialogizität geht es um die Spannung zwischen den Kontexten des „alten" und des „neuen" Textes.[37] Zu den quatitativen Kriterien gehören nach Pfister einerseits „die Dichte und Häufigkeit intertextu-

---

[29] So Homscheid, ebd., 109.
[30] Zur literarischen *Imitatio* vgl. u. a. Genette, Palimpseste, 97ff.; Berndt/Tonger-Erk, Intertextualität, 65.
[31] Genette, Palimpseste, 99.
[32] Ebd.
[33] Ebd.
[34] Ebd.
[35] Vgl. die Beiträge in Broich/Pfister, Intertextualität, 1985.
[36] Vgl. Pfister, Konzepte, 26ff.
[37] Vgl. dazu auch u. a. Herrmann, Dialogizität, 12–25. Vgl. auch van der Knaap, Gespräch, 30: „Von Dialigizität ist die Rede, wenn die anvisierte (Gegen-)Rede in einem literarischen Text von deutlichen Anspielungen auf Texte eines anderen begleitet wird."

eller Bezüge" und „zum anderen die Zahl und Streubreite der ins Spiel gebrachten Prätexte".[38]

1.2.3 Intertextualität und biblisch-exegetische Methodik

Seit Ende der achziger Jahre des letzten Jahrhunderts prägt der Begriff der Intertextualität auch mehr und mehr die theologische Methodendiskussion.[39] In dieser Entwicklung spielt das Werk von Richard B. Hays „Echoes of Scripture" (1989) eine wichtige Rolle[40], obwohl der Begriff der Intertextualität in der deutschsprachigen Bibelexegese erst nach der Jahrtausendwende breiter beachtet wurde[41]. Hays, der zwischen Zitat, Anspielung und Echo unterscheidet, geht besonders auf intertextuelle „Echos" alttestamentlicher Texte im Neuen Testament ein.[42] Dabei betont er:

> „The vocabulary and cadences of Scripture – particularly of the LXX – are imprinted deeply on Paul's mind, and the great stories of Israel continue to serve for him as a fund of symbols and metaphors that condition his perception of the world, of God's promised deliverance of his people, and of his own identity and calling."[43]

Um überprüfen zu können, wann es sich in den Paulusbriefen um „Echos" alttestamentlicher Texte handelt, schlägt Hays sieben Kriterien vor[44], auf die im Folgenden nicht näher eingegangen werden muss, da es in dieser Arbeit nicht um das Thema geht. In Gefolge von Hays betont Moyise, dass es Paulus in seinem Bezug zum Alten Testament nicht so sehr darum gehe, an einzelne bestimmte Texte, sondern an eine bestimmte „Geschichte" (Story) zu erinnern.[45]

---

[38] Pfister, Konzepte, 30.
[39] Vgl. dazu z. B. Wolde, Trendy, 43–49.
[40] Vgl. dazu auch u. a. Grohmann, Aneignung, 55ff.; Schneider, Texte, 366ff.
[41] Das zeigen die verschiedenen deutschsprachigen Monografien, die im Folgenden zum Teil besprochen werden. Grohmann stellte noch im Jahr 2000 fest: „Literaturwissenschaftliche Konzepte von Intertextualität sind zur Zeit im englischsprachigen Raum beliebt, werden in der deutschsprachigen Exegese aber wenig rezipiert, obwohl Intertextualität eigentlich genau das beschreibt, womit sich theologische Exegese seit jeher beschäftigt: Beziehungen von bestimmten alttestamentlichen Texten zu neutestamentlichen, die diese alttestamentlichen rezipiert haben" (Grohmann, Aneignung, 54).
[42] Vgl. Hays, Echos, 14ff. (zudem u. a. die Überschriften auf 21 und 34). Vgl. dazu auch Moyise, Intertextuality, 418–431.
[43] Hays, Echos, 16.
[44] Vgl. ebd., 29ff.; vgl. dazu auch Grohmann, Aneignung, 56; Schneider, Texte, 370.
[45] Moyise, Intertextuality, 421; vgl. auch ders., Intertextualität, 23–34; Ballhorn, Paradigma, 9–30. Vgl. zudem Hays, Schriftverständnis, 58: „In meiner Untersuchung wurde darauf hingewiesen, dass die von Paulus verwendeten Verweise nicht einfach aus dem Kontext gerissene Belegstellen sind; sondern sie sind im Gegenteil oft so gestaltet, dass sie Elemente früherer Texte wieder ins Gedächtnis rufen; gerade außerhalb des ausführ-

Dabei betont Moyise, dass die historische Kritik, „die nur auf der Suche nach der ursprünglichen Intention eines Autors ist", gänzlich ungeeignet sei „für das Studium der Schrift, denn die genuine Eigenschaft der Schrift ist, dass sie zu neuen Generationen spricht".[46]

Zum Verhältnis zwischen intertextueller und historisch-kritischer Bibellektüre bemerkt Dronsch, dass sich für die Bibelwissenschafter in Bezug auf eine „zukünftige Intertextualitätstheorie" spätestens bei dieser Frage die Geister scheiden.[47] Hübenthal betont, dass es nicht darum gehe, durch die eine Auslegungsrichtung der anderen das Feld streitig zu machen.[48]

> „Im Gegenteil, wenn Intertextualität nach Sinnefekten fragt, die sich durch das Zusammenlesen von Texten ergeben, unterscheidet sich das deutlich von historisch-kritischen Fragestellungen. Wird auf der einen Seite eher nach der Form eines literarischen Bezugs und seiner Veränderung gegenüber dem Prätext gefragt, so beschäftigt sich die andere Seite mehr mit der Frage nach der Wirkung dieses Begriffs. Historisch-kritische und intertextuelle Herangehensweise stehen sich nicht gegenseitig im Weg, denn intertextuelle Lektüre erfoscht die Beziehungen zwischen zwei (oder mehren) Texten, historisch-kritische Lektüre als extratextuelle Herangehensweise fragt nach ihrer Entstehung. Die eine Herangehensweise arbeitet im Text bzw. zwischen Texten, die andere um den Text herum."[49]

Bei intertextueller Lektüre rücke der „Text (wieder) ins Zentrum", und seiner Auslegung werde „eine hermeneutische Reflexion über den Textbegriff vorgeschaltet".[50] Dabei spielen für Hübenthal der Rezipient und seine Interpretationsarbeit „eine entscheidende Rolle".[51] „Das betrifft auch das Neue Testament, denn hier werden Texte erst durch die Rezeption der Glaubensgemeinschaft zur Heiligen Schrift."[52] Somit stellt die „biblische" Intertextualität für sie einen Sonderfall dar, da es „hier um normative, heilige Texte" gehe, „zum anderen ist

---

lichen Zitierens."

[46] Moyise, Intertextualität, 33.

[47] Dronsch, Text, 26.

[48] Hübenthal, Tempelaktion, 70.

[49] Ebd.; vgl. auch Stegemann, Amerika, 104: „Nach wie vor ist in der deutschsprachigen Exegese im Prinzip verborgen geblieben, daß Beziehungen zwischen Texten nicht nur unter der traditionellen literarkritischen Frage nach den *Quellen* diskutiert werden müssen. Die Instrumente zur Analyse der Beziehungen von Texten auf Texte haben sich verfeinert. Schere und Klebstoff des Quellenkritikers verhalten sich zur Intertextualitätsdebatte wie die alte mechanische Schreibmaschine zum Computer. In der Intertextualitätstheorie geht es nämlich nicht um das bloße Daß einer möglichen Rezeption anderer Texte, sondern vor allem um das Wie."

[50] Hübenthal, Tempelaktion, 70.

[51] Ebd., 73.

[52] Ebd.

der primäre Kontext der Einzelbücher ... der Kanon der Heiligen Schrift"[53], womit „der wichtigste Bezugrahmen" der Kanon wird, während „Bezüge außerhalb des Kanon ... – wenn überhaupt – meist nur mit abgestufter Wertigkeit untersucht" werden.[54]

Georg Steins hat in seiner Habilitationsschrift methodologische Grundlagen einer kanonisch-intertextuellen Lektüre erarbeitet.[55] Er lehnt sich dabei an M. M. Bachtins „Konzept des dialogischen Wortes" an, mit dem eine Theorie zur Verfügung stehe, „die sich als Grundlage einer literarischen Beschreibung des biblischen Kanons und einer Operationalisierung kanonisch-intertextueller Lektüre eignet".[56] Nach Steins stehen „der Kanon als dialogisch-intertextuell strukturiertes literarisches Werk und die Mitglieder der Glaubensgemeinschaft als Lesende, die den dialogisch-intertextuellen Proß des Kanons aufnehmen und schöpferisch fortsetzen", im Zentrum einer literarischen Theorie des Bibelkanons.[57] Voraussetzung für solches intertextuelles Lesen sind nach Stein „nicht ein einmaliges Lesen, sondern eine intensive Kenntnis des Textes, da nur so Ähnlichkeiten entdeckt und für das Verständnis ausgewertet werden können".[58] Jedenfalls werde „durch das wiederholte Lesen eine Vielzahl weiterer Bezüge aufgedeckt und geschaffen, durch die der Text für die Lesenden reicher wird".[59]

Ein entsprechendes „Operationalisierungskonzept" einer solchen kanonisch-intertextuelle Bibellektüre muss nach Steins drei Bedingungen erfüllen:

„Es muss *erstens* der Lektüre als dem Ereignis der Begegnung von Text und Rezipierenden entsprechen, das heißt[,] es legt den Text nicht auf eine Bedeutung fest, sondern entspricht der Offenheit des Lektüreprozesses dadurch, dass es Rezeptionsmöglichkeiten vorstellt und exemplarisch Sinnfindungen durchspielt. Das Konzept muss *zweitens* die Lektüresteuerung durch den Kanon der Bibel so aufnehmen, dass der Kanon als Basis, Raum und Horizont der Rezeption des auszulegenden

---

[53] Vgl. auch Alkier, Intertextuality, 11f.: „The canon itself establishes this hermeneutical possibility. The biblical canon sets the individual writings in new relationships, and it is precisely this intertextual connection that alters the meaning potential of the individual writings."

[54] Hübenthal, Tempelaktion, 73; vgl. dagegen Scheider, Intertextualität, 99. Zum Verhältnis von Intertextualtät und historisch-kritischer Exegese vgl. u. a. Dronsch, Text, 26ff.; Hübenthal, Tempelaktion, 69ff.; Vorster, Intertextality, 15–26.

[55] Vgl. Steins, Bindung Isaaks, 9–102. Vgl. auch u. a. ders., Kanon und Anamnese, 110–129; Aichele, Kanon als Intertext, 159–178 (ders., Canon as Intertext, 139–156); Taschner, Kanonische Bibelauslegung, 31–44.

[56] Steins, Bindung Isaaks, 68; vgl. dazu auch ders., Kanonisch-intertextuelle Bibellektüre, 65ff.

[57] Steins, Bindung Isaaks, 82.

[58] Ebd., 98.

[59] Ebd. Vgl. auch u. a. Nicklas, Leitfragen, 45–61; Genette, Impliziter Autor, 233–246.

Textes zur Geltung kommt. *Drittens* muss das Konzept den spezifischen Möglichkeiten des Sinnaufbaus im Kanon entsprechen, wie sie unter dem Sichtwort Intertextualität reflektiert wird."[60]

Bei der Intertextualität wird allgemein vorausgesetzt, dass der jeweilige Verfasser bekannt ist. Es geht deshalb bei intertextuellen Studien grundsätzlich nicht darum, die Authentizität der Verfasserschaft zu verifizieren. In Bezug auf die Frage nach der Intertextualität in den Paulusbriefen kann die Frage nach der Authentizität der Briefe jedoch nicht ausgeklammert werden, da die Frage nach den „Abhängigkeiten" zwischen den Texten wesentlich mit der Echtheitsfrage zusammenhängt.[61] Denn selbst wenn es zumindest in einem gewissen Sinn stimmt, dass der Leser nur mit dem Text und nicht mit seinem Autor zu tun hat[62], so ist einerseits das Verständnis des Textes und seiner Beziehung zu einem „Prätext" doch wesentlich mit der Verfasserfrage verbunden, und andererseits verbindet der Leser gerade bei „Briefen" wie den „Paulusbriefen" den Inhalt konkret mit dem jeweiligen Verfasser. So kann man z. B. die Beziehung der Texte zueinander, welche für das jeweilige Verständnis wesentlich ist, nicht unabhängig von der Frage, ob der Epheser- und der Kolosserbrief vom gleichen Autor verfasst wurden und ob dieser Autor Paulus oder ein „Paulusschüler" ist, untersuchen.

Braun betont, dass die historisch-kritischen Fragen „notwendigerweise in einer kanonisch-intertextuellen Auslegung zu berücksichtigen" seien, „sofern sie für das Verstehen des Textes wichtige historische, soziale und politische Hintergründe – also damit auch die Enzyklopädie des Textes – klären".[63] Diese „Hintergründe" hängen natürlich auch mit der Echtheitsfrage zusammen. Zudem muss die Frage nach der jeweiligen Motivation und Absicht des Schreibens bei „Fälschung" anders beantwortet werden als dann, wenn es sich um authentische Schreiben handelt. Ein „Fälscher" hätte Paulus einerseits zum großen Teil nachgeahmt[64], sich andererseits jedoch in manchen Punkten von ihm theologisch entfernt bzw. paulinische Überzeugungen „weiterentwickelt". Dabei darf gefragt werden, ob denn diese „Weiterentwicklung" dem echten Paulus nicht

---

[60] Steins, Kanonisch-intertextuelle Bibellektüre, 65.
[61] Vgl. z. B. Frank, Kolosserbrief, 1f.: „Wenn wir mit der Mehrheit der heutigen Exegeten voraussetzen, dass der Kolosserbrief in nachpaulinischer Zeit verfasst wurde, d.h. weder durch Paulus selbst noch zu dessen Lebzeiten, so gewinnt nicht nur die Redeweise von dessen ‚Abwesenheit im Fleische' …, sondern auch der Topos der brieflichen Parusie, wie er in Kol 2,5 zum Ausdruck kommt, eine neue Dimension – die textuelle Repräsentanz tritt nicht mehr nur temporär an die Stelle der leiblichen Abwesenheit, sondern in einer grundsätzlichen und letztendlichen Weise."
[62] Vgl. Dohmen, Biblische Auslegung, 179f.
[63] Braun, Geschichte, 70 (mit Berufung auf Hieke, Vom Verstehen, 87–89).
[64] Zur literarischen *Imitatio* vgl. u. a. Genette, Palimpseste, 97ff.; Berndt/Tonger-Erk, Intertextualität, 65.

zuzutrauen ist.⁶⁵ Die Frage ist also, welches Paulusverständnis vorausgesetzt wird.⁶⁶ Außerdem ist die Frage, ob die „intertextuellen" Beziehungen zu den allgemein anerkannten Paulusbriefen nicht eher für die Echtheit der „Deuteropaulinen" spricht als für Pseudepigrafie, m. E. noch zu wenig gestellt worden.
Das Urteil darüber, ob die erwähnte „Weiterentwicklung" im Einklang mit den Ausführungen des „echten Paulus" steht oder im Widerspruch dazu, hängt, wie die Erfahrung zeigt, sehr weit davon ab, ob man es als „bewiesen" voraussetzt, dass die umstrittenen Paulusbriefe nicht von Paulus selbst verfasst worden sind. Differenzierter als andere äußert sich diesbzüglich z. B. Peter Stuhlmacher:

„Mit der ihnen aus der hymnischen Tradition vorgegebenen Rede von *Christusleib* (vgl. Kol 1,18) nehmen Kolosser- und Epheserbrief Paulustraditon auf und entfalten sie weiter ... Wenn man übersieht, daß schon die paulinische Konzeption von σῶμα Χριστοῦ in 1Kor 10,16-17; 12,12-27; Röm 12,4-5 mit den frühjüdischen Adam-Spekulationen verbunden ist ..., kann man den Eindruck gewinnen, daß der paulinsiche Kirchengedanke im Kolosser- und Epheserbrief wesentlich verändert worden sei ... Die Verbindung von Christus mit (den Gliedern) der Gemeinde zu *einem* Leib ist bereits in Gal 3,28 sowie in 1Kor 6,13.16-17; 2Kor 11,2 von Gen 2,21-24 her gedacht. Außerdem liegt in 2Kor 11,2 nicht nur ein eschatologischer Ausblick auf die Gemeinde als Braut Christi vor ... Von 2Kor 11,2 ist der von M. Gese (Vermächtnis, 208f.) in Eph 5,25-27 aufgewiesene *Benutzugsführungsritus* nur graduell verschieden."⁶⁷

In neueren intertextuellen Analysen derjenigen Paulusbriefe, die nach dem Tod des Apostels von „Paulusschülern" geschrieben worden sein sollen, wird die pseudepigrafische Verfasserschaft oft als „bewiesen" vorausgesetzt. Die intertextuelle Analyse wird also nicht dazu verwendet, die Authentizität der Verfasserschaft zu überprüfen – sofern das überhaupt möglich ist –, sondern vielmehr dazu, die Pseudepigrafie zu untermauern. Die intertextuelle Analyse beschränkt sich somit oft auf einen recht einfachen Textvergleich, ohne dass die Komplexität der inhaltlichen Beziehungen der Texte gebührend beachtet wird. Wenn das komplexe Verhältnis z. B. zwischen dem 1. und dem 2. Thessalonicherbrief oder zwischen den Gefangenschaftsbriefen (Epheser-, Philipper-, Kolosser- und Philemonbrief) beachtet wird, so muss man auch in dieser Hinsicht bestätigen, dass die Intertextualität „zum Schwierigsten, was der Poststrukturalismus her-

---

⁶⁵ Vgl. auch Luz, Kolosser, 187: „... auch die unbestrittenermaßen echten Paulusbriefe tragen manchmal theologisch sehr eigene Akzente. – Alles in allem ergibt sich für mich, dass der Kolosserbrief deutlich und in höherem Maße als andere Paulusbriefe ein eigenes theologisches Profil hat, das sich an einigen Punkten erheblich von Paulus entfernt. Wie weit dieses Profil ‚unpaulinisch' ist, ist natürlich eine Ermessensfrage."
⁶⁶ Zum Paulusbild in den Pastoralbriefen und den „authentischen" Paulusbriefen vgl. auch Wall, Function, 29f.
⁶⁷ Stuhlmacher, Biblische Theologie 2, 30f.

vorgebracht hat", gehört.⁶⁸ Dabei ist zu beachten, dass auch „im Fall der intertextuellen Lektüre gilt, daß diejenige Interpretation privilegiert ist, die argumentativ die größte Plausibität auf sich vereinen kann".⁶⁹

1.2.4 Die Intertextualität, der Stil und die Verfasserfrage

Eduard Norden, der die antike Kunstprosa untersucht hat, weist darauf hin, dass der Stil in der Antike „eine erlernte Kunst" war, „deren Regeln im allgemeinen keiner seiner Indwividualität zuliebe übertreten durfte".⁷⁰ Doch konnte „ein und derselbe Schriftsteller ... nebeneinander in ganz verschiedenen Stilarten schreiben, indem er bald diese, bald jene ἰδέα [‚Idee'] verwertete, je nachdem sie ihm für das vorliegende Werk zweckentsprechend schien".⁷¹ Demnach wurde der Stil als ein „Gewand" gesehen, das der Schriftsteller „nach Belieben wechseln konnte".⁷² Dieser Sachverhalt kann auch in den neutestamentlichen Paulusbriefen vorliegen und ist bei den Untersuchungen des Stils mitzubedenken.⁷³

Bujard kommt in seiner Untersuchung zum Stil des Kolosserbriefs zu dem Schluss, dass bestimmte Stilzüge wesentlich häufiger erscheinen als in den unbestrittenen Paulusbriefen, und auch die Denkstruktur des Kolosserbriefs sei eine andere als diejenige des „echten" Paulus.⁷⁴ Bujard zeigt zudem u. a., dass der Epheserbrief im Gebrauch z. B. von Konjunktionen zumindest in nummerischer Hinsicht allgemein zwischen dem Kolosserbrief und dem Durchschnitt der übrigen Paulusbriefe liegt – wobei jedoch darauf hinzuweisen ist, dass es auch in den übrigen Paulusbriefen größere Unterschiede gibt.⁷⁵ Der Verfasser des Kolosserbrief gliedere „im Unterschied zu Paulus seine Gedanken kaum", und er

---

⁶⁸ Vgl. Bossinade, Literaturtheorie, 94. Van Roon weist darauf hin, dass in Bezug auf die Disposition der zwei Korintherbriefe und der zwei Thessalonicherbriefe große Unterschiede bestehen (vgl. van Roon, Authenticity, 59f.).

⁶⁹ Herrmann, Dialigizität, 24. Herrmann ergänzt: „Kriterium dieser Plausibilität ist dabei stets, ob ein Text eine Interpretation ‚hergibt'. Nicht, ob er sie ‚aufnimmt'. Es geht um Exegese statt um Eisegese" (ebd.).

⁷⁰ Norden, Kunstprosa, 11.

⁷¹ Ebd., 12.

⁷² Ebd.

⁷³ Vgl. auch Johnson, Timothy, 71: „Most of all, vocabulary studies do not take into acount the ancient rhetorical ideal of *prosōpopoiia*, or ‚writing in charakter', which calls into the question the entire way of construing authorship as a kind of personal expressiveness and invites consideration of Paul as a rhetorician whose diction is shaped by the situation he faces and the strategies of persuasion he develops." Vgl. auch ebd., 81ff.

⁷⁴ Bujard, Stilanalytische Untersuchung, 129.

⁷⁵ Vgl. ebd., 26ff.

denke und formuliere „nicht so direkt und frei zupackend ... wie Paulus".[76] Allerdings ist dabei zu beachten, dass Paulus nicht nur den argumentativen Römerbrief und den 1. Korintherbrief geschrieben hat – die unter sich in Bezug auf Sprache und Stil große Unterschiede aufweisen –, sondern dass die Paulusbriefe des Neuen Testaments auch noch andere „Denkstrukturen" aufweisen. Stettler wirft Bujard zudem vor, dass er in seiner Untersuchung „weder die stilistische Gattung einzelner Abschnitte noch ihre rhetorische Funktion im Briefganzen und in der Briefsituation" beachte.[77]

Nach Schmithals enthält der Kolosserbrief „in 4,2–18 einen brieflichen Schluß, der in einem unbestrittenen Paulusbrief anstandslos als authentisch gelten würde".[78] Wer diesen Briefschluss „für den integrierenden Bestandteil eines durchgehend deuteropaulinischen Briefes hält, kann 4,2–18 nur die Funktion zuschreiben, dem ganzen Schreiben ‚den Eindruck von Authentizität zu vermitteln'".[79] Gemäß Schmithals gibt es jedoch „in der gesamten antiken Pseudepigraphie keine Analogie zu einem solchen Verfahren".[80] Er kommt zu dem Schluss, dass Kol 4,2-18 „nur unter der Voraussetzung paulinischer Autorschaft verständlich" ist, „nämlich als authentischer und situationsgerechter Briefschluß von der Hand eines Autors, der weder die Form noch den Inhalt seines Eschatokolls imitieren mußte".[81] Zu einem gleichen Ergebnis kommt er auch in Bezug auf Kol 3,12-14a.15a16f.[82] und in Bezug auf einen Teil der Briefeinleitung[83] sowie weitere Teile aus Kol 2 und 3[84]. Andererseits stellt z. B. Percy fest, dass die meisten „Einzelzüge, die dem Stil des Kolosserbriefes ... ihr Gepräge geben, mehr oder weniger zutreffende Analogien in den anerkannten Paulusbriefen haben", mit dem „durchgehenden Unterschied", dass das, was in diesen nur „sporadisch auftritt", im Kolosserbrief „einen mehr oder weniger durchgehen-

---

[76] Ebd., 129.
[77] Stettler, Kolosserhymnus, 44. Zum „rhetorischen Engagmement" vgl. Bujard, Stilistische Untersuchungen, 130ff. Zu den „Differenzen innerhalb der Paulusbriefe" vgl. ebd., 144ff. Bujard stellt fest: „Vergleicht man nämlich die Briefe des Paulus untereinander, so zeigt sich, daß der Apostel rhetorische Mittel nicht überall in der gleichen Weise oder auch nur in dem gleichen Maße verwendet. Schon bei einem aufmerksamen Lesen zeichnet sich ab, daß die drei großen Briefe alle übrigen an Ausmaß und Intensität des rhetorichen Engagements weit übertreffen und daß umgekehrt die beiden Thessalonicherbriefe rhetorische Mittel vergleichsweise recht selten und nur in geringer Vielfalt aufweisen" (ebd., 145).
[78] Schmithals, Literarkritische Analyse, 153.
[79] Ebd., 154; vgl. Wolter, Kolosser, 217.
[80] Schmithals, Literarkritische Analyse, 154.
[81] Ebd., 156.
[82] Vgl. dazu ebd., 156ff.
[83] Vgl. dazu ebd., 158ff.
[84] Vgl. dazu ebd., 162ff.

den Zug bildet".⁸⁵ Gemäß Percy gibt es aber im paränetischen Teil des Kolosserbriefs „nichts, was sich in stilistischer Hinsicht wesentlich von den entsprechenden Abschnitten der sonstigen Paulinen unterscheidet".⁸⁶
Nicole Frank setzt in ihrer „intertextuelle[n] Studie zur Auslegung und Fortschreibung der Paulustradition" im Kolosserbrief „mit der Mehrheit der heutigen Exegeten" voraus, „dass der Kolosserbrief in nachpaulinischer Zeit verfasst wurde, d. h. weder durch Paulus selbst noch zu dessen Lebzeiten".⁸⁷ Eine „Bekanntschaft des Verfassers mit der Texttradition der Apostelbriefe" müsse „grundlegend vorausgesetzt werden", da sich „das Schreiben als paulinisches präsentiert".⁸⁸ Frank geht von der literarischen Integrität des Kolosserbriefs aus.⁸⁹ Die Versuche, „im Kolosserbrief einen sekundär bearbeiteten originären Paulusbrief auszumachen", wie dies z. B. Schmithals tut, basieren nach ihr „weitgehend auf fragwürdigen Hypothesen zur Rekonstruktion des mutmaßlichen zugrundeliegenden Urtextes und fanden aufgrund ihrer textanalytischen Unschärfe in der exegetischen Forschung zum Kolosserbrief nur wenig Widerhall".⁹⁰ Deshalb kann Frank es beim Hinweis auf Streckers Kritik am literarkritsichen Ansatz bei Schmithals⁹¹ belassen⁹², ohne sich näher mit den zum Teil wohlbegründeten Argumenten von Schmithals zur Echtheit eines Teils des Kolosserbriefs zu beschäftigen, obwohl Streckers Kritik aus dem Jahr 1992 den genannten Aufsatz von Schmithalts, der im Jahr 1998 erschienen ist, noch gar nicht berücksichtigen konnte und auch die Argumente von Schmithals für die Echtheit eines großen Teils des Kolosserbriefs gar nicht betrifft⁹³.

---

⁸⁵ Percy, Probleme, 36.
⁸⁶ Ebd.
⁸⁷ Frank, Kolosserbrief, 1. Vgl. auch ebd., 27: „... der Autor des Kolosserbriefes wird ausschließlich insofern näher definiert, als von einer *pseudepigraphischen* und *nachpaulinischen* Abfassungssituation auszugehen ist." Dübbers geht in seiner Dissertation über die Christologie im Kolosserbrief lediglich in einer Fußnote kurz auf die Verfasserfrage ein, weil auch er wie Frank davon ausgeht, dass die Pseudepigrafie in diesem Fall bewiesen sei (Dübbers, Christologie, 1, Anm. 1). Merklein stellt hingegen fest: „Im Falle des Kolosserbriefes halten sich die Vertreter der Echtheit und die Vertreter der Unechtheit in etwa die Waage" (Merklein, Paulinische Theologie, 410).
⁸⁸ Frank, Kolosserbrief, 11.
⁸⁹ Vgl. ebd., 31.
⁹⁰ Ebd., Anm. 82.
⁹¹ Vgl. Strecker, Literaturgeschichte, 65.
⁹² Vgl. Frank, Kolosserbrief, 31, Anm. 82.
⁹³ Strecker erwähnt lediglich, dass Schmithals versuche, „aufgrund der Annahme von literarischen Sprüngen in den paulinischen Briefen eine Vielzahl von ursprünglichen Briefen zu rekonstruieren", und dass dabei „die zumeist komplexen Verschachtelungen und große Vielschichtigkeit der rekonstruierten Fragmente seine Hypothese" belasteten (Strecker, Literaturgeschichte, 65). Zudem lasse sich „das literarkritische Kriterium von

Frank betrachtet den Kolosserbrief „als mutmaßlich erstes paulinisches Preudepigraphon".[94] Zusammenfassend hält sie „im Blick auf die Protopaulinen ... folgende intertextuelle Cluster, d.h. durchgängige, den gesamten Textverlauf durchziehende Berührungspunkte mit bestimmten Prätextbereichen" fest[95]: Röm 2,5-11; 6,3-17; Gal 3,27–4,10; 5,13-25; 1. Kor 2,1-13; 3,5-10; 10,31–11,9; 15,24-28; 2. Kor 5,1-11; Phil 1,1-12.27-30; 2,1-11.19.30; 3,14-19f.; 1. Thess 4,1-12 und der Philemonbrief als Ganzes. Diese Texte dürften gemäß Frank mit großer Wahrscheinlichkeit als direkte textuelle Vorlagen gewertet werden. Zudem fasst Frank in einer Übersicht die „Gesamtheit aller solchermaßen als sehr wahrscheinlich zu betrachtenden direkten Prätextadaptionen und -referenzen innerhalb des Kol" zusammen.[96] Diese Texte erstrecken sich quer durch den Kolosserbrief, und Frank folgert daraus „eine umfassende und intensive Bekanntschaft mit dem Schriftgut der authentischen Paulinen".[97] Dabei fallen u. a. die vielen Parallelen zwischen dem Kolosserbrief und dem Philipperbrief auf.[98] So durchziehen nach Frank im „Bereich des Proömiums ... die motivischen Anklänge an *Phil 1,1-11* die gesamte Passage Kol 1,1-11"[99], und Phil 1,27-30 könne „als mutmaßliche Vorlage der kolossischen Ausgestaltung des Apostelbildes ausgemacht werden"[100].

„Die Einbettung eines hymnischen Traditionsstückes in Phil 2,6-11 kann, wie in IV.1 aufgezeigt wurde[101], als textstrukturelles Vorbild für die Interpretation des Christushymnus von Kol 1,15-20 betrachtet werden, wobei die paränetische Einbettung des Philipperhymnus (hier Phil 2,1-3) später auch lexikalisch ihren Niederschlag innerhalb des kolossischen Tugendkataloges findet, wo in Kol mit σπλάγχνα, οἰκτιρμός und ταπεινοφροσύνη drei der Begriffe des Kataloges[102] mit den entsprechenden Verhaltensvorgaben von Phil 2,1-3 übereinstimmen."[103]

---

sprachlichen und sachlichen Differenzen zwischen Quelle und ihrer Verarbeitung hierbei nur bedingt zur Anwendung bringen, da für die verschiedenen Briefe jeweils Paulus als Verfasser vorausgesetzt ist und bearbeitende Redaktoren sprachlich nicht nachzuweisen sind" (ebd.). Diese Kritik an Schmithals könnte lediglich seine Teilungshypothesen zum Kolosserbrief betreffen, was für die Echtheit des ganzen Briefs sprechen würde.

[94] Frank, Kolosserbrief, 3.
[95] Ebd., 348; vgl. auch ebd., 338ff.
[96] Ebd., 350f.
[97] Ebd., 351.
[98] Vgl. dazu die Übersicht ebd., 336–338.
[99] Ebd., 336.
[100] Ebd.
[101] Vgl. dazu ebd., 126ff.
[102] Vgl. dazu auch Eph 4,2.32. Auf dieses komplexe Verhältnis der Parallelen wird noch einzugehen sein. Für Frank spielen die Parallelen zum Epheserbrief kaum eine Rolle.
[103] Frank, Kolosserbrief, 337.

Andererseits weist der Kolosserbrief nach Frank „in seiner Gesamtheit *deutliche Anleihen hellenistisch-weisheitlicher Schrifttradition* auf; nicht zuletzt durch die Integration des Hymnus in Kol 1,15–20, der deutlich in der Tradition weisheitlicher Protologie- und Präexistenzspekulation steht, und zugleich Motive und Konzeptionen hellenistischer Kosmologie aufgreift".[104]

Frank kann dabei in ihrer Analyse des „Hymnus" in Kol 1,15-20[105] ganz auf die ausführliche Analyse des „Kolosserhymnus" durch Christian Stettler verzichten.[106] Stettler zeigt detailliert auf, dass die einzelnen Aussagen des „Kolosserhymnus" einen alttestamentlich-jüdischen und hebräisch-griechisch-sprachigen Hintergrund haben.[107] Sowohl der Stil als auch das „Weltbild" von Kol 1 ist – wie das im Epheserbrief noch stärker der Fall ist – weitgehend durch den alttestamentlichen Psalter und Parallelen dazu im übrigen Alten Testament und im antiken Judentum geprägt. Diese Parallelen zum Epheserbrief spielen in der Untersuchung von Frank keine Rolle, da für sie der Epheserbrief literarisch vom Kolosserbrief abhängig ist.[108] Auch die Tatsache wird nicht beachtet, dass nicht nur Kol 1,15-20 – d. h. der sogenannte „Hymnus" –, sondern Kol 1,9-20 insgesamt ein Satzgefüge bildet, welches die Danksagung aus Kol 1,3-8 wieder aufnimmt und in Bezug auf den Stil und den Inhalt deutliche Parallelen zur Eingangseulogie und zur Danksagung in Eph 1 (vgl. Eph 1,3-14.15-23) aufzeigt, ohne dass irgendwelche literarische Anlehnung eindeutig nachweisbar ist. Nach Frank durchziehen analog zum „Hymnus" in Kol 1,15-20 „die weisheitlichen Allusionen" insgesamt „die Sprachlichkeit des Kolosserbriefes".[109]

---

[104] Ebd., 354; vgl. auch ebd., 239f.

[105] Vgl. dazu auch ebd., 126ff. Frank ist sich der Problematik bei der Verwendung des Begriffs „Hymnus", auf die sie kurz eingeht, bewusst (vgl. ebd., 129ff.).

[106] Frank kennt zwar die Dissertation von Stettler über den „Kolosserhymnus", nimmt aber in ihren Ausführungen zu diesem „Hymnus" (soweit ich sehe) nicht ein einziges Mal darauf Bezug.

[107] Vgl. Stettler, Kolosserhymnus, 76ff. Das spricht für die Abfassung durch den Apostel Paulus, nicht dagegen. Nach Stettler haben wir die paulinische Theologie „in einem pharisäischen Milieu zu verorten, das nicht pro-hellenistisch eingestellt war, aber doch nicht ohne hellenistische Einflüsse blieb" (ebd., 54). Stettler betont zudem, dass „rabbinische Texte und Qumranliteratur gezeigt" hätten, „dass sich viele Vorstellungen des Paulus, die in der ersten Hälfte des 20. Jh.s für hellenistisch gehalten wurden, auch im rabbinischen und essenischen Judentum finden" (ebd., 55f.).

[108] Vgl. Frank, Kolosserbrief, 352: „Zugleich repräsentiert der Kolosserbrief selbst auf Basis der vorliegenden intertextuellen Analyse nicht nur gleichsam *die erste belegbare Briefsammlung*, i.e. die intertextuelle Inkorporation paulinischer Überlieferung aus verschiedenen Korrespondenzen des Apostels, sondern bildet in dieser Funktion seinerseits den direkten Prätext für die spätere Adaption im Epheserbrief."

[109] Ebd., 355.

„So findet sich insbesondere mit der Formulierung ἐν ἁπλότητι καρδίας [‚in Einfältigkeit des Herzens'] in Kol 3,22 eine paulinisch nicht belegte Redeweise, die nicht nur ihre wörtliche Entsprechung in Weish 1,1 findet, sondern im Kontext der kolossischen Herren- und Sklavenparänese (Kol 3,22; 4,1) in frappierender Analogie zu ihrem weisheitlichen Prätext steht."[110]

Dabei übersieht Frank offensichtlich einige Aspekte. Erstens wird von ihr nicht erwähnt, dass die Wendung ἐν ἁπλότητι („in Einfältigkeit") sowohl in Röm 12,8 als auch in 2. Kor 1,12 erscheint[111] und dass das Nomen ἁπλότης („Einfältigkeit") auch sonst von Paulus verwendet wird (vgl. auch 2. Kor 8,2; 9,11.13; 11,3). Zweitens erscheint der Ausdruck ἐν ἁπλότητι τῆς καρδίας ὑμῶν („in Einfältigkeit des Herzens") in Eph 6,5, einer Parallelstelle zu Kol 3,22, wobei der Kontext im Epheserbrief eher dafür spricht, dass der Kolossertext den Ephesertext voraussetzt und nicht umgekehrt.[112] Drittens erscheint der Ausdruck ἐν ἁπλότητι καρδίας in der LXX auch in 1. Chr 29,27[113], wobei gerade der Kontext dieser Stelle sowohl im Kolosserbrief als auch im Epheserbrief eine wesentliche Rolle zu spielen scheint (vgl. 1. Chr 29,10ff. u. a. mit Eph 1,3.7.10.16f.19-22; 2,7; 3,8.10.20f.; 50; Kol 1,11.16-20.27; 2,2).[114] Und viertens beachtet Frank nicht, dass es z. B. auch zwischen den Aussagen in Röm 1,20ff. und Sap 13,1ff. deutliche und ausführliche Parallelen gibt.[115] Darüber hinaus finden sich im Kontext von Sap 1,1 nicht nur „Parallelen" zum Kolosserbrief[116],

---

[110] Ebd.

[111] Wobei gerade der Kontext von Röm 12,8 Parallelen sowohl zum Kolosserbrief als auch zum Epheserbrief aufweist (vgl. z. B. Röm 12,2 mit Eph 4,23 und 5,10; Röm 12,4-6 mit Eph 4,7.15f.; Röm 12,8.13 mit Eph 4,28; Röm 12,12c mit Kol 4,2a; Röm 12,19 mit Eph 4,27).

[112] Darauf wird später noch ausführlicher einzugehen sein.

[113] Der hebräische Ausdruck בְּיֹשֶׁר לֵבָב, der in 1. Chr 29,17 gebraucht wird, erscheint auch in Deut 9,5 und Ps 119,17 („Ich will dir mit Aufrichtigkeit des Herzens danken, wenn ich die Bestimmungen deiner Gerechtigkeit gelernt habe"). Der Ausdruck (ἐν) τῇ ἁπλότητι erscheint in der LXX zudem zusätzlich an vier Stellen (2. Sam 15,11; 1. Macc 2,37.60; Dan 13,63), und einmal wird der Ausdruck μετὰ ἁπλότητος verwendet (3. Macc 3,21).

[114] Vgl. auch Stettler, Kolosserhymnus, 175. Stettler bemerkt dazu: „In 1Chr 29,12 LXX und im Targum zu 1Chr 29,11 wird das Hauptsein Gottes über das All als Königsherrschaft über die Engel (und auch über die irdischen Regierenden) expliziert, was genau dem Verhältnis von Eph 1,22 (Christus als Haupt über das All) und 21 (Christi Thronen über allen Mächten) entspricht."

[115] In 1. Kor 7,19 erscheint der Ausdruck τήρησις ἐντολῶν, der wörtlich auch in Sir 32,23 und ähnlich in Sap 6,18 (τήρησις νόμων αὐτῆς) verwendet wird.

[116] Vgl. z. B. Sap 1,7.14 und auch 9,1-2 (Θεὲ πατέρων καὶ κύριε τοῦ ἐλέους ὁ ποιήσας τὰ πάντα ἐν λόγῳ σου καὶ τῇ σοφίᾳ σου κατασκευάσας ἄνθρωπον, ἵνα δεσπόζῃ τῶν ὑπὸ σοῦ γενομένων κτισμάτων) mit Kol 1,16f.19. Die Aussage in Kol 1,17b, dass alles bzw. das All in Jesus Bestand hat (καὶ τὰ πάντα ἐν αὐτῷ

sondern noch deutlichere zum Epheserbrief[117] und auch zum Philipperbrief[118], während andererseits die Unterschiede viel größer als die Ähnlichkeiten sind. Für Stettler wird auf Grund von Texten wie Ps 33,6; 104,24; Prov 3,19f. und Sap 9,1 „deutlich, dass im Hintergrund der Schöpfungsmittler-Aussagen unseres Texts [Kol 1,16] die alttestamentliche Weisheits- und Wort-Tradition steht".[119]

Dass der „Philipperhymnus" mit seinem Kontext nicht nur Parallelen im Kolosserbrief aufweist, wie Frank feststellt[120], sondern dass Phil 2,1ff. eine deutliche Parallele zu Eph 4,1ff. darstellt und dass es auch sonst viele Parallelen zwischen dem Philipper- und dem Epheserbrief gibt, wird in der Studie von Frank nicht beachtet, obwohl der Punkt für die intertextuelle Studie zu diesen Schriften und zur Frage nach dem „Prätext" wesentlich ist. Vor allem wird dabei sichtbar, dass das intertextuelle Verhältnis der Briefe wesentlich komplexer ist, als die Studie von Frank vermuten lässt.

Michael Gese hat die „Rezeption der paulinischen Theologie im Epheserbrief untersucht.[121] Darin setzt er die Pseudepigrafie des Briefs voraus und begründet diese kurz.[122] Auch wenn die „sprachlichen Eigentümlichkeiten noch nicht be-

---

συνέστηκεν) ist auch z. B. als eine gewisse Parallele zu Philo von Alexandria zu beachten. Nach Philo, der den Logos als „zweiten Gott" bezeichnet (vgl. Philo, 1QGen 2,62) und der ihn mit dem „Bild Gottes" (τὴν τοῦ θεοῦ εἰκόνα) bzw. „seinem Engel" und auch gewissermaßen mit Gott selbst identifiziert (Philo, Somn 1,239; vgl. auch z. B. ders., Legum 3,177: τὸν δὲ ἄγγελον, ὅς ἐστι λόγος, ὥσπερ ἰατρὸν κακῶν), ist Gott der „Allgemeinste" (γενικώτατον), „der Zweite ist der Logos Gottes, und die übrigen Dinge bestehen nur im Logos" (καὶ δεύτερος ὁ θεοῦ λόγος, τὰ δ' ἄλλα λόγῳ μόνον ὑπάρχει; Philo, Legum 2,86; vgl. weiter auch z. B. Sir 43,26b: ... καὶ ἐν λόγῳ αὐτοῦ σύγκειται τὰ πάντα). Vgl. auch Stettler, Kolosserhymnus, 159–162.

[117] Vgl. z. B. Sap 1,3 mit Eph 5,8ff.; Sap 1,6 (πνεῦμα σοφία) mit Eph 1,18 (πνεῦμα σοφίας); Sap 1,4 mit Eph 3,17; Sap 2,7 mit Eph 5,18a; Sap 2,22 (καὶ οὐκ ἔγνωσαν μυστήρια θεοῦ) u. a. mit Eph 3,3f.); Sap 2,23 (ἐπ' ἀφθαρσίᾳ) mit Eph 6,24 (ἐν ἀφθαρσίᾳ).

[118] Vgl. z. B. Sap 1,3 (σκολιοὶ γὰρ λογισμοί ...) mit Phil 2,15; Sap 1,10f. (καὶ θροῦς γογγυσμῶν) mit Phil 2,14 (χωρὶς γογγυσμῶν).

[119] Stettler, Kolosserhymnus, 134.

[120] Vgl. z. B. Frank, Kolosserbrief, 142.

[121] Gese geht von den Stellenbelegen aus, die Andreas Lindemann untersucht hat (vgl. Gese, Vermächtnis, 55, Anm. 110; vgl. Lindemann, Paulus, 122–130). Zur „Übersicht über die Anspielungen aus den Paulusbriefen" im Epheserbrief vgl. Gese, Vermächtnis, 76–78.

[122] Vgl. Gese, Vermächtnis, 1ff. Vgl. ebd., 8: „Wie die jüngsten Kommentare zeigen, ist die Frage nach einer paulinischen Schultradition im Epheserbrief wieder im Fluß. Es kommt hinzu, daß auch für den Kolosserbrief und die Pastoralbriefe Untersuchungen über ihr Verhältnis zu den anerkannten Paulusbriefen vorliegen, so daß eine entsprechende Untersuchung für den Epheserbrief an der Zeit ist. Eine solche Untersuchung

sonders aussagekräftig" seien, so unterscheide sich doch „der Stil des Epheserbriefs deutlich von demjenigen der sonstigen Paulusbriefe".[123] Und auch wenn „die sprachlichen und stilistischen Indizien wie auch der Vergleich mit dem Koloserbrief keinen letztgültigen Beweis für die Pseudepigrafie des Epheserbriefs erbringen" mögen, „so weisen die verschiedenen Indizien gemeinsam auf einen *Perspektivenwechsel*, der sich von den Paulusbriefen zum Epheserbrief hin vollzieht".[124] Während Dahl darauf hinweist, dass die Debatte über die Authentizität des Epheserbriefs ständig weitergeht[125], ist nach Gese „in jüngerer Zeit die Diskussion um die Autorenschaft des Epheserbriefes abgeklungen", und da sich „die Annahme der Pseudonymität weithin durchgesetz" habe, könne „das ‚Paulinisch-Unpaulinische' des Epheserbriefes jetzt vorurteilsfrei in den Blick kommen".[126]

Nach Gese gelingt dem Verfasser des Epheserbriefs aus seiner Kenntnis der Paulusbriefe „eine *umfassende Gesamtschau* der paulinischen Theologie".[127] Gerade die im Epheserbrief „vollzogene Umformung" der paulinischen Theologie sei „*notwendig, um die* Verkündigung des Paulus aus ihrer Zeit herauszulösen und allgemeingültig darzustellen. Durch sie wird eine *abschließende Darstellung* der paulinischen Theologie ermöglicht".[128] Dabei scheine es sich bei „Korrekturen" wie z. B. dem „Austausch von δικαιούμενοι Röm 3,24 durch σεσωσμένοι in Eph 2,5-8" um ein „*bewußtes Stilmittel* zu handeln, durch welches die *neue Interpretation den Lesern signalisiert* werden soll".[129] Die Art des Umgangs „mit dem vorgegebenen Text" lasse „darauf schließen, daß der Verfasser sich aktiv mit der paulinischen Theologie auseinandergesetzt hat und die Frucht seiner theologischen Bemühungen mitteilt".[130]

---

hat die *Pseudonymität des Epheserbriefes zur Voraussetzung.*"
[123] Ebd., 3.
[124] Ebd., 6.
[125] Dahl, Einleitungsfragen, 27.
[126] Gese, Vermächtnis, 8.
[127] Ebd., 271. Anders Merklein, Paulinische Theologie, 422. Nach Merklein steht „der Epheserbrief, rein was die formale Begriffsverwendung betrifft, in der Mitte zwischen den Homologumena und dem Kolosserbrief" (ebd.).
[128] Gese, Vermächtnis, 272; vgl. auch ebd., 13. Nach Gese unterstützt gerade „die stark erweiterte Fürbitte um das Wachstum des Glaubens … die Beobachtung, daß im Epheserbrief statt der Ausbreitung die Vertiefung des Glaubens ins Zentrum tritt. Dies läßt vermuten, daß die grundlegende Mission bereits abgeschlossen ist" (ebd., 33, Anm. 36). Allerdings scheint Gese zu übersehen, dass die Vertiefung des Glaubens bereits für den 1. Thessalonicherbrief und damit für einen der ersten Paulusbriefe zentral ist (vgl. z. B. 1. Thess 3,2.10).
[129] Ebd., 89.
[130] Ebd., 93.

Was die Nähe zum Kolosserbrief betrifft[131], so betont Gese, dass C. L. Mitton[132] mit Recht hervorgehoben habe, „daß die sprachlichen Übereinstimmungen ganz verstreut und oftmals bei sachlicher Differenz auftauchen", und deshalb könnten „die Gemeinsamkeiten nicht als thematisch sich überschneidende Ausführungen ein und desselben Autors erklärt werden".[133] Auch die Priorität des Kolosserbriefs gegenüber dem Epheserbrief hält Gese für bewiesen[134], obwohl er später einräumt, dass „die starke Anlehnung des Epheserbriefs an den Kolosserbrief nicht letztgültig erklärt werden kann"[135]. Dieses Verhältnis zum Kolosserbrief spielt für die Untersuchungen von Gese zum Epheserbrief jedoch kaum eine Rolle, weil er auch den Kolosserbrief als ein Schreiben betrachtet, das nicht von Paulus verfasst worden ist, obwohl sich der Epheserbrief in „seiner zusammenfassenden Darstellung" dem Kolosserbrief verpflichtet fühle[136].

Ein Beispiel dafür, wie das Verhältnis zum Kolosserbrief vernachlässigt wird, sind die Ausführungen zu Eph 1,20-22. Diese „Darstellung der Erhöhung und Inthronisation Christi" scheint nach Gese „unter Bezug auf *1Kor 15,24-27* formuliert worden zu sein".[137] Grund dafür ist nach ihm, dass die „Inthronisation Christi" an beiden Stellen „unter Rückgriff auf Ps 110,1 und Ps 8,7 dargestellt" werde, dass Eph 1,22 und 1. Kor 15,27 „Ps 8,7 wörtlich übereinstimmend in einer von der Septuaginta abweichenden Version" zitierten und dass die „Aufzählung der Mächte ... (Eph 1,21; 1Kor 15,24)" so im Neuen Testament singulär sei, wobei Gese ergänzt: „Häufig belegt ist jedoch die Kombination ἀρχή und ἐξουσία, so: Kol 1,16; 2,10.15; Eph 3,10; 6,12 ..."[138] Eph 1,20-22 scheine „bewußt im Anschluß an 1Kor 15 die eigene Intention verdeutlichen zu wollen".[139] Doch wenn diese Feststellung von Gese stimmen sollte, würde sich der Epheserbrief bei einer der vielen Parallelen zum Kolosserbrief gerade nicht als von diesem „abhängig" erweisen. Dementsprechend müsste der Kolosserbrief vom Epheserbrief literarisch abhängig oder vom gleichen Verfasser geschrieben worden sein.

Zudem findet Gese in Eph 2,20-22 eine „Zusammenfassung" bzw. eine „weiterführende Interpretation" von 1. Kor 3,9-17.[140] Und Eph 4,17-19 biete „in Kurzform eine Beschreibung des heidnischen Lebens nach dem Vorbild von Röm

---

[131] Vgl. dazu u. a. 39–54 und 266–271.
[132] Vgl. Mitton, Ephesians, 1951.
[133] Gese, Vermächtnis, 4.
[134] Vgl. ebd., 4f.
[135] Ebd., 271.
[136] Ebd., 272.
[137] Ebd., 66.
[138] Ebd.
[139] Ebd., 67.
[140] Vgl. ebd., 67 und 80.

1,18-32".¹⁴¹ Diese Feststellung ist sicher richtig. Und auch damit wird angedeutet, dass sich diese Stellen im Epheserbrief, die beide Parallelen im Kolosserbrief aufweisen (vgl. Eph 2,20-22 z. B. mit Kol 2,7.19¹⁴² und Eph 4,17-19 mit Kol 2,18.21; 3,5) als vom Kolosserbrief unabhängig erweisen. Zudem ist zu beachten, dass Eph 4,15f. inhaltlich und sprachlich an Eph 2,20-22 anknüpft, und Eph 4,15f. findet z. B. in Kol 2,2.19 eine Parallele.¹⁴³ Anderseits ist der „Abschnitt Eph 4,1-16" nach Gese „unter dem Einfluß von 1Kor 12 verfaßt" und stellt „ein Seitenstück zu 1 Cor 12"¹⁴⁴ dar, was sich „nicht nur in den mehrfachen sprachlichen Bezügen, sondern auch in der gleichen Struktur" zeige.¹⁴⁵ Damit bestätigt Gese indirekt, dass auch diese Stellen nicht vom Kolosserbrief abhängig sind, zumindest dann, wenn man nicht von allzu komplizierten (schriftlichen) Abhängigkeitsverhältnissen ausgehen will.

Annette Merz hat eine intertextuelle Studie zu den Pastoralbriefen vorgelegt.¹⁴⁶ Die Pseudepigrafie wird als gesichertes Forschungsergebnis voraussetzt.¹⁴⁷ Ein wesentliches Anliegen der Arbeit ist der Nachweis, dass der Autor der Pastoralbriefe ein nachpaulinischer „Ausleger" der Paulusbriefe gewesen sei. Der unbekannte Verfasser wollte nach Merz von seinen Lesern für Paulus gehalten werden und habe seinerseits andere Deuteropaulinen wie den Epheser- und den Kolosserbrief für paulinisch gehalten.¹⁴⁸ Er soll u. a. das Schweigegebot des Paulus für die Frau in der Gemeinde (vgl. 1. Kor 14,34-36) neu ausgelegt und dabei eine unpaulinische Lehre von Mann und Frau vertreten haben¹⁴⁹, obwohl Merz auch die Aussagen über die Frau in den unumstrittenen Paulusbriefen als widersprüchlich betrachtet¹⁵⁰. Dementsprechend müsste man eigentlich folgern, dass auch die unumstrittenen Paulinen nicht alle authentisch sein können.

---

[141] Ebd., 80;.

[142] Vgl. dazu ebd., 51: „In Kol 2,7 geschieht die Auferbauung in Christus ...; nach Eph 2,20 wird auferbaut auf dem Grund der Apostel und Propheten ..."

[143] Vgl. dazu ebd., 50: „Eph 4,16 nimmt Kol 2,19 auf ..." Der Ausdruck ἐν ἀγάπῃ, der in Eph 4,15f. zweimal erscheint, findet sich auch in Kol 2,2. Dieser Ausdruck ist für den Epheserbrief „typisch" (vgl. auch Eph 1,4; 3,17; 4,2; 5,2). Er erscheint sonst im Neuen Testament nur noch sechsmal (vgl. 1. Kor 4,21; 16,14; 2. Kor 6,6; 1. Thess 5,13; 1. Tim 4,12; Jud 21). Zur Problematik vgl. auch Percy, Probleme, 428.

[144] So mit Debelius/Greeven, An die Kolosser, Epheser, an Philemon, 80.

[145] Gese, Vermächtnis, 69.

[146] Vgl. Merz, Selbstauslegung, 2004. Vgl. zum Vergleich zwischen den Pastoralbriefen und den paulinischen Homolegumena auch u. a. Krumbiegel, Erziehung, 294ff.; Wolter, Pastoralbriefe, 1988; Trummer, Paulustradition, 1978; Lohse, Vermächtnis, 266–281.

[147] Vgl. z. B. Merz, Selbstauslegung, 72.

[148] Vgl. ebd., 245.

[149] Vgl. ebd., 366ff.

[150] Vgl. ebd., 340ff.

1.2.5 Kurze Auswertung und abschließende Anmerkung

Wenn man nicht grundsätzlich voraussetzt, dass es sich beim Kolosserbrief (und beim Epheserbrief) um ein nachpaulinisches Schreiben handelt, können die Befunde anders bewertet werden. Zudem sind viele Unterschiede innerhalb der unumstrittenen Paulusbriefe nicht geringer als z. B. die von Frank herausgerarbeiteten Unterschiede zwischen dem Kolosserbrief und den unumstrittenen Paulinen. Vergleicht man z. B. 1. Thess 2,14-16 mit Röm 11,1ff. oder den Römerbrief als Ganzes mit dem 1. Korintherbrief, so könnte man genauso gut behaupten, dass nur die eine oder die andere Schrift von Paulus selbst stammen könne. Andererseits stellt sich die Frage, ob die Parallelen eher als literarische Anlehnungen oder als Paralleläußerungen eines einzigen Autors zu erklären sind. Diese Frage wird in den folgenden intertextuellen Untersuchungen jeweils auch gestellt.

Auch die „Pastorbriefe" sollten differenzierter beurteilt werden. Dabei stellt sich einerseits heraus, dass die „Pastoralbriefe" in gewisser Hinsicht zwar viele Gemeinsamkeiten haben, die sie von anderen Paulusbriefen unterscheiden[151], dass es aber zwischen den drei Briefen auch manche Unterschiede gibt, die sich kaum durch Preudepigrafie erklären lassen[152]. Zudem spielt es eine große Rolle, mit welchen Paulusbriefen die „Pastoralbriefe" verglichen werden. Johnson weist z. B. darauf hin, dass sich die „Pastoralbriefe" in Bezug auf den sprachlichen Stil zwar vom Galaterbrief, vom Römerbrief und vom 1. Korintherbrief unterscheiden, dass es aber kaum stilistische Unterschiede im Vergleich zum 1. Thessalonicherbrief und zum Philipperbrief gibt.[153]

Im Folgenden wird die intertextuelle Analyse der umstrittenen Paulusbriefe mit literarkritischen und theologischen Untersuchungen verbunden. Dabei geht es u. a. um die Frage, ob das Verhältnis der Briefe zu anderen Paulusbriefen durch literarische „Abhängigkeiten" zu erklären ist oder ob die jeweiligen Unterschiede und Gemeinsamkeiten nicht dadurch bedingt sein könnten, dass Paulus die verschiedenen Briefe in sehr unterschiedlichen Situationen und zu verschiedenen Zeiten geschrieben hat. Es geht also immer auch um die Frage nach der Authentizität der Verfasserangaben. Dabei wird berücksichtigt, dass bereits der Gebrauch einzelner Begriffe auf eine gewisse Parallele hinweisen kann, wenn das auch keineswegs zwingend ist. Andererseits ist es möglich, dass Paralleltexte nicht unbedingt auch gleiche Begriffe enthalten, da gerade Paulus die Begriffe je nach Kontext nachweisbar gezielt einsetzt und dabei auch „Synonyme" verwendet.

---

[151] Vgl. dazu die Ausführungen unten im Abschnitt 4.1.
[152] Vgl. dazu die Ausführungen unten in 4.2.
[153] Johnson, Timothy, 71.

2. Der 2. Thessalonicherbrief – eine Widerlegung des 1. Thessalonicherbriefs?

2.1 Warum der 2. Thessalonicherbrief nicht von Paulus stammen soll

2.1.1 Das Verhältnis zum 1. Thessalonicherbrief

Gemäß Schreiber finden sich im Verhältnis vom 1. und 2. Thessalonicherbrief auffallende Übereinstimmungen „in der Gesamtkonzeption der Briefe, besonders was Anfang und Schluss sowie einige Übergänge betrifft".[1] Die Beobachtungen in Bezug auf das Verhältnis zwischen den zwei Schreiben legen seiner Ansicht nach „die Hypothese einer literarischen Abhängigkeit des 2 Thess von 1 Thess nahe".[2] Andererseits weist Schreiber darauf hin, dass der 2. Thessalonicherbrief „an keiner Stelle" direkt auf 1. Thessalonicher Bezug nimmt, da „die neuen Aussagen ... unverbunden neben den alten" stünden und „die Hörer/innen ... mögliche Verbindungen auf Grund intertextueller Referenzen erst herstellen" müssten.[3] Dabei sollen „gewichtige Indizien" gegen die Identifizierung des Verfassers des 2. Thessalonicherbriefs mit Paulus sprechen.[4]

Auch nach Schnelle ist der 2. Thessalonicherbrief literarisch vom 1. Thessalonicherbrief abhängig, und zwar wegen gleicher Verfasserangaben, gleicher Thematik – wie z. B. „Bedrängnisse und Verfolgungen" – sowie der Erwartungen der Wiederkunft Jesu in den beiden Briefen.[5] Nach Weizsäcker erweckt gerade das Neue im 2. Thessalonicherbrief den Eindruck, „nicht aus neuer wirklicher Veranlassung zu stammen, sondern vielmehr aus einer Bearbeitung des vorliegenden Textes".[6] Und Schreiber bemerkt: „Wäre im 2 Thess Paulus selbst am

---

[1] Schreiber, Der zweite Thessalonicherbrief, 441.
[2] Schreiber, Der zweite Thessalonicherbrief, 443.
[3] Ebd.
[4] Schreiber, Der zweite Thessalonicherbrief, 443. Vgl. auch die Stellungnahme zu den Argumenten bei Mauerhofer, Einleitung 2, 64ff.
[5] Vgl. Schnelle, Einleitung, 394: „Auf eine neue Basis wurde die Diskussion durch W. Wrede gestellt, der in seiner 1903 erschienenen Studie zur Echtheit des 2Thess das literarische Verhältnis beider Briefe zum Schlüssel für die Verfasserschaft machte. Wrede führte in einer minutiösen Einzeluntersuchung den bis heute gültigen Nachweis, dass der Verfasser des 2Thess den ersten Brief als literarische Vorlage benutzte." Vgl. auch Wrede, Echtheit, 29ff. Wrede urteilt: „Das literarische Verhältnis des Briefs zum ersten Thessalonicherbrief bleibt ohne die Annahme der Fälschung völlig unverständlich" (ebd., 114).
[6] Weizsäcker, Das Apostolische Zeitalter, 250. Nach Schreiber benutzt der Verfasser „1 Thess als literarische Vorlage und setzt sich zugleich mit deutlich gewandelten Inhalten auseinander" (Schreiber, Der zweite Thessalonicherbrief, 443).

Werk gewesen, hätte er seine Anliegen sprachlich frei formulieren und sich erklärend auf seine früheren Aussagen beziehen können."[7]
Doch gerade die Tatsache, dass der Verfasser des 2. Thessalonicherbriefs nicht ausdrücklich auf die Aussagen des 1. Thessalonicherbriefs Bezug nimmt, spricht eher für die Echtheit als für eine Fiktion.[8] Auch die Unterschiede[9] erklären sich besser bei Annahme der Echtheit als bei der „Nachahmungshypothese". Deshalb verwundert es nicht, dass eine wachsende Anzahl von Neutestamentlern (auch im deutschsprachigen Raum) mit guten Gründen an der Echtheit des Schreibens festhält bzw. diese annimmt.[10]
Im Folgenden werden die Gründe gegen und für die paulinische Abfassung untersucht. Zudem wird anhand von intertextuellen Studien abgewogen, ob das Verhälnis zum 1. Thessalonicherbrief (und zu den übrigen Paulusbriefen) eher für die Echtheit oder für die Pseudepigrafie des 2. Thessalonicherbriefs spricht.

2.1.2 Die Eschatologie des 2. Thessalonicherbriefs

In der Eschatologie des 2. Thessalonicherbriefs[11] soll ein Widerspruch im Vergleich mit den übrigen paulinischen Aussagen bestehen (z. B. 2. Thess 2,1ff. – 1. Thess 4,13ff. und 5,21f.). Nach Roloff ist 2. Thess 2,1-12 der einzige Abschnitt in dem Brief, „der gegenüber dem ersten Thessalonicherbrief neu und originell ist", und dieser Abschnitt stehe „mit seinen Aussagen zur Eschatologie in einem fundamentalen sachlichen Widerspruch zu 1. Thess 4,13-18; 5,1-11 sowie auch zu 1Kor 15,20-28".[12] Allerdings zeigen Texte wie z. B. 1. Kor 6,14 („er wird auch uns heraus auferwecken") und 2. Kor 5,1-10, dass Paulus mit der Möglichkeit seines Todes vor der Wiederkunft Jesu rechnete (vgl. auch 1. Tim 4,1 und 2. Tim 3,1ff.) bzw. dass die „Verzögerungsproblematik"[13] für ihn ein Thema war.[14] Auch in Phil 1,20-25 setzt sich Paulus mit der Möglichkeit seines

---

[7] Schreiber, Der zweite Thessalonicherbrief, 444.
[8] Vgl. dazu weiter unten.
[9] Vgl. dazu u. a. Malherbe, Letters, 356–359.
[10] So z. B. Niebuhr, Paulusbriefsammlung, 275f.; Röcker, Belial und Katechon, bes. 228–230 und 522f.; Wilckens, Theologie 1/3, 66; Kucicki, Eschatology, 33ff. und 311ff.; Weima, 1–2 Thessalonians, 46–54 und 436f.; Carson/Moo, Einleitung, 649–656; Guthrie, Introduction, 592ff; Jewett, Thessalonian Correspondence, 10–18; Malherbe, Letters, 373–375; ebenso auch schon z. B. Barth, Einleitung, 28ff.; Cullmann, Einleitung, 69ff.; Feine, Einleitung, 112ff.; Michaelis, Einleitung, 230f.; Kümmel, Einleitung, 229–232; Harrison, Introduction, 265f.; Marshall, 1 and 2 Thessalonians, 28–45.
[11] Vgl. dazu ausführlich u. a. Röcker, Belial und Katechon, 323ff. (zur Eschatologie des 1. Thessalonicherbriefs vgl. ebd., 254ff.); Kucicki, Eschatology, 271ff.
[12] Roloff, Einführung, 213.
[13] Vgl. Schnelle, Einleitung, 394.
[14] Vgl. dazu auch u. a. Nicholl, From Hope 4, 187ff.

Sterbens auseinander, wobei ihn nicht die Erwartung der baldigen Wiederkunft Jesu zum Weiterleben motiviert, sondern die Notwendigkeit, weiterhin für die Gemeinde dazusein (vgl. Phil 1,24: „wegen euch"; vgl. auch 2. Kor 1,3-8).[15] Richtig betonen Carson und Moo zudem, dass es im 2. Thessalonicherbrief keine eschatologischen Aussagen gibt, „die sich nicht auch in der jüdischchristlichen Welt in der Mitte des 1. Jh. finden könnten".[16] Sie weisen darauf hin, dass viele jüdische Apokalypsen „dieselbe Mischung aus Naherwartung und dem Hinweis auf warnende Zeichen" enthalten.[17] Weißenborn betont zudem, dass jemand, der Texte wie 1. Thess 4,10b-12 schreibt, kaum in dem Gefühl lebt, „dass sowieso alles nur vorläufig ist, weil der Herr jeden Augenblick wiederkommen kann".[18]

In Wirklichkeit wird im 2. Thessalonicherbrief nicht die Auffassung des 1. Thessalonicherbriefs, sondern die falsche „Auslegung" des Apostels korrigiert, die offenbar durch einen falschen Brief verbreitet wurde (vgl. 2. Thess 2,2).[19] Richtig betont Künemann, dass der Brief nicht die „Meinung" des 1. Thessalonicherbriefs in Bezug auf die Parusie bekämpft, sondern sie vielmehr voraussetzt, „indem nur die Ansicht von unmittelbarster Nähe der Parusie als irrig bestritten wird".[20] Zudem weisen Carson und Moo mit Recht darauf hin, dass die unterschiedlichen Akzente der zwei Briefe in Bezug auf die Eschatologie „sich aus der unterschiedlichen seelsorgerlichen Situation, die beiden Briefen zugrunde liegt, erklären" lassen.

> „Es gibt daher keinen zwingenden Grund, anzunehmen, dass beide Sichtweisen nicht gleichzeitig von Paulus' allgemeiner eschatologischer Sicht sein können. Denn die unterschiedlichen Probleme, die Paulus anspricht, führen dazu, dass er einmal die eine Sicht und das andere Mal die andere Sicht seiner Eschatologie in den Vordergrund stellt."[21]

Es gibt nach Carson und Moo „keinen hinreichenden Grund, warum Paulus nicht ungefähr im Jahre 50 n. Chr. unter dem Einfluss der Aussagen Jesu und des Buches Daniel die Eschatologie des 2Thess vertreten haben könne".[22] Röcker, der in seiner Dissertation die „eschatologischen Vorstellungen" in 2. Thess 2 ausführlich untersucht und mit denen des 1. Thessalonicherbriefs vergleicht[23], folgert, „dass die eschatologischen Ausführungen in 2Thess 2 und

---

[15] Vgl. auch Weißenborn, Apostel, 346.
[16] Carson/Moo, Einleitung, 650.
[17] Ebd.
[18] Weißenborn, Apostel, 347.
[19] Vgl. auch Schreiber, Der zweite Thessalonicherbrief, 445f.
[20] Künemann, Thessalonicher, 165.
[21] Carson/Moo, Einleitung, 654.
[22] Ebd., 655.
[23] Vgl. dazu ausführlich Röcker, Belial und Katechon, 323ff. (zur Eschatologie des 1. Thessalonicherbriefs vgl. ebd., 254ff.); vgl. dazu auch Kucicki, Eschatology, 271ff.

die Gedanken des Paulus in 1Thess 4,13–5,11 durchaus gut miteinander in Zusammenhang gebracht werden können und keineswegs einander entgegenstehende eschatologische Vorstellungen überliefern"[24]. Vielmehr führe 2. Thess 2 „die Gedanken aus 1Thess weiter u.z. unter Aufnahme derselben Traditionen, auf die Paulus im 1Thess für seine eschatologischen Belehrungen zurückgegriffen hatte: eine Vorform von eschatologischen Überlieferungen wie sie Mt 24 vorliegen".[25] Jülicher hebt zudem hervor, dass die Vorstellung von der „Personifikation des gottesschänderischen Heidentums, besser noch der Weltherrscher, die mit Gott um den Besitz der Menschheit ringen", aus vorchristlicher Zeit stammten, „und aus den Rabbinenschulen ... kann sie P. ebensogut wie ein späterer Christ ins Christentum herübergenommen haben, auch die Figur eines im Tempel Gottes sitzenden Antichristen".[26]

Es ist sehr gut möglich, dass Paulus die Aussage in 2. Thess 2,3f. mit dem Hinweis, dass sich der „Mensch der Gesetzlosigkeit" gegen alles auflehnen wird, „was Gott oder Heiligtum (θεὸν ἢ σέβασμα) genannt wird, sodass er sich in den Tempel Gottes (εἰς τὸν ναὸν τοῦ θεοῦ) setzen wird, indem er sich selbst ausweist, dass er Gott ist" (vgl. auch Dan 11,31.36f.), u. a. in Anlehnung an den Kaiserkult in Thessalinike formulierte. So ist in Thessalonike z. B. im Jahr 1874 eine Inschrift aus der Zeit von Kaiser Augustus entdeckt worden, in welcher u. a. die Wörter καίσαρος ναός („des Kaisers Tempel") gefunden worden, und zudem wurde im Jahr 41 n. Chr. eine Münzserie mit den Köpfen der Kaiser Claudius und Augustus herausgegeben, wobei Augustus als θεὸς σέβαστος bezeichnet wird.[27] Zudem ist es sehr gut möglich, dass die „eschatologischen Verwirrungen", vor denen in 2. Thess 2 gewarnt wird, in Thessalonike durch religiöse Strömungen wie z. B. den Dionysos-Kult[28] verursacht wurden[29].[30]

---

[24] Röcker, Belial und Katechon, 515.
[25] Ebd.; vgl. auch ebd., 523: „Als Ergebnis dieses Vergleichs der eschatologischen Abschnitte im 1Thess und 2Thess mit denjenigen der synoptischen Apokalypse lässt sich für die Eschatologie des 2Thess mindestens soviel erkennen, dass der Verf. des 2Thess mit seinen Ausführungen Inhalte ausgeführt hat, die Paulus im 1Thess nicht erwähnt hatte, die sich jedoch gut als direkte Fortführungen und Ergänzungen der Äußerungen aus 1Thess 4,13–5,11 verstehen lassen."
[26] Jülicher, Einleitung, 65.
[27] Vgl. dazu Brocke, Thessaloniki, 138f.; Steimle, Religion, 49ff. und 132ff.
[28] Vgl. dazu Steimle, Religion, 79ff.; zum Dionysos-Kult in Thessalonike vgl. ebd., 172ff. und Brocke, Thessaloniki, 121ff.
[29] Dionysos (= Bakchos) war als Gott des Weines, der Freude, der Fruchtbarkeit und der Ekstase beliebt. Dabei nahmen die Feste einen hohen Stellenwert ein, die in Thessalonike auch um Mitternacht stattfanden, wie eine Inschrift bezeugt (vgl. dazu Brocke, Thessaloniki, 128). „Außerdem hatte die *Jenseitserwartung* dieses Kultes mit ihrer ‚Hoffnung auf Rettung' durchaus etwas zu bieten" (ebd., 127). Es ist möglich, dass Texte wie 1. Thess 4,13 und 5,6-8 („... und die betrunken sind, sind des Nachts betrunken ... und

2. Thessalonicherbrief

Das Argument in Bezug auf die Eschatologie der Thessalonicherbriefe, das gegen die Echtheit des 2. Thessalonicherbriefs ins Feld geführt wird, wird zudem *ad absurdum* geführt, wenn man bedenkt, dass 1. Thess 5,1-11 in einem solchen „schroffen Wiederspruch" zu 1. Thess 4,15-17 stehen soll,[31] dass Friedrich 1. Thess 5,1-11 als „apologetischen Einschub eines Späteren" betrachtet[32], während 1. Thess 4,15-17 nach Schmithals „nicht für Paulus in Anspruch genommen werden" kann, sondern „Aufschluß über die Situation geben" dürfte, „in der die Sammlung der Paulusbriefe vorgenommen wurde".[33]

Kucicki, der in seiner Dissertation ebenfalls die eschatologischen Motive der zwei Thessalonicherbriefe ausführlich miteinander vergleicht, kommt zum Ergebnis, dasss es sich in 2. Thess 2,3-12 um eine Art „Anhang" zu 1. Thess 4,13–5,11 handelt.[34]

> „The discussion of the eschatological motif *the times and seasons* in 1 Thess 5, 1-3 had been overshadowed by consideration of the sudenness of the coming of the Lord, and for that reason the apostle found it unnecessary to discuss the events which will precede the parousia. This conviction was reviewed in the context of a problem concerning the false doctrine of the Day of the Lord (2 Thess 2, 1-12). The attempt to solve this problem was the primary reason for writing the letter."[35]

Kucicki kommt nach seinen ausführlichen Untersuchungen zu der Schlussfolgerung, dass es keine widersprüchlichen Aussagen in der Eschatologie der zwei Briefe gibt.[36] Dem können wir uns grundsätzlich anschließen. Auf jeden Fall gibt es in dieser Hinsicht keinen wirklichen Grund für die Annahme einer Pseudepigrafie beim 2. Thessalonicherbrief.

Broer betont, dass bei Echtheit die zwei Thessalonicherbriefe „nicht längere Zeit auseinanderliegen" könnten, „wenn sie denn von einem Autor stammen

---

den Helm der Hoffnung der Rettung/des Heils") daran anknüpfen (vgl. ebd., 128f.).

[30] Auch die Parole „Frieden und Sicherheit" in 1. Thess 5,3 könnte in Anlehnung an den Kaiserkult formuliert worden sein. Im Zusammenhang mit dieser Parole (vgl. dazu Brocke, Thessaloniki, S. 170ff.) weist Brocke auf Münzprägungen mit den entsprechenden lateinischen Wörtern *pax* und *securitas* (vgl. ebd., S. 176f.). Er verweist dabei auch auf die *Pax Romana* (vgl. ebd., S. 178ff.) und betont in diesem Zusammenhang: „Am deutlichsten kommt der Schulterschluß zwischen Rom und Thessaloniki in einer Bronzemünze zum Ausdruck, die offensichtlich aus Anlaß der Erhebung Thessalonikes zur *civitas libera* im Jahre 41/40 v. Chr. geprägt wurde" (ebd., S. 181).

[31] Vgl. Schmithals, Apokalyptik, 188.
[32] So Friedrich, 1. Thessalonischer 5,1-11, 288–315.
[33] Schmithals, Apokalyptik, 191. Zum Verhältnis zwischen 1. Thess 4,13ff. und 1. Thess 5,1ff. vgl. auch u. a. Nicholl, From Hope, 73.
[34] Kucicki, Eschatology, 330.
[35] Ebd., S: 330f.
[36] Vgl. ebd., 331.

sollen".³⁷ Dann bliebe nach ihm „aber keine Zeit für die vermutete Änderung der Situation in Thessalonich, die auf seiten des Apostels einen Wechsel von der Naherwartung zu einer Dehnung der Zeit nötig machte".³⁸

Dafür brauchte Paulus allerdings keine Zeit, da er in einem Brief sowohl von der Möglichkeit, bei der Wiederkunft Jesu noch zu leben, als auch von dem Fall, dann bereits verstorben zu sein (vgl. z. B. 1. Kor 6,14 mit 1. Kor 15,51f.), ausgehen kann. Paulus hat also seine Meinung keineswegs geändert.

Nach Niebuhr erklären sich die Unterschiede in den Ausführungen zum Wiederkommen Christi daraus, „dass die Agitatoren, auf die Paulus in 2 Thess 2,2f Bezug nimmt, erst aufgetreten bzw. ihm bekannt geworden sind, nachdem er den ersten Brief angesandt hatte", womit der zweite Brief „als Ergänzung und Präzisierung des ersten angesichts neu aufgetretener Probleme in Thessalonich zu verstehen" sei.³⁹ Und Stuhlmacher ergänzt: „In [2. Thess] 2,3–12 wird der irrigen Meinung der Schwärmer die richtige paulinische entgegengestellt. Die Verse sind als ein ergänzender Kommentar zu den apokalyptischen Belehrungen in 1Thess 4,13–5,11 zu verstehen."⁴⁰ Diese Annahme ist sicher zutreffend.

2.1.3 Der Vorwurf der absichtlichen Fälschung

Außerdem soll der Verfasser des 2. Thessalonicherbriefs so argumentieren, als wüsste er nichts von der Existenz des 1. Thessalonicherbriefs, obwohl er ihn literarisch nachahme.⁴¹ Nach Lindemann will der Verfasser den 1. Thessalonicherbrief mit dem Schreiben ersetzen.⁴² „2 Thess erscheint für sich betrachtet nicht als zweiter, sondern als erster bzw. einziger Brief des Paulus an die Gemeinde von Thessalonich."⁴³ Andere nehmen an, dass sich 2. Thess 2,2 auf ein Missverständnis des 1. Thessalonicherbriefs bezieht.⁴⁴

Nach Broer greift der Verfasser „nicht aus beliebigen Gründen zum Mittel der Pseudepigraphie, sondern er sieht keine andere Möglichkeit, sich selbst und seine für ihn zwingende Ansicht zur Parusie zu Gehör zu bringen, weil die nach seiner Meinung falsche und gefährliche Meinung von der unmittelbar bevorstehenden Parusie (zu Unrecht!?) von der Autorität des Apostels gedeckt wird".⁴⁵ Allerdings ist in 2. Thess 2,2 nicht von einer „unmittelbar bevorstehenden Paru-

---

³⁷ Broer, Einleitung, 478.
³⁸ Ebd.
³⁹ Niebuhr, Paulusbriefsammlung, 276.
⁴⁰ Stuhlmacher, Theologie II, 56.
⁴¹ Vgl. z. B. Laub, Paulinische Autorität, 404.
⁴² Lindemann: Abfassungszweck, 35–47.
⁴³ Ebd., 36.
⁴⁴ Vgl. z. B. Jewett, Thessalonian Correspondence, 191 (mit dem Hinweis, dass dieses „Missverstehen" des 1. Thessalonicherbriefs allein 2. Thess 2,2 nicht erkläre).
⁴⁵ Broer, Einleitung, 484.

sie" die Rede, sondern davon, dass der „Tag des Herrn" bereits „eingetreten" sein soll (ὡς ὅτι ἐνέστηκεν ἡ ἡμέρα τοῦ κυρίου).[46] Ein Fälscher, der Paulus hätte korrigieren wollen, hätte sich m. E. zweifelsohne anders ausgedrückt. Wäre Verfasser des 2. Thessalonicherbriefs ein Fälscher gewesen, so wäre der Brief kaum direkt an die Empfängerschaft des 1. Thessalonicherbriefs gerichtet. Denn diese hätten die Fälschung zweifelsohne erkannt. Geht man aber von einer fiktiven Empfängerschaft aus, so stellt sich die Frage, wen der Verfasser genau korrigieren wollte.

Nach Röcker liegt es nahe, bei dem Ausdruck ἐπιστολή („Brief") in 2. Thess 2,2[47] an den 1. Thessalonicherbrief zu denken, „da die dort von Paulus beschriebene Naherwartung, insbes. 4,15-17, aber auch 5,3.5, tatsächlich Grund bot, zu einer Auffassung zu kommen, der Tag des Herrn stehe ganz inmittelbar bevor".[48] Diese Äußerungen hätten möglicherweise dazu geführt, „dass von einigen die Auffassung vertreten wurde, Paulus habe gelehrt: ἐνέστηκεν ἡ ἡμέρα τοῦ κυρίου [‚eingetreten ist der Tag des Herrn']".[49] Doch letztendlich habe nicht der 1. Thessalonicherbrief „in Unsicherheit versetzt, sondern ein Teil des Inhaltes dieses Briefes, der falsch interpretiert wurde".[50] Dem Verfasser des 2. Thessalonicherbriefs gehe es deshalb nicht um den Verweis auf den 1. Thessalonicherbrief, sondern „um die Korrektur der falsch interpretierten Eschatologie", wobei „Geist" und „Wort" ebenfalls eine Rolle gespielt hätten.[51]

2. Thess 2,2 scheint sich jedoch auf einen falschen Brief zu beziehen, der unter dem Namen des Paulus in Thessalonike im Umlauf war.[52] Darin wurde augenscheinlich behauptet, dass der Tag des Herrn schon eingetreten sei (ὡς ὅτι ἐνέστηκεν ἡ ἡμέρα τοῦ κυρίου[53]) – anders ist die Perfektform ἐνέστηκεν kaum zu verstehen (vgl. dazu auch Röm 8,38; 1. Kor 3,22; 7,26; Gal 2,2; Hebr 9,9 sowie die Futurform in 2. Tim 3,1).[54]

---

[46] Vgl. dazu die Ausführungen weiter oben.
[47] Vgl. dazu Röcker, Belial und Katechon, 341ff.
[48] Ebd., 360.
[49] Ebd., 346.
[50] Ebd., 361.
[51] Ebd.
[52] Vgl. dazu u. a. Röcker, Belial und Katechon, 341ff. Nach Röcker bezieht sich der Ausdruck δι' ἐπιστολῆς allerdings auf den 1. Thessalonicherbrief (vgl. ebd., 346 und 360f.).
[53] Vgl. auch 2. Tim 2,18: „... indem sie sagen, dass die Auferstehung bereits geschehen sei ...".
[54] Vgl. dazu u. a. Röcker, Belial und Katechon, 346ff. Martin stellt fest: „The perfect tense verb *(enestēken)* means ‚has arrived', not ‚is imminent'. Elsewhere Paul used *enestēken* to signify ‚present' in contrast to future events (Rom 8:38; 1 Cor 3:22) and to speak of the ‚present' distress in which the church lived (1 Cor 7:26). When Paul did wish to describe the imminence of the parousia, he used different terms (see Rom

Offenbar nimmt der Autor in 2. Thess 2,1ff. Bezug auf 1. Thess 4,14-17, ohne auf Einzelheiten einzugehen. Damit wird der Inhalt von 1. Thess 4,14-17 bei den Empfängern als bekannt vorausgesetzt.[55] Und da es im 2. Thessalonicherbrief nicht um eine Korrektur des 1. Thessalonicherbriefs geht, sondern um die Korrektur einer falschen Interpretation des Paulus, muss der Verfasser auch nicht ausdrücklich auf den 1. Thessalonicherbrief Bezug nehmen, ohne ihn zu ignorieren.

2.1.4 Die „Hervorhebung der Überlieferung" und 2. Thess 3,17

Die „Hervorhebung der Überlieferung" (vgl. dazu 2. Thess 2,15; 3,6) spricht gemäß Schreiber für ein pseudepigrafisches Schreiben.[56] Diese „Überlieferung" erhalte „stärker den Charakter eines verlässlichen und daher verbindlichen Maßstabs als eines aktuell-lebendigen Prozesses zwischen Paulus und der Gemeinde (wie z. B. in 1 Kor 11,2 sichtbar)".[57] Schreiber ergänzt: „Der Bezug zum Apostel geschieht über die ‚Tradition'!"[58] Hier wird m. E. ein Gegensatz kreiert, der in Wirklichkeit gar nicht besteht und auch nicht begründet werden kann. Vergleicht man 1. Kor 11,2 z. B. mit 1. Kor 4,6, so kann man auch in diesem „echten" Paulusbrief davon ausgehen, dass der „Bezug zum Apostel über die Tradition" geschehe. Den Begriff der „Überlieferung" (παράδοσις)[59] hat der Apostel offenbar aus dem Judentum übernommen, wie Gal 1,14 und 2,8 zeigen (vgl. auch z. B. Röm 6,17; 16,17; 1. Kor 11,23; 15,1-3).[60]

Die Aussage in 2. Thess 3,17, dass der Verfasser den Gruß des Briefs „mit meiner, des Paulus, Hand" geschrieben habe und dass das „ein Zeichen in jedem Brief" sei mit der Anmerkung: „so schreibe ich", soll dem „unechten Brief" Eingang in die Gemeinden verschaffen wollen.[61] Allerdings ist das ein deutli-

---

13:12; Phil 4:5)" (Martin, 1 and 2 Thessalonians, 227f.).

[55] Der einleitende Satz in 2. Thess 2,1 (Ἐρωτῶμεν δὲ ὑμᾶς, ἀδελφοί ...) erscheint wörtlich bereits in 1. Thess 5,12 und ähnlich in 1. Thess 4,1. Diese zwei Abschnitte, die im 1. Thessalonicherbrief so eingeleitet werden, behandeln an und für sich nicht – wie in 2. Thess 2,1ff. – das Thema der Wiederkunft Jesu, aber sie umrahmen die Ausführungen darüber und scheinen auch direkt damit zusammenzuhängen.

[56] Schreiber, Der zweite Thessalonicherbrief, 443.
[57] Ebd., 442.
[58] Ebd..
[59] Vgl. dazu z. B. Ridderbos, Begründung, 27ff.; Cullmann, Tradition, 7ff.; Wegenast, Verständnis, 34ff.; Fiedrowicz, Theologie d, 44–87.
[60] Vgl. auch Carson/Moo, Einleitung, 650: „Ferner gibt es auch keinen Unterschied zwischen der Bezugnahme auf die überlieferte Lehre in 2Thess 2,15 und dem Bezug auf die Lehre in dem allgemein als echt anerkannten Röm (6,17)."
[61] Vgl. z. B. Laub, Paulinische Autorität, 409.

cher Hinweis auf einen echten Paulusbrief (vgl. auch 1. Kor 16,21; Gal 6,11)[62], und zwar offensichtlich als Reaktion auf einen gefälschten Paulusbrief, der offenbar im Umlauf war (vgl. 2. Thess 2,2).[63] Anderenfalls wäre der Brief eine bewusste Fälschung und somit eine Täuschung der Empfängerschaft, was bei diesen – wenn man in dem Fall nicht vielmehr von einer fiktiven Empfängerschaft ausgehen müsste – schwerlich unbemerkt geblieben wäre.[64] Überhaupt ist kaum wahrscheinlich, dass ein solcher Fälscher, der seine Leser bewusst betrügen wollte, betont hätte, dass er „in jedem Brief" dieses „Zeichen" mit der eigenen Hand schreibe, obwohl dieses „Zeichen" im 1. Thessalonicherbrief gar nicht erscheint. Wahrscheinlich ist vielmehr, dass Paulus auch in den Briefen, in denen der Gruß mit eigener Hand nicht erwähnt wird, diesen Gruß mit einigen persönlichen Worten ergänzte.[65] Dadurch erklärt sich die Anmerkung in 2. Thess 3,17 auf jeden Fall viel besser als bei Annahme von Pseudepigrafie.

2.1.5 Wendungen, die bei Paulus sonst nicht erscheinen

Für Schnelle ist nicht klar, ob „der unbekannte Verfasser des 2Thess im engeren Sinn der Paulusschule angehörte, ... denn bei ihm findet sich an keiner Stelle eine kreative Aufnahme oder Weiterentwicklung paulinischer Gedanken".[66] Aufschlussreich seien „17 Wendungen, die nur im 2Thess, nicht aber sonst im Neuen Testament erscheinen".[67] Schnelle hatte jedoch in seiner Göttinger Dis-

---

[62] Vgl. auch z. B. Kümmel, Einleitung, 230; Bartholomä, 2Thess 2:2 und 3:17, 289–308.

[63] Ich gehe davon aus, dass ὡς δι' ἡμῶν in 2. Thess 2,2 sich auf den Brief bezieht, der direkt vorher erwähnt wird (und nicht auch auf den „Geist" und das „Wort"). Fee verbindet den Ausdruck an dieser Stelle weder allein mit dem „Brief" noch mit allen drei Begriffen, sondern mit dem anschließenden Satz ὡς ὅτι ἐνέστηκεν ἡ ἡμέρα τοῦ κυρίου, indem er bemerkt: „In this case Paul is not saying that the letter did not come from him ... but that *what they are now believing* about the day of the Lord did not come through him. Thus Paul's immediate concern is singular: he is in no way responsible for the misinformation regarding the Parousia that has in some way been attributed to him" (Bruce, 1 and 2 Thessalonians, 275).

[64] Vgl. auch u. a. Richards, Secretary, 175. Vgl. zudem die Anmerkung von Frenschkowski zur Pseudepigrafie allgemein: „Es bleibt dabei, daß Pseudepigraphie eine bewußte und planmäßige Täuschung ist, welche – wenn sie erkannt worden wäre – damalige Leser im allgemeinen ebenso vor den Kopf gestoßen hätte wie heutige ... Die Behauptung, es habe keinen Begriff des geistigen Eigentums, der individuellen Autorenpersönlihckeit im Umfeld des Neuen Testamentes gegeben, ist verfehlt ..." (Frenschkowski, Pseudepigraphie, 251).

[65] Vgl. auch Menken, 2 Thessalonichans, 36.

[66] Schnelle, Einleitung, 395; vgl. auch z. B. Schreiber, Der zweite Thessalonicherbrief, 443.

[67] Schnelle, Einleitung, 395.

sertation festgestellt, dass es „zu den Eigentümlichkeiten des ältesten uns erhaltenen Paulusbriefs", des 1. Thessalonicherbriefs, gehöre, dass darin „Rechtfertigungsaussagen und wichtige anthropologische Begriff wie σάρξ, σῶμα, θάνατος, ζωή und ἐλευθερία fehlen".[68] Fragt sich, mit welchem Recht dann der 1. Thessalonicherbrief als echter Paulusbrief betrachtet wird. Dass die „kreative Aufnahme oder Weiterentwicklung paulinischer Gedanken" fehlt, spricht deutlich für eine frühe Abfassung des 2. Thessalonicherbriefs.

2.2 Die Verwandtschaft der zwei Thessalonicherbriefen

2.2.1 Vorbemerkungen

Nach Steinmann und Tillmann ist es ein „schwerwiegender methodischer Fehler", wenn Wrede „immer nur auf das Verhältnis des 2 Thess zum ersten Briefe an diese Gemeinde schaut, statt den Versuch zu machen, aus der Psychologie beider Briefe heraus ihr gegenseitiges Verhältnis zu begreifen und hier den Schlüssen zu den Ähnlichkeiten wie zu den Verschiedenheiten zu finden".[69] Und Carson und Moo betonen, dass es „z. B. im zweiten Brief keine einzige Passage" gibt, „die dem langen Abschnitt im ersten Brief, der die Interaktion des Paulus mit den Thessalonichern und seine Verkündigung bei ihnen beschreibt (2,1–3,13), auch nur im Entferntesten ähnlich wäre".[70]
Im Folgenden soll auf die Verwandtschaft zwiscen den zwei Thessalonicherbriefen eingegangen werden. Dabei soll untersucht werden, ob in dieser Hinsicht von einer literarischen Abhängigkeit auszugehen ist oder doch eher davon, dass die Verwandtschaft auf den gleichen Verfasser zurückzuführen ist.

2.2.2 Die Einleitungen und Abschlüsse der Thessalonicherbriefe

Bereits der Eingang der beiden Schreiben ist fast identisch, wie der folgende Vergleich zeigt:

Thess 1,1: Παῦλος καὶ Σιλουανὸς καὶ Τιμόθεος τῇ ἐκκλησίᾳ Θεσσαλονικέων ἐν θεῷ πατρὶ καὶ κυρίῳ Ἰησοῦ Χριστῷ. χάρις ὑμῖν καὶ εἰρήνη.

„Paulus und Silvanus und Timotheus

Thess 1,1-2: Παῦλος καὶ Σιλουανὸς καὶ Τιμόθεος τῇ ἐκκλησίᾳ Θεσσαλονικέων ἐν θεῷ πατρὶ ἡμῶν καὶ κυρίῳ Ἰησοῦ Χριστῷ χάρις ὑμῖν καὶ εἰρήνη ἀπὸ θεοῦ πατρὸς [ἡμῶν] καὶ κυρίου Ἰησοῦ Χριστοῦ.

„Paulus und Silvanus und Timotheus

---

[68] Schnelle, Gerechtigkeit, 112.
[69] Steinmann/Tillmann, Der zweite Thessalonicherbrief, 63.
[70] Carson/Moo, Einleitung, 653f.

der Gemeinde der Thessalonicher in Gott, dem Vater, und dem Herrn Jesus Christus: Gnade euch und Friede!"	der Gemeinde der Thessalonicher in Gott, unserem Vater, und dem Herrn Jesus Christus: Gnade euch und Friede von Gott, dem Vater, und dem Herrn Jesus Christus! "

Der Segensgruß „ergänzt" in 2. Thess 1,1f. lediglich das ἡμῶν („von uns") nach πατρί („[dem] Vater")[71] und die Erweiterung ἀπὸ θεοῦ πατρὸς [ἡμῶν][72] καὶ κυρίου Ἰησοῦ Χριστου („von Gott, unserem Vater, und [von unserem] Herrn Jesus Christus"), die sonst in der Regel in den Paulusbriefen begegnet (so in Röm 1,7; 1. Kor 1,3; 2. Kor 1,2; Gal 1,3; Eph 1,2; Phil 1,2; Phlm 3; vgl. auch 1. Tim 1,2; 2. Tim 1,2; Tit 1,4b).[73] Im Vergleich zu anderen Paulusbriefen fällt auf, dass der Verfasser sich in beiden Thessalonicherbriefen ledidlich als „Paulus" und nicht zusätzlich als „Apostel" bezeichnet, wie das in 9 der 13 neutestamentlichen Paulusbriefen der Fall ist. Diese zusätzliche Bezeichnung als „Apostel" fehlt sonst nur im Philipper- und im Philemonbrief, in welchen Timotheus jeweils neben Paulus als Verfasser bzw. Mitabsender erscheint. Wäre der Verfasser des 2. Thessalonicherbriefs ein Fälscher und hätte z. B. in 2. Thess 3,17 die apostolische Autorität besonders betonen wollen, so hätte er im Präskript kaum auf den Aposteltitel verzichtet. Die Bezeichnung der Adressaten als „Gemeinde der ..." erscheint in den Paulusbriefen außer in den zwei Thessalonicherbriefen nur noch im Galaterbrief[74] – und somit im einzigen Paulusbrief, der vor den zwei Thessalonicherbriefen abgefasst worden sein muss. Auch der Schluss ist in beiden Briefen fast identisch. 2. Thess 3,18 unterscheidet sich von 1. Thess 5,28 lediglich darin, dass dort der Ausdruck μετὰ πάντων ὑμῶν („mit euch allen") statt wie in 1. Thess 5,28 μετὰ ὑμῶν („mit euch") erscheint. Ähnliche Segenswünsche am Schluss erscheinen zwar auch in Gal 6,18

---

[71] Dieses ἡμῶν erscheint in 1. Thess 1,1 in wenigen Handschriften, darunter Kodex A.
[72] In folgenden Manuskripten wird ἡμῶν ausgelassen: B D P 0111^vid. 33. 1739. 1881 pc m bo^pt, während es durch diese Textzeugen überliefert wird: ℵ A F G I 0278 𝔐 lat sy sa bopt. Da ἡμῶν im gleichen Kontext in den Paulusbriefen sonst nur in Eph 6,23 (hier allerdings nicht im Präskript); 1. Tim 1,2; 2. Tim 1,2 und Tit 1,4 fehlt (anders in 1. Kor 1,3; 2. Kor 1,2; Gal 1,2; Phil 1,2; Kol 1,2; 1), ist davon auszugehen, dass es später ergänzt wurde, um den Text dem „allgemeinen" Gebrauch des Paulus anzupassen.
[73] Dabei ist allerdings zu beachten, dass die Textzeugen B F G Ψ 0278. 629. 1739. 1881 lat sy^P sa zwar den Zusatz ἀπὸ θεοῦ πατρὸς ἡμῶν καὶ κυρίου Ἰησοῦ Χριστοῦ in 1. Thess 1,1 weglassen, dass dieser Zusatz, der sonst so oder ähnlich in allen übrigen Paulusbriefen in den Textzeugen ℵ A D I K L P 33. 81. 104. (365). 630. 1175. 1241. 1505. 2464 𝔐 (m) vg^mssh sy^h** bo erscheint (in D ohne ἡμῶν), womit dieser für Paulus typische Segenswunsch auch in 1. Thess 1,1 gut bezeugt ist und sehr gut ursprünglich sein kann.
[74] Vgl. auch Trilling, Untersuchungen, 69. Allerdings übersieht Trilling offenbar die Parallele im Galaterbrief.

sowie Phil 4,23 und Phlm 25, doch erscheint in diesen Versen jeweils der Ausdruck μετὰ τοῦ πνεύματος ὑμῶν („mit eurem Geist"). Dass die unterschiedliche Betonung in 1. Thess 5,28 und 2. Thess 3,18 kaum Zufall ist, zeigt die Tatsache, dass bereits in 1. Thess 1,2 die Wendung περὶ πάντων ὑμῶν („in Bezug auf euch alle") erscheint[76], während in 2. Thess 1,3 die Wendung περὶ ὑμῶν („in Bezug auf euch") begegnet, wobei an dieser Stelle ... ἡ ἀγάπη ἑνὸς ἑκάστου πάντων ὑμῶν εἰς ἀλλήλους („... die Liebe eines jeden Einzelnen von euch allen untereinander") folgt (vgl. dazu 1. Thess 3,12: καὶ περισσεύσαι τῇ ἀγάπῃ εἰς ἀλλήλους καὶ εἰς πάντας). Damit erscheint das betonte „alle" in der Anrede der Adressaten im 1. Thessalonicherbrief in der Einleitung und im 2. Thessalonicherbrief im Briefschluss. Eine literarische „Abhängigkeit" kann diese Tatsache kaum erklären.

2.2.3 Übersicht über weitere Paralllelen zwischen den Briefen
Im Weiteren fallen u. a. die folgenden Parallelen auf[77]:

1. Thessalonicher:	2. Thessalonicher:
1,2-4: „*Wir danken Gott allezeit für euch alle* (εὐχαριστοῦμεν τῷ θεῷ πάντοτε περὶ πάντων ὑμῶν), indem wir in unseren Gebeten [an euch] denken und uns unablässig an euer *Werk des Glaubens* und an die *Mühe der Liebe* und an *das Ausharren der Hoffnung* unseres/auf unseren Herrn Jesus Christus vor Gott, unserem Vater, erinnern, weil wir, von Gott geliebte Geschwister, eure Erwählung ... kennen ..."	1,3f.: „*Wir müssen Gott allezeit für euch*, Geschwister, *danken* (εὐχαριστεῖν ὀφείλομεν τῷ θεῷ πάντοτε περὶ ὑμῶν, ἀδελφοί), wie es würdig ist, dass *euer Glaube* überaus wächst und *die Liebe eines jeden von euch gegeneinander* zunimmt, sodass wir uns euer in den Gemeinden Gottes rühmen wegen *eures Ausharren und Glaubens* in allen euren Verfolgungen und den Bedrängnissen, die ihr erträgt ..."[78]
1,6f.; 2,14: „Und *auch ihr seid unsere*	3,7.9: „... wie man *uns nachah-*

---

[76] Die Wendung περὶ πάντων ὑμῶν erscheint so in den Paulusbriefen nur noch in Röm 1,8, während die Wendung περὶ ὑμῶν in den Paulusbriefen insgesamt zwölfmal gebraucht wird und somit für Paulus „typisch" ist (vgl. Röm 15,14; 1. Kor 1,4.11; Phil 1,27; 2.19.20; Kol 1,3; 2. Thess 1,3.11.13; 2. Tim 1,3).
[77] Vgl. dazu auch u. a. Schreiber, Der zweite Thessalonicherbrief, 441f.
[78] Der Ausdruck ἀδελφοὶ ἠγαπημένοι erscheint im Neuen Testament nur in 1. Thess 1,4 und 2. Thess 2,13. Ansonsten erscheint das Plural-Partizip ἠγαπημένοι im Neuen Testament nur noch in Kol 3,12 und Jud 1.

2. Thessalonicherbrief

Nachahmer und [die] des Herrn geworden ..., sodass ihr *ein Vorbild* geworden seid ... Ihr seid nämlich, Geschwister, Nachahmer geworden ..." (Καὶ ὑμεῖς μιμηταὶ ἡμῶν ἐγενήθητε καὶ τοῦ κυρίου ... ὥστε γενέσθαι ὑμᾶς τύπον ... ὑμεῖς γὰρ μιμηταὶ ἐγενήθητε, ἀδελφοί ...).

1,10: „... und erwarten seinen Sohn vom Himmel her, den er von den Toten auferweckt hat, Jesus, der uns vom kommenden Zorn errettet hat."

2,9: „Erinnert euch nämlich, Geschwister, an eure *Mühe und Arbeit, indem wir Nacht und Tag arbeiteten, um nicht jemandem von euch zur Last zu fallen* ... (...τὸν κόπον ἡμῶν καὶ τὸν μόχθον· νυκτὸς καὶ ἡμέρας ἐργαζόμενοι πρὸς τὸ μὴ ἐπιβαρῆσαί τινα ὑμῶν ...)".

2,13: „... *und wir danken Gott unablässig* ..." (... καὶ ἡμεῖς εὐχαριστοῦμεν τῷ θεῷ ἀδιαλείπτως ...).

3,8: „... wenn ihr im Herrn *fest steht* ..." (... ἐὰν ὑμεῖς *στήκετε* ἐν κυρίῳ ...).

men muss ... wir haben uns selbst euch *als Vorbild* (Beispiel) gegeben, um *uns nachzuahmen* ..." (... πῶς δεῖ μιμεῖσθαι ἡμᾶς ... ἑαυτοὺς τύπον δῶμεν[79] ὑμῖν εἰς τὸ μιμεῖσθαι ἡμᾶς ...; vgl. auch 1. Thess 2,9).

1,9f.: „... sie werden gerechte Strafe erleiden (bezahlen; οἵτινες δίκην τίσουσιν[80]), ewiges Verderben vom Angesicht des Herrn und von der Herrlichkeit seiner Stärke, wenn er kommt, sich unter seinen Heiligen zu verherrlichen ..."

3,8: „... sondern *indem wir in Mühe und Arbeit Nacht und Tag arbeiteten, um nicht jemandem von euch zur Last zu fallen* ..." (... ἀλλ' ἐν κόπῳ καὶ μόχθῳ νυκτὸς καὶ ἡμέρας ἐργαζόμενοι πρὸς τὸ μὴ ἐπιβαρῆσαί τινα ὑμῶν ...).

2,13: „*Wir aber müssen Gott allezeit* für euch *danken* ..." (ἡμεῖς δὲ ὀφείλομεν εὐχαριστεῖν τῷ θεῷ πάντοτε περὶ ὑμῶν ...).

2,15: „... *steht fest* und haltet fest ..." (... *στήκετε* καὶ κρατεῖτε[81] ...).

---

[79] Der Ausdruck τύπον δίδωμι wird im Neuen Testament sonst nicht gebraucht. In Phil 3,17 erscheint der Ausdruck τύπον ἔχω und in 1. Thess 1,7 sowie in 1. Tim 4,12 und in 1. Petr 5,3 der Ausdruck τύπον γίνομαι.

[80] Das Verb τίνω ist im Neuen Testament nur in 2. Thess 1,9 (das Kompositum ἀποτίσω zudem in Phlm 19), das Nomen δίκη auch noch in Apg 28,4 und Jud 7 gebraucht. Der Ausdruck δίκην τίνω erscheint aber einige Male in den Schriften des Philo von Alexandria (so in Deus 48.74; Conf 118; Mos 1,245; Spec 3,175; Prov 2,40).

[81] Das Verb κρατέω erscheint in den Paulusbriefen nur noch in Kol 2,19 (in Bezug auf die Menschen, die Christus nicht als Haupt festhalten), das verwandte Verb κραταιόω

3,2.11.13: „... um *euch zu festigen und zu ermutigen* (εἰς τὸ στηρίξαι[82] ὑμᾶς καὶ παρακαλέσαι) in Bezug auf euren Glauben ... *Er selbst aber*, Gott und unser Vater, und unser Herr Jesus ... *um eure Herzen zu festigen* (αὐτὸς δὲ ὁ θεὸς καὶ πατὴρ ἡμῶν καὶ ὁ κύριος ἡμῶν Ἰησοῦς ... εἰς τὸ στηρίξαι ὑμῶν τὰς καρδίας)."[83]

2,16; 3,3: „*Er selbst aber*, unser Herr Jesus Christus, und Gott, unser Vater ... *ermutige eure Herzen und festige* ... (αὐτὸς δὲ ὁ κύριος ἡμῶν Ἰησοῦς Χριστὸς καὶ [ὁ] θεὸς ὁ πατὴρ ἡμῶν ... παρακαλέσαι ὑμῶν τὰς καρδίας καὶ στηρίξαι ...). Treu aber ist der Herr, er wird euch festigen und bewahren vor dem Bösen."

4,3: „*Im Übrigen* also, *Geschwister* ..." (λοιπὸν οὖν, ἀδελφοί ...).

3,1: „*Im Übrigen* betet, *Geschwister* ..." (τὸ λοιπὸν προσεύχεσθε, ἀδελφοί ...).

4,5: „... die Nationen, *die Gott nicht kennen* (τὰ μὴ εἰδότα τὸν θεόν) ..."

1,8: ... denen, *die Gott nicht kennen* (τοῖς μὴ εἰδόσιν θεὸν) ..."

4,11: „... *ruhig zu sein* und das Eigene zu tun und mit euren eigenen Händen *zu arbeiten* (ἡσυχάζειν[84] καὶ πράσσειν τὰ ἴδια καὶ ἐργάζεσθαι ταῖς [ἰδίαις] χερσὶν ὑμῶν) ..."

3,12: „... damit ihr *mit Ruhe arbeitend* euer Brot esst (ἵνα μετὰ ἡσυχίας ἐργαζόμενοι τὸν ἑαυτῶν ἄρτον ἐσθίωσιν) ..."

4,12; 5,14: „... damit ihr anständig *wandelt* (ἵνα περιπατῆτε εὐσχημόνως) ... Wir ermahnen/ermutigen euch aber, Geschwister, *weist die Unordentlichen zurecht* (παρακαλοῦμεν δὲ ὑμᾶς, ἀδελφοί, νουθετεῖτε τοὺς ἀτάκτους) ..."

3,6.11.15b: „... Wir verkündigen euch aber, Geschwister, ... euch von jedem Bruder, *der unordentlich wandelt*, zurückzuziehen (παραγγέλλομεν δὲ ὑμῖν, ἀδελφοί, ... στέλλεσθαι[85] ὑμᾶς ἀπὸ παντὸς ἀδελφοῦ ἀτάκτως περιπατοῦντος) ... Wir hören nämlich, dass einige unter euch *unordentlich wandeln* ... sondern als

---

in 1. Kor 16,13 und Eph 3,16 und das verwandte Nomen κράτος in Eph 1,19; 6,10; Kol 1,11 sowie 1. Tim 6,16 (in Bezug auf die Kraft Gottes; vgl. auch 1. Kor 7,9: ἐγκρατεύονται; 1. Kor 9,25: ἐγκρατεύεται; 2. Kor 6,18: παντοκράτωρ; Eph 6,12: τοὺς κοσμοκράτορας; 2. Tim 3,3: ἀκρατεῖς; Tit 1,8: ἐγκρατῆ).

[82] Das Verb ist in den Paulusbriefen sonst nur in Röm 16,25 gebraucht.

[83] Das Verb στηρίζω erscheint sonst in den Paulusbriefen nur noch zweimal im Römerbrief (Röm 1,11; 16,25).

[84] Das Verb wird in den Paulusbriefen nur an dieser Stelle gebraucht. Das Nomen ἡσυχία erscheint in den Paulusbriefen neben 2. Thess 3,12 noch in 1. Tim 2,11-12.

[85] Das einfache Verb στέλλω erscheint im Neuen Testament nur noch in 2. Kor 8,20.

	Burder *weist ihn zurecht* (περιπατοῦντας ἐν ὑμῖν ἀτάκτως ... ἀλλὰ νουθετεῖτε ὡς ἀδελφός)."
5,9: „... dass euch Gott nicht zum Zorn, sondern *zum Besitz der Rettung durch unseren Herrn Jesus Christus* (εἰς περιποίησιν σωτηρίας διὰ τοῦ κυρίου ἡμῶν Ἰησοῦ Χριστοῦ) gesetzt/bestimmt hat."	2,14: „... zu dem er euch (auch) berufen hat durch das Evangelium *zum Besitz der Herrlichkeit unseres Herrn Jesus Christus* (εἰς περιποίησιν δόξης τοῦ κυρίου ἡμῶν Ἰησοῦ Χριστοῦ)."
5,23: „Er *selbst* aber, der Gott des Friedens (αὐτὸς δὲ ὁ θεὸς τῆς εἰρήνης), bewahre euch ..."	3,16: *„Er selbst aber, der Herr des Friedens* (αὐτὸς δὲ ὁ κύριος τῆς εἰρήνης), gebe euch ..."
5,24: *„Treue ist* der, der euch berufen hat, er ..."	3,3: *„Treu aber ist* der Herr, er ..."

2.2.4 Die Erweiterung des Segenswunsches und dessen Wiederaufnahme in den Thessalonicherbriefen

Nach 1. Thess 1,3 erinnert Paulus sich im Gebet u. a. an das „Werk des Glaubens" (τοῦ ἔργου τῆς πίστεως) der Thessalonicher, während er nach 2. Thess 1,11 „allezeit für euch" betet, dass Gott u. a. das „Werk [des] Glaubens" (ἔργον πίστεως) in Kraft erfülle. Der Ausdruck ἔργον (τῆς) πίστεως („Werk [des] Glaubens") erscheint im Neuen Testament nur an diesen zwei Stellen. Bei 2. Thess 1,11 handelt es sich jedoch kaum um eine literarische Anlehnung an 1. Thess 1,3. So erscheinen z. B. in 2. Thess 1,11, abgesehen von dieser Ähnlichkeit, vor allem Begriffe, die nicht im 1. Thessalonicherbrief, aber sonst in den Paulusbriefen erscheinen, wie z. B. κλῆσις („Berufung"; vgl. dazu Röm 11,29; 1. Kor 1,26; 7,20; Eph 1,18; 4,1.4; Phil 3,14; 2. Tim 1,9), πληρόω („erfüllen"; 23-mal in den Paulusbriefen), εὐδοκία („Wohlgefallen; vgl. Röm 10,1; Eph 1,5.9; Phil 1,15; 2,13) und ἀγαθωσύνη („Güte"; vgl. Röm 15,14; Gal 5,22; Eph 5,9), wobei besonders eine gewisse Parallele zu Röm 15,13f. auffällt. Andererseits erscheint in diesem Zusammenhang der Ausdruck ἐν δυνάμει („in Kraft"), der in den Thessalonicherbriefen nur noch in 1. Thess 1,5 gebraucht wird[86] und damit wiederum eine gewisse Parallele in der Einführung der zwei Briefe darstellt. Die Bitte, dass die Liebe der Thessalonicher zueinander zunehme, begegnet in 1. Thess 3,12 und 2. Thess 1,3, wobei jeweils das Verb

---

[86] Der Ausdruck erscheint im Neuen Testament hautpsächlich in den Paulusbriefen (so auch in Röm 1,4; 15,13.19; 1. Kor 2,5; 4,20; 15,43; 2. Kor 6,7; Kol 1,19; sonst nur noch in Mk 9,1; 1. Petr 1,5). In Kol 1,11 und 2. Thess 2,9 erscheint jeweils der Ausdruck ἐν πάσῃ δυνάμει.

πλεονάζω („zunehmen, sich vermehren") gebraucht wird, das sonst im Neuen Testament nur noch siebenmal erscheint (Röm 5,20; 6,1; 2. Kor 4,15; 8,15; Phil 4,17; 2. Petr 1,8), nie aber in Verbindung mit der „Liebe". Der Begriff πλάνη („Irrtum") erscheint in den Paulusbriefen neben 1. Thess 2,3 und 2. Thess 2,11 nur noch in Röm 1,27 und Eph 4,14. Dabei handelt es sich in 2. Thess 2,11 kaum um eine literarische Anlehnung an 1. Thess 2,3, da es um einen ganz anderen Zusammenhang geht.

Der Ausdruck ἀδελφοὶ ἠγαπημένοι („geliebte Geschwister") erscheint im Neuen Testament nur in 1. Thess 1,4 und 2. Thess 2,13, und zwar jeweils in einer „Danksagung" für die Empfänger der Briefe. In 2. Thess 2,13 handelt es sich um eine Art Wiederholung der Danksagung (nach 2. Thess 1,3), wie sie in den meisten Paulusbriefen nicht erfolgt.[87] Eine ähnliche Wiederholung liegt allerdings in 1. Thess 2,13 vor (nach 1. Thess 1,2). Auffallend ist, dass die Formulierung in 2. Thess 2,13 (Ἡμεῖς δὲ ὀφείλομεν εὐχαριστεῖν τῷ θεῷ πάντοτε περὶ ὑμῶν, ἀδελφοὶ ἠγαπημένοι ὑπὸ κυρίου ...) inhaltlich und sprachlich nicht an 1. Thess 2,13, sondern an die Formulierung der ersten Danksagung in 2. Thess 1,3 (εὐχαριστεῖν ὀφείλομεν τῷ θεῷ πάντοτε περὶ ὑμῶν, ἀδελφοί ...) anknüpft.[88] Die Verbindung zwischen den Verben ὀφείλω („müssen/schuldig sein") und εὐχαριστέω („danken") an diesen zwei Stellen ist im Neuen Testament einzigartig. In 1. Thess 1,2 heißt es dagegen: εὐχαριστοῦμεν τῷ θεῷ πάντοτε περὶ πάντων ὑμῶν („wir danken Gott allezeit für euch alle ..."), wobei erst in 1. Thess 1,4 von den „geliebten Geschwistern" die Rede ist. Ein Fälscher hätte nach der wörtlichen Übernahme des Präskriptes aus 1. Thess 1,1 (mit kleinen Ergänzungen) auch den folgenden Text entsprechend gestaltet. Andererseits fällt auf, dass bei der Danksagung in 2. Thess 1,3 und 2,13 jeweils das Hauptverb εὐχαριστῶ („danken") mit einem ὅτι-Satz weitergeführt wird, wie das bei Paulus in Röm 1,8f. und 1. Kor 1,4f. (vgl. auch 1. Kor 1,14) sowie in 1. Thess 2,13 der Fall ist, während dem Hauptverb in 1. Thess 1,2f. wie auch in Phil 1,3-6 eine Partizipialkonstruktion folgt (vgl. auch Kol 1,3-5).[89]

---

[87] Doppelungen in der Fürbitte liegen auch in Phil 1,3ff.9ff. und Kol 1,3ff.9ff. vor, wobei der Epheserbrief dazu eine gewisse Parallele bietet, indem die Eulogie in Eph 1,3-13 (ähnlich wie in 2. Kor 1,3ff.) gewissermaßen anstelle einer „Danksagung" steht und die „eigentliche Danksagung" in Eph 1,15-23 folgt (vgl. dazu weiter unten).

[88] Indem betont wird, dass Paulus „unablässig" (ἀδιαλείπτως) für die Thessalonicher betet, knüpft 1. Thess 2,13 seinerseits an 1. Thess 1,2 an. Dazu gibt es in den Paulusbriefen nur in Röm 1,9 und in der Aufforderung an die Thessalonicher in 1. Thess 5,17, ebenfalls „unabblässig" zu beten, eine Parallele. Vgl. allerdings auch Eph 1,16 (οὐ παύομαι ...) und Kol 1,9 (οὐ παυόμεθα ...). Andererseits erscheint das Zeitadverb πάντοτε im Zusammenhang der Danksagung und Fürbitte neben 1. Thess 1,2 auch in 2. Thess 1,3 und 2. Thess 1,11.13 sowie in Röm 1,10; 1. Kor 1,4; Phil 1,4 und Phlm 4 (vgl. auch Eph 5,20: εὐχαριστοῦντες πάντοτε ὑπὲρ πάντων ...).

[89] Vgl. dazu Schubert, Form and Function, 34–39. Eine gewisse Ausnahme von den

Nach 2. Thess 1,3 dankt der Verfasser u. a. dafür, dass „die Liebe eines jeden Einzelnen[90] von euch allen zueinander" zunimmt. Das erinnert an 1. Thess 1,12, wo der Wunsch ausgesprochen wird, dass „der Herr euch in der Liebe zueinander und zu allen" zunehmen und überfließend machen möge. Dabei fallen Parallelen wie der Gebrauch des Verbs πλεονάζω („zunehmen, vermehren")[91], des Adjektivs πάντες („alle") sowie der Ausdrücke ἡ ἀγάπη („die Liebe") und εἰς ἀλλήλους („zueinander") auf. Eine literarische Abhängigkeit ist jedoch nicht auszumachen, da z. B. in 1. Thess 1,3 von der Liebe „zueinander und zu allen" die Rede ist, während in 2. Thess 1,3 „die Liebe eines jeden Einzelnen von euch allen zueinander" betont wird. Andererseits wird 1. Thess 1,3 als Wunsch (Optativ) ausgedrückt, während es sich bei 2. Thess 1,3 um eine Zustandsbeschreibung (Indikativ) handelt. Eine literarische „Abhängigkeit" ist m. E. ausgeschlossen.

Außerdem muss noch darauf hingewiesen werden, dass der Ausdruck αὐτὸς δέ („er selbst") bei Paulus zwar auch außerhalb der Thessalonicherbriefe, wo er viermal vorkommt (1. Thess 3,11; 5,23; 2. Thess 2,16; 3,16), erscheint (so in 1. Kor 2,15; 3,15; 2. Kor 10,1), wobei er jedoch nie auf Gott bzw. Jesus Christus bezogen wird. Während in 1. Thess 3,11 „er selbst, unser Gott und Vater und unser Herr Jesus Christus" (αὐτὸς δὲ ὁ θεὸς καὶ πατὴρ ἡμῶν καὶ ὁ κύριος ἡμῶν Ἰησοῦς) Subjekt ist, wird in 2. Thess 2,16f. – einer gewissen Parallele zu 1. Thess 3,11-13 – zuerst „unser Herr Jesus Christus" und dann „Gott, unser Vater" als Subjekt erwähnt (αὐτὸς δὲ ὁ κύριος ἡμῶν Ἰησοῦς Χριστὸς καὶ [ὁ] θεὸς ὁ πατὴρ ἡμῶν). In 1. Thess 5,23 ist „er selbst, der Gott des Friedens", Subjekt (αὐτὸς δὲ ὁ θεὸς τῆς εἰρήνης), während in der Parallele dazu in 2. Thess 3,16 „er selbst, der Herr des Friedens", Subjekt ist (αὐτὸς δὲ ὁ κύριος τῆς εἰρήνης).[92] Auch z. B. in 2. Thess 3,3, einer „Parallele" zu 1. Thess 3,13 und 2. Thess 2,17, ist „der Herr" (ὁ κύριος) Subjekt. Dieser betonte Gebrauch des Ausdrucks ὁ κύριος ohne Zusätze wie „Jesus Christus" oder „unser" er-

---

zwei erwähnten Fällen bilden Eph 1,16f. (οὐ παύομαι εὐχαριστῶν ὑπὲρ ὑμῶν ..., ἵνα); Kol 1,9f. (bei Fürbitte: οὐ παυόμεθα ὑπὲρ ὑμῶν προσευχόμενοι καὶ αἰτούμενοι, ἵνα ...) und Phlm 4-6: Εὐχαριστῶ ... ὅπως ...).

[90] Die Wendung εἷς ἕκαστος erscheint im Neuen Testament vor allem in den Paulusbriefen (vgl. 1. Kor 12,28; Eph 4,16; Kol 4,6; 1. Thess 2,11) und bei Lukas (Lk 4,40; 16,5; Apg 2,3.6; 17,27; 20,31; 21,19.26; sonst nur noch in Mt 26,22 und Offb 21,21).

[91] Das Verb ist sonst im Neuen Testament nur noch in den Paulusbriefen (Röm 5,20; 6,1; 2. Kor 4,15; 8,15; Phil 4,17) und in 2. Petr 1,8 gebraucht.

[92] Die Wendung ὁ θεὸς τῆς ..., die im Neuen Testament hauptsächlich in den Paulusbriefen erscheint (vgl. Röm 15,5.13.33; 16,30; 2. Kor 13,11; Phil 4,9; 1. Thess 5,23; vgl. auch Apg 7,2; Hebr 13,20), scheint ihre „Vorlage" besonders im Psalter zu haben (vgl. z. B. Ps^{LXX} 30,6; 41,9; 50,16; 58,6; 61,8; 79,5.8.15.20; 83,9; 87,2; 88,9). Zudem erscheint in der LXX u. a. zehnmal der Ausdruck κύριος τῶν δυνάμεων (1. Kön 18,15; 2. Kön 3,14; Ps^{LXX} 23,10; 45,8; 45,12; Am 6,14; Zeph 2,9; Sach 1,3; Jer 40,12).

scheint im 2. Thessalonicherbrief wiederholt (vgl. 2. Thess 1,9; 2,2.8; 3,1.3. 16), fehlt aber auch nicht im 1. Thessalonicherbrief (vgl. 1. Thess 1,6.8; 3,12; 4,17; 5,27; vgl. auch 1. Thess 2,15). Sowohl in 1. Thess 4,17 als auch in 2. Thess 2,8 wird der Ausdruck in Bezug auf die Parusie Jesu Christi verwendet,[93] wobei die letzte Stelle andeutet, dass damit bewusst seine Autorität angesichts der Verführungen hervorgehoben wird. Dieser gezielte Gebrauch der christologischen Titel entspricht dem Gebrauch in den anderen Paulusbriefen, spricht jedoch nicht für eine literarische Abhängigkeit zwischen den Thessalonicherbriefen.[94]

2.2.5 Leiden und Bedrängnis als Thema der zwei Thessalonicherbriefe

Der Begriff θλῖψις („Bedrängnis") erscheint z. B. im 1. Thessalonicherbrief dreimal (1. Thess 1,6; 3,3.7) und im 2. Thessalonicherbrief zweimal (2. Thess 1,4.6), während das Verb θλίβομαι („bedrängt werden") im ersten Brief einmal (1. Thess 3,4) und im zweiten Brief zweimal vorkommt (2. Thess 1,6.7) und das Verb πάσχω („leiden") in beiden Briefen jeweils aucht wird (1. Thess 2,14; 2. Thess 1,5; vgl. auch 1. Thess 2,2: προπαθόντες καὶ ὑβρισ-θέντες). In 1. Thess 3,3 werden die Empfänger ermutigt, „in diesen Begrändnissen nicht zu wanken" (τὸ μηδένα σαίνεσθαι ἐν ταῖς θλίψεσιν ταύταις), und 1. Thess 3,4 ergänzt: „Denn auch als wir bei euch waren, sagten wir euch vorher, dass wir Bedrängnisse haben würden (μέλλομεν θλίβεσθαι), wie es auch geschehen ist und ihr wisst." Von der Zeit der Parusie ist im engeren Kontext nicht die Rede (erst in 1. Thess 3,13). Auch in 2. Thess 2,2 wird vor dem „Wanken" gewarnt, dieses Mal jedoch im Zusammenhang mit falschen Parusie-Erwartungen und mit anderen Begriffen (σαλεύομαι und θροέομαι).
Dabei fällt auf, dass alle drei Verben (σαίνομαι in 1. Thess 3,3 sowie σαλεύομαι und θροέομαι in 2. Thess 2,2) in den Paulusbriefen *Hapaxlegomena* sind. Mit anderen Worten: Die Thematik des Leidens wird in den zwei Briefen zum Teil mit gleichen Begriffen, zum Teil aber auch mit unterschiedlichen Begriffen, zum Teil im gleichen thematischen Kontext, zum Teil aber auch im unterschiedlichen thematischen Kontext behandelt. Der Vergleich zeigt, dass dieses Verhältnis kaum durch literarische Abhängigkeit zu erklären ist.
Auffallend ist auch, dass im Zusammenhang mit der „Vergeltung" der Bedränger in 2. Thess 1,6 das Kompositum ἀνταποδίδωμι („zurückgeben, vergelten") verwendet wird, das in 1. Thess 3,9 ebenfalls erscheint, sonst in den Pau-

---

[93] So mit den folgenden Textzeugen: ℵ A D* F G L^c P Ψ 0278. 33. 81. 104. 365. 1241. 2464 latt sy co; Ir^lat Or Did, während die Textzeugen B D^2vid K L* 630. 1175. 1505. 1739. 1881 𝔐 bo^ms; Ir in 2. Thess 2,8 Ἰησοῦς ergänzen. Möglicherweise ist der kürzere Text ohne Ἰησοῦς ursprünglich.
[94] Vgl. dazu auch die Ausführungen unten 3.1.4.3.

lusbriefen aber nur in Röm 11,35 und 12,19 verwendet wird – und zwar in Röm 12,19 wie in 2. Thess 1,6 in Bezug auf das eschatologische Gericht.

2.2.6 Begriffe und Ausdrücke im Zusammenhang mit der Parusie Jesu

Der Ausdruck ὁ παρουσία τοῦ κυρίου (ἡμῶν Ἰησοῦ Χριστοῦ) („die Ankunft des Herrn/unseres Herrn [Jesus Christus]") erscheint in den Paulusbriefen lediglich viermal in den Thessalonicherbriefen, davon dreimal im 1. Thessalonicherbrief (1. Thess 3,13; 4,15; 5,23) und einmal im 2. Thessalonicherbrief (2. Thess 2,1). In 2. Thess 2,1 beginnt der Verfasser in diesem Zusammenhang mit folgenden Worten: Ἐρωτῶμεν δὲ ὑμᾶς, ἀδελφοί ... („Wir bitten euch aber, Geschwister ..."). Dieser Satz erscheint wortwörtlich auch in 1. Thess 5,12 und ähnlich in 1. Thess 4,1, aber in einem ganz anderen Zusammenhang. Ansonsten erscheint das Verb ἐρωτάω („fragen, bitten") in den Paulusbriefen nur noch in Phil 4,3, wo es ebenfalls nicht im Sinn von „fragen", sondern im Sinn von „bitten" verwendet wird.[95] Die Ermahnungen in 1. Thess 4,1ff. und 5,12ff. behandeln an und für sich nicht – wie in 2. Thess 2,1ff. – das Thema der Wiederkunft Jesu, aber sie umrahmen die Ausführungen darüber und scheinen direkt damit zusammenzuhängen.

In 2. Thess 3,5 scheint zudem das Verb κατευθύνω („lenken") aus 1. Thess 3,11 aufgenommen zu sein (jeweils im Optativ Aorist) – das Verb erscheint im Neuen Testament nur noch in Lk 1,79 –, wobei in 2. Thess 3,5 „der Herr" Subjekt und „eure Herzen zu der Liebe Gottes ..." Objekt ist, während in 1. Thess 3,11 „er selbst, unser Gott und Vater, und unser Herr Jesus" Subjekt und „unser Weg zu euch" Objekt ist.[96] Dabei ist zu beachten, dass 1. Thess 3,11 von Aussagen umgeben ist, die in 2. Thess 2,16f. eine Parallele finden. Eine literarische „Abhängigkeit" kann m. E. ausgeschlossen werden. Die Präpositionalkonstruktion μετὰ πάντων τῶν ἁγίων αὐτοῦ („mit allen seinen Heiligen") am Schluss des Satzes in 1. Thess 3,13 bildet gleichzeitig eine Parallele zu 2. Thess 1,7, und zwar nicht nur inhaltlich zum Ausdruck μετ᾽ ἀγγέλων δυνάμεως αὐτοῦ („mit [den] Engeln seiner Macht"), sondern auch in Bezug auf den syntaktischen

---

[95] Das Verb erscheint im Neuen Testament insgesamt 63-mal, und zwar besonders bei Lukas (15-mal im Evangelium und siebenmal in der Apostelgeschichte) und im Johannesevangelium (28-mal).

[96] Während der Begriff κύριος im 1. Thessalonicherbrief 24-mal und im 2. Thessalonicherbrief 22-mal erscheint, erscheint der Ausdruck ὁ κύριος im 1. und 2. Thessalonicherbrief jeweils 16-mal. Das bedeutet, dass der Begriff im 2. Thessalonicherbrief etwas häufiger gebraucht wird. Dabei entspricht auch die Verwendung des Begriffs ohne Artikel im 2. Thessalonicherbrief dem Gebrauch im 1. Thessalonicherbrief (vgl. z. B. 1. Thess 3,8: ἐν κυρίῳ; 4,1: ἐν κυρίῳ Ἰησοῦ; 4,15: ἐν λόγῳ κυρίου; 4,17: σὺν κυρίῳ; 5,2: ἡμέρα κυρίου; 5,12: ἐν κυρίῳ mit 2. Thess 2,13: ὑπὸ κυρίου; 3,4: ἐν κυρίῳ; 3,12: ἐν κυρίῳ Ἰησοῦ Χριστῷ).

Stil.[97] Während in 1. Thess 3,13 jedoch von der „Ankunft unseres Herrn Jesus" (ἐν τῇ παρουσίᾳ τοῦ κυρίου ἡμῶν Ἰησοῦ) die Rede ist, spricht 2. Thess 1,7 von der „Offenbarung des Herrn Jesus vom Himmel her" (ἐν τῇ ἀποκαλύψει τοῦ κυρίου Ἰησοῦ ἀπ' οὐρανοῦ). Auch diese Aussagen folgen dem gleichen syntaktischen Schema, ohne dass eine literarische Abhängigkeit erkennbar ist.
Unmittelbar nach dem Text in 2. Thess 2,13a, der inhaltlich der Eingangsdanksagung in 1. Thess 1,2-4 sehr nahe steht, und vor dem Text in 2. Thess 2,16f., der eine Parallele zu 1. Thess 3,11-13 bildet[98], erinnert der Satz ὅτι εἵλατο ὑμᾶς ὁ θεὸς ... εἰς σωτηρίαν („denn Gott hat euch erwählt ... zur Rettung") und der Ausdruck εἰς περιποίησιν δόξης („zum Besitz/Erwerb der Herrlichkeit") in 2. Thess 2,13f. an ἔθετο ἡμᾶς ὁ θεὸς ... εἰς περιποίησιν σωτηρίας („Gott hat euch bestimmt ... zum Besitz/Erwerb der Rettung") in 1. Thess 5,9, zumal der Begriff περιποίησις („Erwerbung, Besitz") in den Paulusbriefen außer in 1. Thess 5,9 und 2. Thess 2,14 nur noch in Eph 1,14 erscheint (vgl. auch Hebr 10,39; 1. Petr 2,9).
Aber auch der folgende Genitiv τοῦ κυρίου ἡμῶν Ἰησοῦ Χριστοῦ („unseres/[durch] unseren Herrn Jesus Christus") deutet an, dass es sich gewissermaßen um Parallelen handelt. Der Ausdruck ἐν κυρίῳ Ἰησοῦ Χριστῷ („im Herrn Jesus Christus"), der in 2. Thess 3,12 erscheint, wird so im Neuen Testament sonst nicht verwendet, aber in 1. Thess 4,1 sowie in Röm 14,14 und Phil 2,19 erscheint derselbe Ausdruck ohne den Zusatz Χριστῷ („Christus"; vgl. auch Eph 1,15: ἐν τῷ κυρίῳ Ἰησοῦ). Nach 1. Thess 4,1 bittet und ermuntert/ermahnt Paulus die Empfänger „im Herrn Jesus" (ἐρωτῶμεν ὑμᾶς καὶ παρακαλοῦμεν ἐν κυρίῳ Ἰησοῦ), während er nach 2. Thess 3,12 „im Herrn Jesus Christus" denjenigen gebietet und diejenigen ermuntert/ermahnt (παραγγέλλομεν καὶ παρακαλοῦμεν ἐν κυρίῳ Ἰησοῦ Χριστῷ), die „unter euch unordentlich wandeln" (vgl. 2. Thess 3,11). Auch hier wird eine gewisse Parallele deutlich, jedoch ohne dass eine litarische Anlehnung zu erkennen ist.
Andererseits gibt es zwischen den zwei Versen auch deutliche Unterschiede. Nach 1. Thess 5,9 hat Gott „euch bestimmt" (ἔθετο ἡμᾶς)[99], während er „euch" nach 2. Thess 2,14 „berufen hat" (ἐκάλεσεν ἡμᾶς). Dies geschah nach 2. Thess 2,14 „durch unser Evangelium" (vgl. dazu auch 1. Kor 4,15; 9,23; Eph 3,6; 2. Tim 1,10) und nach 1. Thess 5,9 „durch unseren Herrn Jesus Christus" (vgl. dazu auch Röm 5,1.11; 15,30; 1. Kor 15,57). Beide Ausdrücke erscheinen im

---

[97] Percy stellt fest, dass „die artikellosen Präpositionsattribute bei Paulus unvergleichlich viel häufiger sind als nicht nur in der sonstigen urchristlichen Literatur, sondern auch in der griechischen Literatur überhaupt, von einzelnen gewissen Ausnahmen abgesehen" (Percy, Probleme, 60; vgl. auch ebd., 54ff.).
[98] Vgl. dazu weiter oben.
[99] Bzw. „euch nicht bestimmt" (οὐκ ἔθετο ἡμᾶς ὁ θεὸς εἰς ὀργὴν ἀλλ' εἰς περιποίησιν σωτηρίας).

Neuen Testament nur in Paulusbriefen. Der Ausdruck „der euch berufen hat" (ἐκάλεσεν ὑμᾶς) in 2. Thess 2,14 (Subjekt ist ὁ θεός; vgl. 2. Thess 2,13) erscheint so wörtlich im Neuen Testament nur noch in Röm 9,24 (vgl. auch Röm 8,30) und 1. Thess 4,7 (ἐκάλεσεν ἡμᾶς ὁ θεός), aber in ähnlicher Form auch in 1. Thess 2,12 (τοῦ θεοῦ τοῦ καλοῦντος ὑμᾶς) und 1. Thess 5,24 (ὁ καλῶν ὑμᾶς). Der Ausdruck (ἡ) δόξης τοῦ κυρίου ἡμῶν ([die] Herrlichkeit unseres Herrn") in 2. Thess 2,14 ist hingegen im Neuen Testament singulär, findet jedoch eine gewisse Parallele in τοῦ εὐαγγελίου τῆς δόξης τοῦ Χριστοῦ („[des Evangeliums] der Herrlichkeit des Christus") in 2. Kor 4,4 (vgl. auch 1. Kor 2,8: τὸν κύριον τῆς δόξης). Wenn man ihn im Neuen Testament einem der Autoren zuordnen will, dann am ehesten Paulus.

2.2.7 Die „Unordentlichen" als Thema in den zwei Briefen

Auch 2. Thess 3,6ff., wo die „Unordentlichen" ermahnt werden, ordentlich zu arbeiten, ist vom Hintergrund des 1. Thessalonicherbriefs her verständlich (vgl. dazu z. B. 1. Thess 2,9; 4,11; 5,14) unter der Voraussetzung, dass der gleiche Verfasser sich wieder zu Wort meldet, die Situation sich jedoch weiter zugespitzt hat (wohl unter der Parusiehaltung, die in 2. Thess 2,2 angesprochen wird). Auffallend ist auf jeden Fall z. B., dass die Wortgruppe ἀτάκτ- („unordentlich ...") im 1. Thessalonicherbrief lediglich in 5,14 vorkommt (als Abjektiv), und zwar in einem Text, in dessen Kontext die Personen, die in Thessalonike „nicht arbeiten (wollen)", sonst gar nicht angesprochen werden, während in 2. Thess 3 zweimal das Abverb ἀτάκτως („unordentlich"; vgl. 3,6.11) und einmal das Verb ἀτακτέω („unordentlich handeln/leben") erscheint (vgl. 3,7), wobei es um das Arbeiten („mit den eigenen Händen") geht, das auch in 1. Thess 2,9 und 4,11 angesprochen wird.

In beiden Briefen wird in diesem Zusammenhang das Verb περιπατέω („wandeln") gebraucht (vgl. 1. Thess 4,11; 2. Thess 3,6.11; vgl. auch 1. Thess 2,12; 4,1). Das Gegenteil des „unordentlichen Wandels" ist nach 1. Thess 4,11, dass die Thessalonicher „anständig wandeln" (ἵνα περιπατῆτε εὐσχημόνως). Ein „Abschreiber" hätte diesen Ausdruck möglicherweise übernommen, doch erscheint die Wortgruppe εὐσχημον- kein einziges Mal im 2. Thessalonicherbrief. In 2. Thess 3,6 ist dagegen von denen die Rede, die „unordentlich wandeln" (ἀτάκτως περιπατοῦντος; vgl. 2. Thess 3,11: Ἀκούομεν γάρ τινας περιπατοῦντας ἐν ὑμῖν ἀτάκτως ...).

2.2.8 Verschiedene weitere Ausdrücke in den Thessalonicherbriefen

Weiter erscheint in 1. Thess 4,5 der Ausdruck τὰ ἔθνη τὰ μὴ εἰδότα τὸν θεόν („die Heiden, die Gott nicht kennen"), während in 2. Thess 1,8 der Ausdruck τοῖς μὴ εἰδόσιν θεὸν („denen, die Gott nicht kennen") gebraucht wird. Im

Neuen Testament erscheint die Verbindung von οἶδα („kennen") mit „Gott" als Gegenstand des „Kennens" nur noch in Gal 4,8 und Tit 1,16, wobei sich die Formulierungen in den Thessalonicherbriefen am nächsten stehen. Bei 2. Thess 1,8 kann es sich aber kaum um eine literarische Anlehnung an 1. Thess 4,5 handeln, da es in 1. Thess 4,5 darum geht, dass die Gläubigen bei der Suche nach einer Ehefrau (vgl. 1. Thess 4,3-8) nicht „in Leidenschaft der Begierde" vorgehen sollen „wie die Heiden, die Gott nicht kennen", während es in 2. Thess 1,8 um einen Hinweis auf das endzeitliche Gericht über diejenigen, „die Gott nicht kennen und dem Evangelium unseres Herrn Jesus nicht gehorchen", handelt.

Der Ausdruck ὁ λόγος τοῦ κυρίου („das Wort des Herrn") erscheint in den Paulusbriefen nur jeweils einmal in beiden Thessalonicherbriefen (1. Thess 1,8; 2. Thess 3,1), während der Ausdruck ohne Artikel nur in 1. Thess 4,15 (ἐν λόγῳ κυρίου) gebraucht wird. Der Ausdruck εἰς τό mit folgendem Infinitiv erscheint im Neuen Testament 55-mal, davon allein im Römerbrief 17-mal, während er sonst im Neuen Testament vor allem in den zwei Thessalonicherbriefen (sieben- bzw. fünfmal) und im Hebräerbrief (sechsmal) erscheint. Im Römerbrief folgt dabei zehnmal ein Pronomen im Akkusativ (AcI), im 1. Thessalonicherbrief zweimal (1. Thess 2,12; 3,2) und im 2. Thessalonicherbrief viermal (2. Thess 1,5; 2,6.10.11; 3,9). Das ist im gesamten Neuen Testament nur noch fünfmal in Paulusbriefen (vgl. 2. Kor 1,4; 8,6; Eph 1,12.18; Phil 1,10) und zweimal außerhalb der Paulusbriefe der Fall (vgl. Jak 1,18; 3,3).[100] Besonders im Vergleich mit dem Römerbrief und dem 1. Thessalonicherbrief zeigt sich daher der paulinische Charakter des 2. Thessalonicherbriefs anhand dieser grammatikalischen Konstruktion.

Eine Untersuchung der Verwandtschaft zwischen den Thessalonicherbriefen zeigt somit, dass nicht von einer literarischen Abhängigkeit auszugehen ist, sondern vielmehr davon, dass die Verwandtschaft auf den gleichen Verfasser zurückzuführen ist. Bei einer Verfasserfiktion wäre eine direkte literarische Abhängigkeit sichtbar, was jedoch nicht der Fall ist. Vielmehr zeigen die Unterschiede trotz sprachlicher und inhaltlicher Verwandtschaft, dass das Verhältnis zwischen den zwei Briefen viel natürlicher durch die Abfassung durch denselben Verfasser zu erklären ist.[101]

---

[100] Auch an den folgenden Stellen folgt ein Pronomen im Akkusativ, wobei es sich allerdings nicht um einen *Accusativum cum infinitivo* (AcI) handelt: Mk 14,55; Lk 5,17; Röm 11,11; 1. Kor 11,22; 1. Thess 4,9; 2. Thess 3,9.

[101] Vgl. zudem u. a. Steinmann/Tillmann, Der zweite Thessalonicherbrief, 63f.; Marshall, 1 and 2 Thessalonians, 30.

2.3 Weitere Argumente für die Authentizität des 2. Thessalonicherbriefs

2.3.1 Die altkirchliche Bestätigung

Die *altkirchliche Überlieferung* bestätigt nicht nur deutlich die paulinische Verfasserschaft, sondern auch die kanonische Reihenfolge.[102] Richtig bemerken Carson und Moo, dass die paulinische Verfasserschaft des Briefs „von keinem Kirchenvater jemals in Zweifel gezogen" wurde. „Selbst Marcion (ca. 140 n.Chr.) hat ihn als einen Paulusbrief in seinen Kanon aufgenommen, genauso wie er Eingang in den Kanon Muratori (ca. 180 n. Chr.) fand."[103]

Bereits Ignatius kannte den 2. Thessalonicherbrief.[104] In seinem Brief an die Epheser warnt er: „Es soll euch also nicht jemand verführen ..." (Μὴ οὖν τις ὑμᾶς ἐξαπατάτω; IgnEph 8,1). Dabei handelt es sich offensichtlich um eine Anlehnung an 2. Thess 2,3, wo es heißt: „Es soll euch nicht jemand auf irgendeine Weise verführen ..." (Μή τις ὑμᾶς ἐξαπατήσῃ κατὰ μηδένα τρόπον). Den Ausdruck „das Ausharren Jesu Christi" (ἐν ὑπομονῇ Ἰησοῦ Χριστοῦ; vgl. IgnRöm 10,3) hat Ignatius vielleicht aus 2. Thess 3,5 („das Ausharren des Christus" bzw. εἰς τὴν ὑπομονὴν τοῦ Χριστοῦ) übernommen. Und in einer längeren Textversion in Magn 9 wird 2. Thess 3,10 zitiert.

Auch Justin setzt offenbar den 2. Thessalonicherbrief voraus.[105] Clemens Alexandrinus zitiert 2. Thess 3,1f. mit der Bemerkung, dass dies „der Apostel" geschrieben habe.[106] Irenäus erwähnt „den zweiten [Brief] an die Thessalonicher", indem er 2. Thess 2,8f. anführt.[107] Er zitiert zudem 2. Thess 2,4 mit der Bemerkung, dass „der Apostel"[108] bzw. Paulus[109] dies geschrieben habe. Tertullian

---

[102] Vgl. dazu u. a. Thiessen, Rezeption, 312; Mauerhofer, Einleitung 2, 63f.; vgl. zudem Steinmann/Tillmann, Der zweite Thessalonicherbrief, 64: „Dazu kommt, daß eine uralte Überlieferung den Brief jenem Manne zuschreibt, dessen Name er an der Spitze trägt, dem hl. Paulus. Aus dieser Überlieferung seien folgende Namen hervorgehoben: Ignatius, Barnabas, Klemens Romanus, Polykarp, Justianus Martyr, der Kanon Muratori, die Peschittha, Marzion, Tertullian, Irenaeus, Klemens Alexandrinus und Origenes." Ähnlich äußert sich auch Künemann, Thessalonicher, 164: „Rücksichtlich der äusseren Beglaubigung durch das christliche Altertum steht die Authentie des Briefs unantastbar fest (Polic. ad Phil. 11 fin. Just. Mart. dial. c. Tryph. Col. 1686 f. p. 336. E. p. 250. A. Iren. adv. hear. 3, 7, 2. Clem. Alex. Strom. 5. p. 554. ed. Sylb. Tertull. de resurr. carn. c. 24. Can. Murat. Peschito. Marcion u. w.)."

[103] Carson/Moo, Einleitung, 649. Vgl. auch Epiphanius, Panarion 42,9.

[104] Bei Ignatius Magn. 9 (in einer längeren Textversion) wird 2. Thess 3,10 zitiert.

[105] Justin, Dial. 32,110.

[106] Vgl. Clemens Alexandrinus, Stromateis 5,3 mit 2. Thess 3,2.

[107] Irenäus, Adv haer 3,7,2. Vgl. auch Adv haer 4, 29,1 mit 2. Thess 2,11f.

[108] Irenäus, Adv haer 5,25,1. Vgl. auch Adv haer 4,27,4 mit 2. Thess 1,6ff.

[109] Irenäus, Adv haer 3,6,5. Vgl. auch Adv haer 5,25,3 mit 2. Thess 2,8ff.

bringt kurz nach einem Zitat aus dem 1. Thessalonicherbrief ein weiteres Zitat aus 2. Thess 2,1ff und schreibt, dass das *in secunda* („im zweiten [Brief]") stehe.[110] Er zitiert den 2. Thessalonicherbrief als von Paulus geschrieben.[111]

2.3.2 Die sprachlichen und inhaltlichen Beziehungen zu anderen Paulusbriefen

Für die Echtheit des 2. Thessalonicherbriefs sprechen auch die vielen *sprachlichen und inhaltlichen Beziehungen* zu den übrigen „echten" Paulusbriefen, ohne dass eine literarische Beziehung erkennbar wird. So entspricht 2. Thess 2,12 (ἵνα κριθῶσιν πάντες οἱ μὴ πιστεύσαντες τῇ ἀληθείᾳ ἀλλὰ εὐδοκήσαντες τῇ ἀδικίᾳ) z. B. Röm 1,18.32 (ἀποκαλύπτεται γὰρ ὀργὴ θεοῦ ἀπ᾽ οὐρανοῦ ἐπὶ πᾶσαν ἀσέβειαν καὶ ἀδικίαν ἀνθρώπων τῶν τὴν ἀλήθειαν ἐν ἀδικίᾳ κατεχόντων ... ἀλλὰ καὶ συνευδοκοῦσιν τοῖς πράσσουσιν).[112] Das Kompositum ἐξαπατάω („heraus verführen"), das in 2. Thess 2,3 verwendet wird (μή τις ὑμᾶς ἐξαπατήσῃ ...; vgl. Eph 5,6: μηδεὶς ὑμᾶς ἀπατάτω ...[113]), erscheint im Neuen Testament nur in Paulusbriefen (vgl. auch Röm 7,11; 16,18; 1. Kor 3,18 [μηδεὶς ἑαυτὸν ἐξαπατάτω]; 2. Kor 11,3; 1. Thess 2,14). In 2. Thess 3,16 erscheint der Ausdruck ὁ κύριος τῆς εἰρήνης („der Herr des Friedens"), während sonst in den Paulusbriefen der Ausdruck „der Gott des Friedens" gebraucht wird (vgl. Röm 14,19; 15,33; 16,20; Phil 4,9; 1. Thess 5,23; vgl. aber 1. Kor 2,8: τὸν κύριον τῆς δόξης). Das spricht nicht gegen, sondern für Paulus, da der Verfasser sich nicht einfach z. B. an 1. Thess 5,23 angelehnt hat.
Auch der anschließende Ausdruck μετὰ πάντων ὑμῶν („mit euch allen") in 2. Thess 3,16, der ebenfalls in 2. Thess 3,18 erscheint, ist typisch paulinisch (vgl. Röm 15,33; 1. Kor 16,24; 2. Kor 13,13; Tit 3,15; vgl. zudem Hebr 13,25), während er im 1. Thessalonicherbrief nicht erscheint. Und das Kompositum συναναμίγνυμι („sich zusammenmischen"), das in 2. Thess 3,14 gebraucht wird, erscheint sonst im Neuen Testament nur noch in 1. Kor 5,9.11. Im Gegensatz zu 1. Kor 5,9 geht es im Kontext von 2. Thess 3,14 aber nicht um einen Gemeindeausschluss (vgl. 2. Thess 3,15: „...und halten ihn nicht für einen Feind [ὡς ἐχθρόν], sondern weist ihn als einen Bruder zurecht [ὡς ἀδελφόν]"). Um eine literarische „Abhängigkeit" kann es sich kaum handeln. Der Teilsatz οὐχ ὅτι οὐκ ἔχομεν ἐξουσίαν („nicht, dass wir nicht Vollmacht haben") in 2. Thess 3,9 findet eine sprachliche Parallele in 1. Kor 9.4.5.6 ([μὴ] οὐκ ἔχομεν

---

[110] Tertullian, De Resurrectione Mortuorum 24,12ff.
[111] Vgl. Tertullian, Scorpiace 13,1 mit 2. Thess 1,4f.
[112] Das Kompositum εὐδοκέω erscheint im Neuen Testament außer an diesen beiden Stellen nur noch zweimal im 1. Korintherbrief (1. Kor 7,12.13) und dreimal bei Lukas (Lk 11,48; Apg 8,1; 22,20), davon zweimal mit Bezug auf Paulus.
[113] Vgl. zu Eph 5,6 die Parallele in Kol 2,8 (βλέπετε μή τις ὑμᾶς ἔσται ὁ συλαγωγῶν διὰ τῆς φιλοσοφίας καὶ *κενῆς ἀπάτης*) und 23 (λόγον μὲν ἔχοντα σοφίας).

ἐξουσίαν ....). Auch die in 2. Thess 3,9b folgende Begründung, dass Paulus auf die Anwendung dieser „Vollmacht" verzichtet, um ein Beispiel für die Gläubigen zu sein, steht in einer gewissen Parallele zu 1. Kor 9 (vgl. 1. Kor 9,14: ἵνα μή τινα ἐγκοπὴν δῶμεν τῷ εὐαγγελίῳ τοῦ Χριστοῦ). Der Begriff τύπος („Prägung, Beispiel") knüpft aber eher an 1. Thess 1,7 an (vgl. auch 1. Thess 1,6: καὶ ὑμεῖς μιμηταὶ ἡμῶν ἐγενήθητε καὶ τοῦ κυρίου; Phil 3,17: καθὼς ἔχετε τύπον ἡμᾶς), und inhaltlich schließt 2. Thess 3,9 deutlich an die Problematik an, die bereits im 1. Thessalonicherbrief thematisiert wurde (vgl. 1. Thess 2,9; 4,11; 5,14).

Im Schlussabschnitt des 2. Thessalonicherbriefs ist bereits die Einleitung in 2. Thess 3,1 mit τὸ λοιπόν („im Übrigen") für Paulus typisch (vgl. auch 2. Kor 13,2 [λοιπόν]; Gal 6,17 [τοῦ λοιποῦ]; Eph 6,10 [τοῦ λοιποῦ]; Phil 3,1 [τὸ λοιπόν]; 4,8 [τὸ λοιπόν]), wobei allerdings gerade der 1. Thessalonicherbrief eine Ausnahme bildet. Auch der Satz πεποίθαμεν δὲ ἐν κυρίῳ („wir sind überzeugt im Herrn"), der in 2. Thess 3,4a erscheint, spricht deutlich für Paulus (vgl. z. B. Röm 14,14 [πέπεισμαι ἐν κυρίῳ Ἰησοῦ]; Gal 5,10 [ἐγὼ πέποιθα εἰς ὑμᾶς ἐν κυρίῳ]; Phil 1,14 [ἐν κυρίῳ πεποιθότας]; 2,24 [πέποιθα δὲ ἐν κυρίῳ]), während 2. Thess 3,4b mit dem Verb παραγγέλλομεν („wir gebieten [euch]") an 1. Thess 4,11 anzuknüpfen scheint (καθὼς ὑμῖν παρηγγείλαμεν; vgl. auch 1. Thess 4,2: οἴδατε γὰρ τίνας παραγγελίας ἐδώκαμεν ὑμῖν ...) und mit dem Satz [καὶ] ποιεῖτε καὶ ποιήσετε („macht ihr und werdet [es] machen") an 1. Thess 5,11 (καθὼς καὶ ποιεῖτε). Das einfache Verb στέλλω („zurückhalten") erscheint im Neuen Testament neben 2. Thess 3,6 nur noch in 2. Kor 8,20, und das Kompositum ἐγκακέω („nicht ermatten/ermüden"), das in 2. Thess 3,13 erscheint, begegnet im Neuen Testament außer in Lk 18,1 nur in Paulusbriefen (vgl. 2. Kor 4,1.16; Gal 6,9; Eph 3,13), wobei 2. Thess 3,13b (μὴ ἐγκακήσητε καλοποιοῦντες) eine Parallele zu Gal 6,9a (τὸ δὲ καλὸν ποιοῦντες μὴ ἐγκακῶμεν) darstellt. Und wenn auch das Verb μιμέομαι („nachahmen") neben 2. Thess 3,7 und 9 nur noch in Hebr 13,7 und 3. Joh 11 verwendet wird, so ist das Motiv des „Nachahmens" doch typisch paulinisch (vgl. 1. Kor 4,16; 11,1f.; Eph 5,1; 1. Thess 1,6; 2,16). Der Ausdruck οἴδατε πῶς δεῖ („ihr wisst, wie man muss ...") erscheint im Neuen Testament neben 2. Thess 3,7 nur noch in Kol 4,6 und 1. Tim 3,15, also in zwei weiteren (umstrittenen) Paulusbriefen. Der Ausdruck πάντα λεγόμενον θεόν („jeden sogenannten Gott") erinnert an 1. Kor 8,5: εἴπερ εἰσὶν λεγόμενοι θεοί („wenn es sogenannte Götter gibt").

Diese Parallelen zu den übrigen Paulusbriefen setzen keine literarische Anlehnung zwischen den Briefen voraus. Andererseits hätte ein späterer Fälscher sich nicht nur (so ausführlich) an den 1. Thessalonicherbrief angelehnt, sondern auch an die übrigen bereits vorhandenen Paulusbriefe. Dass das nicht der Fall ist, während es in allen übrigen sogenannten „Deureropaulinen" (besonders im

Epheser- und Kolosserbrief) viele solcher Parallelen gibt, spricht deutlich für eine frühe Datierung des 2. Thessalonicherbriefs.

2.3.3 Abschließende Anmerkungen

Nach Adolf von Harnack bietet 2. Thess 2 nicht nur keine Schwierigkeit für die Annahme der paulinischen Verfasserschaft, sondern im Gegenteil „ein sehr starkes Argument für die Echtheit" des Briefs.[114] Gemäß Harnack ist es „auch dem Scharfsinn Wredes nicht gelungen ..., die Absicht und den Zweck der Fälschung, sei es auch den bescheidensten Ansprüchen gegenüber begreiflich zu machen".[115] Harnack nimmt an, dass der 2. Thessalonicherbrief etwa gleichzeitig mit dem 1. Thessalonicherbrief geschrieben wurde, und zwar an eine „kleine Minorität von Judenchristen".[116] In Bezug auf diese letzte Ansicht mag man durchaus anderer Meinung sein, doch die Feststellung, dass die Fälschungsabsicht auch bis heute nicht wirklich geklärt ist, bleibt gültig.

Wir können also – mit einer wachsenden Zahl von Neutestamentlern – mit guten Gründen *an der Echtheit des Briefs festhalten.*[117] Nach Jülicher können „wir" dann als Veranlassung des Briefs „nur die Notwengdigkeit einer nochmaligen, unzweideutigen Stellungnahme des Apostels zu den Schwärmern erraten".[118] Und er ergänzt: „Die Ähnlichkeit von II und I Th in einzelnen Ausdrücken und im Gesamtaufbau ist so auffallend stark, daß sie sich nur begreifen läßt, wenn P. bei Abfassung von II Th den ersten noch im Gedächtnis hatte".[119] Offenbar hatte Paulus den Inhalt des ersten Schreibens noch ganz deutlich in Erinnerung. Somit können wir den 2. Thessalonicherbrief relativ kurz nach dem 1. Thessalonicherbrief datieren.[120] Beide Briefe sind demnach von Paulus wohl ca. 50/51 n. Chr. in Korinth geschrieben worden.

---

[114] Harnack, Problem, 560.
[115] Ebd., 575.
[116] Ebd., 565.
[117] So auch z. B. Carson/Moo, Einleitung, 649–656; Cullmann, Einleitung, 69ff.; Feine, Einleitung, 112ff.; Guthrie, Introduction, 592ff; Jewett, Thessalonian Correspondence, 10–18; Kucicki, Eschatology, 33ff. und 311ff.; Kümmel, Einleitung, 229–232; Michaelis, Einleitung, 230f.; Niebuhr, Paulusbriefsammlung, 275f.; Röcker, Belial und Katechon, bes. 228–230 und 522f.; Weima, 1–2 Thessalonians, 46–54 und 436f.; Wilckens, Theologie 1/3, 66.
[118] Jülicher, Einleitung, 63.
[119] Ebd.; vgl. auch z. B. Brown, Introduction, 593.
[120] Vgl. dazu auch z. B. Wilckens, Theologie 1/3, 66.

3. Studien zum Epheser- und zum Kolosserbrief

3.1 Das Verhältnis zwischen dem Epheser- und dem Kolosserbrief – und ihre Beziehung zu den übrigen Paulusbriefen

3.1.1 Einführung

Bereits bei oberflächlicher Betrachtung fällt die große thematische und auch sprachliche Verwandtschaft zwischen dem Epheserbrief und dem Kolosserbrief auf.[1] Diese Tatsache wird in der neutestamentlichen Einleitungswissenschaft oft so gedeutet, dass sich der Epheserbrief an den Kolosserbrief anlehnt.[2] Und da der Kolosserbrief ein pseudepigrafisches Schreiben sein soll, das seinerseits den Philemonbrief als „Prätext" verwendet habe[3], wie zumindest im deutschsprachigen Raum oft angenommen wird[4], wird dementsprechend auch der Epheserbrief als Pseudepigrafon betrachtet[5]. Immerhin hat der Autor des Epheserbriefs nach Theobald den Kolosserbrief für einen authentischen Paulusbrief gehalten.[6]

Nach Merklein ist die literarische Abhängigkeit des Epheserbriefs vom Kolosserbrief „heute, von wenigen Ausnahmen abgesehen, opinio communis der exegetischen Forschung".[7] Und Gese bemerkt: „Wenn auch die starke Anlehnung des Epheserbriefes an

---

[1] Vgl. dazu u. a. Mitton, Epistle, 57; Dahl, Einleitungsfragen, 37; Barnett, Paul, 2–40; Best, Who Used Whom?, 72–96; Coutts, Relationship, 201–207; Ochel, Annahme, 1934; Pollhill, Relationship, 439–450; Vleugels, De brieven, 1997.

[2] Vgl. z. B. Mitton, Epistle, 68–74. Eine ausführliche Liste der Autoren, die sich für bzw. gegen die Echtheit des Epheserbriefs ausspricht, findet sich bei Hoehner, Ephesians, 9–18. Von den erwähnten Autoren (englisch- und deutschsprachig) äußerten sich in den Jahren 1801 bis 2001 146 für und 107 gegen eine paulinische Verfasserschaft – 20 waren unentschlossen oder haben ihre Meinung geändert –, während es in den Jahren 1991 bis 2001 jeweils 19 Autoren waren, die sich für bzw. gegen die paulinische Verfasserschaft aussprachen (vgl. ebd., 19).

[3] Vgl. z. B. Theobald, Kolosserbrief, 429–431. Kiley spricht von einem „primary model" des Briefrahmens (Kiley, Colossians, 75). Ollrog geht allerdings nicht von einer literarischen Abhängigkeit des Kolosserbriefs vom Philemonbrief aus (vgl. Ollrog, Paulus, 228).

[4] Vgl. dagegen z. B. Carson/Moo, Einleitung, 588: „Der Kolosserbrief wird gewöhnlich (besonders in der angelsächsischen Forschung) als ein echter Paulusbrief angesehen; der Epheserbrief hingegen wird als das Werk eines Imitators betrachtet, der vom Kol manche Gedanken und Spracheigentümlichkeiten übernommen hat."

[5] Nach H. E. Lona war Ferdinand Christian Baur der erste Exeget im deutschsprachigen Raum, der die Echtheit sowohl des Epheser- als auch des Kolosserbriefs bestritt – im Jahr 1845 (Lona, Eschatologie, 23). Sieben Jahre zuvor hatte Ernst Theodor Mayerhoff als Erster im deutschspsrachigen Raum die Echtheit des Kolosserbriefs geleugnet (vgl. ebd., 22).

[6] Theolbald, Epheserbrief, 409.

[7] Merklein, Paulinische Theologie, 410f.; vgl. dagegen z. B. Coutts, Relashionship,

den Kolosserbrief nicht letztgültig erklärt werden kann, zeichnen sich doch grundlegende Tendenzen ab."[8] Gese kommt in seiner Untersuchung jedoch zum Schluss, dass die Theologie des Epheserbriefs trotz aller Unterschiede zu den unumstrittenen Paulusbriefen einen genuin paulinischen Charakter aufweist.[9] Der Verfasser greife „die bei Paulus angelegten unterschiedlichen Tendenzen [!] auf, führt sie zusammen und formt aus ihnen einen in sich geschlossenen Entwurf".[10]

Holtzmann fand im Jahr 1872 sowohl im Kolosserbrief als auch im Epheserbrief Merkmale des Ursprünglichen und des Sekundären.[11] Er geht davon aus, dass ein Kernstück des Kolosserbriefs von Paulus selbst stammt und dass der (pseudonyme) Verfasser des Epheserbriefs sich nicht damit zufrieden gab, „auf das kurze Schreiben des Paulus an die Kolosser einen längeren Paulusbrief gepfropft zu haben, welcher in der Runde von Ephesus bis Laodizea gelesen werden sollte", sondern „auch noch jenes Original selbst im Geiste dieses g. Epheserbriefes überarbeitete".[12] Auch Schmithals, der sich kritisch mit Holtzmann auseinandersetzt, begründet, warum ein Großteil des Kolosserbriefs auf Paulus zurückgehen muss, und er nimmt an, dass dieser aus seiner Sicht ursprünglich kürzere Paulusbrief von einem späteren Verfasser überarbeitet worden sei, wobei jedoch das „Problem" mit dem Verhältnis zum Epheserbrief nicht behandelt wird.[13]

In Bezug auf das Verhältnis des Epheser- und des Kolosserbriefs zueinander stellt sich allerdings die Frage, ob die Verwandtschaft durch literarische Abhängigkeit überhaupt erklärbar ist. Dabei sind auch die Unterschiede – und zwar die Unterschiede gerade bei den Texten, die inhaltlich und sprachlich eine offensichtliche Parallele darstellen – zwischen den zwei Schreiben zu beachten. Wie im Folgenden gezeigt wird, spricht vieles dafür, dass der Kolosserbrief an den Epheserbrief anknüpfen konnte. Es gibt zudem manche Parallelen zwischen dem Epheser- und dem Kolosserbrief einerseits sowie zwischen diesen Briefen und dem Philipper- sowie dem Philemonbrief andererseits, die vermuten lassen, dass der Philipper- und der Philemonbrief nicht als „Prätexte" gedient haben, sondern dass sie den Inhalt der zwei zuerst erwähnten „Gefangenschaftsbriefe"[14] voraussetzen, ohne dass eine literarische „Abhängigkeit" erkennbar ist.

Weiter unten in dieser Studie wird dargelegt, dass die Eingangseulogie in Eph 1,3-14 (ein Satzgefüge!) die Grundlage nicht nur für die Theologie des Ephe-

---

201ff.
[8] Gese, Vermächtnis, 271.
[9] Vgl. ebd., 271ff.
[10] Ebd., 271f..
[11] Vgl. Holtzmann, Kritik, 45ff.; ähnlich auch Schmid, Epheserbrief, 392ff.
[12] Wbd., 199.
[13] Vgl. Schmithals, Literarkritische Analyse, 150ff.
[14] Im Folgenden wird der Begriff „Gefangenschaftsbriefe" in Bezug auf den Epheser-, den Philipper-, den Kolosser- und den Philemonbrief verwendet.

sersbriefs[15], sondern auch des Kolosser- und des Philipperbriefs bildet. Sie bildet nicht nur die „Vorlage" und die theologische Grundlage für die hymnenartigen Gebete und Ausführungen im Epheserbrief (vgl. u. a. Eph 1,15-23; 3,14-21; 4,4-10; 5,18-20; 6,18-20)[16], sondern ebenso z. B. für die „Christushymnen" in Phil 2,6-11[17] und Kol 1,15-20[18] – bei denen es sich ebenso wenig wie z. B. bei Eph 4,4-10 um einen „Hymnus" im eigentlichen Sinn handelt[19] – und darüber hinaus für die Ausführungen der beiden Briefe, die über die jeweilige Situation der Empfänger hinausgehen.[20] Andererseits setzt z. B. Phlm 4f. offenbar Eph 1,15f. und Kol 1,3f. voraus, während Phlm 6 sowohl Parallelen zum Epheser- und zum Kolosserbrief als auch zum Philipperbrief beinhaltet (vgl. auch z. B. Phlm 22 mit Phil 2,24). Viele Parallelen können m. E. am besten von der Annahme der Priorität des Epheserbriefs aus erklärt werden, wodurch sich ein neues und tieferes Verständnis vieler Ausführungen in den Briefen ergibt, wie im Folgenden dargelegt wird.

3.1.2 Beispiele für das komplexe Verhältnis zwischen dem Epheser- und dem Kolosserbrief – und den übrigen Paulusbriefen

3.1.2.1 Die „Erlösung durch sein Blut" (Eph 1,7) im Kontext der Briefe

Nach Eph 1,7 „haben wir in ihm die Erlösung durch sein Blut, die Vergebung der Übertretungen", und nach Kol 1,14 „haben wir in ihm die Erlösung, die Vergebung der Sünden". Das Nomen actionis ἄφεσις („Loslassen, Vergebung")

---

[15] Vgl. auch z. B. Schnelle, Theologie, 521; Dahl, Einleitungsfragen, 16; Heckel, Segen, 242.
[16] Vgl. dazu Theobald, Epheserbrief, 410: „Spezifisch für Eph ist aber sein weithin hymnischer Ton mit liturgischen Anklängen, auch seine Vorliebe für Satzungetüme (1,3–14 ...; 1,15–23; 2,1–7; 3,1–7.14–19; 4,11–16; 5,7–13; 6,14–20)." Eph 4,4-10 schließt sich diesem Duktus des Epheserbriefs an, wie bereits ein Vergleich zwischen Eph 4,10 und Eph 1,21-23 zeigt. Darauf wird noch ausführlicher einzugehen sein.
[17] In Bezug auf Phil 2,6-11 ist zu beachten, dass der „Hymnus" sozusagen das „Herzstück" des Briefs ist, auf das hin der ganze Brief ausgerichtet ist (vgl. dazu weiter unten). Die Annahme, Paulus habe einen „Hymnus" aufgenommen und den ganzen Brief danach ausgerichtet, scheint mir nicht wirklich nachvollziehbar zu sein.
[18] Schmithals weist darauf hin, dass in Kol 1,9-20 „eine durchgehende Satzkonstruktion vorliegt" (Schmithals, Literarkritische Analyse, 160). Damit wird eine gewisse Parallele zu der Satzkonstruktion in Eph 1,3-14 sichtbar.
[19] Vgl. dazu u. a. Brucker, Christushymnen, 310f.; ders., Songs, 1–14; Riesenfeld, Unpoetische Hymnen, 155–168; Dübbers, Christologie, 4–8; Peppard, Poetry, 319–342 (bes. 324ff.); Berger, Formen, 297ff. (zu „Hymnus und Gebet") und 401–403 (zu „Enkomion"; vgl. ebd., 402f.; vgl. auch ebd., 298f.).
[20] Vgl. dazu unten die Ausführungen unter 3.1.7.

erscheint in den Paulusbriefen nur an diesen zwei Stellen[21], während das Nomen „Erlösung" (ἀπολύτρωσις) im Kolosserbrief nur an dieser Stelle erscheint, im Epheserbrief aber noch zweimal (Eph 1,14; 4,30) und sonst nur noch dreimal in den Paulusbriefen (Röm 3,24; 8,23; 1. Kor 1,30). Dabei bezieht es sich in Eph 1,14 und 4,30 wie in Röm 8,23 auf die zukünftige „Erlösung" (des Leibes). Während der Ausdruck διὰ τοῦ αἵματος („durch sein Blut"), der in Eph 1,7 erscheint, in Kol 1,14 fehlt, wird in Kol 1,20 betont, dass Jesus „durch das Blut seines Kreuzes Frieden machte (εἰρηνοποιήσας)". Ansonsten fehlt der Ausdruck διὰ τοῦ αἵματος in den Paulusbriefen.[22] Und während in Kol 1,20 das Partizip εἰρηνοποιήσας („indem er Frieden machte") gebraucht wird, erscheint in Eph 2,15 der Partizipialausdruck ποιῶν εἰρήνην („Frieden machend").[23] Und zwar geschah dieses „Frieden-Machen" nach Eph 2,13 „durch das/in dem Blut (ἐν τῷ αἵματι) des Christus", wobei der Ausdruck ἐν τῷ αἵματι verwendet wird, der in den Paulusbriefen nur noch in Röm 3,25 und 5,9 sowie in 1. Kor 11,25 („in meinem Blut") erscheint.[24]

Die Feindschaft hat Jesus Christus nach Eph 2,14 „in seinem Fleisch" (ἐν τῇ σαρκὶ αὐτοῦ) aufgehoben. Das entspricht Röm 8,3, wonach Gott die Sünde „im Fleisch" (ἐν τῇ σαρκί) verurteilte, nämlich durch den Tod Jesu Christi, während nach Röm 8,7 „die Gesinnung des Fleisches Feindschaft gegen Gott" ist[25]. In Röm 7,4 war noch davon die Rede gewesen, dass die Gläubigen dem Gesetz gegenüber „durch den Leib des Christus" (διὰ τοῦ σώματος τοῦ Χρισ-

---

[21] Nach Frank begegnet deshalb „die Rede von der Vergebung der Sünden ... in den authentischen Paulinen nicht" (Frank, Kolosserbrief, 57). Allerdings erscheint das Verb ἀφίημι in Röm 4,7 (in einem Zitat), und in Röm 3,25 wird das Nomen πάρεσις gewissermaßen als Synonym zum Nomen ἄφεσις verwendet. Der Gebrauch des Verbs χαρίζομαι (im Sinn von „vergeben") in Röm 8,32 und 2. Kor 2,7.10; 12,13 entspricht dem Gebrauch des Verbs in Eph 4,32 sowie Kol 2,13 und 3,13.

[22] Vgl. aber Röm 3,25 (ἐν τῷ αὐτοῦ αἵματι) und 5,9 (ἐν τῷ αἵματι αὐτοῦ) sowie 1. Kor 11,25 (ἐν τῷ ἐμῷ αἵματι) und Eph 2,13 (ἐν τῷ αἵματι τοῦ Χριστοῦ).

[23] Nach Stuhlmacher handelt es sich bei Eph 2,11-22 um ein Prosastück, „in dem die Versöhnungstradition von Kol 1,18-20 sowie die Rede vom „Frieden des Christus" aus Kol 3,15 aufgenommen und ein *messianischer Midrasch zu Jes 57,19* vorgetragen wird" (Stuhlmacher, Theologie 2, 16). Die Frage ist nur, wer hier was aufgenommen hat. Inhaltlich scheint Eph 2,11ff. zumindest teilweise an den Römerbrief anzuknüpfen (vgl. z. B. Röm 5,1.10; 8,7; 11,17ff.).

[24] Außer an den erwähnten Stellen wird in den Paulusbriefen nur noch in 1. Kor 10,16 und 11,27 (im Zusammenhang mit dem „Herrenmahl") in Bezug auf den Kreuzestod Jesu vom „Blut" gesprochen, und zwar erscheint in 1. Kor 10,16 die Wendung „das Blut des Christus" und in 1. Kor 11,27 der Ausdruck „das Blut des Herrn".

[25] Das feminine Nomen ἔχθρα erscheint in den Paulusbriefen außer in Eph 2,14 und 16 sowie in Röm 8,7 nur im „Lasterkatalog" in Gal 5,20 (im Plural) und sonst im Neuen Testament nur noch in Lk 23,12 und Jak 4,4.

τοῦ) – d. h. durch die Hingabe des Leibes Jesu Christi am Kreuz – „getötet" wurden. Diese Aussage findet ihrerseits in Eph 2,15 eine gewisse Parallele (vgl. dazu auch Röm 6,6f.), wobei allerdings die Beziehung der ehemaligen „Heiden" zu den Verheißungen des Alten Bundes (vgl. Eph 2,12) im Vordergrund stehen. Der Autor ergänzt, dass Christus Jesus (vgl. Eph 2,13) „die beiden in einem Leib mit Gott versöhnt hat durch das Kreuz, indem er in ihm die Feindschaft tötete". In einer gewissen Parallele dazu spricht Kol 1,22 davon, dass „er" (dem Kontext nach wohl Jesus Christus) diejenigen, die einst „entfremdet und Feinde" waren (vgl. Kol 1,21), jetzt „durch den Leib seines Fleisch durch den Tod (ἐν τῷ σώματι τῆς σαρκὸς αὐτοῦ διὰ τοῦ θανάτου) versöhnt hat".
Der Ausdruck διὰ τοῦ θανάτου („durch den Tod"), der in Kol 1,21 verwendet wird, erscheint in den Paulusbriefen nur noch in Röm 5,10 (sonst im Neuen Testament nur noch in Hebr 2,14), wobei in Röm 5,10f. wie in Eph 2,16 und Kol 1,20-22 von der Versöhnung (καταλλαγή) durch Jesus Christus die Rede ist. Dabei erscheint in Eph 2,16 nicht wie in Röm 5,10 und Kol 1,21 der Ausdruck διὰ τοῦ θανάτου, sondern „synonyme" Ausdruck διὰ τοῦ σταυροῦ („durch das Kreuz"), der im Neuen Testament singulär ist (vgl. jedoch z. B. Gal 6,14: ἐν τῷ σταυρῷ τοῦ κυρίου ἡμῶν Ἰησοῦ Χριστοῦ). Dagegen findet der Ausdruck ἐν τῷ αἵματι τοῦ Χριστοῦ („in dem Blut des Christus"), der in Eph 2,13 erscheint, in Röm 5,9 (δικαιωθέντες νῦν ἐν τῷ αἵματι αὐτοῦ) eine Parallele (vgl. auch Röm 3,25: ἐν τῷ αὐτοῦ αἵματι). In Kol 1,20 erscheint jedoch der Ausdruck διὰ τοῦ αἵματος τοῦ σταυροῦ αὐτοῦ („durch das Blut seines Kreuzes"), der die Ausdrücke ἐν τῷ αἵματι τοῦ Χριστοῦ aus Eph 2,13 und διὰ τοῦ σταυροῦ aus Eph 2,16 zusammenzufassen scheint, aber auch auf den Ausdruck διὰ τοῦ αἵματος αὐτοῦ („durch sein Blut") in Eph 1,7 zurückgreifen könnte, während Eph 1,7 ansonsten fast wörtlich mit Kol 1,14 übereinstimmt und Eph 2,16 als gewisse Parallele zu Kol 1,20 zu sehen ist. Andererseits erinnert die Verbindung von „Tod" und „Kreuz" in Kol 1,20.22 auch an Phil 2,8 (μέχρι θανάτου, θανάτου δὲ σταυροῦ), also an eine Aussage des „Philipperhymnus" (vgl. auch Phil 3,18: τοὺς ἐχθροὺς τοῦ σταυροῦ τοῦ Χριστοῦ). Aber die Parallelen zum Epheserbrief sind viel deutlicher vorhanden.
Der Ausdruck ἐν τῷ σώματι τῆς σαρκὸς αὐτοῦ („im Leib seines Fleisches") in Kol 1,22 könnte seinerseits Röm 7,4 (διὰ τοῦ σώματος τοῦ Χριστοῦ) und 8,3 (ἐν τῇ σαρκί) oder Eph 2,14 (ἐν τῇ σαρκὶ αὐτοῦ) und 2,16 (ἐν ἑνὶ σώματι) zusammenfassend aufnehmen. Am wahrscheinlichsten ist, dass der Epheserbrief die Ausführungen des Römerbriefs voraussetzt, während der Kolosserbrief sowohl den Epheser- als auch den Römerbrief vorauszusetzen scheint. Zu beachten ist auch, dass Kol 2,11 den Ausdruck „Leib des Fleisches" aus Kol 1,22 (ἐν τῇ ἀπεκδύσει τοῦ σώματος τῆς σαρκός) wieder aufnimmt[26],

---

[26] Nach Percy ist es bemerkenswert, „wenn nach Kol 2,11 ... mit 2,15 und 2,20 zusammen die Befreiung des Gläubigen von der σάρξ ... zugleich seine Befreiung von den

dabei aber auf den „alten Menschen" Bezug nimmt, wie die Parallele zu Kol 3,9 (ἀπεκδυσάμενοι τὸν παλαιὸν ἄνθρωπον) zeigt. In Kol 3,9f. wird nicht nur gesagt, dass die Empfänger des Briefs den „alten Menschen" ausgezogen, sondern dass sie auch den „neuen Menschen" angezogen haben. Die Parallele dazu bildet Eph 4,20-22 (vgl. auch Röm 6,6!), doch vom „neuen Menschen" ist bereits in Eph 2,16 und damit in einer Parallele zu Kol 1,20-22 die Rede.

Für den Römerbrief als *einen* „Hintergrund" der Ausführungen des Kolosserbriefs neben dem Epheserbrief spricht auch, dass mit dem Ausdruck „der Leib der Sünde" (τὸ σῶμα τῆς ἁμαρτίας) in Röm 6,6[27] ein synonymer Ausdruck zum Ausdruck „der Leib des Fleisches" in Kol 2,11 begegnet, und dieser „Leib der Sünde" aus Röm 6,6 wird gemäß Röm 7,24 offensichtlich mit dem „Leib dieses Todes" (ἐκ τοῦ σώματος τοῦ θανάτου τούτου) identifiziert (vgl. auch Phil 3,21: τὸ σῶμα τῆς ταπεινώσεως ἡμῶν).[28] Andererseits findet der Ausdruck „Leib des Fleisches" in Kol 1,20 in Bezug auf den Kreuzestod Jesu in Röm 8,3 nicht nur im Ausdruck ἐν τῇ σαρκί („im Fleisch"), sondern vor allem auch im Ausdruck ἐν ὁμοιώματι σαρκὸς ἁμαρτίας („in Ähnlichkeit des Fleisches der Sünde") eine gewisse Parallele.[29]

---

hinter dem mosaischen Gesetz sowie anderen ausserchristlichen religiösen Ordnungen stehenden Geistesmächten bedeutet. Dies bedeutet, dass das Gesetz sowie andere ausserchristliche religiöse Ordnungen der Sphäre der σάρξ angehören, insofern sie nur darin Gültigkeit haben; dies ist aber gerade typisch paulinisch (Gal 3,3; Röm 7,5 f.)" (Percy, Probleme, 80f.). Nach Percy tritt „dieser Zug viel deutlicher in Eph 2,11" hervor (ebd., 81).

[27] Der Satz ἵνα καταργηθῇ τὸ σῶμα τῆς ἁμαρτίας in Röm 6,6 ist durch „damit er den Leib der Sünde wirkungslos mache" zu übersetzen. Wie besonders die Parallele zu Röm 7,24 zeigt, ist der Genitiv τῆς ἁμαρτίας nicht als *Genitivus separationis* zu verstehen, sondern als Genitivattribut zu τὸ σῶμα. Dafür spricht auch, dass das Verb καταργέω bei Paulus in der Regel mit einem einfachen Akkusativobjekt erscheint, und wenn es sich um eine Trennung handelt, wird nicht ein einfacher *Genitivus separationis* ergänzt, sondern die Präposition mit folgendem Genitiv (vgl. Röm 7,2.7; Gal 5,4).

[28] Vgl. auch Röm 8,6-7 (τὸ φρόνημα τῆς σαρκός); 13,14 (τῆς σαρκὸς πρόνοιαν); Gal 5,19 (τὰ ἔργα τῆς σαρκός); Eph 2,3 (ἐν ταῖς ἐπιθυμίαις τῆς σαρκὸς μῶν ποιοῦντες τὰ θελήματα τῆς σαρκὸς καὶ τῶν διανοιῶν); Kol 2,13 (τῇ ἀκροβυστίᾳ τῆς σαρκὸς ὑμῶν); 2,18 (ὑπὸ τοῦ νοὸς τῆς σαρκὸς αὐτοῦ) υνδ 2,23 (πρὸς πλησμονὴν τῆς σαρκός).

[29] Nach Frank kann in Kol 1,21f. „mit einiger Wahrscheinlichkeit eine literarische Abhängigkeit" von Röm 5,10f. angenommen werden. Die „doppelte Körper-Bildlichkeit von Kol 1,22 (ἐν τῷ σώματι τῆς σαρκὸς αὐτοῦ)" sei jedoch „ein Spezifikum des Kol, das zwar eine LXX-Parallele in Sir 23,17 findet (ἐν σώματι σαρκὸς αὐτοῦ), bei Paulus aber in dieser Form nicht begegnet" (Frank, Kolosserbrief, 160; vgl. auch 1. Hen 102,2: τῷ σώματι τῆς σαρκὸς ὑμῶν). Frank beachtet allerdings nicht die übrigen Parallelen zum Römerbrief, und die Parallelen zum Epheserbrief werden ganz ausgeblendet, weil diese vom Kolosserbrief abhängig sein sollen.

Der „Friede", der in Eph 2,14-16 und gewissermaßen als Parallele auch in Kol 1,20f. angesprochen wird (vgl. auch Röm 5,1), wird sowohl in Eph 4,3 als auch in Kol 3,14f. wieder thematisiert, wobei jeweils in diesem Zusammenhang der Begriff σύνδεσμος („Band, Verbindung") gebraucht wird, der sonst im Neuen Testament nur noch in Apg 8,23 und Kol 2,19 erscheint. In Eph 4,3 ist von der „Einheit des Geistes durch das Band des Friedens" die Rede, während nach Kol 3,14f. die Liebe „das Band der Vollkommenheit" ist und die Gläubigen den „Frieden des Christus ..., zu dem ihr auch berufen seid in einem Leib", in „euren Herzen Schiedsrichter sein" lassen sollen. Der Ausdruck „in einem Leib" (ἐν ἑνὶ σώματι), der dabei in Kol 3,15 verwendet wird, erscheint im Neuen Testament sonst nur in Röm 12,4 und Eph 2,16 (!). Dabei fällt weiter auf, dass Kol 3,12f. einerseits in Eph 4,2[30]) und andererseits in Eph 4,32 eine Parallele findet.[31] Damit wird anderseits deutlich, dass der Friede, den Jesus Christus durch seinen Kreuzestod gebracht hat, nicht nur nach dem Epheserbrief (vgl. Eph 2,14ff.), sondern auch nach dem Kolosserbrief konkrete Auswirkungen auf die zwischenmenschlichen Beziehungen hat, und wie Kol 2,11 und 3,11 andeuten, ist dabei auch im Kolosserbrief u. a. an die Beziehung zwischen Juden- und Heidenchristen gedacht, wobei die Ausführungen in den zwei Briefen nicht in einem literarischen Abhängigkeitsverhältnis entstanden sein können.

Die Komplexität dieser Verhältnisse spricht m. E. einerseits deutlich für die gleiche Handschrift und ist andererseits kaum durch literarische „Abhängigkeit" erklärbar, aber auch nicht nur durch eine gemeinsame Tradition. Andererseits sprechen die Untersuchungen für die Priorität des Epheserbriefs vor dem Kolosserbrief, da die Lektüre des Kolosserbriefs den Epheserbrief vorauszusetzen scheint, wie andere Vergleiche bestätigen werden.

3.1.2.2 Die Offenbarung des „Geheimnisses" (Eph 1,9)

Auch die Verwendung des Begriffs μυστήριον („Geheimnis") fällt auf, da der Begriff sowohl im Epheserbrief (vgl. Eph 1,9; 3,3.4.9; 5,32; 6,19) als auch im Kolosserbrief (vgl. Kol 1,26.17; 2,2; 4,3) eine wichtige Rolle spielt.[32] Dabei er-

---

[30] Der Ausdruck ἀνεχόμενοι ἀλλήλων erscheint im Neuen Testament nur an diesen Stellen. Man beachte auch den Gebrauch der Nomina ταπεινοφροσύνη, πραΰτης und μακροθυμία in Eph 4,2 und Kol 3,12.

[31] Sowohl in in Eph 4,32 als auch in Kol 3,13 (und nur an diesen zwei Stellen im Neuen Testament) erscheint z. B. der Ausdruck χαριζόμενοι ἑαυτοῖς. Während die Empfänger nach Eph 4,32 einander vergeben sollen, „wie Gott euch in Christus vergeben hat", sollen sie nach Kol 3,13 einander vergeben, „wie der Herr euch vergeben hat, so auch ihr" (zu dieser unterschiedlichen Betonung vgl. die Ausführungen unter 3.1.4).

[32] Der Begriff μυστήριον erscheint außerdem in den Paulusbriefen im Römerbrief zweimal (Röm 11,25; 16,25), im 1. Korintherbrief sechsmal (1. Kor 2,2.7; 4,1; 13,2;

scheint in Eph 3,4 und Kol 4,3 der Ausdruck „das Geheimnis des Christus", der sonst im Neuen Testament nicht vorkommt, und in Kol 2,2 ist vom „Geheimnis Gottes, [nämlich] Christus", die Rede, während Paulus in 1. Kor 2,1 den Ausdruck „das Geheimnis Gottes" (τὸ μυστήριον τοῦ θεοῦ) verwendet[33]. In Eph 6,19 wird dagegen vom „Geheimnis des Evangeliums" gesprochen. In Eph 3,9 und Kol 1,26 ist von dem „Geheimnis, das seit den Zeitaltern ... verborgen war" die Rede, wobei die Parallele zu 1. Kor 2,7 auffällt. Gemäß dieser Stelle „reden wir Gottes Weisheit, die verborgen war, in einem Geheimnis (θεοῦ σοφίαν ἐν μυστηρίῳ τὴν ἀποκεκρυμμένην)". Und zwar hat Gott diese „Weisheit in einem Geheimnis ... vor den Zeitaltern vorher ausgesondert (προώρισεν)". Das Verb προορίζω („vorher aussondern"), das an dieser Korintherstelle erscheint, erscheint seinerseits auch in Eph 1,5 und 11 – und sonst nur noch an einer Stelle in den Paulusbriefen, nämlich in Röm 8,29.30 (vgl. auch Apg 4,28).[34]

Nach Percy ist in Kol 1,26f.; 2,2 und 4,3 mit dem „Geheimnis", „wie besonders der Vergleich mit 1. Kor 2,6ff. zeigt, das eschatologisch-mystische Christusgeheimnis" gemeint, während in Eph 1,9; und 3,3ff.9ff. „die Aufnahme der Heiden gemeint" sei.[35] Percy betont jedoch ergänzend, dass „andererseits dies weder der einzige noch der wesentliche Inhalt des Heilsgeheimnisses weder nach dem Kol noch nach den anerkannten Briefen" ist; „der Kern des Heilsgeheim-

---

14,2; 15,51), im 2. Thessalonicherbrief einmal (2. Thess 2,7) und im 1. Timotheusbrief zweimal (1. Tim 3,9.16).

[33] Allerdings ist in 1. Kor 2,1 auch die Variante μαρτύριον statt μυστήριον gut bezeugt (so z. B. durch B und 𝔐). Trotzdem ist an dieser Stelle davon auszugehen, dass μυστήριον ursprünglich ist. Von diesem „Geheimnis" spricht Paulus anschließend in 1. Kor 2,7 wieder. Bei dieser letzten Stelle handelt es sich um eine Parallele zu Eph 3,9 und Kol 1,26.

[34] Nach Frank ist „auffallend, dass die durchgängige Betonung des *Jetzt* der Offenbarung (νυνὶ δέ) in den nachpaulinischen Revelationsformeln gerade keine Parallele in 1 Kor 2,6-10 findet, ebenso auch die direkte Bindung des Offenbarungsgeschehens an die Verkündigungstätigkeit des Apostels (Kol 1,25f.; Röm 16,25). Entsprechend kann hier mit Lührmann eine deuteropaulinische Akzentverschiebung konstatiert werden ..." (Frank, Kolosserbrief, 103; vgl. Lührmann, Offenbarungsverständnis, 122). Allerdings geht z. B. das Offenbarungsverständnis des Paulus und der damit verbundene Bezug zu seiner Person in Gal 1,8-16 weit über den Epheser- und Kolosserbrief hinaus. Es ist verständlich, dass Paulus angesichts der Konzentration auf menschliche Persönlichkeiten in Korinth (vgl. 1. Kor 1,10-13) verhindern wollte, dass die Aufmerksamkeit nicht zu stark auf Menschen gelenkt wird (vgl. auch z. B. 1. Kor 7,10.25: „... gebiete nicht ich, sondern der Herr ... Über die Jungfrauen aber habe ich kein Gebot des Herrn ..."; 14,37: „... so erkenne er, dass das, was ich euch schreibe, ein Gebot des Herrn ist"). Aber das Offenbarungsverständnis z. B. in 1. Kor 2,9-16 bezieht sich ebenfalls auf das „Jetzt". In diesem Sinn ist keine „Akzentverschiebung" festzustellen.

[35] Percy, Probleme, 380.

nisses ist vielmehr Christus selbst als Vermittler des Heils durch seinen Tod und seine Auferstehung; die Teilnahme der Heidem am Heil ist nur eine, wenn auch eine wesentliche Seite dieses Geheimnisses".[36] Allerdings geht es sowohl in 1. Kor 2,7 (vgl. auch 1. Kor 2,1) und in Kol 1,26; 2,2 und 4,3 als auch im Epheserbrief (vgl. Eph 1,9; 3.3.4.9; 5,32; 6,19) um das „Geheimnis", das bereits durch Jesus Christus offenbart worden ist, auch wenn im Einzelfall unterschiedliche Akzente gesetzt werden. Andererseits spricht Paulus auch in Röm 11,25 in Bezug auf das Verhältnis von „Heiden" und Israel von einem „Geheimnis", und in 1. Kor 15,51 ist in Bezug auf die eschatologische Auferstehung der Gläubigen davon die Rede.

Gemäß Kol 1,26 wurde „das Geheimnis, das ... verborgen war, jetzt aber seinen Heiligen sichtbar gemacht (νῦν δὲ ἐφανερώθη)", und zwar dadurch, dass Gott „den Reichtum der Herrlichkeit dieses Geheimnisses unter den Heiden kundgetan hat" (Kol 1,27). Dabei handelt es sich zumindest in gewisser Hinsicht – doch nicht weniger deutlich – um eine Parallele zu Eph 3,4f., wonach der Apostel Paulus Einsicht (σύνεσις) erhalten hat „in das Geheimnis des Christus" (der Ausdruck erscheint sonst nur in Kol 4,3!)[37], und zwar „wie es jetzt seinen heiligen Aposteln und Propheten durch den Geist" offenbart wurde (ὡς νῦν ἀπεκαλύφθη), nachdem es „in anderen Geschlechtern den Söhnen der Menschen nicht kundgetan wurde". Dabei geht es darum, dass die „Heiden Miterben und Miteinverleibte und Mitteilhaber der Verheißung in Christus Jesus" sind (Eph 3,6). Damit wird also im Kontext des Epheserbriefs im Gegensatz zur Parallele im Kolosserbrief ausdrücklich das Verhältnis der (ehemaligen) „Heiden" zu Israel angesprochen (vgl. auch Eph 2,11-22). Andererseits ist zu beachten, dass der Ausdruck „in anderen Geschlechtern" (ἑτέραις γενεαῖς), der in Eph 3,5 erscheint, zwar im Kolosserbrief nicht erscheint, dass aber in Kol 1,26 von dem „Geheimnis, das seit den Zeitaltern und den Geschlechtern (καὶ ἀπὸ τῶν γενεῶν)", gesprochen wird, wobei dieser Ausdruck in der Parallele in Eph 3,9 (!) fehlt. Gemäß Kol 1,27 geht es dabei um „Christus in euch", den (ehemaligen) Heiden und damit indirekt auch um ihr Verhältnis zu den Verheißungen Gottes an Israel (vgl. auch z. B. Kol 3,11).

In Bezug auf die „Offenbarung des Gemeimnisses" stellt sich die Frage, warum in Eph 3,5 (νῦν ἀπεκαλύφθη τοῖς ἁγίοις ἀποστόλοις αὐτοῦ καὶ προφήταις ἐν πνεύματι) das Verb ἀποκαλύπτω („enthüllen, offenbaren") und in der Parallele Kol 1,26 (νῦν δὲ ἐφανερώθη τοῖς ἁγίοις αὐτοῦ) das Verb φανερόω („sichtbar werden lassen, erscheinen") verwendet wird. Der Gebrauch des Verbs in Eph 3,5 knüpft offenbar an dem Gebrauch des Nomens ἀποκάλυψις („Enthüllung, Offenbarung") in Eph 3,3 (κατὰ ἀποκάλυψιν ἐγνωρίσθη μοι

---

[36] Ebd., 381.
[37] Die Begriffe σύνεσις und μυστήριον werden neben Eph 3,4 auch in Kol 2,2 (!) in Verbindung gebracht.

τὸ μυστήριον[38]) an, das seinerseits bereits in Eph 1,17 verwendet wurde, und zwar als Teil des Gebetsanliegen des Paulus für die „Heiligen" (vgl. Eph 1,15ff.). Im Kolosserbrief erscheint dagegen weder das Verb noch das Nomen. In den Paulusbriefen werden sonst sowohl Verb und Nomen in Bezug auf die Heilszeit in Jesus Christus, die bereits eingetreten ist (vgl. Röm 1,17; 16,25; 1. Kor 2,10; 14,6.26.30; 2. Kor 12,1.7; Gal 1,12.16; 2,2; 3,23; Phil 3,15), als auch in Bezug auf die zukünftige Heils- und Gerichtsoffenbarung (vgl. Röm 2,5; 8,18.19; 1. Kor 1,7; 3,13; 2. Thess 1,7; 2,3.6.8) verwendet, wobei sich Röm 1,18 zwar in erster Linie auf die Gegenwart bezieht, aber wohl das zukünftige eschatologische Gericht mit einschließt (vgl. Röm 2,5).

Andererseits verwendet Kol 1,26 mit φανερόω („sichtbar werden lassen, erscheinen") ein Verb, das in den Paulusbriefen wie das Verb ἀποκαλύπτω („enthüllen, offenbaren") 13-mal gebraucht wird und sich ebenfalls sowohl auf die Gegenwart in Christus (Röm 3,21; 16,26; 2. Kor 2,14; 3,3; 4,10.11; 5,11; 7,12; 11,6; 1. Tim 3,15; 2. Tim 1,10; Tit 1,3) als auch auf die Zukunft bezieht (vgl. 1. Kor 4,5; 2. Kor 5,10). In Kol 3,4 wird das Verb zweimal aufgegriffen, wobei es sich auf die Erscheinung „unseres Lebens in Herrlichkeit" bei der Wiederkunft Jesu bezieht, während Paulus in 2. Kor 4,10f. betont, dass dieses Leben jetzt schon „in unserem (sterblichen) Leib/Fleisch" erscheint/sichtbar wird. Zudem wird das Verb in Kol 4,4 verwendet, wobei es sich auf den Verkündigungsdienst mit Paulus als Subjekt bezieht (vgl. dazu auch 2. Kor 2,14). Das Verb φανερόω wird auch in Eph 5,13f. gebraucht, bezieht sich dabei aber auf das Aufdecken von sündigem Verhalten (vgl. Eph 5,11ff.). Nach Eph 5,12 soll dasjenige, was „verborgen" (κρυφῇ) geschieht, „sichtbar gemacht werden" (vgl. dazu auch z. B. 1. Kor 4,5; 14,25; 2. Kor 4,2), während die „heiligen Apostel und Propheten" (vgl. Eph 3,5) nach Eph 3,9 die Aufgabe haben, „ans Licht zu bringen" (φωτίσαι)[39], was vorher „verborgen" war (vgl. dazu Kol 1,27). Interessant ist demgegenüber, dass die Gläubigen in Kolossä nach Kol 2,2f. „zum ganzen Reichtum der Fülle der Einsicht (εἰς πᾶν πλοῦτος τῆς πληροφορίας τῆς συνέσεως), zur Erkenntnis des Geheimnisses Gottes, Christus", gelangen sollen, da in Christus „alle Schätze der Weisheit und der Erkenntnis (οἱ θησαυροὶ τῆς σοφίας καὶ γνώσεως) verborgen (ἀπόκρυφοι)" vorhanden sind (vgl. Röm 11,33: βάθος πλούτου καὶ σοφίας καὶ γνώσεως

---

[38] Vgl. dazu Röm 16,25: κατὰ ἀποκάλυψιν μυστηρίου χρόνοις αἰωνίοις σεσιγημένου. Dabei stellt sich textkritisch allerdings die Frage nach der Ursprünglichkeit dieses Verses. Vgl. auch 1. Kor 2,10: ἡμῖν δὲ ἀπεκάλυψεν ὁ θεὸς διὰ τοῦ πνεύματος.

[39] Vgl. zum Gebrauch des Verbs φωτίζω in den Paulusbriefen auch 1. Kor 4,5; 2. Tim 1,10. Während das Verb an diesen zwei Stellen im gleichen Sinn wie in Eph 3,9 gebraucht wird, stellt der Gebrauch in Eph 1,18 eine Parallele zu Lk 11,36 sowie Hebr 6,4 und 10,32 dar. Das Verb erscheint ansonsten im Neuen Testament noch dreimal in der Johannesoffenbarung (Offb 18,1; 21,24; 22,5)., wird dort aber im „wörtlichen" Sinn verwendet.

θεοῦ).⁴⁰ Und nach Kol 3,3 ist „unser Leben mit Christus in Gott verborgen (κέκρυπται), von wo es mit der Wiederkunft Jesu „erscheinen" wird (Kol 3,4). Daraus zieht der Verfasser die Folgerung, dass die Empfänger des Briefes nun „die Glieder, die auf Erden [sind]", töten sollen (vgl. Kol 3,5ff.).

Damit werden deutliche Parallelen, aber auch unterschiedliche Akzentuierungen zwischen dem Epheser- und dem Kolosserbrief sichtbar. Während der Epheserbrief mit dem Gebrauch des Verbs ἀποκαλύπτω („enthüllen, offenbaren") die Offenbarung des Heilsplans Gottes in Jesus Christus durch seine „heiligen Apostel und Propheten" hervorhebt (Eph 3,5), betont der Kolosserbrief, dass dieses Heil „jetzt seinen Heiligen sichtbar gemacht wurde" (νῦν δὲ ἐφανερώθη; Kol 1,26). Offenbar ist an letzterer Stelle gemeint, dass die Gläubigen insgesamt und besonders die Heidenchristen (vgl. Kol 1,27) jetzt erkennen sollen, welches Heil Gott gerade für sie bestimmt hat. Auch sie haben den „Anteil des Erbes (εἰς τὴν μερίδα τοῦ κλήρου⁴¹) der Heiligen im Licht" (Kol 1,12) erhalten, und zwar durch „Christus in euch⁴², die Hoffnung der Herrlichkeit (ἡ ἐλπὶς τῆς δόξης)" (Kol 1,27; vgl. Röm 5,2: ἐπ' ἐλπίδι τῆς δόξης τοῦ θεοῦ) bzw. durch „den Christus …, unser Leben", mit dessen Erscheinung „auch ihr mit ihm erscheinen werdet in Herrlichkeit" (Kol 3,4). Somit will der Kolosserbrief angesichts derer, die sich „durch Philosophie und leeren Irrtum" verführen lassen (vgl. Kol 2,8) und die durch die „Elemente der Welt" (vgl. Kol 2,8.20; vgl. auch Kol 2,16.21) „den Schatten der zukünftigen Dinge" für das Eigentliche halten und sich dabei rühmen, Visionen gehabt zu haben, indem sie Engel ver-

---

⁴⁰ Das Nomen πλοῦτος erschien bereits in Röm 9,23 in dem Satz εἰ δὲ θέλων ὁ θεὸς ἐνδείξασθαι τὴν ὀργὴν καὶ γνωρίσαι τὸ δυνατὸν αὐτοῦ … καὶ ἵνα γνωρίσῃ τὸν πλοῦτον τῆς δόξης αὐτοῦ ἐπὶ σκεύη ἐλέους …, und dieser Vers erinnert seinerseits an Kol 1,27 (οἷς ἠθέλησεν ὁ θεὸς γνωρίσαι τί τὸ πλοῦτος τῆς δόξης τοῦ μυστηρίου τούτου ἐν τοῖς ἔθνεσιν …). Der Epheserbrief scheint sich jedoch unabhängig vom Kolosserbrief sogar noch ausführlicher an die Römerstelle anzulehnen (vgl. Eph 1,7.9.18; 2,7; 3,8.10.16; vgl. auch Phil 4,19).

⁴¹ Vgl. dazu u. a. Deut 10,9 (LXX: μερὶς καὶ κλῆρος); Jes 57,6 (LXX: ἐκείνη σου ἡ μερίς, οὗτός σου ὁ κλῆρος) und Sap 2,9 (ὅτι αὕτη ἡ μερὶς ἡμῶν καὶ ὁ κλῆρος οὗτος). Das Nomen κλῆρος erscheint in den Paulusbriefen nur in Kol 1,12, während das damit verwandte Verb κληρόω im gesamten Neuen Testament nur in Eph 1,11 erscheint (vgl. dazu auch in der LXX 1. Sam 14,41; Jes 17,11). Das ebenfalls damit verwandte Kompositum κληρονομία erscheint im Epheserbrief dreimal (Eph 1,14.18; 5,5) und im Kolosserbrief einmal (Kol 3,24) – sonst in den Paulusbriefen nur in Gal 3,18 –, während das entsprechende Verb κληρονομέω weder im Epheser- noch im Kolosserbrief verwendet wird – sonst in den Paulusbriefen jedoch in 1. Kor 6,9.10; 15,50; Gal 4,30; 5,21 (vgl. auch das *Nomen agentis* κληρονόμος in Röm 4,13.14; 8,17; Gal 3,29; 4,1.7; Tit 3,7).

⁴² Zum Ausdruck Χριστὸς ἐν ὑμῖν vgl. auch Röm 8,10 und 2. Kor 13,5.

ehren (vgl. Kol 2,18), zur Vernunft (vgl. Kol 2,18b) in Christus ermahnen (vgl. auch die Parallele zwischen Kol 2,20 und 3,3: „ihr seid gestorben").
Das einfache Verb φανερόω („sichtbar machen/werden") ist mit dem militärischen Fachbegriff ἐπιφαίνομαι („erscheinen") verwandt, der das plötzliche und unerwartete Auftauchen des Feindes bezeichnete, „wodurch die Entscheidung der Schlacht erzwungen werden sollte"[43]. Es wird in den Pastoralbriefen sowohl in Bezug auf das erste Kommen (vgl. 1. Tim 3,16; 2. Tim 1,10; Tit 2,11; 3,4; vgl. auch Tit 1,3) als auch in Bezug auf die Wiederkunft Jesu (vgl. 1. Tim 2,8; 2. Tim 4,1.8; Tit 2,13) verwendet. Bei dem Verb ἀποκαλύπτω („enthüllen") handelt es sich dagegen um einen „religiösen" Begriff, der vor allem die „Enthüllung" Gottes anspricht. Zu dieser Beobachtung im Kolosserbrief passt auch die „Kampfsprache" im Kontext (vgl. z. B. Kol 2,1.18; 3,14).[44] Es wird dementsprechend im Kolosserbrief bewusst das (militärische) Verb φανερόω, und nicht das (religiös-apokalyptische) Verb ἀποκαλύπτω verwendet. Gleichzeitig wird betont, dass „alle Heiligen" den „verborgenen Schatz" in Christus bereits jetzt schon empfangen haben, und diesen Reichtum soll man sich nicht durch Irrlehren nehmen lassen. Anders ist die Situation im Epheserbrief. Gottes „Geheimnis" wurde durch die Apostel und Propheten, die das Fundament der Gemeinde als „Tempel" (Gottes) gelegt haben (vgl. Eph 2,20), „enthüllt" (ἀπεκαλύφθη; Eph 3,5). Die Gefahr des Missverständnisses durch Irrlehren spielt dabei offenbar nicht eine solche Rolle wie im Kolosserbrief. Dass die zwei Verben (φανερόω und ἀποκαλύπτω) auch sonst in den Paulusbriefen zwar gewissermaßen als Synonyme, aber doch nicht mit gleicher Fokussierung verwendet werden, zeigt z. B. ein Vergleich zwischen Röm 3,21 und 1. Kor 2,9f., wobei es sich bei dem Gebrauch der zwei Verben in Röm 3,21 durchaus um eine gewisse Parallele zu Kol 1,27[45] und bei 1. Kor 2,9f. um eine gewisse Parallele zu Eph 3,5 handelt.

---

[43] Bultmann/Lührmann, Art. ἐπιφαίνω, 8. Das Nomen ἐπιφάνεια bezeichnete zudem die Front des Heeres (vgl. ebd.). Die ἐπιφάνεια Gottes „ist sein hilfreiches Eingreifen in der Schlacht" (ebd., 9).

[44] In Kol 2,1 ist von dem „großen Wettkampf (ἀγῶνα)" des Paulus die Rede (vgl. auch Kol 1,29: κοπιῶ ἀγωνιζόμενος), und nach Kol 2,18 soll niemand den Gläubigen „den Kampfpreis absprechen/nehmen" (μηδεὶς ὑμᾶς καταβραβευέτω), wobei das Kompositum καταβραβεύω verwendet wird. Dieses Kompositum ist zwar ein neutestamentliches Hapaxlegomenon, aber während das einfache Verb βραβεύω („Schiedsrichter sein/als Schiedsrichter zusprechen") in Kol 3,15 gebraucht wird, erscheint das Nomen βραβεῖον in 1. Kor 9,24 und Phil 3,14, wobei dem Kontext gemäss Kontext jeweils wiederum die (sportliche) „Wettkampfsprache" verwendet wird (vgl. 1. Kor 9,24-26; Phil 1,30; 2,16.25). Diese „Wettkampfsprache" fällt ansonsten in den Paulusbriefen besonders im 1. und im 2. Timotheusbrief auf (vgl. 1. Tim 1,18; 2,3.4; 4,10; 6,12. 2. Tim 2,4; 4,7).

[45] Neben Röm 3,21 und 16,26 (man beachte das textkritische Problem an dieser Stelle)

In Eph 3,5 und Kol 1,26 betont der Autor jeweils, dass „jetzt" das Heil Gottes in Jesus Christus offenbart worden ist. Beim Gebrauch des Zeitadverbs νῦν („jetzt") in Eph 3,5 (ὡς νῦν ἀπεκαλύφθη) und Kol 1,26 (νῦν δὲ ἐφανερώθη) handelt es sich um einen „typisch paulinischen Gebrauch" (vgl. z. B. Röm 5,9.11; 6,19.21; 8,1; Gal 2,20), wobei Paulus in Bezug auf dieses „Jetzt" der Heilszeit in Jesus Christus auch das verstärkte νυνί („jetzt") verwendet (vgl. z. B. Röm 3,21; 6,22; 7,6; 1. Kor 13,13; 15,20), das noch stärker konsekutive Bedeutung hat und ebenfalls im Epheserbrief (vgl. Eph 2,13) und im Kolosserbrief (vgl. Kol 1,22; 3,8) erscheint. Dabei fällt auf, dass die Form νυνί im Neuen Testament hauptsächlich in den Paulusbriefen erscheint (sonst nur Apg 22,1; 24,13 [an beiden Stellen im Mund des Paulus]; Hebr 8,6[46]; 9,26) und dass in den Paulusbriefen dabei immer die Formel νυνὶ δέ („jetzt aber") gebraucht wird (vgl. auch Röm 7,17; 15,23.25; 1. Kor 12,18; 2. Kor 8,11.22; Eph 2,13; Kol 1,22; 3,8; Phlm 9.11). Während das νῦν mit Bezug auf die „jetzige" Heilszeit in Jesus Christus im Epheserbrief noch zweimal erscheint (Eph 3,10; 5,8), nicht aber im Kolosserbrief, wird die Wendung νυνὶ δέ im Epheserbrief einmal (Eph 2,13) und im Kolosserbrief zweimal verwendet (Kol 1,22; 3,8), wobei es sich bei Kol 1,22 gewissermaßen um eine Parallele zu Eph 2,13 handelt.

3.1.2.3 Die „Hausverwalterschaft" (Eph 3,2.9)

Eph 3,2-12 betrachte ich als Parenthese, d. h., dass der Gedankengang von Eph 3,1 in Eph 3,13 wieder aufgenommen wird – wie schon die Wiederaufnahme des Ausdrucks τούτου χάριν („deshalb") in Eph 3,14 aus Eph 3,1 andeutet[47]. Dabei ist zu beachten, dass der Epheserabschnitt gewissermaßen mit dem Gebrauch des Begriffs οἰκονομία („Hausverwaltung") in Eph 3,2 und 9 „umrahmt" ist. Dieser Begriff erscheint sonst in den Paulusbriefen nur in Kol 1,25 sowie in 1. Kor 9,17 und 1. Tim 1,4. Dabei stellt Kol 1,25 eine Parallele zu Eph 3,2 dar, wonach dem Paulus „die Hausverwaltung der Gnade Gottes für euch" gegeben wurde (τῆς δοθείσης μοι εἰς ὑμᾶς), während er nach Kol 1,25 ein Diener der Gemeinde (vgl. Kol 1,24) „nach der Hausverwaltung Gottes, die mir für euch gegeben wurde (τὴν δοθεῖσάν μοι εἰς ὑμᾶς)", geworden ist, um das Wort Gottes zu erfüllen", wobei es sich um „das Geheimnis, das vorborgen war", handelt (vgl. Kol 1,26). Andererseits bildet aber auch Eph 3,7 eine Parallele zu Kol 1,25. Nach Eph 3,7 ist Paulus ein Diener des Evangeliums geworden (οὗ ἐγενήθην διάκονος), durch das die „Heiden" Teilhaber im Leib Christi ge-

---

stellen auch z. B. 1. Tim 3,16 sowie 2. Tim 1,10 (φανερωθεῖσαν δὲ νῦν) und Tit 1,3 gewissermaßen Parallelen zu Kol 1,27 dar.

[46] So mit den Textzeugen $\mathfrak{P}^{46c}$ ℵ A D¹ Ψ 0278. 33. 1739. 1881 𝔐. In den Textzeugen $\mathfrak{P}^{46}$* B D* erscheint statt νυνί ein νῦν).

[47] Der Ausdruck erscheint sonst im Neuen Testament nur noch in Tit 1,5.

worden sind (vgl. Eph 3,6), und zwar „nach dem Geschenk der Gnade Gottes, die mir gegeben wurde (τῆς δοθείσης μοι) …". Bei der Wendung „die Gnade (Gottes), die mir (von Gott) gegeben wurde" handelt es sich um eine „typisch paulinische" Wendung (vgl. Röm 12,3; 15,15; 1. Kor 3,10; Gal 2,9; vgl. zudem z. B. Röm 12,6; 1. Kor 1,4; 15,57; 2. Kor 13,10; Eph 4,7; 1. Tim 4,14; 2. Tim 1,9), die im Neuen Testament nur in den Paulusbriefen erscheint.[48] Am deutlichsten sind dabei folgende Parallelen:

- κατὰ τὴν χάριν τοῦ θεοῦ τὴν δοθεῖσάν μοι … (1. Kor 3,10).
- κατὰ τὴν δωρεὰν τῆς χάριτος τοῦ θεοῦ τῆς δοθείσης μοι … (Eph 3,7).
- κατὰ τὴν οἰκονομίαν τοῦ θεοῦ τὴν δοθεῖσάν μοι εἰς ὑμᾶς … (Kol 1,25).

Man könnte annehmen, dass die Verbindung von „Hausverwaltung" und „Gnade" in Eph 3,2 (τὴν οἰκονομίαν τῆς χάριτος τοῦ θεοῦ τῆς δοθείσης μοι εἰς ὑμᾶς) auf eine Verbindung von Kol 1,25 („Hausverwaltung") mit den „echten" Paulusbriefen („Gnade") zurückzuführen sei.[49] Wenn man jedoch bedenkt, dass nicht Eph 3,2, sondern Eph 3,7a von der Satzkonstruktion her eine Parallele zu Kol 1,25 bildet, während Eph 3,7b (κατὰ τὴν ἐνέργειαν τῆς δυνάμεως αὐτοῦ) andererseits in Kol 1,29 (κατὰ τὴν ἐνέργειαν αὐτοῦ τὴν ἐνεργουμένην ἐν ἐμοὶ ἐν δυνάμει) eine Parallele findet (vgl. auch Phil 3,21 (κατὰ τὴν ἐνέργειαν τοῦ δύνασθαι αὐτὸν καὶ ὑποτάξαι αὐτῷ τὰ πάντα), so spricht das nicht für eine literarische Anlehnung des Epheserbriefs an den Kolosserbrief. Die Parallele in Phil 3,21 scheint auf Eph 1,19-22 zurückzugehen (vgl. auch Phil 3,10 mit Eph 1,17ff.). Und nach Eph 3,8 wurde „mir, dem Geringsten von allen, diese Gnade gegeben, den Heiden den unaufspürbaren[50] Reichtum des Christus zu verkünden". Das erinnert gleichzeitig an 1. Kor 15,9, wo Paulus sich als „den Geringsten der Apostel" bezeichnet, während Eph 3,8b verschiedene Aussagen, die Paulus besonders im Römerbrief macht (vgl. z. B. Röm 9,22f.; 11,13.33), vorauszusetzen scheint, ohne dass näher darauf eingegangen wird und ohne dass eine literarische Anlehnung feststellbar ist.

---

[48] Zudem erscheint in Röm 12,6 sowie in 1. Kor 15,57 und 2. Tim 1,9 die Wendung „die Gnade, die euch gegeben wurde", die ebenfalls nur in den Paulusbriefen gebraucht wird.

[49] Die Ergänzung, dass die „Gnade" (Eph 3,2) bzw. die „Hausverwaltung" (Kol 1,25) „für euch" (εἰς ὑμᾶς) gegeben wurde, erscheint in den Paulusbriefen nur in Eph 3,2 und Kol 1,25.

[50] Das Adjektiv ἀνεξιχνίαστος erscheint im Neuen Testament nur in Röm 11,33 und Eph 3,8.

3.1.3 Durch den jeweiligen Hintergrund verursachte Unterschiede

3.1.3.1 Die Problematik der Irrlehren im Kolosser- und im Epheserbrief

Bei den verschiedenen Parallelen zwischen den zwei Briefen gibt es unterschiedliche Akzentuierungen. So wird im Kolosserbrief die Gefahr der Irrlehre ausdrücklich angesprochen, und unterschiedliche Akzentuierungen hängen sicher mit dieser konkreten Gefahr zusammen. Es ist jedoch nicht so, dass die Gefahr der Verführung durch Irrlehren im Epheserbrief im Gegensatz zum Kolosserbrief nicht zur Sprache kommt[51], wenn das auch weniger direkt als im Kolosserbrief geschieht (vgl. z. B. Eph 4,14; 5,6; 6,11) – während umgekehrt z. B. das Verhältnis der Heidenchristen zu den Judenchristen bzw. zu Israel im Kolosserbrief weniger deutlich angesprochen wird als im Epheserbrief (vgl. z. B. Eph 2,11ff. mit Kol 1,27; 2,11; 3,11).

Nach Eph 4,12-14 sollen „alle Heiligen zum Werk des Dienstes" zugerüstet werden und zur „Einheit des Glaubens und der Erkenntnis des Sohnes Gottes" gelangen, um nicht mehr „Unmündige" zu sein, indem sie sich „von jedem Wind der Lehre durch die Täuschung (ἐν τῇ κυβείᾳ) der Menschen, durch Verschlagenheit (Schlauheit) zur Arglist des Irrtums" verführen lassen. Dabei wird mit κυβεία („Täuschung, Betrug") ein neutestamentliches Hapaxlegomenon verwendet[52], während der Begriff πανουργία („Verschlagenheit, Schlauheit") auch in den Korintherbriefen erscheint (1. Kor 3,19; 2. Kor 4,2; 11,3; sonst nur in Lk 20,23)[53], und mit μεθοδεία („Arglist") wird ein Begriff gebraucht, der sonst im Neuen Testament nur noch in Eph 6,11 erscheint, derweil der Begriff πλάνη („Verirrung, Irrtum") auch noch in Röm 1,27 sowie in 1. Thess 2,3 und 2. Thess 2,11 verwendet wird. In Eph 4,14 erscheint der Ausdruck πρὸς τὴν μεθοδείαν τῆς πλάνης („zur Arglist des Irrtums") und in Eph 6,11 – offenbar mehr oder weniger als Synonym dazu – der Ausdruck πρὸς τὰς μεθοδείας τοῦ διαβόλου („zur Arglist des Teufels"). Zudem erscheint in Eph 6,11 der Ausdruck πρὸς τὰ πνευματικὰ τῆς πονηρίας („zu den Geistern der Bosheit") und

---

[51] Vgl. dazu auch Schmid, Epheserbrief, 430: „Das zweite Kapitel des Kol, welches die eigentliche Polemik gegen die Irrlehren enthält, ist als Ganzes vom Verfasser des Eph ‚übergangen worden', eine schwer zu erklärende und höchst mißliche Erscheinung, wenn der Eph von einem Fälscher in sklavischer Nachahmung des Kol komponiert ist."

[52] Das Nomen κυβεία erscheint – ebenso wie auch das Nomen μεθοδεία – weder bei Philo von Alexandria noch bei Flavius Josephus und auch nicht in der LXX.

[53] Das Nomen πανουργία erscheint in den Schriften des Philo von Alexandria 23-mal (vgl. z. B. Opif 155.156; Legum 1,102; 2,107; Sacr 22.48) und dabei wie auch in Eph 4,14 u. a. in engem Zusammenhang mit dem Begriff διδασκαλία (vgl. Sacr 48). In Ebr 223 ist von „Bitterkeit und Bosheit und Verschlagenheit sowie Zorn und Wut" (πικρίας καὶ πονηρίας καὶ πανουργίας ὀργῆς τε καὶ θυμοῦ) die Rede, was u. a. an Eph 4,31 erinnert (das Nomen πονηρία erscheint in den Paulusbriefen neben Eph 6,12 nur noch in Röm 1,29 und 1. Kor 5,8).

in Eph 2,2 die Ausdrücke κατὰ τὸν αἰῶνα τοῦ κόσμου τούτου („gemäß des Zeitalters dieser Welt")[54] und – parallel dazu – κατὰ τὸν ἄρχοντα τῆς ἐξουσίας τοῦ ἀέρος („gemäß dem Herrscher der Vollmacht der Luft"). In Eph 4,14 geht der Ausdruck ἐν τῇ κυβείᾳ τῶν ἀνθρώπων („im Betrug der Menschen") dem Ausdruck ἐν πανουργίᾳ ... („in der Verschlagenheit ...") voran.

Demgegenüber begegnet in TestIss 1,11 der Ausdruck ἡ πανουργία τῶν ἀνθρώπων („die Verschlagenheit der Menschen"). Zudem erscheinen in den „Testamenten der Zwölf Patriarchen" Ausdrücke wie τὸ πνεῦμα τῆς πλάνης („der Geist des Irrtums") o. ä.[55] oder ὁ ἄρχων τῆς πλάνης („der Herrscher des Irrtums")[56].[57]

Gemäß TestLev 3,1ff. gibt es sieben Himmel. Im dritten Himmel sind demnach die „Kräfte der Heere/Kasernen (αἱ δυνάμεις τῶν παρεμβολῶν), die für den Tag des Gerichts bestimmt sind, um Rache an den Geistern der Irrtums (ἐν τοῖς πνεύμασι τῆς πλάνης) und des Bilears" (TestLev 3,3) zu üben. Im obersten von allen Himmeln aber wohnt die „große Herrlichkeit im Allerheiligsten weit über jedes Heiligtum (ὑπεράνω πάσης ἁγιότητος)" (TestLev 3,4). Darin dienen die „Engel des Angesichts"[58] „priesterlich"[59] und sühnen dem Herrn gegenüber (οἱ λειτουργοῦντες καὶ ἐξιλασκόμενοι πρὸς κύριον) für alle Unwissenheiten der Gerechten", und sie bringen „dem Herrn duftenden geistlichen/logischen Wohlgeruch sowie blutfreies Opfer (ὀσμὴν εὐωδίας λογικὴν καὶ ἀναίμακτον προσφοράν) dar" (TestLev 3,5-6; vgl. Eph 5,2; Phil 4,18; Röm 12,1). Die Engel, die „den Engeln des Angesichts des Herrn" die Antworten bringen, befinden sich hingegen in dem niedrigeren (Himmel; ἐν τῷ ὑποκάτω), während in dem Himmel, in dem Gott ist, „Throne" und „Vollmächte" (θρόνοι, ἐξουσίαι) sind, von wo aus Gott ständig Hymnen dargebracht werden (TestLev 3,7-8). Es gibt demnach also verschiedene Abstufungen von „Dämonen" bzw. Engeln, wobei gleiche und ähnliche Ausdrücke wie in Eph 1,20-22 und Kol 1,16 gebraucht werden (vgl. auch Eph 4,10).[60]

In diesen Texten gibt es, was die Begriffe und Ausdrucksweisen betrifft, erstaunlich viele „Parallelen" zum Epheser- und zum Kolosserbrief, aber auch zum Philipperbrief. Während in Eph 6,12 vom Kampf „gegen die Herrscher, gegen die Vollmächte, gegen die Weltenherrscher dieser Finsternis" (πρὸς τοὺς

---

[54] Vgl. dazu auch u. a. Röm 12,2; 1. Kor 1,20; 2,6.8; 3,19; 2. Kor 4,4.
[55] Vgl. TestRub 2,1; TestSim 3,1; 6,6; TestLev 3,3; TestJud 14,8; 20,1.3; TestZebul 9,7.8; TestNaph TestDan 5,5; 3,3; TestAsher 6,2; vgl. auch TestBenj 6,1: ἐν χειρὶ πλάνης πνεύματος Βελιάρ.
[56] Vgl. TestSim 2,7; TestJud 19,4.
[57] Vgl. auch z. B. TestSal A 8,2; 16,3; 18,f.; 20,12ff.; 22,1.
[58] Vgl. dazu auch TestLev 18,5.
[59] Paulus verwendet das Verb λειτουργέω in Röm 15,16 in Bezug auf seinen eigenen missionarischen Dienst als Israelit unter „Heiden" – wohl in Anlehnung an Jes 61,6 (vgl. auch Jes 66,20).
[60] Vgl. dazu auch Bietenhard, Die himmlische Welt, 104–108. Im slavischen Henochbuch werden u. a. Erzengel, leiblose Kräfte, Herrschaften, Vollmächte und Throne erwähnt (vgl. 2. Hen 20,1f.).

κοσμοκράτορας τοῦ σκότους τούτου), gegen die Geister der Bosheit in den Himmeln" die Rede ist[61], stellen TestSal A 16,3 sowie 18,3 und 22,1 eine gewisse Parallele zu Eph 2,2 und Phil 2,10 dar (πᾶν γόνυ ... ἐπουρανίων καὶ ἐπιγείων καὶ καταχθονίων). Von den „Thronen" ist hingegen in den Paulusbriefen nur in Kol 1,16 die Rede, und das u. a. parallel zur Rede von den „Herrschern" und „Vollmächten", wobei an dieser Stelle auch der Ausdruck „in den Himmeln und auf der Erde" erscheint. Dabei wird betont, dass Jesus Christus alle diese Mächte geschaffen hat und deshalb über sie Vollmacht hat, während sowohl im Epheserbrief (vgl. Eph 1,20-22; 4,7-10) als auch im Philipperbrief (vgl. Phil 2,9-11) die erhabene Herrschaft Jesu über alle anderen (himmlischen) Mächte auf Grund seines Todes sowie seiner Auferstehung und Erhöhung betont wird.

Nach Eph 1,21 und 4,10 ist Jesus erhöht worden „weit über (ὑπεράνω[62]) jede Herrschaft ..." bzw. „weit über (ὑπεράνω) alle Himmel" und damit auch über alle Engelwesen, während Gott Jesus Christus nach Phil 2,9-11 „sehr erhoben und ihm den Namen gegeben hat, der über jeden Namen, damit in dem Namen Jesu jedes Knie sich beuge, der Himmlischen und Irdischen und Unterirdischen ..." ist.[63] Im Kolosserbrief wird die Macht Jesu besonders denen gegenüber hervorgehoben, die von den „Elementen der Welt" (τὰ στοιχεῖα τοῦ κόσμου) fasziniert sind (vgl. Kol 2,8.20; vgl. auch Gal 4,3.9), womit offensichtlich eine jüdische Irrlehre angesprochen wird (vgl. z. B. Kol 2,16). Und wie Kol 2,18 zeigt, hängt diese Lehre mit der Verehrung von Engeln (wohl als eine Art Vermittler zwischen Gott und Menschen) zusammen. Dass ähnliche jüdische Lehren auch im Hintergrund des Philipper- und des Epheserbriefs zu vermuten sind, deuten beide Briefe verschieden an (vgl. z. B. Phil 3,3ff.; Eph 2,11ff.). Den „duftenden Wohlgeruch" (ὀσμὴν εὐωδίας) bringen dabei nicht Engel Gott dar, sondern Menschen (vgl. Eph 5,2; Phil 4,18), die durch Jesus Christus „in den Himmeln eingesetzt" sind (vgl. Eph 2,6) bzw. nun ihr „Bürgerrecht in [den] Himmeln" haben (vgl. Phil 3,20).

Auffallend ist im Vergleich zum Kolosserbrief, dass in Eph 4,22 in Bezug auf den „alten Menschen" gesagt wird, dass dieser „nach den Begierden des Betrugs" (κατὰ τὰς ἐπιθυμίας τῆς ἀπάτης) zerstört wird, während in Kol 2,8 vor der Verführung „durch Philosophie und leeren Betrug (διὰ τῆς φιλοσοφίας καὶ

---

[61] Vgl. z. B. TestSal A 18,2.
[62] Die „uneigentliche" Präposition erscheint im Neuen Testament neben Eph 1,21 und 4,10 nur noch in Hebr 9,5.
[63] Gemäß Philo von Alexandria ist der Logos Gottes „weit über die ganze Welt" (καὶ ὁ λόγος δὲ τοῦ θεοῦ ὑπεράνω παντός ἐστι τοῦ κόσμου; Legum 3,175). Vgl. auch ApgPhil 9,4: „Philippus aber sprach [zu den griechischen Philosophen]: ‚Ich will euch den Herrn kundtun, der weit über jeden Namen ist (ὑπεράνω ἐστὶν παντὸς ὀνόματος), obwohl es keinen anderen [Namen] gibt.'" Diese Stelle scheint zumindest von der Ausdrucksweise her Eph 1,21 bzw. 4,10 mit Phil 2,9 zu verbinden (vgl. auch Apg 4,12).

κενῆς ἀπάτης) nach der Überlieferung von Menschen" gewarnt wird. Das Nomen ἀπάτη („Betrug"), das an diesen zwei Stellen erscheint, wird ansonsten in den Paulusbriefen nur noch einmal verwendet (2. Thess 2,10: ἐν πάσῃ ἀπάτῃ ἀδικίας). Andererseits scheint der Ausdruck κατὰ τὴν παράδοσιν τῶν ἀνθρώπων („nach der Überlieferung der Menschen") in Kol 2,8 eine gewisse Parallele zu παντὶ ἀνέμῳ τῆς διδασκαλίας ἐν τῇ κυβείᾳ τῶν ἀνθρώπων („in jedem Wind der Lehre durch die Täuschung von Menschen") in Eph 4,14 darzustellen. Noch deutlicher ist allerdings die Parallele zwischen Eph 4,14 und Kol 2,22, wo mit κατὰ τὰ ἐντάλματα καὶ διδασκαλίας τῶν ἀνθρώπων („nach den Satzungen und Lehren von Menschen")[64] nicht nur wie in Eph 4,14 das Genitivattribut „der Menschen" erscheint, sondern an beiden Stellen auch das Nomen διδασκαλία („Lehre, Belehrung") verwendet wird, das sowohl im Epheserbrief als auch im Kolosserbrief jeweils nur an dieser Stelle erscheint.[65] Die Parallele wird auch durch die Aussage in Kol 2,22, dass „das alles zur Zerstörung (εἰς φθοράν)" existiert, im „intertextualen" Kontext bestätigt. Mit dem Nomen φθορά („Zerstörung") wird dabei zwar ein Begriff verwendet wird, der sonst weder im Kolosserbrief noch im Epheserbrief erscheint. Doch wird in Eph 4,22 andererseits das Verb φθείρω (im Passiv: „zerstört werden") gebraucht, das in den zwei Briefen sonst nicht erscheint, indem gesagt wird, dass „der alte Mensch nach der Begierde des Betrugs" zerstört wird. Dabei wird eine gewisse Parallele zu Kol 2,22 sichtbar, obwohl der „alte Mensch" im Kontext des Kolosserbriefs erst mit Kol 3,9 ausdrücklich zur Sprache kommt.

Übrigens kommt die Gefahr der Verführung auch z. B. in Eph 4,19 zum Ausdruck, wonach Menschen, die in der „Nichtigkeit ihres Verstandes" wandeln, sich selbst der Schwelgerei (Zügellosigkeit) hingegeben haben. „Ihr aber", so heißt es, „habt den Christus so nicht [kennen] gelernt" (Eph 4,20), und mit der anschließenden Aussage, dass „ihr in ihm gelehrt worden seid, wie es Wahrheit in dem Jesus ist", ist eine auffallende Parallele zu Kol 2,7 gegeben, zumal an beiden Stellen – und zwar im gesamten Neuen Testament nur an diesen Stellen und in 2. Thess 2,15 (in Bezug auf das Festhalten an den Überlieferungen!) – die Aorist-Passiv-Form ἐδιδάχθητε („ihr seid gelehrt worden") erscheint, und

---

[64] Das scheint eine Anlehnung an Jes 29,13 zu sein (LXX: ... διδάσκοντες ἐντάλματα ἀνθρώπων καὶ διδασκαλίας).

[65] Kol 2,22 scheint sich zudem an eine Aussage Jesu, wie sie in Mt 15,9 und Mk 7,7 überliefert wird (διδάσκοντες διδασκαλίας ἐντάλματα ἀνθρώπων), anzulehnen. Ansonsten wird der Begriff διδασκαλία, der als *Nomen actionis* primär den Vorgang des Lehrens beschreibt, im Neuen Testament neben Röm 12,7 und 15,4 nur noch in den Pastoralbriefen verwendet, und zwar 15-mal, wobei er sich insgesamt auf die biblische Belehrung bezieht, die allerdings vor fremden Lehren geschützt werden soll (vgl. z. B. 1. Tim 4,16). In 1. Tim 4,1 ist davon die Rede, dass einige sich in letzten Zeiten vom Glauben abwenden werden, „indem sie sich zu verführerischen Geistern und zu Belehrungen der Dämonen halten werden".

das jeweils – in unterschiedlicher Form – verbunden mit der vergleichenden Konjunktion καθώς („wie"). Zudem zeigt der Gebrauch des Ausdrucks πρὸς τὰς μεθοδείας τοῦ διαβόλου („zu den Arglisten des Teufels") in Eph 6,11 im Vergleich mit dem Ausdruck πρὸς τὴν μεθοδείαν τῆς πλάνης („zur Arglist des Irrtums") in Eph 4,14, dass auch in Eph 6,10ff. zumindest indirekt die Warnung vor Irrlehre ausgesprochen wird.

Gemäß Eph 6,12 ist „unser (Ring-)Kampf nicht gegen Fleisch und Blut" gerichtet, sondern u. a. gegen die „Weltbeherrscher" (πρὸς τοὺς κοσμοκράτορας). Dabei wird das Nomen πάλη verwendet, das den Ringkampf bezeichnet. Interessant sind in diesem Kontext die begrifflichen Parallelen zwischen Eph 6,11ff. und Paton, Nomoi 795ff. Platon spricht von einem Ringkampf (πάλη), der sinnlos ist und in Bezug auf die „Gemeinschaft am Krieg keinen Nutzen hat"[66], während er den „aufrechten Ringkampf" (ὄρθη πάλη) zum Zweck der Kraftentwicklung und Gesundheit rühmt (Nomoi 796a). Platon erwähnt in diesem Zusammenhang wie Paulus die „ganze Waffenrüstung" (πανοπλία; vgl. Nomoi 796c; Eph 6,11.13), und auch das Nomen βέλος („Wurf, Geschoss"), das in Eph 6,16 verwendet wird[67], erscheint bei Platon zweimal in dem Zusammenhang[68]. Sowohl die „Kämpfe" (ἀγῶνας) als auch die „Vorkämpfe" (προαγῶνας) haben nach Platon keinem anderen Zweck zu dienen, als im Krieg und Frieden dem Staat und dem eigenen Haus zu dienen.[69]

Dass die Gymnastik-Ausbildung schliesslich vor allem dem Krieg dienen soll, zeigt bereits der Text, welcher der ausführlichen Beschreibung, wie diese Gymnastik-Ausbildung sein soll, vorangeht.[70] Darin bemerkt Platon u. a., dass derjenige, der den Allkampf (πανκράτιον) vollständig eingeübt hat sowie den Faustkampf (πυγμή) und den Ringkampf (πάλη), nicht unvermögend ist, mit der linken Seite zu kämpfen", und wer „doppelte Glieder besitzt", sich gegen andere verteidigen und sie angreifen kann.[71]

---

[66] Vgl. dazu auch König, Athletics, 51: „... the central place in nearly all ephebic *gymnasion* activity was occupied by a combination of athletic and military exercises."

[67] Mit βέλος wird in Eph 6,16 ein neutestamentliches Hapaxlegomenon verwendet, das in der LXX im Psalter insgesamt zwölfmal erscheint (Ps^{LXX} 7,14; 10,2; 17,15; 37,3; 44,6; 56,5; 63,8; 76,18; 90,5; 119,4; 126,4; 143,6), wobei Ausdrücke wie τὰ βέλη τοῦ δυνατοῦ (Ps^{LXX} 119,4) oder βέλη ἐν χειρὶ δυνατοῦ (Ps^{LXX} 126,4) verwendet werden. Auch das Bild vom „Umgürten" (vgl. Eph 6,14) erscheint einige Male im Psalter (vgl. Ps 18,33.40; 30,12; 45,4; 65,7.13; 93,1; 109,19). In Eph 6,13 erscheint zudem der Ausdruck „an dem bösen Tag" (ἐν τῇ ἡμέρᾳ τῇ πονηρᾷ), der in der LXX in Ps^{LXX} 40,2 und 48,6 sowie in Jer 17,17 verwendet wird.

[68] Vgl. Nomoi 795c („... dann müsste er imstande sein, hundert Geschosse [βέλη] abzuschleudern") und 830e (das Nomen erscheint bei Platon in den Nomoi achtmal; vgl. Nomoi 717a; 795c; 830e; 865b; 873e; 880a; 962d).

[69] Vgl. Platon, Nomoi 796d; vgl. auch u. a. Nomoi 832e.

[70] Vgl. Platon, Nomoi 795. Vgl. dazu auch Platon, Laches 179ff.

[71] Platon, Nomoi 795bc. Es ist es gut möglich, dass bei der Verwendung des Begriffs κράτος κτλ. im Epheserbrief (und im Kolosserbrief) an den Sportkampf πανκράτιον („Allkampf") gedacht ist (vgl. auch Eph 6,11: ἐνδύσασθε τὴν πανοπλίαν τοῦ θεοῦ),

Es geht im Kontext darum, dass ein guter Krieger imstande sein muss, mit beiden Händen zu kämpfen, was er in der Gymnastik-Ausbildung lernt. Deshalb folgt anschließend eine Beschreibung davon, wie die Gymnastik-Ausbildung vollzogen werden soll.
Dieser „Hintergrund" spielt für Paulus in verschiedenen Briefen eine wichtige Rolle, wobei es ihm darum geht, den „Krieg" dagegen Satan und den himmlischen „Preis" bzw. „Siegeskranz" zu gewinnen (vgl. z. B. 1. Kor 9,24-27; Phil 2,16; 3,14; Kol 3,15; 4,12; 1. Tim 4,7; 2. Tim 4,7f.). Dabei ist auch zu beachten, dass gerade in den Timotheusbriefen, die offenbar in Richtung Ephesus geschickt wurden[72], die Sport- und Militärsprache miteinander verbunden wird, wie das offenbar auch in Eph 6,11ff. geschieht[73], während diese im Titusbrief keine Rolle spielt.
Nach Gese weist Eph 6,10-17 direkte Einflüsse aus dem Alten Testament auf[74], und dabei verbinde den Abschnitt „mit Röm 13,12 und 1Thess 5,8 die wesentliche *Neuinterpretation*, daß nun die *Gläubigen* die Waffenrüstung Gottes erlangen und somit entscheidend in den Kampf Gottes miteingebzogen sind".[75] Eph 6,10-17 halte sich aber „strenger an die alttestamentliche Vorlage", und „diese Uminterpretation" komme „in einer selbständigen Weiterführung des Bildes zur Sprache".[76] Für Gese wird somit deutlich, „daß Eph 6,10-17 auf der paulinischen Vorlage fußt, auch wenn darüber hinaus direkt auf die alttestamentliche Beschreibung zurückgegriffen wird".[77]
Zu beachten ist jedoch einerseits, dass in Eph 6,11.13 gemeinsam mit Röm 13,12 die „Waffen"-Begrifflichkeit (τὴν πανοπλίαν τοῦ θεοῦ bzw. τὰ ὅπλα) verwendet wird (vgl. dazu auch Röm 6,13), während die einzelnen „Waffen" in Eph 6,14.16f. und 1. Thess 5,8 gleich bzw. ähnlich beschrieben werden. Die Rede vom „Licht" verbindet Röm 13,12 dagegen mit 1. Thess 5,5 und damit mit dem direkten Kontext von 1. Thess 5,8, wobei das „Licht" in Röm 13,12f. und 1. Thess 5,5.8 mit dem „Tag" identifiziert wird (vgl. auch z. B. Ps 139,12) – obwohl die Aufforderung in Eph 5,8, „als Kinder des Lichts" zu wandeln, an die Aufforderung in Röm 13,13 erinnert, „wie/als am Tag anständig" zu wandeln, während die Rede von der „Finsternis" alle drei Texte verbindet (vgl. Röm 13,12; Eph 6,12; 1. Thess 5,4f.). Aber nur Röm 12,12f. und 1. Thess 5,5.7

---

der zusammen mit dem Ringkampf zu den wichtigsten Sportkämpfen in der Antike gehörte. Sie wurden auch in der Palästra von Ephesus eingeübt. Zu den einzelnen Sportarten (in Olympia) vgl. u. a. Sinn, Das antike Olympia, 141ff.

[72] Vgl. dazu weiter unten Abschnitt 4.4.

[73] Vgl. u. a. 1. Tim 1,18 (ἵνα στρατεύῃ ἐν αὐταῖς τὴν καλὴν στρατείαν); 6,12 (ἀγωνίζου τὸν καλὸν ἀγῶνα τῆς πίστεως); 2. Tim 2,3 (ὡς καλὸς στρατιώτης Χριστοῦ Ἰησοῦ); 4,7 (τὸν καλὸν ἀγῶνα' ἠγώνισμαι, τὸν δρόμον τετέλεκα).

[74] Vgl. dazu Gese, Vermächtnis, 62: „Auffällig ist weiterhin, daß Eph 6,10-17 das Bild von der Waffenrüstung vervollständigt, indem Anklänge aus Jes 11,5 in Eph 6,14 und aus Jes 52,7 in Eph 6,15 aufgenommen werden. Dadurch wird die alttestamentliche Vorlage des Bildes gegenüber 1Thess 5,8 deutlich erweitert."

[75] Ebd.

[76] Ebd.

[77] Ebd., 63. Vgl. ebd., 75: „Die Darstellung der Waffenrüstung Eph 6,10–17 erwies sich als erweiterte Bearbeitung von 1Thess 5,8. Dieser Beleg setzt damit voraus, daß der Verfasser des Epheserbriefes auch den *1.Thessalonicherbrief* gekannt haben muß."

verbinden im Gegensatz zu Eph 6 die „Finsternis" mit der „Nacht" (vgl. auch z. B. Sap 17,2). Auch der Gebrauch des Verbs ἐνδύω („anziehen") verbindet die drei Texte (vgl. Röm 13,14; Eph 6,11.14; 1. Thess 5,8), wobei Eph 6,14 eine deutliche Parallele zu 1. Thess 5,8 bildet, während Röm 13,14 eine gewisse Parallele in Eph 4,24 findet.

Gehen wir davon aus, dass der Epheser- und der Kolosserbrief echt sind und gleichzeitig abgeschickt wurden und dass der Epheserbrief möglicherweise mit dem Brief „aus Laodizea" (vgl. Kol 4,16) identisch ist, der zwar primär an die Christen in Ephesus gerichtet war, aber auch gleichzeitig einen weiteren kleinasiatischen Lehrerkreis im Blick hatte,[78] so erklärt sich m. E. dieser indirekte Bezug auf verführerische Irrlehren im Epheserbrief gut. Es kann sich dabei um den allgemeinen religiösen Kontext in Kleinasien[79] oder auch konkreter zumindest indirekt um den Bezug auf den Artemis-Kult in Kleinasien – speziell in Ephesus[80] – handeln. Es ist auch möglich, dass Stellen wie Eph 3,10 diesen Kontext des Artemis-Kultes indirekt ansprechen.[81] In Kleinasien und speziell in Ephesus spielte auch schon früh der Kaiserkult – verbunden mit dem Artemis-Kult (vgl. dazu Apg 19,35) – eine große Rolle.[82] Die Geburtsstunde des Augustus wurde in der Provinz Asia als „Evangelium" gefeiert, und der Kalender wurde im Jahr 9 v. Chr. dementsprechend angepasst.[83] Es ist durchaus möglich, dass sowohl der Artemis-Kult als auch der Kaiser-Kult zur Zeit der Abfassung des Epheserbriefs für die Christen in Ephesus (und Kleinasien überhaupt) ein gewisses Problem darstellten. Als Gefangener in Rom, der auf baldige Freilassung hoffte (vgl. Phlm 22; vgl. auch Phil 1,25f.; 2,24), spricht Paulus diese Schwierigkeiten in seinem Brief nur indirekt an.

3.1.3.2 Die Betonung der „Erkenntnis" u. a. in den Einleitungen der Gefangenschaftsbriefe

Nach Eph 1,17 bittet der Verfasser, „dass (ἵνα) der Gott unseres Herrn Jesus Christus, der Vater der Herrlichkeit, euch den Geist der Weisheit und der Offenbarung (πνεῦμα σοφίας καὶ ἀποκαλύψεως) in Erkenntnis seiner selbst gebe". Der Begriff ἐπίγνωσις („Erkenntnis"), der an dieser Stelle gebraucht wird, erscheint in allen vier Gefangenschaftsbriefen jeweils in der „verlängerten" Ein-

---

[78] Vgl. dazu die Ausführungen unter 3.2.5.
[79] Vgl. dazu u. a. Kreitzer, Hierapolis in the Heavens, 42–53.
[80] Vgl. dazu u. a. Arnold, Power and Magic, 2001; Strelan, Paul, Artemis, and the Jews, 1996; Trebilco, Early Christians, 19–37.
[81] Vgl. dazu Arnold, Power and Magic, 62ff. Nach Arnold ist der Epheserbrief nicht eine Antwort auf „kosmische Spekulationen". „It is a response to the felt needs of the common people within the churches of western Asia Minor, who perceived themselves as oppressed by the demonic realm" (ebd., 171; vgl. auch ebd., 41ff.).
[82] Vgl. dazu Friesen, Imperial Cults, 95ff.; vgl. auch ders., Twice Neokoros, 1993.
[83] Vgl. Friesen, Imperial Cults, 123ff.

leitung bzw. in der zweiten Danksagung (Eph 1,17; Phl 1,9; Kol 1,9.10; Phlm 6), während er auch in Eph 4,13 sowie in Kol 2,2 und 3,10 und ansonsten in den Paulusbriefen nur noch dreimal im Römerbrief (Röm 1,28; 3,20; 10,2) und viermal in den Pastoralbriefen (1. Tim 2,4; 2. Tim 2,25; 3,7; Tit 1,1) gebraucht wird.

Gemäß Phil 1,9 betet Paulus, „dass (ἵνα) eure Liebe noch mehr und mehr überfließender werde in Erkenntnis und jeder Wahrnehmung". Dabei handelt es sich um eine gewisse Parallele zu Eph 1,17. Aber auch Kol 1,9f. stellt gewissermaßen eine Parallele zu Eph 1,17 (und zu Phil 1,9) dar.[84] Die Parallelität der drei Stellen wird u. a. auch dadurch bestätigt, dass der Inhalt des jeweiligen Gebets mit einem ἵνα-Satz statt – wie das sonst bei Paulus üblich ist – eines ὅτι-Satzes (vgl. Röm 1,8f.; 1. Kor 1,4f.; 1. Thess 2,13; 2. Thess 1,3; 2,13) oder einer Partizipialkonstruktion (vgl. Phil 1,3-6; Kol 1,3-5) eingeleitet wird (vgl. Eph 1,7; Phil 1,9; Kol 1,9)[85]. Nach Kol 1,9 hört Paulus nicht auf, „für euch zu beten und zu bitten, dass (ἵνα) ihr erfüllt werdet mit der Erkenntnis seines Willens in jeder Weisheit und geistlicher Einsicht" (vgl. dazu Eph 5,17!), und zwar u. a. mit dem Ziel, dass die Empfänger des Briefs „des Herrn würdig wandeln" (vgl. dazu Eph 4,1!) und „in der Erkenntnis Gottes wachsen" (vgl. dazu Eph 4,15). Paulus hat nämlich einen „großen Wettkampf" für die Gläubigen in Kolossä und Laodizea, „damit ihre Herzen getröstet werden, vereinigt in Liebe und zu allem Reichtum an Gewissheit des Verständnisses zur Erkenntnis (εἰς ἐπίγνω-σιν) des Geheimnisses Gottes, [das ist] Christus, in dem alle Schätze der Weisheit und Erkenntnis (οἱ θησαυροὶ τῆς σοφίας καὶ γνώσεως) verborgen sind" (Kol 2,1-3; vgl. u. a. Eph 1,17: πνεῦμα σοφίας καὶ ἀποκαλύψεως ἐν ἐπιγνώσει αὐτοῦ). Demgegenüber bittet Paulus nach Eph 1,18 für die Gläubigen, dass ihre „Augen des Herzens erleuchtet sind (πεφωτισμένους τοὺς ὀφθαλμοὺς τῆς καρδίας), damit ihr wisst, was der Reichtum eurer Berufung, was der Reichtum der Herrlichkeit eures Erben unter den Heiligen ist"[86]. In Kol 2,4ff. fährt der Verfasser dagegen fort, indem er vor Verführungen warnt, wobei die in Kol 2,8 angesprochene „Philosophie" bzw. „Weisheitsliebe" (φιλοσοφία) offenbar als Gegensatz zu

---

[84] Die Parallele der Einleitung im Philipperbrief zur Einleitung des Epheserbriefs einerseits und des Kolosserbriefs andererseits wird auch in Phil 1,11 deutlich. Die Aussage in Phil 1,11a, wonach Paulus für die Gläubigen betet (vgl. Phil 1,9), dass sie „mit aller Frucht der Gerechtigkeit erfüllt" werden (πεπληρωμένοι καρπὸν δικαιοσύνης), stellt eine Parallele zu Kol 1,6.10 dar, wo jeweils betont wird, dass die Gläubigen „Frucht bringen" sollen (das Kompositum καρποφορέω erscheint in den Paulusbriefen neben Kol 1,6.10 nur noch in Röm 7,4.5; zum Gebrauch des Begriffs καρπός in diesem übertragenen Sinn vgl. auch Röm 1,13; 6,21.22; 15,28; Gal 5,22; Eph 5,9; Phil 1,22; 4,17; im doppelten Sinn wird der Begriff in 2. Tim 2,6 verwendet).

[85] Vgl. dazu auch weiter unten.

[86] Vgl. dazu Kol 1,12: „zum Anteil des Erbes der Heiligen im Licht"; Kol 1,26: „jetzt aber ist es seinen Heiligen sichtbar gemacht worden"; vgl. zudem Kol 1,27; 2,2.

der Weisheit (σοφία), die in Christus, dem „Geheimnis Gottes", „verborgen ist" (vgl. Kol 2,3-4), betrachtet wird. Das wird auch durch Kol 2,23 bestätigt, wonach die menschlichen Satzungen, die diese Irrlehrer vertreten (vgl. Kol 2,22), eine „Weisheitsrede" (λόγον σοφίας; vgl. dazu auch 1. Kor 2,1.4.13; 12,8) mit einer Scheinfrömmigkeit darstellen, wobei der Verfasser des Kolosserbriefs demgegenüber die Weisheit Gottes in Christus, in der die Gläubigen „wandeln" sollen, hervorhebt (vgl. Kol 1,9.28; 2.3; 3,16; 4,5).

Die Verwendung des Begriffs λόγος („Wort, Rede, Vernunft" etc.) in Kol 2,23 (λόγον μὲν ἔχοντα σοφίας) scheint sich an Eph 5,6 anzulehnen, denn in Eph 5,6 wird – ohne ausdrücklichen Hinweis auf gewisse Irrlehren – vor der Verführung durch „leere Worte" gewarnt (μηδεὶς ὑμᾶς ἀπατάτω κενοῖς λόγοις; vgl. auch Kol 2,8: βλέπετε μή τις ὑμᾶς ἔσται ὁ συλαγωγῶν διὰ τῆς φιλοσοφίας καὶ κενῆς ἀπάτης; vgl. dazu auch TestNaph 3,1: Μὴ οὖν σπουδάζετε ἐν πλεονεξίᾳ διαφθεῖραι τὰς πράξεις ὑμῶν, ἢ ἐν λόγοις κενοῖς ἀπατᾶν τὰς ψυχὰς ὑμῶν). Die Betonung des „Wortes des Christus" im Kontext des Kolosserbriefs (vgl. Kol 3,16; vgl. auch Kol 1,5.25; 4,3) ist offensichtlich eine Reaktion auf die in Kol 2,23 angesprochene Gefahr der „Weisheitsworte" der Irrlehrer, während die Betonung in Eph 4,29 und Kol 4,6, wonach „kein faules Wort aus eurem Munde" kommen soll, sondern nur das, was zur Erbauung dient, „damit es den Hörenden Gnade gebe (Eph 4,29) bzw. „eurer Wort allezeit in Gnade" sein soll (Kol 4,6), ihrerseits im Kontext der „leeren Worte" der Irrlehren (vgl. Eph 5,6) verständlich ist. In Kol 4,3, einer Parallelstelle zu Eph 6,19, erscheint der Ausdruck „das Wort Gottes zu reden" (τοῦ λόγου λαλῆσαι), der ebenfalls in Phil 1,14 (τὸν λόγον λαλεῖν) begegnet (vgl. auch Kol 4,4 und Eph 6,20, wo jeweils der Satz ὡς δεῖ με λαλῆσαι erscheint). Dabei fällt auch auf, dass sowohl in Kol 4,2 (δι' ὃ καὶ δέδεμαι) als auch in Phil 1,14 (τοῖς δεσμοῖς μου) die Gefangenschaft des Verfassers angesprochen wird.

Zu der Reaktion auf die Gefahr der Verführung in Kolossä passt auch, dass im Kolosserbrief die Schöpfung des Menschen durch den Sohn Gottes, Jesus Christus, betont wird (vgl. Kol 1,16), welcher „Erstgeborener jeder Schöpfung ist", und die Betonung, dass diejenigen, die den „neuen Menschen" angezogen haben, nach seinem Bild erneuert werden (Kol 3,10: κατ' εἰκόνα τοῦ κτίσαντος αὐτόν), während der Epheserbrief betont, dass Gott (der Vater) alles geschaffen hat (Eph 3,9; vgl. auch Eph 4,6) und dass der „neue Mensch ... nach Gott geschaffen" ist (Eph 4,24: τὸν κατὰ θεὸν κτισθέντα), und zwar „in Christus Jesus" bzw. „in ihm", wie in Eph 3,10.15 betont wird.

In Eph 4,13 und Kol 2,2 wird die „Erkenntnis" angesichts drohender Irrlehren unterstrichen (vgl. auch Kol 3,10 im Kontext). Das mag auch der Grund dafür sein, dass die (richtige) Erkenntnis in den Einleitungen aller vier Gefangenschaftsbriefe betont wird. Da sich der Philipper- und der Philemonbrief in dieser Hinsicht an die den Epheser- und/oder den Kolosserbrief anzulehnen scheinen, spricht das für die zeitliche Priorität dieser letzten zwei Schreiben.

3.1.3.3 Die Betonung der „Fülle", der „Weisheit" und des „Reichtums"

Angesichts der akuten Gefahr durch die (jüdisch-philosophischen) Irrlehren im Kontext des Kolosserbriefs im Gegensatz zum Epheserbrief wird auch die unterschiedliche Akzentuierung in Bezug auf die „Fülle" (πλήρωμα) und die „Weisheit" (σοφία) verständlich.[87] Der Begriff σοφία („Weisheit") erscheint im Epheserbrief dreimal (Eph 1,8.17; 3,10), jedoch nicht wie im Kolosserbrief (vgl. auch ähnlich in 1. Kor 1,17–2,16) angesichts der Verführung durch falsche „Weisheit". In diesem Zusammenhang wird im Kontext des Kolosserbriefs (ähnlich wie im 1. Korintherbrief) Christus und die Weisheit Gottes betont. Diese ist durch Christus zwar „sichtbar gemacht" geworden, aber gleichzeitig immer noch „verborgen" (vgl. Kol 1,26-28; 2,3; vgl. dazu auch 1. Kor 13,9-12). Die „Fülle" Gottes „wohnt" in Jesus Christus „leibhaftig" und ist durch ihn (allein) für die Menschen zugänglich (vgl. Kol 1,19f.; 2,9f.). Der Geist Gottes wird dagegen im Kolosserbrief nur in 1,8 im Zusammenhang mit „eurer Liebe" erwähnt (vgl. auch Kol 2,5), während von ihm im Epheserbrief mindestens zwölfmal die Rede ist (Eph 1,13.17; 2.18.22; 3,5.16; 4,3.4.30; 5,18; 6,17f.; vgl. auch Eph 2,2; 4,13), und das auch im Zusammenhang mit der „Fülle" (vgl. Eph 5,18). Im Epheserbrief steht nicht die Gefahr der Verführung, sondern die Einheit des Leibes Christi, bestehend aus Juden- und Heidenchristen, im Zentrum (vgl. u. a. Eph 2,11-18; 3,6; 4,3.13). Es ist der „eine Geist" (vgl. Eph 4,4), der den „einen Leib" (vgl. Eph 4,4) mit dem Vater und somit diese auch untereinander verbindet (vgl. Eph 2,16-18), und durch diesen Geist werden nun die Heidenchristen im Tempel Gottes miterbaut (vgl. Eph 2,19-22). In diesem Kontext wird auch die „Fülle" Gottes in Jesus Christus, vermittelt durch den Geist Gottes, angesprochen (vgl. Eph 1,23; vgl. zudem Eph 4.4-10.13).

Nach Eph 1,18 bittet der Verfasser Gott, den „Vater der Herrlichkeit" (vgl. Eph 1,17), den Gläubigen den „Geist der Weisheit und der Offenbarung" zu geben, und nach Eph 3,5 hat Gott „seinen heiligen Aposteln und Propheten" das „Geheimnis" jetzt „durch den Geist" offenbart. In den Parallelen dazu im Kolosserbrief fehlt nicht nur die Begrifflichkeit der „Enthüllung" Gottes (durch den Geist), sondern auch die Erwähnung des Geistes (vgl. z. B. Kol 1,9.26f.; 2,2f.).

Nach Eph 5,18b sollen sich die Gläubigen „durch den Geist (beständig) erfüllen" lassen (πληροῦσθε ἐν πνεύματι). Dabei ist die Wendung ἐν πνεύματι („mit dem/durch den Geist) an dieser Stelle wie z. B. in Eph 2,18.22 und 3,5 im Sinn von „durch den Geist" zu verstehen. Ein Vergleich mit Eph 3,19 zeigt, dass es darum geht, dass die Gläubigen durch den Geist „zur ganzen Fülle Got-

---

[87] Eine gewisse Parallele dazu besteht in Sap 1,7, wonach der Geist des Herrn den Erdkreis erfüllt, „und der das All umfasst, hat Kenntnis von der Stimme" (ὅτι πνεῦμα κυρίου πεπλήρωκεν τὴν οἰκουμένην, καὶ τὸ συνέχον τὰ πάντα γνῶσιν ἔχει φωνῆς; vgl. auch OdSal 4,3). Vgl. dazu auch Kol 1,17.19.

tes erfüllt" werden (ἵνα πληρωθῆτε εἰς πᾶν τὸ πλήρωμα τοῦ θεοῦ). Diese „Fülle Gottes" ist nach Eph 1,23 in Jesus Christus zugänglich (vgl. auch Eph 1,10; 4,10), und deshalb sollen die Gläubigen nach Eph 4,13 „zum Maß der Größe der Fülle des Christus" gelangen.[88] Demgegenüber betont der Kolosserbrief, dass die „ganze Fülle (der Gottheit)" in Jesus Christus (leibhaftig) wohnt bzw. „sesshaft ist" (Kol 1,19; 2,9). Deshalb sollen die Gläubigen „in ihm erfüllt werden, welcher das Haupt aller Herrschaft und Vollmacht ist" (Kol 2,10). Diese Vergleiche zeigen, dass es sich bei der unterschiedlichen Akzentuierung in den Parallelen zwischen den zwei Briefen um eine bewusste Rücksichtnahme auf den jeweiligen Hintergrund und Kontext handelt.

In Eph 1,7 erscheint der Ausdruck „der Reichtum seiner Gnade" (τὸ πλοῦτος τῆς χάριτος αὐτοῦ), der im Neuen Testament nur noch in Eph 2,7 verwendet wird. Der Ausdruck „der Reichtum der/seiner Herrlichkeit" (τὸ πλοῦτος τῆς δόξης [αὐτοῦ]), der in Eph 1,18 (τίς ὁ πλοῦτος τῆς δόξης τῆς κληρονομίας αὐτοῦ) und 3,16 (τὸ πλοῦτος τῆς δόξης αὐτοῦ) erscheint, wird ebenfalls in Kol 1,27 (τί τὸ πλοῦτος τῆς δόξης τοῦ μυστηρίου τούτου) gebraucht, während in Kol 1,11 der Ausdruck „die Macht seiner Herrlichkeit" (τὸ κράτος τῆς δόξης αὐτοῦ) erscheint.[89] Dabei sollen die Gläubigen „in jeder Kraft gekräftigt werden nach der Macht seiner Herrlichkeit" (Kol 1,11). Diese letzte Aussage erinnert an Eph 6,10, wonach die Gläubigen „im Herrn und in der Macht seiner Stärke gekräftigt" werden sollen. Der Ausdruck „die Macht seiner Stärke" (τὸ κράτος τῆς ἰσχύος αὐτοῦ), der in Eph 6,10 erscheint, wird auch in Eph 1,19 gebraucht. Ansonsten erscheint der Begriff κράτος („Macht") in den Paulusbriefen nur noch in 1. Tim 6,16. Auffallend ist besonders die „Parallele" zwischen Eph 1,18 und Kol 1,27 in den Ausdrücken τίς ὁ πλοῦτος τῆς δόξης ...

---

[88] Vgl. auch Bieringer, „... was die Welt ...", 34 (mit Bezug auf Eph 1,10): „Wie eine Zusammenfassung zeigt, wie die einzelnen Teile einer Rede zusammenhängen (1,10), wie ein Schlussstein einen ganzen Bau zusammenhält (2,20–21) [in Eph 2,20 ist allerdings offensichtlich der ‚Eckstein' des Fundaments vom Tempel in Jerusalem Vergleichspunkt] und wie das Haupt den ganzen Leib zusammenfügt (4,16), so haben alle Elemente des Alls in Christus ihren Zusammenhalt ... In der Perspektive von Eph 1,9-10 ist und bleibt Christus immer, auch nach der Sünde, derjenige, der die Welt im Innersten zusammenhält und ist er deshalb auch derjenige, der in der Kirche die entzweiten Menschen, die Nahen und die Fernen[,] versöhnen kann (2,11-12) und der in seiner Beziehung zur Kirche das Modell ist für die Beziehung von Mann und Frau."

[89] Richtig weist Percy darauf hin, dass der Kontext in Kol 1,11 und Eph 3,16 „ein völlig verschiedener" ist. „Eph 3,16 steht am Anfang desjenigen Gebets, das die erste Hälfte des Briefes beendigt, Kol 1,11 dagegen am Ende desjenigen, das unmittelbar auf die Danksagung am Anfang des Briefes folgt" (Percy, Probleme, 373). Aber „sowohl der Sinn der Bitte als auch ihre sprachliche Form sind in beiden Fällen teilweise verschieden, das erstere insofern, als es sich Kol 1,11 um Erstarken in Geduld, Eph 3,16 dagegen um die Erstarkung des inneren Menschen überhaupt handelt" (ebd.).

bzw. τί τὸ πλοῦτος τῆς δόξης ... Ausdrücke wie τίς/τί τὸ/ὁ sind im Neuen Testament besonders „typisch" für den Epheserbrief (vgl. Eph 1,18f.; 3,9.18; 5,17), obwohl sie auch andernorts in den Paulusbriefen erscheinen (vgl. z. B. Röm 8,27; 12,2), während sie im Kolosserbrief außer in Kol 1,27 nicht vorkommen. Stellen wie Eph 1,18 sind auf jeden Fall kaum von Kol 1,27 abhängig. Eher ist das Gegenteil der Fall.

Wie erwähnt, erscheint in Eph 1,18 und 3,19 der Ausdruck „der Reichtum der/seiner Herrlichkeit ..." (vgl. auch Eph 3,8: „der unaufspürbare Reichtum des Christus"), der auch in Kol 1,27 begegnet (sonst im Neuen Testament nur noch in Röm 9,23[90]), wobei es in Kol 1,27 um „dieses Geheimnis unter den Heiden" geht, „welches ist Christus in euch, die Hoffnung der Herrlichkeit". Das bedeutet, dass das Thema, das im Epheserbrief zentral ist, nämlich das Verhältnis der Heidenchristen zum „Bürgerrecht Israels" (vgl. Eph 2,12), im Kolosserbrief in diesem Zusammenhang nur indirekt angesprochen wird (vgl. allerdings Kol 3,11). Andererseits wird in Kol 1,27 im Zusammenhang mit diesem „Geheimnis" das Verb γνωρίζω („kund tun, wissen lassen") gebraucht, wie das auch in Eph 1,9 und 3,3-5 der Fall ist (vgl. auch Eph 3,9.10; Kol 2,2; 4,3), wobei Gott Subjekt ist (vgl. Eph 1,9; Kol 1,27; vgl. zudem Röm 9,23!).

Allerdings betont Eph 3,3-5 über den Kolosserbrief hinaus, dass dieses „Geheimnis" primär „den heiligen Aposteln und Propheten" durch Offenbarung „kundgetan wurde", welche es ihrerseits den Menschen verkündigt haben. Andererseits wird in Kol 1,23-25 betont, dass Paulus durch seine Verkündigung ein Diener des Evangeliums geworden ist und dass er dadurch, dass er das Wort Gottes den Empfängern gegenüber „erfüllt", „die Mängel der Leiden des Christus in meinem Fleisch zugunsten von seinem Leib, welcher ist die Gemeinde", „bis oben voll macht". Paulus hat somit die „Haushalterschaft" (οἰκονομία) empfangen, durch die Verkündigung des Wortes Gottes von dem Heil in Jesus Christus, das Israel verheißen worden war (vgl. Eph 2,11f.), diesen „Reichtum" unter den „Heiden" bekannt zu machen (vgl. auch Eph 3,6.8-9). Damit wird eine gewisse Parallele zwischen Eph 3,2ff. und Kol 1,23ff. sichtbar (vgl. auch z. B. Eph 3,7 [οὗ ἐγενήθην διάκονος ...] und Kol 1,23.25 [... οὗ ἐγενόμην ἐγὼ Παῦλος διάκονος ... ἧς ἐγενόμην ἐγὼ διάκονος ...]), ohne dass es irgendwelche Anzeichen dafür gibt, dass einer der Texte bei der Abfassung den anderen Text als schriftliche „Vorlage" verwendet hat bzw. dass eine literarische Abhängigkeit besteht.

3.1.3.4 Die Beschneidung im Epheser- und im Kolosserbrief

Die ehemaligen „Heiden im Fleisch" werden nach Eph 2,11 „durch die sogenannte von Hand gemachte Beschneidung im Fleisch Unbeschnittene genannt",

---

[90] Vgl. auch die ähnlichen Ausdrücke in Röm 2,4; 2. Kor 8,2 und Kol 2,2.

während Kol 2,11 betont, dass „ihr [Heiden; vgl. Kol 1,27] in ihm [Christus] mit einer nicht von Hand gemachten Beschneidung beschnitten worden seid". Und Kol 3,11 ergänzt, dass es somit „nicht mehr Grieche noch Jude, Beschneidung noch Unbeschnittenheit" usw. gibt (vgl. dazu Gal 3,28). Damit wird ein „typisch paulinisches Thema" angesprochen, zumindest wenn man vom Römerbrief (vgl. Röm 2,25.26.27.28.29; 3,1.30; 4,9.10.11.12; 15,8) und vom Galaterbrief (vgl. Gal 2,3.7.9.12; 5,2.6.11; 6,12.15) ausgeht, da die Beschneidung sonst in den Paulusbriefen außer in Kol 4,11 nur noch an einer Stelle im 1. Kortintherbrief (1. Kor 7,18f.), zweimal im Philipperbrief (Phil 3,3.5) und zweimal im Titusbrief (Tit 1,10) angesprochen wird. Und während zwischen Kol 2,11 und Eph 2,11 eine direkte Parallele gesehen werden kann, gibt es diese Parallele zwischen Kol 3,11 und dem Epheserbrief nur indirekt, und zwar einerseits dann, wenn wir die Ausdrücke ἐν ἑνὶ σώματι („in einem Leib"; vgl. auch Eph 4,4)[91] in Eph 2,16 sowie ἐν ἑνὶ πνεύματι („in einem/durch einen Geist"; vgl. auch Eph 4,4) in Eph 2,18 und ἓν βάπτισμα („eine Taufe") in Eph 4,5 im Kontext von 1. Kor 12,13 betrachten, da an dieser Stelle – an der die Taufe zwar angesprochen wird, der Ausdruck „eine Taufe" aber nicht erscheint – die Ausdrücke „durch einen Geist" und „ein Leib" zusammen mit der Taufe in Verbindung gebracht werden mit der Betonung, dass das für alle, ob Jude oder Grieche, Sklave oder Freier, gilt. Insofern wird die Beziehung der (ehemaligen) „Heiden" zu den Juden(christen) auch im Kolosserbrief angesprochen, wenn auch nur indirekt.[92]

Andererseits sind nach Eph 2,14f. die „Zwischenwand der Umzäunung" und „das Gesetz der Gebote in Satzungen", welche die „Heiden" von den Juden trennten, durch Jesus Christus beseitigt, sodass auch Eph 2,11-18 mit anderen Worten zum Ausdruck bringt, was in Kol 3,11 betont wird, nämlich dass der

---

[91] Percy finden in dem Ausdruck ἐν ἑνὶ σώματι in Eph 2,16 denselben Gedanken, der auch in Röm 7,4 begegnet, „wenn es dort heisst, die Gläubigen seien dem Gesetze getötet worden durch den Leib Christi" (Percy, Probleme, 281). Das entspricht auch dem Kontext von Eph 2,16 (vgl. Eph 2,14f.). Der Ausdruck „in einem Leib" bezieht sich somit wohl auch in Eph 2,16 primär auf den Leib Jesu Christi, der am Kreuz gestorben ist. Und doch scheint damit bereits die Gemeinde als „Leib Christi" mit angesprochen zu werden, wie auch der Ausdruck ἕνα καινὸν ἄνθρωπον in Eph 2,15 bekräftigt.

[92] Nach Frank zeichnet sich in Kol 3,9f. und Gal 3,27f. „eine deutliche strukturelle wie lexikalische Parallelität ab, die Gal 3,27f. nicht nur mit großer Wahrscheinlichkeit als Prätext von Kol 3,9-11 ausweist, sondern durch die hier zu Tage tretende Bekanntschaft des Verfassers mit Gal 3,27f. auch die Bekleidungsmetaphorik von Kol 2,11 vor diesem Hintergrund als Adaption paulinischer Motivik erkennbar macht" (Frank, Kolosserbrief, 175). Viel natürlicher ist das komplexe Verhältnis – vor allem, wenn auch das Verhältnis zu anderen paulinischen Texten und besonders zum Epheserbrief beachtet wird – jedoch dadurch zu erklären, dass die Briefe die gleiche Handschrift tragen, also vom gleichen Verfasser stammen.

Unterschied zwischen Juden und Nichtjuden in Jesus Christus aufgehoben ist[93], oder genauer gesagt, dass „Heiden" und Juden durch Jesus Christus den gleichen Zugang zu Gott haben und dass die „Heiden" nicht zuerst Juden werden müssen, um gerettet und Vollmitglieder der Gemeinde als „Leib des Christus" zu sein.

Dementsprechend ergänzen sich der Epheser- und der Kolosserbrief auch in dieser Thematik sehr gut, und es entsteht der Eindruck, dass der Verfasser des Kolosserbriefs bei seinen Lesern den Inhalt des Epheserbriefs in dieser Thematik voraussetzt und somit davon ausgeht, dass die zwei Briefe parallel gelesen werden. Was im Epheserbrief positiv ausgeführt wird, wird im Kolosserbrief angesichts der judaisierenden Irrlehre (vgl. z. B. Kol 2,16 mit Gal 4,10) neu aufgenommen. Während die „sogenannte Beschneidung" nach Eph 2,11 „am Fleisch mit Händen gemacht" wurde, sind die Empfänger des Kolosserbriefs „mit einer nicht von Händen gemachte Beschneidung beschnitten" worden, und zwar „in der Ablegung des Leibes des Fleisches, in der Beschneidung des Christus" (Kol 2,11), sodass nun, was das „Fleisch" betrifft, u. a. nicht mehr „Beschneidung und Unbeschnittenheit" gilt (vgl. Kol 3,11). Die „Beschneidung am Fleisch" scheint damit für den Verfasser des Kolosserbriefs wie für den Galaterbrief zu den „Elementen dieser Welt" zu gehören (vgl. dazu Kol 2,8.20; Gal 4,3.9f.), die als „Schatten der kommenden Dinge" bezeichnet werden, durch welche die an Jesus Christus Gläubigen nicht länger gerichtet werden sollen (vgl. Kol 2,16f.).

3.1.3.5 Die Einheit zwischen Juden- und Heidenchristen

Im Zusammenhang mit den Ausführungen zur Einheit zwischen Juden- und Heidenchristen in Christus wird in Eph 2,14 betont, dass Christus „unser Friede ist". Diesen Frieden hat Christus nach Eph 2,15 hergestellt, indem er „das Gesetz der Gebote, in Satzungen (ἐν δόγμασιν) [bestehenden], wirkungslos machte" und indem er „die beiden" – nämlich Juden- und Heidenchristen – „durch das Kreuz (διὰ τοῦ σταυροῦ) mit Gott versöhnte" (Eph 2,15). Von diesen „Satzungen" (δόγματα) ist auch in Kol 2,14 die Rede, wonach Gott durch Christus „den in Satzungen [bestehenden] handgeschriebenen [Schuldbrief] gegen uns ... aus der Mitte gelöscht hat, indem er ihn ans Kreuz nagelte"[94]. Dabei

---

[93] Vgl. auch Percy, Probleme, 284: „Der hinter dem ganzen Abschnitt Eph 2,11-22 liegende Grundgedanke ist somit kein anderer als der genuin paulinische Gedanke, dass der Unterschied zwischen Juden und Heiden in Christus völlig aufgehoben worden ist (Röm 3,30; 10,12; 1 Kor 12,13; Gal 3,28; Kol 3,11)."

[94] Vgl. dazu Phlm 18f.: „Wenn er dir aber irgend ein Unrecht getan hat oder dir etwas schuldig ist, so stelle mir dafür eine Rechnung aus. Ich, Paulus, habe es mit meiner Hand geschrieben, ich will bezahlen; ich [brauche] dir nicht zu sagen, dass du auch dich selbst mir schuldig bist." Philemon konnte bei der Lektüre dieser Zeilen offenbar Kol

ist zu beachten, dass der Begriff δόγμα („Gebot, Satzung") in den Paulusbriefen nur in Kol 2,14 und Eph 2,15 gebraucht wird.[95] Vom „Kreuz" (σταυρός) ist wie in Kol 2,14 und 1,20 auch in Eph 2,16 die Rede und ansonsten in den Paulusbriefen nur zweimal im 1. Korintherbrief (1. Kor 1,17.18), dreimal im Galaterbrief (Gal 5,11; 6,12.14) und zweimal im Philipperbrief (Phil 2,8; 3,18). Andererseits erscheint das Kompositum ἀποκαταλλάσσω („versöhnen") neben Eph 2,16 im gesamten Neuen Testament nur noch in Kol 1,20.22. Doch während nach diesem Kolossertext durch die Versöhnung die „Feindschaft" zwischen Gott und den Menschen überwunden wird, geht es im Kontext von Eph 2,16 vor allem um die Überwindung der „Feindschaft" zwischen Juden und „Heiden" in Jesus Christus.

Mit den „Satzungen" (δόγματα) wird also im Kontext von Eph 2,15 ausdrücklich auf das Bezug genommen, was die Juden von den „Heiden" trennte (vgl. Eph 2,11ff.), was jedoch in Kol 2,14 nicht der Fall ist; in Kol 2,11 wird lediglich darauf hingewiesen, dass die Empfänger mit einer „nicht von Hand gemachten Beschneidung" beschnitten worden seien, und in Kol 3,11 wird betont, dass es in Jesus Christus „weder Grieche noch Jude, Beschneidung noch Unbeschnittenheit ..." gebe. Andererseits erscheint das mit dem Nomen δόγμα („Satzung") verwandte Verb δογματίζω („Satzungen auferlegen") im Neuen Testament nur in Kol 2,20, also im Kontext von Kol 2,14, wobei in Kol 2,20 wie auch in Kol 2,8 und in Gal 4,3 der Ausdruck τὰ στοιχεῖα τοῦ κόσμου („die Elemente der Welt") verwendet wird (vgl. auch Kol 2,20). Der Begriff στοιχεῖα („Elemente") wird ansonsten im Neuen Testament nur noch in Gal 4,9 und in 2. Kor 3,10.12 (in diesen zwei Versen in einem anderen Sinn) gebraucht. Im Galaterbrief wird damit auf jüdische bzw. judenchristliche Verführer Bezug genommen, und der Zusammenhang im Kolosserbrief macht deutlich, dass das auch im Kolosserbrief der Fall ist.[96] Diese Tatsache wird zudem durch einen Vergleich von Kol 2,16 mit Gal 4,10 einerseits sowie Kol 2,16 und Röm 14,5.17 andererseits bestätigt. Gemäß Kol 2,20 sind die Empfänger „mit Christus den Elementen der Welt gestorben". Das entspricht dem Galaterbrief, in welchem Paulus betont, dass er mit Christus „dem Gesetz gestorben" ist (Gal 2,19). Mit dem „Gesetz" wird in beiden Schriften primär auf das jüdische „Ritualgesetz" (Reinheitsvorschriften sowie Bescheidung) Bezug genommen.[97] Da

---

2,14 voraussetzen.

[95] In Kol 2,20 erscheint zudem das entsprechende Verb δογματίζω, das im gesamten Neuen Testament nur hier gebraucht wird. In dieser Galaterstelle erscheint außerdem der Ausdruck τὰ στοιχεῖα τοῦ κόσμου, der auch in Kol 2,8 und sonst im Neuen Testament nur noch in Gal 4,3 gebraucht ist (vgl. auch Gal 4,9: πτωχὰ στοιχεῖα).

[96] Vgl. dazu u. a. Stettler, Kolosserhymnus, 58ff.

[97] Vgl. auch ebd., 73: „Außerhalb der direkt polemischen Abschnitte wird in [Kol] 2,11 und 3,11 die Beschneidung erwähnt, so könnte man vermuten, dass auch die Frage, ob Heidenchristen sich bescheiden lassen sollen, in Kolossä virulent war. Ob dies stimmt,

sich Kol 2,16 sprachlich stark von Gal 4,10 unterscheidet[98], ist eine literarische Abhängigkeit auszuschließen. Andererseits zeigt der Zusammenhang, dass mit den „Satzungen" (δόγματα) im Kolosserbrief ebenso wie im Epheserbrief auf die jüdichen Reinheitsvorschriften (inklusive Beschneidung?) Bezug genommen wird, ohne dass dies im Kolosserbrief ausdrücklich erwähnt wird. Somit scheint der Kolosserbrief auch in diesem Punkt die Ausführungen des Epheserbriefs vorauszusetzen, ohne dass irgendeine literarische Abhängigkeit erkennbar ist.

Die „Satzungen" (δόγματα), von denen Eph 2,15 spricht, sind dem Zusammenhang nach mit der „Zwischenwand der Umzäunung" (τὸ μεσότοιχον τοῦ φραγμοῦ), die in Eph 2,14 erwähnt wird, zu identifizieren.[99] Der Ausdruck „Zwischenwand" (μεσότοιχον) ist höchstwahrscheinlich in Anlehnung an die Trennwand nach dem „Vorhof der Heiden" im Tempel formuliert worden, wo Inschriften den Nichtjuden mit der Todesstrafe drohnten, wenn sie in das „Heiligtum" eintreten würden. Flavius Josephus spricht nicht nur von einem solchen Stein[100], sondern verwendet auch den Ausdruck τὸν μέσον τοῖχον („Zwischenwand")[101], wobei er sich auf die Trennwand zwischen dem „Allerheiligsten" und dem Raum davor („Heiligtum") bezieht. Diese „Zwischenwand" trennte also die Juden vom „Allerheiligsten"[102], während die „Zwischenwand", die in Eph 2,14 angedeutet wird, die „Heiden" vom Vorraum der Juden trennte. Andererseits ist der Begriff „Zaun" in Eph 2,14 wohl in Anlehnung an die Aussage in der Mischna formuliert worden, dass ein „Zaun" (סְיָג) um die Tora gemacht werden sollte[103]. Nach mAvot 1,1 waren es die „Männer der großen Versammlung (כְּנֶסֶת הַגְּדוֹלָה)", die sprachen, man solle einen „Zaun um die Tora" bilden (וַעֲשׂוּ סְיָג לַתּוֹרָה). Dabei bildet nach mAvot 3,13 die „Überlieferung" einen „Zaun" um die Tora. Im Aresteasbrief erscheint

---

lässt sich nicht sicher sagen, jedenfalls würde es sich dem in 2.16.20f. Genannten ohne Probleme zurodnen lassen, da zu erwarten ist, dass die in V. 16 genannten Forderungen des Gesetzes nur *pars pro toto* für das ganze Gesetz stehen und somit wie im Gal auch die Beschneidung inbegriffen war."

[98] Sowohl in Gal 4,10 als auch in Kol 2,16 erscheinen neutestamentliche Hapaxlegomena. Beim Ausdruck ἐν βρώσει καὶ ἐν πόσει in Kol 2,16 fällt auf, dass der gleiche Ausdruck auch in Röm 14,17 erscheint, und die Rede vom „Richten" (κρίνω) in Kol 2,16 erinnert an Röm 14,5.

[99] Vgl. den Parallelismus zwischen den Partizipien λύσας und καταργήσας.

[100] Vgl. Josephus, Bell V,193f.: ... περιβέβλητο λίθινος ... αἱ μὲν Ἑλληνικοῖς αἱ δὲ Ῥωμαϊκοῖς γράμμασιν μηδένα ἀλλόφυλον ἐντὸς τοῦ ἁγίου παριέναι. Ein solcher Stein, der auf dem Tempelberg gefunden wurde und heute im Israel-Musiem steht, hat folgende Inschrift (eigene Übersetzung): „[Es ist befohlen, dass] kein Fremdstämmiger (ἀλλογενής = ‚von anderem/r Geschlecht/Nation/Art') in die das Heiligtum umgebende Schranke und Bezirk eintritt. Wer aber [dabei] erwischt wird, wird schuldig sein, weil der Tod [ihm] nachfolgt."

[101] Josephus, Ant 8,71; vgl. auch Ant 8,67: τοὺς μέσους τοίχους.

[102] Vgl. Josephus, Ant 8,61ff.

[103] Vgl. mAvot 1,1; 3,13.

in diesem Zusammenhang sowohl das Verb περιφράσσω („umzäunen") als auch das Nomen τεῖχος („Wand, Mauer").[104] In Arist 142 wird diese „Umzäunung" ausdrücklich auf die Vorschriften in Bezug auf die „Reinheiten", Essen, Trinken usw. bezogen (... πάντοθεν ἡμᾶς περιέφραξεν ἁγνείαις καὶ διὰ βρωτῶν καὶ ποτῶν καὶ ἁφῶν καὶ ἀκοῆς καὶ ὁράσεως νομικῶς).

Der Zusammenhang deutet somit an, dass es sich bei dem Ausdruck τὸ μεσότοιχον τοῦ φραγμοῦ in Eph 2,14 um eine Anlehnung an die zwei Aspekte der jüdischen Trennung von den „Heiden" handelt, dass sich der Ausdruck jedoch nicht wörtlich etwa auf die Trennwand auf dem Tempelberg in Jerusalem bezieht, sondern eher auf die jüdischen Reinheitsvorschriften, welche die Gemeinschaft mit „Heiden" umöglich machten (vgl. z. B. Apg 10,9ff.), Bezug nimmt. Sie sind in Jesus Christus „aufgelöst", sodass nun echter Friede herrscht und echte Gemeinschaft möglich ist (vgl. Eph 2,14; vgl. auch Kol 3,15). Um solche „Satzungen" geht es auch in Kol 2,16 (vgl. auch Kol 2,20), wobei diese als „Überlieferung der Menschen" (vgl. Kol 2,8) bzw. „Verordnungen und Belehrungen der Menschen (vgl. Kol 2,22) beschrieben werden. Eine literarische Abhängigkeit zum Kolosserbrief ist aber nicht vorhanden, da ein „Fälscher" in diesem Fall konkreter erklärt hätte, worum es sich genau handelt. Vielmehr scheint der Verfasser bei seinen Lesern die Lektüre sowohl des Kolosserbrief als auch des Epheserbriefs vorauszusetzen, sodass die zwei Briefe gewissenmaßen zusammen gelesen und verstanden werden sollten.

Gemäß Eph 6,21f. (vgl. Kol 4,7f.) ist Tychikus Überbringer des Epheserbriefs. Es handelt sich wohl um den gleichen Tychikus, der nach Apg 20,4 zusammen mit Trophimus aus der Provinz Asia stammte und Paulus als Vertreter der Gemeinden von Asien begleitete, als er am Ende der dritten Missionsreise das Geld, das die Gemeinden für die „Heiligen" in Jerusalem gesammelt hatten, nach Jerusalem brachte. Zumindest Trophimus stammte nach Apg 21,29 aus Ephesus, und nach den Ausführungen dieses Verses wurde Paulus in Jerusalem gesehen, wobei man meinte, er habe Trophimus „in den Tempel (εἰς τὸ ἱερόν) geführt", weshalb Paulus der Vorwurf gemacht wurde, er lehre überall „gegen das Volk und das Gesetz und diese Stätte, und dazu hat er auch Griechen in den Tempel geführt und diese heilige Stätte verunreinigt" (Apg 21,28). Dieses Ereignis muss in Ephesus bekannt geworden sein, und es ist durchaus möglich bzw. wahrscheinlich, dass Eph 2,16 (indirekt) daran anknüpft.

---

[104] Vgl. Arist 139: συνθεωρήσας οὖν ἕκαστα σοφὸς ὢν ὁ νομοθέτης, ὑπὸ θεοῦ κατεσκευασμένος εἰς ἐπίγνωσιν τῶν ἁπάντων, περιέφραξεν ἡμᾶς ἀδιακόποις χάραξι καὶ σιδηροῖς τείχεσιν, ὅπως μηθενὶ τῶν ἄλλων ἐθνῶν ἐπιμισγώμεθα κατὰ μηδέν ... („Weil der Gesetzgeber weise war, indem er von Gott vorbereitet wurde zur Erkenntnis aller Dinge, betrachtete er also alle Einzelheiten zusammen, sodass er uns mit ungebrochenen Bollwerken und eisernen Mauern umzäunte, damit wir mit niemandem der anderen Nationen in irgendeiner Weise Verkehr haben ...").

Der inhaltliche Zusammenhang macht auch die Betonung in Kol 3,11 verständlich, wonach es in Bezug auf den „neuen Menschen" (vgl. Kol 3,10) „weder Grieche noch Jude, weder Beschneidung noch Unbeschnittenheit, [noch] Barbar, [noch] Skythe, [noch] Sklave [oder] Freier" gibt. Diese Aussage findet ihrerseits eine Parallele in Gal 3,28.[105] Mit anderen Worten bedeutet das aber auch, dass es eine deutliche Beziehung zwischen einer zentralen Thematik des Kolosserbriefs und einer zentralen Thematik des Epheserbriefs gibt, nämlich die Beziehung der Heidenchristen zum Judentum.

Wenn man von der Echtheit der zwei Briefe ausgeht, kann man sich bei gleicher Abfassungszeit gut vorstellen, dass der Verfasser die Absicht hatte, dass die Gläubigen in Kolossä nicht nur den Brief „aus Laodizea" (καὶ τὴν ἐκ Λαοδικείας) lesen sollten (vgl. dazu Kol 4,16), sondern dass Tychikus als Überbringer beider Briefe (vgl. Eph 6,21f.; Kol 4,7f.)[106] den Epheserbrief, nachdem er in Ephesus und Laodizea von den Gemeinden gelesen worden war[107], mit nach Kolossä nehmen sollte, damit er auch dort gelesen werde.[108] Das würde den Inhalt der zwei Schreiben in mancher Hinsicht erklären. Dabei scheint mir (nach ausführlichen Überlegungen dazu) die These, dass es sich bei dem Brief „aus Laodizea" um den gleichen Brief handelt, den wir als Epheser-

---

[105] Vgl. z. B. οὐκ ἔνι Ἕλλην καὶ Ἰουδαῖος in Kol 3,11 mit οὐκ ἔνι Ἰουδαῖος οὐδὲ Ἕλλην in Gal 3,28.

[106] Zu den sprachlichen Parallelen zwischen Kol 4,7f. und den „echten" Paulusbriefen vgl. Frank, Kolosserbrief, 64 (u. a. mit Hinweisen auf Phil 2,19 und 1. Thess 3,5).

[107] Ich gehe davon aus, dass das „in Ephesus" in Eph 1,1 ursprünglich ist und später aus syntaktischen Gründen weggelassen wurde (vgl. auch die Varianten in Röm 1,7 bei einer ähnlichen Syntax), obwohl das textkritische Problem nicht mit letzter Sicherheit zu lösen ist (vgl. auch die folgende Anmerkung). Die Laodizea-Hypothese, wonach der Epheserbrief in Wirklichkeit an die Gemeinde in Laodizea gerichtet gewesen sei, würde sogar noch bestätigen, dass Paulus, wenn er beide Briefe geschrieben hat, beim Schreiben des Epheserbriefs davon ausging, dass beide Briefe in beiden Gemeinden gelesen wurden (vgl. Kol 4,16).

[108] Vgl. dazu auch Ignatius, Phila 11,2; ders., Smyr 12,1. Nach Phila 11,2 und Smyr 12,1 hat Ignatius der jeweiligen Gemeinde „durch Burus", der von Ephesus und Smyrna zu ihm gesandt worden sei, von Troas aus geschrieben (… ἐν Τρωάδι, ὅθεν καὶ γράφω ὑμῖν διὰ Βούρρου …). Die zwei Verse sind ebenfalls zum großen Teil im Wortlaut identisch. Burus wird übrigens in IgnEph 2,1 als „mein Mitknecht" und „euer Diener/Diakon Gott gemäß" bezeichnet. Für Thielman sind diese Verse im Vergleich mit Eph 6,21f. und Kol 4,7f. ein Hinweis darauf, dass der jeweilige Verfasser (Paulus bzw. Ignatius) jeweils seinem „Sekretär" (Tychikus bzw. Burus) den ersten Brief diktiert habe und die genaue Formulierung des zweiten Briefs dem „Sekretär" in Anlehnung an den ersten überlassen habe (Thielman, Ephesians, 18). Im Fall des Epheser- und des Kolosserbriefs ist es jedoch kaum wahrscheinlich, dass einer der zwei Briefe vom „Sekretär" eigenständig geschrieben wurde, während Paulus den anderen diktierte.

brief kennen[109], nicht unbegründet zu sein[110]. Richtig bemerkt Schmid auf jeden Fall, dass der Epheserbrief „voll und ganz verständlich" wird, „wenn er als Ergänzung des Spezialschreibens für Kolossä den übrigen Gemeinden, zu welchen vor allem Laodizea und Hierapolis zu rechnen sind, zugedacht war".[111] Anstelle von „Ergänzung" könnte man m. E. jedoch eher von einem grundlegenden Schreiben sprechen.

3.1.3.6 Die Betonung des „einstigen Wandels"

Im Vergleich zwischen Eph 2,2 (... ἐν αἷς ποτε περιεπατήσατε ...) und Kol 3,7 (... ἐν οἷς καὶ ὑμεῖς περιεπατήσατέ ποτε ...) fällt an dieser Kolosserstelle das betonte καὶ ὑμεῖς („auch ihr") auf, das sowohl für den Epheserbrief (vgl. Eph 1,13; 2,1.22; 5,33; 6,21) als auch für den Kolosserbrief (vgl. Kol 1,21; 2,13; 3,4.7.8.13; 4,1.16) „typisch" ist, aber nur im Epheserbrief bewusst einen Bezug zu „uns" – den Juden – herstellt (vgl. z. B. Eph 1,12f.; 2,1-3; vgl. auch Eph 2,11f.; 3,6), wie es auch das wiederholte betonte ἡμεῖς („wir") im Epheserbrief demgegenüber zum Ausdruck bringt (vgl. z. B. Eph 1,12; 2,3.14), während dieses im Kolosserbrief in dieser Weise nicht vorkommt[112]. Auch daran wird sichtbar, dass der Epheserbrief kaum vom Kolosserbrief literarisch abhängig sein kann, während gleichzeitig deutliche Parallelen erkennbar werden.[113]
In Bezug auf den früheren Wandel von „uns" (= den Juden) erscheint im Eph 2,3 das Kompositum ἀναστρέφω („wandeln"), im Gegensatz zu Eph 2,2 und Kol 3,7, wo jeweils in Bezug auf „euch", die (ehemaligen) „Heiden" (vgl. auch Eph 2,11f.), das Kompositum περιπατέω („wandeln") gebraucht wird, während das Kompositum ἀναστρέφω im Kolosserbrief nicht erscheint. Paulus verwendet ἀναστρέφω in 2. Kor 1,12, das sonst in den Paulusbriefen nur noch in 1. Tim 3,15 gebraucht wird, in Bezug auf seinen Lebenswandel als Apostel und Verkündiger des Evangeliums. Das entsprechende Nomen ἀναστροφή („Lebenswandel") erscheint in den Paulusbriefen nur dreimal (Gal 1,13; Eph 4,22; 1. Tim 4,12) und bezeichnet in Gal 1,13 den früheren „Wandel" des Paulus „im

---

[109] Vgl. dazu Schmid, Epheserbrief, 69–129; vgl. zudem u. a. Hotzmann, Kritik, 199.

[110] Vgl. dazu weiter unten.

[111] Schmid, Epheserbrief, 104.

[112] Während ἡμεῖς im Epheserbrief insgesamt 28-mal erscheint, erscheint das Personalpronomen der 1. Person Plural im Kolosserbrief insgesamt 13-mal.

[113] Vgl. dazu auch Schmid, Epheserbrief, 422–423: „Eph 2, 2f. berührt sich auch noch mit Kol 3, 3–7, womit aber zugleich Eph 5, 6 zu verbinden ist ... Das literarische Verhältnis kompliziert sich hier ganz außerordentlich. Sollte der Verfasser des Eph in der Disposition seiner Vorlage vorausgegriffen, aber nur den einen Vers Kol 3, 7 herausgenommen haben, um sich den Rest für Kap. 5 aufzusparen? Für eine solch verzweifelte Erklärung bietet sich kein Anhaltspunkt; denn ἐν οἷς καὶ ἡμεῖς πάντες ἀνεστράφημεν schließt sich einwandfrei an Vers 2 an."

Judentum" vor seiner Hinwendung zu Jesus. Nach 1. Tim 4,12 soll Timotheus u. a. mit seinem Wandel (ἐν ἀναστροφῇ) ein Vorbild für die Gläubigen sein. Während in den Paulusbriefen in Bezug auf den vorchristlichen „heidnischen" Wandel somit vor allem der Begriff περιπατέω κτλ. verwendet wird, nimmt ἀναστρέφω κτλ. außer in Eph 4,22 nicht darauf Bezug. In Eph 4,22 knüpft der Ausdruck κατὰ τὴν προτέραν ἀναστροφήν („gemäß dem früheren Wandel") jedoch offensichtlich an Vers 17 an, wonach die Empfänger „im Herrn" ermahnt werden, „dass ihr nicht länger wandelt (περιπατεῖν), wie auch die Nationen/Heiden wandeln (περιπατεῖ), in Nichtigkeit ihres Verstandes".[114]
Eph 2,3 betont weiter, dass „auch wir alle einst in den Begierden unseres Fleisches wandelten, indem wir die gewollten Dinge (τὰ θελήματα) des Fleisches und der Gedanken taten". Demgegenüber ist in Kol 2,11 vom „Ablegen des Leibes des Fleisches" durch die „Beschneidung des Christus" die Rede, und nach Kol 2,13 waren die heidenchristlichen Empfänger früher „in den Übertretungen und der Unbeschnittenheit des Fleisches" tot (vgl. auch Kol 2,18.23). Damit stellt Kol 2,11-13 nicht nur zu Eph 2,1-3, sondern auch zu Eph 2,11f. eine gewisse Parallele dar, wobei zu beachten ist, dass das Kompositum συζωοποιέω („mit lebendig machen") im Neuen Testmament neben Kol 2,13 nur noch in Eph 2,5 erscheint[115].
Der Text von Eph 2,1-3 seinerseits findet seine „eigentliche" Parallele in Kol 2,13 (καὶ ὑμᾶς νεκροὺς ὄντας ... „auch ihr ward tot ..."), während das Kompositum συζωοποιέω („mit lebendig machen"), das an dieser Stelle erscheint, im Neuen Testament nur noch in Eph 2,5 vorkommt, womit Kol 2,13 eine Art Zusammenfassung von Eph 2,1ff. zu sein scheint (vgl. auch z. B. Eph 5,22-33 mit Kol 3,18f.). Dabei ist auch zu beachten, dass das Kompositum συνεγείρω („mit auferwecken") in Eph 2,6 und Kol 2,12 und sonst im gesamten Neuen Testament nur noch in Kol 3,1 gebraucht wird (zum Inhalt vgl. z. B. auch Röm 6,5ff.). Allerdings stellt auch Kol 3,7 (... ἐν οἷς καὶ ὑμεῖς περιεπατήσατέ ποτε...) eine deutliche Parallele zu Eph 2,2 (... ἐν αἷς ποτε περιεπατήσατε ...) dar.

---

[114] In den Petrusbriefen erscheint das Nomen ἀναστροφή relativ häufig und bezieht sich sowohl auf den „heidnischen" als auch auf den christlichen Wandel (vgl. 1. Petr 1,15.18; 2,12; 3,1.18; 2. Petr 2,7; 3,11; zum entsprechenden Verb vgl. 1. Petr 1,17; 2. Petr 2,18). Das Verb περιπατέω erscheint hingegen in den Petrusbriefen nur einmal (1. Petr 5,9) und bezieht sich an dieser Stelle auf das „Umherwandeln" des Teufels.
[115] Das Kompositum ζωοποιέω erscheint hingegen kein einziges Mal in den zwei Briefen, jedoch siebenmal in anderen Paulusbriefen (vgl. Röm 4,17; 8,11; 1. Kor 15,22.36.45; 2. Kor 3,6; Gal 3,21), wobei sich die letzten zwei Stellen wie Eph 2,5 und Kol 2,13 auf ein „geistliches Lebendigmachen" beziehen (vgl. aber 1. Kor 15,45: ... ὁ ἔσχατος Ἀδὰμ εἰς πνεῦμα ζωοποιοῦν), während die übrigen Stellen auf die leibliche Auferstehung Bezug nehmen.

Eine inhaltliche Parallele zu Eph 2,6 sowie Kol 2,12 und 3,1 in Bezug auf das „Mitauferweckt-Sein" bildet Röm 6,5ff.[116] Dabei handelt es sich bei Kol 2,12a um eine deutliche Parallele zu Röm 6,3f., wobei das Kompositum συνθάπτω („mit begraben") im gesamten Neuen Testament nur an diesen zwei Stellen gebraucht wird, während andererseits in Röm 6,4 in diesem Zusammenhang das *Nomen rei actae* βάπτισμα („Taufe") und in Kol 2,12 das *Nomen actionis* βαπτισμός („Taufe, Untertauchen") verwendet wird. Die Taufe (βάπτισμα) wird auch in Eph 4,5 erwähnt, doch dabei geht es nicht wie in Röm 6,3f. und Kol 2,12 um die Betonung des „Gestorbenseins" der Sünde gegenüber, sondern wie in 1. Kor 12,13 um die Betonung der Einheit der Gemeinde als „Leib Christi" (vgl. auch Eph 4,4).

Auch in dieser Hinsicht wird somit eine deutliche Parallele besonders zwischen dem Epheser- und dem Kolosserbrief sichtbar. Eine literarische Anlehnung ist jedoch nicht anzunehmen, da es für eine solche Annahme keinerlei Hinweise in den Briefen gibt.

3.1.3.7 Das „Bürgerrecht Israels" für die „Entfremdeten" (Eph 2,12)

Gemäß Eph 2,12ff. sind die einst „Entfremdeten"und vom „Bürgerrecht Israels" Ausgeschlossenen (= „Heiden") nun durch den Glauben an Jesus Christus „nahe geworden" (vgl. Eph 2,13) und somit nicht mehr „Gäste und Fremdlinge, sondern Mitbürger der Heiligen und Gottes Hausgenossen" (Eph 2,19). Damit sind sie nicht mehr „ohne Hoffnung" (vgl. Eph 2,12). Die Hoffnung, die im Epheserbrief in Bezug auf das Verhältnis zwischen Juden(christen) und Heiden(christen) betont wird (vgl. Eph 1,12f.; 2,12; vgl. auch Eph 4,4), wird auch im Kolosserbrief betont (vgl. Kol 1,5.13.27). Dabei wird ausdrücklich hervorgehoben, dass diese Hoffnung „unter euch" – und das bedeutet „unter den Heiden" – nun verkündigt wird (vgl. Kol 1,26f.), auch wenn das „Bürgerrecht Israels" nicht erwähnt wird. Andererseits wird die Hoffnung nicht nur in Kol 1,27, sondern auch in Kol 1,5.23 ausdrücklich auf die Empfänger bezogen, welche von der Hoffnung „jetzt" durch das Evangelium, das „unter jeder Schöpfung" verkündigt worden ist (Kol 1,23) – wie es auch „auf der ganzen Welt Frucht bringt" (Kol 1,6) –, gehört haben (Kol 1,5.23).

In diesem Zusammenhang fällt nicht nur auf, dass sowohl in Kol 1,6 und 23 die Aoristform ἠκούσατε („ihr habt gehört") erscheint, die auch u. a. in Eph 3,2 und 4,21 gebraucht wird (vgl. auch Eph 1,13: ἀκούσαντες), sondern auch, dass in Kol 1,5 mit der Aoristform προηκούσατε („ihr habt vorher gehört") ein neutestamentliches Hapaxlegomenon verwendet wird, wie andererseits mit dem Perfekt-Partizipial-Ausdruck τοὺς προηλπικότας („die vorher gehofft haben") in Eph 1,12 ebenfalls ein neutestamentliches Hapaxlegomenon verwendet wird,

---

[116] Vgl. dazu auch u. a. Eckstein, Auferstehung, 36–54.

und zwar in beiden Fällen mit dem Präfix προ („vorher"). Wie der Vergleich zu Eph 1,13f. und auch Eph 2,11f. zeigt, sind in Eph 1,12 die Juden gemeint, welche zuvor auf Christus gehofft haben, während sich Kol 1,5 andererseits offenbar primär auf die ehemaligen Heiden bezieht (vgl. auch Eph 2,14f.).
Nach Kol 1,4f. hat der Verfasser von „eurem Glauben in Christus Jesus und der Liebe, die ihr zu allen Heiligen habt", gehört (ἀκούσαντες), und zwar haben die Empfänger diesen Glauben und diese Liebe „wegen der Hoffnung …, die ihr vorher im Wort der Wahrheit[117] des Evangeliums gehört habt". In Eph 1,12f. wird dagegen betont, dass „wir" – die Judenchristen (vgl. Eph 2,11f.) – vorher (schon) auf Christus „gehofft haben" und dass „auch ihr" – die Heidenchristen –, „nachdem ihr das Wort der Wahrheit, das Evangelium eurer Errettung, gehört habt (ἀκούσαντες)" und nachdem „ihr gläubig geworden seid", in Christus „versiegelt worden seid durch den Heiligen Geist der Verheißung". Dabei ist sowohl in Eph 1,14 als auch in Kol 1,5 von der „Wahrheit" und dem „Evangelium" die Rede, und auch die Tatsache, dass die Empfänger das Wort bzw. das Evangelium gehört haben, wird an beiden Stellen betont.
Während Kol 1,21 eine gewisse Parallele zu Eph 2,1 bildet, fällt auf, dass an der Kolosserstelle mit dem Partizip ἀπηλλοτριωμένους („entfremdet") ein Verb verwendet wird, das im Neuen Testament nur noch in Eph 2,12 und 4,18 erscheint, wobei auch an diesen zwei Stellen jeweils das Partizp Perfekt Passiv (jeweils im Nominativ: ἀπηλλοτριωμένοι) grundsätzlich im gleichen Sinn wie in Kol 1,21 verwendet wird, auch wenn nur in Eph 2,12 der Bezug zum „Bürgerrecht Israels" ausdrücklich betont wird. Die Verwendung des Partizips in Kol 1,21 scheint dabei sowohl an Eph 2,12 im Kontext sowie auch an Eph 4,18 anzuknüpfen, ohne jedoch – wie in Eph 2,12 – direkt einen Bezug auf die Beziehung der „Heiden" zu Israel bzw. die Verheißungen Gottes an Israel herzustellen. Auch z. B. das Nomen διάνοια („Gedanke") erscheint sowohl in Eph 2,12 als auch in Kol 1,21 und sonst in den Paulusbriefen nur noch in Eph 2,3, an dieser Stelle allerdings nicht in Verbindung mit dem Partizip „entfremdet" (ἀπηλλοτριωμένος). Dieses Partizip steht in Kol 1,21 parallel zum Nomen ἐχθρούς („Feinde"), welches im Kolosserbrief nur an dieser Stelle verwendet wird. Dieses Nomen erscheint zwar im Epheserbrief an keiner einzigen Stelle, aber in Eph 2,14 und 16 ist zweimal von der „Feindschaft" (ἔχθρα) die Rede

---

[117] Der Ausdruck ὁ λόγος τῆς ἀληθείας erscheint im Neuen Testament neben Kol 1,5 und Eph 1,13 noch in 2. Tim 1,15 (vgl. auch 2. Kor 6,7: ἐν λόγῳ ἀληθείας). Im hebräischen Alten Testament erscheint der Ausdruck דְּבַר־אֱמֶת zweimal im Psalter (Ps 45,5; 119,43; vgl. auch Eccl 12,10). In der LXX erscheint viermal der Ausdruck λόγος ἀληθείας (Ps 118,43; Prov 22,21; Eccl 12,10; PsSal 16,10), nie jedoch mit Artikel. Die Aufforderung, die Warheit zu reden, begegnet in Sach 8,16 und Ps 15,2 sowie in Eph 4,15.

(vgl. dazu auch Röm 8,7)[118], womit das „Entfremdetsein" von Eph 2,12 wieder aufgenommen wird, wobei jeweils die „Feindschaft" der ehemaligen „Heiden" zum Judentum bzw. zum „Bürgerrecht Israels" angesprochen wird. Andererseits wird in Kol 1,21 nicht direkt gesagt, wovon die ehemaligen Heiden (vgl. Kol 1,27) „entfremdet" waren. Wie ein Vergleich mit Kol 3,11 (vgl. auch Kol 2,11) indirekt zeigt, geht es dabei ebenfalls zumindest ein einem gewissen Sinn wie in Eph 2,12 um die „Entfremdung" vom „Bürgerrecht Israels". Kol 1,21 scheint demnach Eph 2,12 vorauszusetzen.

Nach Eph 2,12 waren die ehemaligen Heiden „Entfremdete des Bürgerrechts Israels" (ἀπηλλοτριωμένοι τῆς πολιτείας τοῦ Ἰσραήλ) und „Fremde/Gäste (ξένοι) der Bündnisse der Verheißungen", und nach Eph 2,19 sind sie nun nicht mehr „Fremde/Gäste und Beisassen (ξένοι καὶ πάροικοι), sondern Mitbürger der Heiligen und Hausgenossen Gottes". Das entspricht z. B. Röm 11,16ff. Es geht dabei um den geistlichen Segen, den sie durch Jesus Christus empfangen haben (vgl. Eph 1,3). Nach Röm 15,19ff. geht dieser geistliche Segen (vgl. z. B. Röm 15,27-29) von Jerusalem und den „Heiligen" dort (vgl. dazu Röm 15,25.26.31; 1. Kor 16,1; 2. Kor 8,4; 9,1.12) aus. Bereits in Röm 11,16 hatte Paulus betont, dass die Zweige heilig sind, wenn die Wurzel heilig ist. Die Gläubigen aus den Nationen sind gemäß Röm 11,17 als „wilder Ölbaum" „eingepfropft worden und sind Mitteilhaber der Wurzel der Fettigkeit des Ölbaums" geworden. Mit der „Wurzel" ist dem Kontext nach die Verheißung gemeint, die Gott dem Abraham und seinen Nachkommen gegeben hat (vgl. auch Röm 9,4f.; 11,28f.). Da die Empfänger des Epheserbriefs nun ebenfalls zu denen gehören, welche Anteilhaber dieser Verheißungen geworden sind (vgl. Eph 2,12ff.), sollen sie auch „mit allen Heiligen" begreifen, „was die Breite und Länge und Höhe und Tiefe" ist (Eph 3,18). Die Betonung „mit allen Heiligen" (vgl. auch Eph 1,15; 6,18; Phil 1,1; 4,22; Kol 1,4; Phlm 5) wird also in diesem Kontext verständlich.

Die Rede von dem „Entfremdetsein" erinnert ihrerseits an Ps 69,9, wo der Psalmist schreibt: „Entfremdet bin ich meinen Brüdern und ein Fremder geworden den Söhnen meiner Mutter." Die LXX übersetzt diese Stelle folgendermaßen: ἀπηλλοτριωμένος ἐγενήθην τοῖς ἀδελφοῖς μου καὶ ξένος τοῖς υἱοῖς τῆς μητρός μου ... (Ps^{LXX} 68,9; vgl. auch Ps^{LXX} 57,4). Andererseits betont der Psalmist nach Ps 39,13, dass er „ein Fremdling" (גֵר; LXX: πάροικος) und „ein Beisasse (תּוֹשָׁב; LXX: παρεπίδημος) wie alle meine Väter" ist.[119] Dabei erscheint in der Übersetzung der LXX das gleiche Nomen wie in Eph 2,19. Es ist

---

[118] Der Begriff ἔχθρα begegnet im Neuen Testament neben Eph 2,14-16 und Röm 8,7 nur noch in Gal 5,20 sowie in Lk 23,12 und Jak 4,4 (einer gewissen Parallele zu Röm 8,7). Nach Röm 8,7 ist die „Gesinnung des Fleisches (τὸ φρόνημα τῆς σαρκός) Feindschaft gegen Gott". Der Ausdruck τὸ φρόνημα τῆς σαρκός erinnert dabei an τὸ νοῦς τῆς σαρκὸς αὐτοῦ in Kol 2,18.

[119] Vgl. dazu auch 1. Petr 1,11 (ὡς παροίκους καὶ παρεπιδήμους) und Hebr 11,13 (ὅτι ξένοι καὶ παρεπίδημοί εἰσιν ἐπὶ τῆς γῆς). Das Nomen παρεπίδημος erscheint im Neuen Testament sonst nur noch in 1. Petr 1,1.

also durchaus wahrscheinlich, dass der Verfasser des Epheserbriefs in Eph 2,12.19 sprachlich an den Psalter anknüpft – wie auch sonst die Sprache des Epheserbriefs offenbar stark durch den alttestamentlichen Psalter geprägt ist[120] und zudem in Eph 4,8 deutlich an Ps 68,19 (LXX: Ps 67,19) angeknüpft wird. Das spricht für die zeitliche Priorität des Epheserbriefs gegenüber dem Kolosserbrief, während gleichzeitig eine literarische Anlehnung von Kol 1,21 an Eph 2,12 und/oder 4,18 nicht erkennbar ist.

3.1.4 Christologische und ekklesiologische Aspekte im Vergleich

3.1.4.1 Die Wendung „in welchem" mit Bezug auf Jesus Christus

Bereits die wiederholte Verwendung des Relativausdrucks ἐν ᾧ („in welchem") mit Bezug auf Jesus Christus fällt im Epheserbrief auf (so in Eph 1,7.11.13; 2,21f.; 3,12; vgl. auch Eph 5,18; 6,16), und das besonders in der einleitenden Eulogie (Eph 1,3-14). Der Ausdruck erscheint in diesem Sinn im Neuen Testament nur noch viermal im Kolosserbrief (Kol 1,14; 2,3.11f.). Zum Vergleich folgen hier sämtliche Stellen in den zwei Briefen.

Epheserbrief

1,7: *Ἐν ᾧ ἔχομεν τὴν ἀπολύτρωσιν διὰ τοῦ αἵματος αὐτοῦ, τὴν ἄφεσιν τῶν παραπτωμάτων ...*

1,11: *Ἐν ᾧ καὶ ἐκληρώθημεν προορισθέντες κατὰ πρόθεσιν ...*

1,13: *Ἐν ᾧ καὶ ὑμεῖς ἀκούσαντες τὸν λόγον τῆς ἀληθείας, τὸ εὐαγγέλιον τῆς σωτηρίας ὑμῶν, ἐν ᾧ καὶ πιστεύσαντες ἐσφραγίσθητε ...*

2,21f.: *ἐν ᾧ πᾶσα οἰκοδομὴ συναρμολογουμένη αὔξει εἰς ναὸν ἅγιον ἐν κυρίῳ, ἐν ᾧ καὶ ὑμεῖς συνοικοδομεῖσθε ...*

3,12: *ἐν ᾧ ἔχομεν τὴν παρρησίαν καὶ προσαγωγὴν ...*

Kolosserbrief

1,14: *ἐν ᾧ ἔχομεν τὴν ἀπολύτρωσιν, τὴν ἄφεσιν τῶν ἁμαρτιῶν· ...*

2,3: *ἐν ᾧ εἰσιν πάντες οἱ θησαυροὶ τῆς σοφίας καὶ γνώσεως ἀπόκρυφοι ...*

2,11f.: *Ἐν ᾧ καὶ περιετμήθητε περιτομῇ ἀχειροποιήτῳ ... ἐν ᾧ καὶ συνηγέρθητε διὰ τῆς πίστεως ...*

---

[120] Vgl. dazu weiter unten.

Kol 1,14 stellt eine deutliche Parallele zu Eph 1,7 dar, wobei zu beachten ist, dass es sich jeweils um die erste Stelle im Brief handelt, an welcher der Ausdruck erscheint, und zudem bilden die zwei Sätze jeweils einen Teil des ersten langen (einleitenden) Satzgefüges im Brief (vgl. Eph 1,3-14; Kol 1,9-20). Allein diese Parallele erklärt aber noch nicht den einzigartigen Gebrauch der Wendung in den zwei Briefen, wenn man von einer literarischen Anlehnung ausgeht. Der Gebrauch spricht vielmehr dafür, dass es sich um die gleiche Handschrift und somit um den gleichen Autor handelt. Von einer literarischen „Abhängigkeit" kann nicht die Rede sein.

Dahl weist darauf hin, dass die mit ἐν ᾧ eingeleiteten Relativsätze in Eph 1,7.11.13 „alle an das Ende der unmittelbar vorangehenden Sätze angeschlossen" sind. „An sich ist es keine Eigentümlichkeit des Epheserbriefs, daß die Gedanken sich kreisförmig wie in einer Spirale vorwärts bewegen. Aber im Römerbrief, um nur ein Beispiel zu nennen, sind Abschweifungen fast immer durch besondere Fragen veranlaßt, die geklärt werden müssen, ehe der Hauptgedanke wieder aufgenommen und zu Ende geführt werden kann. Im Epheserbrief entfalten die ‚Gedankenkreise' viel häufiger dasselbe Thema in verschiedene Richtungen".[121] Gerade das von Dahl angeführte Beispiel des Römerbriefs zeigt aber, wie Paulus in unterschiedlichen Briefen und Zusammenhängen unterschiedlich vorgehen kann. Ein ähnlicher Relativsatz wie in Eph 1,7.11.13 (vgl. zudem Eph 2,2f.21f.; 3,12; 4,30; 5,18; 6,16; Kol 1,14; 2,3.11f.; 3,7) begegnet auch z. B. in 2. Kor 4,4 (ἐν οἷς ...), wobei anschließend in 2. Kor 4,4-6 ähnliche Genitivverbindungen erscheinen, die u. a. für die Eulogie in Eph 1,3-14 typisch sind (τὸν φωτισμὸν τοῦ εὐαγγελίου τῆς δόξης τοῦ Χριστοῦ ... πρὸς φωτισμὸν τῆς γνώσεως τῆς δόξης τοῦ θεοῦ).

Parallel dazu erscheint in beiden Briefen auch die Wendung ἐν αὐτῷ („in ihm") mit Bezug auf Jesus Christus, und zwar im Epheserbrief sechsmal und im Kolosserbrief achtmal.[122] Das sind die folgenden Stellen:

Epheserbrief	**Kolosserbrief**
1,4: καθὼς ἐξελέξατο ἡμᾶς ἐν αὐτῷ ...	1,16f.: ... ὅτι ἐν αὐτῷ ἐκτίσθη τὰ πάντα ... καὶ τὰ πάντα ἐν αὐτῷ συνέστηκεν.
1,9f.: κατὰ τὴν εὐδοκίαν αὐτοῦ ἣν προέθετο ἐν αὐτῷ ... ποκτείνας τὴν ἔχθραν ἐν αὐτῷ.	1,19: ... ὅτι ἐν αὐτῷ εὐδόκησεν πᾶν τὸ πλήρωμα κατοικῆσαι ...
2,15f.: ... ἵνα τοὺς δύο κτίσῃ ἐν	2,6f.: ... ἐν αὐτῷ περιπατεῖτε ...

---

[121] Dahl, Einleitungsfragen, 15.
[122] Zu ἐν αὐτῷ mit Bezug auf Jesus Christus in den Paulusbriefen vgl. 1. Kor 1,5; 2. Kor 1,19; 5,21; 13,4; Eph 1,4.9.10; 2.15f.; 4,21; Phil 3,9; Kol 1,16f.19; 2,6f.9f.15; 2. Thess 1,12. Man kann auch diesbezüglich von einem „typisch paulinischen Gebrauch" sprechen.

αὐτῷ εἰς ἕνα καινὸν ἄνθρωπον ... ἀποκτείνας τὴν ἔχθραν *ἐν αὐτῷ*.

4,21: ... καὶ *ἐν αὐτῷ* ἐδιδάχθητε ...

ἐρριζωμένοι καὶ ἐποικοδομούμενοι *ἐν αὐτῷ* ...

2,9f.: ... ὅτι *ἐν αὐτῷ* κατοικεῖ πᾶν τὸ πλήρωμα τῆς θεότητος σωματικῶς, καὶ ἐστὲ *ἐν αὐτῷ* πεπληρωμένοι ...

2,15: ... θριαμβεύσας αὐτοὺς ἐν αὐτῷ.

Während die Wendung ἐν ᾧ („in welchem") in beiden Briefen jeweils am Anfang eines Satzes erscheint – und zwar auch dann, wenn sie wiederholt wird (vgl. Eph 1,13; 2,21f.; Kol 2,11f.) –, fällt in Bezug auf die Wendung ἐν αὐτῷ („in ihm") auf, dass sie, wenn sie wiederholt wird, vor allem im Kolosserbrief zuerst mehr oder weniger am Satzanfang und bei der anschließenden Wiederholung gegen Satzende erscheint (vgl. Kol 1,16f.; 2,6f.9f.; vgl. zudem Kol 2,15), und auch im Epheserbrief findet sie sich (nicht nur) bei der Wiederholung gegen Satzende (vgl. Eph 1,9f.; 2,15f.; vgl. zudem Eph 1,4). Diese Wendung erscheint zwar auch sonst in Paulusbriefen mit Bezug auf Jesus Christus (so in 1. Kor 1,5; 2. Kor 1,19f.; 5,21; 13,4; Phil 3,9; 2. Thess 1,12), jedoch nicht so gehäuft. Auffallend ist dabei jedoch besonders das Erscheinen der Wendung in 1. Kor 1,5 (... ὅτι ἐν παντὶ ἐπλουτίσθητε *ἐν αὐτῷ*, ἐν παντὶ λόγῳ καὶ πάσῃ γνώσει ...) im Kontext eines längeren einleitenden Satzgefüges (vgl. 1. Kor 1,4-9), das in Bezug auf den Stil einige Parallelen besonders zur Eingangseulogie Eph 1,3-14 aufweist[123], und zwar in einer für den Epheser- und Kolosserbrief „typischen" Wortstellung am Schluss des Satzes.

Eine literarische „Abhängigkeit" des Epheserbriefs vom Kolosserbrief kann dieses Phänomän nicht befriedigend erklären. Viel natürlicher ist die Annahme, dass es sich um die gleiche Handschrift handelt, wobei gerade die Stellen im Epheser- und im Kolosserbrief durch den „hymnischen" Stil der Abschnitte geprägt sind.

3.1.4.2 Das Innewohnen des Christus in den Gläubigen und das Wachstum der Gemeinde

Nach Eph 3,17 soll „der Christus" (verstärkt) in den Herzen der Empfänger Wohnsitz nehmen (κατοικῆσαι), indem die Empfänger in der Liebe verwurzelt und gegründet sind (ἐρριζωμένοικαὶ τεθεμελιωμένοι). Dabei ist offenbar die Liebe Gottes gemeint, die nach Röm 5,5 durch den Heiligen Geist in den Herzen der Gläubigen „ausgegossen worden ist". In Eph 3,19 ist von der „Liebe des Christus" die Rede, die auch in Röm 8,35 erwähnt wird, während Röm 8,39 von

---

[123] Vgl. dazu weiter unten.

der „Liebe Gottes, die in Christus Jesus, unserem Herrn, [sichtbar wird]", spricht (vgl. auch Röm 5,8). Dafür, dass in Eph 3,17b von der Verwurzelung in der Liebe Gottes die Rede ist, sprechen auch die Parallelen im Kolosserbrief, und zwar unabhängig davon, ob man von der Echtheit der zwei Briefe oder von einer literarischen „Abhängigkeit" des Epheserbriefs vom Kolosserbrief ausgeht. Beide Verben, die diesbezüglich in Eph 3,17 gebraucht werden (ῥιζόω und θεμελιόω), erscheinen in den Paulusbriefen nur noch je einmal im Kolosserbrief, allerdings nicht mit Bezug auf die Liebe. Nach Kol 2,7 sind die Gläubigen „verwurzelt und auferbaut (ἐρριζωμένοι καὶ ἐποικοδομούμενοι) in ihm und im Glauben befestigt", und in Kol 1,23 wird betont, dass die Gläubigen im Glauben, in welchem sie „verwurzelt und fest" (τεθεμελιωμένοι καὶ ἑδραῖοι) sind, bleiben (sollen).

Bei einer literarischen „Abhängigkeit" der Epheserstelle vom Kolosserbrief müsste die Verbindung mit der „Liebe"in Anlehnung an Kol 2,2 zustande gekommen sein, wonach die Gläubigen „in Liebe vereinigt" (συμβιβασθέντες ἐν ἀγάπῃ) sind. Zu beachten ist dabei auch, dass das Verb συμβιβάζω („zusammenbringen, vereinigen; belehren, unterrichten; beweisen"), das in Kol 2,2 und auch in Kol 2,19 erscheint, ebenso in Eph 4,16 und damit in einer gewissen Parallele zu Kol 2,19 gebraucht wird. Dieses Kompositum findet sich in den Paulusbriefen zwar noch einmal in 1. Kor 2,16, jedoch in einem anderen Sinn. In Kol 2,19 erscheint parallel zum Partizip συμβιβαζόμενον („vereinigt") das Partizip ἐπιχορηγούμενον („darreichend") und damit das Verb ἐπιχορηγέω („darreichen"), das in den Paulusbriefen noch zweimal gebraucht wird (2. Kor 9,10; Gal 3,5), nicht aber im Epheserbrief, während in Eph 4,16 „parallel" zu Kol 2,19 das Nomen ἐπιχορηγία („Darreichung") verwendet wird, das im Neuen Testament nur noch in Phil 1,19 erscheint. Es fällt überhaupt auf, dass Eph 4,15f. und Kol 2,19 weitgehend übereinstimmen, wie der folgende Vergleich zeigt (die Parallelen werden *kursiv* dargestellt):

- Eph 4,15f.: ἀληθεύοντες δὲ ἐν ἀγάπῃ αὐξήσωμεν εἰς αὐτὸν τὰ πάντα, ὅς ἐστιν ἡ *κεφαλή*, Χριστός, *ἐξ οὗ πᾶν τὸ σῶμα* συναρμολογούμενον καὶ *συμβιβαζόμενον διὰ πάσης ἁφῆς τῆς ἐπιχορηγίας* κατ᾽ ἐνέργειαν ἐν μέτρῳ ἑνὸς ἑκάστου μέρους τὴν αὔξησιν τοῦ σώματος ποιεῖται εἰς οἰκοδομὴν ἑαυτοῦ ἐν ἀγάπῃ.
- Kol 2,19: καὶ *οὐ κρατῶν τὴν κεφαλήν, ἐξ οὗ πᾶν τὸ σῶμα διὰ τῶν ἁφῶν καὶ συνδέσμων ἐπιχορηγούμενον καὶ συμβιβαζόμενον αὔξει τὴν αὔξησιν τοῦ θεοῦ*.

Dabei ist auch zu beachten, dass der Begriff ἁφή („Gelenk, Verbindung") im Neuen Testament nur an diesen zwei Stellen erscheint. In Eph 4,16 wird außerdem auch das Kompositum συναρμολογέω („zusammenfügen") gebraucht, das im Neuen Testament nur noch in Eph 2,21 verwendet wird. Der Begriff σύνδεσμος („Band, Bindung") erscheint zwar in Kol 2,19, aber nicht in Eph

4,15f., wird jedoch bereits in Eph 4,3 gebraucht, und zwar nur an diesen Stellen in den Paulusbriefen. Die „Liebe", die in Eph 4,15f. thematisiert wird, wird in Kol 2,19 nicht erwähnt, ist nach Kol 3,14 aber das „Band der Vollkommenheit" (σύνδεσμος τῆς τελειότητος).
Das *Nomen actionis* αὔξησις („Wachstum") erscheint im Neuen Testament überhaupt nur in Eph 4,16 und Kol 2,19, während das Verb αὐξάνω („wachsen") neben Eph 4,15 in Kol 1,6.10 und zudem in den Paulusbriefen je zweimal in beiden Korintherbriefen (1. Kor 3,6f.; 2. Kor 9,10; 10,15; vgl. auch ὑπεραυξάνω in 2. Thess 1,3) vorkommt und die Kurzform αὔξω („wachsen") im Neuen Testament nur in Eph 2,21 (!) und Kol 2,19 gebraucht wird. Nach Schnelle findet sich das Wachstum des Leibes Christi, das in Kol 2,19 angesprochen wird, nicht in den („echten") Paulusbriefen.[124] Dabei ist aber zu beachten, dass Kol 2,19 offenbar an Eph 4,16 anknüpft.[125] Bereits in Eph 4,12 ist von der „Erbauung des Leibes des Christus" die Rede (εἰς οἰκοδομὴν τοῦ σώματος τοῦ Χριστοῦ). Diese Aussage knüpft ihrerseits an Eph 2,21 an, wonach in Christus als „Eckstein" (vgl. Eph 2,20) jeder Bau (πᾶσα οἰκοδομή) zusammengefügt wird und „zu einem heiligen Tempel im Herrn wächst". In diesem Zusammenhang erscheint in Eph 2,20 das Kompositum ἐποικοδομέω („auferbauen auf"), das in den Paulusbriefen sonst nur noch in Kol 2,7 (!) und sonst noch viermal in 1. Kor 3,10–14 (vgl. 1. Kor 3,11 mit Eph 2,20!) verwendet wird – das Kompositum συνοικοδομέω („mit auferbauen") erscheint im Neuen Testament nur in Eph 2,22[126].
Die Sprache vom „Wachsen" sowohl mit der Gemeinde als „Leib des Christus" (vgl. Eph 4,15f.; Kol 2,19) und mit der Metapher vom Tempel (vgl. Eph 2,21; 4,16) verbunden wird, setzt die „Erbauungsprache" das Bild von der Gemeinde als Tempel voraus, wie der Zusammenhang im Epheserbrief zeigt. Dabei sind folgende Aspekte zu beachten:
1. Die „Erbauungssprache" erscheint im Kolosserbrief nur mit den Partizipia τεθεμελιωμένοι in Kol 1,23 und ἐποικοδομούμενοι in Kol 2,7. Das erste findet in Eph 2,20 und das zweite in Eph 3,17 eine Parallele, wobei es sich jeweils um die einzigen Stellen in den Paulusbriefen handelt, an denen die zwei Komposita im Passiv verwendet werden.
2. Die „Erbauungssprache" beginnt im Epheserbrief in Eph 2,20-22 und wird an dieser Stelle ausdrücklich auf die Metapher des Tempels bezogen. In Eph 4,12

---

[124] Schnelle, Theologie, 517.
[125] Für eine gewisse Anknüpfung an Eph 2,21 (ἐν ᾧ πᾶσα οἰκοδομὴ συναρμολογουμένη αὔξει εἰς ναὸν ἅγιον ἐν κυρίῳ) spricht, dass im Neuen Testament nur an dieser Stelle und Kol 2,19 die kurze Verbform αὔξω erscheint. Wenn es sich um den gleichen Autor handelt, muss es sich allerdings nicht um eine Anlehnung handeln.
[126] In den Schriften des Philo von Alexandria erscheint dieses Kompositum fünfmal (vgl. Spec. 1,274; 2,119; Praem. 120.139; Contempl. 33).

ist von der „Erbauung des Leibes des Christus" die Rede (vgl. auch Eph 4,29), und in Eph 4,16 wird die Rede vom „Wachstum des Leibes" mit der „Erbauung" der Gemeinde verbunden, während Eph 4,15 offenbar in Bezug auf den „Leib" vom Wachsen spricht. Andererseits wird in Eph 2,21 das „Wachsen" auf den Tempel bezogen. Vorher wurde im Epheserbrief auch die „Wachstumssprache" nicht verwendet. Mit anderen Worten bedeutet das, dass auch sie sich zuerst auf die Metapher vom Tempel bezieht.

3. Im Kolosserbrief wird die „Wachstumgssprache" in 1,6 und 1,10 mit dem „Frucht-Bringen" verbunden, wobei man den Eindruck hat, dass die Planzenwelt als Vergleichspunkt dient. Diese wird zwar in 1. Kor 3,6ff. mit der Metapher von der Gemeinde als Tempel verbunden (wobei wie in Eph 2,20-22 die Verben ἐποικοδομέω und αὐξάνω erscheinen, letzteres jedoch nicht in Verbindung mit der Tempelmetapher verwendet), aber weder im Epheser- noch im Kolosserbrief wird die Planzenwelt sonst als Vergleichspunkt herangezogen (außer in der Rede vom „Verwurzeltsein" in Eph 3,17 und Kol 2,7). In Kol 2,19 – und damit in einer deutlichen Parallele zu Eph 4,15f. – erst wird das Bild vom „Wachsen" auf die Gemeinde als „Leib" bezogen. Die Tempel-Metapher spielt hingegen im Kolosserbrief keine direkte Rolle.

Das spricht für die Priorität des Epheserbriefs vor dem Kolosserbrief, da die Metaphern von der Gemeinde als Leib und als Tempel im Epheserbrief grundlegend sind, während im Kolosserbrief das „Herrsein" Jesu zentral ist, und zwar angesichts der Gefahr durch Irrlehren. Zudem zeigt der Zusammenhang, dass Eph 2,20-22 in dieser Hinsciht offenbar zentral sind, wobei z. B. Eph 4,15f. daran anknüpfen konnte, während Kol 2,19 an diese letzte Epheserstelle anknüpfen konnte.

Nach Dahl bildet die Aussage in Eph 4,15bf. „den krönenden Abschluß eines Abschnittes, auf welchen mehrere kleine Satzglieder Bezug nehmen", wobei Dahl darauf hinweist, dass der „entsprechende Satz in Kol 2,19" kürzer ist und daher „ursprünglicher zu sein" scheine.[127]

> „Er ist aber nicht im Kontext verankert, sondern wird nur durch den Partizipsatz οὐ κρατῶν τὴν κεφαλήν an die vorhergehende Warnung gegen Irrlehrer angehängt. Sachlich gehört er vielmehr mit der früheren Aussage über Chiristus als das Haupt jeder Macht und Gewalt zusammen) [sic]. Der Tatbestand ist durch die Annahme zu erklären, daß die Aussage in Kol 2,19 nicht ad hoc geschaffen wurde, sondern etwa einem Hymnus über Christus als Haupt der Welt entstammt, im Kolosserbrief antihäretisch ausgenutzt, im Epheserbrief dagegen mehr konsequent verwirklicht und paulinisch interpretiert ist."[128]

Der „Hymnus", aus dem der Satz in Kol 2,19 „entstammt", scheint – wie oben dargelegt wurde – der Epheserbrief zu sein. Für die Annahme, dass der kürzere

---

[127] Dahl, Einleitungsfragen, 45.
[128] Ebd.

Satz in Kol 2,19 „ursprünglicher zu sein" scheine, bringt Dahl kein Argument, und es gibt m. E. auch kein Argument dafür, es sei denn, dass kurze Ausführungen grundsätzlich als die ursprünglicheren betrachtet werden. Wenn man aber Aufbau und Struktur der zwei Briefe betrachtet, so spricht einiges dafür, dass der Epheserbrief „ursprünglicher" ist als der Kolosserbrief.

Andererseits zeigt z. B. 1. Kor 3,6ff., dass auch der „echte" Paulus verschiedene Bilder in Bezug auf den Gemeindebau verbinden kann, wobei an dieser Stelle sowohl vom Wachstum (1. Kor 3,6f.) als auch vom Bau (des Tempels; vgl. 1. Kor 3,10f.) die Rede ist. Zu beachten ist auch, dass in Eph 2,20 das Kompositum ἐποικοδομέω („mit auferbauen") gebraucht wird, das in 1. Kor 3,10-14 dreimal erscheint und sonst im Neuen Testament nur noch in Kol 2,7 und Jud 20 verwendet wird, und dass Eph 2,20 eine Parallele zu 1. Kor 3,11 bildet. 1. Kor 12–14 ist zudem ein Beispiel dafür, wie Paulus im Kontext der Ausführungen über die Gemeinde als „Leib Christi" (vgl. 1. Kor 12,12ff.) die Begrifflichkeit des „Bauens" verwenden kann (vgl. 1. Kor 14,3-5.12.17. 26).[129]

Zudem fällt auf, dass das Kompositum κατοικέω („wohnen, einen Wohnsitz haben"), das in Eph 3,17a gebraucht wird, sonst in den Paulusbriefen nur noch zweimal im Kolosserbrief erscheint (Kol 1,19; 2,9), sich dabei aber jeweils auf die „ganze Fülle (der Gottheit)", die in Jesus Christus ist, bezieht. Wenn Jesus Christus in den Herzen der Gläubigen „wohnt", „wohnt" damit auch die ganze Fülle Gottes im Herzen der Gläubigen (vgl. auch Kol 2,10). Das entspricht grundsätzlich Eph 1,23, wonach die Gemeinde „sein Leib, die Fülle (πλήρωμα) dessen, der alles in allem erfüllt", ist (vgl. auch Eph 3,19; 4,10.13; 5,18; Kol 1,9.25; 2,10). Die Gemeinde wird demnach von Jesus Christus als ihrem Haupt erfüllt (vgl. auch Eph 4,10). Andererseits betet Paulus nach Eph 3,19 darum, dass die Gläubigen, in deren Herzen Jesus Christus immer mehr „Wohnsitz" nehmen soll (vgl. Eph 3,17), „mit der ganzen Fülle Gottes erfüllt" werden, was nach Eph 5,18 durch den Geist Gottes geschieht.

3.1.4.3 Die Verwendung christologischer Titel

Das substantivierte Adjektiv „Christus" (Χριστός) erscheint allein im Epheserbrief 46-mal, davon 23-mal mit Artikel (ὁ Χριστός), während in diesem Schreiben Jesus Christus 24-mal (bzw. 23-mal[130]) als „Herr" (κύριος) bezeichnet wird (bei insgesamt 2425 Wörtern = ca. 0,98 %), wobei zwölfmal der Ausdruck ὁ κύριος („der Herr") erscheint. Im Kolosserbrief erscheint die Bezeichnung „Christus" insgesamt 25-mal, davon zwölfmal mit Artikel. Der Begriff

---

[129] Auch z. B. Kol 2,7 (ἐρριζωμένοι καὶ ἐποικοδομούμενοι ἐν αὐτῷ …) verbindet in Bezug auf die Gläubigen das Bild einer Pflanze mit dem eines Bauwerks. Vgl. auch z. B. Kol 1,6 (καρποφορούμενον καὶ αὐξανόμενον) und 1,10 (καρποφοροῦντες καὶ αὐξανόμενοι).

[130] Wenn die Bezeichnung in Eph 6,1 nicht ursprünglich ist.

κύριος („Herr") erscheint im Kolosserbrief 16-mal, wobei er sich 14-mal auf Jesus Christus bezieht (bei insgesamt 1583 Wörtern = ca. 0,88 %), dabei siebenmal mit Artikel (ὁ κύριος). Dabei sticht ins Auge, dass in den Briefen – wie in anderen Paulusbriefen – besonders die Ausdrücke „der Christus" und „der Herr" ganz bewusst gebraucht und nicht einfach synonym verwendet werden.

Das Wort Χριστός erscheint im Römerbrief 65-mal, im 1. Korintherbrief 64-mal, im 2. Korintherbrief 47-mal, im Galaterbrief 38-mal, im Epheserbrief 46-mal, im Philipperbrief 37-mal, im Kolosserbrief 25-mal, im 1. und 2. Thessalonicherbrief jeweils 1zehnmal, im 1. Timotheusbrief 15-mal, und 2. Timotheusbrief 13-mal, im Titusbrief viermal und im Philemonbrief achtmal (also insgesamt 382-mal in den Paulusbriefen). Der Ausdruck ὁ Χριστός („der Gesalbte/Christus") erscheint in den Paulusbriefen insgesamt mindestens 86-mal, und zwar vor allem im Römerbrief (neunmal), in 1. und 2. Korintherbrief (jeweils 15-mal), im Epheserbrief (23-mal) und im Kolosserbrief (zwölfmal) – sonst noch viermal im Galaterbrief, fünfmal im Philipperbrief und je einmal im 1. und im 2. Thessalonicherbrief sowie im 1. Timotheusbrief. Erscheint der Artikel vor „Christus", so erscheint ist der Ausdruck fast ausschließlich ohne einen Zusatz wie z. B. „Jesus" gebraucht (die einzigen Ausnahmen bilden Eph 3,11 und Gal 2,6 und eventuell Gal 5,24 und Eph 3,1 (in Gal 5,24 wird der Zusatz Ἰησοῦ von den Textzeugen $\mathfrak{p}^{46}$ D F G 0122$^{*.2}$ 𝔐 latt sy weggelassen, während die Textzeugen ℵ A B C P Ψ 01221. 0278. 33. 104*. 1175. 1241^s. 1739. [1881]. ℓ 249 pc co den Zusatz in Eph 3,1 weglassen). Zentral geht es bei dem Gebrauch des Ausdrucks „der Christus" (ὁ Χριστός) um das Erlösungswerk Jesu, wobei Leiden und Sterben sowie das dadurch entstandene Werk in der Gemeinde immer wieder betont wird werden (vgl. z. B. 1. Kor 1,13.17; 10,16; 12,12; 15,22f.; 2. Kor 2,12; 4,4; 5,14).

Der Begriff κύριος erscheint im Epheserbrief 26-mal, das sind ca. 1,07 % der insgesamt 2425 Wörter, während er im Kolosserbrief 16-mal erscheint, was ebenfalls rund 1,01 % der insgesamt 1583 Wörter ausmacht. Man vergleiche dazu die anderen Paulusbriefe – Römerbrief: 43-mal = 0,6 %; 1. Korintherbrief: 66-mal = 0,96 %; 2. Korintherbrief: 29-mal = 0,64 %; Galaterbrief: sechsmal = 0,27 %; Philipperbrief: 15-mal = 0,9 %; 1. Thessalonicherbrief: 24-mal; 1,6 %; 2. Thessalonicherbrief: 22-mal = 2,6 %; 1. Timotheusbrief: sechsmal = 0,37 %; 2. Timotheusbrief: 16-mal = 1,29 %; Titusbrief: kein einziges Mal = 0 %; Philemonbrief: fünfmal = 1,48 %. Das bedeutet folgende Reihenfolge in abnehmender Häufigkeit: 2. Thessalonicherbrief: 2,6 %; 1. Thessalonicherbrief: 1,6 %; 2. Timotheusbrief: 1,29 %; Epheserbrief: 1,07 %; Kolosserbrief: 1,01 %; 1. Korintherbrief: = 0,96 %; Philipperbrief: 0,9 %; 2. Korintherbrief: 0,64 %; Römerbrief: 0,6 %; 1. Timotheusbrief: 0,37 %; Galaterbrief: 0,27 %; Titusbrief: 0 %.

Es fällt auf, dass sowohl im Kolosserbrief als auch im Epheserbrief an gezielten Stellen betont von „dem Herrn" oder einfach vom „Herrn" (mit und ohne Artikel) die Rede ist, ohne dass eine zusätzliche Bezeichnung (wie „Jesus Christus") oder das Attribut „unser" erscheint (vgl. Kol 1,10; 3,13.33.22f.; vgl. Eph 4,5; 5,10.17.19.22; 6,4.9). Besonders auffallend in den Paulusbriefen ist diese

Erscheinung im 1. Korintherbrief, wo es über 20 Beispiele dafür gibt[131], während es z. B. im Römerbrief nur wenige Beispiele gibt (vgl. Röm 12,11 [vgl. dazu Röm 16,18 und Kol 3,24![132]]; 14,4.6.8; 16,2.16).[133] Bei dem „Herrn" handelt es sich nach Eph 4,5 um den „einen Herrn" (εἷς κύριος), womit ein Ausdruck verwendet wird, der sonst im Neuen Testament nur noch in 1. Kor 8,6 erscheint (vgl. aber auch Mk 12,29).

Dabei handelt es sich bei Kol 1,10 (περιπατῆσαι ἀξίως τοῦ κυρίου) um eine Parallele zu Eph 4,1 (… ἐν κυρίῳ ἀξίως περιπατῆσαι), und bei Eph 6,4.9 und Kol 3,22.23 liegt ebenfalls eine Parallele vor. Auffallend ist bei dieser letzten Parallele jedoch, dass die Sklaven nach Eph 6,5 den irdischen „Herren" gehorchen sollen „in Einfalt eurer Herzen als/wie dem Christus (ὡς τῷ Χριστῷ)", und nach Eph 6,7 (!) sollen sie „mit Bereitwilligkeit" den irdischen Herren dienen „wie/als dem Herrn (ὡς τῷ κυρίῳ), nicht wie/als [den] Menschen", während sie nach Kol 3,23 alles, was sie tun, „als dem Herrn (ὡς τῷ κυρίῳ) und nicht als [den] Menschen" vollbringen sollen. Die Wendung ὡς τῷ Χριστῷ erscheint im Neuen Testament nur in Eph 6,5, während die Wendung ὡς τῷ κυρίῳ neben Eph 6,7 und Kol 3,23 auch noch in Eph 5,22 vorkommt.

In Kol 3,24 erscheint dagegen der einzigartige Ausdruck τῷ κυρίῳ Χριστῷ („dem Herrn Christus"), der im Neuen Testament nur an dieser Stelle gebraucht wird (vgl. Röm 12,11: τῷ κυρίῳ δουλεύοντες; Röm 16,18: τῷ κυρίῳ ἡμῶν Χριστῷ οὐ δουλεύουσιν). Kol 3,24 scheint Eph 6,5 (ὡς τῷ Χριστῷ) und 6,7 (ὡς τῷ κυρίῳ) zusammenzufassen. Der Zusammenhang wird auch durch die Tatsache bekräftigt, dass das Verb δουλεύω („als Sklaven dienen") in den zwei Briefen nur in Eph 6,7 (δουλεύοντες ὡς τῷ κυρίῳ) und Kol 3,24 (τῷ κυρίῳ Χριστῷ δουλεύετε) erscheint.

Gemäß Eph 5,22 sollen sich die Frauen ihren Männern unterordnen „wie dem Herrn" (ὡς τῷ κυρίῳ), während sie sich nach Kol 3,18 ihren Männern unterordnen sollen, „wie es sich im Herrn geziemt" (ὡς ἀνῆκεν ἐν κυρίῳ). Dabei ist zu beachten, dass das Wort ἀνῆκεν („es geziemt sich") außer an dieser Stelle im Neuen Testament nur noch in Eph 5,4 (!) und Phlm 8 verwendet wird. Weiter fällt auf, dass nach Kol 3,13 die Vergebung „des Herrn"[134] als Vorbild für die

---

[131] Vgl. 1. Kor (2,8;) 3,5; 4,5.19; 5,5; 8,13f.; 6,17; 7,10.12.17.32.34; 9,5.14; 10,22; 11,23.26f.32; 15,58; 16,7.22 (berüchsichtigt werden an dieser Stelle nicht Zitate aus dem Alten Testament). Besonders fällt dabei der Ausdruck „Tod des Herrn" in 1. Kor 11,26 auf, während Paulus sonst im Zusammenhang mit dem Tod Jesu grundsätzlich vom „Christus" spricht (vgl. aber auch Röm 5,9: „durch den Tod seines Sohnes").

[132] Röm 12,11: τῷ κυρίῳ δουλεύοντες; 16,18: τῷ κυρίῳ ἡμῶν Χριστῷ οὐ δουλεύουσιν; Kol 3,24: τῷ κυρίῳ Χριστῷ δουλεύετε.

[133] Auf die zwei Thessalonicherbriefe, in denen es dazu ebenfalls einige Parallelen gibt, ist oben bereits eingegangen worden (vgl. unter 2.2.4).

[134] In Kol 3,13 gibt es zum Ausdruck ὁ κύριος (so 𝔓⁴⁶ A B D* F G 1175 pc lat) folgende Textvarianten: Χριστος (so ℵ² C D1 Ψ 075. 1739. 1881 𝔐 ar m sy co; Cl Ambst), θεος (so ℵ*

Vergebung der Gläubigen untereinander dienen soll, während nach der Parallele dazu in Eph 4,32 die Vergebung „Gottes in Christus" (vgl. dazu auch 2. Kor 5,18) Vorbild dafür sein soll. Diese unterschiedliche Akzentuierung wird jeweils aus dem Kontext verständlich, wobei sichtbar wird, dass sie gezielt eingesetzt werden, was auch sonst ind den Paulusbriefen der Fall ist.

Was bei oberflächlicher Betrachtung vielleicht als willkürliche Variation erscheint, stellt sich bei genauerer Betrachtung als gezielte Verwendung der Begriffe heraus. An dieser Stelle sei nur noch darauf hingewiesen, dass der Wechsel von der Wendung „wie dem Christus" in Eph 6,5 zur Wendung „wie dem Herrn" in Eph 6,7 offenbar sehr bewusst geschieht. So ist mit der Ermahnung, dass die Frauen sich ihren Männern „wie dem Herrn" unterordnen sollen, in Eph 5,22 zum letzten Mal vor Eph 6,7 vom „Herrn" die Rede, während siebenmal vom „Christus" gesprochen wird (Eph 5,23-25.29.32; 6,5f.).

Nach Eph 6,6 sollen die Sklaven nicht als Menschengefällige[135], sondern „als Sklaven Christi" (ὡς δοῦλοι Χριστοῦ) dienen, indem sie „den Willen Gottes aus [ganzer] Seele tun". Sie sollen sich somit als Diener des Christus betrachten, der sein Leben als Opfertod hingegeben hat (vgl. Eph 5,25ff.). Erst von Eph 6,7 an wird die Autorität Jesu als „Herr" ins Zentrum der Ausführungen gestellt. Die bewusste Betonung des Ausdrucks ὁ κύριός („der Herr") in Bezug auf Jesus fällt in Eph 6,9 besonders auf, wonach die „Herren" in Bezug auf ihre Sklaven das Drohen lassen sollen, weil sie wissen, „dass sowohl ihrer als auch euer Herr (καὶ αὐτῶν καὶ ὑμῶν ὁ κύριός) in den Himmeln ist, und Ansehen der Person bei ihm nicht existiert".

Vor Kol 3,13 ist in diesem Schreiben das letzte Mal in Kol 2,6[136] vom „Herrn" die Rede, während zwischen Kol 2,6 und Kol 3,12 neunmal (in acht

---

vg^mss) und θεος εν Χριστω (so 33). Besonders bei der letzten Variante scheint es sich um eine Anlehnung an Eph 4,32 zu handeln. Aber auch die anderen zwei Varianten, welche die dritte Variante jeweils zum Teil aufnehmen, sind möglicherweise in Anlehnung an Eph 4,32 entstanden.

[135] Das Wort ἀνθρωπάρεσκος erscheint im Neuen Testament zwar nur in Eph 6,6 und Kol 3,22, doch ist der Ausdruck an und für sich paulinisch (vgl. Gal 1,10; 1. Thess 2,4). In 1. Thess 2,4 ist der Satz οὐχ ὡς ἀνθρώποις ἀρέσκοντες im finalen Sinn zu verstehen („nicht, um Menschen zu gefallen"), sodass die Partikel ὡς mit anschließendem Partizip offensichtlich einen Finalsatz einleitet. Ein weiteres Beispiel dafür finden wir in Röm 16,15 (ὡς ἐπαναμιμνήσκων = „um zu erinnern"). Vergleicht man ὡς ἀνθρωπάρεσκοι in Eph 6,6 und Kol 3,22 mit 1. Thess 2,4, so spricht einiges dafür, die Wendung im finalen Sinn („um menschengefällig [zu sein]") zu verstehen.

[136] Der griechische Text von Kol 2,6f. (ὡς οὖν παρελάβετε τὸν Χριστὸν Ἰησοῦν τὸν κύριον, ἐν αὐτῷ περιπατεῖτε ... ἐν αὐτῷ καὶ βεβαιούμενοι τῇ πίστει καθὼς ἐδιδάχθητε, περισσεύοντες ἐν εὐχαριστίᾳ) zeigt einige sprachliche Parallelen zu 1. Thess 4,1 (... καὶ παρακαλοῦμεν ἐν κυρίῳ Ἰησοῦ, ἵνα καθὼς παρελάβετε παρ' ἡμῶν τὸ πῶς δεῖ ὑμᾶς περιπατεῖν καὶ ἀρέσκειν θεῷ, καθὼς καὶ περιπατεῖτε, ἵνα

Versen) vom „Christus" gesprochen wird (vgl. Kol 2,8.11.17.20; 3,1.3.4.11). Auch in Kol 2,15f. ist von „dem Christus" die Rede, und erst in Kol 3,17 wird wieder der „Name des Herrn Jesus" betont (vgl. auch Kol 3,17: „was sich im Herrn geziemt"). Andererseits wird der „Herr" im Ephesertext vor Eph 4,32 zum letzten Mal in Eph 4,17 erwähnt (vgl. auch Eph 4,1.4), und zwischen Eph 4,17 und 4,32 ist nur einmal (Eph 4,20) von „dem Christus" die Rede. Allerdings steht dieser nach Eph 4,32 zuerst einmal im Zentrum der Ausführungen (vgl. Eph 5,2.5), da es um den Wandel in der Liebe geht und „der Christus" dabei das Vorbild ist (vgl. Eph 5,2), während in Eph 5,8.10 wieder vom „Herrn" gesprochen wird. Dabei stellt die letzte Stelle (Eph 5,10) eine Parallele zu Kol 3,20b dar, wie der einzigartige Gebrauch des Adjektivs εὐάρεστος („wohlgefällig") mit Bezug auf den „Herrn" (Jesus Christus) in den Paulusbriefen zeigt.

Das Adjektiv εὐάρεστος („wohlgefällig") erscheint außer in Eph 5,10 (δοκιμάζοντες τί ἐστιν εὐάρεστον τῷ κυρίῳ) und Kol 3,20 (τοῦτο γὰρ εὐάρεστόν ἐστιν ἐν κυρίῳ) noch sechsmal in den Paulusbriefen (Röm 12,1.2; 14,18; 2. Kor 5,9; Phil 4,18; Tit 2,9) und sonst nur noch einmal im gesamten Neuen Testament (Hebr 13,21), wird dabei aber in der Regel mit Bezug auf „Gott" verwendet (so in Röm 12,1; 14,18; Phil 4,18). Allerdings bezieht sich das αὐτῷ in 2. Kor 5,9 (εὐάρεστοι αὐτῷ εἶναι) auf „den Herrn" am Schluss von 2. Kor 5,8. Damit besteht auch eine Parallele zwischen dieser Stelle und Eph 5,10 bzw. Kol 3,20b. Die deutlichste Parallele ergibt sich jedoch zwischen den letzten zwei Stellen. Andererseits besteht, wenn man auf den Gebrauch des Verbs δοκιμάζω („prüfen") in Eph 5,10 achtet, das an der Kolosserstelle fehlt (wie überhaupt im Kolosserbrief), eine Parallele zwischen Eph 5,10 und Röm 12,1f. (vgl. auch Röm 14,18).

Somit will Kol 3,13 mit der Betonung der Vergebung und dem Vergleich mit „dem Herrn" offenbar stärker die Verpflichtung diesem „Herrn" gegenüber hervorheben (vgl. z. B. Kol 2,6; 3,17f.20.22-24), als das im Kontext von Eph 4,32 der Fall ist. In Eph 4,32 wird dagegen mit dem Ausdruck „Gott in Christus" eine Wendung gebraucht, die in 2. Kor 5,18 („Gott war in Christus)" und damit in einer gewissen Parallele zu Kol 1,20 (vgl. auch Eph 2,15f.) in ähnlicher Weise erscheint. Im Kontext von Eph 4,32 wird damit die versöhnende Haltung Gottes in Christus als Beispiel für die Menschen betont (vgl. auch z. B. Eph 2,13f.; 3,4-6; 5,2). So fällt z. B. auch auf, dass in Eph 4,20 betont wird, dass „ihr den

---

περισσεύητε μᾶλλον) auf (vgl. dazu auch Frank, Kolosserbrief, 224), während καθὼς ἐδιδάχθητε in 2. Thess 2,17 (κρατεῖτε τὰς παραδόσεις ἃς ἐδιδάχθητε) eine gewisse Parallele findet. Was diese letzte Stelle betrifft, so ist zudem zu beachten, dass das Verb κρατέω neben dieser Stelle in den Paulusbriefen nur noch in Kol 2,19 erscheint und dass das Nomen παράδοσις auch in Kol 2,8 verwendet wird (allerdings mit negativer Konnotation).

Christus nicht so [kennen] gelernt habt" (οὐχ οὕτως ἐμάθετε τὸν Χριστόν)[137], und nach Eph 5,1 sollen die Gläubigen in Ephesus in Liebe wandeln, wie auch „der Christus euch geliebt hat" (vgl. auch Eph 2,10), während die Gläubigen in Kolossä nach Kol 2,6 „in ihm", „dem Christus Jesus, dem Herrn", wandeln sollen (vgl. auch Kol 1,10).

Dabei ist auch zu beachten, dass die Bezeichnung als „der Christus" (ὁ Χριστός) sowohl im Epheser- als auch im Kolosserbrief im Zusammenhang mit dem versöhnenden Kreuzestod Jesu, dem daraus entstandenen Heil für alle Menschen – besonders auch für die „Heiden" – und dem Dienst der Verkündigung usw., der daraus entstanden ist, verwendet wird, während die Liebe und der Gehorsam des Christus als Vorbild für die Gläubigen gilt.[138] So ist z. B. von dem „Blut des Christus" (Eph 2,13; vgl. auch 1. Kor 10,16), dem „Geheimnis des Christus" (Eph 3,4; Kol 4,3), dem „Reichtum des Christus" (Eph 3,8), der „Liebe des Christus" (Eph 3,19; vgl. auch Röm 8,35; 2. Kor 5,14), der „Gabe des Christus" (Eph 4,7), dem „Leib des Christus" (Eph 4,12; Kol 2,17; vgl. auch 1. Kor 10,16), der „Fülle des Christus" (Eph 4,13), der „Beschneidung des Christus" (Kol 2,11), den „Bedrängnissen des Christus" (Kol 1,24) oder dem „Frieden des Christus" (Kol 3,15) die Rede. Paulus ist ein „Gebundener des Christus" (Eph 3,1), der „die Mängel der Bedrängnisse des Christus" in seinem Fleisch erfüllt (Kol 1,24)[139], und Epaphras ist ein „Diener (διάκονος) des Christus" (Kol 1,7; vgl. auch Eph 3,7; Kol 1,23.25) bzw. ein „Sklave (δοῦλος) Christi" (Kol 4,12), wie die menschlichen Sklaven „als Sklaven Christi" (ὡς δοῦλοι Χριστοῦ) auftreten sollen (Eph 6,6; vgl. auch Röm 1,1; Phil 1,1). In diesen Zusammenhängen ist sonst mit Bezug auf Jesus Christus nie vom „Herrn" die Rede, außer dass in Eph 6,21 erwähnt wird, dass Tychikus „ein treuer Diener (διάκονος) im Herrn" ist (vgl. auch 1. Kor 4,17: τέκνον ἀγαπητὸν καὶ πιστὸν ἐν κυρίῳ). Andererseits ist vom „Willen des Herrn" (Eph 5,17; vgl. 1. Kor 4,19: ἐὰν ὁ κύριος θελήσῃ) und vom „Namen des Herrn (Jesus)" die Rede (Eph 5,20; Kol 3,17; vgl. auch u. a. Röm 10,13; 1. Kor 5,4), wobei in diesen Zusammenhängen die Bezeichnung „Christus" fehlt.

In Kol 2,8 erscheint die Wendung οὐ κατὰ Χριστόν („nicht Christus gemäß"), während in Röm 15,5 κατὰ Χριστὸν Ἰησοῦν („Christus Jesus gemäß") verwendet wird. Beide Wendungen sind im Neuen Testament singulär. Interessant ist in diesem Zusam-

---

[137] Vgl. dazu auch Kol 1,7 (*καθὼς ἐμάθετε ἀπὸ Ἐπαφρᾶ* ...); Phil 4,9 (*ἃ καὶ ἐμάθετε καὶ παρελάβετε καὶ ἠκούσατε καὶ εἴδετε ἐν ἐμοί* ...); Kol 2,7 (*καθὼς ἐδιδάχθητε*) und Eph 4,21 (εἴ γε αὐτὸν ἠκούσατε *καὶ ἐν αὐτῷ ἐδιδάχθητε, καθώς ἐστιν ἀλήθεια ἐν τῷ Ἰησοῦ* ...); vgl. zudem Röm 16,17 (παρὰ τὴν *διδαχὴν ἣν ὑμεῖς ἐμάθετε*) und 2. Thess 2,15 (στήκετε καὶ κρατεῖτε τὰς παραδόσεις ἃς ἐδιδάχθητε).
[138] Vgl. z. B. Eph 1,20; 2,5.13; 3,1.4.8.11.13.17.19; 4,7.12f.; 5,2.23-25.29; Kol 1,7; 3,1.3f.15f.; 4,3.
[139] Vgl. dazu u. a. Stettler, Interpretation, 185–208.

menhang auch, dass in Röm 15,4 der Begriff διδασκαλία („Belehrung, Lehre") gebraucht wird, wobei der Kontext zeigt, dass die Schriften des Alten Testaments nicht nur „für unsere Belehrung geschrieben" wurden, sondern auch in ihrer christozentrischen Auslegung „Christus Jesus gemäß" sind. Andererseits handelt es sich bei dem, was nach Kol 2,8 nicht „Christus gemäß" ist, um „Belehrungen von Menschen" (διδασκαλίας τῶν ἀνθρώπων; vgl. Kol 2,22).

Wie oben bereits kurz erwähnt wurde, stellt Eph 4,1 (… ἐν κυρίῳ ἀξίως περιπατῆσαι τῆς κλήσεως ἧς ἐκλήθητε) eine Parallele auch zu Kol 1,10a (περιπατῆσαι ἀξίως τοῦ κυρίου)[140] dar, aber gleichzeitig auch zu Kol 3,15 (εἰς ἣν καὶ ἐκλήθητε), wobei der „Herr" zwar wie in Kol 1,10 auch in Eph 4,1 erwähnt wird, aber nicht im direkten Bezug zum „würdigen Wandeln", sondern in Bezug auf Paulus, der als „Gefangner im Herrn" ermahnt. Andererseits erscheint das Adverb ἀξίως („würdig") im Neuen Testament neben Eph 4,1 und Kol 1,10 zwar noch viermal (Röm 16,2; Phil 1,27; 1. Thess 2,12; 3. Joh 6), aber sonst nicht in Verbindung mit dem Verb περιπατέω („wandeln") und der Bezeichnung Jesu als „Herrn" (Letzteres ist in Eph 4,1 auch nur indirekt der Fall). Allerdings sollen die Gläubigen nach 1. Thess 2,12 „des Gottes, der euch berufen hat", würdig wandeln (εἰς τὸ περιπατεῖν ὑμᾶς ἀξίως τοῦ θεοῦ τοῦ καλοῦντος ὑμᾶς), und nach Phil 1,27 sollen die Empfänger des Briefs „des Evangeliums des Christus würdig" wandeln bzw. sich wie „(Himmels-)Bürger" (vgl. Phil 3,20) verhalten (ἀξίως τοῦ εὐαγγελίου τοῦ Χριστοῦ πολιτεύεσθε), während die (indirekte) Verbindung zwischen dem Adverb ἀξίως („würdig") und der Bezeichnung Jesu als „Herrn" ähnlich wie in Eph 4,1 auch in Röm 16,2 vorliegt (προσδέξησθε ἐν κυρίῳ ἀξίως τῶν ἁγίων). Andererseits erscheint das Nomen κλῆσις („Berufung"), das neben Eph 4,1 auch in Eph 1,18 und 4,4 gebraucht wird, zwar noch sechsmal in den Paulusbriefen (Röm 11,29; 1. Kor 1,26; 7,20; Phil 3,14; 2. Thess 1,11; 2. Tim 1,9), aber nicht im Kolosserbrief. Die Wendung ἧς ἐκλήθητε („mit der/dem ihr berufen worden seid") in Eph 4,1 bildet jedoch eine Parallele zu εἰς ἣν καὶ ἐκλήθητε („zu der/dem ihr berufen worden seid") in Kol 3,15.

Weiter stellt die Aussage in Eph 4,6b, dass „der eine Gott und Vater aller" (vgl. Eph 4,6a) „über alle Dinge und durch alle Dinge und in allen Dingen" ist, zumindest in gewisser Hinsicht eine Parallele zu Kol 1,16f. dar (vgl. auch u. a. Röm 11,36; 1. Kor 8,6), während Kol 1,16b im Epheserbrief u. a. in Eph 1,21 eine Parallele findet. Andererseits ist Eph 1,20 („indem er ihn zu seiner Rechten … setzte") eine gewisse Parallele zu Kol 3,1 („setzend zur Rechten Gottes").

Die gezielte Verwendung der christologischen Bezeichnungen „der Christus" und „der Herr" im Epheser- und Kolosserbrief steht ihrerseits u. a. in enger Beziehung zum 1. Korintherbrief. Nach 1. Kor 2,8 ist Jesus der „Herr der Herrlichkeit", den die Fürsten dieser Welt gekreuzigt haben, und nach 1. Kor 8,6 ist

---

[140] In Kol 1,10 erscheint der Zusatz εἰς πᾶσαν ἀρεσκείαν.

Jesus Christus der „eine Herr, durch den das All [entstanden ist] und wir durch ihn". Paulus selbst fügt sich ganz dem Willen des Herrn (vgl. 1. Kor 4,19; 16,7) und ist seinem Gebot bzw. seiner Verordnung gegenüber verpflichtet (vgl. 1. Kor 7,10.25; 14,37). Der „Herr" ist es auch, der Berufungen und „Gnadengaben" austeilt (vgl. 1. Kor 7,17.22; 9,14; 14,5). Ihm gehört die Erde mit ihrer ganzen Fülle (1. Kor 10,26), und er wird in Zukunft das Gericht durchführen (vgl. 1. Kor 4,4.5; vgl. auch 1. Kor 5,5).

Im 1. Korintherbrief fällt u. a. auf, dass besonders im Kontext der ermahnenden Ausführungen über das „Herrenmahl" von „dem Herrn" die Rede ist (vgl. 1. Kor 10,21f.; 11,23.26f.32), und zwar besonders in 1. Kor 11,23ff., weil in diesem Text angesichts des Missbrauchs des Mahls in Korinth die Autorität des „Herrn" Jesus betont wird. Nur in 1. Kor 10,16 ist in diesem Zusammenhang vom „Blut des Christus" und vom „Leib des Christus" die Rede, weil an dieser Stelle der Opfertod Jesu Christi hervorgehoben wird (vgl. auch z. B. 1. Kor 8,11f.; 10,4.9), während in 1. Kor 11,27 vom „Blut des Herrn" gesprochen wird, weil in diesem Zusammenhang die Autorität des „Herrn", dessen Mahl gefeiert wird und dessen Autorität in Korinth in diesem Zusammenhang zu wenig beachtet wurde, betont wird (vgl. auch 1. Kor 11,20.23.27.32). Andererseits wird ebenso bewusst die einfache Bezeichnung als „Christus" (Χριστός) bzw. als „der Christus" (ὁ Χριστός) verwendet (vgl. z. B. 1. Kor 1,13.17.23f.; 4,1.10.15; 5,7; 6,15; 7,22; 8,11f.; 9,21f.; 10,4.16; 11,1.3; 12,12.27; 15,3.12-20.22f.). So erscheint z. B. in 1. Kor 8,11 und 15,3 der Satz Χριστὸς ἀπέθανεν („Christus ist gestorben"), der so auch noch in Röm 5,6.8 und 14,15 sowie in Gal 2,21 erscheint (vgl. auch Röm 8,34), wobei zu beachten ist, dass beim Gebrauch der Aorist-Form ἀπέθανεν („er ist gestorben") in den Paulusbriefen – außer in 1. Thess 4,14 („Jesus ist gestorben und auferstanden"), wo die Auferstehung Jesu im Zentrum steht – immer „Christus" (ohne Artikel) Subjekt ist (vgl. auch Röm 6,9f.; 2. Kor 5,14f.). Dass in 1. Kor 11,27 vom „Blut des Herrn" die Rede ist, ist somit eigentlich ganz unpaulinisch, erklärt sich jedoch aus dem Zusammenhang, was wiederum typisch paulinisch ist.

Der Epheserbrief verwendet eine Reihe weiterer christologischer Ausdrücke, die „typisch" paulinisch sind.[141] So erscheint z. B. der Ausdruck ἐν Χριστῷ Ἰησοῦ („in Christus Jesus") in den Paulusbriefen mindestens 45-mal[142], davon siebenmal im Epheserbrief (Eph 1,1; 2,6.7.13; 3,6.21; vgl. auch Kol 1,4), während er sonst im gesamten Neuen Testament nicht mehr erscheint, es sei denn, dass er in 1. Petr 5,10 ursprünglich ist[143]. Der Ausdruck ἐν τῷ Χριστῷ („in dem Christus") erscheint im Neuen Testament viermal im Epheserbrief (Eph 1,10.12.20; 3,11) und sonst nur noch in 1. Kor 15,22 und 2. Kor 2,14, und ἐν Χριστῷ („in Christus") – ohne „Jesus" – erscheint außer in Eph 1,3 und 4,32 sowie in Kol 1,2 nur noch in weiteren unbestrittenen Paulusbriefen[144] sowie

---

[141] Vgl. auch z. B. Schmid, Epheserbrief, 194ff.
[142] Ob der ganze Ausdruck in 1. Kor 4,17 ursprünglich ist, ist textkritisch nicht sicher.
[143] So mit den Textzeugen 𝔓⁷² A P Ψ 33. 1739 𝔐 latt sy^h** co.
[144] So in Röm 9,1; 12,5; 16,7.9.10; 1. Kor 3,1; 4,10.15; 15,18.19; 2. Kor 2,17; 3,14;

zweimal (bzw. dreimal) im 1. Petrusbrief (1. Petr 3,16; 5,14; vgl. auch 1. Petr 5,10). Der Ausdruck ἐν κυρίῳ („im Herrn"), der im Epheserbrief sechs- bis siebenmal (Eph 2,21; 4,1.17; 5,8; 6,10.21; vgl. auch Eph 6,1) und im Kolosserbrief viermal (Kol 3,18.20; 4,7.17) verwendet wird, erscheint im Neuen Testament 37-mal[145], davon nur einmal (vgl. Offb 14,13) nicht in den Paulusbriefen.[146] Dabei fällt auf, dass der Ausdruck nur im Philipperbrief (0,55 % aller Wörter) und im Philemonbrief (0,59 % aller Wörter) und damit in zwei Briefen, die bei Echtheit aller Gefangenschaftsbriefe etwa gleichzeitig wie der Epheserbrief zu datieren sind, verhältnismäßig häufiger vorkommt als im Epheserbrief (0,29 %; im Kolosserbrief sind es 0,25 %). Viermal erscheint in den Paulusbriefen der Ausdruck ἐν κυρίῳ Ἰησοῦ (Röm 14,14; Phil 2,19; 1. Thess 4,1; 2. Thess 3,12), und in Eph 1,15 wird der Ausdruck ἐν τῷ κυρίῳ Ἰησοῦ („in dem Herrn Jesus") verwendet, der im Neuen Testament sonst nicht erscheint.

Die Wendung ὁ Χριστὸς Ἰησοῦς („der Christus Jesus") erscheint neben Eph 3,11 (vgl. auch Eph 3,1: ὁ δέσμιος τοῦ Χριστοῦ [Ἰησοῦ][147]) und Kol 2,6 noch in Gal 5,24, wo er m. E. ursprünglich ist, und sonst im Neuen Testament nur noch dreimal in der Apostelgeschichte (Apg 5,42; 18,5.28). Der Ausdruck Χριστὸς Ἰησοῦς („Christus Jesus") erscheint in den 13 Paulusbriefen des Neuen Testaments nur im 2. Thessalonicherbrief kein einziges Mal[148], außerhalb der Paulusbriefe aber nur dreimal in der Apostelgeschichte und eventuell in 1. Petr 5,10[149], wobei er in der Apostelgeschichte zweimal mit Artikel (ὁ Χριστὸς Ἰησοῦς) verwendet wird (vgl. Apg 3,20; 5,42; 18,5[150]). Dabei besteht besonders

---

5,17; 5,19; 12,2.19; Gal 1,22; 2,17; Phil 1,13; 2,1; 1. Thess 4,16; Phlm 8.20.

[145] Davon achtmal im Römerbrief (0,11 % aller Wörter), neunmal im 1. Korintherbrief (0,13 % aller Wörter), zweimal im 2. Korintherbrief (0,045 % aller Wörter), einmal im Galaterbrief (0,045 % aller Wörter), neunmal im Philipperbrief (0,55 % aller Wörter), dreimal im 1. Thessalonicherbrief (0,2 % aller Wörter), zweimal im 2. Thessalonicherrief (0,24 % aller Wörter) und zweimal im Philemonbrief (0,59 % aller Wörter).

[146] Der Ausdruck ἐν Ἰησοῦ begegnet im Neuen Testament nur in Offb 1,9.

[147] So in den folgenden Textzeugen: 𝔓⁴⁶ ℵ1 A B (C) D1 Ψ 33. 1739. (ᶠ630. 1881 al) 𝔐 lat sy sa^mss bo; Or. Ἰησοῦ wird in Eph 3,1 von folgenden Textzeugen ausgelassen: ℵ* D* F G (365) pc sa^mss; MVict.

[148] Im Römerbrief 13-mal bzw. 14-mal, im 1. Korintherbrief sieben- bis achtmal, im 2. Korintherbrief einmal, im Galaterbrief sieben- bis achtmal, im Epheserbrief zehnmal bzw. elfmal (vgl. Eph 3,1), im Philipperbrief zwölf- bis 13-mal, im Kolosserbrief viermal, im 1. Thessalonicherbrief zweimal, im 1. und 2. Timotheusbrief je zwölfmal, im Titusbrief einmal und im Philemonbrief dreimal (an folgenden Stellen ist nicht eindeutig, ob Ἰησοῦ in der Wendung auch ursprünglich ist: Röm 8,34; 1. Kor 4,17; Gal 5,24; Phil 3,12).

[149] So mit den Textzeugen 𝔓⁷² A P Ψ 33. 1739 𝔐 latt sy^h** co.

[150] In Apg 18,5 ist τὸν χριστόν als Prädikatsnomen zu verstehen: ... εἶναι τὸν χριστὸν Ἰησοῦν.

beim Gebrauch der Wendung ἐν Χριστῷ Ἰησοῦ[151] eine zum Teil sehr deutliche Parallele zwischen dem Epheserbrief und dem Philipperbrief, während eine solche zum Kolosserbrief kaum besteht.[152] So bildet Phil 4,19f. mit der Doxologie, die „in Christus Jesus" gilt, nicht nur eine Parallele zu Eph 3,21, sondern auch die Verwendung des Verbs πληρόω („erfüllen") und des Ausdrucks κατὰ τὸ πλοῦτος αὐτοῦ („nach seinem Reichtum") erinnert stark an den Epheserbrief (vgl. u. a. Eph 1,7.18.23; 3,16.19; 4,10; vgl. auch z. B. Kol 1,27; 2,2).[153]
Damit wird deutlich, dass die Verwendung der christlologischen Begriffe im Epheser- und Kolosserbrief deutliche Parallelen in anderen Paulusbriefen findet und für Paulus typisch ist. Diese Parallelen können nicht auf Grund einer literarischen Abhängigkeit des Epheserbriefs vom Kolosserbrief erklärt werden, aber auch nicht auf Grund einer literarischen Abhängigkeit der zwei Briefe von den übrigen Paulusbriefen. Sie sprechen vielmehr für die gleiche Handschrift durch den gleichen Verfasser.

3.1.5 Weitere Parallelen und Unterschiede zwischen dem Epheser- und dem Kolosserbrief

Eine zusätzliche Parallele besteht zwischen Eph 4,29 und Kol 4,6, indem die „Rede" (πᾶς λόγος bzw. ὁ λόγος ὑμῶν) in Verbindung mit χάρις („Gnade, Gunst") gebraucht wird, wobei diese „Rede" nach Eph 4,29 den Hörenden „Gnade geben" und nach Kol 4,6 auch „allezeit in Gnade" geschehen soll. Kurz vor der Kolosserstelle hatte der Verfasser dazu ermuntert, für ihn zu beten, dass ihm eine „Tür des Wortes" geöffnet werde, „das Geheimnis des Christus, deswegen ich auch gebunden bin (δι' ὃ καὶ δέδεμαι), zu reden, damit ich es offenbare, wie ich reden soll (ὡς δεῖ με λαλῆσαι)". Dabei erscheint mit der Wendung ὡς δεῖ με λαλῆσαι („wie ich reden soll") ein Satz, der wörtlich so auch in Eph 6,20, also am Schluss des Briefs, „wiederholt wird". Auch dabei bittet Paulus die Empfänger um Fürbitte „für alle Heiligen und auch für mich, damit mir ein/das Wort (λόγος) gegeben werde, meinen Mund zu öffnen, in Freimütigkeit des Geheimnisses des Evangeliums, für das ich in Ketten (ἐν ἁλύ-σει) Gesandter [Christi] bin, kundzutun, damit ich in ihm freimütig bin/rede, wie ich reden soll (ὡς δεῖ με λαλῆσαι)" (Eph 6,18b-20).
Die Wendung „eine Tür öffnen" erscheint in Bezug auf die Verkündigung des Evangeliums auch in 1. Kor 16,9 und 2. Kor 2,12. Nach Percy ist in Kol 4,3

---

[151] Vgl. dazu u. a. Eph 1,1; 2,6.7.10.13; 3,6.21; Phil 1,1.26; 2,5; 3,3; 3,14; 4,7.19.21; Kol 1,4.
[152] Die Wendung ἐν Χριστῷ Ἰησοῦ erscheint nur einmal im Kolosserbrief, nämlich in Kol 1,4. In der Parallele dazu in Eph 1,15 findet sich die Wendung ἐν τῷ κυρίῳ Ἰησοῦ, während in der Parallele in Phlm 5 πρὸς τὸν κύριον Ἰησοῦν verwendet wird.
[153] Bereits Phil 4,18 zeigt deutliche Parallelen zum Epheserbrief (vgl. Eph 5,2.10).

„eine Tür zu den Menschenherzen" gemeint, „die geöffnet werden soll, in Eph 6,19 dagegen der Mund des Apostels".[154]

> „Dies legt die Vermutung nahe, dass der Verfasser des Eph den Ausdruck θύραν τοῦ λόγου in Kol 4,3 als Metapher für den Mund des Apostels verstanden habe. Indessen mutet es wenig wahrscheinlich an, dass ein Jünger des Apostels, wie es der Verfasser des Eph offenbar sein muss, wenn er nicht mit dem Apostel selbst identisch ist, das offenbar dem Apostel geläufige Bild von der geöffeneten Tür auf diese wenig natürliche Weise missverstanden haben sollte. Hinzu kommt, dass es viel wahrscheinlicher anmutet, dass der Apostel selbst so wie in Eph 6,19 f. geschrieben habe, als jemand anders, der Kol 4,3 f. vor sich hatte, ihm die Bitte um Freimut in Eph 6,19 f. in den Mund gelegt habe."[155]

Mit dieser Einschätzung liegt Pery m. E. völlig richtig.
Weiter wird sowohl im Epheserbrief als auch im Kolosserbrief direkt im Anschluss die Entsendung des Tychikus erwähnt (vgl. Eph 6,20f.; Kol 4,7f.) – wobei die Texte zum großen Teil wörtlich identisch sind und auch deutliche Parallelen zu den „echten" Paulusbriefen aufzeigen[156] –, abgesehen davon, dass mit Kol 4,6 zwischen Kol 4,3f. und 4,7f. ein Text vorhanden ist, der seine Parallele in Eph 4,29 findet. Es kann sich dabei insgesamt kaum um eine literarische Abhängigkeit handeln. So fällt z. B. auf, dass in Bezug auf die Gefangenschaft des Paulus in Kol 4,3 die Perfektform von δέω („binden") gebraucht wird, wie das sonst nie in den Paulusbriefen der Fall ist, während in Eph 6,20 diesbezüglich von einer „Kette" (ἅλυσίς) die Rede ist, wie das nur noch in 2. Tim 1,16 der Fall ist. Die Gefangenschaft des Paulus wird im Kolosserbrief zudem nur an dieser Stelle (Kol 4,3) und in Kol 4,18 (also ganz am Schluss des Briefs) direkt erwähnt, während sie andererseits in Eph 3,1 und 4,1 thematisiert wird. Dabei wird in Eph 3,1 und 4,1 der Begriff δέσμιος („Gebundener") verwendet, der mit dem Verb δέω („bilden"), das in Kol 4,3 gebraucht wird, verwandt ist und auch in 2. Tim 1,8 sowie in Phlm 1.9 verwendet wird. In Kol 4,18 erscheint das ebenfalls mit δέω verwandte Nomen δεσμός („Bindung, Gefangenschaft"), das sonst in den Paulusbriefen viermal im Philipperbrief (Phil 1,7.13.14.17) und je einmal im 2. Timotheusbrief (2. Tim 2,9) und im Philemonbrief (Phlm 13) verwendet wird. In diesem Zusammenhang ist auch zu erwähnen, dass mit der Selbstbezeichnung ἐγὼ Παῦλος („ich, Paulus") in Eph 3,1, die auch in Kol 1,23 er-

---

[154] Percy, Probleme, 394.
[155] Ebd.
[156] Vgl. dazu auch Frank, Kolosserbrief, 64. Vgl. z. B. ὁ ἀγαπητὸς ἀδελφὸς καὶ πιστὸς διάκονος ἐν κυρίῳ (Eph 6,21) bzw. ὁ ἀγαπητὸς ἀδελφὸς καὶ πιστὸς διάκονος καὶ σύνδουλος ἐν κυρίῳ (Kol 4,7) mit Τιμόθεον, ὅς ἐστίν μου τέκνον ἀγαπητὸν καὶ πιστὸν ἐν κυρίῳ in 1. Kor 4,17 und ὃν ἔπεμψα πρὸς ὑμᾶς εἰς αὐτὸ τοῦτο, ἵνα γνῶτε τὰ περὶ ἡμῶν (Eph 6,22; Kol 4,8) mit Phil 2,19 (Ἐλπίζω δὲ ἐν κυρίῳ Ἰησοῦ Τιμόθεον ταχέως πέμψαι ὑμῖν, ἵνα κἀγὼ εὐψυχῶ γνοὺς τὰ περὶ ὑμῶν) und 1. Thess 3,5 (... ἔπεμψα εἰς τὸ γνῶναι τὴν πίστιν ὑμῶν ...).

scheint, ein Ausdruck erscheint, der einige Male in den „echten" Paulusbriefen verwendet wird (vgl. 2. Kor 10,1; Gal 5,2; 1. Thess 2,18; Phlm 19).[157]
In den „Haustafeln" in Eph 5,22–6,6 und Kol 3,18–4,1 begegnen weitere Parallelen, die zum Teil sogar stark auffallen, während es gleichzeitig auch deutliche Unterschiede gibt. Die Wendung ἐκ ψυχῆς („aus der Seele") erscheint im Neuen Testament nur in Eph 6,6 und Kol 3,23 (mit Bezug auf die Sklaven). Ebenso ist das Nomen ὀφθαλμοδουλία („Augendienst") im Neuen Testament nur in Eph 6,6 und Kol 3,22 gebraucht, wo jeweils μὴ κατ' ὀφθαλμοδουλίαν/ἐν ὀφθαλμοδουλίᾳ ὡς ἀνθρωπάρεσκοι („nicht nach/mit Augendienst als Menschengefällige") erscheint, wobei mit ἀνθρωπάρεσκος („menschengefällig") ein weiterer Begriff verwendet wird, der im Neuen Testament nur an diesen Stellen erscheint.
Während der Kolosserbrief in Bezug auf die Ausführungen über das Verhältnis von Mann und Frau den deutlich kürzeren Text aufweist, fällt auf, dass der Bezug auf die Sklaven in diesem Schreiben keineswegs kürzer ausfällt (vgl. Kol 3,22-25 mit Eph 6,5-8). Das liegt wohl daran, dass das Thema mit dem Sklaven Onesimus bei den Empfängern sehr aktuell war. Dabei fallen auch sprachliche Parallelen zwischen dem Kolosserbrief und dem Philemonbrief auf, wie ein Vergleich zwischen Kol 3,22f. (τοῖς κατὰ σάρκα κυρίοις ... ὡς τῷ κυρίῳ) und Phlm 16 (ἐν σαρκὶ καὶ ἐν κυρίῳ) sowie Kol 3,25 (ὃ ἠδίκησεν) und Phlm 18 (εἰ δέ τι ἠδίκησέν σε) zeigt.[158] Auch diese Beobachtungen sprechen ihrerseits deutlich für die Authentizität des Kolosserbriefs.
Der ausführliche Bezug auf die Beziehung zwischen Mann und Frau in Eph 5,22ff. stellt einen weiteren Unterschied dar, da er in Kol 3,18f. recht kurz ausfällt. Dabei ist der ausführliche Text von Eph 5,22-32 wohl kaum in literarischer Abhängigkeit von Kol 3,18f. entstanden. Ebenso fällt auf, dass die Ausführung der Verantwortung der Kinder den Eltern gegenüber in Eph 6,1-4 wesentlich ausführlicher ausfällt als in Kol 3,20, während die Erwähnung der Verantwortung der Väter in Kol 3,21 im Epheserbrief keine Parallele findet.
Zum Teil deutliche Parallelen bestehen auch zwischen Eph 4,17-32 und Kol 3,5-10 in der Feststellung, dass die jeweiligen Empfänger den „alten Menschen"

---

[157] Vgl. dazu auch Frank, Kolosserbrief, 90. Nach Frank ist die „singuläre Zuweisung" der Prädikation διάκονος an Paulus „ein Spezifikum des Kolosserbriefs, dass möglicherweise durch die paulinische Selbstaussage in 2 Kor 11,23 angeregt sein könnte, die in ihrer Leidens- und Gefangenschaftsmotivik sowohl der fiktiven Situierung des Kol als auch der anschließenden Leidensthematik des Folgeverses (V24) entspricht" (ebd., 90f.). Paulus beschreibt sich und seine Mitarbeiter bereits in 2. Kor 3,5f. und 6,4 als διάκονοι des Neuen Bundes bzw. Gottes (vgl. auch z. B. 1. Kor 4,1: ὡς ὑπηρέτας Χριστοῦ καὶ οἰκονόμους μυστηρίων θεοῦ). Ansonsten bezeichnet sich Paulus (und seine Mitarbeiter) auch als „Knecht(e)/Sklave(n) Christi (Jesu)" (vgl. z. B. Röm 1,1; Gal 1,10; Phil 1,1; vgl. auch 2. Kor 4,5).

[158] Vgl. dazu auch Frank, Kolosserhymnus, 324.

entweder „abgelegt" (Eph 4,22: ἀποθέσθαι ὑμᾶς) oder „ausgezogen" (Kol 3,9: ἀπεκδυσάμενοι) und den „neuen Menschen angezogen" haben (Eph 4,24: ἐνδύσασθαι; Kol 3,10: ἐνδυσάμενοι) und deshalb u. a. einander nicht länger belügen (Kol 3,9: μὴ ψεύδεσθε εἰς ἀλλήλους) bzw. die Lüge ablegen sollen (Eph 4,25: διὸ ἀποθέμενοι τὸ ψεῦδος).[159] Dabei fällt u. a. auf, dass das Kompositum ἀποτίθημι („ablegen"), das in Eph 4,22.25 und Kol 3,8 gebraucht wird, in den Paulusbriefen nur noch in Röm 13,12 erscheint, während ἐνδύω („anziehen"), das neben Kol 3,10.12 und Eph 4,24 auch in Eph 6,11.14 erscheint, sechsmal in den Paulusbriefen verwendet wird (Röm 13,12.14; 1. Kor 15,53.54; Gal 3,27; 1. Thess 5,8). Das Kompositum ἀπεκδύομαι („ausziehen") wird dagegen neben Kol 3,9 im gesamten Neuen Testament nur noch in Kol 2,15 verwendet (vgl. auch Kol 2,11, wo das neutestamentliche Hapaxlegomenon ἀπέκδυσις erscheint). Nach Eph 4,24 ist der „neue Mensch" „nach Gott geschaffen" (τὸν κατὰ θεὸν κτισθέντα; vgl. auch Eph 2,10.15), der nach Eph 3,9 „alles" bzw. „das All" geschaffen hat, während der „neue Mensch" nach Kol 3,10 erneuert wird „zur Erkenntnis nach dem Bild dessen, der ihn geschaffen hat" (εἰς ἐπίγνωσιν κατ' εἰκόνα τοῦ κτίσαντος αὐτόν), wobei es sich nach Kol 1,15f. um Jesus Christus, der das „Bild Gottes" ist, handelt. Diese Vergleiche und auch die zum Teil unterschiedliche Reihenfolge der Aussagen in den zwei Texten lassen erkennen, dass die Parallelen kaum auf literarische Abhängigkeit zurückzuführen sind.

3.1.6 Das Verhältnis des Epheser- und des Kolosserbriefs zum Philipper- und zum Philemonbrief

3.1.6.1 Die Einleitungen der Gefangenschaftsbriefe im Vergleich

In der „Danksagung" in den Briefeingängen des Epheser- und des Kolosserbriefs (vgl. Eph 1,15ff.; Kol 1,3ff.) wird auf den Glauben und die Liebe der Empfänger Bezug genommen, wie das in 1. Thess 1,3; 2. Thess 1,3 und Phlm 5 geschieht. In Eph 1,15 und Kol 1,5 wird zudem auf die „Hoffnung" referenziert, und auch diese „Dreiheit" ist für Paulus „typisch" (vgl. Röm 5,1.5; 1. Kor 13,13; Gal 5,f.; 1. Thess 1,3).[160] Aber vom „Hören" des Verfassers in diesem Zusammenhang ist neben Eph 1,15 und Kol 1,4 in den Paulusbriefen nur noch

---

[159] Vgl. dazu auch Bormann, Kolosser, 7: „Damit steht dann aber auch die Frage im Raum, was von einem Autor zu halten ist, der ein Schreiben des Paulus fälscht, dieses dann ohne klärendes Wort an Brüder und Schwestern der Gemeinden weitergibt, und im gleichen Schreiben unmissverständlich die Forderung aufstellt (Kol 3,9): ‚Belügt einander nicht!'." Gleiches gilt in Bezug auf den Epheserbrief, dessen Verfasser nicht nur dazu auffordert, die Lüge abzulegen, sondern auch die Wahrheit zu reden „ein jeder Einzelne mit seinem Nächsten, denn wir sind einander Glieder" (Eph 4,25).

[160] Vgl. dazu auch van Roon, Authenticity, 162.

in Phlm 5 die Rede. Auffallend ist dabei, dass mit εἰς πάντας τοὺς ἁγίους in Phlm 5 eine Wendung erscheint, die sonst im Neuen Testament nur noch in Eph 1,15 und Kol 1,4 vorkommt. Der Relativsatz in Phlm 5, der mit ἣν ἔχεις ... („die/den du hast ...") beginnt, erinnert dabei an den Relativsatz in Kol 1,4, der mit ἣν ἔχετε ... beginnt, während der Verfasser in Eph 1,15 „anstelle" der Relativpronomina mit dem Artikel τὴν fortfährt und das Verb ἔχετε weglässt. Dazu der folgende Vergleich:

- Διὰ τοῦτο κἀγὼ *ἀκούσας τὴν καθ᾽ ὑμᾶς πίστιν ἐν τῷ κυρίῳ Ἰησοῦ καὶ τὴν ἀγάπην* **τὴν** *εἰς πάντας τοὺς ἁγίους* ... (Eph 1,15).
- ... *ἀκούσαντες τὴν πίστιν ὑμῶν ἐν Χριστῷ Ἰησοῦ καὶ τὴν ἀγάπην* **ἣν ἔχετε** *εἰς πάντας τοὺς ἁγίους* ... (Kol 1,4).
- ... *ἀκούων σου τὴν ἀγάπην καὶ τὴν πίστιν,* **ἣν ἔχεις** *πρὸς τὸν κύριον Ἰησοῦν καὶ εἰς πάντας τοὺς ἁγίους* ... (Phlm 4).

Phlm 5 fügt mit πρὸς τὸν κύριον Ἰησοῦν καί ... (mit Bezug auf den „Glauben") eine Wendung ein, deren Inhalt in Kol 1,4 vorher mit „an Christus Jesus" (ἐν Χριστῷ Ἰησοῦ) beschrieben wurde. Dabei bezieht sich das Relativpronomen ἥν in Phlm 5 zwar in erster Linie auf den „Glauben", aber in zweiter Linie wohl auch auf die „Liebe" – es sei denn, dass man davon ausgeht, dass in Phlm 5 der „Glaube", den Philemon „zu allen Heiligen" hat, gemeint sei[161], was aus syntaktischen Gründen eigentlich richtig wäre, jedoch inhaltlich kaum wahrscheinlich ist. Aus syntaktischen Gründen wäre Phlm 4 demnach so zu verstehen, dass der Verfasser auf den Glauben Bezug nimmt, „den du zum Herrn Jesus und zu allen Heiligen hast". Inhaltlich bezieht sich „zum Herrn Jesus" offensichtlich auf den „Glauben", die Ergänzung „und zu allein Heiligen" nimmt jedoch wahrscheinlich auf die Liebe Bezug, wie das in Kol 1,4 und ähnlich auch in Eph 1,15 der Fall ist. Die Formulierung in Phlm 5 setzt somit möglicherweise Kol 1,4 voraus, da nur so die Syntax verständlich erklärt werden kann. Andererseits wird mit dem Glauben „an den Herrn Jesus" (πρὸς τὸν κύριον Ἰησοῦν) in Phlm 5 eine Wendung gebraucht, die nicht in Kol 1,4 (τὴν πίστιν ὑμῶν ἐν Χριστῷ Ἰησοῦ), sondern in Eph 1,15 (τὴν καθ᾽ ὑμᾶς πίστιν ἐν τῷ κυρίῳ Ἰησοῦ) eine Parallele findet, da in Phlm 5 nicht wie in Kol 1,4 von „Christus Jesus"[162], sondern wie in Eph 1,15 vom „Herrn Jesus" die Rede ist.[163]

---

[161] So z. B. die Elberfelder-Übersetzung.

[162] In Kol 3,24 erscheint dagegen der einzigartige Ausdruck τῷ κυρίῳ Χριστῷ, der im Neuen Testament nur an dieser Stelle gebraucht wird. An dieser Stelle scheint er Eph 6,5 (ὡς τῷ Χριστῷ) und 6,7 (ὡς τῷ κυρίῳ) zusammenzufassen (vgl. auch Kol 3,23: ὡς τῷ κυρίῳ). Vgl. jedoch Kol 3,24 (τῷ κυρίῳ Χριστῷ δουλεύετε) mit Röm 12,11 (τῷ κυρίῳ δουλεύοντες).

[163] Die Wendung „der Herr Jesus" erscheint im Epheserbrief nur in Eph 1,15 und im Kolosserbrief an keiner einzigen Stelle. Im Philemonbrief findet er sich neben Phil 5 auch im Schlussgruß (Phlm 25: „Die Gnade des Herrn Jesus Christus [sei] mit eurem

Damit scheint sich Phlm 5 sowohl an Eph 1,15 und an Kol 1,4 anzulehnen. Ich glaube nicht, dass diese Verhältnisse erklärt werden können, wenn man davon ausgeht, dass der Philemonbrief dem Verfasser des Kolosserbriefs als „Prätext" gedient hat oder dass der Epheserbrief seinerseits den Kolosserbrief als „Vorlage" verwendet hat.[164]

In diesem Zusammenhang ist ebenfalls zu beachten, dass auch in Phil 1,1 bereits in der Briefeinleitung „alle Heiligen" (πᾶσιν τοῖς ἁγίοις) angesprochen werden. Der Ausdruck „alle Heiligen" wird damit in allen Einleitungen der vier paulinischen Gefangenschaftbriefe verwendet und erscheint anstonsten in den Paulusbriefen nur noch in Eph 3,18 und 6,18 sowie in Phil 4,22 und 1. Thess 3,13 (sonst im Neuen Testament nur noch Hebr 13,24). Gemäß Eph 3,18 betet der Verfasser dafür (vgl. Eph 3,14ff.), dass die Empfänger „mit allen Heiligen" erfassen mögen, „was die Breite und Länge und Höhe und Tiefe" (des Heils bzw. der Fülle Gottes) ist. Der Ausdruck πάντες οἱ ἅγιοι („alle Heiligen"), der so im Epheserbrief dreimal erscheint (Eph 1,15; 3,18; 6,18; vgl. auch Eph 1,18: ἐν τοῖς ἁγίοις), sonst aber außer im Philipperbrief (vgl. Phil 1,1; 4,22) nur jeweils einmal in einem neutestamentlichen Schreiben vorkommt[165], betont somit in diesem Kontext die Einheit zwischen Juden- und Heidenchristen (vgl. Eph 2,11ff.; 3,5ff.)[166], was auch – wie ein Vergleich zwischen dem Epheser- und dem Kolosserbrief zeigt – im Kontext des Kolosserbriefs der Fall ist (vgl. auch Kol 1,12.26f.). Diese Verwendung scheint sich auch auf die Formulierung des Briefeingangs beim Philipper- und beim Philemonbrief ausgewirkt zu haben.

Geist"), der wörtlich mit Phil 4,13 und Gal 6,18 übereinstimmt, wobei besonders auffällt, dass der Verfasser dabei nicht Philemon allein, sondern wie in Phil 4,13 „euch" anspricht.

[164] Frank nimmt in ihrer intertexuellen Untersuchung zu Kol 1,4 nicht nur keinen Bezug auf Eph 1,15, sondern übersieht offensichtlich den kleinen, jedoch nicht unbedeutenden Unterschied zwischen Kol 1,4 und Phlm 5, indem sie in Bezug auf Kol 1,4 bemerkt: „Diese Charakterisierung entspricht in ihren Einzelelementen exakt der – innerhalb des Neuen Testaments ansonsten singulären – Formulierung in Phlm 5, mit lediglich leichten Abweichungen in der Reihenfolge der einzelnen Elemente, sowie Tempus und Numerus der Pronominalformen ..." (Frank, Kolosserbrief, 45). Sie ergänzt später: „Angesicht der nahezu exakten Übereinstimmung mit der – zudem im Neuen Testament singulären – Formulierung von Phlm 5 ist anzunehmen, dass der Philemonbrief bei der Abfassung des Kol tatsächlich schriftlich vorgelegen haben muss" (ebd., 47).

[165] In 2. Kor 1,1 und 13,12 erscheint (wie auch in Offb 8,3) die Wendung οἱ ἅγιοι πάντες, und nach 2. Kor 1,1 gilt der Brief „der Gemeinde Gottes, die in Korinth ist, mitsamt allen Heiligen (σὺν τοῖς ἁγίοις πᾶσιν), die in ganz Achaia sind". Das erinnert an Phil 1,1 (πᾶσιν τοῖς ἁγίοις ...). Andererseits erinnert die Wendung in 2. Kor 1,1 (σὺν τοῖς ἁγίοις πᾶσιν) an Eph 3,18 (σὺν πᾶσιν τοῖς ἁγίοις).

[166] Darauf wurde oben bereits hingewiesen.

Eine weitere Parallele der Einleitung im Philipperbrief zur Einleitung des Epheserbriefs einerseits und des Kolosserbriefs andererseits wird auch in Phil 1,11 deutlich. Die Aussage in Phil 1,11a, wonach Paulus für die Gläubigen betet (vgl. Phil 1,9), dass sie „mit aller Frucht der Gerechtigkeit erfüllt" werden (πεπληρωμένοι καρπὸν δικαιοσύνης), stellt eine Parallele zu Kol 1,6.10 (... καρποφορούμενον καὶ αὐξανόμενον ... καρποφοροῦντες καὶ αὐξανόμενοι ...) dar, wo jeweils vom „Fruchtbringen" die Rede ist, und zwar jedes Mal im Zusammenhang mit der „Erkenntnis" der Empfänger (vgl. Phil 1,9; Kol 1,6.10).[167] Andererseits handelt es sich bei εἰς δόξαν καὶ ἔπαινον θεοῦ in Phil 1,11b (vgl. auch Phil 4,19!) um eine deutliche Variante zu Eph 1,6.12.14 (εἰς ἔπαινον δόξης [τῆς χάριτος] αὐτοῦ).[168] Und der Ausdruck μετὰ χαρᾶς in Kol 1,11, der wahrscheinlich zum vorangehenden Satz gehört und diesen abschließt (εἰς πᾶσαν ὑπομονὴν καὶ μακροθυμίαν μετὰ χαρᾶς)[169] und somit eine für Paulus typische Stilart darstellt – da das Anhängen von Präpositionalkonstruktionen am Schluss eines Satzes für Paulus typisch ist[170] –, steht offenbar parallel zum selben Ausdruck in Phil 1,4.[171] Die Wendung erscheint in den Paulusbriefen nur noch in 1. Thess 1,6 (vgl. Phil 2,29: μετὰ πάσης χαρᾶς).

3.1.6.2 Der Schluss des Epheser- und des Kolosserbriefs

Eine auffallende Parallele, aber auch ebenso auffallende Unterschiede gibt es im jeweiligen Abschluss der Briefe an die Epheser und Kolosser (Eph 6,21-24; Kol 4,7-18). Die Parallele besteht vor allem darin, dass sowohl in Eph 6,21f.[172] als

---

[167] Das Kompositum καρποφορέω erscheint in den Paulusbriefen neben Kol 1,6 und 10 nur noch in Röm 7,4.5; vgl. auch Röm 1,13; 6,21f.; 15,28; Gal 5,22; Eph 5,9; Phil 1,22; 4,17; 2. Tim 2,6.

[168] Da ist zu beachten, dass das Nomen ἔπαινος in den Paulusbriefen zwar auch außerhalb des Epheserbriefs (hier nur in Eph 1,6.12.14) und des Philipperbriefs (in Phil 1,11 und 4,8) erscheint (in Röm 2,29; 13,3; 1. Kor 4,5; 2. Kor 8,18), dabei aber immer auf Menschen und nie auf Gott bezogen wird.

[169] Eine Parallele dazu gibt es z. B. in 1. Tim 2,15 (ἐν πίστει καὶ ἀγάπῃ καὶ ἁγιασμῷ μετὰ σωφροσύνης), in Phil 4,6 (ἐν παντὶ τῇ προσευχῇ καὶ τῇ δεήσει μετὰ εὐχαριστίας) und auch in Eph 6,23 (καὶ ἀγάπη μετὰ πίστεως).

[170] Vgl. dazu weiter unten.

[171] Dabei steht die Präpositionalkonstruktion allerdings in Phil 1,4 nicht am Ende, sondern am Anfang des Satzes, was kein typisches Stilmittel für Paulus darstellt, es sei denn, man verschiebt das Komma des Nestle-Aland-Textes an dieser Stelle nach hinten, liest also πάντοτε ἐν πάσῃ δεήσει μου ὑπὲρ πάντων ὑμῶν μετὰ χαρᾶς, τὴν δέησιν ποιούμενος ... statt πάντοτε ἐν πάσῃ δεήσει μου ὑπὲρ πάντων ὑμῶν, μετὰ χαρᾶς τὴν δέησιν ποιούμενος ...

[172] Griechischer Text: Ἵνα δὲ εἰδῆτε καὶ ὑμεῖς τὰ κατ' ἐμέ, τί πράσσω, πάντα γνωρίσει ὑμῖν Τύχικος ὁ ἀγαπητὸς ἀδελφὸς καὶ πιστὸς διάκονος ἐν κυρίῳ, ὃν

auch in Kol 4,7f.[173] betont wird, dass „Tychikus, der geliebte Bruder und treue Diener im Herrn", der in Kol 4,7 zudem als „Mitsklave" (σύνδουλος) bezeichnet wird[174], vom Verfasser „zu euch" gesandt wurde, „damit ihr die Dinge um mich kennt und eure Herzen ermutigt werden". Die zwei Texte unterscheiden sich nur durch zwei kleine Zusätze in Eph 6,21 (ἵνα δὲ εἰδῆτε καὶ ὑμεῖς ... τί πράσσω) und einen kleinen Zusatz in Kol 4,7 (καὶ σύνδουλος). Eine weitere Ergänzung findet sich allerdings in Kol 4,9, wonach Tychikus „mit Onesimus, dem treuen und geliebten Bruder, der von euch ist", gesandt wurde.

Tychikus wird auch in Apg 20,4 sowie in 2. Tim 4,12 und Tit 3,12 als Mitarbeiter des Paulus erwähnt.[175] Nach Apg 20,4 stammte er wie Trophimus aus der römischen Provinz Asia, und nach 2. Tim 4,12 hat Paulus ihn (später) nach Ephesus, der Hauptstadt der Provinz Asia, gesandt. Es ist anzunehmen, dass Tychikus wie Trophimus aus Ephesus stammte (vgl. Apg 21,29: „Trophimus, den Epheser"). Die Parallele zwischen Eph 6,21f. und Kol 4,7f. könnte am ehesten auf eine literarische Abhängigkeit zwischen den zwei Briefen hinweisen. Sie erklärt sich jedoch bei Annahme der Echtheit der zwei Briefe dadurch, dass Paulus den Kolosserbrief aus der Gefangenschaft (wohl aus Rom) mit Tychikus, der den aus Kolossä entlaufenden Sklaven Onesimus begleitete, nach Kolossä schickte und dass Tychikus dabei auch für die Gläubigen in seiner Heimatstadt Ephesus, an der Tychikus auf dem Weg nach Kolossä vorbeireisen musste, ein Schreiben mitsandte. Dieses Schreiben war (wie gewissermaßen auch der Kolosserbrief) möglicherweise gleichzeitig auch an die Gläubigen aus Laodizea (und Hierapolis?) gerichtet, und es sollte zudem auch in Kolossä gelesen werden (vgl. Kol 4,16). So würde sich nicht nur die Erwähnung des Onesimus in Kol 4,9 (vgl. dazu auch Phlm 10.12) erklären, sondern auch z. B. die Erwähnung der Namen, die sowohl im Kolosserbrief als auch im Philemonbrief erscheinen – wie Archippus (vgl. Kol 4,17; Phlm 2), Epaphras (vgl. Kol 1,7; 4,12; Phlm 23), Markus (vgl. Kol 4,10; Phlm 24), Aristarch (vgl. Kol 4,10; Phlm 24), Demas (vgl. Kol 4,14; Phlm 24) und Lukas (vgl. Kol 4,14; Phlm 24). Sollte der Kolosserbrief seinerseits literarisch vom Philemonbrief abhängig

---

ἔπεμψα πρὸς ὑμᾶς εἰς αὐτὸ τοῦτο, ἵνα γνῶτε τὰ περὶ ἡμῶν καὶ παρακαλέσῃ τὰς καρδίας ὑμῶν.

[173] Griechischer Text: Τὰ κατ' ἐμὲ πάντα γνωρίσει ὑμῖν Τύχικος ὁ ἀγαπητὸς ἀδελφὸς καὶ πιστὸς διάκονος καὶ σύνδουλος ἐν κυρίῳ, ὃν ἔπεμψα πρὸς ὑμᾶς εἰς αὐτὸ τοῦτο, ἵνα γνῶτε τὰ περὶ ἡμῶν καὶ παρακαλέσῃ τὰς καρδίας ὑμῶν.

[174] Der Begriff erscheint in den Paulusbriefen nur noch in Kol 1,7 mit Bezug auf Epaphras.

[175] Nach Frank lässt die „breite Streuung der Belege es als möglich erscheinen, dass die Nichterwähnung von Tychikus als Paulusmitarbeiter innerhalb der authentischen Paulinen auf Zufall bzw. dem Verlust entsprechender Belege beruht" (Frank, Kolosserbrief, 83). Allerdings stellt sich die Frage, warum ein Fälscher überhaupt diesen Namen, der in den „echten" Paulusbriefen nicht erscheint, verwenden sollte.

sein, so wäre auch nicht zu erklären, warum in Phlm 23 Epaphras als „mein Mitgefangener" (ὁ συναιχμάλωτός μου) bezeichnet wird, während in Kol 4,10a Aristarch so bezeichnet wird (vgl. dazu auch Röm 16,7).[176] Andererseits heißt es in Kol 4,10b in Bezug auf Markus: ἐὰν ἔλθῃ πρὸς ὑμᾶς, δέξασθε αὐτόν („wenn er kommt, nehmt ihn auf"), womit ein Satz erscheint, der nicht im Philemonbrief, aber sonst in den Paulusbriefen Parallelen aufzeigt (vgl. z. B. 1. Kor 16,10 [ἐὰν δὲ ἔλθῃ Τιμόθεος] und 2. Kor 7,15 [καὶ ἡ καύχησις ἡμῶν ἡ ἐπὶ Τίτου ἀλήθεια ἐγενήθη ... ἐδέξασθε αὐτόν].[177]

Nach Frank ist die „Sendungsintention, die Herzen der Adressaten zu trösten", wie sie in Kol 4,8 erscheint,

> „in dieser Form hingegen ohne Parallele innerhalb der Protopaulinen. Vielmehr wird hier [in Kol 4,8] erneut eine Eigenformulierung des Verfassers aus der Passage apostolischer Selbstcharakterisierung anaphorisch wiederaufgenommen (Kol 2,2 ...), die im dortigen Zusammenhang dem Apostel zugeschrieben wurde und hier nun auf einen apostolsichen Mitarbeiter übertragen wird".[178]

Allerdings erscheint in 2. Thess 2,16-17 der Wunsch, dass „er selbst, unser Herr Jesus Christus und Gott, unser Vater ..., eure Herzen ermutigt und befestigt" (παρακαλέσαι ὑμῶν τὰς καρδίας καὶ στηρίξαι), wobei parallel dazu in 1. Thess 3,11-13 u. a. der Wunsch ausgesprochen wird, dass „der Herr" die Liebe untereinander mehren möge, „um eure Herzen zu befestigen untadelig in Heiligkeit vor Gott, unseren Vater ...".[179] Und nach 1. Thess 3,2 hat Paulus Timotheus, „unseren Bruder und Mitarbeiter Gottes (συνεργὸν τοῦ θεοῦ) im Evangelium des Christus", vorher gesandt, „um euch zu festigen und in Bezug auf euren Glauben zu ermuntern", was Paulus nach Röm 1,11 in Rom selbst tun will.

In Bezug auf die Bezeichnung des Tychikus in Kol 4,8 (= Eph 6,23) als „der geliebte Bruder" (ὁ ἀγαπητὸς ἀδελφός) bemerkt Frank,

> „dass der Autor des Kolosserbriefes jene Charakterisierung des Onesimus als geliebter Bruder [ἀδελφὸν ἀγαπητόν] in Phlm 16 aufgreift und – neben Onesimus selbst –

---

[176] Dazu bemerkt Jülicher, dass sich die Freunde des Paulus vermutlich in der „Mitgefangenschaft" abgelöst hätten, „so daß die verschiedene Zuteilung dieses Titels in Kol 4 10 und Phm 23 nicht auffällt" (Jülicher, Einleitung, 128; vgl. auch Schmid, Zeit und Ort, 98: „Der Ausdruck ist vielmehr auch befriedigend erklärt, wenn Aristarch freiwillig bei dem gefangenen Apostel blieb ... Bei der ungefähr gleichzeitigen Entstehung des Kol und Phm kann dieser Tatbestand nur durch die Annahme verständlich gemacht werden, daß diese beiden Gefährten des Apostels freiwillig abwechsenlnd die Gefangenschaft ihres Meisters teilten"). Für Frank handelt es sich um eine „auffällige Verschiebung der Prädikation als Mitgefangener ... von Epaphras (Plhm 23) zu Aristarch (Kol 4,10)" (Frank, Kolosserbrief, 69; vgl. ebd., 49).

[177] Vgl. dazu auch Frank, Kolosserbrief, 69.

[178] Frank, Kolosserbrief, 64.

[179] Vgl. auch z. B. 2. Thess 3,3: Πιστὸς δέ ἐστιν ὁ κύριος, ὃς στηρίξει ὑμᾶς καὶ φυλάξει ἀπὸ τοῦ πονηροῦ.

auch auf Tychikus überträgt, wodurch die Singularität dieser Prädikation, die bei Paulus alleine Onesimus zukommt, aufgehoben ist und zu einer austauschbaren Mitarbeiterprädikation transformiert wird".[180]

Es handelt sich jedoch bei den Begriffen „Geliebter" und „Bruder" in Bezug auf christliche Mitarbeiter nicht um einen unpaulinischen Gebrauch (vgl. z. B. Röm 16,5.8f.; 2. Kor 2. Kor 2,13; 8,18.22; 9.3.5; 11,9; 12,18). Im Kolosserbrief werden zudem Timotheus als „der Bruder" (vgl. Kol 1,2) und Epaphras als „der Geliebte" (vgl. Kol 1,7) erwähnt. Epaphras wird außerdem wie Tychikus als „Mitknecht" (σύνδουλος) bezeichnet (vgl. Kol 1,7; 4,7), während Epaphras in Kol 4,12 zudem als „Knecht Christi (Jesu)" bezeichnet wird, wobei eine Wendung erscheint, die Paulus sonst – neben ähnlichen Ausdrücken – in Bezug auf seinen eigenen Dienst und den seiner Mitarbeiter verwendet (vgl. Röm 1,1; Phil 1,1). Die Bezeichnung des Tychikus und die Beschreibung seiner Aufgabe in Bezug auf die Empfänger in Kol 4,7f. (und ähnlich in Eph 6,22f.) entspricht in den Paulusbriefen am stärksten der Beschreibung des Timotheus und seiner Aufgabe in 1. Thess 3,2, wobei „unser Bruder" der Bezeichnung als „geliebter Bruder" entspricht (vgl. auch Phil 2,25: Ἐπαφρόδιτον τὸν ἀδελφὸν καὶ συνεργὸν καὶ συστρατιώτην μου). Die Bezeichnung als „Mitarbeiter" (συνεργός) erscheint auch z. B. in Kol 4,11 (vgl. zudem Röm 16,3.9.21; 1. Kor 3,9; 2. Kor 1,24; 8,23; Phil 3,25; 4,3; Phlm 1.24). Die Bezeichnung als συστρατιώτης („Mitkämpfer, Mitsoldat") erscheint neben Phil 2,25 auch in Phlm 2 (vgl. auch 2. Tim 2,3: ὡς καλὸς στρατιώτης Χριστοῦ Ἰησοῦ).

Für Schmid gibt es einen Hinweis darauf, dass der Kolosserbrief zuerst entstanden sei, nämlich die „Ergänzung" des Ausdrucks καὶ ὑμεῖς („auch ihr") in Eph 6,21 im Gegensatz zu Kol 4,7.[181] Dabei liege „überhaupt keine bewußte Anspielung auf andere Christen und auch nicht auf den Brief an die Kolosser vor, sondern eine unwillkürliche Reminiszenz an das, was Paulus in Kol 4, 7f. geschrieben hatte".[182] Dabei ist allerdings der unterschiedliche Aufbau des Satzes an den zwei Stellen zu beachten. Der Verfasser könnte damit zum Ausdruck bringen, dass die Empfänger ebenso informiert sein sollten, wie das die engeren Mitarbeiter des Paulus waren. Geht man allerdings davon aus, dass es sich beim Epheserbrief um das gleiche Schreiben handelt, das auch an die Gemeinde in Laodizea gesandt wurde (vgl. Kol 4,16), wie Schmid annimmt[183], dann könnte damit jede einzelne Gemeinde besonders angesprochen werden. Percy weist allerdings auf einen anderen Sachverhalt hin:

> „Indessen haben wir es auch hier, ebenso wie es bei dem διὰ τοῦτο καὶ ἡμεῖς bzw. κἀγώ in Kol 1,9 und Eph 1,15 der Fall ist, mit einem für das Griechische eigentüm-

---

[180] Frank, Kolosserbrief, 66.
[181] Ebd., 451.
[182] Ebd.
[183] Vgl. dazu ebd., 125ff.

lichen Sprachgebrauch zu tun: bei Verben, die das Mitteilen einer Sache an jemanden ausdrücken, wird nämlich im Griechischen oft ein καί vor einem Pronomen, das den Empfänger der fraglichen Mitteilung bezeichnet, verwendet, wodurch die Übereinstimmung zwischen dem Wissen dieses und dem des Gewährsmanns ausgedrückt werden solle ... Wie WIFSTRAND aufgewiesen hat, handelt es sich nämlich an sämtlichen diesen Stellen darum, dass der Betreffende dasselbe erfährt, was der Gewährsmann selbst schon weiss. Hiernach ist offenbar auch Eph 6,21 zu verstehen ... der andere, der von dem Zustand des Apostels weiss, ist kein anderer als dieser selbst."[184]

Auffallend ist auch, dass Tychikus in Kol 4,7 im Gegensatz zu Eph 6,21 als σύνδουλος („Mitknecht") bezeichnet wird, womit ein Begriff verwendet wird, der in den Paulusbriefen nur noch in Kol 1,7 erscheint, wo Epaphras so bezeichnet wird. Somit wird Tychikus auf die gleiche Stufe gestellt wie der in Kolossä bekannte Epaphras (vgl. dazu auch Kol 4,12; Phlm 23). Andererseits fehlt der Teilsatz τί πράσσω („was ich tue"), der in Eph 6,21 erscheint, in der Parallele in Kol 4,7f. Das Verb erscheint in den paulinischen Gefangenschaftsbriefen nur noch in Phil 4,9 und damit im Schlussteil des Philipperbriefs, der Parallelen zum Schlussteil des Epheserbriefs aufweist.[185] Nach Phil 4,9 sollen die Empfänger das, „was ihr gelernt und empfangen und gehört und an mir gesehen habt", auch tun (ταῦτα πράσσετε). In diesem „Kontext" ist davon auszugehen, dass auch Eph 6,21f. und damit auch Kol 4,7f. indirekt zum Ausdruck bringen möchten, dass dasjenige, was Paulus „tut", ihnen ein Vorbild sein soll (vgl. auch Eph 5,1 mit Phil 3,17).

3.1.6.3 Weitere Parallelen des Philipperbriefs zum Kolosser- und zum Epheserbrief

Nach Gese lässt sich im Epheserbrief auf Grund „zahlreicher Anspielungen ... die Kenntnis fast aller Paulusbriefe nachweisen und die literarische Abhängigkeit postulieren".[186] Eine Ausnahme bilde „nur der Philipperbrief".[187] Doch gibt es gerade im Philipperbrief viele Parallelen zum Epheserbrief, auch wenn sich ebenso wenig eine „literarische Abhängigkeit" des Epheserbriefs vom Philipperbrief wie von anderen Paulusbriefen nachweisen lässt. Bei genauer Betrachtung sind andererseits auch die Parallelen zwischen dem Kolosser- und dem Philipperbrief ebenso erstaunlich.

In Kol 2,1 schreibt der Verfasser: „Ich will, dass ihr wisst ..." (θέλω ὑμᾶς εἰδέναι). Diese Formulierung finden wir auch in 1. Kor 11,3 (θέλω δὲ ὑμᾶς

---

[184] Percy, Probleme, 390.
[185] Vgl. dazu weiter unten.
[186] Gese, Vermächtnis, 106.
[187] Ebd., Anm. 301.

εἰδέναι).[188] Eine Parallele gibt es andererseits zwischen Kol 2,1 und Phil 1,30 und damit jeweils in der verlängerten Briefeinleitung, wobei an beiden Stellen der „Wettkampf" (ἀγών) des Paulus (in Bezug auf die Empfänger) erwähnt wird (vgl. auch Kol 1,29; 4,12). Während dieser „Wettkampf" nach Kol 2,1 „für euch und die in Laodizea und alle, die mein Angesicht im Fleisch nicht gesehen haben", geschieht, spricht Phil 1,30 diejenigen an, die den gleichen Wettkampf haben, „den ihr an mir gesehen habt und jetzt auch hört". Dabei erinnert die letzte Aussage („und jetzt auch hört") an Eph 3,2 („wenn ihr gehört habt …"), während Eph 3,1 (!) eine gewisse Parallele zu Kol 2,1 darstellt, indem in beiden Versen betont wird, dass die Leiden des Paulus „für euch, die Heiden" (ὑπὲρ ὑμῶν τῶν ἐθνῶν; Eph 3,1) bzw. „für euch und die in Laodizea" (ὑπὲρ ὑμῶν καὶ τῶν ἐν Λαοδικείᾳ; Kol 2,1; vgl. auch Kol 1,27) geschiehen.

Die Tatsache, dass in Kol 2,1 nicht wie in Eph 3,1 (ὁ δέσμιος) von der Gefangenschaft bzw. dem „Gebundensein" des Paulus gesprochen wird, sondern vom „Wettkampf" die Rede ist, zeigt, dass zwischen Eph 3,1 und Kol 2,1 kaum eine literarische Abhängigkeit besteht. Gleichwohl wird im Kontext des Kolosserbriefs deutlich, dass genau dieses „Gebundensein" des Apostels angesprochen wird; denn nach Kol 1,29 – eine Aussage unmittelbar vor Kol 2,1 – müht sich Paulus ab, indem er kämpft (εἰς ὃ καὶ κοπιῶ ἀγωνιζόμενος), und zwar durch die Verkündigung des Reichtums des Evangeliums von Christus als „Geheimnis" unter den Heiden (vgl. Kol 1,24-28). Aber erst mit Kapitel 4 nimmt der Verfasser direkt auf die Gefangenschaft des Apostels Bezug (vgl. Kol 4,3.18), und das nur indirekt, indem er betont, dass der wegen des „Geheimnisses des Christus", das er als „Wort" verkündigt, gebunden ist (Kol 4,3: δι' ὃ καὶ δέδεμαι) und abschließend die Empfänger bittet, sich an seine „Bindungen" bzw. Fesseln zu erinnern (Kol 4,18: μνημονεύετέ μου τῶν δεσμῶν). Zwischen den zwei Aussagen hat der Verfasser erwähnt, dass auch Epaphras, der „allezeit für euch in seinen Gebeten kämpft" (πάντοτε ἀγωνιζόμενος ὑπὲρ ὑμῶν ἐν ταῖς προσευχαῖς), „viel Mühe" (πολὺν πόνον[189]; vgl. Kol 2,1: „welch großen Kampf") habe, und zwar „für euch und für diejenigen in Laodizea und diejenigen in Hierapolis" (Kol 4,13). Dass Epaphras dabei ein Mitgefangener des Paulus war, erfährt der Leser nicht aus dem Kolosserbrief, sondern lediglich indirekt durch das an den in Kolossä wohnenden Philemon (vgl. Kol 4,9 mit Phlm 10) gerichtete Schreiben (vgl. Phlm 23).

Im Philipperbrief hatte Paulus dagegen vor der Erwähnung des „Wettkampfes" in Phil 1,30 bereits viermal auf seinen Zustand als „Gebundener" hingewiesen

---

[188] Vgl. zudem die folgenden Stellen: Röm 1,13 (οὐ θέλω δὲ ὑμᾶς ἀγνοεῖν); Röm 11,25 (οὐ γὰρ θέλω ὑμᾶς ἀγνοεῖν); 1. Kor 10,1 (οὐ θέλω γὰρ ὑμᾶς ἀγνοεῖν); 12,1 (οὐ θέλω ὑμᾶς ἀγνοεῖν) und 2. Kor 1,8 (οὐ γὰρ θέλομεν ὑμᾶς ἀγνοεῖν).

[189] Das Nomen πόνος findet sich im Neuen Testament sonst nur in Offb 16,10f.; 21,4. Vgl. auch καταπονέω in Apg 7,24 und 2. Petr 2,7.

(vgl. Phil 1,7.13f.17). Während Paulus nach Kol 2,1 diesen Kampf „für euch" führt (vgl. auch Eph 3,1), wird das in Phil 1,29f. nicht direkt gesagt. Allerdings wurde im Kontext des Philipperbriefs bereits vorher direkt und indirekt darauf hingewiesen, dass sowohl die Gefangenschaft als auch dessen Befreiung den Empfängern des Briefs dient (vgl. Phil 1,7.12.24-28).
Andererseits findet die Kampf- und Leidensaussage in Phil 2,16f. Parallelen im Kolosserbrief, wie u. a. der Gebrauch des Verbs κοπιάω („sich abmühen") in Phil 2,16 und Kol 2,1 zeigt, zumal dieses Verb in den zwei Briefen nur an diesen Stellen gebraucht wird und sich an beiden Stellen auf den Verkündigungsdienst des Apostels bezieht. Außerdem freut sich der Apostel nach Phil 2,17 (χαίρω καὶ συγχαίρω πᾶσιν ὑμῖν) in seinen Leiden für die Empfänger des Briefs. Das Verb χαίρω („sich freuen") erscheint zweimal im Kolosserbrief (Kol 1,24; 2,5), und an beiden Stellen geht es im Zusammenhang um diese Leiden (vgl. auch den Parallelausdruck μετὰ χαρᾶς [„mit Freuden"] in Phil 1,4 und Kol 1,11).
Gemäß Kol 2,5 freut sich der Verfasser, auch wenn er „im Fleisch abwesend" ist (εἰ γὰρ καὶ τῇ σαρκὶ ἄπειμι). Von einer „Abwesenheit" spricht auch Phil 1,27, und zwar mit dem gleichen Verb, das in beiden Briefen nur an diesen Stellen erscheint (sonst in Apg 17,10; 1. Kor 5,3; 2. Kor 10,1.11; 13,2.10). Was allerdings noch auffallender ist, ist die Tatsache, dass in Phil 2,12 (!) in Bezug auf die Abwesenheit des Verfassers das Nomen ἀπουσία („Abwesenheit") gebraucht wird (ἐν τῇ ἀπουσίᾳ μου), das vom Verb ἄπειμι, das in Kol 2,5 und Phil 1,27 verwendet wird (vgl. zudem 1. Kor 5,3; 2. Kor 10,1.11; 13,1.10[190]), abgeleitet ist. Durch literarische Abhängigkeit können diese Zusammenhänge kaum erklärt werden, und um Zufall kann es sich auch kaum handeln.
Diese Tatsache wird dadurch bestätigt, dass Paulus in Phil 1,27 und 2,12 im Gegensatz zu Kol 2,1.5 nicht von einer Abwesenheit „im Fleisch" (ἐν/τῇ σαρκί) spricht. Der Gebrauch des Ausdrucks ἐν/τῇ σαρκί in Kol 2,1.5 entspricht in diesem Zusammenhang jedoch nicht nur dem Gebrauch in Phil 1,22.24, sondern auch der Verwendung in den übrigen Paulusbriefen, wobei Paulus in ähnlichen Zusammenhängen sowohl „Fleisch" (σάρξ) als auch „Leib" (σῶμα) verwendet[191]. Letzteres ist übrigens auch in Eph 5,28f. (τὰ ἑαυτῶν

---

[190] Wie die erwähnten Stellen zeigen, handelt es sich auch hier um eine für Paulus typische Ausdrucksweise.

[191] Nach Kol 2,5 ist Paulus zwar „im Fleisch" (τῇ σαρκί) abwesend, aber „im Geist" mit den Empfängern (τῷ πνεύματι σὺν ὑμῖν εἰμι). In 1. Kor 5,3 spricht Paulus von seiner Abwesenheit „im Leib" und seiner Anwesenheit „im Geist" (ἀπὼν τῷ σώματι παρὼν δὲ τῷ πνεύματι). Die Begriffe „Leib" und „Fleisch" sind bei Paulus in dieser Hinsicht gewissermaßen austauschbar, wie beispielsweise auch die folgenden Stellen zeigen: Phil 1,20 (ἐν τῷ σώματί μου); 1,22 (τὸ ζῆν ἐν σαρκί); 1,24 ([ἐν] τῇ σαρκί); Kol 1,24 (ἐν τῇ σαρκί μου) und 2,1 (ὅσοι οὐχ ἑόρακαν τὸ πρόσωπόν μου ἐν σαρκί). Vgl. auch Röm 6,12 (ἐν τῷ θνητῷ ὑμῶν σώματι) mit 2. Kor 4,10 (ἐν τῷ σώματι ... ἐν

σώματα ... τὴν ἑαυτοῦ σάρκα) der Fall (vgl. dazu auch 1. Kor 6,18: ἓν σῶμά ... εἰς σάρκα μίαν).[192]

Im Kontext von Phil 1,30 gibt es aber noch weitere Parallelen zum Kolosserbrief. Dazu gehören z. B. der Gebrauch des Adverbs ἀξίως („würdig") in Phil 1,27 mit Bezug auf den „Wandel" der Gläubigen[193] (vgl. Kol 1,10), der Hinweis auf die „Leiden" in Phil 1,29 (τὸ ὑπὲρ αὐτοῦ πάσχειν) und 3,10 (κοινωνίαν [τῶν] παθημάτων αὐτοῦ; vgl. Kol 1,24) sowie der Gebrauch der Nomina σπλάγχνα („Eingeweide, Mitgefühl"; vgl. dazu auch 2. Kor 6,12; 7,15; Phil 1,8; Phlm 7.12.20) und οἰκτιρμός („Erbarmen, Mitleid"; vgl. dazu auch Röm 12,1; 2. Kor 1,3) in Phil 2,1 und Kol 3,12, die im Neuen Testament nur an diesen zwei Stellen zusammen verwendet werden.

Aber auch die Aussage in Phil 2,3, nach der die Empfänger sich „in Demut einander höher halten" sollen, erinnert an Kol 2,12f., zumal an beiden Stellen die Begriffe ταπεινοφροσύνη („Demut") und ἀλλήλως („einander") erscheinen. Das ist umso auffallender, wenn man bedenkt, dass der Begriff ταπεινοφροσύνη („Demut") neben diesen zwei Stellen in den Paulusbriefen nur noch in Eph 4,2 (einer Parallele zu Kol 3,12!) sowie in Kol 2,18 und 23[194] erscheint, an den letzten zwei Kolosserstellen jedoch in einem negativen Sinn. Dabei erscheint mit dem Ausdruck μετὰ πάσης ταπεινοφροσύνης („mit aller Demut") in Eph 4,2 die gleiche Wendung, die Paulus nach Apg 20,19 in seiner Rede an die Ältesten von Ephesus verwendet hat, während δουλεύων τῷ κυρίῳ („dem Herrn dienend") in Apg 20,19 besonders an Röm 12,11 (τῷ κυρίῳ δουλεύοντες) erinnert (vgl. auch Röm 16,18; Eph 6,7; Kol 3,24[195]).

Eine weitere Parallele zwischen der „Miletrede" in Apg 20,17ff. und Röm 12 besteht darin, dass an beiden Stellen die Anteilnahme an den (finanziellen) Nöten der Gläubigen betont wird (vgl. Apg 20,33-35 mit Röm 12,8.13; vgl. auch Eph 4,28!), während der Satz καὶ δοῦναι τὴν κληρονομίαν ἐν τοῖς ἡγιασμένοις πᾶσιν („zu geben das Erbteil unter den Geheiligten") in der „Miletrede" (Apg 20,32b) eine Parallele zu Eph 1,18b (τίς ὁ πλοῦτος τῆς δόξης τῆς κληρονομίας αὐτοῦ ἐν τοῖς ἁγίοις) darstellt. Eine Parallele zu der Aussage in Apg 20,32 finden wir in der Rede des Apostels in Apg 26,2ff. an Agrippa II. in καὶ κλῆρον ἐν τοῖς ἡγιασμένοις („das Erbteil unter den Geheiligten") in Apg 26,18, wobei dies wiederum eine Parallele zu Kol 1,12 (εἰς τὴν μερίδα

τῷ σώματι ἡμῶν) und 11 (ἐν τῇ θνητῇ σαρκὶ ἡμῶν).

[192] Nach van Roon findet der „rhetorische Satz" in Eph 5,28 in 1. Kor 7,12-14 und 11,11f. nicht nur inhaltliche Parallelen, sondern auch in Bezug auf die Form (van Roon, Authentivity, 135).

[193] Dabei wird in Phil 1,27 für den „Wandel"allerdings ein für Paulus sonst untypisches Verb gebraucht.

[194] In Kol 2,18 und 23 wird das Nomen jedoch in einem anderen („profanen") Sinn verwendet.

[195] Röm 16,18: τῷ κυρίῳ ἡμῶν Χριστῷ οὐ δουλεύουσιν; Eph 6,7: μετ' εὐνοίας δουλεύοντες ὡς τῷ κυρίῳ; Kol 3,24: τῷ κυρίῳ Χριστῷ δουλεύετε.

τοῦ κλήρου τῶν ἁγίων ἐν τῷ φωτί) darstellt. Nicht nur die Tatsache, dass an beiden Stellen der Begriff κλῆρος im Sinn von „Erbteil" erscheint, was im Neuen Testament einzigartig ist, sondern auch die Erwähnung des „Lichts" (vgl. dazu auch Eph 5,8f.13f.) bildet eine Parallele zwischen den beiden Texten. Andererseits gibt es in der Aussage des Apostels in Apg 26,18 weitere Parallelen zum Epheser- und zum Kolosserbrief (vgl. Eph 17.18; 2,2; Kol 1,13.14).[196]

Andererseits bildet auch Eph 4,32 (!) zum Teil eine Parallele zu Kol 3,12. Und während die Begriffe σπλάγχνα und οἰκτιρμός in Kol 3,12 (σπλάγχνα οἰκτιρμοῦ) in einer Genitivkonstruktion und in Phil 2,1 (σπλάγχνα καὶ οἰκτιρμοί) mit einem καί („und") verbunden werden, fehlen in Eph 4,2 beide Begriffe, wobei in Eph 4,32 das mit dem ersten Nomen verwandte Adjektiv εὔσπλαγχνος („mitfühlsam") verwendet wird, das im Neuen Testament nur noch in 1. Petr 3,8 erscheint.

In gewisser Hinsicht bilden auch die folgenden Genitivkonstruktionen Parallelen zwischen Kol 3, Eph 4 und Phil 2,1: σπλάγχνα οἰκτιρμοῦ (Kol 3,12), παραμύθιον ἀγάπης (Phil 2,1), κοινωνία πνεύματος (Phil 2,1), τὴν ἑνότητα τοῦ πνεύματος (Eph 4,3), ἐν τῷ συνδέσμῳ τῆς εἰρήνης (Eph 4,3) und ἐν μιᾷ ἐλπίδι τῆς κλήσεως ὑμῶν (Eph 4,4). Dabei sprechen besonders die ersten zwei Wendungen deutlich für die gleiche Handschrift, ohne irgendeine literarische Abhängigkeit anzudeuten (vgl. auch z. B. Eph 1,5: τὴν εὐδοκίαν τοῦ θελήματος αὐτοῦ[197]; 1,6.12: ἔπαινον δόξης αὐτοῦ; 1,14: ἔπαινον τῆς δόξης αὐτοῦ; 5,2: εἰς ὀσμὴν εὐωδίας). Es handelt sich dabei um einen Stil, der z. B. auch im hebräischen Psalter des Alten Testaments beobachtet werden kann.

So erscheint z. B. in Ps 145,5 der Ausdruck הֲדַר כְּבוֹד הוֹדֶךָ („die Majestät der Herrlichkeit deines Glanzes") und in Ps 145,12 der Ausdruck וּכְבוֹד הֲדַר מַלְכוּתוֹ („und die Herrlichkeit der Majestät seiner Königsherrschaft"), während die zwei „synonymen" Nomina הָדָר und הוֹד manchmal mit einem וְ („und") verbunden werden.[198] Bei Ps 145 handelt es sich um einen „Lobpreis" (תְּהִלָּה; vgl. Ps 145,1), wobei der Psalmist sich selbst auffordert, Gott zu preisen (אֲבָרְכֶךָ; LXX: εὐλογήσω σε) und seinen Namen zu loben (וַאֲהַלְלָה שִׁמְךָ; LXX: καὶ αἰνέσω τὸ ὄνομά σου; Ps 145,2). Auffallend sind in dem Psalm zudem die häufigen „All"-Ausdrücke[199], welche auch im Epheserbrief begegnen.[200]

---

[196] Vgl. dazu auch Awjmelaeus, Rezeption, 1987.
[197] Vgl. zu Eph 1,5 z. B. CD 3,15 חפצי רצונו („das Gefallen seines Willens/Wunsches/Wohlgefallens"); vgl. auch 1QS 9,24: וזולת רצון אל לו יחפץ ... („... und außer am Willen Gottes soll er an nichts Gefallen haben"); Ps 40,9a: ... אֱלֹהַי־לַעֲשׂוֹת רְצוֹנְךָ חָפַצְתִּי („Zu tun dein Wohlgefallen, Gott, gefällt mir ...").
[198] So in Ps 21,6; 45,4; 96,6; 104,1; 111,3; Hiob 40,10; 1. Chr 16,27; vgl. auch Ps 8,6: כָּבוֹד וְהָדָר תְּעַטְּרֵהוּ; Jes 35,2: כְּבוֹד־יְהוָה הֲדַר אֱלֹהֵינוּ.
[199] Vgl. Ps 145,2.9.10.13.14.15.16.17.18.20.21.
[200] Das Adjektiv πᾶς erscheint im Epheserbrief in den verschiedenen Formen insgesamt

Weiter findet die christologische Begründung des gegenseitigen christlichen Verhaltens (vgl. Phil 2,1-4) im sogenannten „Christushymnus" (Phil 2,5-11)[201] sowohl in Kol 3,13 als auch in Eph 4,32 eine (kürzere) Variante. Und der darauf folgende Satz μετὰ φόβου καὶ τρόμου („mit Furcht und Zittern") in Phil 2,12 erscheint wortwörtlich auch in Eph 6,5 (in Bezug auf das Verhalten für die Sklaven), anders jedoch in Kol 3,22, der Parallele zu Eph 6,5: φοβούμενοι τὸν κύριον („indem ihr den Herrn fürchtet"). Das kann kaum ein Zufall sein, wenn man gleichzeitig beachtet, dass das Verb ὑπακούω („gehorchen"), das in Phil 2,12 gebraucht wird, auch in Eph 6,5 und Kol 3,22 erscheint, im Philipperbrief aber nur in Phil 2,12 und im Epheser- und im Kolosserbrief nur jeweils noch einmal im engeren Kontext (vgl. Eph 6,1; Kol 3,20) verwendet wird.

Nach Kol 3,23 (ἐργάζεσθε ὡς τῷ κυρίῳ) und Eph 6,5-7 (ὡς τῷ Χριστῷ ...ὡς δοῦλοι Χριστοῦ ... δουλεύοντες ὡς τῷ κυρίῳ) sollen die Sklaven ihren Dienst für „den Herrn" tun, und nach Phil 2,7f. nahm Christus Jesus (vgl. Phil 2,5) die „Gestalt eines Sklaven" an und wurde „hörig/gehorsam (ὑπήκοος) bis zum Tod"., und zwar zum „Tod des Kreuzes" (θανάτου δὲ σταυροῦ). In Kol 3,23 werden die Sklaven aufgefordert, alles, was sie tun, „als dem Herrn" zu wirken (ἐργάζεσθε), und das soll in der Furcht des Herrn geschehen (Kol 3,22; vgl. Eph 6,5), während die Empfänger in Phil 2,12 dazu aufgefordert werden, „mit Furcht und Zittern eure Rettung" zu bewirken (κατεργάζεσθε). Auch die an diesen Stellen verwendeten Verben ἐργάζομαι und κατεργάζομαι erscheinen jeweils nur an diesen Stellen im Philipper- und Kolosserbrief.[202]

Im weiteren Text des Philipperbriefs gibt es – zumindest in gewisser Hinsicht – noch andere Parallelen zum Epheser- und Kolosserbrief. So erscheint z. B. ἄμωμος („makellos") in den Paulusbriefen neben Eph 1,4 und 5,27 sowie Kol 1,22 nur noch in Phil 2,15, wonach die „Kinder Gottes" (τέκνα θεοῦ) nicht nur „makellos", sondern „als Lichter (ὡς φωστῆρες) in der Welt" erscheinen (ἐν οἷς φαίνεσθε ...). Dabei fallen noch weitere Parallelen zu Eph 5 auf: Gemäß Eph 5,8 sollen die Empfänger „als Kinder des Lichts" (ὡς τέκνα φωτός)[203] wandeln (vgl. auch Röm 13,12; 1. Thess 5,5: „Ihr seid nämlich alle Söhne des Lichts [υἱοὶ φωτός] und des Tags")[204], und es wird betont, dass alles, „was aufgedeckt

---

52-mal, das ist ein Wortanteil von ca. 1,8 % – vergleichbar mit dem Philipperbrief (ca. 1,66 %), dem Kolosserbrief (ca. 2,0 %) und dem Titusbrief (ca. 1,67 %).

[201] Darauf wird später noch einzugehen sein.

[202] In Eph 4,18 erscheint das einfache Verb und in Eph 6,13 das Kompositum. Dabei handelt es sich bei Eph 4,18 um eine gewisse Parallele zu Gal 6,10.

[203] Der Ausdruck ὡς τέκνα erscheint neben Eph 5,8 auch in Eph 5,1 (ὡς τέκνα ἀγαπητά) sowie in 1. Kor 4,14 (ὡς τέκνα μου ἀγαπητὰ νουθετῶ[ν]) und 1. Petr 1,4 (vgl. auch 2. Kor 6,13: ὡς τέκνοις λέγω).

[204] Es wird später in Bezug mit der „Waffenrüstung" in Eph 6,10-17 noch auf den Zusammenhang mit 1. Thess 5,8 und Röm 13,12 (!) eingegangen. Vgl. dazu auch Gese, Vermächtnis, 61–63.

wird, von dem Licht sichtbar gemacht wird (φανεροῦται)" (Eph 5,13), und dasjenige, was „sichtbar gemacht wird" (τὸ φανερούμενον), „Licht ist". Phil 2,15 ist seinerseits die einzige Stelle im Philipperbrief, an der die Empfänger als τέκνα („Kinder") angesprochen werden (vgl. auch Phil 2,22), und auch die einzige Stelle, an welcher das Nomen φῶς („Licht") gebraucht wird. Dieses Nomen erscheint im Epheserbrief neben Eph 5,8 nur noch im engen Kontext dazu (Eph 5,9.13f.), und auch der Begriff τέκνον („Kind") wird im Epheserbrief in Bezug auf die Gläubigen neben Eph 5,8 nur noch in Eph 5,1 und damit ebenfalls im direkten Kontext sowie in Eph 2,3 (ἤμεθα τέκνα φύσει ὀργῆς) verwendet.

Eine weitere Parallele zwischen Kol 4 und Phil 1 besteht z. B. in der Betonung, dass Gottes Wort trotz der Gefangenschaft des Apostels frei ist und wirkt (vgl. Kol 4,3f. mit Phil 1,7.12-14.18-20; vgl. auch 2. Tim 2,9: „aber Gottes Wort ist nicht gebunden"). Doch während Paulus nach Kol 4,3 die Empfänger bittet, für ihn zu beten, „dass Gott uns eine Tür des Wortes auftue, um das Geheimnis des Christus zu reden, deswegen ich auch gebunden bin", betont er im Philipperbrief, dass seine Situation als Gefangener der „Förderung des Evangeliums" gedient hat, „sodass meine Fesseln (τοὺς δεσμούς μου) in Christus dem ganzen Prätorium und den Übrigen allen offenbar (φανερούς) geworden sind" (Phil 1,12f.). Und auch dabei erwähnt der Verfasser „eure Fürbitte", die dazu beitragen wird, dass das alles „zur Rettung ausgehen" (Phil 1,19) und dass er „nicht zuschanden werden" wird, sondern dass er „in jeder Freimut (ἐν πάσῃ παρρησίᾳ) wie immer [so] auch jetzt Christus an meinem Leib groß" machen werde, „sei es durch Leben oder durch Tod" (Phil 1,20). Diese „Freimut" (παρρησία) wird ihrerseits in Eph 6,19f. angesprochen, wobei sowohl das Nomen παρρησία („Freimut") als auch das Verb παρρησιάζομαι („freimütig sein/reden") verwendet werden. Das Verb παρρησιάζομαι erscheint in den Paulusbriefen sonst nur noch in 1. Thess 2,2, während das Nomen παρρησία in den Paulusbriefen in Bezug auf den Verkündigungsdienst des Apostels außer in Phil 1,20 auch in Eph 3,12 und 6,19 sowie an weiteren drei Stellen gebraucht wird (2. Kor 3,12; 7,4; 1. Tim 3,13; vgl. auch Kol 2,15; Phlm 8). Eph 6,18-20 stellt zudem eine deutliche Parallele zu Kol 4,3f. dar, worauf bereits hingewiesen wurde.[205]

Im Zusammenhang mit der Erwähnung des „Wettkampfes" des Verfassers erscheint in Kol 1,29 die Wendung κατὰ τὴν ἐνέργειαν („nach der Wirksamkeit"), die auch in Phil 3,21 und sonst im Neuen Testament nur noch in Eph

---

[205] Vgl. z. B. die Bitte um Fürbitte (Eph 6,18; Kol 4,3), den Gebrauch des Verbs ἀνοίγω in Kol 4,3 (sonst in den Paulusbriefen nur noch in Röm 3,13; 1. Kor 16,9; 2. Kor 2,12; 6,11 und dabei außer in Röm 3,13 immer in Bezug auf den Verkündigungsdienst des Apostels) und das Nomen ἄνοιξις (ein neutestamentliches Hapaxlegomenon) in Eph 6,19 sowie ὡς δεῖ με λαλῆσαι in Eph 6,20 und Kol 4,4.

1,19 und 3,7 verwendet wird[206]. Auch die Verwendung des Verbs ἐνεργέω („wirksam sein") und des Nomens εὐδοκία („Wohlgefallen") in Phil 2,13 (vgl. auch Phil 1,15: δι' εὐδοκίαν) erinnert an den Epheser- und den Kolosserbrief (vgl. Eph 1,11.20; 3,20; Kol 1,19.29). Letzteres Nomen erscheint neben den Stellen im Epheserbrief (Eph 1,5.9) und dem Philipperbrief (Phil 1,15; 2,13) in den Paulusbriefen nur noch in Röm 10,1 und 2. Thess 1,11 (sonst im Neuen Testament nur noch in Mt 11,26; Lk 2,14; 10,21). Das Verb αἰτέω („bitten") wird zwar in den Paulusbriefen nur in Eph 3,20 sowie Kol 1,9 in Bezug auf das Gebet zu Gott verwendet (sonst nur in 1. Kor 1,22 und Eph 3,13), aber in Phil 4,6 erscheint das damit verwandte Nomen αἴτημα („Bitte, Gebetsanliegen"), das im Neuen Testament sonst nicht gebraucht wird.

Der Begriff ὀσμή („Duft, Geruch") erscheint im Neuen Testament neben Eph 5,2 und Phil 4,18 zwar auch noch zweimal in 2. Kor 2,14 und 16 (vgl. auch Joh 12,3), und zwar in einem ähnlichen Zusammenhang, aber nur in Eph 5,2 und Phil 4,18 erscheint der Ausdruck ὀσμὴ εὐωδίας („Wohlgeruch")[207], wobei jedoch zu beachten ist, dass der Begriff εὐωδία („Wohlgeruch") sonst im Neuen Testament nur noch in 2. Kor 2,15 (!) verwendet wird. Nach Phil 4,18 ist die dem Paulus durch Epaphroditus vermittelte Spende der Philipper (vgl. dazu Phil 2,25ff.) „ein Duft des Wohlgeruchs, ein angenehmes Opfer, Gott wohlgefällig" (ὀσμὴν εὐωδίας, θυσίαν δεκτήν, εὐάρεστον τῷ θεῷ), und nach Eph 5,2 sollen die Gläubigen in Liebe wandeln, „wie auch der Christus euch geliebt und sich selbst für euch als Darbringung und Opfer (προσφορὰν καὶ θυσίαν) Gott zum Duft des Wohlgeruchs hingegeben hat". Wenige Verse später ergänzt der Verfasser im Epheserbrief, dass die Empfänger prüfen sollen, „was dem Herrn wohlgefällig (εὐάρεστον) ist" (Eph 5,10; vgl. dazu auch Kol 3,20). Ähnlich sollen nach Phil 1,10 auch die Philipper prüfen (δοκιμάζειν). Dabei fällt auf, dass in Röm 12,1f. sowohl dieses „Prüfen" als auch das „Opfer" und die „Gott-Wohlgefälligkeit" angesprochen werden.

Es gibt also deutliche Parallelen innerhalb der drei Schriften (Röm 12,1f.; Eph 5,2.10; Phil 1,10; 4,18), wobei gleichzeitig betont werden muss, dass das Adjektiv εὐάρεστον („wohlgefällig") in diesem Sinn nur in den Paulusbriefen gebraucht wird (vgl. auch Röm 14,18; 2. Kor 5,9; Tit 2,9; sonst noch in Hebr 13,21). Zudem fällt auf, dass das Nomen δόμα („Gabe") in den Paulusbriefen

---

[206] Vgl. auch Eph 4,16: κατ' ἐνέργειαν; ἐνέργεια erscheint sonst im Neuen Testament nur noch in Kol 2,12 sowie in 2. Thess 2,9 und 11.

[207] Der Ausdruck ὀσμὴ εὐωδίας (hebräisch: רֵיחַ נִיחֹחַ) erscheint in der LXX insgesamt 49-mal (davon 46-mal zusammen mit dem Begriff θυσία), wobei εἰς ὀσμὴν εὐωδίας 26-mal vorkommt (vgl. z. B. Ex 29,18.25.41; Lev 2,12; 4,31; 8,21; 17,4.6; Num 15,7.13.24). Nach Judith 16,16 ist „jedes Opfer [zu] gering zum Wohlgeruch (μικρὸν πᾶσα θυσία εἰς ὀσμὴν εὐωδίας) und alles Fett zu gering (ἐλάχιστον) zum Brandopfer, aber wer den Herrn fürchtet, ist groß durch alles hindurch".

nur in Eph 4,8 und Phil 4,17 vorkommt (sonst im Neuen Testament nur noch in Mt 7,11 und Lk 11,13).

Damit wird deutlich, dass nicht nur eine inhaltliche und sprachliche Beziehung zwischen dem Epheserbrief und dem Kolosserbrief besteht, sondern ebenso – wenn auch auf Grund der unterschiedlichen Thematik nicht so ausgeprägt – zwischen dem Philipperbrief und dem Epheserbrief einerseits und dem Philipperbrief und dem Kolosserbrief andererseits (vgl. auch z. B. Eph 4,1; Phil 1,27 und Kol 1,10), wobei jeweils auch Parallelen zu anderen Paulustexten wie z. B. Röm 12 bestehen. Das komplexe Verhältnis ist kaum auf literarische Anlehnungen zurückzuführen. Ein Vergleich zwischen Kol 4,3f. (sowie Eph 6,18-20) und Phil 1,7ff. legt m. E. vielmehr nahe, dass der Philipperbrief relativ kurz nach dem Kolosserbrief (und dem Epheserbrief) geschrieben worden sein muss.[208]

3.2.6.4 Parallelen zwischen den Gefangenschaftsbriefen und Röm 12

Auch wenn in Röm 12,16 der Begriff ταπεινοφροσύνη („Demut") nicht erscheint, so knüpft Phil 2,2f. doch offensichtlich inhaltlich daran an (vgl. auch Röm 12,10: τῇ τιμῇ ἀλλήλους προηγούμενοι[209]). Andererseits knüpfen auch der Epheser- und der Kolosserbrief an Röm 12 an (vgl. z. B. Röm 12,2 mit Eph 4,23 und 5,10; Röm 12,4-6 mit Eph 4,7.15f.; Röm 12,8.13 mit Eph 4,28[210]; Röm 12,12c mit Kol 4,2a; Röm 12,19 mit Eph 4,27), während die Verwendung des Begriffs ταπεινοφροσύνη in Eph 4,2 und Kol 3,12 ebenfalls wie Phil 2,2f. in Anlehnung an Röm 12,16 formuliert worden sein kann.[211] Bei den verschiedenen Parallelen kann es sich aber wieder kaum um literarische Anlehnungen handeln.

---

[208] Man vergleiche auch Phlm 22 mit Phil 1,24-26 und 2,24. Während Paulus nach Phlm 22 auf seine Freilassung „hofft", ist er im Philipperbrief überzeugt, dass er freigelassen werden wird. Der Philemonbrief muss, wenn auch der Epheser- und der Kolosserbrief echt sind, gleichzeitig mit den anderen beiden Briefen abgesandt worden sein (vgl. dazu unten zu Punkt 3.2.6).

[209] Während das Kompositum προηγέομαι im Neuen Testament nur in Röm 12,10 verwendet wird, erscheint in Phil 2,3 in einem ähnlichen Satz (τῇ ταπεινοφροσύνῃ ἀλλήλους ἡγούμενοι) das einfache Verb ἡγέομαι.

[210] Gemäß Eph 4,28 sollen diejenigen, die gestohlen haben, nun mit ihren Händen „das Gute" (τὸ ἀγαθόν) wirken. Dabei handelt es sich sowohl bei ἐργάζομαι ταῖς [ἰδίαις] χερσίν (vgl. dazu 1. Kor 4,12; 1. Thess 4,11) als auch bei τὸ ἀγαθόν (vgl. auch z. B. Röm 14,16; 15,2; 16,19; Gal 6,10; 1. Thess 5,15) um „paulinischen Gebrauch".

[211] Nach Percy werden in Eph 4,25-5,21 „anstatt der Lasterkataloge in Kol 3,5ff. meistens Warnungen vor den einzelnen heidnischen Lastern mit Mahnungen zu den entsprechenden Tugenden paarweise verbunden, was besonders an Röm 12,3.9.16f.19.21; 13,12.13 f. erinnert" (Percy, Probleme, 353).

In Kol 2,18 erscheint mit φυσιούμενος ὑπὸ τοῦ νοὸς τῆς σαρκὸς αὐτοῦ („aufblasend vom Verstand seines Fleisches"; vgl. auch Röm 8,7: τὸ φρόνημα τῆς σαρκός) gewissermaßen der Gegenausdruck zu Eph 4,23 (ἀνανεοῦσθαι δὲ τῷ πνεύματι τοῦ νοὸς ὑμῶν) und als gewisser Parallelausdruck zu Eph 4,17 (καὶ τὰ ἔθνη περιπατεῖ ἐν ματαιότητι τοῦ νοὸς αὐτῶν). Der Text in Eph 4,17-19 scheint seinerseits auf Röm 1,21-31 zurückzugehen (vgl. auch Röm 13,12-14 sowie Eph 4,22-24 und 5,3-12). Dabei fällt auf, dass die Verbform παρέδωκαν („er hat dahingegeben")[212], die in dem Römerbriefabschnitt dreimal erscheint (Röm 1,24.26.28), auch in Eph 1,19 verwendet wird. Weitere Parallelen zur Verwendung der Verbform in ähnlichen Kontexten gibt es in den Paulusbriefen nicht. Dieselbe Verbform erscheint neben Röm 8,32 auch noch in Eph 5,2 und 25, wobei es jedoch jeweils darum geht, dass Gott seinen Sohn bzw. den Christus für die Menschen „dahingegeben hat".

Röm 16,17-19 scheint die Formulierungen in Phil 3,17-19 beeinflusst zu haben.[213] Phil 3,21 bildet zumindest in sprachlicher Hinsicht eine gewisse Parallele zu Röm 12,2, wobei Phil 3,20 die Verwandlung auf die Zeit der Wiederkunft Jesu „verlegt", während sie nach Röm 12,2 bereits jetzt im Leben der Gläubigen stattfinden soll. Allerdings geht es im Kontext von Phil 3,21 wie auch z. B. in Kol 3,1ff. darum, dass die Erwartung der Wiederkunft Jesu das aktuelle Leben der Gläubigen prägen soll. Andererseits erinnert die Wendung παρὰ τὴν διδαχὴν ἣν ὑμεῖς ἐμάθετε („nach der Lehre, die ihr gelernt habt") in Röm 16,17 nicht nur an Phil 4,9 (ἃ καὶ ἐμάθετε καὶ παρελάβετε καὶ ἠκούσατε καὶ εἴδετε ἐν ἐμοί ...), sondern auch an Eph 4,20 (ὑμεῖς δὲ οὐχ οὕτως ἐμάθετε τὸν Χριστόν) und Kol 1,7 (καθὼς ἐμάθετε ἀπὸ Ἐπαφρᾶ τοῦ ἀγαπητοῦ συνδούλου ἡμῶν). Die ähnliche „Anlehnung" an den Römerbrief in den drei Briefen (Philipper-, Epheser- und Kolosserbrief) ist auf jeden Fall auffallend. Nach Gese wurde

> „bislang die parallele Gedankenstruktur übersehen, die von Eph 4 unzweideutig auf 1Kor 12 zurückweist. Ein Vergleich mit Röm 12,3-6, wozu ebenfalls sprachliche Bezüge bestehen, liefert die Gegenprobe ... Daß Röm 12,3-8 bei gleicher Thematik eine ganz andere Gedankenstruktur und Aussageintention zeigt, macht klar, daß bei der Entstehung von Eph 4 nicht nur die Tradition der Charismentafeln eine Rolle gespielt hat, sondern daß hier eindeutig das große Charismenkapitel 1Kor 12 als literarische Vorlage gedient haben muß".[214]

---

[212] Vgl. dazu auch Gese, Vermächtnis, 58.
[213] Vgl. z. B. σκοπεῖν τοὺς τὰς διχοστασίας (Röm 16,17) mit σκοπεῖτε τοὺς οὕτως περιπατοῦντας (Phil 3,17) und οὐ δουλεύουσιν ἀλλὰ τῇ ἑαυτῶν κοιλίᾳ (Röm 16,18) mit ὧν ὁ θεὸς ἡ κοιλία (Phil 3,19); Vgl. auch Röm 16,19b (θέλω δὲ ὑμᾶς σοφοὺς εἶναι εἰς τὸ ἀγαθόν, ἀκεραίους δὲ εἰς τὸ κακόν) mit Phil 2,15 (... ἵνα γένησθε ἄμεμπτοι καὶ ἀκέραιοι).
[214] Gese, Vermächtnis, 70

Die Parallelen zwischen 1. Kor 12 und dem Epheserbrief sind sicher deutlich (vgl. auch z. B. 1. Kor 12,12f. mit Eph 2,16.18; 4,5). Gleichwohl fallen auch Parallelen zwischen Röm 12 und Eph 4 auf, die sich nicht in 1. Kor 12 finden, wie die Rede von dem „Maß" in Bezug auf die Gaben Gottes.[215] Es ist auch zu beachten, dass Eph 4,17ff. nicht nur Gedanken aus Röm 1,21ff.[216], sondern auch aus Röm 12 zu übernehmen scheint (vgl. z. B. Röm 12,2 mit Eph 4,23 und 5,10; Röm 12,8.13 mit Eph 4,28; Röm 12,19 mit Eph 4,27).

Somit sehen wir, dass der Text von Röm 12 (in Kontext des Römerbriefs) sowohl im Epheser- als auch im Kolosser- und im Philipperbrief eine nicht unwesentliche Rolle spielt. Auf eine literarische Abhängigkeit in irgendeiner Form kann diese Tatsache kaum zurückgeführt werden. Die Parallelität erklärt sich am besten – wie auch viele weitere Parallelen in den Gefangenschaftsbriefen – auf Grund der Nähe der Abfassungszeit durch den gleichen Autor.

3.1.6.5 Die „Christushymnen" im Philipper- und Kolosserbrief im Vergleich mit dem Epheserbrief

Bevor wir uns dem Vergleich der „Christushymnen" in Phil 2,6-11 und Kol 1,15-20 mit dem Epheserbrief zuwenden, ist nochmals auf die Frage einzugehen, ob es sich dabei um „Hymnen" handelt. Brucker betont, dass wir es in Phil 2,6-11 „genausowenig wie in 2,1-4 mit einem ‚poetischen' Text zu tun" haben – „ein solcher müßte ja nach antikem Verständnis ein festes (quantitierendes) Metrum aufweisen –, sondern mit Prosa in gehobenem Stil (deshalb sollte man auch hier nicht von ‚Strophen' sprechen)".[217] Er schlägt

> „in Anlehnung an eine in der antiken Theorie gelegentlich anzutreffende Differenzierung die Gattungsbezeichnung ‚Epainos' (ἔπαινος) vor. Diese epideiktische Redeform zeigt nach Aristoteles die Größe der ἀρετή, nicht die Summe der ἔργα auf und wird bei Alexander Numeniu auch durch ihren absoluten Wahrheitsbezug vom Enkomion unterschieden; als weiteres Merkmal nennt er (wie auch Ps.-Hermogenes in seinen ‚Progymnasmata') die geringere Länge des Epainos gegenüber dem Enkomion. Will man einen lateinischen Begriff verwenden, so legt sich so oder so *laus Christi* nahe …".[218]

Der Begriff ἔπαινος („Lob") erscheint in Phil 1,11 (εἰς δόξαν καὶ ἔπαινον θεοῦ; vgl. Phil 2,11: εἰς δόξαν θεοῦ πατρός) und 4,8 (εἴ τις ἀρετὴ καὶ εἴ τις ἔπαινος, ταῦτα λογίζεσθε), an letzter Stelle in Verbindung mit der „Tugend" (ἀρετή). Die wahrscheinliche Anlehnung besonders von Phil 1,11 (vgl. auch

---

[215] Vgl. auch ebd., 81: „Nach Röm 12,3 teilt Gott das Maß des Glaubens zu. Sofern auf diese Stelle in Eph 4,7 angespielt ist, teilt dort nun Christus das Maß der Gnadengaben zu".
[216] Vgl. dazu z. B. ebd., 58 und 80.
[217] Brucker, Christushymnen, 310f..
[218] Ebd., 319.

Phil 4,19) an die Eulogie in Eph 1,3-14 (vgl. Eph 1,6.12.14; vgl. auch z. B. Eph 1,7.18; 2,7; 3,8.16 mit Phil 4,19) könnte diesen Vorschlag von Brucker untermauern, denn in Eph 1,6.12.14 erscheint εἰς ἔπαινον (τῆς) δόξης („zum Lob der Herrlichkeit") jeweils am Ende der Beschreibungen des Heilswerkes der drei „Personen" der göttlichen Trinität.

In Bezug auf Kol 1,15-20 bemerkt Stettler, dass der Text formal „in feierlicher, liturgisch-gehobener Sprache gehalten und ganz vom alttestamentlichen Psalmenstil geprägt" sei.[219]

> „Irgendeine Gestaltung in Metren der griechischen Poesie lässt sich nicht entdecken … Auch die griechisch-sprachige Synagoge lehnte sich in ihrer liturgischen Poesie an den Psalmstil an: das sehen wir an den jüdischen Berakot, die einem Teil der Apostolischen Konstitutionen zugrunde liegen."[220]

Nach Berger gehören die folgenden Texte zu den Texten, in welchen die Struktur des Hymnus „in der Abfolge von Lob oder Dank einerseits und Bitte bzw. Fürbitte andererseits zu Beginn neutestamentlicher Briefe" nachgeahmt werde: „Eph 1,3-15(20-23)/17-19; Phil 1,3-6/9-11; 2 Thess 1,3ff./11f.; Phm 4f./6".[221] Dabei bilden für ihn die folgenden Texte ein „Enkomion": Phil 2,6-11; Kol 1,15-20; 2,9-15; 1. Tim 2,5f.; 3,16; Tit 2,11-15; Hebr 1,1-4 und 7,1-10.[222] Berger räumt allerdings ein, dass sich gerade Kol 1,15-20 stark vom allgemeinen Enkomion-Schema unterscheidet.[223]

In Bezug auf die „Christushymnen" in Phil 2,6-11 und Kol 1,15-20[224] sollte auch beachtet werden, dass gerade im jeweiligen Kontext sprachliche und inhaltliche Parallelen zwischen den beiden Briefen zu finden sind.[225] Zudem stellt der jeweilige „Hymnus" einen untrennbaren Teil seines eigenen Kontexts im Brief dar.[226] Die Einbindung der Passage im Kontext ist für Brucker ein „starkes Argument für paulinische Verfasserschaft von Phil 2,6-11"[227], und nach ihm erweist sich Phil 2,6-11 „als ein integraler Bestandteil des Philipperbriefes …,

---

[219] Stettler, Kolosserhmynus, 79.

[220] Ebd., 79, Anm. 28.

[221] Berger, Formen, 299.

[222] Ebd., 402f.; vgl. auch ebd. 420, wo Berger Kol 1,15-20 und auch Joh 1,1-13 als „Logos-Enkomion" bezeichnet; ähnlich auch z. B. Luz, Kolosser, 201.

[223] Vgl. Berger, Hellenistische Gattungen, 1189f.

[224] In Wirklichkeit handelt es sich bei Kol 1,9-20 um eine lange Satzperiode und um die Doppelung der einleitenden Danksagung (vgl. Kol 1,12) und Fürbitte, die in Eph 1,15-23 und in Phil 1,9-11 eine (gewisse) Parallele findet.

[225] Vgl. dazu die Ausführungen oben.

[226] Vgl. dazu u. a. Brucker, Christushymnen, 304ff.; vgl. auch u. a. Hofius, Christushymnus; ders., Erstgeborener, 215–233; Stettler, Kolosserhymnus, 2000. Zum Vergleich zwischen Kol 1,15–23 und Phil 2,5–11 vgl. auch Frank, Kolosserbrief, 125–159.

[227] Brucker, Christushymnen, 312.

der in einem vielfältigen Beziehungsgeflecht steht"[228]. In Phil 2,5ff. geht es z. B. darum, Jesus Christus in seiner Erniedrigung und Erhöhung als Vorbild für die Gläubigen darzustellen. Dieser Gedanke wird im Philipperbrief nicht nur inhaltlich, sondern auch sprachlich aufgegriffen, wie die folgenden Anmerkungen zeigen.

Der Begriff μορφή („[innere] Gestalt") wird in Phil 2,6f. sowohl in Bezug auf die Gott-Gleichheit Jesu als auch in Bezug auf seine Erniedrigung gebraucht. In Phil 3,10 erscheint die gleiche Wurzel in Bezug auf das Vorbild Jesu in der Erniedrigung (συμμορφιζόμενος τῷ θανάτῳ αὐτοῦ), während sie in Phil 3,21 in Bezug auf die Erhöhung des Menschen verwendet wird (σύμμορφον τῷ σώματι τῆς δόξης αὐτοῦ). In Phil 2,7 wird der Begriff σχῆμα („[äußere] Gestalt") in Bezug auf die Erniedrigung Jesu gebraucht, während die gleiche Wurzel in Phil 3,21 in Bezug auf die Erhöhung des Menschen verwendet wird. In Phil 2,8 ist von der „Erniedrigung/Demütigung" Jesu die Rede (ἐταπείνωσεν ἑαυτόν), wobei Paulus bereits in Phil 2,3 die „niedrige Gesinnung" bzw. „Demut" (ταπεινοφροσύνη), die das gegenseitige Verhältnis der Gläubigen prägen soll, angesprochen hatte. In Phil 3,21 ist vom „Leib unserer Niedrigkeit" (τὸ σῶμα τῆς ταπεινώσεως ἡμῶν) die Rede, und nach Phil 4,12 weiß Paulus, was es heißt, „niedrig zu sein" (ταπεινοῦσθαι). In Bezug auf die Erhöhung Jesu wird in Phil 2,9 das Verb χαρίζομαι („aus Gnaden gewähren") gebraucht, das bereits in Phil 1,29 in Bezug auf die Leiden der Gläubigen verwendet wurde. In Phil 2,11 erscheint der Begriff δόξα („Herrlichkeit") in Bezug auf die Erhöhung Jesu, während der gleiche Begriff in Phil 3,21 in Bezug auf die Erhöhung der Gläubigen (bzw. ihrer Leiber) bei der Auferstehung verwendet wird, und nach Phil 3,19 besteht die „Herrlichkeit" der Menschen, die in Phil 3,18 als „Feinde des Kreuzes des Christus" bezeichnet werden, „in ihrer Schande, indem sie auf die irdischen Dinge sinnen". Sie nehmen damit eine Haltung ein, welche der des Jesus Christus, wie sie im „Philipperhymnus" zum Ausdruck gebracht wird, radikal entgegengesetzt ist (vgl. Phil 2,8: … γενόμενος ὑπήκοος μέχρι θανάτου, θανάτου δὲ σταυροῦ).

Dass die Auferstehung Jesu im „Philipperhymnus" nicht direkt erwähnt wird – im Gegensatz z. B. zu Eph 1,20f. und Kol 1,18, wo sie jeweils eng mit seiner Erhöhung verbunden wird (vgl. auch Eph 2,6; Kol 2,12; 3,1) –, während seine Erhöhung nach der Erniedrigung im Zentrum steht, bedeutet nicht, dass die Auferstehung Jesu für den „Philipperhymnus" unwesentlich sei, zumindest dann nicht, wenn man diesen als wesentlichen Teil des Philipperbriefs betrachtet. So ist für Paulus nach Phil 3,10f. die „Kraft seiner Auferstehung" nicht nur dafür wesentlich, dass Paulus selbst „zur Herausauferstehung (εἰς τὴν ἐξανάστασιν) aus den Toten" gelangt, sondern Paulus möchte sie bereits jetzt schon „erkennen". Das entspricht dem Kerngedanken von Eph 2,17-19, wo u. a. von

---

[228] Ebd., 318.

der „überschwänglichen Größe seiner Kraft" die Rede ist, die bei der Auferweckung Jesu sichtbar geworden ist, nun in den Gläubigen wirkt und von diesen tiefer erkannt werden soll. Andererseits möchte Paulus nach Phil 2,10 nicht nur „ihn und die Kraft seiner Auferstehung" kennen lernen, sondern auch „die Gemeinschaft seiner Leiden, um seinem Tod gleichgestaltet zu werden". Damit wird ein zetraler Gedanke des „Hymnus" von Phil 2 wieder aufgegriffen. Diese Leiden werden ihrerseits in Kol 1,24 thematisiert.

In Kol 1,19 (ὅτι ἐν αὐτῷ εὐδόκησεν πᾶν τὸ πλήρωμα κατοικῆσαι) erscheint am Schluss des „Kolosserhymnus" das Verb εὐδοκέω („Wohlgefallen haben") – das im Kolosserbrief nur an dieser Stelle und im Philipperbrief kein einziges Mal verwendet wird –, während das entsprechende Nomen εὐδοκία („Wohlgefallen") in Phil 2,13 (… ὑπὲρ τῆς εὐδοκίας) und damit im Anschluss an den „Philipperhymnus" gebraucht wird (vgl. dazu auch Phil 1,15). Auffallend ist dabei, dass an beiden Stellen nicht gesagt wird, wessen „Wohlgefallen" jeweils gemeint ist, obwohl an beiden Stellen im Kontext deutlich wird, dass sich der Verfasser auf Gott bezieht. Die „Parallelen" im Epheserbrief sprechen dagegen von „dem Wohlgefallen seines Willens" (Eph 1,5) bzw. von „seinem Wohlgefallen" (Eph 1,9). Auch an allen anderen Stellen in den Paulusbriefen (außer in Kol 1,19 und Phl 2,13), an denen das Verb oder das Nomen verwendet wird, wird Gott, wenn er Subjekt ist (so in 1. Kor 1,21; 10,5; Gal 1,15; 2. Thess 1,11), jeweils ausdrücklich erwähnt, es sei denn, dass ὁ θεός („Gott") in Gal 1,15 nicht ursprünglich wäre[229]. Diese „Parallele" zwischen Phil 2,13 und Kol 1,19 (jeweils am Schluss bzw. im Anschluss an den „Hymnus") ist wohl kaum Zufall, wie es andererseits keinen Hinweis auf eine literarische Abhängigkeit gibt. Der Schluss des „Philipperhymnus" betont, dass sich einst jedes Knie vor dem erhöhten Jesus beugen wird (Phil 2,10). Diese Stelle stellt eine deutliche Parallele zu Röm 14,11 dar, wo Jes 45,23 zitiert wird, während das in Phil 2,10 nicht (direkt) der Fall ist. Außer an diesen zwei Stellen erscheint der Ausdruck „das/die Knie beugen" in Bezug auf Gott bzw. den Herrn Jesus in den Paulusbriefen nur noch in Eph 3,14. Gemäß dieser Stelle beugt Paulus seine Knie „zu dem Vater hin (πρὸς τὸν πατέρα; vgl. Eph 2,18: … ἔχομεν τὴν προσαγωγὴν … πρὸς τὸν πατέρα), von dem her jede Vaterschaft im Himmel und auf Erden genannt wird". Mit diesem Gebet nimmt der Verfasser einerseits Bezug auf das erste Gebet in dem Brief (vgl. Eph 1,15ff.), wie u. a. der Ausdruck ὁ πλοῦτος τῆς δόξης („der Reichtum der Herrlichkeit") in Eph 1,18 und 3,16 (vgl. dazu auch Röm 9,23; Kol 1,27) und der Gebrauch des Verbs ὀνομάζω („nennen, einen Namen erhalten") in Eph 1,21 und 3,15 sowie die Anrede Gottes als „Vater" in Eph 1,17 und 3,14 (vgl. auch Eph 2,18!) zeigen. Die Anrede Gottes als „Vater" in Eph 3,14 und die Betonung, dass nach ihm jede „Vaterschaft" ge-

---

[229] So 𝔓^46 B F G 629. 1505 lat sy^p; Ir^(lat pt, arm) Epiph; mit dem Subjekt ὁ θεός dagegen ℵ A D K L P Ψ 0278. 33. 81. 104. 365. 630. 1175. 1241. 1739. 1881. 2464 𝔐 sy^(h**) co; Ir^(lat pt).

nannt wird und somit jede menschliche Autorität Gottes Autorität als Vorbild hat, setzt demnach die Autorität Jesu, wie sie in Eph 1,21f. beschrieben wird, voraus. Andererseits ist damit die Grundlage für die Ausführungen in Eph 6,1ff. in Bezug auf die irdischen Väter und die irdischen „Herren" gelegt. Auch in diesem Kontext wird die Autorität Jesu als „Herrn" betont.

Zudem fällt eine weitere Parallele zwischen Eph 1,20-22 und Phil 2,9-11 auf: Nach Eph 1,20-22 hat Gott Jesus Christus auf Grund seiner Auferstehung zu seiner Rechten in den „himmlischen Regionen" (ἐν τοῖς ἐπουρανίοις) eingesetzt (vgl. auch Eph 4,10: καὶ ὁ ἀναβὰς ὑπεράνω πάντων τῶν οὐρανῶν) und damit u. a. „weit über jede … Herrschaft und jeden Namen, der genannt wird (ὑπεράνω πάσης … κυριότητος καὶ παντὸς ὀνόματος ὀνομαζομένου)", erhöht, und zwar „nicht nur in diesem Zeitalter, sondern auch im kommenden [Zeitalter]". Andererseits hat Gott Jesus nach Phil 2,9f. nach seinem Kreuzestod (vgl. Phil 2,8)

> „überaus erhöht (ὑπερύψωσεν) und ihm den Namen geschenkt, der über jeden Namen [ist] (τὸ ὄνομα τὸ ὑπὲρ πᾶν ὄνομα), damit im Namen Jesu jedes Knie in den himmlischen und den irdischen und den unterirdischen [Regionen] sich beuge und jede Zunge bekenne: ‚Herr [ist] Jesus', zur Herrlichkeit/Verherrlichung (εἰς δόξαν) Gottes, des Vaters".

Diese Erhöhung Jesu Christi nach Tod und Auferstehung und ihre Auswirkungen für die Gläubigen sind im Epheserbrief grundlegend (vgl. auch Eph 2,6; 4,7-10) und ebenso, wenn auch nicht ganz so stark betont, im Kolosser- und im Philipperbrief (vgl. auch z. B. Kol 2,12; 3,1-4; Phil 3,10ff.).

Es kann sich in diesen Texten kaum um zufällige Parallelen, aber auch nicht um literarische Abhängigkeiten handeln. Gegen Letzteres sprechen die unterschiedlichen Akzentuierungen der Texte in ihren Kontexten, gegen Ersteres die vielen sprachlichen und inhaltlichen Parallelen. So erscheinen nicht nur in Eph 1,20-22 sowie Phil 2,9-11 das Verb ὀνομάζω („nennen, einen Namen erhalten") und das entsprechende Nomen ὄνομα („Namen"). In beiden Texten wird auch das „Herr-Sein" Jesu bei seiner Erhöhung betont, und wie in Phil 2,11 geht es auch in Eph 1,17 um die „Herrlichkeit" Gottes als „Vater" (vgl. auch Eph 3,21). Beim Kompositum ὑπερυψόω („überaus erhöhen") in Phil 2,9 handelt es sich zwar um ein neutestamentliches Hapaxlegomenon (vgl. aber ὑψόω [„erhöhen"] in 2. Kor 11,7), doch wird das darin enthaltene ὕψος („Höhe") in Eph 4,8 verwendet, indem betont wird, dass Jesus „in die Höhe" (εἰς ὕψος) hinaufgestiegen" ist (vgl. auch Eph 3,18: καὶ ὕψος). Dass dabei ein inhaltlicher Zusammenhang mit Eph 1,20-22 besteht, zeigt die Wiederaufnahme der (uneigentlichen) Präposition ὑπεράνω („oben über") in Eph 4,10 aus Eph 1,21 und die Betonung, dass Jesus „hinaufgestiegen ist weit über alle Himmel, damit er alles erfülle", womit die Aussage in Eph 1,23 wieder aufgenommen wird.[230] Dabei zu

---

[230] Auch bei der Präposition ὑπεράνω, die in Eph 1,21 und 4,10 erscheint, handelt es

beachten ist auch, dass sowohl im Kompositum ὑπερυψόω („überaus erhöhen") in Phil 2,9 als auch im zusammengesetzten Wort ὑπεράνω („oben über") in Eph 1,21 und 4,10 die Präposition ὑπερ („über") erscheint.

Andererseits wird das Motiv, dass Gott Jesus Christus alles „unterordnet" hat (vgl. Eph 1,22: πάντα ὑπέταξεν ὑπὸ τοὺς πόδας αὐτοῦ), neben Phil 2,9-11 auch in Phil 3,21 (τοῦ οὗ δύνασθαι αὐτὸν καὶ ὑποτάξαι αὐτῷ τὰ πάντα) „aufgenommen", wobei mit κατὰ τὴν ἐνέργειαν („nach der Wirksamkeit") eine Wendung verwendet wird, die auch in Eph 1,19 vorkommt (vgl. auch Eph 3,7; Kol 1,29).[231] Andererseits wird zwar mit der Erwähnung der „unterirdischen [Regionen]" (καταχθονίων) in Phil 2,10 ein neutestamentliches Hapaxlegomenon verwendet, doch finden wir dazu eine inhaltliche Parallele in Eph 4,9, wonach Jesus „bis in die untersten Teile der Erde" (εἰς τὰ κατώτερα [μέρη] τῆς γῆς) hinabgestiegen ist, wobei mit κατώτερος („unteren, niederen") ebenfalls ein neutestamentliches Hapaxlegomenon gebraucht wird.[232]

Die Wendung εἰς τὰ κατώτερα [μέρη] τῆς γῆς in Eph 4,9 lehnt sich dabei wahrscheinlich an Ps 63,10b (יָבֹאוּ בְּתַחְתִּיּוֹת הָאָרֶץ ... = „... sie werden kommen in den/die untersten [Teile][233] der Erde") bzw. Ps^LXX 63,10b an. An dieser Stelle übersetzt die LXX mit: ... εἰσελεύσονται εἰς τὰ κατώτατα τῆς γῆς. Subjekt dabei sind die Widersacher des Psalmisten. In Ps 139,15b bzw. Ps^LXX 138,15b gibt die LXX בְּתַחְתִּיּוֹת אֶרֶץ durch ἐν τοῖς κα-

---

sich um ein Wort, das im Neuen Testament sonst nicht gebraucht wird.

[231] Vgl. auch Phil 4,19 (κατὰ τὸ πλοῦτος αὐτοῦ ἐν δόξῃ ἐν Χριστῷ Ἰησοῦ) mit Eph 1,7 (κατὰ τὸ πλοῦτος τῆς χάριτος αὐτοῦ) und Eph 3,16 (κατὰ τὸ πλοῦτος τῆς χάριτος αὐτοῦ).

[232] Übrigens scheint ὕψος καὶ βάθος im Kontext des Gebets in Eph 3,18 (vgl. auch Röm 8,39: οὔτε ὕψωμα οὔτε βάθος) die Ausführungen in Eph 4,7-10 vorwegzunehmen.

[233] Das Adjektiv תַּחְתִּי bedeutet soviel wie „unterer". Es wird z. B. in Ps 63,10 im Plural substantiviert verwendet – und auch in der LXX entsprechend wiedergegeben. In Eph 4,9 „ergänzt" die Mehrheit der Textzeugen das Nomen μέρη und liest τὰ κατώτερα μέρη τῆς γῆς (so ℵ A B C D² I K L P Ψ 33. 81. 104. 365. 630. 1175. 1241^S. 1505. 1739. 1881. 2464 𝔐 f vg); nur die folgenden Manuskripte lassen μέρη weg: 𝔓^46 D* F G it; Ir^lat Cl^exThd Ambst. Dabei ist zu beachten, dass ein Textzeuge aus dem 2. Jh. das Nomen weglässt. Trotz der breiten Bezeugung des Nomens ist wohl davon auszugehen, dass es später ergänzt wurde, während der Verfasser sich wahrscheinlich an den alttestamentlichen Ausdruck anlehnte, es sei denn, dass (ein) Abschreiber den Zusammenhang mit den alttestamentlichen Stellen kannte(n) und das Nomen strichen, was m. E. eher unwahrscheinlich ist. Übringens ist die textkritische Lage in Bezug auf die Frage nach der Ursprünglichkeit des καί in Eph 4,8 ähnlich. Im Nestle-Aland-Text (28. Auflage) wird es offenbar nicht als usprünglich betrachtet, obwohl es breit bezeugt ist (ℵ² B C*·³ D² K L P Ψ 81. 104. 365. 630. 1175. 1505. 1739. 1881 𝔐 sy; MVict; txt 𝔓^46 ℵ* A C² D* F G 33. 1241^S. 2464 latt; Ir^lat). Der Text in Ps 68,19 bzw. Ps^LXX 67,19, der in Eph 4,8 teilweise zitiert wird, liest an dieser Stelle kein „und".

τωτάτω τῆς γῆς wieder[234], und in Jes 44,23 wird תַּחְתִּיּוֹת אֶרֶץ mit τὰ θεμέλια τῆς γῆς („die Fundamente der Erde") übersetzt. Andererseits erscheint אֶרֶץ תַּחְתִּיּוֹת („Land/Erde der untersten [Teile]") sechsmal bei Hesekiel (vgl. Hes 26,20; 31,14.16.18; 32,18.24). Dabei ist dieses „Land der Tiefen" identisch mit der „Grube" bzw. dem Grab, zu der/dem die Menschen „hinabfahren".[235] Es ist sehr wahrscheinlich, dass sich Eph 4,9 an diese Ausdrücke im Alten Testament anlehnt, wobei möglicherweise vor allem die Psalmstellen eine Rolle spielen, zumal in Eph 4,8 ausdrücklich der Psalter (Ps 68,19 bzw. Ps^{LXX} 67,19) teilweise zitiert wird und auch die Wendung ὑπεράνω πάντων τῶν οὐρανῶν (weit über alle Himmel") Eph 4,18 sich möglicherweise an den Psalter anlehnt (vgl. z. B. Ps 8,2; 148,4). Im Kontext ist in Eph 4,9 wahrscheinlich vor allem an das Grab Jesu gedacht. „Parallel" dazu wird im „Philipperhymnus" der Gehorsam Jesu „bis zum Tod, zum Tod am Kreuz" betont, woraufhin Gott ihn „überaus erhöht hat" (vgl. Phil 2,8f.).

Damit wird deutlich, dass nicht nur die Eingangseulogie in Eph 1,3-14[236], sondern auch die zwei Gebete in Eph 1,15-23 und 3,14-19 für die Ausführungen des Briefs sehr zentral sind, wie es der „Christushymnus" im Kontext des Philipper- und des Kolosserbriefs jeweils ist. Zudem machen die Parallelen zwischen dem „Christushymnus" in Phil 2,9-11 und dem Epheserbrief wahrscheinlich, dass in Eph 3,14 mit dem Beugen der Knie vorausgesetzt ist, dass dieses im „Namen des Herrn Jesus" geschieht (vgl. Eph 1,20-22; 5,20), vor dem sich nach Phil 2,10 jedes Knie beugen wird. Dieser Aspekt wird auch durch den Gebrauch des Verbs ὀνομάζομαι (im Passiv: „genannt werden") in Eph 3,15 (in Bezug auf den „Vater") nach dem Gebrauch des gleiches Verbs in Eph 1,21 (in Bezug auf den erhöhten Jesus Christus) bekräftigt. Während Gott Jesus Christus nach Eph 1,20-22 durch die Auferstehung und das Setzen zur Rechten Gottes erhöht hat u. a. „weit über ... jeden Namen, der genannt wird, nicht allein im gegenwärtigen Zeitalter, sondern auch im zukünftigen", beugt Paulus nach Eph 3,14f. seine Knie „zum Vater hin, aus dem heraus jede Vaterschaft in den Himmeln und auf Erden genannt werden". Obwohl das Gebet in Phil 2,9f. nicht erwähnt wird, kann man diesen Text sicher auch darauf beziehen. Demnach hat Gott Jesus „den Namen gegeben, der über jeden Namen ist, damit sich im Namen Jesu jeder Knie beuge ...".

In Eph 5,20 betont der Verfasser, dass die Empfänger in ihren Gebeten (vgl. Eph 5,19) „allezeit für alles im Namen unseres Herrn Jesus Christus dem Gott und Vater" danken sollen (vgl. auch Eph 2,18). Voraussetzung des Gebets zu Gott als „Vater" in Eph 3,14 (vgl. dazu auch Eph 2,18) ist damit, dass Jesus

---

[234] Vgl. dazu auch OdSal 8,13: ... μηδὲ καταδικάσῃς με ἐν τοῖς κατωτάτοις τῆς γῆς ...

[235] Die LXX übersetzt εἰς (γῆς) βάθος bzw. εἰς βάθη/τὸ βάθος τῆς γῆς.

[236] Vgl. dazu Dahl, Proömium, 313: „Das ‚Proömium' des Epheserbriefes ist formgeschichtlich als eine ‚Eulogie' oder [ein] ‚Benedition' zu bezeichnen[,] und zwar als eine ‚Briefeingangs-Eulogie'." Zur Begriffserklärung vgl. auch u. a. Heckel, Segen, 12ff.

Christus „unser Herr" geworden ist (vgl. auch z. B. Röm 10,9-13). Auffallend ist auf jeden Fall, dass die Danksagung „im Namen unseres Herrn Jesus Christus" ausdrücklich nur in Eph 5,20 und indirekt in der Parallele in Kol 3,17 erwähnt wird und dass in Eph 3,14 wie in Phil 2,10 vom Beugen der Knie die Rede ist.[237] Vom Beugen der Knie vor dem „Herrn" wird auch in Röm 14,11 gesprochen, jedoch im Zusammenhang mit dem eschatologischen Gericht, während sich Phil 2,10 wohl (auch) darauf bezieht, dass die Gläubigen jetzt schon ihre Knie „im Namen Jesu" beugen, weil in seinem „Namen" die Fülle der Gnade Gottes vorhanden ist (vgl. Phil 2,9: καὶ ἐχαρίσατο αὐτῷ τὸ ὄνομα …).

In Kol 3,17 wird betont, dass die Empfänger alles, was sie tun, „im Namen [des] Herrn Jesus" tun sollen, indem sie „Gott, [dem] Vater, durch ihn danken".[238] Die Begründung dafür hatte der Verfasser im Kontext des Kolosserbriefs ebenfalls im „Christushymnus" in Kol 1,15ff. gegeben. Damit wird aber zumindest auch angedeutet, dass Kol 3,17 als Einführung zu den folgenden Ausführungen über die Ausübung der Autorität der Eltern und Sklavenbesitzer ebenfalls die göttliche „Vaterschaft", wie sie in Eph 3,14f. beschrieben wird, als Vorbild für diese Autorität voraussetzt.

Nach Kol 1,15 ist Jesus das „Ebenbild des unsichtbaren Gottes", wobei beachtet werden muss, dass mit dem Begriff εἰκών („Ebenbild") zum Ausdruck gebracht wird, dass durch ihn Gottes „unsichtbares Wesen" (vgl. dazu auch Röm 1,20) sichtbar gemacht wird. Die Identität Jesu Christi mit Gott wird damit wie in Phil 2,6 (τὸ εἶναι ἴσα θεῷ) als gegeben betrachtet. Gott ist als Schöpfer „Vater", und nach Kol 1,16 ist „alles" durch den „Sohn" Gottes (vgl. Kol 1,13) geschaffen worden, sodass die Bezeichnung Jesu als „Sohn" ebenfalls (zumindest indirekt) auf die schöpferische Autorität hinweist. Daran knüpft Kol 3,10 an, indem betont wird, dass der „neue Mensch" hin „zur Erkenntnis nach dem Ebenbild dessen, der ihn geschaffen hat", erneuert wird. Dieses „Bild" des Schöpfers ist damit auch das Ziel der Ausübung der Autorität (vgl. auch Röm 8,29; 2. Kor 3,18; 4,4).

3.1.6.6. Eph 4,4-10 im Verhältnis zu diesen „Christushymnen"

Auf die auffallenden Parallelen zwischen Teilen des „Christushymnus" in Phil 2,6-11 und Eph 4,9f. wurde bereits hingewiesen. Eph 4,9f. bildet dabei den Ab-

---

[237] Zum „Namen des Herrn (Jesus)" vgl. auch Röm 10,13; 2. Thess 1,11f.; 3,6; 2. Tim 2,19; vgl. zudem u. a. Röm 1,5; 15,9.20.

[238] In Eph 5,20 erscheint ἐν ὀνόματι τοῦ κυρίου ἡμῶν Ἰησοῦ Χριστοῦ, in Kol 3,17 ἐν ὀνόματι κυρίου Ἰησοῦ. Eine ähnliche Wendung begegnet in den Paulusbriefen nur noch in 2. Thesss 3,6: ἐν ὀνόματι τοῦ κυρίου [ἡμῶν] Ἰησοῦ Χριστοῦ. Mit Artikel erscheint die Wendung in den Paulusbriefen in 1. Kor 5,4 (ἐν τῷ ὀνόματι τοῦ κυρίου [ἡμῶν] Ἰησοῦ) und 6,11 (ἐν τῷ ὀνόματι τοῦ κυρίου Ἰησοῦ Χριστοῦ) sowie in Phil 2,10 (ἐν τῷ ὀνόματι Ἰησοῦ).

schluss eines „liturgischen" Textes, der in Eph 4,4 beginnt, jedoch in Eph 1,1-3 eine „Einführung" hat (vgl. dazu Phil 2,1-5!). Der Abschnitt beginnt mit dem „einen Leib" und endet mit dem, der „alles erfüllt", nämlich dem „weit über alle Himmel" (ὑπεράνω πάντων τῶν οὐρανῶν) erhöhten Jesus Christus. Damit nimmt der Rahmen dieses Abschnitts in Eph 4,4-10 deutlich den Gedanken von Eph 1,21-23 auf.[239]

Dass die erwähnten Parallelen zwischen Teilen des „Christushymnus" in Phil 2,6-11 und Eph 4,9f. (als Teil der Einheit von Eph 4,4-10[240]) kaum zufällig sein können, wird bereits durch den Inhalt der jeweils vorangehenden „einführenden" Abschnitte von Eph 4,4-10 und Phil 2,6-11, nämlich Eph 1,1-3 und Phil 2,1-5, bekräftigt. So beginnt Eph 4,1 z. B. damit, dass der Verfasser als „der Gefangene im Herrn" ermahnt/ermuntert (παρακαλῶ), während in Phil 2,1 der Ausdruck παράκλησις ἐν Χριστῷ („Ermahnung/Ermuterung in Christus") erscheint, wobei die Leiden des Paulus und der Empfänger des Briefs in Phil 1,29f., also direkt vor Phil 2,1 angesprochen werden.[241] Anschließend bittet der Verfasser des Epheserbriefs, dass die Empfänger „würdig wandeln ... mit jeder Demut und Sanftmut, mit Langmut, einander in Liebe ertragend", während im Philipperbrief die „Ermutigung der Liebe" und die „Gemeinschaft des Geistes" betont wird (Phil 2,1b), wobei die Empfänger „einander in Demut höher achten" sollen als sich selbst (Phil 2,3b). Demgegenüber betont Eph 4,3, dass die Empfänger bestrebt sein sollen (σπουδάζοντες), „die Einheit des Geistes im Band des Friedens" zu bewahren, sind sie doch „ein Leib", und gibt es doch „einen Geist", wie sie auch „durch eine Hoffnung eurer Berufung" berufen worden sind (Eph 4,4). Die Philipper ihrerseits sollen sich auf die Dinge fokusieren (σκοποῦντες)[242], die den „Andersartigen" dienen, indem sie die Gesinnung haben, die auch „in Christus Jesus" war (Phil 2,4f.).

Dass in Phil 2,1 von der „Gemeinschaft des Geistes" (κοινωνία πνεύματος) die Rede ist, geschieht wohl mit (indirekter) Bezugnahme auf Phil 1,5, wonach sich der Verfasser „über eure Gemeinschaft in Bezug auf das Evangelium" (ἐπὶ τῇ κοινωνίᾳ ὑμῶν εἰς τὸ εὐαγγέλιον), also über ihre (finanzielle) Anteilnahme an dem Verkündigungsdienst des Apostels, freut (vgl. auch Phil 4,10), während die

---

[239] Es wurde bereits darauf hingewiesen, dass die „uneigentliche" Präposition ὑπεράνω im Neuen Testament neben Eph 1,21 und 4,10 nur noch in Hebr 9,5 erscheint.

[240] Vgl. dazu weiter unten.

[241] Das *Nomen actionis* παράκλησις erscheint im Philipperbrief nur an dieser Stelle, während das Verb παρακαλέω neben Eph 4,1 auch in Eph 6,22 und Phil 4,2 verwendet wird. Phil 4,2 betont ähnlich wie bereits Phil 2,1-5 die einheitliche Gesinnung „im Herrn", wobei mit „im Herrn" (ἐν κυρίῳ) ein Ausdruck verwendet wird, der in Eph 4,1 (!) erscheint, während in Phil 2,1.5 „in Christus" bzw. „in Christus Jesus" erscheint.

[242] Das Verb σκοπέω wird außer in Phil 2,4 auch in Phil 3,17 gebraucht (sonst nur in Lk 11,35; Röm 16,17; 2. Kor 4,18; Gal 6,1), zudem findet sich in Phil 3,14 das Nomen σκόπος.

Betonung der „Einheit des Geistes" in Eph 4,3 zumindest indirekt auf die Einheit zwischen Juden- und Heidenchristen (vgl. Eph 2,16) und den einheitlichen Zugang beider „zu dem Vater" (Eph 2,18: … ἔχομεν τὴν προσαγωγὴν … πρὸς τὸν πατέρα) Bezug nimmt (vgl. auch Eph 3,12.14). Ziel dabei ist die „Einheit des Glaubens und der Erkenntnis des Sohnes Gottes", wie Eph 4,13 betont. Angesichts dieser unterschiedlichen Betonung in Bezug auf den „Geist", der jeweils dem Kontext des Briefs entspricht, fällt allerdings auf, dass die Empfänger in Phil 1,17 aufgefordert werden, „in einem Geist" zu stehen (στήκετε ἐν ἑνὶ πνεύματι), wobei sowohl mit „in einem Geist" (vgl. dazu Eph 2,18; 4,3f.) als auch mit der Aufforderung zum „Stehen" (vgl. dazu Eph 6,11: στῆναι πρὸς τὰς μεθοδείας τοῦ διαβόλου; 6,13: καὶ ἅπαντα κατεργασάμενοι στῆναι; 6,14: στῆτε οὖν περιζωσάμενοι) Aussagen des Epheserbriefs „aufgenommen" werden. Auch mit πληρόω („erfüllen") in Phil 2,2 (vgl. auch Phil 1,11; 4,18.19) wird ein Begriff verwendet, der für den Epheserbrief „typisch" ist (vgl. z. B. Eph 1,23; 3,19; 4,10; 5,18).[243]

Während mit σπλάγχνα („Eingeweide, Mitgefühl") und οἰκτιρμός („Erbarmen") in Phil 2,2 Begriffe verwendet werden, die zwar nicht im Epheserbrief, aber beide in Kol 3,12 – und damit in einer Parallelstelle zu Eph 4,2 (!) – erscheinen, wird mit ταπεινοφροσύνη („niedrige Gesinnung, Demut") in Phil 2,3 ein Nomen gebraucht, dass im Philipperbrief nur an dieser Stelle und im Epheserbrief nur in Eph 4,2 (!) erscheint, ebenso aber auch in Kol 3,12, der Parallele zu Eph 4,2. Die Aufforderung in Phil 2,3, nichts „gemäß Streitsucht" (κατ᾽ ἐριθεία) zu tun, nimmt dagegen Bezug auf die Aussage in Phil 1,17, wonach einige „aus Streitsucht (ἐξ ἐριθείας) den Christus verkündigen".

Somit kann man in Eph 4,4-10 eine gewisse Entsprechung zum „Christushymnus" des Philipperbriefs (und des Kolosserbriefs) erkennen. Der „liturgische" Stil des Textes wird u. a. daran sichtbar, dass mehrere Kola (Satzteile) asyndetisch aneinandergehängt werden, wie dies z. B. auch in der Eingangseulogie in Eph 1,3-14 der Fall ist. Zudem erscheint der Ausdruck αὐτός ἐστιν („er ist …") in den Paulusbriefen neben Eph 4,10 nur noch zweimal in Kol 1,17-18 und somit im „Kolosserhymnus"[244] (vgl. auch Eph 4,11: καὶ αὐτὸς ἔδωκεν …).[245]

---

[243] In Phil 2,2 sind zwar die Empfänger Subjekt, da der Verfasser aber an den Gebrauch in Phil 1,11 anknüpfen konnte, ist eine Beziehung zum Epheserbrief möglich. Da Paulus die Begriffe sehr bewusst wählt, ist davon auszugehen, dass bei der Wahl des Verbs in Phil 2,2 die Verwendung in Phil 1,11 mitprägend war. Phil 1,9.11 stellt seinerseits eine gewisse Parallele zu Kol 1,9f., aber auch zum Epheserbrief dar (vgl. z. B. Eph 1,6.12.14.17). Damit bringt Phil 2,2 wohl auch indirekt zum Ausdruck, dass die Philipper dem Ziel der Fülle, von der z. B. in Phil 1,11 die Rede ist, durch die Erfüllung der Anforderung näherkommen. Das entspricht der Aussage von Phil 1,9-11, wobei zu beachten ist, dass das Verb φρονέω, das in Phil 2,1-5 zentral ist (vgl. auch Phil 4,3.15.19; 4,2,10), auch schon in Phil 1,7 (!) erscheint.

[244] Beim Ausdruck ὅς ἐστιν, der ebenfalls in Kol 1,18 (auch in Kol 1,15 und 2,10) so-

Auch der Satz ὁ ἐπὶ πάντων καὶ διὰ πάντων καὶ ἐν πᾶσιν („der über allem und durch alles und in allem [ist]") in Eph 4,6b findet eine Entsprechung im „Kolosserhymnus", wobei hier allerdings Jesus Christus als Schöpfer des Alls Subjekt ist (vgl. Kol 1,17f.; vgl. auch 1. Kor 8,6[246]). Doch auch Eph 4,10b gibt wie Kol 1,16 Jesus Christus als Ziel von allem an (vgl. auch Eph 1,10).[247]

In diesem Sinn können wir in Bezug auf Eph 4,4-10 von einem „Epheserhymnus" bzw. von dem „Christushymnus" im Epheserbrief sprechen. Dabei ist jedoch zu beachten, dass die „hymnischen" Texte im Epheserbrief wesentlich breiter verteilt sind als im Philipper- und im Kolosserbrief. Gleichzeitig gibt es deutliche Parallelen zwischen diesem „Epheserhymnus" und dem „Philipperhymnus" sowie dem „Kolosserhymnus" innerhalb ihres jeweiligen Kontextes. Eine literarische Abhängigkeit ist in keiner Hinsicht zu erkennen, aber zufällig können die Parallelen ebenfalls kaum sein. Es ist vielmehr erneut von der gleichen Handschrift und zudem von einer zeitnahen Datierung dieser Briefe auszugehen.

3.1.6.7 Eph 5,15-20 und die Parallelen im Kolosser- und im Philipperbrief

Auch Eph 5,15-20 schließt sich dem Duktus, der im Epheserbrief von der Eingangseulogie (Eph 1,3-14) ausgeht[248], an. Darauf deutet u. a. die Betonung in Eph 5,16, nicht als Unweise, sondern als Weise zu wandeln (vgl. Eph 1,8), aber auch die Hervorhebung des „Willens des Herrn" in Eph 5,17 (vgl. Eph 1,5.9.11;

---

wie in Eph 4,15 begegnet, kann man dagegen von einem „typisch paulinischen Gebrauch" sprechen, da der Begriff im Neuen Testament 18-mal gebraucht wird, davon jedoch nur dreimal außerhalb der Paulusbriefe (so in Lk 2,11; 1. Petr 3,22; Offb 20,2). In Röm 1,25 begegnet der Ausdruck in einer Eulogie (ὅς ἐστιν εὐλογητὸς ...; vgl. dazu Eph 1,3), und der Satz ὅς ἐστιν εἰκὼν τοῦ θεοῦ in 2. Kor 4,4 findet eine Parallele in Kol 1,15.

[245] In diesem Kontext ist der Satz ... αὐτός ἐστιν καὶ ὁ ἀναβάς ... in Eph 4,10 wohl nicht durch „... ist derselbe, der auch hinaufgestiegen ist ..." zu übersetzen (so z. B. die Elberfelder-Übersetzung), sondern durch „... er ist es auch der, der hinaufgestiegen ist ..."

[246] Sowohl Eph 4,6 als auch Kol 1,16f. scheinen sich an 1. Kor 8,6 anzulehnen, aber mit unterschiedlicher Akzentuierung.

[247] Beim Ausdruck καθὼς καί in Eph 4,4 – und auch in Eph 4,17.32; 5,2.25.29 – kann man erneut von einem „typischen paulinischen Gebrauch" sprechen. Der Ausdruck erscheint im Neuen Testament insgesamt 32-mal, davon 25-mal in den Paulusbriefen (zweimal im Römerbrief, fünfmal im 1. Korintherbrief, zweimal im 2. Korintherbrief, dreimal im Kolosserbrief, sechsmal im 1. Thessalonicherbrief und einmal im 2. Thessalonicherbrief). Die Wendung τί ἐστιν, εἰ μὴ ὅτι ... in Eph 4,9 findet eine gewisse Entsprechung in 2. Kor 12,13 (τί γάρ ἐστιν ..., εἰ μὴ ὅτι ...)

[248] Vgl. dazu Abschnitt 3.1.7.

vgl. zudem Eph 6,6; Kol 1,9; 4,12). Auch der Hinweis, dass die Empfänger die „Zeit" (τὸν καιρόν) auskaufen, indem sie als Weise wandeln (Eph 5,17), und dass sie sich durch den Geist (Gottes) erfüllen lassen sollen (Eph 5,18), deuten auf diesen Zusammenhang. In Eph 1,10 ist nämlich von der „Hausverwaltung der Fülle der Zeiten" (οἰκονομίαν τοῦ πληρώματος τῶν καιρῶν) die Rede, welche durch Jesus Christus verwirklicht wird, und nach Eph 6,18 sollen die Empfänger „in jeder Zeit (ἐν παντὶ καιρῷ) im Geist" beten (vgl. auch Eph 2,12: τῷ καιρῷ ἐκείνῳ). Die „Fülle der Zeitpunkte" (vgl. auch Gal 4,4) führt also dazu, die Zeit „auszukaufen" und in dieser durch Jesus erfüllten Zeit zu beten. Dieser Zusammenhang deutet auch darauf hin, dass u. a. mit der „Danksagung" in Eph 5,20 und den „Hymnen", die nach Eph 5,19 „geredet" werden sollen, zumindest indirekt auf die Eingangseulogie in Eph 1,3-14, die Gebete in Eph 1,15-23 und 3,14-21[249] sowie den „Hymnus" in Eph 4,4-10 Bezug genommen wird.

Dabei bildet Eph 5,18-20 inhaltlich – jedoch nicht literarisch – wohl die „Vorlage" für Kol 3,16f. und 4,5, während Kol 4,2-4 eine Parallele zu Eph 6,18-20 darstellt. Der Text Eph 5,18-20 entfaltet nicht nur mit dem unmittelbaren Kontext eine gedankliche Einheit, sondern stellt auch vom gesamten Aufbau des Epheserbriefs eine Art „logische Folge" dar, während das im Kontext des Kolosserbriefs nicht der Fall ist. So findet Eph 5,15b-16a z. B. eine Parallele in Kol 4,5 und damit nach der „Haushaltstafel", während der Text in Eph 5,15-17 „Voraussetzung" für das geisterfüllte Verkündigen u. a. durch Hymnen und Gebete und auch für die „Haustafel" darstellt.

Damit findet Eph 5,15–6,9.18-20 folgenden „Widerhall" im Kolosserbrief:

Epheserbrief	**Kolosserbrief**
5,15-16a: In Weisheit wandeln (vgl. 1,8); Zeit auskaufen	3,16: In Weisheit lehren (vgl. 1,9.28) 4,5: Zeit auskaufen
5,18b: Geistesfülle	(2,10: Fülle durch Jesus Christus)
5,19f.: Geistliche Lieder singen	3,16f.: Geistliche Lieder singen
5,21-33: Christliche Ehe	3,18f.: Christliche Ehe
6,1-4: Eltern – Kinder	3,21: Eltern – Kinder
6,5-9: Sklaven und Herren	3,22–4,1: Sklaven und Herren

---

[249] Dabei ist zu beachten, dass das Gebet in Eph 3,14-21 mit einem gewissen „Lobpreis" und dem „Amen" endet (vgl. Eph 3,20f.), wobei dieses „Amen" nach dem „Lobpreis" Gottes für die Paulusbriefe typisch ist (vgl. Röm 1,25; 9,5; 11,36; 16,27; Gal 1,5; Phil 4,20; 1. Tim 1,17; 6,16; 2. Tim 4,18).

6,18-20: (Schluss-)Gebet   4,2-4: Gebet

Die Aufforderung in Eph 5,15b, „als Weise" (ὡς σοφοί) zu wandeln, findet nicht nur in Kol 4,5 mit der Aufforderung, „in Weisheit" (ἐν σοφίᾳ) zu wandeln, eine Parallele, sondern gewissermaßen auch schon in Kol 3,16, wobei in diesem Text, der Kol 1,28 und Eph 5,19 zu verbinden scheint, gesagt wird, dass die Empfänger dadurch, dass sie „das Wort des Christus reichlich unter euch wohnen" lassen, „in aller Weisheit einander lehren und zurechtweisen".

Dieser Zusammenhang spricht m. E. deutlich für die Priorität des Textes in Eph 5,15-20 gegenüber dem des Kolosserbriefs. Und mit der Wendung ἐν πάσῃ σοφίᾳ („in aller Weisheit"), die neben Kol 3,16 (ἐν πάσῃ σοφίᾳ διδάσκοντες καὶ νουθετοῦντες ἑαυτούς) auch in Kol 1,9 (ἐν πάσῃ σοφίᾳ καὶ συνέσει πνευματικῇ) und 1,28 (νουθετοῦντες ... καὶ διδάσκοντες ... ἐν πάσῃ σοφίᾳ) erscheint, wird die gleiche Wendung gebraucht, die in Eph 1,8 (ἐν πάσῃ σοφίᾳ καὶ φρονήσει) erscheint. Damit knüpft der Kolossertext nicht nur an Eph 5,15-20 an, sondern auch bereits an Eph 1,8, wie das offenbar auch in Eph 5,15f. der Fall ist, wobei allerdings Eph 1,8-10 den Anknüpfungspunkt bildet.

3.1.6.8 Eph 5,19f. im Kontext des Epheserbriefs und des Psalters

Der Gebrauch der Nomina ψαλμός („Psalm"), ὕμνος („Hymnus") und ᾠδή („Lied") in Eph 5,19 und Kol 3,16 geht wahrscheinlich auf die verschiedenen Gattungsbezeichnungen im alttestamentlichen Psalter zurück.[250] Bereits in Eph 3,21 und somit am Schluss des Gebet von Eph 3,14ff. wird eine Anlehnung an den Psalter deutlich. Nach Eph 3,21 gehört Gott die Herrlichkeit „in der Gemeindeversammlung und in Christus Jesus[251] auf alle Geschlechter hin in alle Ewigkeit". Im alttestamentlichen Psalter ist einige Male davon die Rede, dass Gott „in [der] Gemeindeversammlung" (בְּקָהָל; LXX: ἐν [μέσῳ] ἐκκλησίᾳ) gepriesen bzw. verherrlicht wird (vgl. Ps 22,23.26[252]; 35,18; 40,10; 68,27[253]; 89,6;

---

[250] So erscheint der Begriff ψαλμός in der LXX u. a. in den Psalmen 4–9, 11–15, 19–25, 29–31, 41–44, 66–51, 62–68, 79–85, 87–88, 98–100, 108–110, 139–143 und 147 (nach der LXX-Zählung) jeweils in der Überschrift, ὕμνος erscheint u. a. in den Psalmen 6, 53, 54, 60, 66 und 71, während ᾠδή u. a. in Psalm 4, 17, 29, 38, 44, 47, 64–67 sowie 119–133 in der Überschrift erscheint.

[251] Eine gewisse Parallele zur Formulierung ἐν τῇ ἐκκλησίᾳ καὶ ἐν Χριστῷ Ἰησοῦ findet sich in Phil 2,5: ἐν ὑμῖν ὃ καὶ ἐν Χριστῷ Ἰησοῦ (vgl. dazu auch Percy, Probleme, 291).

[252] LXX (Ps^LXX 21,26): παρὰ σοῦ ὁ ἔπαινός μου ἐν ἐκκλησίᾳ μεγάλῃ ...

[253] In Ps 68,27 erscheint in der hebräischen Bibel der Ausdruck בְּמַקְהֵלוֹת (LXX: ἐν ἐκκλησίαις εὐλογεῖτε τὸν θεόν, τὸν κύριον ἐκ πηγῶν Ισραηλ), und nicht der Ausdruck בְּקָהָל. Der Ausdruck בְּמַקְהֵלוֹת erscheint auch in Ps 26,12 (LXX: ... ἐν ἐκκλησίαις

107,32; 149,1; vgl. auch z. B. 1. Kön 8,14.55; 1. Chr 29,10-13.20; 2. Chr 6,3; Sir 15,5; 24,1f.[254]; 39,10[255] = 44,15; 50,20; PsSal 10,6).[256] So heißt es z. B. in Ps 149,1: „Halleluja! Singt Jahwe ein neues Lied, sein Lob in der Gemeinde der Frommen!" Dabei wird immer wieder wie in Eph 3,21 betont, dass das Lob, der Preis bzw. die „Herrlichkeit" Gott „bis in alle Ewigkeit" gegeben werden sollen (vgl. z. B. Ps 45,18; 61,9; 72,19; 145,1f.21).

Der Epheserbrief knüpft m. E. deutlich an solche Aussagen im Psalter an und wendet sie christologisch auf die neutestamentliche Gemeinde an. Dementsprechend handelt es sich um einen „Lobpreis" Gottes durch Gebet, Verkündung und Gesang. Das Vorbild dafür ist also der alttestamentliche „Gottesdienst". Aber auch der Epheserbrief selbst ist erfüllt von solchen „Hymnen", Gebeten und Danksagungen, welche von der „Verkündigung" nicht zu trennen sind (vgl. z. B. Eph 1,3-14.15-23; 3,14-21; 4,4-10; 6,18-20), wie auch das einleitende Partizip λαλοῦντες („reden, verkündigen") in Eph 5,19 andeutet, welchem das Partizip εὐχαριστοῦντες („dankend") in Eph 5,20 seinerseits untergeordnet ist.

Nach Eph 1,18 bittet der Verfasser den „Vater der Herrlichkeit" (vgl. Eph 1,17) u. a. darum, dass die Gläubigen mit „geöffneten Augen des Herzens" erkennen, „was der Reichtum der Herrlichkeit seines Erbteils unter den Heiligen (ἐν τοῖς ἁγίοις)" ist (vgl. auch 2. Thess 1,10: ὅταν ἔλθῃ ἐνδοξασθῆναι ἐν τοῖς ἁγίοις αὐτοῦ ...). Der Ausdruck „in/unter den Heiligen" scheint somit „synonym" zu „in der Gemeinde" in Eph 3,21 verwendet zu werden. In der LXX dient der Ausdruck ἐν τοῖς ἁγίοις (vgl. Ex 29,30; Num 4,12; Ps^{LXX} 67,36; 73,3; 150,1; Jes 41,16; Hes 44,7.8.11) als Wiedergabe von בַּקֹּדֶשׁ („im Heiligtum"; der Ausdruck wird auch mit ἐν τῷ ἁγίῳ wiedergegeben) und ähnlichen Ausdrücken (vgl. z. B. Ps 68,36: מִמִּקְדָּשֶׁיךָ). So wird Ps 150,1 in der LXX z. B. folgendermaßen übersetzt: Αλληλουια. Αἰνεῖτε τὸν θεὸν ἐν τοῖς ἁγίοις αὐτοῦ, αἰνεῖτε αὐτὸν ἐν στερεώματι δυνάμεως αὐτοῦ· („Helleluja! Lobt Gott unter seinen Heiligen! Lobt ihn in der Feste seiner Macht!"). Vor allem die Psalmen 95–98 fordern auf, Jahwe u. a. ein „neues Lied" zu singen (vgl. Ps 96,1; 98,1) und mit Danksagung vor sein Angesicht zu treten (vgl. Ps 95,2; vgl. auch Eph 5,19f.). Unter den Nationen soll seine Herrlichkeit erzählt werden (Ps 96,2), denn „Majestät und Pracht sind vor seinem Angesicht, Stärke und Herrlichkeit in seinem

---

εὐλογήσω σε, κύριε). In Bezug auf Ps 68,27 ist zu beachten, dass in Eph 4,8 aus dem gleichen Psalm zitiert wird (nämlich Ps 68,17).

[254] LXX-Text: ἡ σοφία αἰνέσει ψυχὴν αὐτῆς καὶ ἐν μέσῳ λαοῦ αὐτῆς καυχήσεται· ἐν ἐκκλησίᾳ ὑψίστου στόμα αὐτῆς ἀνοίξει καὶ ἔναντι δυνάμεως αὐτοῦ καυχήσεται.

[255] LXX-Text: τὴν σοφίαν αὐτοῦ διηγήσονται ἔθνη, καὶ τὸν ἔπαινον αὐτοῦ ἐξαγγελεῖ ἐκκλησία.

[256] Parallel dazu wird im Psalter auch dazu aufgefordert, Gott „in seinen Vorhöhen" zu loben (vgl. Ps 96,8; 100,4; 135,1f.; vgl. auch Ps 65,6; 84,3; 92,14; 116,18f.).

Heiligtum" (Ps 96,6). Es geht darum, dass Jahwes „Name" verherrlicht bzw. gepriesen oder besungen wird (vgl. z. B. auch Ps 9,3; 22,23; 34,4; 44,9; 45,18; 54,8; 61,9; 66,4; 74,21; 86,9; 92,2; 96,2; 99,3; 106,47; 142,8; 145,1f.21; 149,3). Aus dem Duktus des Epheserbriefs kann somit wohl gefolgert werden, dass bereits der „Lobpreis" Gottes, wie er in Eph 1,3 mit der Betonung, dass „der Gott und Vater unseres Herrn Jesus Christus ... uns mit jedem geistlichen Segen in den himmlischen [Regionen] gesegnet hat", ebenfalls im Stil der Preisungen (εὐλογίαι) Gottes im Psalter formuliert worden ist (vgl. z. B. Ps 71,17; 72,19; Ps 96,2; 113,3; 128,8; 144,21).[257]

Für eine solche Anknüpfung an die Psalmenüberschriften könnte auch der Gebrauch des Verbs συνίημι („einsichtig sein, verstehen") in Eph 5,17 sprechen. Nicht nur in Eph 3,4, sondern auch in Kol 1,9 und 2,2 wird das damit verwandte Nomen σύνεσις („Einsicht, Verständnis") verwendet, und in Kol 1,9 erscheint in einem Paralleltext zu Eph 1,8b (ἐν πάσῃ σοφίᾳ καὶ φρονήσει) der Ausdruck „in jeder Weisheit und geistlichen Einsicht" (ἐν πάσῃ σοφίᾳ καὶ συνέσει πνευματικῇ), während in Eph 5,19 von „Psalmen, Hymnen und geistlichen Liedern" die Rede ist. Dabei ist zu beachten, dass der Begriff σύνεσις in der LXX in der „Überschrift" von 13 Psalmen als Gattungsbezeichnung erscheint (für das hebräische Wort מַשְׂכִּיל).[258]

Dass der „liturgische" Abschnitt Eph 1,3–3,21 mit der Doxologie und einem „Amen" endet (vgl. Eph 3,20f.), erinnert an den Psalter, deren erste vier „Teilbücher" jeweils mit einer Eulogie enden (vgl. Ps 41,14; 72,18f.; 89,53; 106,48)[259], wobei die ersten drei dieser Eulogien jeweils mit einem doppelten

---

[257] Das Verb εὐλογέω erscheint in der LXX im Psalter 58-mal, während das Nomen εὐλογία neunmal und das Adjektiv εὐλογετός 16-mal gebraucht wird Der Begriff ἔπαινος (vgl. dazu Eph 1,6.12.14; Phil 1,11; 4,8) erscheint in der LXX im Psalter zwar nur dreimal (Ps 21,4.26; 34,28), aber das damit verwandte Nomen αἴνεσις ist im Psalter insgesamt 29-mal, das Nomen δόξα 56-mal gebraucht. Nach Ps 66,2 soll „die Herrlichkeit seines Namens" gespielt und „der Herrlichkeit seines Lobes" gesungen werden (זַמְּרוּ כְבוֹד־שְׁמוֹ שִׂימוּ כָבוֹד תְּהִלָּתוֹ), wobei die LXX (Ps 65,2) übersetzt: ψάλατε δὴ τῷ ὀνόματι αὐτοῦ, δότε δόξαν αἰνέσει αὐτοῦ.

[258] Vgl. in der LXX Ps 31; 41; 43; 44; 51–54; 73; 77; 87; 88; 141 (LXX-Zählung) bzw. in der hebräischen Bibel Ps 32; 42; 44; 45; 52–55; 74; 78; 88; 89; 142. Der Begriff erscheint im hebräischen Alten Testament außer an diesen Stellen nur noch in Ps 47,78, wo זַמְּרוּ מַשְׂכִּיל in der LXX durch ψάλατε συνετῶς wiedergegeben wird (das Nomen מַשְׂכִּיל wird also durch das Adjektiv συνετῶς wiedergegeben). In Ps 54,1 und 55,1 wird der Satz לְדָוִד מַשְׂכִּיל בִּנְגִינוֹת in der LXX jeweils durch ἐν ὕμνοις· συνέσεως τῷ Δαυιδ übersetzt, während מַשְׂכִּיל in Ps 44,1 mit εἰς σύνεσιν ψαλμός wiedergegeben wird. Und in Ps 88,1 wird der Ausdruck שִׁיר מִזְמוֹר mit ᾠδὴ ψαλμοῦ übersetzt, während מַשְׂכִּיל an dieser Stelle wie allgemein durch den Genitiv συνέσεως übersetzt wird.

[259] Vgl. dazu auch Lincoln, Ephesians, 10; vgl. zudem Wesermann, Loben Gottes, 81ff.

„Amen" (אָמֵן וְאָמֵן)[260] enden, während die letzte Eulogie mit einem „Amen, Halleluja" (אָמֵן הַלְלוּ־יָהּ)[261] schließt.[262] Das ist kaum Zufall, ebenso wie die erwähnte Erscheinung im Epheserbrief kaum Zufall ist.

3.1.6.9 Phil 4,6-20 im „Kontext" des Phlipper- und des Epheserbriefs

Danksagung, Fürbitte und Doxologie prägen Phil 4,6-20. Von der Danksagung (εὐχαριστία) ist im Epheserbrief neben Eph 5,20 auch u. a. in Eph 5,4 die Rede (vgl. auch Eph 1,16), Im Philipperbrief ist neben Phil 1,3 auch in Phil 4,6 von der Danksagung die Rede. Gemäß dieser letzten Stelle sollen sich die Empfänger nicht Sorgen machen, „sondern in jedem Gebet und [jeder] Fürbitte mit Danksagung" sollen ihre Gebetsanliegen „zu Gott kundgetan werden" (γνωριζέσθω πρὸς τὸν θεόν; vgl. Eph 3,14: πρὸς τὸν πατέρα)". Sprachlich erinnert dieser Text an den Epheserbrief, wie nicht nur der Gebrauch des Verbs γνωρίζω („kundtun, bekannt machen"; vgl. Eph 1,9; 3,3.5.10; 6,19) andeutet, sondern auch z. B. die Verwendung des Nomens αἴτημα („Gebetsanliegen")[263]. Dieses Nomen erscheint in den Paulusbriefen zwar nur in Phil 4,6 (sonst nur in Lk 23,24 und 1. Joh 5,15), aber in Eph 3,20 wird das damit verwandte Verb αἰτέω („bitten") in Bezug auf das fürbittende Gebet verwendet, wie das sonst in den Paulusbriefen nur noch in Kol 1,9 (!) der Fall ist (vgl. dazu auch 1. Kor 1,22; Eph 3,13). Zudem erinnert die Wendung ἐν παντὶ τῇ προσευχῇ καὶ τῇ δεήσει („in jedem Gebet und [jeder] Fürbitte") an διὰ πάσης προσευχῆς καὶ δεήσεως („durch jedes Gebet und [jede] Fürbitte") in Eph 6,18.[264] Und auch in diesem Kontext erscheint wie in Phil 4,6 das Verb γνωρίζω (vgl. Eph 6,19). Diese Parallelen zwischen Phil 4 und dem Epheserbrief können m. E. nicht zufällig sein, stellen aber auch kaum eine literarische Anlehnung dar.

---

[260] Dieser Ausdruck erscheint im Alten Testament nur in Ps 41,14; 72,19 und 89,53.
[261] Der Ausdruck findet sich im Alten Testament nur in Ps 106,48.
[262] Der Psalter als Ganzes endet mit der Aufforderung: „Alles, was atmet, lobe Jah, Halleluja!" Weber weist darauf hin, dass die Aufforderung zum Lobpreis am Ende des Psalters immer intensiver wird (vgl. Weber, Werkbuch III, 201–209).
[263] Das Nomen αἴτημα, das in der LXX insgesamt zwölfmal erscheint, dient in Ps 20,6 (bzw. Ps^LXX 19,6) und 37,4 (vgl. Ps^LXX 36,4) als Wiedergabe des Nomens מִשְׁאָלָה, das nur an diesen zwei Stellen erscheint. Es ist vom Verb שָׁאַל abgeleitet. Dieses Verb wird in der LXX in den Psalmen mit einer Ausnahme (vgl. Ps^LXX 39,7) durch αἰτέω (vgl. z. B. Ps^LXX 2,8; 20,5; 26,4; 77,18; 104,40; 108,10) und ἐρωτάω bzw. ἐπερωτάω (vgl. z. B. Ps^LXX 34,11; 121,6; 136,3) wiedergegeben. Ansonsten dient αἴτημα in der LXX an einigen Stellen als Wiedergabe des hebräischen Nomens שְׁאֵלָה, das ebenfalls vom Verb שָׁאַל abgeleitet ist (vgl. 1. Sam 1,27; Eph 5,7; 7,2f.; Ps 106,15).
[264] Die zwei Begriffe δέησις und προσευχή erscheinen im Neuen Testament außer in Eph 6,18 und Phil 4,6 nur noch in 1. Tim 2,1 und 5,5 zusammen in einem Vers.

In Phil 4,7 ist vom „Frieden Gottes" die Rede, der „jeden Verstand übertrifft". Dabei erscheint das Verb ὑπερέχω („übertreffen"), das auch in Phil 2,3 und 3,8 gebraucht wird (sonst nur in Röm 13,1 und 1. Petr 2,13). Dass Phil 2,3 eine Parallele zu Eph 4,2 darstellt, wurde bereits begründet.[265] In Phil 3,8 ist von der „Übertreffung [d. h. die alles übertreffende Größe] der Erkenntnis Christi Jesu, meines Herrn" (τὸ ὑπερέχον τῆς γνώσεως Χριστοῦ Ἰησοῦ τοῦ κυρίου μου), die Rede. Das innert an Eph 3,19, wonach der Verfasser dafür betet, dass die Empfänger „die [alles] übertreffende Liebe der Erkenntnis des Christus (τὴν ὑπερβάλλουσαν τῆς γνώσεως ἀγάπην τοῦ Χριστοῦ) erkennen".[266] Zudem fällt der synonyme Gebrauch der Komposita ὑπερβάλλω („übersteigen"; vgl. auch 2. Kor 3,10; 9,14; Eph 1,19; 2,7) und ὑπερέχω („übertreffen"; vgl. dazu auch Röm 13,1; 1. Petr 2,13) auf, wobei beide Komposita im Neuen Testament sonst kaum verwendet werden. Und nach Phil 4,9 sollen die Empfänger das tun, „was ihr auch gelernt und empfangen ... habt" (ἃ καὶ ἐμάθετε καὶ παρελάβετε ...). Diese Aussage erinnert einerseits an Eph 4,20, wo den Adressaten gegenüber betont wird, dass sie „den Christus nicht so [kennen] gelernt" haben (οὐχ οὕτως ἐμάθετε τὸν Χριστόν), und andererseits an Kol 2,6, wonach die Empfänger so, wie sie „den Christus Jesus als Herrn" empfangen haben (ὡς οὖν παρελάβετε), auch wandeln sollen (vgl. auch z. B. Phil 4,18 mit Eph 5,2 und Phil 4,19 mit Eph 1,18). Zudem werden in Phil 4,7 mit den Begriffen νοῦς („Verstand, Denkvermögen") und νόημα („Denken, Gedachtes") Begriffe verwendet, die mit dem Verb νοέω („denken, verstehen"), das in Eph 3,20 gebraucht wird (vgl. auch Eph 3,4), verwandt sind.

Gemäß Phil 4,13 vermag der Verfasser „alles durch den, der mich mächtig macht" (πάντα ἰσχύω ἐν τῷ ἐνδυναμοῦντί με), was an die Aussage in Eph 3,20 erinnert, wonach der Verfasser den verherrlicht, „der über alles imstande ist ..." (τῷ δὲ δυναμένῳ ὑπὲρ πάντα ...). In Phil 4,13 wird in dem Zusammenhang das Verb ἰσχύω („kräftig/fähig sein") gebraucht, das in den Paulusbriefen als einfaches Verb nur noch in Gal 5,6 erscheint, aber in Verbindung mit der Präposition ἐκ („aus") als (verstärkendes) Präfix (ἐξισχύω = verstärktes ἰσχύω) in Eph 3,18 gebraucht wird, während das damit verwandte Nomen ἰσχύς („Stärke") in Eph 1,19 und 6,10 erscheint (κατὰ τὴν ἐνέργειαν τοῦ κράτους τῆς ἰσχύος αὐτοῦ bzw. ἐν τῷ κράτει τῆς ἰσχύος αὐτοῦ), und zwar

---

[265] Vgl. oben Abschnitt 3.1.6.5.
[266] Die Parallelen werden umso deutlicher, wenn man beachtet, dass der Begriff γνῶσις in den Gefangenschaftsbriefen neben Phil 3,8 und Eph 3,19 nur noch in Kol 2,3 erscheint, wobei Kol 2,3 eine gewisse Parallele zu den anderen zwei Versen darstellt. Zudem erscheint jeweils im Kontext von Eph 3,19 und Phil 3,8 das Kompositum καταλαμβάνω (vgl. Eph 3,18; Phil 3,12), das in den Paulusbriefen sonst nur noch dreimal gebraucht wird (Röm 9,30; 1. Kor 9,24; 1. Thess 5,4). Dabei beziehen sich nur Eph 3,18 und Phil 3,12 auf das „Erfassen" im Glaubensleben auf Erden.

in Eph 6,10 verbunden mit dem Kompositum ἐνδυναμόω („befähigen, imstande versetzen"), welches auch in Phil 4,13 erscheint (vgl. auch Eph 3,20: τῷ δὲ δυναμένῳ ...; Eph 3,16: δυνάμει κραταιωθῆναι). Und während Phil 4,18 sprachliche Parallelen zu Eph 5,2 aufweist, gibt es in Phil 4,19f. deutliche Parallelen zu Eph 3,19-31 und teilweise auch zu Eph 3,16. Dazu gehört z. B. die Gewissheit, dass „mein Gott jedes Bedürfnis von euch füllen wird (πληρώσει)", und zwar „nach seinem Reichtum in Herrlichkeit in Christus Jesus", während das Ziel des Gebets nach Eph 3,19 ist, dass die Empfänger „zu jeder Fülle Gottes erfüllt werden", wobei der Verfasser Gott bittet, ihnen „nach dem Reichtum seiner Herrlichkeit" zu geben. Aber auch die Doxologien mit dem „Amen", wie sie jeweils am Schluss erscheinen (Eph 3,21; Phil 4,21), sind sich erstaunlich ähnlich mit dem Unterschied, dass in Phil 4,20 die Herrlichkeit (ἡ δόξα) „Gott und unserem Vater"[267] gehört, während sie nach Eph 3,19f. demjenigen gebührt, „der zu tun imstande ist weit über alles hinaus, worum wir bitten und [was] wir verstehen". Allerdings ist zu beachten, dass das Gebet in Eph 3,14ff. bereits am Anfang deutlich „an den Vater" gerichtet war.

Dieses „Amen", das in Eph 3,21 und Phil 4,21 erscheint, ist in den Paulusbriefen nach einem „Lobpreis" Gottes typisch.[268] Nach 2. Kor 1,20 ist in Jesus Christus nicht nur das „Ja" zu allen Verheißungen Gottes gegeben, sondern auch „durch ihn das Amen, Gott zur Verherrlichung durch euch". Diese Verherrlichung geschieht, wie 1. Kor 14,16 zeigt, auch im gottesdienstlichen Gebet, wobei der andere das „Amen" sagt und erbaut wird. Die Doxologie erscheint allerdings nur in Eph 3,20f. im Zusammenhang mit einem fürbittenden Gebet (vgl. Eph 3,14ff.). Betrachten wir jedoch den Eingang des Epheserbriefs, so erkennen wir, dass auch dort die fürbittende Danksagung (vgl. Eph 1,15-23) eng mit dem „Lobpreis" (vgl. Eph 1,3-14) verbunden ist.

3.1.6.10 Zusammenfassendes Fazit in Bezug auf die „Hymnen" und Gebete

Zusammenfassend können wir festhalten, dass die „Christushymnen" in Phil 2,6-11 und Kol 1,15-20 (richtiger: Kol 1,9-20)[269] jeweils sozusagen das „Herzstück" der Briefe bilden. Gleiches gilt in Bezug auf den Epheserbrief für die

---

[267] Der Ausdruck πατὴρ ἡμῶν erscheint in den Paulusbriefen in Bezug auf Gott in der Regel nur im Briefeingang (vgl. Röm 1,7; 1. Kor 1,3; 2. Kor 1,2; Gal 1,4; Eph 1,2; Phil 1,2; Kol 1,2; 1. Thess 1,2; 2. Thess 1,1; Phlm 3). Eine Ausnahme bilden außer Phil 4,20 nur noch drei Stellen in den Thessalonicherbriefen (vgl. 1. Thess 3,11.13; 2. Thess 2,16).
[268] Vgl. Röm 1,25; 9,5; 11,36; 15,33; 16,27; Eph 3,21; Phil 4,20; 1. Tim 1,17; 6,16; 2. Tim 4,18.
[269] Es handelt sich bei Kol 1,9-20 um ein langes Satzgefüge und um die Doppelung der einleitenden Danksagung (vgl. Kol 1,12) und Fürbitte, die ihre Parallele in Eph 1,15-23 findet.

zwei (ausführlichen) Gebete in Eph 1,15-23 und 3,14-21, wobei diese im engen sprachlichen und inhaltlichen Zusammenhang (besonders) mit Eph 4,4-10 stehen, und alle drei Abschnitte knüpfen an die Eingangseulogie in Eph 1,3-14 an. Diese Tatsache und die Parallelen u. a. zwischen Eph 4 und Phil 2 machen deutlich, dass es sich in Eph 4,4-10 im gleichen Maß um einen „Hymnus" handelt wie z. B. beim „Philipperhymnus" und beim „Kolosserhymnus". Die Unterschiede sind jeweils in der Thematik der einzelnen Briefe begründet.

Der Epheserbrief bildet zwar keine literarische, aber in gewisser Hinsicht eine inhaltliche (und sprachliche) „Vorlage" der „Christushymnen" in Phil 2,6-11 und Kol 1,9-20. Eine „Vorlage" dieser zwei „Hymnen" finden wir in den zwei Gebeten in Eph 1,16-23 und 3,14-21 und im „Epheserhymnus" in Eph 4,4-10. Alle drei Abschnitte im Epheserbrief sind christozentrisch und betonen die Autorität Jesu Christi. Alle drei Abschnitte sind aber gleichzeitig – und das unterscheidet sie vom Kolosser- und Philipperbrief – auf den „Vater" hin ausgerichtet und betonen zudem den Geist Gottes im Zusammenhang mit der Wirklichkeit des Heils in Jesus Christus. Die Betonung des „Vaters" und des „Geistes" im Kontext des Epheserbriefs (vgl. auch z. B. Eph 1,17: „der Vater der Herrlichkeit ... Geist [der] Weisheit und [der] Offenbarung") hängt, wie Eph 2,18 als Mitteltext zwischen den zwei Gebeten (vgl. Eph 3,12) zeigt, damit zusammen, dass durch Jesus Christus Gott sowohl für Juden- als auch für Heidenchristen „Vater" geworden ist und dass der „Zugang" zu diesem „Vater" durch den Geist Gottes, durch den auch die Heidenchristen „versiegelt wurden" (Eph 1,14), vollzogen wird.

Nach Eph 1,17 bittet der Verfasser, dass „der Gott unseres Herrn Jesus Christus, der Vater der Herrlichkeit, euch den Geist [der] Weisheit und [der] Offenbarung in Erkenntnis seiner selbst gebe" (ἵνα ὁ θεὸς ... δώῃ ὑμῖν ...; vgl. auch Röm 15,5: ὁ δὲ θεὸς ... δώῃ ὑμῖν ...). Dieser Gott hat Jesus Christus mit der Auferstehung und der Erhöhung über jede Herrschaft und jeden „Namen" eingesetzt und der Gemeinde als „Haupt über alles" gegeben, wobei betont wird, dass die Gemeinde als Leib des Christus „die Fülle dessen, der alles in allem erfüllt", ist (Eph 1,22f.). Dem Gebet in Eph 3,14ff. entsprechend beugt der Verfasser seine Knie „zu dem Vater", nach dem jede Vaterschaft und damit jede Autorität „genannt wird" (Eph 3,14f.), indem er darum bittet, dass die Empfänger u. a. die „Höhe und Tiefe" und die „übertreffende Erkenntnis der Liebe des Christus", der in ihren Herzen „sesshaft" sein soll (Eph 3,17), erkennen, „damit ihr zur ganzen Fülle Gottes erfüllt werdet" (Eph 3,18-19). Und nach dem „Hymnus" in Eph 4,4-10 gibt es nur „einen Gott und Vater aller Dinge" (Eph 4,6) und nur „einen Herrn" (Eph 4,5). Als „Vater aller Dinge" hat Gott „jedem Einzelnen die Gnade nach dem Maß der Gabe des Christus" gegeben (Eph 4,7).[270] Die Erhö-

---

[270] Ich gehe davon aus, dass es sich bei der Passiv-Form ἐδόθη in Eph 4,7 um ein *Passivum divinum*, also um ein „göttliches Passiv", handelt und dass der „eine Gott und Vater

hung Christi „über alle Himmel" hat zum Ziel, dass er „alles erfüllt" (Eph 4,10). Um diese „Gaben", die „nach Maß" gegeben wurden (vgl. Eph 4,15f.), und um diese „Fülle des Christus" (vgl. Eph 4,14b), aber auch um die betonte „Einheit" (vgl. Eph 4,13a) geht es auch in Eph 4,11ff. und damit in dem Abschnitt nach dem „Epheserhymnus".

Der „Philipperhymnus" (Phil 2,6-11) betont, dass „Christus Jesus", der den Gläubigen in seiner Gesinnung als Vorbild dienen soll, „in Gestalt Gottes" (ἐν μορφῇ θεοῦ) und „Gott gleich" (ἴσα θεῷ) war (Phil 2,6; vgl. auch z. B. Joh 5,18), aber sich selbst „entäußerte" (ἑαυτὸν ἐκένωσεν), indem er „Gestalt eines Sklaven annahm", den Menschen gleich wurde (ἐν ὁμοιώματι ἀνθρώπων γενόμενος[271]; Phil 2,7) und sich somit selbst erniedrigte/demütigte (ἐταπεί-νωσεν ἑαυτόν; Phil 2,8). Nach seiner Erniedrigung hat Gott ihn überaus erhöht (ὑπερύψωσεν) und ihm „den Namen, der über jeden Namen" ist, gewährt (ἐχαρίσατο; Phil 2,9). Vor ihm soll sich darum „jedes Knie" beugen, wie auch „jede Zunge" bekennen wird: „Herr [ist] Jesus" (Phil 2,10f.). Und das alles „zur Verherrlichung Gottes, [des] Vaters" (Phil 2,11). Somit wird wie im „Epheserhymnus" (Eph 4,4-10) die Erniedrigung Jesu bis ins Tiefste (vgl. Eph 4,9 [εἰς τὰ κατώτερα [μέρη] τῆς γῆς]; Phil 2,7; vgl. auch Phil 2,10: ἐπιγείων καὶ καταχθονίων) und seine Erhöhung „weit über alle Himmel" bzw. die „himmlischen [Wesen]" (vgl. Eph 4,10; Phil 2,10; vgl. auch Eph 1,20; 2,6) sowie seine damit verbundene Autorität als „Herr" betont. Aber auch die Parallelen zu den Gebeten im Epheserbrief werden deutlich, wie z. B. die Betonung des „Namens" (vgl. Eph 1,21; Eph 3,14; Phil 2,9)[272], das Beugen der Knie (vgl. Eph 3,14; Phil 2,10) und die Erwähnung der Herrlichkeit Gottes als „Vater" (vgl. Eph 1,17; Phil 2,11[273]; vgl. auch Eph 3,14; 4,6).

---

aller Dinge", der im vorangehenden Vers erwähnt wurde, indirektes Subjekt ist. Zur wiederholten Beschreibung Gottes als „Vater" im Epheserbrief passt, dass auch immer wieder von seinem „Geben" die Rede ist. Es fällt z. B. auf, dass in diesem Zusammenhang wiederholt das Verb δίδωμι verwendet wird (vgl. z. B. Eph 1,17.22; 3,8.16; 4,7.8.11; 6,19), während dieses Verb im Philipperbrief überhaupt nicht und im Kolosserbrief nur in Kol 1,25 – in einer gewissen Parallele zu Eph 3,2.7 – erscheint.

[271] Mit dem Begriff ὁμοίωμα, der in Phil 2,7 erscheint, ist allerdings keine völlige Identität zum Ausdruck gebracht, wie das mit ἴσα, das in Phil 2,6 verwendet wird, der Fall ist. Ausgeschlossen ist offenbar, dass Jesus Christus auch wie die Menschen gesündigt hat (vgl. auch Röm 8,3 mit 2. Kor 5,21).

[272] Nach Hofius handelt es sich bei Phil 2,9-11 und Eph 1,20-23 um verschiedene „Vorstellungen" (vgl. Hofius, Christushymnus, 109ff.). Aber wenn Eph 1,21 im „Kontext" von Eph 3,14ff. betrachtet wird, so ergeben sich doch nicht nur begriffliche, sondern auch inhatliche Parallelen – natürlich mit verschiedenen Akzenten, was keineswegs gegen eine einheitliche Verfasserschaft spricht.

[273] Außer in Phil 2,11 wird Gott im Philipperbrief nur noch im Briefeingang (Phil 1,2) und im Briefschluss (Phil 4,20) als „Vater" angesprochen, während das im Epheserbrief

Es fällt auf, dass in Phil 2,10 trotz der deutlichen Parallelen des Abschnitts zu Eph 4 das (substantivierte) Adjektiv ἐπουράνιος (etwa: „auf/über himmlisch") verwendet wird, das für den Epheserbrief „typisch" ist (vgl. Eph 1,3.20; 2,6; 3,10; 6,10), während in Eph 4,10 die Wendung ὑπεράνω πάντων τῶν οὐρανῶν („weit über alle Himmel") erscheint. Phil 2,10 scheint sich mit ἐπουρανίων καὶ ἐπιγείων καὶ καταχθονίων („der himmlischen und irdischen und unterirdischen [Wesen]") an Eph 4,10 anzulehnen. Das erscheint im Philipperbrief nur in Phil 2,10 – im Kolosserbrief kein einziges Mal, und das trotz all der Parallelen zum Epheserbrief (vgl. z. B. zum Ausdruck „im Himmel und auf Erden" Eph 1,10; 4,10; Kol 1,16; vgl. auch Kol 1,20)! Es ist kaum wahrscheinlich, dass der Epheserbrief sich diesbezüglich an den Philipperbrief anlehnt, eher scheint das Gegenteil der Fall zu sein.

Der „Kolosserhymnus" (Kol 1,9-20) betont ähnlich wie der „Philipperhymnus" – wenn auch nicht so direkt – die Identität des Sohnes Gottes (vgl. Kol 1,13) mit Gott, indem der „Sohn" als „Ebenbild des unsichtbaren Gottes" und als „Erstgeborener jeder Schöpfung" vorgestellt wird. Er offenbart somit das Wesen des „unsichtbaren Gottes", und zwar sowohl durch die Schöpfung (vgl. Kol 1,16) als auch durch das Erlösungswerk (vgl. z. B. Kol 1,18). In ihm besteht die „ganze Fülle (Gottes)", und zwar „leibhaftig" (vgl. Kol 1,19; 2,9). Seine Autorität auf Grund der Erlösung wurde bereits in Kol 1,13 angesprochen, während Kol 1,15-17 diese Autorität zuerst einmal auf seine Stellung in der Schöpfung – und zwar als Schöpfer und Offenbarer Gottes – zurückführt.

Dabei gibt es in Kol 1,9-20 deutliche Parallelen z. B. zum „Gebet" in Eph 1,16-23, wie u. a. die Verwendung des Begriffs κυριότης („Herrschaft") zeigt, der im Neuen Testament neben Eph 1,21 und Kol 1,16 nur noch in 2. Petr 2,10 und Jud 8 (in Paralleltexten) erscheint. Damit wird sowohl in Eph 1,21 als auch in Kol 1,16 indirekt betont, dass Jesus „der Herr" über alle irdischen und überirischen Mächte ist, wie das ebenfalls in Phil 2,9-11 zum Ausdruck kommt. Doch während Jesus dieses gemäß Eph 1,21f. und Phil 2,9f. auf Grund der Erhöhung nach dem vollbrachten Erlösungswerk ist, ist er es nach Kol 1,16 bereits als Schöpfer aller Dinge. Dabei wird auch ein entscheidender Unterschied zum Epheserbrief deutlich: In Eph 4,6 wird am Anfang des „Hymnus" der „eine Gott und Vater aller Dinge" indirekt als Schöpfer aller Dinge vorgestellt (vgl. auch Eph 3,9)[274], der „über allem und durch alles und in allem" ist. Andererseits ist der Sohn Gottes (vgl. Kol 1,13) nach Kol 1,16f. nicht nur Schöpfer aller Dinge, weil alles

---

immer wieder der Fall ist (vgl. Eph 1,2.3.17; 2,18; 3,14; 4,6; 5,20; 6,23). Im Kolosserbrief wird Gott viermal als „Vater" bezeichnet (vgl. Kol 1,2.3.12; 3,17), aber außer im Briefeingang in Kol 1,2, der eine Parallele zu Eph 1,2 und Phil 1,2 darstellt, immer nur im Zusammenhang mit dem Dankgebet an Gott – eben als „Vater".

[274] Vergleicht man Kol 1,16 mit Kol 3,10, so wird deutlich, dass eine Beziehung zwischen der Schöpfung des Menschen und seiner Neuschöpfung durch die Erlösung in Jesus Christus gesehen wird. Der gleiche Aspekt kommt auch im Epheserbrief zum Ausdruck (vgl. Eph 3,9 mit Eph 2,10.15; 4,24).

durch ihn und zu ihm hin (δι' αὐτοῦ καὶ εἰς αὐτόν) geschaffen wurde, sondern alles hat auch „in ihm" (ἐν αὐτῷ) Bestand. Dabei ist beim Vergleich zwischen Eph 4,4f. und Kol 1,16 zu beachten, dass Eph 4,4f. eine deutliche, einzigartige Parallele zu 1. Kor 8,6 darstellt, wobei in 1. Kor 8,6 nicht nur betont wird, dass es „für uns [nur] einen Gott, den Vater, aus dem alles/das All ..." gemacht wurde, und „einen Herrn, Jesus Christus", gibt, sondern auch, dass durch diesen Herrn Jesus Christus „alles/das All" entstanden ist „und wir durch ihn", womit der Text in der Betonung der Schöpfung durch den Herrn Jesus Christus gleichzeitig eine Parallele zu Kol 1,16 darstellt. Andererseits betont Kol 1,18, dass der Sohn Gottes auf Grund seiner Auferstehung zum „Haupt des Leibes, der Gemeinde" geworden ist, womit eine Parallele zu Eph 1,19.22f. gegeben ist.

Es gibt also eine deutliche Beziehung des „Hymnus" in Phil 2,6-11 und eine ebenso deutliche Beziehung des „Hymnus" in Kol 1,9-20) zum „Hymnus" in Eph 4,4-10, während die Beziehung der „Hymnen" in Phil 2,6-11 und Kol 1,15-20 untereinander indirekter ist, wobei im letzten Fall der jeweilige Kontext doch deutliche Parallelen aufweist.[275] Und nicht nur der „Hymnus" in Eph 4,4-10, sondern auch die „Hymnen" in Phil 2,6-11 und Kol 1,9-20 stehen in enger (sprachlicher und inhaltlicher) Beziehung zum Rest des jeweiligen Briefs.

3.1.7 Eph 1,3-14 als Grundlage der Theologie der Gefangenschaftsbriefe

3.1.7.1 Einführung

Im Folgenden soll noch etwas ausführlicher (allerdings nicht erschöpfend) dargelegt werden, was bereits ansatzweise angedeutet wurde, nämlich dass das lange Satzgefüge in Eph 1,3-14[276] sprachlich und inhaltlich eine Grundlage für das theologische Denken im Epheserbrief und darüber hinaus im Kolosser- und im Philipperbrief sowie – wenn auch wegen der Kürze weniger deutlich – für den Philemonbrief bildet.[277]

3.1.7.2 Die Einleitung der Gefangenschaftsbriefe im Vergleich

Während der Verfasser im Kontext des Epheserbriefs erst im Anschluss an Eph 1,12-14 erwähnt, dass er, nachdem er von ihrem Glauben und ihrer „Liebe zu

---

[275] Auf die ähnliche Verwendung des Begriffs εὐδοκία bzw. εὐδοκέω in Phil 2,13 und Kol 1,19 wurde oben bereits hingewiesen.

[276] Nach E. Norden handelt es sich bei Eph 1,3-14 um „das monströseste Satzkonglomerat, das mir in griechischer Sprache begnegnet ist" (Norden, Angostos Theos, 253, Anm. 1). Ähnliche Satzgefüge sind aber gerade in den „literurgischen" Texten der Paulusbriefe nicht ungewöhnlich (vgl. z. B. Kol 1,9-20; 1. Thess 1,3-10; 2. Thess 1,3-12).

[277] Vgl. auch Dahl, Proömium, 321.

allen Heiligen" – eine für Paulus typische Formulierung[278] – gehört hat (Eph 1,15), nicht aufhört, „für euch" in seinen Gebeten zu danken (Eph 1,16), geschieht das im Kontext des Kolosserbriefs bereits in Kol 1,5ff. (vgl. Kol 1,3-4) und damit in einer „Parallele" zu Eph 1,12-14, wonach der Verfasser „allezeit für euch" betet (Kol 1,3), und zwar ebenfalls, nachdem er betont hat, dass er von ihrem Glauben und ihrer Liebe, „die ihr zu allen Heiligen habt", gehört hat (Kol 1,4). Andererseits bildet Kol 1,9ff. eine Parallele zu Eph 1,15ff., obwohl das Verb εὐχαριστέω („danken") in Kol 1,9 nicht verwendet wird (vgl. aber Kol 1,12). Das wird einerseits durch die Wendung οὐ παυόμεθα (ὑπὲρ ὑμῶν προσευχόμενοι καὶ αἰτούμενοι ...) deutlich (vgl. Eph 1,16: οὐ παύομαι ...), aber auch dadurch, dass der Verfasser mit einem ἵνα-Satz anstelle – wie das sonst bei Paulus üblich ist – mit einem ὅτι-Satz (vgl. Röm 1,8f.; 1. Kor 1,4f.; 1. Thess 2,13; 2. Thess 1,3; 2,13) oder einer Partizipialkonstruktion (vgl. Phil 1,3-6; Kol 1,3-5) fortfährt. Eine Parallele dazu gibt es in den Paulusbriefen nur in Phlm 4-6 (εὐχαριστῶ ... ὅπως ...), wo das synonyme ὅπως anstelle von ἵνα erscheint, und in der Doppelung der einleitenden Fürbitte in Phil 1,9-11 (... προσεύχομαι, ἵνα ...) sowie in einer gewissen Parallele dazu in 2. Thess 1,11.[279] Um das zu veranschaulichen, folgt der Vergleich zwischen Eph 1,15ff. und Kol 1,3ff. (zwei Eingangsgebete):

- Διὰ τοῦτο κἀγὼ ἀκούσας τὴν καθ' ὑμᾶς πίστιν ἐν τῷ κυρίῳ Ἰησοῦ καὶ τὴν ἀγάπην τὴν εἰς πάντας τοὺς ἁγίους οὐ παύομαι εὐχαριστῶν ὑπὲρ ὑμῶν μνείαν ποιούμενος ἐπὶ τῶν προσευχῶν μου, ἵνα ... δώῃ ὑμῖν ... (Eph 1,15-17).
- Εὐχαριστοῦμεν τῷ θεῷ πατρὶ τοῦ κυρίου ἡμῶν Ἰησοῦ Χριστοῦ πάντοτε περὶ ὑμῶν προσευχόμενοι, ἀκούσαντες τὴν πίστιν ὑμῶν ἐν Χριστῷ Ἰησοῦ καὶ τὴν ἀγάπην ἣν ἔχετε εἰς πάντας τοὺς ἁγίους ... Διὰ τοῦτο καὶ ἡμεῖς, ἀφ' ἧς ἡμέρας ἠκούσαμεν, οὐ παυόμεθα ὑπὲρ ὑμῶν προσευχόμενοι καὶ αἰτούμενοι, ἵνα πληρωθῆτε ... τὴν ἐπίγνωσιν τοῦ θελήματος αὐτοῦ ἐν πάσῃ σοφίᾳ καὶ συνέσει πνευματικῇ ... (Kol 1,3f.9).

---

[278] Sätze wie diese, in denen der Artikel nach dem Nomen wiederholt wird und die Präpostion εἰς folgt, finden sich im Neuen Testament nur in den Paulusbriefen (vgl. auch Röm 14,19; 1. Kor 16,1; 2. Kor 9,1; 11,2; Kol 2,5). Ähnliche Sätze mit folgender Präposition ἐν sind ebenfalls besonders für Paulus typisch (vgl. Röm 4,11f.; 8,39; 16,1; 1. Kor 2,11; Gal 1,22; 1. Thess 4,10; 2. Tim 2,1), auch wenn es im Neuen Testament auch einige Belege dafür außerhalb der Paulusbriefe gibt (vgl. Mt 2,16; 6,23; 7,3; Mk 13,25; Lk 6,41f.; 11,35; Joh 15,23; Apg 8,1; Offb 8,9; 11,19; 14,17; 19,14; 20,8).
[279] Nach Gese liegt in Eph 1,15-23 wie in anderen Paulusbriefen eine Partizipialkonstruktion vor (vgl. Gese, Vermächtnis, 32). Allerdings steht an dieser Stelle der ἵνα-Satz „anstelle" eines ὅτι-Satzes, was Gese zu übersehen scheint.

Somit werden Aussagen aus Eph 1,15f. und damit vom Anfang des Eingangsgebets im Epheserbrief (Eph 1,15-23) nach der Eingangseulogie (Eph 1,3-14) jeweils am Anfang der zwei Eingangsgebete im Kolosserbrief (Eph 1,3-8.9-20) wieder „aufgenommen", wobei das zweite Eingangsgebet im Kolosserbrief wie die Eingangseulogie in Eph 1,3-14 ein Satzgefüge bildet und insgesamt eher eine Eulogie (wie Eph 1,3-14) bzw. eine Doxologie darstellt als ein Gebet. Gleichzeitig erinnern einige Formulierungen in Kol 1,9-20 an Eph 1,3-14[280], während es auch deutliche weitere Parallelen zum Gebet in Eph 1,15-23 gibt. Der Ausdruck „ich/wir höre(n) nicht auf" (οὐ παύομαι/παυόμεθα), wie er in diesem Zusammenhang in Eph 1,16 und Kol 1,9 (!) begegnet, erscheint in den Paulusbriefen sonst nicht.[281] Und während in Eph 1,15f. das Zeitadverb πάντοτε („allezeit"), das in Kol 1,3 verwendet wird, fehlt, erscheint es in Eph 5,20, und zwar ebenfalls in Verbindung mit der Danksagung des Verfassers für die Empfänger.[282]

3.1.7.3 Die „trinitarische" Aufbau von Eph 1,3-14 im Kontext des Epheser- und des Kolosserbriefs

In Eph 1,3-14 fällt der „trinitarische" Aufbau auf, wobei die „kleine Vorgabe" dafür bereits mit Eph 1,3 gegeben ist (vgl. auch z. B. Eph 4,4-6; 1. Kor 12,4-6). Gott ist „Vater", und das ist er für die Erlösten durch Jesus Christus, verwirklicht durch den Geist Gottes. Diese „Dreiheit" spielt im Epheserbrief eine zentrale Rolle, so u. a. in beiden Gebeten (Eph 1,15-23; 3,14-21[283]) und im „Epheserhymnus" (Eph 4,4-10), und dies mit folgendem Aufbau: Vater – Jesus Christus – Heiliger Geist (Eph 1,3-14), Vater – Geist – Christus/Herr (Eph 1,15-23

---

[280] Vgl. z. B. Kol 1,9 (ἐν πάσῃ σοφίᾳ καὶ συνέσει πνευματικῇ) mit Eph 1,8 (ἐν πάσῃ σοφίᾳ καὶ φρονήσει); Kol 1,9f. (ἵνα πληρωθῆτε τὴν ἐπίγνωσιν τοῦ θελήματος αὐτοῦ ... εἰς πᾶσαν ἀρεσκείαν) mit 1,5 (κατὰ τὴν εὐδοκίαν τοῦ θελήματος αὐτοῦ); Kol 1,12 (εἰς τὴν μερίδα τοῦ κλήρου τῶν ἁγίων) mit Eph 1,11 (ἐκληρώθημεν); Kol 1,14 (ἐν ᾧ ἔχομεν τὴν ἀπολύτρωσιν, τὴν ἄφεσιν τῶν ἁμαρτιῶν) mit Eph 1,7 (Ἐν ᾧ ἔχομεν τὴν ἀπολύτρωσιν διὰ τοῦ αἵματος αὐτοῦ, τὴν ἄφεσιν τῶν παραπτωμάτων); Kol 1,16 (τὰ πάντα ἐν τοῖς οὐρανοῖς καὶ ἐπὶ τῆς γῆς) mit Eph 1,10 (τὰ ἐπὶ τοῖς οὐρανοῖς καὶ τὰ ἐπὶ τῆς γῆς); Kol 1,17f. (καὶ τὰ πάντα ἐν αὐτῷ συνέστηκεν ... καὶ αὐτός ἐστιν ἡ κεφαλή ...) mit Eph 1,10 (ἀνακεφαλαιώσασθαι τὰ πάντα ἐν τῷ Χριστῷ) – zum Ausdruck τὰ πάντα in ähnlichen Zusammenhängen vgl. auch Eph 1,11.23; 3,9; 4,10.15 sowie Kol 1,16.20; 3,11

[281] Stattdessen erscheint in einigen Paulusbriefen im Zusammenhang mit der einleitenden Danksagung und Fürbitte das Adverb ἀδιαλείπτως (vgl. Röm 1,9; 1. Thess 1,2; vgl. auch 1. Thess 2,13; 5,17; 2. Tim 1,3).

[282] Vgl. zu weiteren Parallelen auch Percy, Probleme, 213ff.

[283] Die Doxologie in Eph 3,20f. schließt das Gebet ab.

und 3,14-19) oder (ein) Geist – (ein) Herr – (ein) Vater[284] – Christus (Eph 4,4-10). Die Fülle Gottes erlebt der Gläubige nach den Ausführungen des Epheserbriefs durch diese „Dreiheit". Dabei wird am Schluss des ersten Gebets die Fülle, die durch Jesus Christus zugänglich ist, betont (Eph 1,23), während am Schluss des zweiten Gebets von der „Fülle Gottes" die Rede ist (Eph 3,19), und am Schluss des „Hymnus" in Eph 4,4-10 wird betont, dass „der Christus" (vgl. Eph 4,7) „alles erfüllt" (Eph 4,10). Gemäß Eph 5,18-20 sollen die Empfänger sich „durch den Geist (ἐν πνεύματι) erfüllen" lassen, indem sie u. a. „mit Hymnen und geistlichen Liedern sich selbst/einander reden" und „allezeit für alles dem Gott und Vater im Namen unseres Herrn Jesus Christus danken". Auch an dieser Stelle wird wieder die „Dreiheit" ins Zentrum gestellt. Die Aufforderung zum Gebet „im Geist" bzw. „durch den Geist" (ἐν πνεύματι; vgl. dazu auch Eph 2,22; 3,5) an die Empfänger in Eph 6,18 knüpft ihrerseits an Eph 5,18-20 an, wie bereits die Verwendung des Ausdrucks ἐν πνεύματι („im Geist") im Zusammenhang mit dem Gebet andeutet, zumal diese Wendung sonst in den Paulusbriefen nicht im Zusammenhang mit dem Gebet erscheint.

Der Ausdruck ἐν πνεύματι („im Geist", „mit dem Geist" oder „durch den Geist") erscheint in den Paulusbriefen insgesamt 17-mal, davon viermal im Epheserbrief und zweimal im Kolosserbrief[285], und sonst in den neutestamentlichen Briefen nur noch zweimal (1. Petr 1,12; Jud 20). In Kol 1,8 spricht der Verfasser von „eurer Liebe im Geist" (τὴν ὑμῶν ἀγάπην ἐν πνεύματι). Die direkte Verbindung des Ausdrucks ἐν πνεύματι mit der „Liebe" ist zwar einzigartig in den Paulusbriefen,[286] doch der Gebrauch scheint sich an denjenigen im Epheserbrief anzulehnen, zumal nicht nur der Ausdruck „im Geist", sondern auch die „Liebe" für den Epheserbrief zentral ist. Zudem ist zu beachten, dass es sich im Kolosserbrief um die einzige Stelle handelt, in welcher der Geist Gottes direkt zur Sprache kommt (vgl. auch Eph 4,2f. mit Kol 3,14).

Gemäß Eph 5,2 sollen die Empfänger „in Liebe wandeln", was sicher in Verbindung zu Eph 5,18b zu sehen ist, wonach sie sich „mit dem Geist erfüllen lassen" sollen (vgl. auch Eph 5,15f. mit Kol 4,5). Bereits in Eph 3,16-19 wurde betont, dass die Empfänger „durch den Geist gekräftigt werden" sollten, und zwar dadurch, dass „der Christus" in ihren Herzen „sesshaft wird" und sie in der Lie-

---

[284] Dieser Aufbau Geist – Herr – Gott/Vater, der in Eph 4,4-6 vorliegt, begegnet auch in 1. Kor 12,4-6.

[285] Vgl. Röm 2,29; 8,9; 9,1; 14,17; 15,16; 1. Kor 12,3; 14,16; 2. Kor 6,6; Gal 6,1; Eph 2,22; 3,5; 5,18; 6,18; Kol 1,8; 3,5; 1. Thess 1,5; 1. Tim 3,16. Der Ausdruck ἐν τῷ πνεύματι erscheint bei Paulus zweimal, wobei in 1. Kor 6,11, auf den Geist Gotes Bezug genommen wird, während in Röm 1,9 der Ausdruck „in meinem Geist" (Geist des Paulus) verwendet wird. Dreimal erscheint im Neuen Testmament der Ausdruck ἐν ἑνὶ πνεύματι, und zwar nur in Paulusbriefen (1. Kor 12,13; Eph 2,18; Phil 1,27).

[286] Vgl. aber auch z. B. Röm 5,5; 15,30; 1. Kor 4,21; Gal 5,22; Eph 4,16f.19; 2. Tim 1,7.

be „verwurzelt und begründet" sind, indem sie „die jede Erkenntnis übersteigende Liebe des Christus" erkennen und mit „der ganzen Fülle Gottes" erfüllt werden. Demgegenüber betont Kol 2,7f., dass die Empfänger „den Christus Jesus, den Herrn", angenommen haben und nun „in ihm wandeln" sollen, indem sie „verwurzelt und auferbaut werden in ihm"[287]. Gleichzeitig sollen sie „in ihm/durch ihn", „der das Haupt jeder Herrschaft und Vollmacht ist", erfüllt werden (Kol 2,10; vgl. auch Phil 1,11) und „das Wort des Christus reichlich" unter/in sich wohnen lassen (Kol 3,16), während die Empfänger des Epheserbriefs sich durch den Geist Gottes erfüllen lassen sollen (Eph 5,18) und „den Christus in euren Herzen" sesshaft sein lassen sollen (Eph 3,17), indem sie „durch seinen Geist befestigt werden am inneren Menschen" (Eph 3,16). Die Betonung des Geistes neben Jesus Christus und dem „Vater" ist für den Epheserbrief typisch (vgl. Eph 1,13.17; 2,18.22; 3,5.16; 4,3.30; 5,18; 6,17f.).

Zu beachten ist dabei auch, dass es sich in Kol 1,8 beim Ausdruck ἐν πνεύματι („im Geist") am Schluss des Satzes ὁ καὶ δηλώσας ἡμῖν τὴν ὑμῶν ἀγάπην ἐν πνεύματι („der uns auch eure Liebe im Geist offenbart hat") offensichtlich nicht um eine adverbiale Beschreibung des Partizips handelt; vielmehr bezieht sich der Ausdruck auf „eure Liebe" (τὴν ὑμῶν ἀγάπην) und beschreibt diese näher („eure Liebe im Geist"). Das „Anhängen" von solchen Präpositionalkonstruktionen am Ende eines Satzes begegnet auch sonst in Paulusbriefen[288], wobei die Häufigkeit vor allem in der Eingangseulogie in Eph 1,3ff. auffällt (vgl. Eph 1,4.5.6.7.8.9.10.11.12), während Röm 14,17 (δικαιοσύνη καὶ εἰρήνη καὶ χαρὰ ἐν πνεύματι ἁγίῳ)[289] eine auffallende Parallele zu Kol 1,8 darstellt.[290]

Kol 3,17 ist neben der Briefeinleitung mit den zwei Gebeten (vgl. Kol 1,3.12) die einzige Stelle im Kolosserbrief, an welcher von Gott als dem „Vater" die Rede ist. Dabei handelt es sich um eine Parallelstelle zu Eph 5,18, wonach der Verfasser „im Namen unseres Herrn Jesus Christus dem Gott und Vater" dankt. Dabei ist zu beachten, dass es sich dabei um „typische" Aspekte bzw. Betonungen des Epheserbriefs handelt (vgl. Eph 1,2f.17; 2,18; 3,14; 4,6; 6,23). Die Bezeichnung Gottes als „Vater" erscheint im Kolosserbrief zwar dreimal (vgl. Kol 1,3.12; 3,17), dabei fällt jedoch auf, dass jeweils in Verbindung mit dem Verb εὐχαριστέω („danken") von Gott als „Vater" gesprochen wird und auch dieses

---

[287] Das Verb ῥιζόω erscheint im Neuen Testament nur in Eph 3,17 und Kol 2,7.
[288] Vgl. z. B. 2. Kor 11,17; Phil 1,3f.; Kol 1,11; 1. Thess 3,13; 5,23; 2. Thess 1,7. Vgl. dazu auch Percy, Probleme, 191–193. Percy spricht von „nachhinkenden Präpositionsausdrücken", wobei er betont, dass „dieser Zug gerade für die anerkannten Paulinen charakteristisch ist" (vgl. ebd., 191).
[289] Vgl. auch z. B. Röm 2,29: καὶ περιτομὴ καρδίας ἐν πνεύματι.
[290] In Eph 2,22 (ἐν ᾧ καὶ ὑμεῖς συνοικοδομεῖσθε εἰς κατοικητήριον τοῦ θεοῦ ἐν πνεύματι) ist m. E. nicht ganz eindeutig, ob ἐν πνεύματι das Verb συνοικοδομεῖσθε oder das Nomen κατοικητήριον näher beschreibt. Der Ausdruck scheint sich an dieser Stelle auch auf das Nomen zu beziehen und dieser näher zu beschreiben.

Verb im Kolosserbrief nur an diesen drei Stellen erscheint. Im Epheserbrief erscheint das Verb zweimal (Eph 1,16; 5,20), wobei es sich bei Eph 5,20 um eine deutliche Parallele zu Kol 3,17 handelt.

Gemäß Eph 1,16f. hört der Verfasser nicht auf, „für euch zu danken", indem er für die Empfänger betet, „dass der Gott des Herrn Jesus Christus, der Vater der Herrlichkeit, euch [den] Geist [der] Weisheit und [der] Offenbarung in Erkenntnis seiner selbst gebe". Zu diesem „Vater" hin beugt Paulus seine Knie gemäß Eph 3,14 im Gebet (vgl. auch Eph 2,18). Somit scheint Eph 5,20 in Bezug auf die Danksagung an „Gott, dem Vater, durch den Namen des Herrn Jesus Christus" u. a. an Eph 1,16f. anzuknüpfen, zumal das Verb εὐχαριστέω („danken") zwar auch anderwo in den Paulusbriefen oft gebraucht wird[291], aber nie im Zusammenhang mit der Bezeichnung Gottes als des „Vaters". Zudem haben die Gläubigen nach Eph 2,18 „durch einen Geist" (ἐν ἑνὶ πνεύματι) den Zugang „zu dem Vater" (πρὸς τὸν πατέρα), und nach Eph 3,14 beugt der Verfasser im Gebet seine Knie „zu dem Vater (hin)" (πρὸς τὸν πατέρα).

Somit scheint der Epheserbrief in seinem „trinitarischen" Aufbau für die Stellen, an denen im Kolosserbrief von Gott als „Vater" und vom Geist Gottes gesprochen wird, eine gewisse „Vorlage" zu sein. Eine literarische Abhängigkeit ist allerdings auch hier nicht zu erkennen.

3.1.7.4 Eph 1,8-12 und die Parallelen im Philipper- und Kolosserbrief

In Eph 1,8 erscheint die Wendung ἐν πάσῃ σοφίᾳ καὶ φρονήσει („in jeder Weisheit und Gesinnung"), die einerseits an ἐν πάσῃ σοφίᾳ καὶ συνέσει πνευματικῇ („in jeder Weisheit und geistlichen Einsicht") in Kol 1,9 (vgl. auch u. a. Eph 3,4 und 5,17 sowie Kol 2,2), aber auch an ἐν ἐπιγνώσει καὶ πάσῃ αἰσθήσει („in Erkenntnis und jeder Wahrnehmung") in Phil 1,9 erinnert. Dabei ist auch zu beachten, dass die „Gesinnung"in Phil 1,7 (τοῦτο φρονεῖν) ebenfalls angesprochen wird und später im Philipperbrief eine wichtige Rolle spielt (vgl. Phil 2,2.5; 3,15.19; 4,10; vgl. auch Kol 3,2). Der Zusammenhang zwischen Phil 1,9 und Eph 1,8 wird auch dadurch bekräftigt, dass an beiden Stellen das Verb περισσεύω („überfließend machen") verwendet wird (vgl. dazu auch Kol 2,7). Dass in Eph 1,8 der Aorist Indikativ dieses Verbs und in Phil 1,9 der Aorist Konjunktiv (mit finaler Bedeutung) verwendet wird, spricht nicht dagegen: Wie im Kontext von Phil 1,9 ist auch im Kontext des Epheserbriefs der „Heilsindikativ" die Grundlage für den Gebrauch des Konjunktivs (bzw. Optativs) in den Gebeten (vgl. z. B. Eph 1,17-19). Zudem wird auch bereits in der Eingangseulogie in Eph 1,3-14 deutlich der finale Aspekt der Gaben Gottes mit der

---

[291] Das Verb erscheint fünfmal im Römerbrief,sechsmal im 1. Korintherbrief, einmal im 2. Korintherbrief, dreimal im 1. Thessalonicherbrief, zweimal im 2. Thessalonicherbrief und einmal im Philemonbrief.

Erwählung hervorgehoben, wie z. B. der Ausdruck (εἰς τὸ) εἶναι ἡμᾶς („dass wir seien ...") in Eph 1,4 und 12 zeigt.

Die Verwendung des Partizips πεπληρωμένοι („erfüllt") in Phil 1,11 (vgl. auch Phil 2,2; 4,18.19) und des Imperativs πληρωθῆτε („ihr werdet erfüllt") in Kol 1,9 (vgl. auch Kol 1,19.25; 2,2.9f.; 4,12.17) scheint an den Gebrauch des Verbs πληρόω („erfüllen") und des entsprechenden Nomens πλήρωμα („Fülle") im Epheserbrief (vgl. Eph 1,10.23; 3,19; 4,10.13; 4,18) anzuknüpfen, zumal Syntax und Sprache der zwei Verse für den Epheserbrief typisch sind. Bei der Verwendung des Begriffs θέλημα („Wille") in Kol 1,9 handelt es sich um eine Parallele zu Eph 1,5.9.11, und der Gebrauch des Hapaxlegomenon κλῆρος („Erbe") in Kol 1,12 geht möglicherweise auf die Verwendung des verwandten Hapaxlegomenon κληρόω („als Erben einsetzen") in Eph 1,11 (ἐν ᾧ καὶ ἐκληρώθημεν) zurück. Die „Erbschaft" ihrerseits wird neben Eph 1,18 und 5,5 (vgl. auch Eph 3,6) auch in Kol 3,24 angesprochen, wobei Kol 3,24 keine Parallele zu den Epheserstellen bildet.

Außerdem werden aus dem Abschnitt in der Eingangseulogie des Epheserbriefs Begriffe wie γνωρίζω („bekannt machen, kundtun"[292]), μυστήριον („Geheimnis"[293]), εὐδοκία/εὐδοκέω („Wohlgefallen [haben]"[294]) οἰκονομία („Haushalterschaft"[295]) im Kolosserbrief und/oder im Philipperbrief wieder „aufgenommen". Zudem scheint sich der Ausdruck εἰς δόξαν καὶ ἔπαινον θεοῦ („zur Verherrlichung und Lobpreis Gottes") in Phil 1,11 deutlich an den dreimaligen Ausdruck εἰς ἔπαινον [τῆς] δόξης ... („zur Lobpreis der Herrlichkeit/Verherrlichung ...") in Eph 1,6.12.14 anzulehnen. Der Gebrauch des Kompositums προακούω („vorher hören") in Kol 1,5 erinnert an den Gebrauch des Kompositums προελπίζω („zuvor hoffen") in Eph 1,12 (vgl. dazu auch Eph 2,12; Kol 1,27), zumal beide Komposita neutestamentliche Hapaxlegomena sind und in Kol 1,5 wie in Eph 1,12 von der Hoffnung die Rede ist.

3.1.7.5 Kol 1,5.9.27 als Anknüpfung an den Epheserbrief

Die Parallele beim Gebrauch von διὰ τοῦτο („deshalb") in Kol 1,9 und Eph 1,15 (vgl. Phil 1,9: καὶ τοῦτο) mit der jeweiligen Anknüpfung an dem vorangehenden „Lobpreis" (Eph 1,3-14) bzw. der „Danksagung" (Kol 1,3-8) ist ebenso deutlich wie die Parallele zwischen Kol 1,3f. und Eph 1,15f. (vgl. auch Phlm 4f.). Um dies zu veranschaulichen, folgt hier nochmals der Vergleich zwischen

---

[292] Vgl. dazu Eph 1,9; 3,3.5.10; 6,19; Kol 1,27; Phil 1,22; 4,6.
[293] Vgl. Eph 1,9; 3,3.9; 5,32; 6,19; Kol 1,26; 2,2; 4,3.
[294] Vgl. Eph 1,5.9; Kol 1,15; 2,13; Kol 1,19.
[295] Vgl. Eph 1,10; 3,2.9; Kol 1,25.

Eph 1,15ff. (Eingangsgebet nach der Eingangseulogie) und Kol 1,3ff. (zwei Eingangsgebete)[296]:

- Διὰ τοῦτο κἀγὼ ἀκούσας τὴν καθ' ὑμᾶς πίστιν ἐν τῷ κυρίῳ Ἰησοῦ καὶ τὴν ἀγάπην τὴν εἰς πάντας τοὺς ἁγίους οὐ παύομαι *εὐχαριστῶν ὑπὲρ ὑμῶν* **μνείαν ποιούμενος** *ἐπὶ τῶν προσευχῶν μου*, ἵνα ... δώῃ ὑμῖν ... (Eph 1,15-17).
- *Εὐχαριστοῦμεν τῷ θεῷ πατρὶ τοῦ κυρίου ἡμῶν Ἰησοῦ Χριστοῦ πάντοτε περὶ ὑμῶν προσευχόμενοι*, ἀκούσαντες τὴν πίστιν ὑμῶν ἐν Χριστῷ Ἰησοῦ καὶ τὴν ἀγάπην ἣν ἔχετε εἰς πάντας τοὺς ἁγίους ... Διὰ τοῦτο *καὶ ἡμεῖς, ἀφ' ἧς ἡμέρας ἠκούσαμεν*, οὐ παυόμεθα ὑπὲρ ὑμῶν *προσευχόμενοι* καὶ αἰτούμενοι, ἵνα πληρωθῆτε ... τὴν ἐπίγνωσιν τοῦ θελήματος αὐτοῦ *ἐν πάσῃ σοφίᾳ καὶ συνέσει πνευματικῇ* ... (Kol 1,3-4.9).
- Vgl. Phil 1,3.9.11: *Εὐχαριστῶ τῷ θεῷ μου ... Καὶ τοῦτο προσεύχομαι*, ἵνα ἡ ἀγάπη ὑμῶν ἔτι μᾶλλον καὶ μᾶλλον περισσεύῃ ἐν ἐπιγνώσει καὶ πάσῃ αἰσθήσει ... πεπληρωμένοι καρπὸν δικαιοσύνης τὸν διὰ Ἰησοῦ Χριστοῦ εἰς δόξαν καὶ ἔπαινον θεοῦ.
- Vgl. Phlm 4-6: *Εὐχαριστῶ τῷ θεῷ μου πάντοτε* μνείαν **σου ποιούμενος** *ἐπὶ τῶν προσευχῶν μου*, ἀκούων σου τὴν ἀγάπην καὶ τὴν πίστιν, ἣν ἔχεις πρὸς τὸν κύριον Ἰησοῦν καὶ εἰς πάντας τοὺς ἁγίους, ὅπως ... γένηται ἐν ἐπιγνώσει παντὸς ἀγαθοῦ ...

Auffallend ist nicht nur die „Wiederholung" der Danksagung bzw. des Gebets in Kol 1,9ff. und Phil 1,9-11. Es fallen auch weitere Parallelen in den „Wiederholungen" in Kol 1,9ff. und Phil 1,9-11 im Vergleich mit den „zwei Einleitungen" im Epheserbrief ins Auge, ohne dass eine literarische Abhängigkeit erkennbar ist. So z. B. bei den folgenden Formulierungen:

- *ἐν πάσῃ* σοφίᾳ καὶ φρονήσει (Eph 1,10).
- *ἐν* ἐπιγνώσει καὶ *πάσῃ* αἰσθήσει (Phil 1,9).
- *ἐν πάσῃ* σοφίᾳ καὶ συνέσει πνευματικῇ (Kol 1,9).

Dabei ist auch zu beachten, dass πνευματικός („geistlich"), das in Kol 1,9 erscheint, bereits in Eph 1,3 gebraucht wurde, während das Nomen σοφία („Weisheit") sowohl im Ephserbrief (vgl. auch Eph 1,17; 3,10) als auch im Kolosserbrief (vgl. auch Kol 1,28; 2,3.23) eine nicht unwesentliche Rolle spielt. Das Nomen ἐπίγνωσις („Erkenntnis") seinerseits, das in Phil 1,9 verwendet wird, erscheint seinerseits in allen Einleitungen der vier Gefangenschaftsbriefe[297], sonst jedoch kaum in den Paulusbriefen. Dabei ist auch auf die „parallele"

---

[296] Vgl. dazu auch oben unter 3.1.7.2.
[297] Vgl. Eph 1,17; Phil 1,9; Kol 1,9; Phlm 6; vgl. zudem Eph 4,13; Kol 2,2; 3,10. Darauf wurde bereits ausführlicher eingegangen.

Formulierung zwischen Eph 1,17 (ἵνα ... δώῃ ὑμῖν ... ἐν ἐπιγνώσει αὐτοῦ) und Phil 1,9 (ἵνα ... περισσεύῃ ἐν ἐπιγνώσει καὶ πάσῃ αἰσθήσει) zu achten, aber auch auf die „Parallele" zu Phlm 6 (ὅπως ... γένηται ἐν ἐπιγνώσει παντὸς ἀγαθοῦ ...).
Kol 1,5 scheint an Eph 1,12f. anzuknüpfen, wie die Betonung der Hoffnung (vgl. Eph 1,12) und die Verwendung der Wendung „im Wort der Wahrheit des Evangeliums" (vgl. Eph 1,13) zeigt. Der Vergleich stellt sich so dar:

- ... διὰ τὴν ἐλπίδα τὴν ἀποκειμένην ὑμῖν ἐν τοῖς οὐρανοῖς, ἣν *προηκούσατε ἐν τῷ λόγῳ τῆς ἀληθείας τοῦ εὐαγγελίου* (Kol 1,5).
- ... εἰς τὸ εἶναι ἡμᾶς εἰς ἔπαινον δόξης αὐτοῦ τοὺς *προηλπικότας* ἐν τῷ Χριστῷ. Ἐν ᾧ καὶ ὑμεῖς *ἀκούσαντες τὸν λόγον τῆς ἀληθείας, τὸ εὐαγγέλιον τῆς σωτηρίας ὑμῶν*, ἐν ᾧ καὶ πιστεύσαντες ἐσφραγίσθητε τῷ πνεύματι τῆς ἐπαγγελίας τῷ ἁγίῳ ... (Eph 1,12f.).

Der Ausdruck ἐν τοῖς οὐρανοῖς („in den Himmeln") in Kol 1,5 scheint an ἐν τοῖς ἐπουρανίοις („in den himmlischen [Regionen]") in Eph 1,3 bzw. an entsprechende Wendungen im Epheserbrief[298] anzuknüpfen, zumal es sich um eine Wendung handelt, die den Epheserbrief stark prägt. Dabei wird mit dem Ausdruck in Eph 1,3 bereits ein zentrales Thema des Epheserbriefs und – damit verbunden – u. a. der „Christushymnen" in Phil 2,6-11 und Kol 1,15-20 angesprochen (vgl. Phil 2,9-11 und Kol 1,16.20; vgl. dazu auch Eph 4,6-10). Die Wendung τὰ ἐπὶ τοῖς οὐρανοῖς καὶ τὰ ἐπὶ τῆς γῆς („die Dinge in den Himmeln und die auf der Erde") in Eph 1,10 knüpft offensichtlich bereits an Eph 1,3 an, wobei zu beachten ist, dass die Wendung in Kol 1,20 (εἴτε τὰ ἐπὶ τῆς γῆς εἴτε τὰ ἐν τοῖς οὐρανοῖς) eine sprachliche Parallele findet[299]. Inhaltlich bildet Eph 1,10b jedoch eine gewisse Parallele zu Kol 1,16f., wonach in Jesus Christus „alles in den Himmeln und auf der Erde" durch Jesus Christus mit ihm als Ziel und Bewahrer der Schöpfung geschaffen wurde.

Weiter fällt in diesem Zusammenhang auch die Verwendung des Hapaxlegomenon προακούω („vorher hören") in Kol 1,5 und gewissermaßen parallel dazu das Hapaxlegomenon προελπίζω („vorher hoffen") in Eph 1,12 auf. In Eph 1,12 sind mit dem „wir" offensichtlich die Juden gemeint (vgl. Eph 2,11f.), während in Kol 1,5 von der „Hoffnung" die Rede ist, welche in Kol 1,27 ausdrücklich

---

[298] Vgl. auch Eph 1,10.20; 2,6.10; 3,15; 4,10; 6,9.12; Phil 2,10; 3,20; Kol 1,16.20. Das Adjektiv ἐπουράνιος und das Nomen οὐρανός erscheinen außerhalb der angeführten Stellen in den Gefangenschaftsbriefen im Plural nur noch viermal in den Paulusbriefen (so in 1. Kor 15,40.48; 2. Kor 5,1; 1. Thess 1,10), während sie im Singular in den Gefangenschaftsbriefen nur zweimal im Kolosserbrief erscheinen (Kol 1,23; 4,1; vgl. sonst Röm 1,18; 10,6; 1. Kor 8,5; 15,47.48f.; 2. Kor 12,2; Gal 1,7; 1. Thess 4,16; 2. Thess 1,7; 2. Tim 4,18).

[299] Vgl. in der LXX auch z. B. 1. Chr 29,11; Ps^{LXX} 113,6; 134,6; Eccl. 5,1; Joel 3,3 und zudem Jub 2,16.

auf (ehemalige) „Heiden" bezogen wird. Somit wird in Eph 1,12f. das Thema der Gleichstellung von Juden und Heiden in Bezug auf die Erlösung durch Jesus Christus, das in Eph 2,11ff. weiter thematisiert wird, betont, welches im Kolosserbrief insgesamt nur indirekt angesprochen wird (vgl. z. B. Kol 2,11; 3,11). In Kol 1,27, der einzigen Stelle im Kolosserbrief, an welcher der Begriff ἔθνη („Nationen, Heiden") erscheint, betont der Verfasser dabei, dass Gott wissen lassen wollte, „was der Reichtum der Herrlichkeit dieses Geheimnisses unter den Heiden ist" (vgl. dazu Eph 1,7.18; Röm 9,23), nämlich „Chrstius in euch, die Hoffnung der Herrlichkeit". Und nach Eph 3,8 ist es Paulus als „Geringstem aller Heiligen" gegeben, „unter den Heiden den unausforschlichen Reichtum des Christus als Evangelium zu verkündigen". Alle diese Aussagen scheinen an Eph 1,7 anzuknüpfen, wonach „wir" in dem „Geliebten" (vgl. Eph 1,6) „die Erlösung durch sein Blut, die Vergebung der Übertretungen nach dem Reichtum seiner Gnade" haben.

Nach Frank lehnt sich Kol 1,27 „lexikalisch so deutlich an Röm 9,22-24" an, „dass von einer bewussten Adaption dieses Abschnittes durch den Verfasser des Kolosserbriefes auszugehen ist".[300] Dabei kann sie auf einen Hinweis auf die Parallelen im Epheserbrief (vgl. Eph 1,7.18; 2,7; 3,8.16; vgl. auch Phil 4,19) verzichten, da sie von einer Anlehung des Epheserbriefs an den Kolosserbrief ausgeht. Der alttestamentlich-hymnische Einfluss auf den Epheserbrief geht aber weit über den Einfluss durch Röm 9,22f. hinaus (wie das auch in anderer Hinsicht im Epheserbrief der Fall ist).

Damit besteht eine deutliche Beziehung zwischen Aussagen in Kol 1,5.9.27 und der Eingangseulogie in Eph 1,3ff., wie es auch einerseits eine ebenso deutliche Beziehung z. B. zwischen Kol 1,27 und Röm 9,22f. und andererseits zwischen verschiedenen Aussagen im Epheserbrief und Röm 9,22f. gibt. Auch diese Tatsache ist kaum dadurch zu erklären, dass man davon ausgeht, dass der Verfasser des Kolosserbriefs sich an den Römerbrief angelehnt habe und dass der Verfasser des Epheserbriefs seinerseits den Kolosserbrief (und eventuell zusätzlich den Römerbrief) voraussetzt. Er hätte damit einzelne Gedanken des Kolosserbriefs (und des Römerbriefs) zu einem zentralen Punkt seines Briefs gemacht.

3.1.7.6 Abschließende Anmerkungen

Wie dargelegt wurde, ist es sehr wahrscheinlich, dass die Eingangseulogie des Epheserbriefs (Eph 1,3-14) nicht nur die „theologische" Grundlage für die Ausführungen im Epheserbrief, sondern auch im Kolosser- und im Philipperbrief – sowie wegen der Länge und der Thematik in kleinerem Ausmaß im Philemonbrief – bildet. In Eph 4,8 wird innerhalb des „Epheserhymnus" (Eph 4,4-10) Ps

---

[300] Frank, Kolosserbrief, 104.

68,19a[301] teilweise zitiert[302], und dieser Psalm spielt offenbar – wie später noch aufzuzeigen sein wird – für den ganzen Epheserbrief eine wesentliche Rolle (vgl. auch u. a. Eph 3,20f.). Sprache und Stil des Epheserbriefs sind aber auch durch andere Psalmen und durch weitere „hymnische" Texte des Alten Testaments mitgeprägt, was auf den Kolosserbrief und zu einem nicht unwesentlichen Teil auch auf den Philipperbrief abfärbt. Dabei ist auch zu beachten, dass es im Epheserbrief einige Anspielungen auf und Echos von alttestamentliche(n) Texte(n) gibt[303], während Zitate und Anspielungen aus dem Alten Testament sowohl im Philipperbrief als auch im Kolosserbrief ganz fehlen. Deshalb ist es naheliegend, Eph 1,3-14 nicht als Schlussergebnis, sondern als Kern der Theologie der drei Briefe zu betrachten.

Nach Mitton war der Verfasser des Epheserbriefs ein „Paulinist", der mit dem ganzen *Corpus paulinum* in schriftlicher Form vertraut gewesen sei.[304] Es müsste sich jedoch um einen genialen „Nachahmer" handeln, der nicht nur die Paulusbriefe so verinnerlicht hätte, dass Inhalt und Stil der Paulusbriefe ihn in seinem Denken und Schreiben durch und durch geprägt hätten, sondern es müsste sich auch um einen zweisprachigen Judenchristen (Griechisch und Hebräisch) handeln, der zudem in Bezug auf alttestamentliche Texte die gleiche exegetische Methode anwandte, die Paulus angewandt hatte. Dieser Verfasser müsste auch den „liturgischen" Still, der z. B. im Philipperbrief und noch ausgeprägter im Kolosserbrief, aber auch in anderen Paulusbriefen zum Ausdruck kommt, übernommen und ausgeprägt und sich dabei noch stärker durch den alttestamentlich-jüdischen Stil prägen lassen haben, als das beim „echten" Paulus der Fall war. Das ist m. E. ein Kunststück, das am ehesten Paulus selbst zuzutrauen ist.

---

[301] LXX: ἀνέβης εἰς ὕψος, ᾐχμαλώτευσας αἰχμαλωσίαν, ἔλαβες δόματα ἐν ἀνθρώπῳ.

[302] Wobei dem Verfasser kaum der LXX-Text zugrunde lag. Vgl. dazu auch unten unter 4.2.1.3.

[303] Ps 69,19 wurde in der jüdischen Literatur auf den zu Gott aufsteigenden Mose bezogen, während die „Gaben" auf die Tora gezogen werden (vgl. Strack/Billerbeck, Kommentar III, 596f.). Außer dem „Zitat" aus Ps 69,19a in Eph 4,8 lehnt sich Eph 4,26 möglicherweise an Ps 4,5 an. In Eph 5,31 wird ausdrücklich auf Gen 2,24 Bezug genommen (vgl. dazu auch 1. Kor 6,16), und in Eph 6,2f. wird Ex 20,12 zitiert. Zudem steht im Hintergrund von Eph 4,25 möglicherweise die alttestamentliche Aussage in Sach 8,16. Und auch z. B. Eph 2,11-22 ist von alttestamentlichen Anspielungen durchzogen (vgl. z. B. Eph 2,17 mit Jes 57,19 und Eph 2,20 mit Jes 28,16; vgl. auch Stuhlmacher, Theologie 2, 16). Es ist zudem wahrscheinlich, dass die Aussage Eph 1,20-22 an Ps 8,7 anknüpft (vgl. ebd., 18). Ein direkter Bezug auf das Alte Testament liegt dagegen weder im Philipperbrief noch im Kolosserbrief vor, was für die Paulusbriefe insgesamt untypisch ist.

[304] Mitton, Epistle, 99.

Bei genauerer Untersuchung deutet vieles im Kolosser- und Philipperbrief und, wenn auch – wegen der Kürze und der speziellen Thematik – weniger deutlich, im Philemonbrief darauf hin, dass der Epheserbrief den anderen drei Gefangenschaftsbriefen gewissermaßen als „Vorlage" diente. Eine literarische Abhängigkeit kann dabei jedoch grundsätzlich ausgeschlossen werden, da das komplexe Verhältnis durch literarische Anlehnung nicht hinreichend erklärt werden kann. Schmid weist zudem richtig darauf hin, dass der „ganze paulinische Korpus dem Verfasser des Eph den Stoff geliefert hat", und darum müsse „dessen Verarbeitung gedächtnismäßig geschehen sein".[305] „Zieht man dabei auch noch das Ergebnis der sprachlichen Untersuchung des Briefes in Betracht, so wird man gestehen müssen: hier ist mehr als das Menschenmögliche geleistet worden."[306]

Für Schmid ist klar, dass das Verhältnis zwischen dem Epheser- und dem Kolosserbrief nicht literarischer Art sein kann.[307] Diejenigen, die von einer „sklavischen Nachahmung des Kol durch den Eph sprechen", achten nach Schmid „nicht auf die logisch einwandfreie Entwicklung der Gedanken im Eph"[308], was von ihm im Folgenden ausführlich dargelegt wird. Schmid geht von der paulinischen Verfasserschaft beider Briefe aus, die gleichzeitig abgefasst worden seien, aber jeweils auf die spezielle Situation der Empfänger eingehen.[309] Damit hat für ihn die „Prioritätsfrage … eigentlich aufgehört zu bestehen"[310], und da der Gedankengang im Epheserbrief „ebenso einwandfrei ist, wie in dem entsprechenden Abschnitt des Kol und sonst nichts für literarische Abhängigkeit der einen von der andern spricht, so fehlen alle Anhaltspunkte, um hier die Prioritätsfrage zu entscheiden".[311] Auch wenn Schmid grundsätzlich Recht zu geben ist, spricht vieles dafür, dass der Epheserbrief gedanklich bei der Abfassung des Kolosserbriefs präsent war. So konnte der Autor den Epheserbrief voraussetzen und sich gleichzeitig gewissermaßen gedanklich daran anlehnen.

---

[305] Schmid, Epheserbrief, 431.
[306] Ebd.; vgl. auch Percy, Probleme, 419ff.
[307] Vgl. dazu u. a. Schmid, Epheserbrief, 407ff. gemäß Schmid scheint „die größere Ursprünglichkeit bald aufseiten des Kol, bald beim Eph zu liegen, ein Tatbestand, der mit logischer Notwendigkeit auf die Identität des Verfassers beider Briefe hinausführt" (ebd., 411).
[308] Ebd., 408; vgl. auch ebd., 414.
[309] Ebd., 407.
[310] Ebd.
[311] Ebd., 418.

3.2 Die Verfasserfrage des Epheser- und Kolosserbriefs

3.2.1 Stellungnahme zu den Einwänden gegen die Echtheit des Epheserbriefs

3.2.1.1 Einleitende Anmerkung

Der Epheserbrief wird heute im deutschsprachigen Raum in der neutestamentlichen Wissenschaft in der Regel als pseudepigrafisches Schreiben betrachtet, das vom Kolosserbrief literarisch abhängig ist.[312] Gleichwohl hat es gemäß Broer „immer ein paar Vertreter der Echtheitshypothese gegeben[,] und diese gibt es auch weiterhin".[313] Und Broer ergänzt:

> „Die große Schwierigkeit dieses Problems kann man daran ermessen, daß es eine ganze Reihe von international anerkannten Neutestamentlern gibt, die im Laufe ihres Lebens in der Frage der Autorschaft ihre Ansicht gewechselt haben. Diesen Wechsel gibt es in beide Richtungen ..."[314]

Nach Stuhlmacher führt man den Epheserbrief „am besten auf ein paulinisches Rundschreiben zurück, das Mitarbeitern des Paulus wie Tychikus (vgl. Eph 6,21) mitgegeben und im ganzen kleinasiatischen Raum in der Gemeindeversammlungen vorlesen werden sollte".[315] Nach dem Tod des Paulus sei dieses Zirkularschreiben grundlegend überarbeitet und zu einer Art von „theologischem Vermächtnis der Paulusschule" ausgestalten worden.[316] Andere betrachten den Epheserbrief nach wie vor mit guten Argumenten als authentischen Paulusbrief.[317]

Im Folgenden sollen die Einwände gegen die Echtheit des Epheserbriefs untersucht werden, bevor dargelegt wird, was für die Echtheit des Briefs spricht.

---

[312] Vgl. auch Broer, Einleitung, 515f. und 517. Da für Broer klar ist, dass der Epheserbrief sich an den Kolosserbrief anlehnt, ist für ihn „die Entscheidung, ob Paulus als Verfasser des Epheserbriefes in Frage kommt, im Prinzip schon gefallen. Denn der uns bekannte Paulus lehnt sich in keinem Falle in so hohem Maße an ein nicht von ihm stammendes Dokument an" (ebd., 517).
[313] Ebd., 515.
[314] Ebd. Wolter sieht sich „vor allem durch die Tatsache, dass nach wie vor vorzügliche Kommentare und Untersuchungen zum Epheserbrief publiziert werden, die diesen Brief für authentisch halten", veranlasst, die Verfasserfrage nochmals zu behandeln (Wolter, Epheserbrief, 191), wobei er offenbar voraussetzt, dass es sich bei dem Schreiben um einen „nachpaulinischen Brief" handelt.
[315] Stuhlmacher, Theologie 2, 3.
[316] Ebd.; so mit Gese, Vermächtnis, 273.
[317] Vgl. z. B. Carson/Moo, Einleitung, 582ff.; Guthrie, Introduction, 496ff; Hoehner, Ephesians, 30ff.; Mauerhofer, Einleitung 2, 129ff.; Thielman, Ephesians, 18ff.; Weißenborn, Apostel, 292ff.; Reicke, Re-examining, 75–78; Michaelis, Einleitung, 196ff.

3.2.1.2 Das Verhälntis des Epherserbriefs zum Kolosserbrief

Gegen die Echtheit des Epheserbriefs soll u. a. das *Verwandschaftsverhältnis* zum Kolosserbrief[318] sprechen[319], da dieses literarischer Art sei. Diese Sicht ist oben bereits ausführlich infrage gestellt worden. Im Folgenden sollen zusammenfassend und ergänzend dazu die wichtigsten Argumente dargelegt werden. Obwohl Dahl betont, dass die Forschungsgeschichte gezeigt habe, „daß das Verhältnis des Epheserbriefes zum Kolosserbrief in vielfacher Weise gedeutet werden kann"[320], wird dabei in der Regel angenommen, dass der längere Epheserbrief auf den kürzeren Kolosserbrief zurückgreift[321]. Und da der Kolosserbrief ein pseudepigrafisches Schreiben sein soll[322], wird auch der Epheserbrief als Pseudepigrafon betrachtet. Immerhin hat der Autor des Epheserbriefs nach Theobald den Kolosserbrief für einen authentischen Paulusbrief gehalten.[323] Theobald meint weiter:

> „Wer Kol kennt und als Paulusbrief schätzt, wird auch aus seinem Schreiben dessen Tonfall heraushören und ihn gleichfalls für einen Brief des Apostels halten. Aber abgesehen von dieser Entstehungshypothese erweist sich das Schreiben auf Grund interner Merkmale als geschicktes pseudepigraphisches Schreiben ... bzw., wenn man die genetische Kette Phlm – Kol – Eph bedenkt, als *trito-pln* Dokument."[324]

Dagegen sind die Ähnlichkeiten zwischen dem Epheserbrief und dem Kolosserbrief in der Struktur und Thematik für O'Brien „not surprising, especially if both epistles were written at approximately the same time to Christians in somewhat similar cirmumstances (e.g., in Asia Minor)".[325] Lincoln spricht von einer „freien und kreativen Abhängigkeit" des seiner Ansicht nach deuteropaulinischen Autors des Epheserbriefs, „not a slavish imitation or copying".[326] Warum soll man dann überhaupt von einer literarischen „Abhängigkeit" ausgehen? Diese Beobachtungen sprechen eher für eine „Abhängigkeit" auf Grund des gleichen Verfassers.[327] Ein Imitator hätte z. B. auch die im Kolosserbrief ange-

---

[318] Vgl. dazu u. a. Best, Ephesians, 20–25; Ochel, Annahme, 1934; Vleugels, De brieven, 1997.
[319] Vgl. dagegen z. B. Hoehner, Ephesians, 30–49.
[320] Dahl, Einleitungsfragen, 39.
[321] Vgl. z. B. auch Hübner, Philemon/Kolosser/Epheser, 272f.
[322] Vgl. dagegen z. B. Carson/Moo, Einleitung, 588: „Der Kolosserbrief wird gewöhnlich (besonders in der angelsächsischen Forschung) als ein echter Paulusbrief angesehen; der Epheserbrief hingegeben wird als das Werk eines Imitators betrachtet, der vom Kol manche Gedanken und Spracheigentümlichkeiten übernommen hat."
[323] Theobald, Epheserbrief, 409.
[324] Ebd.
[325] O'Brien, Ephesians, 15.
[326] Lincoln, Ephesians, S. lv; vgl. auch Percy, Probleme, 421.
[327] Vgl. auch u. a. Carson/Moo, Einleitung, 587f.

sprochene Situation mit beachtet. Zudem stellt sich die Frage, warum ein Imitator nicht die Personen aus der Grußliste im Kolosserbrief erwähnt und warum Timotheus nicht wie in Kol 1,1 als Mitautor erwähnt wird (vgl. auch Phil 1,1).[328]

Eine genauere Untersuchung des komplexen Verhältnisses der zwei Briefe zeigt, dass eine literarische Abhängigkeit ausgeschlossen werden muss.[329] Jülicher weist richtig darauf hin, dass niemand, der nicht mit dem Kolosserbrief vergleicht, den Epheserbrief „durch Flickarbeit und Einschiebung fremdartiger Stücke entstanden glauben würde".[330] Weißenborn betont zudem richtig, dass die anscheindende „Abhängigkeit" des Verhältnisses zwischen dem Epheser- und dem Kolosserbrief auch dadurch kompliziert wird, „dass in beiden Schreiben ähnliche Wörter und Bilder gebraucht, mit ihnen jedoch unterschiedliche Inhalte ausgesagt werden"[331], und dass auch die Bestreiter der paulinischen Verfasserschaft eingestehen, „dass es bisher noch keine überzeugende Erklärung für die Nähe und gleichzeitige Distanz beider Briefe hat".[332] Nach Gnilka ist das Verhältnis deshalb „so zu bestimmen, daß der letztere [d. h. der Kolosserbrief] die Vorlage abgab, daß aber beide von mannigfachen Traditionen umgeben sind, die ihre Verfasser eigenständig bearbeiten".[333] Gemäß Dahl wird man aber folgern müssen, dass der Verfasser des Epheserbriefs „nicht nur mit dem Kolosserbrief und den darin verwendeten ‚Traditionen' vertraut war, sondern auch in demselben sprachlichen und theologischen Milieu wie dessen Verfasser beheimatet war".[334] Das würde aber auch bedeuten, dass beide Verfasser mit der alttestamentlich-jüdischen Schriftauslegung und der hebräischen Sprache bekannt gewesen wären. Und das würde zudem bedeuten, dass beide Verfasser recht intensiv und unabhängig voneinander den Philipperbrief einbezogen hätten, ohne jedoch irgendwelche literarische Abhängigkeit erkennen zu lassen. Dass diese Faktoren alle zufällig zusammenfallen sollten, ist m. E. nicht wahrscheinlich.

Aber auch die Annahme, „den beiden Briefen liege eine gemeinsame Vorlage oder ein erster Entwurf zu Grunde"[335], erklärt die Entstehung des Verhältnisses

---

[328] Vgl. dazu Reicke, Re-examining, 79.
[329] Vgl. neben den Ausführungen oben auch z. B. Schmid, Epheserbrief, 392ff.
[330] Jülicher, Einleitung, 141.
[331] Vgl. dazu auch u. a. Percy, Probleme, 379ff.
[332] Weißenborn, Apostel, 294f.
[333] Gnilka, Epheser, 13.
[334] Dahl, Einleitungsfragen, 47.
[335] Vgl. dazu ebd.: „Einige Beobachtungen legen die Annahme recht nahe, den beiden Briefen liege eine gemeinsame Vorlage oder ein erster Entwurf zu Grunde." Dahl verweist dabei auf van Roon, der allerdings schlussfolgert: „The correspondence in style, grammatical detail and vocabulary is too great between Eph. and Col., to place one epistle at a greater remove from the HP than the other. Everything corroborates that the epistles have a common source and must be regarded as the work of the same author"

nicht, es sei den, man geht davon aus, dass der gleiche Verfasser die „Vorlage" überarbeitet hat. Das erkennt auch Dahl und ergänzt deshalb:

> „Diese Vermutung vermag aber ebensowenig wie die Interpolationshypothese den gesamten Tatbestand zu erklären. Es ist aber die Frage zu stellen, ob die Theorien nicht so kompliziert werden und mit so vielen unbekannten Faktoren rechnen müssen, daß die traditionelle Annahme, Paulus habe selbst beide Briefe verfaßt, am Ende doch die wahrscheinlichste ist – weil sie die einfachste Erklärung bietet. In der Tat muß gefolgert werden, daß entweder keiner der Briefe oder beide auf Paulus zurückgehen. Die Indizien für eine nach-paulinische Abfassung sind zwar bei dem Epheserbrief etwas größer (vgl. z.B. 2,20; 3,6; 4,7ff.). Dafür steht aber der Epheserbrief in manchen Beziehungen den Homologumena näher."[336]

Weißenborn stellt mit Recht die Frage, warum ein Fälscher ausgerechnet die „unbedeutende Passage" in Kol 4,7f. „wörtlich" hätte übernehmen sollen (vgl. Eph 6,21f.)[337], „wo er doch ansonsten eine große Freiheit an den Tag legt".[338] Dahl weist darauf hin, dass Mitton die Priorität des Kolosserbriefs vorausgesetzt, „aber nicht wirklich bewiesen" hat.[339] Und er ergänzt: „J. Coutts konnte

---

(van Roon, Authenticity, 205). Bereits vorher hatte van Roon zusammenfassend festgehalten: „None of the other epistles corresponds so consistently with Eph., as Col. Nevertheless, all the stylistic components of Eph. are found again in the other epistles (pp. 105–107; 112; 113; 121s.; 127s. 140s.; 143-149; 152s.; 156ss.; 162-167)" (ebd., 195).

[336] Dahl, Einleitungsfrage, 47. Vgl. auch ebd., 48: „Die Briefe an die Thessalonicher und Philipper enthalten, wie bekannt, keine Zitate und weniger Allusionen als der Römerbrief, die Korintherbriefe und der Galaterbrief. Der Epheserbrief nimmt aber auf das AT viel häufiger Bezug als der Kolosserbrief! Trotz aller Übereinstimmungen haben beide Briefe je ihre Eigenart. Um paulinische Urheberschaft aufrecht zu erhalten, müßte man jedenfalls damit rechnen, daß Paulus bei der Abfassung zwei verschiedene Assistenten benutzte." Diese Annahme ist m. E. jedoch nicht nötig. Gerade die Unterschiede in den anderen Paulusbriefen zeigen, wie verschieden Paulus vorgehen konnte.

[337] Kol 4,7f. ist allerdings in Eph 6,21f. nicht einfach „wortwörtlich übernommen worden" (vgl. dazu auch die Ausführungen oben). Auffallend ist z. B. das zusätzliche καὶ ὑμεῖς in Eph 6,21. Percy betont anhand von außerbiblischen Parallelen in diesem Zusammenhang, dass „der andere, der von dem Zustand des Apostels weiss, kein anderer als dieser selbst" ist (Percy, Probleme, 390).

[338] Percy, Probleme, 297. Vgl. dazu auch ebd., 329: „Tychikus ist der Überbringer beider Briefe (vgl. Kol 4,7; Eph 6,21f.) und damit zusammen mit Onesimus unterwegs. Er kann also nicht mehr am Abfassungsort sein und Grüße ausrichten lassen. Ein pseudonym schreibender Paulusschüler hätte also die Person des Tychikus zusätzlich zu den im Philemonbrief erwähnten Paulusmitarbeitern einführen müssen, um sie sozusagen gleich darauf mit dem Kolosserbrief wieder ‚verschwinden' zu lassen. Das aber setzt ein enormes Wissen voraus, denn neben dem Philemonbrief hätte der Fälscher auch die Apostelgeschichte kennen bzw. die in ihr überlieferten Daten bezüglich des Tychikus aus anderer Quelle in Erfahrung bringen müssen."

[339] Dahl, Einleitungsfragen, 23.

deshalb zeigen, daß man bei derselben Art der Beweisführung auch zu dem entgegengesetzten Ergebnis kommen konnte: der Kolosserbrief verwendet und vermischt Aussagen des Epheserbriefes und andere Briefe des Paulus."[340] Und schon Percy hat aufgezeigt, dass der Aufbau des Epheserbriefs insgesamt unabhängig vom Aufbau des Kolosserbriefs ist.[341] Nicht nur das: Der Aufbau des Epheserbriefs spricht im Vergleich zum Aufbau des Kolosserbriefs für die Priorität des Epheserbriefs.[342] Dafür sprechen auch die oben angeführten Untersuchungen.

Die Verwandschaft des Epheserbriefs mit dem Kolosserbrief deutet also darauf hin, dass die zwei Briefe vom gleichen Verfasser stammen müssen. Nach Carson und Moo verwenden die zwei Briefe zwar „ein ähnliches Vokabular, dennoch gibt es auffallende Unterschiede".[343] So scheine es „durchaus denkbar, dass Paulus den Kolosserbrief mit einer bestimmten konkreten Situation im Sinn schrieb, während er den Epheserbrief in allgemeinerer Absicht verfasste".[344]

4.2.1.3 Der Stil des Epheserbriefs

Auch *Sprache und Stil* des Epheserbriefs sollen gegen die paulinische Verfasserschaft sprechen.[345] Nach Gese greift Paulus gerne „auf den Stil der Diatribe zurück".[346] Und Gese ergänzt: „Wie anders ist dagegen der *Epheserbrief*. Er redet seine Hörer nicht an. Er stellt keine Fragen im Verlauf einer Diskussion. Er argumentiert nicht, sondern er beschreibt und wirkt darum oft recht umständlich."[347] Allerdings sollte man den Römerbrief (Stichwort „Diatribe") nicht als einzigen Maßstab für den Stil des Paulus in Betracht ziehen. Andererseits stellt Gese fest, dass der Verfasser des Epheserbriefs „sich bewußt um eine Anleh-

---

[340] Ebd.; vgl. Coutts, Relationship, 201–207.
[341] Vgl. Percy, Probleme, 362ff.
[342] Vgl. dazu die Ausführungen oben.
[343] Carson/Moo, Einleitung, 583.
[344] Ebd.
[345] Vgl. dagegen z. B. Hoehner, Ephesians, 24–29. Nach Dahl lassen sich die „meisten positiven Kennzeichen des Stils ... unter zwei Tendenzen unterbringen: Plerophorie und ‚sukzessive Subordination'" (Dahl, Einleitungsfragen, 14). „Besonders bemerkenswert sind die vielen Genitivkonstruktionen, die zwei oder mehrere abstrakte Substantive miteinander verknüpfen. Weitere Beispiele des plerophoren Stils sind koordinierte synonyme Substantive, andere Synonymien, Appositionen, Einschübe und eine große Anzahl locker angefügter, mit Präpositionen eingeleiteteter Kola. Auch theoretische Langwirkungen sind im Epheserbrief ein Aspekt der Plerophorie; sie dienen nur selten dazu, den Stil lebhaft zu machen" (ebd.).
[346] Gese, Vermächtnis, 85.
[347] Ebd., 85f.

nung an die paulinische Tradition gemüht" habe. „Gerade die Zitate und Anspielungen aus dem Kolosserbrief und den anerkannten Paulinen müssen auch den Stil des Epheserbriefes nachhaltig beeinflußt haben."[348]
Dahl bemerkt in Bezug auf die „Rhetorik" des Epheserbriefs:

> „Wenn man unter Rhetorik die Kunst der überzeugenden Rede versteht, wäre der Stil des Epheserbriefs eher ‚rhetorisch' als ‚liturgisch' zu nennen. Mit forensischer oder deliberativer (‚symbouleutischer') Beredsamkeit hat der Epheserbrief freilich kaum etwas gemein. Dagegen könnte man den Brief mit gewissem Recht dem dritten, ‚demonstrativen' oder ‚epideiktischen' Typ der antiken Rhetorik zuordnen."[349]

Elemente „epideiktischer Rhetorik"[350] findet Brucker z. B. in verschiedenen Abschnitten des Philipperbriefs, u. a. im „Christushymnus" in Phil 2,6-11.[351] Andererseits haben F. Chr. Baur, S. Hoekstra und K. Holsten, wie Schmid betont, auch dem Philipperbrief „die nämlichen sprachlichen Mängel vorgeworfen, die man beim Eph als Anzeichnen seiner Unechtheit beurteilt, nämlich Mangel der paulinischen Dialektik, Weitschweifigkeit, falsche Emphase durch Wiederholung derselben Worte, Verbindung synonymer Ausdrücke".[352] Die Unterschiede zwischen dem Philipperbrief einerseits und Epheser- und Kolosserbrief andererseits müssen nach Schmid „mit der Verschiedenheit der psychologischen Situation in Zusammenhang gebracht werden".[353] Zudem finden wir gemäß Schmid im Philipperbrief „die gleiche Art der angefügten Redeweise, d. h. einer losen Aneinanderreihung der Gedanken durch ein Relativpronomen, einen Infinitiv oder ein Partizip udgl.".[354]

Die *langen Satzgebilde* (vgl. z. B. Eph 1,3-14.15-23; 2,1-10; 3,14-19; vgl. auch z. B. Kol 1,9-20), die „Aneinanderreihung sinngleicher Wörter" (vgl. Eph 1,19; 6,10) und „der extensive Gebrauch adnominaler Genitivkonstruktionen" (vgl. z. B. Eph 1,6.10.18f.) im Epheserbrief sollen ebenfalls gegen Paulus als Verfasser sprechen.[355] Die langen Satzkonstruktionen, die sich z. B. auch im Kolosserbrief (vgl. z. B. Kol 1,9-20!) und in anderen Paulusbriefen (vgl. z. B. Röm 1,1-7[356]; 1. Kor 1,4-8; 2. Kor 1,3-7.8-11; 1. Thess 2,1-10[357]; 2. Thess 1,3-12)

---

[348] Ebd., 86.
[349] Dahl, Einleitungsfragen, 16.
[350] Vgl. dazu Brucker, Christushymnen, 110ff.
[351] Vgl. ebd., 301–346.
[352] Schmid, Zeit und Ort, 127.
[353] Ebd., 126.
[354] Ebd., 127.
[355] Schnelle, Einleitung, 379; vgl. auch z. B. Lohse, Einführung, 59; Vielhauer, Literatur, 208f.
[356] Vgl. dazu van Roon, Authenticity, 140ff.
[357] Dahl weist darauf hin, dass sich die Komposition des Epheserbriefs in gewisser Hinsicht „besonders mit der des 1. Thessalonicherbriefes" berührt. „Auch hier ist der erste Hauptteil *deskriptiv*, von wiederholter Danksagung und Fürbitte umrahmt (1Thess

finden[358], sind vor allem durch den „liturgischen" Inhalt und den damit verbundenen Stil des Epheserbriefs bedingt, der seinerseits viele Parallelen in alttestamentlich-jüdischen „liturgischen" Texten findet.[359] Schmid bemerkt:

„Es genügt, aus den Homologumena eine Anzahl von Stellen zu nennen, die denselben schwerfälligen Stil aufweisen wie der Eph. Namentlich in Gebetswünschen an die Leser (Röm 1, 1-7; Gal 1, 1,5) und in Danksagungen an Gott ist dieser Mangel häufig (Röm 2, 13-16; 2, 17ff.; 4, 16-22; 5, 12-21; 1 Kor 1, 4-9; 2 Kor 1, 3-7 8-11; 6, 1-10; 8, 1-6; Gal 2, 1-11; Phil 1, 3-6 7 f. 26-30; 2 Thess 2, 8-10; ferner Röm 1, 18-25; 2, 21-26; 4, 11 f.; 9, 22-29; 15, 14-21; Phil 1, 12-14; 2. Thess 1 usw.). Wie sonst finden sich die langen Perioden und lockeren Gedankenreihen auch beim Eph didaktischen Teile. Von Kap. 4 an, in welchem die praktischen Ermahnungen beginnen, gewinnt auch die Darstellung mehr Abwechslung und Leben, und die langen Perioden machen kurzen, prägnanten Sätzen Platz."[360]

Eph 1,3–3,21 ist „umrahmt" von Lobpreis, Danksagung, Fürbitte, Gebet und Doxologie, womit Stil und Wortschatz des Textes zusammenhängen. Nach Eph 4 wird die Sprache in dem Sinn „paulinischer", dass das Stilelement, das besonders Eph 1,3–3,21 und auch Teile des Kolosserbriefs prägt, nicht mehr in dem Maß vorhanden ist.[361]

Was die Parallelen in den Paulusbriefen betrifft, so ist zu beachten, dass Sprache und Stil der Danksagung in 1. Kor 1,4ff. besonders deutlich im typischen

---

1,3ff.; 2,13; 3,9–13). Der zweite Hauptteil (1Thess 4–5) ist – wie Eph 4–6 – überwiegend *präzeptiv*, enthält aber auch theologische Belehrung (1Thess 4,13-17; 5,1-5; vgl. Eph 4,7-16; 5,5.23.25-32)" (Dahl, Einleitungsfragen, 8f.).

[358] Vgl. dazu auch u. a. Percy, Probleme, 27; van Roon, Authenticity, 105ff. Van Roon stellt fest: „As elsewhere in the CP, use made of oratio perpetua or λέξις εἰρομένη in the long sentences of Eph." (ebd., 111). Vgl. auch ebd., 112; Percy, Probleme, 41).

[359] Vgl. dazu u. a. Norden, Agnostos Theos, 250ff.; Best, Use, 51–68; Dahl, Ephesians and Qumran, 107–144; ders., Benediction and Congratulation, 279–314; Kuhn, Epheserbrief, 334–346; Kirby, Ephesians, 132–138; Lyonnet, La bénédiction, 341–352; Percy, Probleme, 36. Zu den Parallelen zum „Kolosserhymnus" (Kol 1,15-20) in alttestamentlich-jüdischer Tradition vgl. auch Stettler, Kolosserhymnus, 75ff.

[360] Schmid, Epheserbrief, 287f..

[361] Wie z. B. ein Vergleich zwischen Eph 6,10 (... ἐνδυναμοῦσθε ἐν κυρίῳ καὶ ἐν τῷ κράτει τῆς ἰσχύος αὐτοῦ) und Eph 1,19 (καὶ τί τὸ ὑπερβάλλον μέγεθος τῆς δυνάμεως αὐτοῦ ... κατὰ τὴν ἐνέργειαν τοῦ κράτους τῆς ἰσχύος αὐτοῦ) zeigt, wirkt die „liturgische" Sprache im Epheserbrief auch weiter nach. Das ist z. B. im Philipperbrief nicht wesentlich anders, wenn man beispielsweise Phil 1,11 (πεπληρωμένοι ... εἰς δόξαν καὶ ἔπαινον θεοῦ) mit Phil 4,19 (... κατὰ τὸ πλοῦτος αὐτοῦ ἐν δόξῃ ἐν Χριστῷ Ἰησοῦ) vergleicht (vgl. dazu auch Eph 1,7; 3,7.20). Dahl stellt zusammenfassend fest: „The expressions ... and δυνάμει κραταιωθῆναι of Eph 6:10 and 3:1, together with μέγεθος τῆς δυνάμεως αὐτοῦ of 1:19 find striking parallels in 1QH XV 20,22 (VII 17,19); 1QH XX 38 (XII 35) and 1QM X 5, and the last phrase has a clear echo in 1QH VI 34 (XIV 23)" (Dahl, Ephesians and Qumran, 111f.).

Stilzug des Epheserbriefs, der besonders die Eingangseulogie von Eph 1,3ff. prägt, verfasst worden ist. Dazu gehören die wiederholten asyndetisch angereihten Präpositionalkonstruktionen, zum Teil mit Verwendung des Adjektivs πᾶς („jeder, alle"), der καθώς-Satz[362] (1. Kor 1,6; vgl. Eph 1,4), der Satz ἐν παντὶ ἐπλουτίσθητε („in allem seid ihr reich gemacht worden") in 1. Kor 1,5 (vgl. Eph 1,7: κατὰ τὸ πλοῦτος τῆς χάριτος αὐτοῦ) sowie das daran angehängte ἐν αὐτῷ („in ihm") mit Bezug auf „Christus Jesus" am Schluss des Satzes (vgl. 1. Kor 1,4), was für Eph 1,3ff. besonders charakteristisch ist.

Die *mehrfachen Genitivverbindungen* im Epheserbrief[363] fallen zwar ebenfalls auf, finden aber auch in anderen Paulusbriefen Parallelen[364], und dabei werden ebenfalls zum Teil „sinngleiche" (besser: sinnähnliche) Wörter aneinandergereiht, wie z. B. die folgenden Stellen zeigen.

Röm 2,5 (ἐν ἡμέρᾳ ὀργῆς καὶ ἀποκαλύψεως δικαιοκρισίας τοῦ θεοῦ); 5,17 (τὴν περισσείαν τῆς χάριτος καὶ τῆς δωρεᾶς τῆς δικαιοσύνης); 8,2 (ἀπὸ τοῦ νόμου τῆς ἁμαρτίας καὶ τοῦ θανάτου); 8,23 (εἰς τὴν ἐλευθερίαν τῆς δόξης τῶν τέκνων τοῦ θεοῦ); 11,17 (συγκοινωνὸς τῆς ῥίζης τῆς πιότητος τῆς ἐλαίας); 11,33 (βάθος πλούτου καὶ σοφίας καὶ γνώσεως θεοῦ); 16,18 (διὰ τῆς χρηστολογίας καὶ εὐλογίας); 1. Kor 2,4 (ἐν ἀποδείξει πνεύματος καὶ δυνάμεως); 2. Kor 4,4 (τὸν φωτισμὸν τοῦ εὐαγγελίου τῆς δόξης τοῦ Χριστοῦ, ὅς ἐστιν εἰκὼν τοῦ θεοῦ); 4,6 (πρὸς φωτισμὸν τῆς γνώσεως τῆς δόξης τοῦ θεου ἐν προσώπῳ [Ἰησοῦ] Χριστοῦ); Phil 1,19 (διὰ τῆς ὑμῶν δεήσεως καὶ ἐπιχορηγίας τοῦ πνεύματος Ἰησοῦ Χριστοῦ); 1. Thess 1,3 (μνημονεύοντες ὑμῶν τοῦ ἔργου τῆς πίστεως καὶ τοῦ κόπου τῆς ἀγάπης καὶ τῆς ὑπομονῆς τῆς ἐλπίδος τοῦ κυρίου ἡμῶν Ἰησοῦ Χριστοῦ).

Auffallend ist zudem, dass die Aneinanderreihung sinnähnlicher Wörter auch gerade im Philipperbrief begegnet und damit in einem Paulusbrief, der bei Echtheit beider Briefe in die Nähe des Epheserbriefs zu datieren ist.[365] Bei den inhaltlichen und stilistischen Parallelen zwischen Eph 4,1-3 und Phil 2,1-4, auf die bereits eingegangen wurde[366], fällt auf, dass in beiden Texten die Verwendung „synonymer" Begriffe und Ausdrücke zur Verstärkung dient.[367] Schmid

---

[362] Vgl. dazu auch Percy, Probleme, 243f.
[363] Vgl. dazu auch u. a. Sellin, Über einige ungewöhnliche Genitive, 85–107.
[364] Vgl. dazu auch u. a. Percy, Probleme, 61ff. und 194ff.; van Roon, Authenticity, 121ff.
[365] Vgl. z. B. Phil 1,11 mit Eph 1,6.12.14; Phil 3,21 mit Eph 1,19; 3,7; vgl. auch Kol 1,29; Phil 4,13 mit Eph 1,19; 3,16.18.20; 6,10.
[366] Vgl. oben unter 3.1.6.5.
[367] Vgl. dazu auch z. B. 1. Kor 5,1; 8,11; 9,18; 1. Thess 4,5; 2,17; 2. Thess 2,8 (vgl. dazu auch Percy, Probleme, 194–197). In Eph 4,1-3 sind das folgende Paare: ταπεινοφροσύνης — πραΰτητος; μετὰ μακροθυμίας — ἀνεχόμενοι ἀλλήλων ἐν ἀγάπῃ; τὴν ἑνότητα τοῦ πνεύματος — ἐν τῷ συνδέσμῳ τῆς εἰρήνης; in Phil 2,1-4 diese: παράκλησις — παραμύθιον ἀγάπης; σπλάγχνα — οἰκτιρμοί; σύμψυχοι — τὸ ἓν φρονοῦντες; ἐριθείαν — κενοδοξίαν.

findet für die Verbindung synonymer und verwandter Ausdrücke, „die am häufigsten in Kol und Eph auftritt"[368], im Philipperbrief 18 und im Kolosserbrief 19 Beispiele[369].

Dass der „liturgische" Stil des Epheserbriefs, der die angesprochenen Genitivverbindungen ebenfalls mit einschließt, durch die Anlehnung an den Psalter mitgeprägt ist[370], legen u. a. die κατά-Ausdrücke, die Gottes Kraft und Majestät verherrlichen[371], im Vergleich zur LXX-Übersetzung des Psalters nahe.[372] Beispiele dafür gibt es auch im Philipperbrief (vgl. Phil 3,21; 4,19) und im Kolosserbrief (vgl. Kol 1,11.29). In der LXX erscheint in diesem Zusammenhang oft der Begriff πλῆθος („Menge"[373]), der u. a. auf den hebräischen Ausdruck בְּרֹב (etwa „in Menge"[374]) zurückgeht, aber in den Paulusbriefen nicht verwendet wird. Die LXX gibt den hebräischen Begriff u. a. mit ἐν τῷ πλήθει oder κατὰ τὸ πλῆθος wieder, wobei letztere Wendung auch auf den hebräischen Ausdruck כְּרֹב (etwa „nach der Menge") zurückgeht.[375] Im Epheserbrief erscheint dagegen der Begriff πλοῦτος („Reichtum"; vgl. Eph 1,7.18; 3,8.16), der auch sonst in den Paulusbriefen in ähnlichen Zusammenhängen verwendet wird (vgl. z. B. Röm 2,4; 9,23; 11,33; Phil 4,19; Kol 1,27; 2,2).

Gerade Ps 68, der in Eph 4,8 teilweise zitiert wird (vgl. Ps 68,19a), findet auffallend viele Parallelen im Epheserbrief. Er wird als „Psalm" und „Lied" (LXX: ψαλμὸς ᾠδῆς) bezeichnet (vgl. Ps 68,1), und es folgt die Aufforderung, Gott zu singen und zu spielen (Ps 68,5.33f.), etwa in Eph 5,19, wobei in Eph 5,19 die zwei Verben erscheinen, die in der LXX in dem Psalm wiederholt gebraucht sind (ᾄδω in Ps^{LXX} 67,5.33 und ψάλλω in Ps^{LXX} 67,5.26.33.34)[376]. Zweimal wird der „Lobpreis" Gottes ausgesprochen (vgl. Ps 68,20.36; LXX: εὐλογητὸς κύριος ἡμέραν καθ' ἡμέραν bzw. εὐλογητὸς ὁ θεός; vgl. auch Vers 19 in der LXX: κύριος ὁ θεὸς εὐλογητός), und zwar direkt im Zusammenhang mit der Aussage, die in Eph 4,8 aufgenommen wird (vgl. Ps 68,19f.), während der Epheserbrief mit dem „Lobpreis" einsteigt (vgl. Eph 1,3ff.). In den Gemeindeversamm-

---

[368] Schmid, Zeit und Ort, 127.

[369] Ebd., 127, Anm. 5. Schmid verweist dabei auf folgende Stellen im Philipperbrief: 1,10.15.20.25; 2,2.12.15.25 „usw." (ebd.).

[370] Vgl. dazu auch van Roon, Authenticity, 124ff.

[371] Vgl. z. B. Eph 1,7.9.11.19; 3,16.20.

[372] Vgl. Ps^{LXX} 50,3; 68,17; 78,11; 105; 108,26; 118,88.124; 150,2.

[373] Vgl. Ps^{LXX} 50,3; 68,17; 105,45; 150,2.

[374] Vgl. dazu z. B. Ps 5,8; 5,11; 33,16f.; 49,7; 69,14.

[375] Vgl. dazu Jes 63,7; Hos 10,1; Ps 51,3; 69,17; 106,45; 150,2; Kla 3,32; Neh 13,22. In Ps^{LXX} 65,3 erscheint mit Bezug auf Gott der Ausdruck ἐν τῷ πλήθει τῆς δυνάμεώς σου (vgl. auch Ps^{LXX} 32,16f.; 48,7). Das erinnert an Eph 1,19, wo die Wendung τὸ ὑπερβάλλον μέγεθος τῆς δυνάμεως αὐτοῦ erscheint.

[376] Die zwei Verben ᾄδω und ψάλλω finden sich in der LXX neben Judg 5,3 nur noch zwölfmal im Psalter zusammen in einem Vers (vgl. Ps^{LXX} 12,6; 20,14; 26,6; 32,3; 56,8; 67,5.22; 97,4; 103,33; 104,2; 107,2; 143,9).

lungen soll Gott gepriesen werden (Ps 68,27; LXX: ἐν ἐκκλησίαις εὐλογεῖτε τὸν θεόν), und die Israeliten sollen Gott „die Herrlichkeit geben" (Ps 68,35; LXX: δότε δόξαν τῷ θεῷ), wobei wir an die Aussage in Eph 3,21 (αὐτῷ ἡ δόξα ἐν τῇ ἐκκλησίᾳ ...) erinnert werden. Gott wird als „Vater der Waisen" und als „Richter der Witwen" angesprochen, der „in seiner heiligen Wohnung" ist, wobei betont wird, dass Gott die Einsamen zu Hause wohnen lässt und Gefangene befreit (Ps 68,6f.) und dass es sich dabei um den „Gott Israels" handelt (Ps 68,9.36). Es ist vom Erbteil die Rede, in dem „deine Schar" sesshaft geworden ist (Ps 68,10f.). Und auch im Epheserbrief ist das Vatersein Gottes (vgl. z. B. Eph 1,17; 2,18; 3,14) grundlegend dafür, dass die ehemaligen „Heimatlosen", die an dem „Bürgerrecht Israels" und den „Bündnissen der Verheißungen" keinen Anteil hatten, nun eine geistliche Familie haben (vgl. Eph 2,11ff.), ja sie sind „Miterben" geworden (Eph 3,6), und sie sollen noch besser verstehen, „was der Reichtum der Herrlichkeit seines Erbteils unter den Heiligen" ist (Eph 1,18).

Nach Ps 68,12 wird der „Herr" das Wort denen geben, welche die Frohe Botschaft verkündigen (הַמְבַשְּׂרוֹת; LXX: τοῖς εὐαγγελιζομένοις), wodurch wir an Eph 3,8 und auch an Eph 6,15 erinnert werden (vgl. auch Eph 2,17). In Ps 68,15 wird der Ausdruck שַׁדַּי („Allmächtiger") in der LXX mit ὁ ἐπουράνιος βασιλεύς („der himmlische König") wiedergegeben[377], wobei mit ἐπουράνιον („himmlisch") ein Adjektiv verwendet wird, dass in der LXX als Wiedergabe des hebräischen Textes des Alten Testaments nur an dieser Stelle verwendet wird[378], das aber im Epheserbrief eine zentrale Rolle spielt (vgl. Eph 1,3.20; 2,6; 3,10; 6,12).

Im Zusammenhang mit der Aussage in Ps 68,19a, die in Eph 4,8 teilweise zitiert wird, wird betont, dass Gott von den Menschen und sogar von Widerspenstigen (LXX: ἀπειθοῦντες) Gaben empfangen hat, um in dem Erbteil Gottes zu wohnen (Ps 68,19b)[379], wobei Gott allerdings „das Haupt seiner Feinde" zerschmettern wird (Ps 68,22; vgl. auch Ps 68,2f.15.31). Diese Unterordnung aller Dinge geschieht nach dem Epheserbrief durch die Erhöhung Jesu Christi (vgl. Eph 1,22; 4,10; vgl. auch Phil 3,21). Und wie im Epheserbrief spielt die Macht Gottes auch in Ps 68 eine zentrale Rolle (vgl. z. B. Ps 68,13.15.29.34f.; Eph 1,19.21; 3,7.20). Nach Ps 68,36 ist Gott – der „Gott Israels", der seinem Volk Stärke und Macht gibt und gepriesen wird – „aus deinem Heiligtum" (מִמִּקְדָּשֶׁיךָ) zu fürchten, wobei die LXX den Ausdruck מִמִּקְדָּשֶׁיךָ durch ἐν τοῖς ἁγίοις αὐτοῦ („unter seinen Heiligen") wiedergibt und damit durch eine Wendung, die

---

[377] Vgl. auch Ps 68,34f.: „... der einherfährt auf den Himmeln der Vorzeit ... Seine Hoheit ist über Israel und seine Macht in den Wolken."

[378] Vgl. auch 2. Macc 3,39; 3. Macc 6,28; 7,6; OdSal 14,11.

[379] Der hebräische Satz לָקַחְתָּ מַתָּנוֹת בָּאָדָם וְאַף סוֹרְרִים לִשְׁכֹּן יָהּ אֱלֹהִים in Ps 68,19b ist nicht ganz einfach zu deuten, doch wirft der Kontext Licht auf die Aussage. In Ps 68,7 wurde noch betont, dass Gott zwar die Gefangenen „in das Gedeihen hinausführt", während die Widerspenstigen in der Dürre verharren, und in Ps 68,17 heißt es dann: „Warum lauert ihr neidisch, ihr gipfelreichen Berge, auf den Berg, den Gott zu seinem Wohnsitz begehrt hat (LXX: ὃ εὐδόκησεν ὁ θεὸς κατοικεῖν ἐν αὐτῷ)? Ja (אַף), Jahwe wird [dort] für immer wohnen." Am Schluss werden also auch Widerspestige den Segen empfangen, indem sie sich Gott unterordnen, und damit auch zu den Erben gehören (vgl. auch z. B. Ps 69,37; 74,2; 78,55.60).

in Eph 1,18b erscheint. Und die Übersetzung des hebräischen Satzes חָמַד אֱלֹהִים לְשִׁבְתּוֹ („Gott begehrte [ihn = den Berg Zion; vgl. auch Ps 68,30] zu seiner Wohnung") in Ps 68,17 (= Ps 67,17^LXX) durch ὃ εὐδόκησεν ὁ θεὸς κατοικεῖν ἐν αὐτῷ[380] („der Gott wohlgefiel, um auf ihm zu wohnen") erinnert nicht nur an die Verwendung des Nomens εὐδοκία („Wohlgefallen")[381] in Eph 1,5.9, sondern noch mehr an Kol 1,19 (ὅτι ἐν αὐτῷ εὐδόκησεν πᾶν τὸ πλήρωμα κατοικῆσαι)[382] und damit an eine Aussage, die sich ihrerseits an Aussagen des Epheserbriefs anzulehnen scheint (vgl. z. B. auch Eph 1,22f.; 4,10.13). Dass sowohl der „Epheserhymnus" (Eph 4,4-10) als auch der „Kolosserhymnus" (Kol 1,15-20 bzw. 1,9-20[383]) sich nicht nur an Aussagen des Ps 68 anlehnen – und zwar unabhängig voneinander –, sondern auch beide mit dem Hinweis, dass es das Ziel der Erniedrigung Jesu Christi gewesen sei, dass in ihm „die ganze Fülle" wohne bzw. dass er „alles erfülle", deutet darauf hin, dass es sich um den gleichen Verfasser handeln muss.

Nach Dahl bietet das Corpus Paulinum

> „engere und bessere Analogien zu den Stileigentümlichkeiten des Epheserbriefs als irgend ein anderes literarisches Korpus. Die stilistische Eigenart des Epheserbriefs besteht, so könnte man fast sagen, darin, daß einige Merkmale des paulinischen Stils fehlen, während andere weit häufiger als in den anderen Briefen vorkommen. Die Meinungen der Forscher scheiden sich bei der Frage, ob dieser Tatbestand mit paulinischer Abfassung vereinbar ist oder nicht".[384]

Van Roon und Percy haben sehr ausführlich die paulinischen Parallelen zum Stil des Epheserbriefs (und des Kolosserbriefs[385]) dargelegt.[386] Sie kommen dabei zur gleichen Überzeugung wie Dahl in der zitierten Zusammenfassung: Der Stil findet gerade in den Paulusbriefen des Neuen Testaments seine auffallendsten Parallelen. Dahl weist seinerseits darauf hin, dass der „Nachweis" von Percy, „daß keine anderen Texte dem Stil des Epheserbriefs so nahe kommen wie einige Abschnitte der Paulusbriefe, … bis jetzt nicht widerlegt worden"

---

[380] Vgl. auch z. B. Ps 132,13f., wo die LXX (= Ps 131,13f.^LXX) übersetzt: ὅτι ἐξελέξατο κύριος τὴν Σιων, ᾑρετίσατο αὐτὴν εἰς κατοικίαν ἑαυτῷ Αὕτη ἡ κατάπαυσίς μου εἰς αἰῶνα αἰῶνος, ὧδε κατοικήσω, ὅτι ᾑρετισάμην αὐτήν (vgl. auch 2. Macc 14,35: … ηὐδόκησας ναὸν τῆς σῆς σκηνώσεως ἐν ἡμῖν γενέσθαι).

[381] Das Nomen εὐδοκία erscheint in der LXX in den Psalmen achtmal (im Buch Jesus Sirach 14-mal), während das Verb εὐδοκέω insgesamt 14-mal vorkommt (bei Jesus Sirach sechsmal). Vgl. z. B. Ps 69,14: „Ich aber bete zu dir, Jahwe, zur Zeit des Wohlgefallens (עֵת רָצוֹן; LXX: καιρὸς εὐδοκίας); Gott, nach der Menge deiner Gnade (בְּרָב־חַסְדֶּךָ; LXX: ἐν τῷ πλήθει τοῦ ἐλέους σου) erhöre mich mit deiner treuen Hilfe."

[382] Vgl. dazu auch Stettler, Kolosserhymus, 254f. und 261–265.

[383] Dass es sich im griechischen Text von Kol 1,9-20 (eine gewisse Parallele zu Eph 1,3-14 sowie 1,15-23) um ein Satzgefüge handelt, wurde bereits erwähnt.

[384] Dahl, Einleitungsfragen, 18.

[385] Vgl. dazu Percy, Probleme, 16ff.

[386] Vgl. ebd., 18ff. und 179ff.; van Roon, Authenticity, 100ff.

sei.³⁸⁷ Bei Pseudepigrafie müsste ein „Paulusschüler" manche Züge des Stils der Paulusbriefe „paulinischer" angewandt haben als Paulus selbst, wobei das in gewisser Hinsicht (eher) für den Epheserbrief, in anderer Hinsicht (eher) für den Kolosserbrief zutrifft.

Dabei ist zu beachten, dass es auch in den anderen Paulusbriefen größere Unterschiede gibt. So erscheint die Begründungskonjunktion γάρ („denn, nämlich") z. B. im Römerbrief 144-mal (ca. 1,68 % aller Wörter), im 1. Korintherbrief 105-mal (ca. 1,24 %), im 2. Korintherbrief 77-mal (ca. 1,41 %), im Philipperbrief 13-mal (ca. 0,65 %), im 2. Thessalonicherbrief fünfmal (ca. 0,51 %), im Philemonbrief dreimal (ca. 0,73 %), im Epheserbrief elfmal (ca. 0,38 %) und im Kolosserbrief sechsmal (ca. 0,31 %). Im Römerbrief fallen vor allem die wiederholten Folgesätze, die mit der Begründungskonjunktion eingeleitet werden, auf (z. B. in Röm 1,16-20; 2,11-14; 8,19-22; 10,2-5.10-13; vgl. auch z. B. Phil 1,19-21). Dafür gibt es in den Paulusbriefen kaum bzw. nur wenige Parallelen, und zwar hauptsächlich in den zwei Korintherbriefen (vgl. z. B. 1. Kor 11,21-23; 12,12-14; 2. Kor 3,9-11; 7,9-11). Interessanterweise bietet auch Eph 5,5f.8f.12.14 eines dieser eher seltenen Beispiele. Der intensivste Gebrauch der Begründungskonjunktion außerhalb der Paulusbriefe begegnet im Neuen Testament im Hebräerbrief (91-mal bzw. ca. 1,48 %) und im 2. Petrusbrief (15-mal bzw. ca. 1,17 %), und der geringste Gebrauch begegnet im 1. Johannesbrief (dreimal bzw. ca. 0,18 %), in der Johannesoffenbarung (16-mal bzw. ca. 0,14 %) und im Judasbrief (einmal bzw. 0,18 %).

Nach van Roon kommt zudem in dem „seltenen Gebrauch" der Partikeln μέν, δέ, γάρ und εἰ im Epheser- und Kolosserbrief ein „semitisierendes Element" zum Ausdruck.³⁸⁸ Bujard zeigt z. B. in seinen stilistischen Untersuchungen zum Kolosserbrief, dass der Epheserbrief im Gebrauch z. B. von Konjunktionen zumindest in nummerischer Hinsicht allgemein zwischen dem Kolosserbrief und dem Durchschnitt der übrigen Paulusbriefe liegt, wobei indes zu beachten ist, dass es auch in den übrigen Paulusbriefen größere Unterschiede gibt.³⁸⁹

---

³⁸⁷ Dahl, Einleitungsfragen, 25f.
³⁸⁸ Van Roon, Autheticity, 104.
³⁸⁹ Vgl. Bujard, Stilistische Untersuchungen, 26ff. Der Ephserbrief enthält einen Anteil von 9,6 Konjunktionen pro 100 Wörter (in Eph 1 nur 4,9, in Eph 5 hingegen 14,2!), im Kolosserbrief sind es 9,2 (in Kol 1 8,1, in Kol 2 10,3), im Philipperbrief z. B. 12,6, im Römerbrief 12,2 und im 1. Korintherbrief 14,2. In Röm 12 und damit in einem Kapitel, dass in Bezug auf Stil und Inhalt deutliche Paralallen zum Epheser- und auch zum Kolosserbrief aufweist (vgl. die Ausführungen oben), sind es 8,5 Konjunktionen pro 100 Wörter (während z. B. in Röm 14 15,5 Konjunktionen pro 100 Wörter erscheinen). Bei den Partikeln handelt es sich im Epheserbrief um einen Anteil von 2,2 pro 100 Wörter (in Eph 1 sind es ca. 0,5, in Eph 5 dagegen 4,8), im Kolosserbrief sind es 2 pro 100 Wörter, im Philipperbrief 2,2, im Römerbrief 4,4 (in Röm 12 nur 3,2, in Röm 16 ca. 0,95) und im 1. Korintherbrief 6,2.

3.2.1.4 Begriffe und Theologie des Epheserbriefs

Im Epheserbrief sollen verschiedene Begriffe, Ausdrücke und Unterschiede in der Theologie gegen Paulus als Verfasser sprechen.[390] Nach Lohse wird der „Himmel" nur im Epheserbrief – „und dort gleich fünfmal" – mit dem Ausdruck τὰ ἐπουράνια („die himmlischen [Dinge/Regionen]") bezeichnet.[391] Allerdings erscheint der Ausdruck neben dem Epheserbrief (Eph 1,3.20; 2,6; 3,10; 6,12) auch in 1. Kor 15,40.48 (je zweimal) sowie in Phil 2,10 und 2. Tim 4,18. Dabei erscheint an den fünf erwähnten Stellen im Epheserbrief jeweils der Ausdruck ἐν τοῖς ἐπουρανίοις („in den himmlischen [Regionen]"), der sonst im Neuen Testament nicht erscheint. Phil 2,10 knüpft mit dem Gebrauch desselben Adjektivs jedoch möglicherweise an Eph 1,20f. an. Zudem stellt Phil 2,1-11 eine (deutliche) Parallele zu Eph 4,1-10 dar[392], auch wenn die Akzentuierungen des Textes jeweils dem Kontext im jeweiligen Brief entsprechen. Und Eph 4,10, eine Parallele zu Phil 2,10, knüpft gewissermaßen an Eph 1,21 an, wie u. a. der Gebrauch der „uneigentlichen Präposition" ὑπεράνω („weit über") und die Betonung der „Fülle" zeigen. In Eph 4,10 ist nicht von den „himmlischen [Regionen]", sondern von „allen Himmeln" (ὑπεράνω πάντων τῶν οὐρανῶν) die Rede. In 1. Kor 15,48f. wird Jesus Christus als „der Himmlische" (ὁ ἐπουράνιος) bezeichnet. Daran scheint der Epheserbrief anzuknüpfen, indem er die Erhöhung Jesu Christi und seine Einsetzung „in den himmlischen [Regionen]" mit dem damit verbundenen Sieg über alle Mächte und den Segen der Gläubigen betont (vgl. auch z. B. Kol 3,1-4; Phil 3,10ff.). Warum sollte das nicht von Paulus selbst formuliert worden sein? In Eph 1,10 erscheint der Ausdruck τὰ ἐπὶ τοῖς οὐρανοῖς καὶ τὰ ἐπὶ τῆς γῆς („die Dinge in den Himmeln und auf der Erde"), und zweimal erscheint im Epheserbrief zudem der Ausdruck ἐν οὐρανοῖς („in [den] Himmeln"). Der letzte Ausdruck erscheint in den Paulusbriefen nur noch in Phil 3,20, während er mit Artikel (ἐν τοῖς οὐρανοῖς) neben 2. Kor 5,1 noch dreimal im Kolosserbrief begegnet (Kol 1,5.16.20). Dabei knüpfen wohl sowohl Phil 3,20 als auch die drei Kolosserstellen an den Epheserbrief an. Sprachlich scheint der Ausdruck ἐν τοῖς ἐπουρανίοις („in den himmlischen [Regionen]") an die Wendungen ἐπὶ τοῖς οὐρανοῖς („in/auf den Himmeln") und ἐν οὐρανοῖς („in [den] Himmeln") anzuknüpfen.

Andererseits scheint der Gebrauch des (substantivierten) Adjektivs ἐπουράνιος (Eph 1,3.20; 2,6; 6,12) und des Nomens οὐρανός (Eph 3,15; 4,10; 6,9) wie überhaupt die Sprache des Epheserbriefs an manchen Stellen vom alttestamentlichen Psalter her geprägt zu sein. Dort erscheint der Ausdruck עַל־שָׁמַיִ(ה)ם (Ps 8,2; 57,6.12; 108,5.6; 113,4; 148,4), der ohne Artikel nur im Psalter und mit Artikel zusätzlich viermal im Buch Exodus (Ex 9,22.23; 10,21.22) verwendet wird und in der LXX vor allem durch ἐπὶ

---

[390] Vgl. dagegen jedoch z. B. Hoehner, Ephesians, 49–60.
[391] Lohse, Entstehung, 59.
[392] Vgl. dazu die Ausführungen oben unter 3.1.6.5.

τοὺς οὐρανούς u. ä. wiedergegeben wird (vgl. Ps^LXX 56,6.12; 107,6; 112,4; vgl. auch Ps^LXX 67,34: ἐπὶ τὸν οὐρανὸν τοῦ οὐρανοῦ). In Ps^LXX 8,2 und 148,4 wird der hebräische Ausdruck mit ὑπεράνω τῶν οὐρανῶν („über den Himmeln") wiedergegeben. Das erinnert an Eph 4,10, wo der Ausdruck ὑπεράνω πάντων τῶν οὐρανῶν („über alle Himmel") erscheint. Dabei ist zu beachten, dass die „uneigentliche Präposition", die in Eph 4,10 verwendet wird (vgl. auch Eph 1,10: ἐπὶ τοῖς οὐρανοῖς) und in der LXX im Psalter neben Ps^LXX 8,2 und 148,4 nur noch in Ps^LXX 73,5 erscheint, im Neuen Testament nur noch in Eph 1,21 und Hebr 9,5 gebraucht wird. Eph 4,10 knüpft, wie bereit erwähnt, offenbar an Eph 1,20f. (… καὶ καθίσας ἐν δεξιᾷ αὐτοῦ ἐν τοῖς ἐπουρανίοις ὑπεράνω πάσης …) an. In den Psalmenstellen geht es jeweils darum, dass Gottes Herrlichkeit „über dem/den Himmel(n)" gepriesen wird, wobei in den sieben Psalmstellen, in denen der Ausdruck עַל־(הַ)שָּׁמַיִם erscheint (Ps 8,2; 57,6.12; 108,5f.; 113,4; 148,4), viermal neben dem/den „Himmel(n)" die „ganze Erde" (LXX: ἐν πάσῃ τῇ γῇ [Ps^LXX 8,3] bzw. ἐπὶ πᾶσαν τὴν γῆν [Ps^LXX 56,6.12; 107,6] erwähnt wird (vgl. Ps 8,2; 57,6.12; 108,6). Auch die Aussage in Eph 3,10, wonach durch die Gemeinde „den Herrschaften und Vollmächten in den himmlischen [Regionen]" die Verwirklichung des Heilsplans Gottes kundgetan wird (vgl. auch Eph 3,21), ist möglicherweise durch die entsprechenden Aussagen im Psalter mitgeprägt (vgl. z. B. Ps 89,6-13; 103,20f.; 148,1-4).[393]

Weiter sollen die „Gnadengaben" im Epheserbrief im Gegensatz zu den „echten" Paulusbriefen der *Amtskirche* zugeordnet sein. Nach Schnelle weist die „Ämterliste in Eph 4,11f … auf eine gegenüber Paulus stark veränderten Gemeindestruktur hin".[394] Zudem soll die Kirche „nicht mehr Ortsgemeinde" sein, „sondern die Kirche als ganze: insgeamt 9 Mal der Terminus *ekklesia* in diesem Sinn: 1,22; 3,10.21; 5,23.24.25.27.29.32; Kol: 1,18.24".[395] Merklein bemerkt, dass im Epheserbrief die Soteriologie als Ekklesiologie betrieben werde. „Dieses Denken ist im Kolosserbrief bereits in Ansätzen vorhanden und wird im Epheserbrief zum Konzept."[396] Und nach Lindemann konzentriert sich zwar die Aufmerksamkeit des Epheserbriefs auf das „Jetzt" der Kirche, trotzdem werde die Kirche nicht als geschichtliche Größe gesehen.[397] Die Vollendung sei nach

---

[393] Stettler bemerkt zu Eph 3,10: „Im Hintergrund steht die in 4Q402 (ShirShabb^c) Frg. 4,14f. (= QShir Masada Kol. I,4-7) bezeugte Tradition, dass auch den Engeln manche Pläne und Werke Gottes verborgen bleiben … Die ‚Mächte' sind in Eph 3,10, gerade von den genannten Parallelen her, nicht notwendig als alle Engelmächte, ob gut oder böse, aufzufassen. Ihr Aufenthaltsort wird mit ἐν τοῖς ἐπουρανίοις angegeben (wie auch in 6,12) … In 2,2 kann der Satan auch als ‚der Herrscher des Machtsbereichs der Luft' vorgestellt werden … Diese Anschauung findet sich als eine unter verschiedenen auch im Frühjudentum und ist in der heidnischen Antike verbreitet" (Stettler, Kolosserhymnus, 176f.).
[394] Schnelle, Einleitung, 379.
[395] Theobald, Epheserbrief, 410.
[396] Merklein, Paulinische Theologie, 432.
[397] Lindemann, Aufhebung, 237.

dem Epheserbrief schon geschehen, sodass „es keine Entwicklung auf ein noch Ausstehendes mehr gibt".[398]

Wenn man allerdings Eph 4ff. betrachtet, so wird sehr stark die „Entwicklung" zur Vollendung, die im Leben der Gläubigen stattfinden sollte, betont (vgl. z. B. Eph 4,1-3.12-16.17-32; 5,1-14). Und der Begriff ἐκκλησία („Gemeinde, Versammlung") wird z. B. 1. Kor 12,28 (vgl. 1. Kor 12,12f.!)[399] und in 1. Kor 15,9; Gal 1,13 sowie Phil 3,6 sehr wohl auch in Bezug auf die Gesamtkirche gebraucht.[400] Zudem bildet Eph 4,11 eine Parallele zu 1. Kor 12,28, wobei es an beiden Stellen nicht um „Ämter", sondern um Funktionen bzw. „Gnadengaben" sowohl für die Gesamtkirche als auch für die Ortsgemeinden geht. „Amtsbezeichnungen" verwendet Paulus z. B. in Phil 1,1.[401] Und wie Apg 14,23 nahelegt, hat es in den von Paulus gegründeten Gemeinden von Anfang an Personen gegeben, die für die Leitung der Gemeinde zuständig waren (vgl. auch z. B. 1. Thess 5,12; 1. Kor 16,15f.; Röm 12,8).

Es gibt zudem weitere Hinweise, dass der Epheserbrief inhaltlich gewissermaßen an den 1. Korintherbrief anknüpft, und zwar besonders an 1. Kor 12 (vgl. auch z. B. 1. Kor 8,6 mit Eph 4,6 und Kol 1,16). Das zeigt sich u. a. daran, dass die Einheit der Kirche (vgl. dazu 1. Kor 12,12ff. u. a. mit Eph 2,16.18; 4,4) in der „trinitarischen" Einheit begründet ist (vgl. 1. Kor 12,4-6 mit Eph 1,3-14 und 4,4-6), wozu auch der Zusammenhang zwischen dem „einen Geist" mit dem „einen Leib" (vgl. 1. Kor 12,13 mit Eph 2,16.18; 4,4) gehört. Damit ist es sehr wahrscheinlich, dass die Identifizierung der ἐκκλησία (für die Gesamtkirche) mit dem „Leib Christi" besonders auf 1. Kor 12,12ff. zurückgeht. Dann ist die Parallele zwischen 1. Kor 12,28 und Eph 4,11 auch kein Zufall.[402] Zudem zei-

---

[398] Ebd., 239.

[399] 1. Kor 12,28 ist nach Merklein für die These von Hainz, Paulus kenne keine „Gesamtkirche" (vgl. Hainz, Ekklesia, 251), der „zweifellos schwierigste Text" (Merklien, Ekklesia Gottes, 300).

[400] Vgl. dazu u. a. auch Stettler, Kolosserhymnus, 200–234; Stuhlmacher, Theologie 2, 30f.; Benoit, Leib, Haupt und Preroma, 260.

[401] Nach Hofius ist die Übersetzung „Bischöfe und Diakone" in Phil 1,1 „anachronisch". Es handle sich um „Verwalter und Helfer" (Hofius, Gemeindeleitung, 222). Nach Schnelle setzt die Erwähnung der „Aufseher" (ἐπίσκοποι) in Phil 1,1 „ein Fortschreiten der Gemeindesituation in Richtung auf die Pastoralbriefe voraus" (Schnelle, Einleitung, 161). Pilhofer zeigt, dass es Sinn macht, den Gebrauch des Begriffs in der Gemeinde von Philippi aus den Gegebenheiten vor Ort selbst abzuleiten (vgl. Pilhofer, Philippi 1, 141ff.). Gerade in Philippi spielten „Ämter" für die Identität der Leute offenbar eine wichtige Rolle (so z. B. in den Vereinen; vgl. ebd., 142ff.). So haben z. B. die Anhänger des Thrakischen Reiters nur in Philippi *procuratores* als ihre Funktionäre (vgl. ebd., 145f.). Diese „waren nicht irgendwelche Beamte, sondern sie hatten Leitungsfunktion inne" (ebd., 146).

[402] Zum Gebrauch des Begriffs „Evangelist" in Eph 4,11 schreibt Jülicher: „Evangelis-

gen Stellen wie Eph 3,21 und auch Eph 3,10, dass der Begriff ἐκκλησία („Gemeinde, Versammlung") im Epheserbrief ebensowenig wie im Kontext von 1. Kor 12,28 die Gesamtkirche als abstakte Größe bezeichnet, sondern immer die konkrete Versammlung der Gläubigen an einem Ort mit einbezieht (vgl. z. B. 1. Kor 12,27).[403] Auch wird die Gemeinde(versammlung) in Eph 3,21 wie in 1. Kor 12,12ff. mit Christus identifiziert.[404]
Eph 5,27 bildet zudem eine gewisse Parallele zu 2. Kor 11,2, wonach Paulus „um euch mit Gottes Eifer" eifert, da er sie (die Gemeinde) „einem Mann verlobt" hat, um [euch als] eine keusche Jungfrau vor den Christus hinzustellen" (vgl. auch Röm 7,2f.).[405] Andererseits scheinen in Eph 5,28f. wie in 1. Kor 6,16 die Begriffe „Leib" und „Fleisch" austauschbar zu sein,[406] und während nach 1. Kor 6,15 „eure Leiber Glieder Christi" sind, „sind wir" nach Eph 5,30 „Glieder seines Leibes". Nach Stettler ist sowohl in Eph 5 als auch in 1. Kor 6,15-17 „das Braut- mit dem Leibbild durch Gen 2,24 verbunden".[407] „Eph 5 schließt also direkt an 1Kor 6,15-17 und 2Kor 11,2 an, geht aber zugleich darüber hinaus: Nicht erst in der Parusie [vgl. dazu u. a. 2. Kor 4,14; 5,10] findet die Vereinigung mit dem Bräutigam statt, sondern er hat sie durch das Brautbad schon gereinigt und nährt und pflegt sie schon gegenwärtig als ihr Ehemann [vgl. dazu u. a. Eph 1,4]."[408] Auch diese Feststellung entspricht dem Kontext im 1. Korintherbrief (vgl. 1. Kor 6,11; vgl. auch z. B. 1. Kor 1,5-9; 2,6-16).[409] Damit ent-

---

ten kommen freilich sonst bei P. nicht vor, aber wie sollte er die Männer nennen, die in jenen asiatischen Gemeinden das Evangelium zuerst verkündigt hatten und doch weder auf den Titel von Aposteln noch von Propheten Anspruch erhoben?" (Jülicher, Einleitung, 140). Wenn dies richtig ist, dann hätte der Verfasser dabei möglicherweise an Männer wie Epaphras (vgl. dazu Kol 1,7; 4,12; Phlm 23) gedacht, der wahrscheinlich Begründer oder Mitgründer der Gemeinde in Kolossä ist.

[403] Vgl. dazu auch Gerber, Die alte Braut, 202f.

[404] Das καί in Eph 3,21 ist als καί-epexegeticus zu verstehen, sodass die Versammlung der Gläubigen, die in Christus Jesus sind, gemeint ist (vgl. Gerber, Die alte Braut, 203).

[405] Vgl. auch z. B. Stuhlmacher, Theologie 2, 31.

[406] Vgl. dazu Stettler, Kolosserhymnus, 223: „... auch hier sind σῶμα und σάρξ austauschbar, wie in 1Kor 6 ..." Vgl. auch z. B. 1. Kor 5,3 (ἀπὼν τῷ σώματι) und Phil 1,20 (ἐν τῷ σώματί μου) mit Phil 1,22 (τὸ ζῆν ἐν σαρκί), 1,24 ([ἐν] τῇ σαρκί) und Kol 1,24 (ἐν τῇ σαρκί μου), 2,1 (ὅσοι οὐχ ἑόρακαν τὸ πρόσωπόν μου ἐν σαρκί) und 2,5 (τῇ σαρκὶ ἄπειμι).

[407] Stettler, Kolosserhymnus, 223; vgl. auch Stuhlmacher, Theologie 2, 31.

[408] Stettler, Kolosserhymnus, 223.

[409] In 1. Kor 6,11 wird u. a. das Kompositum ἀπολούω verwendet, das im Neuen Testament nur noch in Apg 22,16 (im Munde des Paulus) erscheint (zu λούω vgl. Joh 13,10; Apg 9,37; 16,33; Hebr 10,22; 2. Petr 2,22). In Eph 5,26 wird das damit verwandte Nomen λουτρόν verwendet, das im Neuen Testament nur noch in Tit 3,5 gebraucht wird.

spricht auch das Gemeinde-Motiv im Epheserbrief grundsätzlich den Ausführungen des „echten" Paulus.

Der Epheserbrief soll zudem ein *räumlich bestimmtes Denken* (oben – unten) und eine *präsentische Eschatologie* vertreten,[410] wobei nach Theobald „die Zukunftsdimension zurücktritt".[411] Die *Auferstehung* habe sich in der Taufe bereits ereignet (vgl. Eph 2,5; vgl. auch Kol 2,12), während Paulus nach Theobald „nie sagen" könnte, „wir *seien* schon auferweckt: vgl. Röm 6".[412] Doch indirekt tut Paulus genau dies in Röm 6,4[413], wie andererseits in Eph 2,1ff., wo der „geistliche" Tod und dessen Überwindung durch Jesus Christus beschrieben wird, eine Parallele zu Röm 5,12ff. bildet. Zudem vertritt nicht nur der Kolosserbrief (vgl. Kol 3,1-4), der offensichtlich an Röm 6,3-5 anknüpft (vgl. Kol 2,11 mit Röm 6,4; vgl. auch z. B. Kol 3,1-4), sondern auch z. B. der Philipperbrief grundsätzlich die gleiche Eschatologie (vgl. z. B. Phil 1,27; 2,5ff.21; 3,10.19f.). Und wenn Paulus in Gal 1,4 schreibt, dass Gott „uns" aus dem gegenwärtigen bösen Zeitalter herausgerissen hat („… damit er uns erlöse aus diesem gegenwärtigen bösen Zeitalter …"), so ist inhaltlich damit das Gleiche gemeint.

Andererseits spielt die „futuristische Eschatologie" im Epheserbrief eine nicht unwesentliche Rolle (vgl. z. B. Eph 1,14; 4,30; 5,6; 6,8[414]), wobei der Begriff ἀπολύτρωσις („Erlösung") in Eph 1,14 und 4,30 offensichtlich die zukünftige „Erlösung des Leibes" bezeichnet, von der in Röm 8,23 die Rede ist, während er sich in Eph 1,7 (und auch in Kol 1,14) wie in Röm 3,24 auf die bereits vollzogene Sündenvergebung durch die Rechtfertigung in Jesus Christus bezieht[415]. Zudem sehen wir auch sonst in den Paulusbriefen, dass die eschatologische Deutung des vollkommenen Heils in Jesus Christus nicht im Widerspruch zur präsentischen „Anwendung" steht (vgl. z. B. 1. Kor 1,8; 1. Thess 5,23; Phil 2,15).[416] Gemäß Eph 1,21 herrscht der auferstandene Jesus Christus nicht nur im gegenwärtigen, sondern auch im kommenden Zeitalter, und nach Eph 2,6f. hat Gott die Gläubigen mit/in Christus Jesus zusammen auferweckt und in die himmlischen (Regionen) eingesetzt, „damit er den überschwenglichen Reichtum seiner Gnade … in den kommenden Zeitaltern erweise". Nach Eph 4,10 ist

---

[410] Zur Eschatologie im Epheserbrief vgl. auch u. a. Lona, Eschatologie, 241ff.
[411] Theobald, Epheserbrief, 410; vgl. dazu auch z. B. Merklein, Paulinische Theologie, 424ff.
[412] Ebd.; vgl. auch Lindemann, Aufhebung, 251: „Die Christen sind ἐν Χριστῷ auferstanden und haben deshalb den Tod als existenzbestimmende und lebensbegrenzende Macht schon hinter sich."
[413] Vgl. dazu auch Eckstein, Auferstehung, 36–54.
[414] Vgl. dazu auch Carson/Moo, Einleitung, 585; vgl. zudem Schnelle, Theologie, 535.
[415] Vgl. dazu Thiessen, Gottes Gerechtigkeit, 153ff.
[416] Vgl. auch u. a. Percy, Probleme, 299ff. Percy legt dar, dass es diesbezüglich zwischen den allgemein anerkannten Paulusbriefen und dem Epheserbrief keinen Unterschied gibt.

das Ziel der Erhöhung Jesu, dass er „alles erfülle", und nach Eph 5,26f. hat Christus die Gemeinde geheiligt, damit er sie „ihm selbst [bei seiner Wiederkunft] herrlich darstelle". Diese eschatologische Erwartung wird zudem in Stellen wie Eph 1,18; 2,12; 4,4 betont (vgl. dazu z. B. Röm 5,2.5; 8,24f.; 1. Kor 13,13; 15,19). Außerdem weist Eph 6,8f. zumindest indirekt auf das eschatologische Gericht, und dies mit sprachlichen Parallelen zu Röm 6,2.10f. und 2. Kor 5,10.[417] Es ist in Bezug auf die Eschatologie zwischen dem Epheserbrief und den übrigen Paulusbriefen kein Widerspruch auszumachen.

Weiter wird zum Teil ein *gnostischer Hintergrund* der Christologie des Epheserbriefs gesehen.[418] Theobald spricht mit Hinweis auf Eph 1,10.21f. und 3,9f. von einer „kosmischen Christologie".[419] In diesem Sinn kann man allerdings auch z. B. in Bezug auf 1. Kor 8,6 von einer „kosmischen Christologie" sprechen (vgl. auch z. B. 1. Kor 3,11; 12,5), und man hat nicht gerade den Eindruck, dass der Christus des Epheserbriefs ein anderer ist als der Christus der unumstrittenen Paulusbriefe. Stettler weist zudem darauf hin, dass in Eph 1,21 wie in 1. Kor 15,25-27 Ps 110 und Ps 8,7 kombiniert werden, „nun aber auf die bereits geschehene *Erhöhung* Jesu bezogen, nicht auf die noch ausstehende Parusie wie in 1Kor 15".[420] Und mit παντὸς ὀνόματος ὀνομαζομένου („jeden Namens, der genannt wird") in Eph 1,21 ist „eine ähnliche Aussage wie die des Philipperhymnus impliziert ..., dass Christus ‚der Name über allen Namen' gegeben wurde (Phil 2,9)".[421] „Hintergrund" der Aussage bilden wohl nicht nur Ps 110,1 und Ps 8,7, sondern auch z. B. der Lobpreis Gottes durch David bei der Einsetzung seines Sohnes Salomos zum König über Israel in 1. Chr 29,10-19.[422]

Gemäß 1. Chr 29,10–13: pries David (וַיְבָרֶךְ; LXX: εὐλόγησεν) Jahwe [vgl. Eph 1,3.16f.] „vor den Augen der ganzen Versammlung (לְעֵינֵי כָּל־הַקָּהָל) [vgl. Eph 3,21], und David

---

[417] So erinnert der Satz ὅτι ἕκαστος ἐάν τι ποιήσῃ ἀγαθόν, τοῦτο κομίσεται παρὰ κυρίου ... in Eph 6,8 an Röm 2,6 und 10 (ὃς ἀποδώσει ἑκάστῳ κατὰ τὰ ἔργα αὐτοῦ ... δόξα δὲ καὶ τιμὴ καὶ εἰρήνη παντὶ τῷ ἐργαζομένῳ τὸ ἀγαθόν) und der Satz καὶ προσωπολημψία οὐκ ἔστιν παρ' αὐτῷ in Eph 6,9 an Röm 2,11 (οὐ γάρ ἐστιν προσωπολημψία παρὰ τῷ θεῷ), während das Verb κομίζω neben Eph 6,8 und der Parallele in Kol 3,25 in den Paulusbriefen nur noch in 2. Kor 5,10 erscheint, und zwar ebenfalls in Bezug auf das eschatologische Gericht bzw. den Empfang des „Lohnes" der Gläubigen bei diesem „Gericht".
[418] Vgl. Schenke/Fischer, Einleitung 1, 183f.
[419] Theobald, Epheserbrief, 410.
[420] Stettler, Kolosserhymnus, 174.
[421] Ebd.
[422] Vgl. auch ebd., 175. Stettler bemerkt dazu: „In 1Chr 29,12 LXX und im Targum zu 1Chr 29,11 wird das Hauptsein Gottes über das All als Königsherrschaft über die Engel (und auch über die irdischen Regierenden) expliziert, was genau dem Verhältnis von Eph 1,22 (Christus als Haupt über das All) und 21 (Christi Thronen über allen Mächten) entspricht."

sprach: ‚Gepriesen [seist] du (אַתָּה בָּרוּךְ; LXX: εὐλογητὸς εἶ), Jahwe, Gott unseres Vaters Israel, von Ewigkeit zu Ewigkeit [vgl. Eph 1,3; 3,21]! Dein, Jahwe, ist die Größe und die Stärke und die Herrlichkeit und der Glanz und die Majestät (LXX: ἡ μεγαλωσύνη καὶ ἡ δύναμις καὶ τὸ καύχημα καὶ ἡ νίκη καὶ ἡ ἰσχύς) [vgl. Eph 1,19; 3,20]. Denn alles im Himmel und auf Erden ist dein [vgl. Eph 1,10; 3,15; vgl. auch Kol 1,16.20]. Dein, Jahwe, ist das Königtum, und du bist über alles erhoben als Haupt. Und Reichtum und Herrlichkeit (וְהָעֹשֶׁר וְהַכָּבוֹד; LXX: ὁ πλοῦτος καὶ ἡ δόξα) kommen von dir [vgl. Eph 1,18 und 3,16: ὁ πλοῦτος τῆς δόξης ...; vgl. auch Eph 1,7; 2,7; 3,8; Phil 4,19; Kol 1,27; 2,2] und du herrscht über alles (אַתָּה מוֹשֵׁל בַּכֹּל; LXX: σὺ πάντων ἄρχεις, κύριε ὁ ἄρχων πάσης ἀρχῆς) [vgl. Eph 1,21: περάνω πάσης ἀρχῆς ...]. Und in deiner Hand sind Stärke und Macht (LXX: ἰσχὺς καὶ δυναστεία), und in deiner Hand [liegt es], alles groß und stark zu machen (LXX: μεγαλῦναι καὶ κατισχῦσαι τὰ πάντα). Und nun, unser Gott, wir danken (מוֹדִים; LXX: ἐξομολογούμεθα) dir, und wir loben den Namen deiner Herrlichkeit [vgl. Eph 1,16f.; 5,20]."

Nach Vers 15 „sind wir Fremde vor dir und Beisassen wie alle unsere Väter"[423] (vgl. Eph 2,19), und gemäß Vers 20 sagte David „zu der ganzen Versammlung: ‚Preist doch Jahwe, euren Gott!' Und die ganze Versammlung pries (LXX: καὶ εὐλόγησεν πᾶσα ἡ ἐκκλησία) Jahwe, den Gott ihrer Väter; und sie verneigten sich und beteten an (LXX: καὶ κάμψαντες τὰ γόνατα προσεκύνησαν) vor Jahwe und vor dem König" (vgl. u. a. Eph 3,14.21).[424] In Vers 17 erscheint in der LXX die Wendung ἐν ἁπλότητι καρδίας („in Einfältigkeit des Herzens"), der in Eph 6,5 und Kol 3,22 (fast) wörtlich erscheint, und in Vers 22 erscheint der Ausdruck בְּשִׂמְחָה („mit Freuden"), der in der LXX mit μετὰ χαρᾶς wiedergegeben wird. Dieser griechische Ausdruck erscheint u. a. in Kol 1,11 und Phil 1,4 und damit in Paralleltexten zur (verlängerten) Einleitung des Epheserbriefs.

Den Grund für die „Verschiebung der Aussage" in Eph 1,21 gegenüber 1. Kor 15,23-28 sieht Stettler darin, dass es sich in Eph 1,21 um einen hymnischen Text handelt, „der sich ganz auf die *jetzt schon* Christus gegebene Herrschaft konzentriert und die Frage, inwiefern diese Herrschaft noch aussteht, außer Acht lässt" (vgl. auch z. B. Mt 28,18).[425] „Dies bedeutet z. B. nach 6,10-12, dass er die Macht hat, seine Gemeinde in allem Kampf gegen von Gott abgefallene ‚Mächte' – der jetzt noch stattfindet! – so auszurüsten und zu schützen, dass sie standhalten kann."[426] Das enstpricht völlig den Aussagen der unumstrittenen Paulusbriefen (vgl. z. B. Röm 8,35-39; 1. Kor 10,13; 2. Kor 3,18; 4,6).

Zudem soll gegen die Echtheit des Epheserbriefs sprechen, dass der Begriff ἁμαρτία („Sünde") im Plural gebraucht wird, während Paulus die Singularform

---

[423] LXX: πάροικοί ἐσμεν ἐναντίον σου καὶ παροικοῦντες ὡς πάντες οἱ πατέρες ἡμῶν.

[424] Vgl. auch 2. Chr 29,30: „Und der König Hiskia und die Obersten sagten zu den Leviten, dass sie Jahwe lobsingen sollten mit den Worten Davids und des Sehers Asaf. Und sie lobsangen mit Freuden und neigten sich und beteten an".

[425] Ebd., 176.

[426] Ebd.

gebrauche.⁴²⁷ Dabei erscheint der Begriff im Epheserbrief nur ein einziges Mal, nämlich in Eph 2,1. Die Singularform erscheint in den Paulusbriefen hauptsächlich im Römerbrief, und zwar 45-mal, während im gleichen Brief der Plural lediglich dreimal vorkommt (Röm 4,7; 7,5; 11,27). Ansonsten gebraucht Paulus den Singular nur je einmal in 1. Kor 15,56; 2. Kor 5,21; 11,7 sowie in Gal 2,17 und 3,22, während die Pluralform auch an verschiedenen anderen Stellen in den Paulusbriefen erscheint.⁴²⁸ Dabei fällt auf, dass die Singularform außer in 2. Kor 11,7 jeweils dann gebraucht wird, wenn es sich inhaltlich um (indirekte) Parallelen zum Römerbrief handelt.⁴²⁹ Dagegen erscheint selbst in Gal 1,4 die Pluralform, indem Paulus schreibt, dass Christus sich selbst „für unsere Sünden gegeben hat". Andererseits ist Röm 5,16 neben der Rede von „der Sünde" (vgl. Röm 5,12) die Rede von den „vielen Fehltritten", aus denen die Gnadengabe Gottes in Jesus Christus zur Rechtfertigung führt, und bereits in Röm 5,12 wird betont, dass „alle gesündigt haben" (vgl. auch Röm 3,23), wo die einzelnen Sünden (!) der Menschen „in Adam" gemeint sind⁴³⁰.
Eine Parallele zu Eph 2,1 bildet Kol 2,13, wonach „ihr tot ward in den Fehltritten und in der Unbeschnittenheit eures Fleisches", und Eph 2,3 spricht davon, dass „auch wir [die Juden] einst in den Begierden unseres Fleisches wandelten, indem wir die Willensäußerungen (τὰ θελήματα) des Fleisches und der Gedanken vollbrachten und von Natur aus Kinder des Zorns waren, wie auch die Übrigen [die Heiden; vgl. Eph 2,1]". Wie in Röm 5,12ff., so wird auch an diesen Stellen nicht die Verdorbenheit des Fleisches gegen die einzelnen Tatsünden des Menschen ausgespielt. Verloren ist der Mensch nach Paulus ohne Jesus Christus, weil er „in Adam" gefallen ist und weil er deshalb von Natur aus ständig sündigt (vgl. auch Röm 3,23).⁴³¹ Auch die grundsätzliche Gleichsetzung zwischen Juden und Nichtjuden entspricht den Ausführungen des Römerbriefs (vgl. z. B. Röm 3,9.23). Stuhlmacher betont zudem grundsätzlich richtig, dass die „von Paulus überkommene *Versöhnungschristologie* (und mit ihr der Rechtfertigungsgedanke)" im Epheserbrief „hochgehalten wird"⁴³² (vgl. auch z. B. Eph 2,8f. mit Röm 3,27f.).⁴³³

---

[427] Vgl. Lohse, Einführung, 59.
[428] Vgl. 1. Kor 15,3.17; Gal 1,14; Kol 1,14; 1. Thess 2,16; 1. Tim 5,22.24; 2. Tim 3,6.
[429] Vgl. 1. Kor 15,56; 2. Kor 5,21; Gal 2,17; 3,22.
[430] Vgl. dazu Thiessen, Gottes Gerechtigkeit, 175ff.
[431] Vgl. dazu ebd., 153ff.
[432] Stuhlmacher, Theologie 2, 18.
[433] Auch wenn das Verb δικαιόω im Epheserbrief nicht erscheint, so entspricht doch nicht nur Eph 2,8f. dem Rechtfertigungsgedanken des Römerbriefs, sondern auch die Betonung der Versöhnung durch das Kreuz Jesu Christi den „echten" Paulusbriefen (vgl. z. B. Röm 5,10; 2. Kor 5,18-20). Auch der Gebrauch des Begriffs δικαιοσύνη im Epheserbrief (vgl. Eph 4,24; 5,9; 6,14) ist parallel dem Gebrauch an bestimmten Stellen in den „echten" Paulusbriefen (vgl. besonders Phil 1,11 mit Eph 5,9; 2. Kor 6,7 mit Eph

Weiter soll gegen die Echtheit des Epheserbriefs sprechen, dass zweimal (in Eph 4,27 und 6,11) der Begriff διάβολος („Verleumder, Teufel"), der in den allgemein anerkannten Paulusbriefen nicht erscheint, verwendet wird, während der Begriff σατανᾶς („Satan")[434] im Epheserbrief nicht erscheint.[435] Der erste Ausdruck erscheint allerdings auch in den Pastoralbriefen (vgl. besonders 1. Tim 3,6f.; 2. Tim 2,26) und zudem außerhalb der Paulusbriefe insgesamt 27-mal im Neuen Testament. Da Paulus allgemein sehr sorgfältig in der Auswahl der Begriffe vorgeht und ein Abschreiber sich eher an die „echten" Paulusbriefe angelehnt hätte, spricht die Tatsache, dass in Eph 4,27 und 6,11 vom „Teufel" die Rede ist, nicht gegen, sondern eher für die paulinische Verfasserschaft, da es an diesen Stellen – wie in 1. Tim 3,6f. und 2. Tim 2,26 – um die Eigenschaft des Gottesgegners als „Durcheinanderwerfer" (διάβολος) geht[436] und die Bezeichnung ὁ σατανᾶς („der Widersacher"; hebräisch שָׂטָן) dafür nicht passen würde. Zudem handelt es sich um einen griechischen Begriff, der auch schon in der LXX bevorzugt wurde. Dass der Gebrauch des Begriffs in Eph 6,11 kein Zufall sein kann, wird auch dadurch deutlich, dass in Eph 6,16 von den „feurigen Geschosse des Bösen" die Rede ist, die „ausgelöscht" werden sollen, wobei mit dem neutestamentlichen Hapaxlegomenon βέλος („Wurf, Geschoss") ein Wort gebraucht wird, dass vom Verb διαβάλλω („werfen") abgeleitet ist und damit mit διάβολος („Teufel") verwandt ist. Es sei auch darauf hingewiesen, dass Paulus Ausdrücke für den Widersacher Gottes verwendet, die sonst im Neuen Testament oder zumindest in den Paulusbriefen nicht erscheinen: Βελιάρ (2. Kor 6,15) und ὁ πειράζων (1. Thess 3,5; vgl. auch Mt 4,3), während er in den Briefen an die Galater, Philipper, Kolosser und an Philemon nicht erwähnt wird.[437]

Die „Theologie" des Epheserbriefs steht somit im Einklang mit den paulinischen Homolegumena. Der Epheserbrief stellt jedoch keine theologische Zusammenfassung anderer Paulusbriefe, sondern behandelt die Themen eigenständig dem Kontext entsprechend. Es gibt m. E. keinen sachlichen Grund, diese Ausführungen dem Paulus abzusprechen.

6,14).
[434] Vgl. dazu Röm 16,20; 1. Kor 5,5; 7,5; 2. Kor 2,11; 11,14; 12,7; 1. Thess 2,18; 2. Thess 2,9; 1. Tim 1,10; 5,15.
[435] Vgl. dazu u. a. Lohse, Entstehung, 59.
[436] Ich gehe davon aus, dass διάβολος vom Verb διαβάλλω abgeleitet ist (vgl. dazu z. B. das „Wortspiel" in Offb 2,10). In der LXX erscheint das Nomen διάβολος insgesamt 22-mal, davon 13-mal im Buch Hiob, während σατανᾶς nur in Sir 21,27 erscheint. Das Nomen שָׂטָן wird also in der LXX durchgehend mit διάβολος wiedergegeben.
[437] Vgl. auch Percy, Probleme, 183.

3.2.1.5 Die Hapaxlegomena im Epheserbrief

Außer den erwähnten Argumenten sollen die neutestamentliche Hapaxlegomena im Epheserbrief gegen die Echtheit des Briefs sprechen sollen.[438] Zu diesen Hapaxlegomena gehören z. B. die Nomina πολιτεία („Bürgerrecht"; Eph 2,12; vgl. dazu auch Apg 22,28) und συμπολίτης („Mitbürger"; Eph 2,19). Allerdings erscheinen im Philipperbrief verwandte Wörter, die im Neuen Testament sonst nicht oder kaum begegnen, wie das Nomen πολίτευμα („Bürgertum", in Phil 3,20 und das Verb πολιτεύομαι („als Bürger leben/wandeln") in Phil 1,27 (vgl. auch Apg 23,1). Nach Harrison gibt es im Epheserbrief durchschnittlich 4,6 Hapaxlegomena pro Seite, während es im 2. Korintherbrief 5,6 und im Philipperbrief gar 6,2 pro Seite sind.[439] Der Kolosserbrief beinhaltet nach Percy 86 Wörter von insgesamt 1833 (richtig: 1583) Wörtern, die in den „allgemein anerkannten" Paulusbriefen (inklusive Philipperbrief) nicht vorkommen, im Philipperbrief sind es z. B. 76 Wörter von insgesamt 1914 (richtig: 1633) Wörtern.[440] Die Häufigkeit des Gebrauchs von Wörtern, die sonst beim „echten" Paulus nicht vorkommen, ist also in beiden Briefen fast gleich.

Nach meiner Zählung ergibt sich in Bezug auf die Hapaxlegomena im Epheserbrief (insgesamt 2425 Wörter) folgender Befund: 39 Wörter erscheinen im Epheserbrief, die in der gleichen Grundform im Neuen Testament sonst nicht gebraucht werden. Darunter gibt es jedoch nur zehn Wörter, deren Wurzel sonst nicht in den Paulusbriefen erscheint, bzw. elf Wörter, deren Wurzel in den allgemein anerkannten Paulusbriefen nicht verwendet wird.[441] Zusätzlich zu den 39 neutestamentlichen Hapaxlegomena erscheinen im Epheserbrief 37 Wörter, die in den anderen Paulusbriefen nicht gebraucht werden. Davon erscheint die Wurzel nur von acht Wörtern nicht in allgemein anerkannten Paulusbriefen.[442] Zudem erscheinen zehn weitere Wörter im Epheserbrief, die zwar auch in ande-

---

[438] Schnelle, Einleitung, 379 (dabei beruft Schnelle sich auf Kurt Alands „Vollständige Konkordanz"). Nach Percy sind es im Epheserbrief „40 Wörter, die sonst nicht im NT vorkommen" (Percy, Probleme, 179).

[439] Harrison, Problem, 20. Schnackenburg betont, dass „die 49 neutestamentliche[n] Einmalwörter (Hapaxlegomena) und 51 Einmalwörter, die sich nicht in den anerkannten Paulusbriefen finden", kein absolutes Indiz dafür seien, „daß es sich um einen anderen Verfasser handeln müßte, da sich vergleichbare Zahlenverhältnisse auch in anderen ntl. Schriften finden" (Schnackenburg, Epheser, 22).

[440] Vgl. Percy, Probleme, 17.

[441] Es handelt sich um folgende Begriffe: μεσότοιχον (Eph 2,14); ἀκρογωνιαῖος (Eph 2,20); πολυποίκιλος (Eph 3,10; vgl. aber 2. Tim 2,6; Tit 3,3); κλυδωνίζομαι (Eph 4,14); κυβεία (Eph 4,14); μεθοδεία (Eph 4,14; 6,11); ἀπαλγέω (Eph 4,19); εὐτραπελία (Eph 5,4); ῥυτίς (Eph 5,27); πάλη (Eph 6,12) und θυρεόν (Eph 6,16).

[442] Es handelt sich dabei um folgende Wörter: ἀμφότερος (Eph 2,14.16.18); μῆκος (Eph 3,18); ἄνεμος (Eph 4,14); ὕδωρ (Eph 5,26); σπίλος (Eph 5,27); ἀπειλή (Eph 6,9); περιζώννυμι (Eph 6,14) und ὀσφύς (Eph 6,14).

ren Paulusbriefen belegt sind, aber nicht in den allgemein anerkannten Paulinen. Doch nur in einem Fall erscheint die Wurzel nicht in den allgemein anerkannten Paulinen, nämlich beim Begriff ἅλυσις („Kette"), der in Eph 6,20 verwendet wird (vgl. aber 2. Tim 1,16). Weitere 18 Wörter im Epheserbrief werden im gesamten Neuen Testament nur noch im Kolosserbrief verwendet, darunter aber nur vier, deren Wurzel nicht auch in anderen Paulusbriefen gebraucht wird.[443] Zudem gibt es drei Wörter, die im Epheser- und im Kolosserbrief[444], nicht aber in anderen Paulusbriefen erscheinen, wobei jedoch kein einziges Wort verwendet wird, dessen Wurzel nicht von Paulus sonst auch gebraucht wird. Daneben gibt es zahlreiche Begriffe im Epheserbrief, die auch sonst im Neuen Testmanet nur von Paulus verwendet werden.

Um nur ein Beispiel zu nennen: der Ausdruck τὸ ὑπερβάλλον erscheint dreimal im Epheserbrief (Eph 1,19; 2,7; 3,19), wobei man gewissermaßen von einem „typischen Stilzug" des Epheserbriefs sprechen kann. Der Ausdruck erscheint ansonsten im Neuen Testament nur noch 2-zweimal im 2. Korintherbrief (2. Kor 3,10; 9,14). Das entsprechende Nomen ὑπερβολή erscheint im gesamten Neuen Testament nur achtmal in den Paulusbriefen (Röm 7,13; 1. Kor 12,31; 2. Kor 1,8; 4,7.17; 12,7; Gal 1,13), während in 2. Kor 11,23 als einziger Stelle im Neuen Testament das entsprechende Adverb ὑπερβαλλόντως gebraucht wird.

In Eph 1,19 erscheint der Satz: τί τὸ ὑπερβάλλον μέγεθος τῆς δυνάμεως αὐτοῦ εἰς ἡμᾶς (vgl. auch Eph 1,8: ἧς ἐπερίσσευσεν εἰς ἡμᾶς; Eph 3,2: τὴν οἰκονομίαν τῆς χάριτος τοῦ θεοῦ τῆς δοθείσης μοι εἰς ὑμᾶς). Dieser Stilzug in Bezug auf den Gebrauch von εἰς ἡμᾶς/ὑμᾶς ist für Paulus typisch (vgl. z. B. Röm 8.18: πρὸς τὴν μέλλουσαν δόξαν ἀποκαλυφθῆναι εἰς ἡμᾶς; 2. Kor 7,15: καὶ τὰ σπλάγχνα αὐτοῦ περισσοτέρως εἰς ὑμᾶς; 2. Kor 13,4: ἀλλὰ ζήσομεν σὺν αὐτῷ ἐκ δυνάμεως θεοῦ εἰς ὑμᾶς; 1. Thess 4,8: τὸν [καὶ] διδόντα τὸ πνεῦμα αὐτοῦ τὸ ἅγιον εἰς ὑμᾶς; 1. Thess 5,18: τοῦτο γὰρ θέλημα θεοῦ ἐν Χριστῷ Ἰησοῦ εἰς ὑμᾶς).

Im Philipperbrief (mit 1633 Wörtern) erscheinen insgesamt 14 Begriffe, deren Wurzel sonst nicht in den allgemein anerkannten Paulusbriefen gebraucht werden (ohne Personennamen mitzuzählen)[445], wovon fünf Begriffe bzw. deren Wurzel jedoch in den Pastoralbriefen oder im 2. Thessalonicherbrief erscheinen. Dazu kommen Begriffe wie das Verb μυέω („[in Geheimnisse] einweihen"; vgl.

---

[443] Das sind die folgenden Begriffe: δόγμα (Eph 2,15; vgl. Kol 2,14); ὕμνος (Eph 5,19; vgl. Kol 3,16); ᾠδή (Eph 5,19; vgl. Kol 3,16) und ᾄδω (Eph 5,19; vgl. Kol 3,16).

[444] Das sind die folgenden Wörter: ἄφεσις (Eph 1,7; vgl. Kol 1,14); διάνοια (Eph 2,3; 4,18; vgl. Kol 1,21) und θεμελιόομαι (Eph 3,17; vgl. Kol 1,23).

[445] Es handelt sich um folgende Begriffe: αἴσθησις (Phil 1,9); πραιτώριον (Phil 1,13); οἴομαι (Phil 1,17); αἱρήσομαι (Phil 1,22; vgl. 2. Tim 2,13); ἀναλύω (Phil 1,23; vgl. 2. Tim 4,6); συναθλέω (Phil 1,27; 2,17; vgl. 2. Tim 4,6); πτύρομαι (Phil 1,28); ἴσος (Phil 2,6); καταχθόνιος (Phil 2,10); σκολιός (Phil 2,15); σπένδομαι (Phil 2,17; vgl. 2. Tim 4,6); ἀδημονέω (Phil 2,26); κύων (Phil 3,2); ὀκταήμερος (Phil 3,5); σεμνός (Phil 4,8; vgl. 1. Tim 2,2; 3,4.8.11; Tit 2,2.7); ἀρετή (Phil 4,8); Καῖσαρ (Phil 4,22).

Phil 4,12)[446], das zwar mit dem Nomen μυστήριον („Geheimnis") verwandt ist, inhaltlich aber bei Paulus nicht mehr damit verbunden wird[447], sowie viele andere Begriffe, die im Neuen Testament bzw. in den Paulusbriefen nur im Philipperbrief erscheinen. Das bedeutet, dass der Philipperbrief sich auch in dieser Hinsicht kaum vom Epheserbrief unterscheidet.

Michaelis betont richtig:

> „Sprache und Stil, vor allem der Wortschatz, hängen stets weitgehend vom Inhalt ab. Wenn der Wortschatz des Eph und Kol – diese Briefe miteinander oder einzeln und zu weit mit den anderen Pls-Briefen verglichen – Besonderheiten aufweist, so ist dies dadurch bedingt, dass in den Briefen Themata berührt werden, die in den anderen Briefen nicht oder nicht in dieser Art und Ausführlichkeit behandelt werden."[448]

Zu fragen wäre auch, ob die paulinischen bzw. neutestamentlichen Hapaxlegomena im Epheserbrief grundsätzlich gegen Paulus als Verfasser sprechen oder ob es denkbar bzw. sogar wahrscheinlich ist, dass gerade der Apostel sie verwendet haben könnte. Das Wort ἄθεος („gottlos, ohne Gott"), das in Eph 2,12 verwendet wird, erscheint z. B. in den sibyllinischen Orakeln sechsmal[449] und in den Schriften des Philo von Alexandria 27-mal. Der Begriff πολιτεία („Bürgerrecht") erscheint in der Schriften des Flavius Josephus 76-mal – und wie Ant 1,6 und 1,10 zeigen, werden dabei die Nomina πολιτεία und πολίτευμα parallel gebraucht – und bei Philo zehnmal, wobei in den jüdisch-hellenistischen Schriften immer wieder vom „Bürgerrecht der Hebräer"[450] bzw. vom „Bürgerrecht der Juden"[451] die Rede ist.

Josephus schrieb seine „Jüdischen Altertümer" gemäß Ant 1,5 für die Griechen, um ihnen u. a. auf „alle alten Worte, [die] bei uns [sind], und [die] Verfassung des Bürgertums" (ἅπασαν τὴν παρ' ἡμῖν ἀρχαιολογίαν καὶ διάταξιν τοῦ πολιτεύματος) der Hebräer aus den Schriften Israels darzulegen.[452] Dabei verwendet Josephus neben dem *Nomen rei actae* πολίτευμα („Bürgertum") auch das *Nomen actionis* πολιτεία („Bürgerschaft; Bürgerrecht")[453], das in seinen Schriften 82-mal erscheint, wobei die Begriffe parallel verwendet werden, wie z. B. Ant 1,5 im Vergleich mit Ant 1,10 (τὸν ἡμέτερον

---

[446] Das Verb erscheint z. B. in dern Schriften des Philo von Alexandria achtmal (vgl. Leg 3,71.100, Cher 49; Sacr 62; Gig 57; Deus 61; Mos 1,264; Spec 1,323).
[447] In Irenäus, Adv haer erscheint der Ausdruck μεμυημένους δὲ μυστήρια εἶναι, womit Irenäus also das Verb mit dem Nomen μυστήριον in Verbindung bringt.
[448] Michaelis, Einleitung, 196.
[449] Vgl. Sibyl 3,32; 5,309; 8,328.394.395.
[450] Vgl. dazu Jopsehus, Ant 6,83.268; 4. Macc 17,9.
[451] Vgl. dazu Philo, Virt 108; Hypoth 6,10; vgl. auch Josephus, Ant 12,121; 13,2; Philo, Legat 157.196.
[452] Vgl. auch Josephus, Ant 1,13; 11,157; 12,108.
[453] Vgl. z. B. Josephus, Ant 1,10.

νόμον καὶ τὴν κατ' αὐτὸν διάταξιν τῆς πολιτείας⁴⁵⁴) zeigt. Dieses „Bürgertum" der Juden ist auch in der Schrift des Josephus gegen Apius immer wieder Thema⁴⁵⁵, wobei zweimal die Wendung τὴν ὅλην κατάστασιν τοῦ πολιτεύματος („die ganze Verfassung des Bürgertums") erscheint⁴⁵⁶. Josephus verbindet das „Bürgertum" der Juden eng mit dem Gesetzgeber Mose und den Gesetzen der Juden⁴⁵⁷, und sogar Plato soll sich darin ein Vorbild genommen haben⁴⁵⁸. Josephus spricht auch von der „väterlichen Bürgerschaft" (τὴν πάτριον πολιτείαν).⁴⁵⁹ Dieses „Bürgertum" bzw. diese „Bürgerschaft" wird als „Theokratie" (θεοκρατία) bezeichnet. Der Grund dafür, dass Josephus das Thema so ausführlich behandelt, ist die Verteidigung des Mose und der von ihm gegebenen Gesetze heidnischen Schreibern gegenüber.⁴⁶⁰

Die Verwendung dieser Begriffe spricht eher für Paulus als gegen ihn. Dass vom „Bürgerrecht Israels" und nicht vom „Bürgerrecht der Juden" gesprochen wird, zu dem die „Heiden im Fleisch" einst nicht gehörten, nun aber offensichtlich gehören, spricht deutlich für Paulus (vgl. z. B. Röm 11,17ff.).⁴⁶¹

3.2.1.6 Weitere Argumente für die Echtheit des Epheserbriefs

3.2.1.6.1 Die Verwendung des Alten Testaments

Der Umgang des Verfassers des Epheserbriefs mit dem Alten Testament spricht nicht gegen, sondern für Paulus.⁴⁶² Während im Kolosser- und im Philipperbrief, die manche Parallelen zum Epheserbrief aufweisen, keine direkten Zitate und Anspielungen aus dem Alten Testmament begegnen⁴⁶³, gibt es im Epheserbrief zwar kaum direkte Zitate⁴⁶⁴, aber viele Anspielungen an alttestamentliche Texte. Dabei bevorzugt der Verfasser Texte aus dem Psalter und aus Jesaja, wie das auch z. B. im Römerbrief der Fall ist (vgl. auch z. B. Röm 3,10-18; 15,8-12), und wie in anderen Paulusbriefen setzt sein Umgang mit den alttestament-

---

⁴⁵⁴ Vgl. dazu auch Josephus, Ant 4,194.
⁴⁵⁵ Vgl. Josephus, Ap 2,145.164.184.250.257.
⁴⁵⁶ Vgl. Josephus, Ap 2,145.184.
⁴⁵⁷ Vgl. auch z. B. Josephus, Ant 3,213; 4,45.298.292.302.312; 5,132; ders., Ap 2,287.
⁴⁵⁸ Vgl. Josephus, Ap 2,257.
⁴⁵⁹ Vgl. Josephus, Ant 4,191; 13,2; ders., Ap 2,264.
⁴⁶⁰ Vgl. Josephus, Ap 2,145.
⁴⁶¹ Es ist zu beachten, dass Paulus erst in Röm 9–11 von „Israel" spricht, während er vorher (z. B. Röm 2,17ff.) jeweils von „Juden" sprach (vgl. dazu auch Thiessen, Gottes Gerechtigkeit, 77ff.).
⁴⁶² Vgl. dazu auch Lincoln, Use, 16–57; Schmid, Epheserbrief, 313–331.
⁴⁶³ Zu manchen möglichen Anlehnungen an alttestamentliche (und jüdische) Ausdrücke im Kolosserbrief vgl. Bormann, Kolosser, 38–41.
⁴⁶⁴ In Eph 4,8 wird Ps 68,19 teilweise zitiert. Eph 4,26a (ὀργίζεσθε καὶ μὴ ἁμαρτάνετε) scheint ein LXX-Zitat aus Ps 4,5a zu sein, zumal der Text identisch ist.

lichen Schriften Kenntnis jüdisch-rabbinischer Schriftauslegung voraus[465]. So gibt es z. B. für die „liturgischen" Texte des Epheserbriefs nicht nur im Alten Testament, sondern sowohl in jüdisch-hellenistischen Texten als auch in den Qumran-Texten[466] und in rabbinischen Texten[467] zahlreiche inhaltliche und sprachliche Parallelen. Bei dieser Sachlage ist es viel wahrscheinlicher, dass die „liturgischen" Texte im Epheserbrief, die besonders durch den alttestamentlichen Psalter geprägt sind, gewissermaßen die „Vorlage" für die entsprechenden Formulierungen im Kolosserbrief und – weniger ausgeprägt – im Philipperbrief bilden.[468]

Gemäß Stuhlmacher bietet der Verfasser in Eph 2,13-18 „eine christologische Exegese von Jes 9,5f.; 52,7; 57,19".[469] Stuhlmacher ergänzt:

> „In jüdischen Texten liegt uns sowohl die gemeinsame Beziehung von Jes 52,7 und 9,5f auf den Messias als auch die messianische Interpretation von Jes 52,7 vor. Unser Briefsteller ist mit der Möglichkeit solch messianischer Exegese offensichtlich vertraut, nur daß er sie jetzt christologisch wendet."[470]

In Röm 10,15 nimmt Paulus ausdrücklich auf Jes 52,7 Bezug, während er Jes 9,5f. zwar nicht zitiert, aber in Röm 9,27f. (vgl. Jes 10,21-23) und 15,12 (vgl. Jes 11,10) zwei Jesajatexte aufgreift, welche die Aussage in Jes 9,5f. weiter ausführen. Der Text aus Jes 57,19 hat möglicherweise Aussagen wie Röm 5,1 mitgeprägt (vgl. auch z. B. Apg 22,21).

Zur Bedeutung des „Wortes" (ῥῆμα) in Bezug auf die Rettung in Jesus Christus in Röm 10,8.17f. findet in Eph 5,26 eine Parallele (der Begriff erscheint sonst in den Paulusbriefen nur noch in Eph 6,17 [τὴν μάχαιραν τοῦ πνεύματος, ὅ ἐστιν ῥῆμα θεοῦ] sowie in 2. Kor 12,4 und 13,1). Nach Gese fallen in Eph 2,14-18 gegenüber „der Darstellung des Heilswortes bei Paulus ... entscheidende *Differenzen* auf ... Hier in V 14-16 wird die Heilstat in sich abgeschlossen dargestellt; erst V 17 bringt das Heilswort zur Sprache".[471] Der Zusammenhang

---

[465] Vgl. dazu u. a. Stuhlmacher, Er ist unser Friede, 224–245.
[466] Zu den Gebets- und Lied-Manuskripten in Qumran vgl. u. a. Schwemer, Gott als König, 45–118; Falk, Material Aspekt, 33–87.
[467] Zu den liturgischen Texten der Synagoge vgl. u. a. Rand, Fundamentals, 107–126.
[468] Gemäß Gese übernimmt der Verfasser des Epheserbriefs mit „dem *Einbau alttestamentlicher Zitate*, die in der Vorlage des Kolosserbriefs fehlen, ... für sich den paulinischen Brauch, seine Aussagen durch das Alte Testament zu belegen. Dieses Merkmal weist wie das vorbildlich ausgeführte Briefformular darauf hin, daß der Epheserbrief als eine Art *exemplarischer Paulusbrief* verstanden werden möchte" (Gese, Vermächtnis, 107). Aber warum will der Verfasser paulinischer sein als Paulus? Gese hat zudem die Komplexität des Verhältnisses zum Kolosserbrief viel zu wenig berücksichtigt.
[469] Stuhlmacher, Er ist unser Friede, 234.
[470] Ebd.
[471] Gese, Vermächtnis, 121.

zwischen „Heilswort" und „Heilstat" wird allerdings z. B. in Eph 5,26 parallel zum Römerbrief betont, was von Gese nicht berücksichtigt wird.[472]

3.2.1.6.2 Sprachliche und stilistische Argumente

Nach Jaroš sind der Epheser- und der Kolosserbrief

> „durch paulinisches Denken geprägt, durchaus auch vom paulinischen Stil, aber es ist nicht die dynamische Sprache des Apostels, die uns hier begegnet. Es ist eine gehobene und feierliche, überladene Sprache, die auf Grund der Aneinanderreihungen von partizipialen und präpositionalen Wendungen, Infinitivkonstruktionen und relativen Satzanschlüssen syntaktisch kaum gegliedert ist …".[473]

Jaroš erwähnt aber auch, dass die „mathematisch-statistische Untersuchung von Röm, 1 Kor und Hebr"[474] ein

> „interessantes Ergebnis bietet … Die Autoren dieser Briefe sind nach den Analysen nicht dieselben. D.h., wenn Paulus z. B. den Römerbrief geschrieben hat, ist er nicht der formale Autor von 1 Kor oder umgekehrt. Der Abweichung des einen vom anderen um 24% erreicht ein Ausmaß, das aus der fast zweitausendjährigen Textüberlieferung nicht zu erklären ist. Ihr Anteil macht höchstens 10% bis 15% Abweichung aus".[475]

Jaroš geht deshalb davon aus, dass diese Briefe „ihr sprachliches Gepräge durch seine Mitarbeiter erhalten haben".[476]

Gemäß Carson und Moo sind alle „diese Unterschiede … zwar bemerkenswert, stellen aber bei weitem noch keinen Beweis dar, insbesondere nicht bei einem so versierten Schreiber wie Paulus".[477] Es gibt trotz gegenteiliger Feststellungen keine hinreichenden Argumente, um die Unechtheit des Epheserbriefs zu belegen.

Es sei an dieser Stelle nochmals darauf hinzuweisen, dass besonders die grammatikalisch-sprachlichen Elemente, die den Epheserbrief stärker als die sonstigen Paulusbriefe (neben dem Kolosserbrief) prägen, ihre deutlichsten Paralle-

---

[472] Vgl. zudem Dahl, Einleitungsfragen, 38: „Mehrere Aussagen des Epheserbriefes, die in anderen Paulusbriefen Parallelen haben, greifen zugleich auf atl. Texte zurück: Eph 2,14-18/Röm 5,1-2. 10/Jes 57,19; 52,7; Eph 2,20-22/1Kor 3,6-9. 16-17/Jes 28,16; Eph 4,7-12/1Kor 12/Ps 68,18; Eph 4,22-24/Röm 6,6; 13,14 (Kol 3,9-10)/Gen 1,26ff.; Eph 5,2/Gal 2,20/ z.B. Ps 40,7; Ex 29,18. Es kommt auch vor, daß der Epheserbrief in selbständiger Weise Texte ausnützt, die schon hinter den Parallelen liegen: Eph 1,20-22/ 1 Kor 15,24-28/Ps 2 und 110; Eph 5,28-33/1Kor 6,15-16/Gen 2,24; vgl. Lev 19,18; Eph 6,14-18 (1Thess 5,8/Jes 59,19; vgl. 11,4-5; 52,7)."
[473] Jaroš, Das Neue Testament, 151; vgl. dazu auch Percy, Probleme, 190.
[474] Vgl. dazu Jaroš, Das Neue Testament, 225ff.
[475] Ebd., 153.
[476] Ebd.
[477] Carson/Moo, Einleitung, 586.

len im Neuen Testament interessanterweise gerade in den „echten" Paulusbriefen finden.[478] Dahl bemerkt z. B., dass die Hauptsätze im Epheserbrief „fast ohne Ausnahme am Anfang" stünden, von wo aus „der Gedankengang immer weiter entfaltet" werde.[479] Genau dieser Stil begegnet auch in der einleitenden Danksagung und Fürbitte in 1. Thess 1,2ff., wenn auch nicht so ausführlich (vgl. 1. Thess 1,2-4: Εὐχαριστοῦμεν ... μνείαν ποιούμενοι ... μνημονεύοντες ... εἰδότες ...). Zudem gibt es auch im Epheserbrief einige Ausnahmen von *Participia coniuncta*, die dem Hauptverb vorangehen (vgl. z. B. Eph 1,13; 2,5. 17.21; 4,15.16.25).[480]

Ein Merkmal der „liturgischen" Texte im Epheser- und Kolosserbrief ist, dass Nebensätze asyndetisch mit wiederholten Präpositionskonstruktionen oder mit Konjunktionen, *Participia conjuncta*, Infinitiven etc. angehängt werden,[481] wofür es in den Paulusbriefen ebenfalls Parallelen gibt[482]. Besonders „typisch paulinisch" sind die ayndetisch aneinandergereihten Präpositionskonstruktionen, die sowohl im Epheserbrief ebenso wiederholt erscheinen als auch in anderen Paulusbriefen.[483] Percy betont somit sicher mit Recht, dass uns nirgends „sonst

---

[478] Vgl. dazu auch ausführlich Van Roon, Authenticity, 100ff.
[479] Dahl, Einleitungsfragen, 14.
[480] Zur Stellung des Prädikats im Epheserbrief im Vergleich zu anderen Paulusbriefen vgl. die Übersicht bei Percy, Probleme, 52.
[481] Vgl. z. B. Eph 1,3-14: Εὐλογητὸς ... ἐν ... ἐν ... ἐν ... καθὼς ἐξελέξατο ἡμᾶς ... εἶναι ἡμᾶς ... προορίσας ἡμᾶς εἰς ... διὰ ... εἰς ... κατὰ ... εἰς ... ἧς ἐχαρίτωσεν ... Ἐν ᾧ ἔχομεν ... κατὰ ... ἧς ἐπερίσσευσεν ... ἐν ... γνωρίσας ... κατὰ ... εἰς ... ἀνακεφαλαιώσασθαι ... Ἐν ᾧ καὶ ἐκληρώθημεν προορισθέντες κατὰ ... κατὰ ... εἰς τὸ εἶναι ἡμᾶς εἰς ... Ἐν ᾧ καὶ ὑμεῖς ἀκούσαντες ... ἐν ᾧ καὶ πιστεύσαντες ἐσφραγίσθητε ... ὅ ἐστιν ... εἰς ... εἰς ... (vgl. auch u. a. Eph 3,17-19; 4,4.6); Kol 1,9-12: ... οὐ παυόμεθα ... προσευχόμενοι καὶ αἰτούμενοι, ἵνα πληρωθῆτε ... περιπατῆσαι ... καρποφοροῦντες καὶ αὐξανόμενοι ... δυναμούμενοι ... εὐχαριστοῦντες ... τῷ ἱκανώσαντι ...
[482] Vgl. z. B. 1. Kor 1,4-8: Εὐχαριστῶ ... ὅτι ... ἐν παντί ... καθὼς ... ὥστε ... ἀπεκδεχομένους ... ὅς ...; Phil 1,9-11: Καὶ τοῦτο προσεύχομαι, ἵνα ... περισσεύῃ ... εἰς τὸ δοκιμάζειν ὑμᾶς ... ἵνα ἦτε ... πεπληρωμένοι καρπὸν δικαιοσύνης ...; 1. Thess 1,2-8: Εὐχαριστοῦμεν ... μνείαν ποιούμενοι ... μνημονεύοντες ... εἰδότες ... ὅτι ... καθὼς ... Καὶ ὑμεῖς ... ἐγενήθητε ... δεξάμενοι ... ἐν θλίψει ... μετὰ ... ὥστε ... ἀφ' ὑμῶν ...; Röm 15,14: Πέπεισμαι ... ὅτι καὶ αὐτοὶ μεστοί ἐστε ... πεπληρωμένοι ... δυνάμενοι καὶ ἀλλήλους νουθετεῖν ... (vgl. dazu Röm 1,29: ... παρέδωκεν αὐτοὺς ... ποιεῖν ... πεπληρωμένους πάσῃ ... μεστοὺς ...). Auf die (inhaltlichen und) stilistischen Parallelen zwischen Phil 2,1-4 und Eph 4,1-3 wurde bereits hingewiesen. Diese Texte weisen deutliche stilitische (und inhaltliche) Parallelen zu Röm 12,9-19 auf.
[483] Vgl. zum Epheserbrief Eph 1,5-6 (εἰς ... κατὰ ... εἰς ...); 1,11 (... κατὰ ... κατὰ ...]); 2,2 (... κατὰ ... κατά ...); 3,7 (... κατὰ ... κατά ...); 4,2 (μετὰ ... μετά ...); 4,12-13 (πρὸς ... εἰ... εἰς ... εἰς ... εἰς ... εἰς ...[483]); 6,11-12 (... πρὸς ... πρὸς ... ὅτι ... πρὸς ... πρὸς ... πρὸς ... πρός ...); zu den anderen Paulusbriefen vgl. z. B.

Anhäufungen von Präpositionsausdrücken in solcher Ausdehnung begegnen wie im Epheserbrief sowie in den anerkannten Paulinen".[484] Er verweist dabei ausdrücklich auf Röm 1,2-5; 3,25f.; 15,13; 2. Kor 1,11; 9,14 und 1. Thess 3,13, aber auch auf weitere Stellen in den Paulusbriefen.[485] In diese Kategorie gehört auch der Ausdruck εἴ τις („wenn jemand") in Eph 4,29. Auch wenn der Ausdruck an dieser Stelle nur einmal erscheint, so entspricht der Gebrauch doch ganz dem Gebrauch in Phil 2,1 und 4,8, wo er jeweils wiederholt wird (vgl. auch z. B. 2. Kor 11,20).

Auch das Aneinanderreihen von εἴτε ... εἴτε („sei es ... sei es ..."), wie das in Eph 6,8 (und auch in Kol 1,16.20) der Fall ist, ist „typisch paulinisch" (vgl. Röm 12,6-8; 1. Kor 3,22; 8,5; 10,31; 12,13; 12,26; 13,8; 14,7; 15,11; 2. Kor 1,6; 5,9f.13; 8,23; 12,2f.; Phil 1,18.20.27; 1. Thess 5,10; 2. Thess 2,15). Dabei ist zu beachten, dass die Konjuktion εἴτε im Neuen Testament 65-mal erscheint und dabei außerhalb der Paulusbriefe nur zweimal in 1. Petr 2,13f. verwendet wird. Nur in 1. Kor 14,27 wird die Konjunktion nicht wiederholt und steht somit an dieser Stelle nicht in einer Aufzählung. In Kol 1,16.20 folgt die Aufzählung durch die Konjuktion dem Gebrauch der Pluralform des Adjektivs πᾶς („jeder, alle"), wie das auch in 1. Kor 3,21f. und 12,13 der Fall ist (vgl. auch Phil 1,18), und in Eph 6,8 folgt die Aufzählung dem Adjektiv ἕκαστος („jeder Einzelne"), wie das auch in 2. Kor 5,10 geschieht.

Diese asyndetische Anreihung z. B. der Präpositionen und Konjunktionen ist offenbar auf hebräischen Einfluss zurückzuführen.[486] Beispiele dafür gibt es im Alten Testament wiederholt.

So heißt es z. B. in Jes 47,9: בְּרֹב כְּשָׁפַיִךְ בְּעָצְמַת חֲבָרַיִךְ מְאֹד („in der Menge deiner Zauberei, in der großen Fülle deiner Bannsprüche"; LXX: ἐν τῇ φαρμακείᾳ σου, ἐν τῇ ἰσχύι

Röm 3,25f. (... διὰ ... ἐν ... εἰς ... διὰ ἐν ... πρὸς ... ἐν εἰς ...); 4,11 (ἐν ... εἰς ... δι' ... εἰς ...); 15,13 (... ἐν ... εἰς ... ἐν ... ἐν ...); 16,25 (... κατὰ ... κατά ...); 1. Kor 7,6 (... κατὰ ... οὐ κατ' ...); 15,42-43 (... ἐν ... ἐν ... ἐν ... ἐν ...); 15,52 (ἐν ... ἐν ... ἐν ...); 2. Kor 6,4-8 (... ἐν ... ἐν ... ἐν ... ἐν ... ἐν ... ἐν ... ἐν ... ἐν ... ἐν ... ἐν ... ἐν ... ἐν ... ἐν ... ἐν ... διὰ ... διὰ ... διὰ ...); 11,26-27 (... ἐκ ... ἐξ ... ἐν ... ἐν ... ἐν ... ἐν ... ἐν ... ἐν ... ἐν ...); 12,10 (... ἐν ... ἐν ... ἐν ... ἐν ... ὑπὲρ ...); Phil 2,1 (εἴ τις ... εἴ τι ... εἴ τις ... εἴ τις ...); 3,5-6 (... ἐκ ... ἐξ ... κατὰ ... κατὰ ... κατά ...); Kol 1,11 (ἐν ... κατὰ ... εἰς ... μετά ...); 2,8 (... διὰ ... κατὰ ... κατὰ ... καὶ οὐ κατὰ ...); 2,11 (ἐν ... ἐν ... ἐν ...); 1. Thess 4,16 (... ἐν ... ἐν ... καὶ ἐν ...); 1. Tim 4,12 (... ἐν ... ἐν ... ἐν ... ἐν ... ἐν ...); 2. Tim 3,16 (... πρὸς ... πρὸς ... πρὸς ... πρός ...). Vgl. Percy, Probleme, 22ff.

[484] Percy, Probleme, 212.
[485] Ebd.
[486] Vgl. dazu van Roon, Authenticity, 115ff. Vgl. ebd., 118: „From this use of prepositions as a stylistic device, a practice which coincides with Hebrew usage, it may be deduced that the style of Eph. has been stimulated not so much by the LXX as by a direct influence from the Hebrew in the use of prepositions."

τῶν ἐπαοιδῶν σου σφόδρα). In Num 1,28ff. finden sich wiederholte Beispiele für einen solchen Gebrauch einer Präpositionskonstruktion mit der Präposition לְ (LXX: κατά). Weitere Beispiele begegnen u. a. in Jer 28,5 (מֵאֱלֹהֵי יְהוָה צְבָאוֹת; LXX: ἀπὸ θεοῦ αὐτῶν, ἀπὸ κυρίου παντοκράτορος); Hes 19,13 (בַּמִּדְבָּר בְּאֶרֶץ צִיָּה וְצָמָא; LXX: ἐν τῇ ἐρήμῳ, ἐν γῇ ἀνύδρῳ); Hos 13,5 (בַּמִּדְבָּר בְּאֶרֶץ תַּלְאֻבוֹת; LXX: ἐν τῇ ἐρήμῳ ἐν γῇ ἀοικήτῳ); Mi 6,6 (בְעוֹלוֹת בַּעֲגָלִים בְּנֵי שָׁנָה; LXX: ἐν ὁλοκαυτώμασιν, ἐν μόσχοις ἐνιαυσίοις).[487] Dieser Stil ist z. B. durch den Parallelismus geprägt (vgl. z. B. Ps 9,9f.12; 18,16.25; 41,8; 77,2; 82,1; 119,149).[488]

Dabei gibt es auch Beispiele für eine zweifache asyndetische „Wiederholung" der Präpositionskonstruktion, wobei die erste durch den Parallelismus der zweiten weiter erläutert wird.[489] Solche und ähnliche rhetorische Silelemente, die sowohl durch den Einfluss des hebräischen Textes des Alten Testaments als auch durch den Einfluss der LXX zu erklären sind, prägen größere Teile des Epheserbriefs und ebenso auch Teile anderer Paulusbriefe.[490]
Ein weiteres Beispiel für einen „semitischen" Parallelismus im Epheserbrief sind die untergeordneten Sätze, die mit ὡς oder καθώς eingeleitet werden und dabei das gleiche Verb wie der übergeornete Satz verwenden (vgl. Eph 4,17.32; 5,2.23.25[491]; anders in Eph 3,5). Gemäß Norden muss dieser Stil als „nicht griechisch" und als „semitisch" bezeichnet werden.[492] Parallelen dazu gibt es auch sonst in den Paulusbriefen (vgl. Röm 15,7; 1. Kor 10,6f.; 15,49).[493]
Für Paulus spricht in grammatikalisch-sprachlicher Hinsicht u. a. auch, dass das Reflexivpronomen als *Genitivus possessoris* im Epheserbrief jeweils zwischen Artikel und Nomen erscheint (vgl. Eph 5,28.29.33 – in Vers 28 dreimal), wie

---

[487] Vgl. dazu auch ebd., 121.
[488] Vgl. auch z. B. Hes 37,14: כִּי־כֻלָּם נִתְּנוּ לַמָּוֶת אֶל־אֶרֶץ תַּחְתִּית בְּתוֹךְ בְּנֵי אָדָם אֶל־יוֹרְדֵי בוֹר ...; LXX: ... πάντες ἐδόθησαν εἰς θάνατον εἰς γῆς βάθος ἐν μέσῳ υἱῶν ἀνθρώπων πρὸς καταβαίνοντας εἰς βόθρον.
[489] Vgl. z. B. Ps 88,7 (בְּבוֹר תַּחְתִּיּוֹת בְּמַחֲשַׁכִּים בִּמְצֹלוֹת; LXX: ἐν λάκκῳ κατωτάτῳ, ἐν σκοτεινοῖς καὶ ἐν σκιᾷ θανάτου); 148,14 (לְעַמּוֹ תְּהִלָּה לְכָל־חֲסִידָיו לִבְנֵי יִשְׂרָאֵל עַם־קְרֹבוֹ); vgl. auch z. B. Ps 46,3 (בְּהָמִיר אָרֶץ וּבְמוֹט הָרִים בְּלֵב יַמִּים). Vgl. zudem z. B. Ps 111,6 mit Eph 1,5f. In diesem letzten Vergleichsfall handelt es sich zum Teil um Präpositionskonstruktionen, die im Verhältnis zueinander in über- bzw. untergeordneter Position stehen. Ein ausgeprägtes Beispiel (verbunden mit einem *Participium coniunctum*) dafür begegnet in Phil 1,9-11.
[490] Vgl. dazu auch van Roon, Authenticity, 118ff.
[491] In Eph 5,2 erscheint zwar im übergeordneten Satz nicht das gleiche Verb, aber doch das entsprechende Nomen, wie das auch in 1. Kor 10,6 der Fall ist.
[492] Norden, Agnostos Theos, 355ff.
[493] Vgl. dazu auch van Roon, Authenticity, 133. Nach Norden ist der Parallelismus z. B. in 1. Kor 1,25 und 7,4 (vgl. auch 1. Kor 15,42f.53f.) so „unhellenistisch wie nur möglich, aber ganz im Stile z. B. der Psalmen" (Norden, Agnostos Theos, 356; vgl. ebd., 357f.).

das im Neuen Testament vor allem bei Paulus der Fall ist[494], während ein solches Reflexivpronomen in den Paulusbriefen nur in Gal 6,8 nach Artikel und Nomen erscheint (τὴν σάρκα ἑαυτοῦ), diese Stellung aber sonst im Neuen Testament häufiger als die andere erscheint[495].[496] Auch für die Stellung des Genitivs θεοῦ in dem Ausdruck θεοῦ τὸ δῶρον („Gottes Gabe [ist es]") in Eph 2,8 gibt es einige ähnliche Beispiele gerade in den neutestamentlichen Paulusbriefen.[497] Diese Wortstellung ist nicht typisch für die LXX, erscheint aber einige Male im Buch Weisheit.[498]

Die Wendung αὐτῶν καὶ ὑμῶν ὁ κύριός („ihr und unser Herr") in Eph 6,9 erinnert an 1. Kor 1,2 (τὸ ὄνομα τοῦ κυρίου ἡμῶν ... αὐτῶν καὶ ἡμῶν) oder auch an Röm 1,12 (τῆς ἐν ἀλλήλοις πίστεως ὑμῶν τε καὶ ἐμοῦ) sowie an Röm 16,13 (τὴν μητέρα αὐτοῦ καὶ ἐμοῦ). Der Gebrauch der Partizipialkonstruktion ὁ λεγόμενος („die sogenannten") in Eph 2,11 spricht ebenfalls für Paulus (vgl. 1. Kor 8,5; vgl. auch Kol 4,11). Nach Eph 5,20 sollen die Gläubigen „im Namen unseres Herrn Jesus" (ἐν ὀνόματι τοῦ κυρίου ἡμῶν Ἰησοῦ Χριστοῦ) Gott allezeit für alles danken, während Paulus nach Eph 6,18 in jeder Zeit „im Geist" (ἐν πνεύματι) betet. Paulus verwendet die Wendungen „im Namen des Herrn Jesus Christus" und „im Geist unseres Gottes" in 1. Kor 6,11 nebeneinander.

Der Ausdruck τὰ πνευματικὰ τῆς πονηρίας („die Geistlichen/Geister der Bosheit")[499] in Eph 6,12 (vgl. auch Eph 6,16: πάντα τὰ βέλη τοῦ πονηροῦ)

---

[494] Vgl. Röm 4,19; 5,8; 8,3; 16,4.18; 1. Kor 7,2.37f.; Phil 2,12; 1. Thess 2,7f.12; 4,4; 2. Thess 2,6; 3,12; zur gleichen Wortstellung bei einem nicht reflexiven Pronomen vgl. Röm 3,24f.; 9,21; 11,11; 2. Kor 1,6; 1. Thess 2,19; Tit 3,5; Hebr 2,4; Jak 1,18; 3,10f.; 1. Joh 2,27.

[495] Vgl. Mt 18,31; 25,1.4; Lk 12,36; 14,26f.; 15,20; 16,5; Hebr 10,25; Jud 6; anders nur in Lk 2,3; 11,21; 13,34; Jud 6.13.18; Offb 10,3.7.

[496] Auch die Stellung des Genitivattributs zwischen Artiken und Nomen, wie das in τὴν ὑπερβάλλουσαν τῆς γνώσεως ἀγάπην in Eph 3,19 der Fall ist, ist für die Paulusbriefe typisch (vgl. Röm 10,3; 13,2; 1. Kor 9,9; 2. Kor 8,19; 11,7; Eph 3,19; Kol 4,16; 1. Tim 3,16; 2. Tim 1,16; 2,4.17; 4,8.19).

[497] vgl. Röm 3,5: θεοῦ δικαιοσύνην; 1. Kor 1,24: θεοῦ δύναμιν καὶ θεοῦ σοφίαν; 2,7: θεοῦ σοφίαν; 6,9: θεοῦ βασιλείαν; vgl. auch z. B. Röm 13,14: τῆς σαρκὸς πρόνοιαν; 1. Kor 6,15: πόρνης μέλη.

[498] Vgl. Sap 12,7 (θεοῦ παίδων); 12,26 (θεοῦ κρίσιν); 13,1 (θεοῦ ἀγνωσία); 16,18 (θεοῦ κρίσει); 18,13 (θεοῦ υἱόν); vgl. auch Sap 7,25 (τῆς τοῦ θεοῦ δυνάμεως); 7,26 (τῆς τοῦ θεοῦ ἐνεργείας); 8,4 (τῆς τοῦ θεοῦ ἐπιστήμης); 14,22 (τὴν τοῦ θεοῦ γνῶσιν); 15,19 (τὸν τοῦ θεοῦ ἔπαινον) mit Röm 10,3 (τὴν τοῦ θεοῦ δικαιοσύνην); 13,2 (τῇ τοῦ θεοῦ διαταγῇ); 2. Kor 11,7 (τὸ τοῦ θεοῦ εὐαγγέλιον); 2. Tim 3,17 (ὁ τοῦ θεοῦ ἄνθρωπος).

[499] Das (substantivierte) Adjektiv τὰ πνευματικά (etwa: „die geistlichen Dinge/Wesen") erscheint im Neuen Testament nur in den Paulusbriefen (vgl. Röm 15,27; 1. Kor 9,11; 12,1;14,1), wobei es allerdings außer in Eph 6,12 nicht in Bezug auf „Geis-

findet Parallelen bei Paulus (vgl. z. B. 2. Kor 4,2: τὰ κρυπτὰ τῆς αἰσχύνης) und spricht für einen semitischen Hintergrund des Verfassers, da z. B. im Hebräischen zur Beschreibung einer Sache oft anstelle eines Adjektivs ein Nomen im *Casus absolutus* erscheint, was auch durch weitere ähnliche Ausdrücke im Epheserbrief[500] und in den übrigen Paulusbriefen[501] bestätigt wird. Der Ausdruck τὸ ὑπερβάλλον μέγεθος τῆς δυνάμεως αὐτοῦ („die überschwengliche Größe seiner Kraft") in Eph 1,19 erinnert an die Wendung ἡ ὑπερβολὴ τῆς δυνάμεως („die Überschwenglichkeit der Kraft") in 2. Kor 4,7 (vgl. auch 2. Kor 12,7: τῇ ὑπερβολῇ τῶν ἀποκαλύψεων), ähnlich wie τὴν ὑπερβάλλουσαν τῆς γνώσεως ἀγάπην τοῦ Χριστοῦ („die die Erkenntnis übersteigende Liebe des Christus") in Eph 3,19 z. B. an τὸ ὑπερέχον τῆς γνώσεως Χριστοῦ Ἰησοῦ τοῦ κυρίου μου („die übersteigende Erkenntnis Christi Jesu, meines Herrn") in Phil 3,8 erinnert. Literarische Anlehnungen sind aber nicht erkennbar.

In Eph 1,12.18 erscheint jeweils εἰς τό („um zu") mit folgendem Infinitiv in einer „*Accusativum cum infinitivo*"-Konstruktion.[502] Eine solche grammatikalische Konstruktion erscheint im Römerbrief zehnmal und sonst in den Paulusbriefen neunmal[503], aber im gesamten Neuen Testament nur zweimal außerhalb der Paulusbriefe (vgl. Jak 1,18; 3,3).[504] Und in Eph 4,4 (ἐκλήθητε ἐν μιᾷ ἐλπίδι) wird das Verb καλέω („rufen, berufen") in Verbindung mit der Präposition ἐν verwendet, um den Bereich, in welchen die Gläubigen hineinberufen wurden, zu beschreiben. Diese Verbindung begegnet auch in anderen Paulus-

---

ter" verwendet wird. 1. Kor 14,12 zeigt, dass umgekehrt die Pluralform des Begriffs πνεῦμα „anstelle" des Adjektivs verwendet werden kann.

[500] Vgl. z. B. Eph 1,14: τῷ πνεύματι τῆς ἐπαγγελίας τῷ ἁγίῳ; 1,14: εἰς ἀπολύτρωσιν τῆς περιποιήσεως; 2,2: ἐν τοῖς υἱοῖς τῆς ἀπειθείας; 4,4: τὴν μεθοδείαν τῆς πλάνης; 4,22: τὰς ἐπιθυμίας τῆς ἀπάτης; 5,6: τοὺς υἱοὺς τῆς ἀπειθείας.

[501] Vgl. z. B. Röm 1,4: κατὰ πνεῦμα ἁγιωσύνης; 1,26: πάθη ἀτιμίας; 11,8: πνεῦμα κατανύξεως; 13,12: τὰ ἔργα τοῦ σκότους; Gal 6,1: ἐν πνεύματι πραΰτητος; Phil 2,1: παραμύθιον ἀγάπης; 3,21: τὸ σῶμα τῆς ταπεινώσεως ἡμῶν ... τῷ σώματι τῆς δόξης αὐτοῦ; Kol 3,12: σπλάγχνα οἰκτιρμοῦ.

[502] Zum Ausdruck εἰς τὸ εἶναι ἡμᾶς εἰς ἔπαινον ... in Eph 1,12 vgl. Apg 13,47: τοῦ εἶναί σε εἰς σωτηρίαν ... (LXX-Zitat aus Jes 49,6 – ähnlich in der LXX auch in 2. Sam 7,8 und Hes 36,3). Ähnliche Sätze mit dem Ausdruck εἶναι εἰς erscheinen bei Paulus z. B. in Röm 1,16 und 13,4.6.

[503] Vgl. 2. Kor 1,4; 8,6; Phil 1,10; 1. Thess 2,12; 3,9; 2. Thess 1,5; 2,6.10.11; 3,9.

[504] Auch an den folgenden Stellen folgt ein Pronomen im Akkusativ, wobei es sich allerdings nicht um einen *Accusativum cum infinitivo* (AcI) handelt: Mk 14,55; Lk 5,17; Röm 11,11; 1. Kor 11,22; 1. Thess 4,9; 2. Thess 3,9. Der Ausdruck εἰς τό mit folgendem Infinitiv erscheint im Neuen Testament 55-mal, davon allein im Römerbrief 17-mal, während er sonst im Neuen Testament vor allem in den zwei Thessalonicherbriefen (sieben- bzw. fünfmal) und im Hebräerbrief (sechsmal) erscheint.

briefen (vgl. 1. Kor 7,15.18.24; Gal 1,6; 1. Thess 4,7)[505] sowie auch in Kol 3,15 (ἐκλήθητε ἐν ἑνὶ σώματι). Eph 4,4 kann kaum von dieser Kolosserstelle abhängig sein. Und doch fallen die Parallelen im engen Kontext auf (vgl. Eph 4,2 mit Kol 3,12f.; Eph 4,3 [ἐν τῷ συνδέσμῳ τῆς εἰρήνης] mit Kol 3,14 [ὅ ἐστιν σύνδεσμος τῆς τελειότητος]; vgl. zudem Kol 3,13 mit Eph 4,32).
Auch die Art, wie im Epheserbrief Anakoluthe und Parenthesen eingefügt werden, spricht für Paulus.[506] Gemäß Gese lässt sich z. B. das „Anakoluth in *Eph 2,1-3* ... gerade im Vergleich mit dem zerbrochenen Satzgefüge von Röm 5,6-8 einen theologischen Grund leicht erkennen".[507] Durch die „Wiederaufnahme von Eph 2,1 in Eph 2,5" werde bekräftigt, „daß nur unter Voraussetzung des göttlichen Eingreifens die ursprüngliche Aussageintention zu ihrem Abschluß gelangen kann. Ganz entsprechend hat Paulus das Stilmittel des Anakoluths in *Röm 5,6-8* verwendet".[508] Das „Anakoluth in Eph 3,1" gebe dagegen „einen redaktionellen Hinweis". Dazu bemerkt Gese: „Es läßt die Kritik des Verfassers an seiner Vorlage Kol 1,24 deutlich werden."[509]
Allerdings handelt es sich bei Eph 3,1 m. E. nicht im eigentlichen Sinn um ein Anakoluth, sondern um einen *Nominativus pendens*[510] (vgl. dazu z. B. 2. Kor 12,17), der in Eph 3,13 seine Fortsetzung findet.[511] Bei Eph 3,2-12 handelt es sich offensichtlich um eine Parenthese (vgl. dazu u. a. Röm 1,13; 7,1; Gal 2,6; Eph 2,5).[512] Eine gewisse Parallele zu Eph 3,1-13 gibt es übrigens in 2. Kor

---

[505] Vgl. dazu auch Percy, Probleme, 48f.
[506] Im Neuen Testament erscheinen sowohl Parenthesen als auch Anakoluthe vor allem in den Paulusbriefen (vgl. dazu Blass/Debrunner/Rehkopf, Grammatik, § 465 und 467,2; vgl. dazu auch Gese, Vermächtnis, 95ff.). Gemäß Gese spricht das für die Verarbeitung der paulinischen Tradition im Epheserbrief (vgl. ebd., 93ff.).
[507] Ebd., 96. Nach von Siebenthal handelt es sich bei Röm 2,17-19 und 5,12-14 um „größere Anakoluthe" (von Siebenthal, Griechische Grammatik, § 292,5).
[508] Gese, Vermächtnis, 96; zu den Anakoluthen im Römerbrief vgl. auch Bronkamm, Paulinische Anakoluthe, 76–92.
[509] Gese, Vermächtnis, 97. Vgl. ebd.: „Die Leidensaussage von Kol 1,24, die leicht zu Mißverständnissen Anlaß geben kann, wird in Eph 3,1-13 von ihrer Anstößigkeit befreit. Das Anakoluth stellt hierbei ein Stilmittel dar, durch welches der Verfasser des Epheserbriefes auf die Mißverständlichkeit der paulinischen Leidensaussagen aufmerksam macht."
[510] Vgl. dazu Blass/Debrunner/Rehkopf, Grammatik, § 466. Vgl. auch von Siebenthal, Griechische Grammatik z, § 147,2a): „Das, was in Dativ stehen sollte, ist zur Hervorhebung aus der Konstruktion und als Anakoluth ... im Nominativ an die Spitze gestellt."
[511] Vgl. dazu auch Dahl, Einleitungsfragen, 5.
[512] Die Kopisten scheinen das zum Teil übersehen zu haben und haben wohl aus diesem Grund in Eph 3,3 das ὅτι gestrichen (so 𝔓⁴⁶ B F G b d sa^mss), wobei es sich in dem Fall von Eph 3,3 an um eine Parenthese handelt. Es ist deshalb davon auszugehen, dass das ὅτι an dieser Stelle ursprünglich ist (so ℵ A C D K L P Ψ 33. 81. 104. 365. 630. 1175. 1241ˢ. 1505. 1739. 1881. 2464 𝔐 ar vg sy sa^mss). Es ist auch zu beachten, dass Eph 3,14 (τούτου

12,1-5, und zwar nicht nur im Stil, sondern auch inhaltlich. Das Erscheinen eines *Nominativus pendens* spricht für die semitische Prägung des Verfassers (vgl. dazu auch z. B. Lk 6,47; Apg 7,40; Offb 2,26).
Zudem ist die *Inclusio*, „die bereits bei Paulus sehr beliebt ist"[513] (vgl. z. B. Röm 5,12.18), ein wichtiges Stilmittel im Epheserbrief (vgl. z. B. Eph 1,3.13f.; 2,12.19; 5,21.32 [ἐν φόβῳ Χριστοῦ/ἵνα φοβῆται]). Van Roon zeigt anhand von zahreichen weiteren Beispielen, dass der eigentümliche Stil des Epheserbriefs gerade in den übrigen Paulusbriefen seine deutlichsten Parallelen findet[514] und dass dieser Stil dabei die gleiche rhetorische Funktion hat wie im Epheserbrief (vgl. auch z. B. Röm 12,1 mit Eph 4,1; vgl. zudem 1. Kor 4,16).[515]
Auf jeden Fall gibt es keinen Grund zur Annahme, dass der Epheserbrief in irgendeinerweise literarisch vom Kolosserbrief „abhängig" wäre.

3.2.1.6.3 Weitere inhaltliche Argumente für die Echtheit des Briefs

In Eph 1,1 erscheint Paulus allein als Absender, während in Kol 1,1 und auch z. B. in Phil 1,1 und Phlm 1 Timotheus als „Mitverfasser" erwähnt werden (vgl. dazu auch 2. Kor 1,1; 1. Thess 1,1; 2. Thess 1,1). Im 1. Korintherbrief erscheint Sosthenes als „Mitverfasser", nicht aber Timotheus, obwohl Timotheus später im Brief erwähnt wird (vgl. 1. Kor 4,17; 16,10).[516] Gemäß Röm 16,21 muss Timotheus anwesend gewesen sein, als Paulus den Römerbrief schrieb, und trotzdem wird er in dem Brief nicht als „Mitverfasser" erwähnt. Grund dafür ist möglicherweise, dass Timotheus in Rom noch nicht oder kaum bekannt war. Sollte der Verfasser des Epheserbriefs sich tatsächlich an den Kolosser- und auch an den Philipperbrief anlehnen, so wäre m. E. nicht erklärbar, warum er Timotheus hätte weglassen sollen. Geht man von der Echtheit des Epheserbriefs (und des Kolosserbriefs) aus, so besteht die Möglichkeit, dass Timotheus erst während oder nach der Abfassung des Epheserbriefs zu Paulus (wohl in Rom) gestoßen ist. Möglich ist aber auch, dass Timotheus, der in Ephesus bekannt gewesen sein muss (vgl. 1. Kor 16,8 mit 4,17 und 16,10), persönliche Grüße durch Tychikus mitgegeben hat (vgl. Eph 4,21f.) und so bei der Abfassung trotz

---

χάριν κάμπτω ...) sprachlich deutlich an Eph 3,1 (τούτου χάριν ἐγὼ Παῦλος ...) anknüpft (vgl. auch z. B. 2. Kor 11,16.19; 12,6.11). Zudem schließen sowohl Eph 3,12 (ἐν ᾧ ἔχομεν τὴν παρρησίαν καὶ προσαγωγήν ...) als auch Eph 3,14 (... πρὸς τὸν πατέρα) u. a. an Eph 2,18 an (ὅτι δι' αὐτοῦ ἔχομεν τὴν προσαγωγήν ... πρὸς τὸν πατέρα). Auch dieses Vorgehen ist u. a. im Römerbrief (vgl. z. B. Röm 1,16f. mit 3,21-26) und im 2. Korintherbrief (vgl. z. B. 2. Kor 2,5 mit 7,8) sehr ausgeprägt.

[513] So Gese, Vermächtnis, 99.
[514] Vgl. ebd., 100ff.
[515] Vgl. auch van Roon, Authenticity, 61ff. und 127ff.
[516] Möglicherweise war Timotheus bei der Abfassung des 1. Korintherbriefs bereits unterwegs und wollte auf dieser Reise auch Korinth besuchen.

Anwesenheit nicht persönlich erwähnt wird. Sollte es sich beim Epheserbrief jedoch tatsächlich um den Brief handeln, der in Kol 4,16 erwähnt wird, dann wäre er nicht nur an die Epheser, sondern auch an die Laodizäer und indirekt auch an die Gemeinde in Kolossä gerichtet. In dem Sinn würde es sich um eine Art „Rundschreiben im Kleinen" handeln. Dann könnte Paulus Timotheus deshalb nicht als „Mitverfasser" erwähnt haben, weil es sich um eine für diese Gemeinden (und darüber hinaus) grundlegende Darlegung theologischer Inhalte handelt, welche ausschließlich auf der von Christus gegebenen apostolischen Autorität begründet ist (vgl. Eph 2,20; 3,5).[517]

Auf die Verfasserschaft des Paulus weisen auch u. a. persönliche Bemerkungen hin. So hat der Verfasser von dem Glauben und der Liebe der Empfänger gehört.[518] Zudem bemerken Carson und Moo richtig: „Auch die Ankündigung des Verfassers in 6,21, die Epheser durch einen Boten über seine aktuelle Situation zu informieren, ist sinnlos und passt inhaltlich nicht zum Rest des Briefs, wenn der Verfasser nicht Paulus wäre."[519] Zudem spricht gerade auch die Originalität des Briefs neben den Parallelen zu den „echten" Paulusbriefen u. a. in Syntax, Stil und Theologie für Paulus. Richtig betont Clogg, dass es schwierig ist, sich vorzustellen, dass es in der damaligen Kirche jemanden außer Paulus gab, der ein Werk schaffen konnte, das wie ein Werk des Paulus aussieht und doch so original ist.[520]

3.2.1.6.4 Die altkirchliche Bestätigung der paulinischen Verfasserschaft

Für die paulinische Verfasserschaft des Epheserbriefs spricht auch die altkirchliche Tradition. Eine Anlehnung an den Brief finden wir in 1. Clem 46,6 (vor 100 n. Chr.)[521], wo es heißt: „Oder haben wir nicht *einen* Gott und *einen* Christus und *einen* Geist der Gnade, der auf uns ausgegossen wurde, und *eine* Berufung in Christus?" (vgl. Eph 4,4-6). Und der Teilsatz ... ὅτι μέλη ἐσμὲν ἀλλήλων („... dass wir einander Glieder sind") in 1. Clem 46,7 scheint ein Zitat aus Eph 5,30 (... ὅτι ἐσμὲν ἀλλήλων μέλη) zu sein – allerdings in einer anderen Reihenfolge. Bei dem Gebrauch der Wendung „die Augen unseres Herzens" in 1. Clem 36,2 und 59,2 scheint es sich um eine Anlehnung an Eph 1,18 zu handeln, zumal in 1. Clem 36,2 diese durch Jesus Christus geöffnet werden und „der Herr" den Gläubigen auch „von der unsterblichen Erkenntnis wollte kosten

---

[517] Vgl. auch van Roon, Authenticity, 85 und 87.
[518] Vgl. Eph 1,15f.: „Deshalb höre auch ich, nachdem ich von eurem Glauben an den Herrn Jesus und von eurer Liebe zu allen Heiligen gehört habe, nicht auf, für euch zu danken, indem ich [eurer] in meinen Gebeten gedenke ..."
[519] Carson/Moo, Einleitung, 582.
[520] Clogg, Introduction, 96.
[521] Vgl. dazu auch Thiessen, Rezeption, 297.

lassen". Dabei ging Clemens grundsätzlich von der göttlichen Autorität „des glückseligen Paulus, des Apostels", aus (vgl. 1. Clem 47,1).

Gemäß Ignatius schreibt Paulus den Brief an die Epheser.[522] Gemäß IgnEph 12,2 sind die Gläubigen in Ephesus „Miteingeweihte des Paulus (Παύλου συμμύσται), des Geheiligten, des Bezeugten, des Würdig-Glückseligen ..., der in jedem Brief euer in Christus Jesus gedenkt".[523] Bereits die Einführung in den Brief des Ignatius an die Epheser ist voll von Anlehnungen an den neutestamentlichen Epheserbrief. Ignatius ging also um 108 n. Chr. offensichtlich davon aus, dass Paulus den neutestamentlichen Epheserbrief an die Gemeinde von Ephesus gerichtet hatte.

3.2.2 Stellungnahme zu den Einwänden gegen die Echtheit des Kolosserbriefs

3.2.3.1 Einleitende Bemerkungen

Der Kolosserbrief wird heute im deutschsprachigen Raum in der neutesamentlichen Einleitungswissenschaft weitgehend als pseudepigrafisches Schreiben betrachtet[524], obwohl sich die Stimmen offenbar mehren, die den Brief entweder zum Teil auf Paulus zurückführen[525] oder annehmen, dass ein Mitarbeiter des Paulus ihn verfasst und Paulus anschließend zur Unterschrift vorgelegt habe[526], während andere kein Problem damit haben, den Brief als Ganzes als authentisch zu betrachten[527]. Im englischsprachigen Raum wird weitgehend von der Echtheit des Kolosserbriefs ausgegangen.[528]

3.2.3.2 Sprache und Stil des Kolosserbriefs

Nach Lohse sprechen *34* Hapaxlegomena im Kolosserbrief gegen die Echtheit des Briefs.[529] Gemäß Percy erscheinen im Kolosserbrief 86 Wörter (von insgesamt 1583 Wörtern), die in den „allgemein anerkannten" Paulusbriefen (inklusive Philipperbrief) nicht vorkommen, während es im Philipperbrief z. B. 76

---

[522] Vgl. dazu ebd., 311f.
[523] Vgl. auch z. B. IgnRöm 4,3: „Nicht wie Petrus und Paulus verordne ich euch; jede sind Apostel, ich ein Verurteilter ..."
[524] Vgl. z. B. Schnelle, Einleitung, 362ff.
[525] Vgl. z. B. Schmithals, Literarkritische Analyse, 149–170.
[526] So z. B. Niebuhr, Paulusbriefsammlung, 266; Stuhlmacher, Theologie 2, 2; Schweizer, Kolosser, 26f.; Schweizer, Theologische Einleitung, 87 (als Frage); Ollrog, Paulus und seine Mitarbeiter, 236–242.
[527] Vgl. z. B. Wilckens, Theologie 1/3, 254–266.
[528] Vgl. z. B. Carson/Moo, Einleitung, 588: „Der Kolosserbrief wird gewöhnlich (besonders in der angelsächsischen Forschung) als ein echter Paulusbrief angesehen ..."
[529] Vgl. Lohse, Entstehung, 56. Vgl. auch z. B. Schenke/Fischer, Einleitung 1, 166.

Wörter (von insgesamt 1633 Wörtern) sind.⁵³⁰ Die Häufigkeit des Gebrauchs von Wörtern, die sonst beim „echten" Paulus nicht vorkommen, ist also in beiden Briefen etwa gleich.

Auch der Gebrauch von Ausdrücken, die *demselben Stamm* angehören (vgl. Kol 1,11; 2,19), soll gegen die Echtheit des Kolosserbriefs sprechen.⁵³¹ Dieses Phänomen erscheint aber auch in den „echten" Paulusbriefen (vgl. z. B. 1. Kor 7,20; 11,2; 15,1; Gal 1,11).⁵³² Zudem ist der Stil des Kolosserbriefs durch die „liturgische" Sprache des Epheserbriefs und alttestamentlicher „liturgischer" Texte mitgeprägt, wie bereits ausführlich dargelegt wurde.⁵³³ So entspricht z. B. δυνάμει δυναμούμενοι („durch Kraft gekräftigt werdend") in Kol 1,11 dem Gebrauch in der LXX⁵³⁴, wobei dieser Stil in der LXX offensichtlich auf die Verwendung des hebräischen Verbs im *Casus absolutus* in Verbindung mit einem finiten Verb zurückzuführen ist.⁵³⁵

Außerdem soll der Gebrauch von *abhängigen Genitiven* (vgl. Kol 1,5.12.27) gegen die Echtheit des Kolosserbriefs sprechen. Aber auch dieses Phänomen erscheint in den „echten" Paulusbriefen (vgl. z. B. Röm. 2,5; 4,11f.).⁵³⁶ Lohmeyer betont zudem richtig: „Solche lexikalischen Eigentümlichkeiten beweisen nur die Freiheit und Fülle der begrifflichen Sprache des Paulus und verwehren es daher, aus dieser Besonderheit des Kol.-Briefes bindende Schlüsse auf ‚Echtheit oder Unechtheit' zu ziehen."⁵³⁷ Außerdem weist Lohmeyer darauf hin, dass es in Bezug auf das „Fehlen" wichtiger Begriffe kaum Unterschiede zu den allgemein anerkannten Paulusbriefen gibt.⁵³⁸

Bujard stellt fest: „Fehlen einerseits im Kol im Unterschied zu den Paulusbriefen die einen Nebensatz vertretenden artikulierten Infinitive, so führt der Kol andererseits relativ häufig den Satz mit einem lose angehängten Infinitiv fort."⁵³⁹ Diese Erscheinung begegnet nach Bujard im Kolosserbrief fünfmal (Kol 1,10.22.25; 4,3.6), Paulus dagegen verwende „den Infitiv in dieser Weise

---

⁵³⁰ Vgl. Mauerhofer, Einleitung 2, 139.
⁵³¹ Vgl. Lohse, Entstehung, 56.
⁵³² Vgl. Percy, Probleme, 32f.
⁵³³ Vgl. auch z. B. Wilckens, Theologie 1/3, 254–266 und 282.
⁵³⁴ Vgl. Num 13,30; 1. Sam 26,25; 2. Chr 17,14.16f.; 32,13; Eccl 10,10; Dan 11,5; Judith 1,4; 1. Macc 5,40; 3. Macc 5,7.51.
⁵³⁵ Vgl. z. B. Num 13,30: יָכוֹל נוּכַל; ähnlich auch z. B. in Num 22,38; 1. Sam 26,25; 2. Chr 32,13. Nach Frank ist „die begriffliche Doppelung ἐν πάσῃ δυνάμει δυναμούμενοι" in Kol 1,11 „innerhalb des Neuen Testaments singulär", sie finde „jedoch Parallelen in 1 Sam 26,14 und 1 Makk 5,40" (Frank, Kolosserbrief, 53).
⁵³⁶ Vgl. dazu auch Percy, Probleme, 32f.
⁵³⁷ Lohmeyer, Philipper/Kolosser/Philemon, 13.
⁵³⁸ Ebd., 139.
⁵³⁹ Bujard, Stilistische Untersuchungen, 57.

nur in R 1,28".[540] Dieser Infintiv begegnet allerdings in den Paulusbriefen auch z. B. auch an den folgenden Stellen: Röm 12,1 (παρακαλῶ ... παραστῆσαι); 15,5 (δῴη ὑμῖν τὸ αὐτὸ φρονεῖν); 15,30 (παρακαλῶ ... συναγωνίσασθαί); 16,17 (παρακαλῶ ... σκοπεῖν); 2. Kor 2,8 (παρακαλῶ ὑμᾶς κυρῶσαι); Eph 4,1 (παρακαλῶ ... περιπατῆσαι; vgl. auch Eph 1,10; 3,6.16.17; 4,22; 6,19); Phil 4,2 (παρακαλῶ τὸ αὐτὸ φρονεῖν); 1. Thess 4,10 (παρακαλοῦμεν ... περισσεύειν); 1. Tim 2,1 (παρακαλῶ ...ποιεῖσθαι). Gerade Kol 1,9f. (αἰτούμενοι ... περιπατῆσαι) erweist sich somit als „typisch paulinisch" (vgl. auch z. B. 2. Kor 6,1; Eph 4,17[541]).

Zudem bemerkt Bujard: „Wenn wir vom Phm wegen seines geringen Umfangs absehen, begegnet also in den Briefen des Paulus zwei- bis viermal so oft ein Infinitiv wie im Kol."[542] Es muss allerdings auch darauf hingewiesen werden, dass der Unterschied in den übrigen Paulusbriefen zum Teil sehr groß ist. So erscheint ein Infinitiv z. B. im Römerbrief (101-mal), den zwei Koritherbriefen (100-mal bzw. 70-mal) und im Galaterbrief (32-mal) mit einem Wortanteil zwischen ca. 1,41 bis 1,56 % (im Epheserbrief sind es ca. 1,24 % und im Kolosserbrief 0,695 %), während es z. B. im Philipperbrief ca. 2,39 % und im 1. Thessalonicherbrief sogar rund 3 % sind. Außerdem sind die Unterschiede innerhalb der einzelnen Briefe zu beachten. So gibt es in 1. Kor 1–3 z. B. einen Wortanteil der Infinitive von ca. 0,69 bis 0,88 %, in 1. Kor 4 erscheint in den 21 Versen kein einziger Infinitiv und in 1. Kor 5 erscheinen sieben, was einen Wortanteil von ca. 3,17 % ausmacht. Das bedeutet, dass wir bei den 1477 Wörtern von 1. Kor 1–4 einen Wortanteil der Infinitive von ca. 0,61 % haben, während es in den 1583 Wörtern von Kol 1–4 einen Wortanteil der Infinitive von ca. 0,695 % handelt. Dabei ist zu beachten, dass die Thematik der vier Kapitel im Kolosserbrief weitgehend mit der Thematik der ersten vier Kapitel im 1. Korintherbrief verwandt ist.[543]

---

[540] Ebd.
[541] Der Gebrauch des Verbs λέγω in Eph 4,17 (τοῦτο οὖν λέγω καὶ μαρτύρομαι ἐν κυρίῳ ...; vgl. auch Kol 2,4: τοῦτο λέγω ...; Röm 9,1: ἀλήθειαν λέγω ἐν Χριστῷ, οὐ ψεύδομαι ...; 1. Tim 2,7: ἀλήθειαν λέγω οὐ ψεύδομαι ...) etwa im Sinn von „befehlen" oder „bezeugen" bzw. „lehren" mit Bezug auf die schriftlichen Ausführungen im Brief ist ebenfalls „paulinisch" (vgl. z. B. Röm 10,19; 11,1.11; 1. Kor 7,8.12; 2. Kor 7,3; 8,8; 11,16; Gal 1,9; 3,15.17; 4,1; 5,2; Phil 3,18; Kol 2,4; zum Gebrauch von μαρτύρομαι in diesem Zusammenhang vgl. auch Gal 5,3 und 1. Thess 2,12; vgl. zudem 1. Thess 4,6; 1. Tim 5,21; 2. Tim 4,1).
[542] Bujard, Stilistische Untersuchungen, 54.
[543] Bujard, Stilistische Untersuchungen, 54. Außerdem ist nach Bujard „das Fehlen von artikulierten Infinitiven eine Eigentümlichkeit des Kol" (ebd., 56). Die artikulierten Infinitive fehlen allerdings auch z. B. völlig in den ersten acht Kapiteln des 1. Korintherbriefs und ebenso in 1. Kor 12–13 sowie in 1. Kor 15–16, aber auch u. a. 2. Kor 2–6 und in Eph 2–5.

Was den Gebrauch von Partizipien betrifft, so ist der Kolosserbrief nach Bujard zwar „mit 4,6% deutlich an der oberen Grenze, doch angesicht der großen Streuung der Werte für die Paulusbriefe läßt sich nicht behaupten, daß er statistisch aus dem Rahmen falle".[544] Die Parallele verschleiere sogar

> „die Tatsache, daß der 2.Kor in seinen ersten Kapiteln durchschnittlich mehr Partizipien aufweist als der Kol. Denn auf den ersten zehn Seiten finden sich 113 Partizipien, während der Kol auf seinen acht Seiten nur 73 [nach Nestle-Aland[28] sind es 77] bietet".[545]

Die höchste Dichte an Partizipien in einem Kapitel der Paulusbriefe finden wir jedoch in Röm 12 (mit ca. 10,1 %) und 2. Kor 4 (mit ca. 8,6 %)[546], und gerade zum Gebrauch der Partizipien in diesen Kapiteln gibt es deutliche Parallelen zum „typischen" Gebrauch im Kolosserbrief[547] – und im Epheserbrief (vgl. z. B. Röm 12,9–19![548]; 2. Kor 4,8-10; vgl. zudem u. a. 2. Kor 6,3f.9f.; 10,3-6.11-15), wobei zu beachten ist, dass die größte Dichte an Partizipien im Kolosserbrief wie im Epheserbrief jeweils in den Kapiteln 1–2 anzutreffen ist, was durch den „hymnischen" bzw. „liturgischen" Charakter der Texte bedingt ist.

Bujard stellt fest, dass die Behauptung, Kol 1–2 orientiere sich am „hymnischen Stil", allein schon daran scheitere, „daß die in diesem Zusammenhang stets angeführte Satzfügung, wie sie in K 1–2 vorliegt, keineswegs dem hymnischen Stil angehört".[549] Ich

---

[544] Bujard, Stilistische Untersuchungen, 59.
[545] Ebd.
[546] In Kol 1 sind es ca. 5 %, in Kol 2 ca. 6,7 %, in Kol 3 ca. 4 %, in Kol 4 ca. 3,1 %; in Eph 1 sind es ca. 5,1 %, in Eph 2 ca. 6,6 %, in Eph 3 ca. 3 %, in Eph 4 ca. 4,7 %, in Eph 5 ca. 3,2 % und in Eph 6 ca. 3,5 %.
[547] Vgl. z. B. Kol 1,9-12: ... οὐ παυόμεθα ὑπὲρ ὑμῶν προσευχόμενοι καὶ αἰτούμενοι, ἵνα πληρωθῆτε ... περιπατῆσαι ... καρποφοροῦντες καὶ αὐξανόμενοι ... δυναμούμενοι ... εὐχαριστοῦντες ... τῷ ἱκανώσαντι ...; vgl. dazu auch z. B. Phil 1,9-11: Καὶ τοῦτο προσεύχομαι, ἵνα ... περισσεύῃ ... εἰς τὸ δοκιμάζειν ὑμᾶς ... ἵνα ἦτε ... πεπληρωμένοι καρπὸν δικαιοσύνης ...
[548] Vgl. dazu auch van Roon, Authenticity, 152ff. Van Roon stellt fest: „When thought-rhyming in the four sections Eph. 4:25–6,9; Col. 3:18–4,1; R. 12:9-21 and Did. 3,1–4,11 is subjected to closer scrutiny, it envolves that this rhyming is based on a number of patterns. R. 12,9-21 has s simple scheme with a remarkable linking of b-fragments and the frequent combination of an a-fragment and a b-fragment. The scheme of Col. is equally unmomplicated; combinations of a b-fragment and an m-fragment, or an a-fragment and an m-fragment predominate ... Even more complicated is the scheme of the Eph-section. Here are found various combinations from R., Col. and Did. as well as the linked b-fragments of R. whilst, as in Col., the b-m combination plays a dominant role. What is however a new phenomenon in Eph. is the joining of b-m and a-b fragments to form an a-b-m pattern ... Eph. is allied to R. and Col. and distingueshed from Did. through the preponderance of b-fragments as against a-fragments."
[549] Ebd., 119.

glaube allerdings nicht, dass man in den Kapiteln in dem Sinn zwischen „hymnischem" und „nicht-hymnischem Stil" unterscheiden kann. Wie oben ausführlich gezeigt wurde, kann man im Kolosserbrief nicht nur den „Christushymnus" in Kol 1,15-20 als „hymnischen" Abschnitt betrachten, wobei in diesem Fall tatsächlich nur in Vers 18 und 20 jeweils einmal ein Partizip erscheint. Vielmehr ist der „Christushymnus" Teil des „zweiten Gebets" im Kolosserbrief, das Kol 1,9-20 einschließt und wie Eph 1,3-14 ein Satzgefüge darstellt. In Kol 1,9-11 erscheint fünfmal ein Partizip, und zwar ganz im Stil z. B. von Kol 1,6; 2,7.19 sowie von Eph 3,17[550] und Röm 12,9-19; 2. Kor 6,9f. usw. Zudem erscheinen in Phil 2,6-8 bei insgesamt 36 Wörtern als Teil des „Philipperhymnus" fünf Partizipien, was einem Wortanteil von ca. 13,88 % entspricht.

Nach Niebuhr macht die Sprachgestalt des Kolosserbriefs „Paulus als Verfasser unwahrscheinlich, die konkreten Situationsbezüge und Personenangaben machen eine pseudapigraphe Entstehung des Briefes ebenso unwahrscheinlich".[551] Niebuhr geht von der Möglichkeit aus, dass Timotheus oder sonst ein Mitarbeiter des Paulus „den Brief im Namen des Paulus, aber in eigenen Worten geschrieben und ihn dem Apostel abschließend zur Unterschrift vorgelegt (vgl. Kol 4,18)" hat.[552] Wie Schmithals jedoch dargelegt hat, spricht ein Großteil des Briefs auch in sprachlicher Hinsicht für Paulus als Verfasser.[553]

Da der spezifische Stil für Teile des Kolosserbriefs (und des Epheserbriefs) ihre nächsten Parallelen im Neuen Testament gerade in anderen Paulusbriefen findet, sprechen m. E. weder die Sprache noch der Stil des Kolosserbriefs gegen eine Abfassung durch den Heidenapostel Paulus.

3.2.3.3 Die Theologie des Kolosserbriefs

Die *Christologie* des Kolosserbriefs soll gnostische Züge tragen.[554] Lohmeyer bemerkt jedoch treffend, dass durch den Gegensatz zur kolossischen Philosophie, „in der das Rätsel der Welt und die Frage nach der ‚kosmischen Erfüllung' des Ichs gestellt ist", auch die kosmische Bedeutung der Gestalt und des Werkes Christi zu erörtern notwendig wird.[555] Und Dübbers kommt zu dem Ergebnis, dass Christus in dem Brief „nicht primär als der machtvolle Regent des Kosmos und der Kirche verstanden" wird, der die feindlichen kosmischen Möchte bezwingt und dem es sich im Raum der Kirche gehorsam unterzuord-

---

[550] Eph 3,17 ist Teil des „zweiten Gebets" im Epheserbrief nach der Eingangseulogie (Eph 1,3-14) und dem „ersten Gebet" (Eph 1,15-23).
[551] Niebuhr, Paulusbriefsammlung, 265. Vgl. auch Wilckens, Theologie I/3, 254: „Der Kolosserbrief ist also wie frühere Briefe des Paulus durch eine besondere Situation der Empfängergemeinde veranlaßt."
[552] Niebuhr, Paulusbriefsammlung, 266. Vgl. dazu auch z. B. Schweizer, Kolosser, 26f.
[553] Vgl. Schmithals, Literarkritische Analyse, 153ff.
[554] Vgl. Lohse, Entstehung, 56; Vielhauer, Literatur, 197f.
[555] Lohmeyer, Philipper, 11.

nen gilt".[556] Vielmehr sei es „das Anliegen des Verfassers, die durch die Philosophie irritierten Adressaten[557] ihres Heils zu vergewissern, indem er die Glaubenden an ihre *existenzielle Christusbestimmtheit* erinnert".[558] Wenn in Kol 1,22 betont wird, dass Jesus Christus die Menschen „im/durch den Leib seines Fleisches durch seinen Tod" (ἐν τῷ σώματι τῆς σαρκὸς αὐτοῦ διὰ τοῦ θανάτου) mit Gott versöhnt hat (vgl. Röm 8,3; 2. Kor 5,19), dann ist das keineswegs „gnostisch". Übrigens ist der Gebrauch des Ausdrucks τὸ σῶμα („der Leib") mit dem anschlienden *Genitivus qualitatis* (τῆς σαρκός) „echt paulinisch" (vgl. z. B. Röm 6,6[559]; 7,24; Phil 3,21; Kol 2,11).[560]

Im Kolosserbrief soll zudem *nicht von einer Einzelgemeinde* die Rede sein, sondern vom universalen Leib Christi, was ebenfalls gegen die paulinische Verfasserschaft sprechen soll.[561] Die „Universalgemeinde" wird aber auch in den „echten" Paulusbriefen thematisiert.[562] Im Kolosserbrief wird natürlich besonders hervorgehoben, dass Christus das Haupt „des Leibes der Gemeinde"[563] ist (Kol 1,18; vgl. auch Kol 2,19). Wilkens erwähnt, dass sich „diese Erweiterung" nicht „in den Leib-Christi-Aussagen der früheren Briefe (vgl. besonders 1Kor 12,2)" findet.[564] Und er ergänzt:

„Da dort jedoch durchweg völlig selbstverständlich feststeht, daß Christus *der Herr* aller Seinen ist, ist die neue Aussage von ihm als Haupt seines Leibes *inhaltlich* nichts Neues. Es besteht daher keinerlei Notwendigkeit, diese Veränderung Paulus abzusprechen."[565]

Weiter soll *Auferstehung* nach dem Kolosserbrief bereits geschehen sein, was ebenfalls gegen Paulus sprechen soll.[566] Gerade Kol 3,4 indes zeigt, dass die

---

[556] Dübbers, Christologie, 306.
[557] Bei den „irritierten Adressaten" handelt es sich offenbar um real existierende Menschen, wodurch auch eine fiktive Verfasserschaft auszuschließen ist.
[558] Dübbers, Christologie, 306; vgl. ebd., 84ff.
[559] Wenn der Ausdruck τῆς ἁμαρτίας in Röm 6,6 nicht als *Genitivus separativus* zu verstehen ist.
[560] In grHen 102,5 erscheint τῷ σώματι τῆς σαρκὸς ὑμῶν, und in Sir 23,17 erscheint der Ausdruck ἐν σώματι σαρκὸς αὐτοῦ.
[561] Vgl. Lohse, Entstehung, 56; Vielhauer, Literatur, 198f.; Conzelmann/Lindemann, Arbeitsbuch, 228.
[562] Vgl. z. B. Röm 12,5; 1. Kor 10,17; 12,12f.28.
[563] Die Wendung τὸ σῶμα τῆς ἐκκλησίας wird dabei im Sinn von „der Leib, der die Gemeinde ist" gebraucht (*Genitivus epexegeticus/appositivus*, vgl. dazu von Siebenthal, Griechische Grammatik, § 165).
[564] Wilckens, Theologie 1/3, 266
[565] Ebd.
[566] Vgl. z. B. Lohse, Entstehung, 57; Vielhauer, Literatur, 199; Conzelmann/Lindemann, Arbeitsbuch, 228f.; Harding, Disputed and Undisputed Letters, 159. Zur Eschatologie im Kolosserbrief vgl. auch u. a. Lona, Eschatologie, 83ff.

gegenwärtige Gewissheit in der Erwartung der zukünftigen Auferstehung gründet, was im Einklang z. B. mit Röm 6,3f. steht (vgl. auch Kol 1,27; 2,11f.). Ferner bildet Kol 3,1-4 eine gewisse Parallele zu Phil 3,20f. Demnach haben die Gläubigen ihr „Bürgertum (πολίτευμα) in [den] Himmeln, von wo wir den Herrn Jesus Christus als Retter erwarten" (Phil 3,20). Dementsprechend wurde bereits in Phil 1,27 betont, dass sie „würdig des Evangeliums des Christus" (als Bürger) wandeln sollen. Das entspricht dem Gedanken von Kol 3,2f., wobei es zu dieser Kolosserstelle noch weitere Parallelen im Philipperbrief gibt (vgl. Phil 2,5ff.21; 3,10.14.19). In Phil 3,21 ist von „unserem Leib der Niedrigkeit" (τὸ σῶμα τῆς ταπεινώσεως ἡμῶν) die Rede, der vom wiederkommenden Herrn Jesus „seinem Leib der Herrlichkeit" (τῷ σώματι τῆς δόξης αὐτοῦ) gleichförmig gestaltet werden wird, und zwar „nach der Wirksamkeit dessen, der ihm alles zu unterordnen vermag". Das erinnert u. a. an den Ausdruck „der Leib seines Fleisches" in Kol 1,22 oder an Eph 1,19 (vgl. auch Eph 3,7) und an Kol 1,29[567]. Die Parallelen zwischen dem Philipperbrief und dem Kolosserbrief legen eine Abfassung durch den gleichen Autor und in zeitlicher Nähe zueinander nahe.

Zudem gibt es in Bezug auf die im Kolosserbrief vertretene Soteriologie und Eschatologie deutliche Parallelen u. a. zum Römer- und Galaterbrief, wie der folgende Vergleich (in Auswahl) zeigt:

Kol 1,13 „... der uns erlöst hat (ὃς ἐρρύσατο ἡμᾶς) aus der (dem) Vollmacht(sbereich) der Finsternis und versetzt in die (den) Königsherrschaft(sbereich) des Sohnes seiner Liebe ..."
Kol 1,22: „Jetzt aber hat er durch den Leib seines Fleisches durch seinen Tod (ἐν τῷ σώματι τῆς σαρκὸς αὐτοῦ διὰ τοῦ θανάτου) versöhnt ..."

Röm 5,10: „Wenn wir nämlich, als wir Feinde waren, mit Gott durch den Tod (διὰ τοῦ θανάτου) seines Sohnes versöhnt wurden ..."
Röm 6,6f.: „... damit er zunichte mache den Leib der Sünde (τὸ σῶμα τῆς ἁμαρτίας) ... Denn wer gestorben ist, ist frei gesprochen (δεδικαίωται) von der Sünde ...
Röm 7,24b-25a: „Wer wird mich erlösen von diesem Leib des Todes? (τίς με ῥύσεται ἐκ τοῦ σώματος τοῦ θανάτου τούτου;) Dank sei Gott durch Jesus Christus[, der mich erlöst hat]!

---

[567] Der Ausdruck ἐν δυνάμει ist „typisch paulinisch" (vgl. Röm 1,4; 15,13.19; 1. Kor 2,5; 4,20; 15,43; 2. Kor 6,7; 1. Thess 1,5; 2. Thess 1,11; sonst im Neuen Testament nur in Mk 9,1 und 1. Petr 1,5). In Kol 1,11 und 2. Thess 2,9 erscheint jeweils ἐν πάσῃ δυνάμει, in Lk 4,14 und Offb 1,16 der Ausdruck ἐν τῇ δυνάμει. Vgl. auch Eph 3,16: δυνάμει κραταιωθῆναι.

Kol 1,5.27b: „... wegen der Hoffnung, die in den Himmeln für euch bereit liegt (τὴν ἀποκειμένην ὑμῖν ἐν τοῖς οὐρανοῖς) ... welches ist Christus in euch, die Hoffnung der Herrlichkeit."
Kol 3,4: „... wenn der Christus, euer Leben, erscheint, dann werdet auch ihr mit ihm in Herrlichkeit erscheinen.

Kol 1,23: ... wenn ihr im Glauben bleibt (εἴ γε[568] ἐπιμένετε), begründet und fest und nicht beweglich (ἑδραῖοι καὶ μὴ μετακινούμενοι) weg von der Hoffnung des Evangeliums ..."

Kol 2,10a: „– und ihr seid (ἐστε) in ihm erfüllt (πεπληρωμένοι) ..."[569]

Kol 2: 11: „... in welchem ihr auch beschnitten wurdet *mit einer nicht von Händen gemachten Beschneidung – in der Beschneidung des Christus* ..."

Kol 2,12: „... indem ihr begraben worden seid mit ihm in der Taufe (συνταφέντες αὐτῷ ἐν τῷ βαπτισμῷ), wodurch ihr auch mit auferweckt worden seid durch den Glauben ..."

Röm 8,18.24a: „... in Bezug auf die kommende Herrlichkeit, die für euch offenbart werden soll ... denn wir sind auf Hoffnung gerettet" (vgl. auch Röm 5,2-5).
Phil 3,20: „Denn unser Bürgerrecht ist in den Himmeln (ἐν οὐρανοῖς), von wo wir den Retter, [den] Herrn Jesus Christus, erwarten.
Vgl. auch 1. Thess 1,10; 2. Tim 4,8.

Röm 11,22: „... wenn du in der Güte/Freundlichkeit bleibst (ἐὰν ἐπιμένῃς) ... (vgl. auch Gal 3,4; 5,5).

1. Kor 15,58: „... seid fest, unbeweglich (ἑδραῖοι γίνεσθε, ἀμετακίνητοι) ..." (vgl. auch 1. Kor 15,2).

Röm 15,14: „... dass auch ihr selbst voll der Güte seid (ἐστε), erfüll (πεπληρωμένοι) mit jeder Erkenntnis ..."

Röm 2,29: „... und *die Beschneidung des Herzens im Geist*, nicht im Buchstaben ..." (vgl. auch Phil 3,3: „Wir sind die Beschneidung ...").

Röm 6,4: „Wir sind also mit ihm durch die Taufe in den Tod begraben (συνετάφημεν οὖν αὐτῷ διὰ τοῦ βαπτίσματος εἰς τὸν θάνατον), damit wie Christus von den Toten auferweckt wurde durch die Herrlichkeit des Vaters, so auch wir in der Neuheut des Leben wandeln."

---

[568] Der Ausdurck εἴ γε erscheint im gesamten Neuen Testament nur fünfmal in Paulusbriefen (2. Kor 5,3; Gal 3,4; Eph 3,2; 4,21; Kol 1,23).
[569] Das Perfekt-Parizip im Passiv Plural πεπληρωμένοι erscheint im Neuen Testament nur noch zweimal (Röm 1,29; Phil 1,11).

Kol 2,20: „Wenn ihr mit Christus gestorben seid (εἰ ἀπεθάνετε σὺν Χριστῷ) von den Elementen des Kosmos …"	Röm 6,8: „Wenn wir mit Christus gestorben sind (εἰ δὲ ἀπεθάνομεν σὺν Χριστῷ), glauben wir, dass wir auch [jetzt schon] mit ihm leben werden."
Kol 2,13: „… er hat uns mit ihm lebendig gemacht …"	Gal 2,19-20a: „Ich bin nämlich durch das Gesetz dem Gesetz gestorben, damit ich für Gott leben. Ich bin mit Christus gekreuzigt. Nicht mehr lebe ich, sonden Christus lebt in mir …"
Kol 3,3f.: „Ihr seid gestorben, und euer Leben ist mit Christus in Gott verborgen …"	2. Kor 13,4: „… sondern wir werden mit ihm in der Kraft Gottes für euch leben."
Kol 3,1f.: „Sucht die Dinge oben …, nicht die auf Erden"	Phil 2,21: „Den alle suchen das Ihre …"
	Phil 3,14: „Zielbewusst verfolge ich dem Kampfpreis der oberen Berufung Gottes in Christus Jesus."
	Phil 3,19: „… indem sie irdische Dinge überlegen …"
Kol 3,5.9f.: „Tötet also die Glieder, die auf der Erde [sind] … Belügt einander nicht, nachdem ihr den alten Menschen mit seinen Tätigkeiten (σὺν ταῖς πράξεσιν αὐτοῦ) abgelegt … und den neuen angezogen habt …"	Röm 6,6: „… dass euer alter Mensch mitgekreuzigt wurde …" (vgl. auch Gal 2,19).
	Gal 3,27: „Wie viele nämlich in Christus hineingetaucht wurden, haben Christus angezogen" (vgl. auch Röm 13,12.14).
Vgl. auch Eph 4,25: „Deshalb legt die Lüge ab und redet Wahrheit …"	Röm 6,12: „Also herrsche die Sünde nicht mehr in eurem sterblichen Leib … stellt auch nicht eure Glieder der Sünde zur Verfügung …" (vgl. auch z. B. Röm 6,13.19; Gal 5,19-21).
	Röm 8,13b: „Wenn ihr aber durch den Geist Gottes die Tätigkeiten des Leben (τὰς πράξεις τοῦ σώματος) tötet, werdet ihr leben."
	Röm 13,12.14: „… Lasst uns nun die Werke der Finsternis ablegen … sondern zieht den Herrn Jesus Christus …
Kol 3,11: „Da ist weder (ὅπου οὐκ	Gal 3,28: „Es ist weder (οὐκ ἔνι) Jude

ἔνι) Grieche noch (καί) Jude, Beschneidung noch Unbeschnittenheit, Barbar, Skythe, Sklave, Freier, sondern Christus [ist] alles und in allen." noch (οὐδέ) Grieche, da ist weder Sklave noch Freier, da ist weder Mann und Frau; denn ihr alle seid einer in Christus Jesus."

Der Vergleich zeigt, dass die „Spannung" zwischen der bereits geschehenen Erlösung und der zukünftigen Erlösung im Kolosserbrief nicht grundsätzlich anders gesehen wird als z. B. im Römer- und Galaterbrief.[570] Und an Stellen wie Röm 6,4ff. oder auch 2. Kor 13,4, an denen Paulus betont, dass die Gläubigen mit Christus „leben werden", wird nicht nur und nicht in erster Linie das Leben nach der eschatologischen Auferstehung angesprochen, sondern das Leben als Gläubige hier auf Erden (vgl. auch z. B. Röm 8,10; 14,8; 2. Kor 5,15; 1. Thess 5,10). Dieses Leben mit Christus setzt voraus, dass die Gläubigen bereits mit Christus zum Leben auferweckt wurden, da sie vorher „tot" waren (vgl. z. B. Röm 5,12 mit Röm 8,10; vgl. auch Gal 2,19f.; 5,25).[571] Überhaupt betont Wilson richtig, dass der Autor des Kolosserbriefs in Bezug auf die Spannung zwischen dem „schon jetzt" und dem „noch nicht" ganz deutlich in den „Fußspuren des Paulus" („in Paul's footsteps") geht.[572]
Zudem wird im Kolosserbrief auf das eschatologische Gericht mit Begriffen hingewiesen, wie sie auch in den übrigen Paulusbriefen im gleichen Zusammenhang verwendet werden.[573] Es gibt somit keinen wirklichen Grund, die Echtheit des Kolosserbriefs aus theologischen Gründen zu bestreiten.[574]

---

[570] Vgl. dazu auch u. a. Percy, Probleme, 107ff.
[571] Vgl. auch Percy, Probleme, 107f.
[572] Wilson, Colossians and Philimon, 159.
[573] Vgl. Kol 3,6 (δι' ἃ ἔρχεται ἡ ὀργὴ τοῦ θεοῦ) u. a. mit Röm 2,5.8; 3,5; 5,9; 9,22; Kol 3,24 mit Röm 12,19 und 2. Thess 1,6 sowie Kol 3,25 (ὁ γὰρ ἀδικῶν κομίσεται ὃ ἠδίκησεν, καὶ οὐκ ἔστιν προσωπολημψία) mit 2. Kor 5,10 (… ἵνα κομίσηται ἕκαστος τὰ διὰ τοῦ σώματος πρὸς ἃ ἔπραξεν, εἴτε ἀγαθὸν εἴτε φαῦλον) und Röm 2,11 (οὐ γάρ ἐστιν προσωπολημψία παρὰ τῷ θεῷ). In Kol 3,24 wird zudem wie in Röm 1,27 das Verb ἀπολαμβάνω gebraucht, wobei dieses sich in Kol 3,24 auf das zukünftige Gericht bezieht, während es sich in Röm 1,27 auf den sich bereits in der gegenwärtigen Zeit verwirklichenden „Zorn Gottes" bezieht (vgl. Röm 1,18). Im Römerbrief wird der sich gegenwärtig manifestierende „Zorn Gottes" aber im engen Zusammenhang mit dem zukünftigen Gericht gesehen (vgl. z. B. Röm 2,2-5.16).
[574] Vgl. auch Luz, Kolosser, 187: „… auch die unbestrittenermaßen echten Paulusbriefe tragen manchmal theologisch sehr eigene Akzente. – Alles in allem ergibt sich für mich, dass der Kolosserbrief deutlich und in höherem Maße als andere Paulusbriefe ein eigenes theologisches Profil hat, das sich an einigen Punkten erheblich von Paulus entfernt. Wie weit dieses Profil ‚unpaulinisch' ist, ist natürlich eine Ermessensfrage".

3.2.3.4 Weitere Argumente für die Echtheit des Kolosserbriefs

Percy stellt fest, dass die meisten „Einzelzüge, die dem Stil des Kolosserbriefes ... ihr Gepräge geben, mehr oder weniger zutreffende Analogien in den anerkannten Paulusbriefen haben" mit dem „durchgehenden Unterschied", dass das, was in diesen nur „sporadisch auftritt", im Kolosserbrief „einen mehr oder weniger durchgehenden Zug bildet".[575] Gemäß Percy gibt es aber im paränetischen Teil des Kolosserbriefs „nichts, was sich in stilistischer Hinsicht wesentlich von den entsprechenden Abschnitten der sonstigen Paulinen unterscheidet".[576] Percy folgert, dass die Annahme, „dass derselbe Verfasser in den beiden Briefen zu uns spricht, bei näherer Erwägung weit wahrscheinlicher anmutet als die einer Übernahme von Gedanken und Formulierungen aus dem Kol seitens des Eph".[577] Viel spricht dafür, dass der Epheserbrief kurz vor dem Kolosserbrief vom gleichen Verfasser geschrieben wurde.[578]

Die Beziehung zwischen Kolosserbrief und Philemonbrief legt die Echtheit des Kolosserbriefs nahe.[579] Onesimus, der dem Philemon davongelaufen ist (vgl. Phlm 10ff.), wird in Kol 4,9 als „einer von euch" bezeichnet. Die *Grußliste* von Kol 4,10-14 und Phlm 23f.[580] einerseits und die Erwähnung des Tychikus in Kol 4,7f. und Eph 6,21f. andererseits legen nahe, dass die drei Briefe zusammen abgeschickt worden sein müssen. Nach Frenschkowski wäre in einem Pseudepigraphon vor allem die lange Grußliste 4,7-18 „kaum denkbar. In Kolossä hätte man diese Personen kennen müssen".[581] Deshalb, so Frenschkowski, haben wir „hier alles in allem einen Fall, für den die Sekretärshypothese ansprechend ist".[582] Über die Sekretärshypothese lässt sich nur spekulieren. Inhaltlich spricht der Text für Paulus. Michaelis bemerkt zudem richtig: „Gerade die für Kol charakteristischen Abschnitte, um deretwillen seine Echtheit oft angezweifelt worden ist, weisen eine solche Gedankentiefe auf, dass sie als originale Schöpfung ... wirken."[583] Eine solche „originale Schöpfung" ist dem Apostel Paulus ohne Zweifel (am ehesten) zuzutrauen. Überhaupt erweist sich der Kolosserbrief als

---

[575] Percy, Probleme, 36.
[576] Ebd.
[577] Percy, Probleme, 419.
[578] Vgl. auch z. B. Bruce, Colossians/Philemon/Ephesians, 30–32.
[579] Vgl. auch u. a. Schweizer, Kolosser, 24ff.; Guthrie, Introduction, 576f.; Mauerhofer, Einleitung 2, 143.
[580] Vgl. dazu auch Luz, Kolosser, 188f.
[581] Frenschkowski, Pseudepigraphie, 258.
[582] Ebd.; vgl. dazu auch Schweizer, Kolosser, 26f.
[583] Michaelis, Einleitung, 214f.; vgl. auch z. B. Luz, Kolosser, 185. Vgl. dazu auch Schnelle, Einleitung, 362f..

eine „kreative Leistung eines literarisch und theologisch unabhängien Autors", wie Bormann richtig betont.[584] Schweizer stellt zudem richtig fest:

> „Unglaubhaft wird die These nachpaulinischer Entstehung des Briefes aber bei den übrigen Notizen und Grüßen. Sie müßten in außerordentlich kunstvoller Weise aus dem Material des Philemonbriefes zusammengestellt sein, um dem Brief einen Anschein an Echtheit zu geben … Daß heißt also, daß außer den Adressaten Philemon und Apphia (Phlm 1f) alle dort Genannten wieder erscheinen, zum Teil in ganz anderer Reihenfolge, und unter den Grüßenden keiner [erscheint], der nicht dort stünde … Weder werden also die Person des Apostels noch der Ort und die Art seiner Gefangenschaft ‚historisch treu' beschrieben noch sind die, wie in den echten Paulinen eher nebenbei zugefügten, Charakterisierungen der Begrüßten und Grüßenden als Empfehlungen von Paulusschülern verständlich. Ich gestehe, daß mir eine derart raffinierte Fälschung ausgerechnet bei einem Brief, der noch in nächster Nähe zu Paulus, also doch wohl als erster unechter anzusetzen wäre, unbegreifbar bleibt. Es schreint dazu auch in der Antike keine wirklichen Parallelen zu geben."[585]

Schmithals legt literarkritisch dar, dass es sich bei einigen Abschnitten am Kolosserbrief um echte Paulus-Ausführungen handeln muss.[586] So enthalte der Kolosserbrief z. B. „in 4,2-18 einen brieflichen Schluß, der in einem unbestrittenen Paulusbrief anstandslos als authenthisch gelten würde".[587] Wer diesen Briefschluss „für den intergrierenden Bestandteil eines durchgehend deuteropaulinischen Briefes hält, kann 4,2-18 nur die Funktion zuschreiben, dem ganzen Schrieben ‚den Eindruck von Authentizität zu vermitteln'[588]".[589] Nach Schmithals gibt es jedoch „in der gesamten antiken Pseudepigraphie keine Analogie zu einem solchen Verfahren".[590] Schmithals kommt zum Schluss, dass Kol 4,2-18 „nur unter der Voraussetzung paulinischer Autorschaft verständlich" ist, „nämlich als authentischer und situationsgerechter Briefschluß von der Hand eines Autors, der weder die Form noch den Inhalt seines Eschatokolls imitieren muß-

---

[584] Bormann, Kolosser, 45. Bormann bemerkt zudem: „Gerade die von Sanders untersuchten Beispiele machen deutlich, dass der Grad der Variation der Aussagen so hoch ist, dass eher mit einer kreativen Eigenständigkeit des Autors zu rechnen ist als mit der literarischen Abhängigkeit. Der Kolosserbrief ist kein Schreiben, das in erster Linie das Produkt einer selektiven Exegese und Benutzung anderer Paulusbriefe ist" (ebd.). Nach Bormann wird eine „drei- oder vierfache Fiktionalität (Autorfiktion, Adressatenfiktion, Gegnerfiktion, Anlassfiktion) … einem Text, der sich durchweg in diesen Hinsichten konkretisiert und keine idealisierten Verhältnisse schildert, nicht gerecht. Es spricht doch vieles dafür, dass der Briefautor recht konkrete Entwicklungen in den Gemeinden im Lykostal vor Augen hatte …" (ebd., 50).
[585] Schweizer, Kolosser, 24.
[586] Vgl. Schmithals, Literarkritische Analyse, 153ff.
[587] Ebd., 153. Vgl. auch z. B. Bormann, Kolosser, 45.
[588] So Wolter, Kolosser, 217.
[589] Schmithals, Literarkritische Analyse, 154.
[590] Ebd.

te".⁵⁹¹ Zu einem gleichen Ergebnis kommt Schmithals in Bezug auf Kol 3,12-14a.15a.16f.⁵⁹² und in Bezug auf einen Teil der Briefeinleitung⁵⁹³ sowie Teile aus Kol 2 und 3⁵⁹⁴. Das paulinische Schreiben an Kolossä umfasst nach Schmithals folgende Abschnitte im Kolosserbrief: „1,1-5a.7-8.9a. 10a.24.25-27; 2,1-2a.4-5.16.20-21.22b; 3,3-4.12-14a.15a.16-17; 4,2-18."⁵⁹⁵ Vorher hatte Schmithals betont:

> „Wären die betrachteten Stellen deuteropaulinisch, müßten sie in so geschickter Weise aus den paulinischen Briefen ausgezogen worden sein, daß sie jeden Charakter als Zitat abgelegt hätten und ihre Herkunft im einzelnen nicht mehr zu erkennen gäben. Das ist wenig wahrscheinlich, zumal der Kolosserbrief auch sonst nirgendwo eindeutig zu erkennen gibt, daß sein Verfasser die uns bekannten Paulusbriefe benutzt hat."⁵⁹⁶

Das spricht m. E. deutlich für die Echtheit des ganzen Briefs. Die Argumente, die Schmithals gegen die Echtheit eines Teils der Ausführungen erwähnt, sind nur dann stichhaltig, wenn dessen Verfasser der gleiche Verfasser ist, der auch den Epheserbrief geschrieben hat, und wenn dieser als nichtpaulinisch betrachtet wird. Dafür gibt es aber keinen wirklichen Grund. In Wirklichkeit setzt nicht nur der Kolosserbrief, sondern auch der Philipperbrief den Epheserbrief inhaltlich voraus.⁵⁹⁷ Zudem ist die kunstvolle nachpaulinische Überarbeitung nicht wahrscheinlich.

Dabei ist auch zu beachten, dass Texte wie Kol 4,12f. sowohl in inhaltlicher wie auch in sprachlicher Hinsicht in enger Verbindung zu Aussagen in Kol 1–2 stehen (vgl. z. B. Kol 1,9.11.23.28f.; 2,1f.10). Das Anliegen, dass die Gläubigen in Kolossä „vollkommen und in jedem Willen Gottes erfüllt" feststehen sollen (vgl. Kol 4,12), ist somit im engen Kontext mit der in Kolosserbrief bekämpften Irrlehre (vgl. dazu Kol 2,6ff.) zu sehen, die offensichtlich einen jüdisch-philosophischen Hintergrund hat. Offensichtlich hatten die Städte Kolossä, Laodizea und Hierapolis seit einer Ansiedlung durch Antiochus III⁵⁹⁸ einen be-

---

⁵⁹¹ Ebd., 156; vgl. dazu auch z. B. Schweizer, Kolosser, 24f.
⁵⁹² Vgl. dazu Schmithals, Literarkritische Analyse, 156ff.
⁵⁹³ Vgl. dazu ebd., 158ff.
⁵⁹⁴ Vgl. dazu ebd., 162ff.
⁵⁹⁵ Ebd., 170.
⁵⁹⁶ Ebd., 157.
⁵⁹⁷ Vgl. dazu die Ausführungen oben.
⁵⁹⁸ Vgl. dazu Josephus, Ant 12,147ff. Demnach wurden „2000 Häuser der Juden" von Mesopotamien nach Lydien und Phrygien umgesiedelt, wo ihnen Land gegeben wurde und wo ihnen erlaubt wurde, ihre eigenen Gesetze auszuleben (vgl. Ant 14,242: ... ἵνα τά τε σάββατα αὐτοῖς ἐξῇ ἄγειν καὶ τὰ λοιπὰ ἱερὰ ἐπιτελεῖν κατὰ τοὺς πατρίους νόμους ...). Vgl. auch Philo, Legat. 245: ... ἐν οἷς Ἰουδαῖοι καθ' ἑκάστην πόλιν εἰσὶ παμπληθεῖς, Ἀσίας τε καὶ Συρία ...

achtlichen Anteil jüdischer Einwohner.[599] Es spricht also nichts gegen die Annahme, dass der Kolosserbrief auf eine tatsächlich vorhandene Lehre, die als Gefahr für die Gemeinden in der Region betrachtet wurden, reagiert. Das kann aber nur dann der Fall sein, wenn er auch zur der Zeit verfasst wurde, als der Apostel Paulus noch lebte.

Gemäß Tacitus wurde Laodizea, „eine der Städte Asiens", um 60 n. Chr. durch ein Erdbeben vernichtet, „konnte sich aber ohne jede Hilfe unsererseits aus eigener Kraft wieder aufhelfen".[600] Möglicherweise war auch Kolossä betroffen.[601] Auch Eusebius erwähnt ein Erdbeben, das Laodizea zusammen mit Hierapolis und Kolossä getroffen habe, welches er jedoch nach dem Brand Roms (64 n. Chr.) datiert.[602] Damit stellt sich die Frage, ob Tacitus oder Eusebius „richtig" datiert. Möglich ist aber auch, dass beide von unterschiedlichen Erdbeben sprechen und dass Kolossä und Hierapolis nicht durch das Beben um 60 n. Chr., sondern durch das spätere, von Eusebius erwähnte betroffen waren.[603] Schweizer bemerkt, dass „Kolossae jedenfalls erst ab Mitte 2.Jh. wieder durch Münzenfunde belegt" wird.[604] Deshalb werden nach Reicke alle Versuche, den Kolosserbrief zwischen 70–100 n. Chr. zu datieren und somit als nichtpaulinisches Schreiben zu sehen, dadurch zerstört, dass Kolossä im Jahr 61 n. Chr. durch ein Erdbeben zerstört und kulturell bedeutungslos geworden sei.[605] Und Frenschkowski ergänzt: „Aber gegen nachpaulinische Verfasserschaft spricht z.B., daß Kolossä 61 n.Chr. durch ein Erdbeben zerstört wurde und wir lange nichts mehr von dem Ort hören."[606]

Gemäß Theobald hat „die folgende Annahme" viel für sich:

> „Der Anonymus konnte seine Fälschung in die Welt setzen, weil die frühe christliche Tradition von Kolossä nach dem verheerenden Erdbeben von 60/61 n. Chr. ab-

---

[599] Gemäß Cicero könnten es 10 000 gewesen sein (vgl. Cicero, Flacc 28; vgl. dazu auch Schweizer, Kolosser, 20; Bormann, Kolosser, 20).

[600] Tacitus, Ann 14,27,1: *eodem anno ex industribus Asiae urbibus Laodicea tremore terrae prolapsa nullo a nobis remedio propriis operibus revaluit*. Nach Wolter wird der Wiederaufbau von Kolossä spätestens am Ende des 1. Jahrhunderts angenommen (Wolter, Kolosser, 35).

[601] Orosius schreibt im 5. Jahrhundert, dass auch Kolossä durch ein Erdbeben zerstört worden sei (Hist. 7,7,11f.). Gegen die These, dass Kolossä damals durch ein Erdbeben zerstört worden ist, spricht sich z. B. Cadwallader aus (vgl. Cadwallader, Refuting an Axiom, 171ff.

[602] Vgl. Eusebius, Chronik 210.

[603] Vgl. dazu auch Schmid, Zeit und Ort, 144ff.

[604] Schweizer, Theologische Einleitung, 87; vgl. auch ders., Kolosser, 19. Vgl. auch Bormann, Kolosser, 18: „Kolossae gehörte damit mit Sicherheit um 150 n. Chr. nicht zu den ‚bedeutenden' Städten."

[605] Reicke, Re-examining, 76.

[606] Frenschkowski, Pseudepigraphie, 258.

gebrochen war. Deshalb war man auch später dazu bereit, ein plötzliches Auftauchen eines bis dahin unbekannten Paulusbriefs zu akzeptieren."[607]

Es ist m. E. allerdings ausgeschlossen, dass die frühen Christen so leichtgläubig waren, vor allem, wenn man bedenkt, dass in Kol 4,16 ausdrücklich darauf hingewiesen wird, dass die Christen in Kolossä veranlassen sollen, dass der Brief, „wenn er bei euch gelesen ist, ... auch in der Gemeinde der Laodizeer gelesen werde und dass auch ihr den aus Laodizea lest". Ein „Nachahmer" hätte kaum einen weiteren Brief des Apostels an die Christen in Laodizea erfunden.

3.2.3 Zur Frage nach der ursprünglichen Empfängerschaft des Epheserbriefs

In Eph 1,1 fehlt bekanntlich der Ausdruck ἐν Ἐφέσῳ („in Ephesus") in alten Handschriften (so in 𝔓[46] ℵ* B* 6. 1739), während er jedoch in der *Inscriptio* oder in der *Subscriptio* hinzugefügt wird. Auch Tertullian, Origenes, Basilius der Große, Hieronymus und Epiphanius kannten wohl nur Textzeugen ohne „in Ephesus" an der Stelle, gehen aber – wie z. B. auch Irenäus – trotzdem davon aus, dass der Brief an die Epheser gerichtet war.[608] Den Text mit „in Ephesus" an der Stelle ist bezeugt durch ℵ[2] A B[2] D F G Ψ 0278. 33. 1881 𝔐 latt sy co. Auch z. B. Ignatius (ca. 108 n. Chr.) ging bereits davon aus, dass der Epheserbrief von Paulus an die Epheser gerichtet war.[609]

Eph 1,2 lautet mit und ohne „in Ephesus" folgendermaßen:

- Mit „in Ephesus": τοῖς ἁγίοις (A z. B. ergänzt: πᾶσιν) τοῖς οὖσιν ἐν Ἐφέσῳ καὶ πιστοῖς ἐν Χριστῷ Ἰησοῦ („... den Heiligen, die in Ephesus sind, und [den] Gläubigen in Christus Jesus").
- Ohne „in Ephesus": τοῖς ἁγίοις τοῖς (der Artikel fehlt in 𝔓[46]) οὖσιν καὶ πιστοῖς ἐν Χριστῷ Ἰησοῦ („... den Heiligen, die auch Gläubige in Christus Jesus sind").

Schmid geht davon aus, dass in Eph 1,1 ursprünglich möglicherweise nicht nur ἐν Ἐφέσῳ („in Ephesus"), sondern auch τοῖς οὖσιν („die ... sind") fehlte.[610] Der ursprüngliche Text hätte demnach gelautet: τοῖς ἁγίοις καὶ πιστοῖς ἐν Χριστῷ Ἰησοῦ („den Heiligen und Gläubigen in Christus Jesus"). „Jedenfalls

---

[607] Theobald, Kolosserbrief, 436.
[608] Vgl. Sellin, Adresse, 173f.: „Tertullian [vgl. Adv Marc 5,11f.; 17,1], Klemens von Alexandrien [vgl. Strom. 4,8; Paed. 1,5], Irenaeus [vgl. Adv haer 5,3,3; 8,1; 14,3; 24,4] und der Kanon Muratori verraten, daß der Eph gegen Ende des 2. Jahrhunderts allgemein als ein von Paulus nach Ephesus gerichtetes Schreiben halt."
[609] Vgl. Ignatius, Epheser 12,2. Das deuten auch die Anspielungen des Ignatius in seinem Brief an die Gemeinde in Ephesus auf den neustamentlichen Epheserbrief an (vgl. Ignatius, Epheser 1,0; vgl. dazu auch Thiessen, Rezeption, 310f.).
[610] Vgl. Schmid, Epheserbrief, 127–129.

befriedigt diese Textgestalt weit besser als jene, die ἐν Ἐφέσῳ beibehält. Wer sich nicht dazu entschließen kann, diese Worte zu streichen, muß ihnen einen Ortsnamen beifügen."[611] Weil der Brief von Ephesus aus verbreitet worden sei, habe man ihm den Titel „an die Epheser" gegeben.[612] „Vom Titel drang die Ortsbezeichnung τοῖς οὖσιν ἐν Ἐφέσῳ in den Text des Briefes selbst ein."[613] Gegen die Ursprünglichkeit des Ausdrucks ἐν Ἐφέσῳ („in Ephesus") im Text werden u. a. folgende Argumente ins Feld geführt: Der Brief nehme keinen direkten Bezug auf die drei Jahre Wirksamkeit des Apostels in Ephesus und auf die Miletrede (vgl. Apg 20,17ff.), wobei dieses Argument nur dann zu berücksichtigen ist, wenn die Miletrede in historischer Hinsicht erst genommen wird. Roller bemerkt:

> „Die Ortsbezeichnung kann wegen Eph. 1, 15; 3, 1f. und 4, 21 unmöglich richtig sein, da diese Stellen zeigen, dass der Brief an eine Gemeinde gerichtet ist, die dem Apostel noch während seiner (I.) römischen Gefangenschaft persönlich unbekannt war".[614]

Man muss allerdings beachten, dass inzwischen wohl fast fünf Jahre seit der Miletrede vergangen waren und dass Paulus seit ca. siebeneinhalb Jahren nicht mehr in Ephesus gewesen war, als er den Epheserbrief am Ende seiner ersten römischen Gefangenschaft (wohl etwa im Februar/März 62 n. Chr.) schrieb. Zudem soll Tychikus die persönlichen Mitteilungen mündlich überbringen (vgl. Eph 6,21f.).

Ein Vergleich zwischen Eph 6,21 und Kol 4,7 (Tychikus wird über Paulus berichten) zeigt m. E., dass der Epheserbrief wie der Kolosserbrief (primär) an eine konkrete Gemeinde gerichtet ist – wobei nicht ausgeschlossen sein muss, dass noch weitere Gemeinden (indirekte) Adressaten des Schreibens sind. Würde es sich um ein allgemeines Rundschreiben handeln, hätte der Überbringer Tychikus den Brief bzw. die Abschrift davon von Ort zu Ort begleiten müssen, um den jeweiligen „Empfängern" persönlich über Paulus zu berichten. Auch konkrete Aussagen über die Empfänger wie die in Eph 1,15f.[615] sprechen m. E. gegen eine allgemeine Enziklika-Theorie.

Nach Lindemann ist der Satz τοῖς ἁγίοις τοῖς οὖσιν καὶ πιστοῖς ... („den Heiligen, die auch Gläubige sind ...") ohne den Zusatz „in Ephesus" „grammatikalisch unmöglich", und in diesem Fall hätte der Autor „bereits im ersten Satz seines im übrigen sorgfältig formulierten Textes einen recht massiven Fehler

---

[611] Ebd., 126.
[612] Ebd., 128.
[613] Ebd.
[614] Roller, Formular, 520.
[615] „Deshalb höre auch ich, nachdem ich von eurem Glauben an den Herrn Jesus und von eurer Liebe zu allen Heiligen gehört habe, nicht auf, für euch zu danken, indem ich [eurer] in meinen Gebeten gedenke ..."

ist, dass der Satz so „unpaulinisch" ist, wenn auch nicht
möglich". Auch für Schmid ist klar, dass, wenn die Worte
sind") ursprünglich sind, „sie mit Notwendigkeit auch eine
[...]⁶¹⁷

[...] sich die „schwierige Lesart" ohne „in Ephesus" allerdings
[...]rrekt, wenn man davon ausgeht, daß sie der Adresse des
[...].⁶¹⁸ In Kol 1,2 werden die Adressaten mit folgenden Wor-
[τοῖ]ς ἐν Κολοσσαῖς ἁγίοις καὶ πιστοῖς ἀδελφοῖς ἐν Χρισ-
[τῷ] heiligen und gläubigen/treuen Geschwistern in Christus").
[...] der Text mit der Ortsangabe ἐν Ἐφέσῳ („in Ephesus") „die Ad-
[...] nach dem Paradigma des Kol, sondern nach dem von Phil,
[...] verstanden".⁶¹⁹ Und die Einfügung von τοῖς οὖσιν („die ...
sind") erweise „sich als notwendig aufgrund der Auslassung von ἀδελφοῖς
[‚Geschwistern']".⁶²⁰
Allerdings ist diese „Einfügung" trotzdem nicht notwendig und „stört" im griechischen Text, wie Sellin selbst gezeigt hat.⁶²¹ Zudem ist bei genauerer Betrachtung nicht der Kolosserbrief als „Vorlage" für den Epheserbrief verwendet worden; vielmehr setzt der Kolosserbrief den Epheserbrief inhaltlich voraus, auch
wenn dieser nicht als literarische „Vorlage" gedient hat.⁶²² Gerade die Tatsache,
dass die Empfänger in Kol 1,2 mit dem Dativ τοῖς ἀδελφοῖς („den Geschwistern") angesprochen werden, was in den Paulusbriefen einzigartig ist, kann dafür sprechen, dass es sich um eine „Fortsetzung" des Epheserbriefs handelt.
Denn eben mit dieser Rede hatte der Epheserbrief in einzigartiger Weise geen-
det (vgl. Eph 6,23: εἰρήνη τοῖς ἀδελφοῖς καὶ ἀγάπη μετὰ πίστεως ...). Es ist
kaum wahrscheinlich, dass der Schreiber des Epheserbriefs dabei den Kolosserbrief als „Vorlage" verwendet und die Anrede der Adressaten als „Geschwister"
vom Präskript in den Briefschluss verschoben hat.
Wahrscheinlich ist ἐν Ἐφέσῳ („in Ephesus") jedoch später weggelassen worden, weil man sonst vor πιστοῖς („den Gläubigen") die Wiederholung des Arti-
kels erwartet: τοῖς ἁγίοις τοῖς οὖσιν ἐν Ἐφέσῳ καὶ [τοῖς] πιστοῖς („den Heiligen, die in Ephesus sind, und [den] Gläubigen"). Dementsprechend ist auch
der Satz mit ἐν Ἐφέσῳ ungewöhnlich und so offenbar vom Leser und Ab-

---

⁶¹⁶ Lindemann, Bemerkungen, 235f..
⁶¹⁷ Schmid, Epheserbrief, 115.
⁶¹⁸ Sellin, Adresse, 176.
⁶¹⁹ Ebd.
⁶²⁰ Ebd. Vgl. dagegen van Roon, Authenticity, 73: „A more probable solution is that the words ἁγίοις and πιστοῖς belong together and are indicative of the state which the addressees merit. Such ist also the care in Col. 1:1 : τοῖς ... ἁγίοις καὶ πιστοῖς ἀδελ-φοῖς ...
⁶²¹ Vgl. Sellin, Adresse, 175.
⁶²² Vgl. dazu ausführlich oben unter 3.1.

schreiber auch empfunden worden. Ein ähnliches Phänomen begegnet in Röm 1,7, wo in πᾶσιν τοῖς οὖσιν ἐν Ῥώμῃ ἀγαπητοῖς θεοῦ, κλητοῖς ἁγίοις („allen, die ihn Rom sind, Geliebte Gottes, berufene Heilige") der Ausdruck „in Rom" in einigen Handschriften fehlt (so G *pc*; Or[1739mg]) bzw. mit ἐν ἀγάπῃ θεοῦ („in der Liebe Gottes") ersetzt wird (so z. B. G).
An die Lücken-Theorie stellt sich die Anfrage, warum „in" dann auch weggelassen ist. Und warum hat dann keine Handschrift einen anderen Gemeindenamen?[623] Carson und Moo bemerken treffend, dass Rundbriefe ohne Empfänger im Briefkopf in einer Zeit, in der jede Kopie unter hohem Aufwand von Hand geschrieben werden musste,

> „nur schwer denkbar ist ... Denn wenn die Kopie jeweils neu von Hand abgeschrieben werden muss, gibt es keinen Grund, warum man den Namen des jeweiligen Empfängers der Kopie auslassen sollte, da der Zeitaufwand für die Einfügung dieser zwei Wörter minimal wäre".[624]

Somit bemerken Conzelmann und Lindemann richtig: „Die einfachste Lösung des Problems ist die Annahme, dass die Lesart ἐν Ἐφέσῳ in 1,1 ursprünglich ist. Sie wird immerhin von der Masse der Handschriften, darunter dem Alexandrinus, bezeugt."[625] Conzelmann und Lindemann gehen von einer „fiktiven Adresse" aus, da der Brief nicht als echter Paulusbrief betrachtet wird.[626]
Gemäß Eph 6,21f. sollen die persönlichen Grüße von Tychikus überbracht werden. Tychikus stammte aus der Provinz Asia, und zwar möglicherweise aus der Provinzhauptstadt Ephesus (vgl. Apg 20,4 mit Apg 21,29; vgl. auch 2. Tim 4,12). Aus Ephesus stammte auch Trophimus, und auf Grund der Erfahrung des Paulus mit ihm in Jerusalem (vgl. Apg 21,29) ist Eph 2,14b-16 verständlich. Im Tempel von Jerusalem warnte eine Inschrift auf einem Stein in griechischer Sprache die „Heiden" bei Androhung der Todesstrafe davor, nicht über den „Vorhof der Heiden" hinaus in den Tempel zu gehen.[627]
Der Inhalt des Epheserbriefs spricht schwerpunktmäßig auf jeden Fall Heidenchristen an (vgl. z. B. Eph 1,13f.; 2,11ff.; vgl. auch z. B. Kol 1,27). Außerdem kennt der Verfasser ihren Hintergrund, wie sie z. B. in Bezug Jesus Christus und sein Erlösungswerk „gelernt" haben (Eph 4,20ff.: ὑμεῖς δὲ οὐχ οὕτως ἐμάθετε τὸν Χριστόν = „ihr habt Christus nicht so [kennen] gelernt"). Wenn im Hintergrund des Epheserbriefs tatsächlich der Artemis-Kult eine Rolle spielt,

---

[623] Vgl. auch u. a. Carson/Moo/Morris, Introduction, 310f.; Conzelmann/Lindemann, Arbeitsbuch, 299; Black, Peculiarities, 61.
[624] Carson/Moo, Einleitung, 591.
[625] Conzelmann/Lindemann, Arbeitsbuch, 299; vgl. auch Lindemann, Bemerkungen, 235–251.
[626] Conzelmann/Lindemann, Arbeitsbuch, 299.
[627] Vgl. auch Josephus, Bell V,193f.; ders., Ant 8,67.71; 8,61ff.

wie z. B. Schnelle annimmt[628], dann ist davon auszugehen, dass die Gemeinde von Ephesus, der „Tempelhüterin" (νεωκόρος) der Artemis (vgl. Apg 19,35), zumindest als erster Empfängerkreis des Briefs gedacht ist.

Nach Arnold spielt der Artimis-Kult als Hintergrund des Epheserbriefs eine zentrale Rolle.[629] Der Epheserbrief sei nicht eine Antwort auf „kosmische Spekulationen". „It is a response to the felt needs of the common people within the churches of western Asia Minor, who perceived themselves as oppressed by the demonic realm".[630] Arnold betont, dass die im Brief vorausgesetzte Situation nicht gegen, sondern für die Echtheit des Briefs spreche[631], wobei er darauf hinweist, welche bedeutende Stellung Ephesus für das religiöse Klima im westlichen Kleinasien hatte[632]. Er folgert in seiner Monografie, dass sich der Epheserbrief mit einer allgemeinen und doch konkreten Situation der Gemeinde(n) in Ephesus und anderer Gemeinden im westlichen Kleinasien auseinandersetzt.[633] Mir scheint die These von Arnold insgesamt gut begründet zu sein.

Pokorný und Heckel bemerken zur Enziklika-Theorie: „Der Galaterbrief zeigt jedoch, wie man die Adresse eines Briefs an mehrere Gemeinden im Präskript einfacher ausdrücken konnte."[634] Sie halten die Angabe „in Ephesus" nicht für ursprünglich und bemerken, dass „nichts anderes übrig" bleibe,

> „als die Bestimmung ... wörtlich zu übersetzen: ‚Paulus, durch den Willen Gottes Apostel Christi Jesu, an die Heiligen, die auch gläubig sind in Jesus Christus.' Eine solche Bestimmung impliziert, dass es unter den Christen schon Gemeindeglieder gab, die der Verfasser nicht (zumindest im paulinischen Sinne) für gläubig hielt".[635]

Der Kolosserbrief setzt m. E. den Epheserbrief inhaltlich deutlich voraus, und er wird in mancher Hinsicht verständlicher, wenn man daneben den Epheserbrief liest. Geht man von der Echtheit des Epheser- und des Kolosserbriefs aus, so kann man sich bei gleicher Verfassungszeit gut vorstellen, dass der Verfasser wollte, dass die Gläubigen in Kolossä nicht nur den Brief „aus Laodizea" (τὴν ἐκ Λαοδικείας) lesen sollten (vgl. dazu Kol 4,16), sondern dass Tychikus als Überbringer beider Briefe (vgl. Eph 6,21f.; Kol 4,7f.) den Epheserbrief, nachdem er in Ephesus von der Gemeinde gelesen worden wäre, mit nach Kolossä nehmen sollte, damit er auch dort gelesen werde. Das würde den Inhalt des Epheserbriefs in mancher Hinsicht erklären.[636]

---

[628] Vgl. Schnelle, Theologie, 523. Vgl. dazu u. a. auch Arnold, Power and Magic, 2001; Strelan, Paul, Artemis, and the Jews, 1996; Trebilco, Early Christians, 19–37.
[629] Vgl. Arnold, Power and Magic, 13ff.
[630] Ebd., 41ff. und 171.
[631] Vgl. ebd., 171f.
[632] Vgl. ebd., 172; vgl. auch ebd., 13ff.
[633] Vgl. ebd., 165.
[634] Pokorný/Heckel, Einleitung, 647.
[635] Vgl. ebd.; vgl. dazu auch Best, Recipients, 3251.
[636] Bereits Marcion hielt den Epheserbrief für an die Laodizäer geschrieben (so auch

Dabei scheint mir die These, dass es sich bei dem Brief „aus Laodizea" um den gleichen Brief handelt, den wir als Epheserbrief kennen, nicht unbegründet zu sein.[637] Das würde bedeuten, dass der Brief „aus Laodizea" (vgl. Kol 4,16) zuerst an die Gläubigen in Ephesus gerichtet war, dass er jedoch gleichzeitig auch als Schreiben an die Gläubigen von Laodizea und von Kolossä gedacht war.[638] Tychikus wäre demnach von Rom über Ephesus und Laodizea nach Kolossä gereist und hätte nicht nur den Brief jeweils abgegeben, sondern gleichzeitig auch über die Situation des Paulus berichtet. Dabei ist wahrscheinlich, dass diese Briefe auch in Hierapolis gelesen wurden (vgl. Kol 4,13).

3.2.4 Abfassungsort und -zeit der Gefangenschaftsbriefe

3.2.4.1 Einführung

In Bezug auf den *Abfassungsort* der „Gefangenschaftsbriefe" (Epheser-, Philipper-, Kolosser- und Philemonbrief) gibt es bei Annahme der Echtheit drei verschiedene Thesen: Ephesus, Cäsarea oder Rom.[639] Gemäß Schmid war die allgemeine Anschauung bis in das 19. Jahrhundert, dass die vier Briefe „zu Beginn der sechziger Jahre geschrieben wurden, als Paulus in Rom gefangen war"[640], wofür z. B. auch die Angaben in der Subcriptio der vier Briefe in manchen Textzeugen (u. a. 𝔐) sprechen. Nach 1829 (David Schulz) haben einige Cäsarea (57–59 n. Chr.) als Abfassungsort der vier Paulusbriefe vermutet[641]. und von 1900 an (H. Lisco) kam noch der dreijährige Aufenthalt des Apostels in Ephesus (52–55 n. Chr.) als Zeit der Abfassung der Briefe dazu[642]. Grundvoraussetzung für diese Thesen ist natürlich die Echtheit der Briefe – ansonsten wären sie ja auch keine echten „Gefangenschaftsbriefe".[643]

---

z. B. A. v. Harnack und M. Dibelius), was von Tertullian kritisiert wird (vgl. Tertullian, Adv Marc V,11-17; vgl. dazu u. a. van Roon, Authenticity, 74f.). Ein Problem dabei ist, dass kein Manuskript diese Variante bezeugt und dass in Kol 4,15f. nicht nur betont wird, dass die Empfänger des Kolosserbriefs auch den Brief „aus Laodizea" lesen, sondern dass sie auch Grüße an die „Geschwister in Laodizea und an Numpha und die Gemeinde in ihrem Haus" ausrichten sollen.

[637] Sollte der Epheserbrief nicht mit dem Brief „aus Laodizea" (Kol 4,16) identisch sein, so wendet Schmid ein, dass dann merkwürdig bleibe, dass ein Brief an die Laodizeer, „der in zwei Gemeinden zugleich aufgewahrt worden sein muß, verloren gegangen sein sollte" (Schmid, Epheserbrief, 101).

[638] Boismard vertritt die These, dass der Kolloserbrief den ursprünglichen Brief an Kolossä und an Laodizea zusammenfasst (Boismard, Paul's Letter, 44–57).

[639] Vgl. Mauerhofer, Einleitung 2, 114ff.

[640] Schmid, Zeit und Ort, 1.

[641] Vgl. dazu ebd., 1–3.

[642] Vgl. ebd., 3ff.

[643] So entspricht nach Schnelle z. B. die Erwähnung der Gefangenschaft des Paulus im

Gemäß der Subcriptio u. a. des „Mehrheitstextes" wurde der Epheserbrief „von Rom durch Tychikus gescbrieben" (εγραφη απο Ρωμης δια Τυχικου; so 278. 1739. 1881 𝔐). Der Philipperbrief wurde demnach „von Rom durch Epaphroditus" geschrieben (so 075. 1739. 1881 𝔐), der Kolosserbrief „von Rom durch Tychikus und Onesimus" (278. 1739. 1881 𝔐; 0278: εγραφη απο Ρωμης δια Τυχικου) und der Philemonbrief „von Rom durch [Tychikus und] Onesimus, den Sklaven" (so 𝔐 ohne Tychikus, L 1739. 1881 al mit Tychikus).

Da der Epheser-, der Kolosser- und der Philemonbrief bei Echtheit aller drei Briefe zeitgleich überbracht worden sein müssen (vgl. Eph 6,21f.; Kol 4,7-9; Phlm 10)[644], geht es im Folgenden vor allem um diese drei Briefe. Andererseits deutet einiges darauf hin, dass der Philipperbrief kurz nach den anderen drei Briefen abgefasst worden sein. So scheint die Hoffnung auf eine baldige Freilassung, die in Phlm 22 erwähnt wird, im Philipperbrief zur Gewissheit geworden zu sein (vgl. Phil 1,25f.; 2,24). Andererseits deuten die intertextuellen Beziehungen zwischen dem Philipper- und dem Epheserbrief einerseits und zwischen dem Philipper- und dem Kolosserbrief andererseits[645] auf eine zeitliche Nähe der Briefe – obwohl auch immer wieder mal angenommen wurde, dass der Philipperbrief nicht während der gleichen Gefangenschaft geschrieben worden sei[646].

3.2.4.2 Stellungnahme zur Ephesus- und zur Cäsarea-These

Für die *Ephesus-Theorie*[647] werden u. a. folgende Argumente vorgetragen[648]: Wir wissen zwar von keiner Gefangenschaft des Paulus in Ephesus[649], doch ist der Apostel nach 2. Kor 11,23 „öfters" (περισσοτέρως) in Gefangenschaft gewesen (vgl. auch 2. Kor 6,4f.). Clemens Romanus weiß von sieben Gefangenschaften des Paulus[650], verweist dabei allerdings nicht auf Ephesus. Nach 1. Kor

---

Kolosserbrief „der pseudepigraphischen Fiktion" (Schnelle, Einleitung, 376).
[644] Vgl. dazu oben. Vgl. zudem u. a. Schmid, Epheserbrief, 392ff.
[645] Vgl. dazu oben unter 3.1.
[646] Vgl. dazu Schmid, Zeit und Ort, 74f.
[647] So z. B. Conzelmann/Lindemann, Arbeitsbuch, 222 und 224 (für Phlm und Phil); Feine, Einleitung, 151ff. (für Phil); Lohse, Entstehung, 52 (für Phlm und Teile des Phil); Martin, Foundations 2, 222 (für Kol); Marxsen, Einleitung, 66f. (für Phlm und Teile des Phil); Michaelis, Einleitung, 199, 204ff., 215ff. und 263ff; Vielhauer, Geschichte, 173 (für Phlm und Teile des Phil); Theobald, Philipperbrief, 378 (für Phil).
[648] Vgl. auch u. a. Guthrie, Introduction, 489f.; Mauerhofer, Einleitung 2, 115f.
[649] Martin, Fundations, 216–222. Martin geht von einer Gefangenschaft in der Nähe von Ephesus aus. Vgl. dazu auch u. a. Schmid, Zeit und Ort, 64ff.; Michaelis, Gefangenschaft, 1925; Gielen, Paulus – Gefangener in Ephesus?, 79–103 (2006) und 67–77 (2007).
[650] Vgl. 1. Clem 5,5f. (... ἑπτάκις δεσμὰ φορέσας ...).

15,32 hat Paulus in Ephesus „mit wilden Tieren gekämpft"[651], und gemäß 2. Kor 1,8 hat er in den schweren Bedrängnissen sogar damit gerechnet, dass er „in [der Provinz] Asien" sterben würde. Gemäß Röm 16,4 haben Priska und Aquila „für mein Leben ihren eigenen Hals preisgegeben". Das könnte für eine Gefangenschaft bei Todesgefahr in Ephesus sprechen. Für Ephesus als Abfassungsort soll auch sprechen, dass der Sklave Onesimus von Kolossä eher nach Ephesus als nach Rom gelaufen sei.[652]

Mauerhofer weist jedoch darauf hin, dass „römische Bürger vor der Christenverfolgung unter Kaiser Nero nur sehr selten und bei sehr schweren Vergehen zum Kampf mit wilden Tieren verurteilt" wurden.[653] Die Lokaltradition aus Ephesus, wo die Ruine eines Wachturms als „Gefängnis des Paulus" bezeichnet wird, stammt wohl aus dem 17. Jahrhundert und ist offenbar unter dem Einfluss der apokryphen Paulus-Akten entstanden.[654] Zudem erfahren wir aus Apg 19,30f. indirekt, dass Paulus nicht gefangen war, als die Volksmenge im Theater von Ephesus zusammenströmte, um gegen den christlichen Glauben anzuschreien. Und gemäß Apg 20,1 verließ der Apostel nach dem Tumult Ephesus in Richtung Mazedonien. Wäre Paulus vorher in Ephesus im Gefängnis gewesen, so wäre anzunehmen, dass er nach der Freilassung Ephesus verlassen hätte (vgl. das Beispiel in Philippi; Apg 16,40). Und selbst wenn Paulus in Ephesus gefangen gewesen sein sollte, so doch kaum über eine längere Zeit, wie sie die Gefangenschaftsbriefe offensichtlich voraussetzen (vgl. z. B. Eph 6,18-20; Phil 1,12ff.; 2,25ff.; Kol 4,3f.10-14; Phlm 10ff.).

Im Fall einer Abfassung der Briefe in Ephesus wäre auch der Epheserbrief von Ephesus aus geschrieben, was unwahrscheinlich ist, wenn die Gemeinde von Ephesus die (erste) Empfängerin des Briefs ist. In dem Fall wären Aussagen wie in Eph 3,2 („Wenn ihr tatsächlich … gehört habt") nicht erklärbar (vgl. auch Eph 1,15). Zudem erwähnt der Verfasser Markus und Lukas als Mitarbeiter des Paulus (Kol 4,10.14; Phlm 24). Sie waren während des Aufenthalts des Apostels in Ephesus kaum bei ihm, zumal jeder Hinweis darauf fehlt.[655] Markus war später jedoch offenbar in Rom (vgl. 1. Petr 5,13), und Lukas begleitete Paulus nach Rom, wie wir aus dem „Wir-Bericht" der Apostelgeschichte (Apg 27,1ff.) ableiten können[656], sodass diese Erwähnung für Rom als Abfassungsort spricht, während sie Ephesus ausschließt. Auch Kol 4,3f. spricht nicht für eine

---

[651] Michaelis versteht den Satz in 1 Kor 15,32 als Irrealis (Michaelis, Einleitung, 208).
[652] Vgl. z. B. van Unnik, Einführung, 100.
[653] Mauerhofer, Einleitung 2, 115. Zum römischen Bürgerrecht des Paulus und zum römischen Berufungswesen bei Prozessen vgl. Omerzu, Prozeß, 17ff. und 53ff.
[654] Vgl. Mauerhofer, Einleitung 2, 116; Michaelis, Einleitung, 208; Schmid, Zeit und Ort, 65ff.
[655] Vgl. auch u. a. Carson/Moo, Einleitung, 631.
[656] Vgl. dazu Thiessen, Stephanusrede, 1ff.; ders., Verfasserschaft, 241ff.

Gefangenschaft in Ephesus.[657] Dieses Gebetsanliegen scheint eine längere Gefangenschaft vorauszusetzen, während der Apostel in Ephesus – wenn überhaupt – kaum über längere Zeit gefangen gewesen ist. Gemäß 2. Kor 1,8 hatte Paulus in (der Provinz) Asia (= Ephesus) alle Hoffnung verloren, mit dem Leben davon zu kommen. Damit ist aber kaum eine längere Gefangenschaft angesprochen.

Die *Cäsarea-Theorie* wird z. B. von Robinson[658] vertreten.[659] Es soll naheliegender sein, dass der Sklave Onesimus über den Landweg nach Palästina geflüchtet sei, als dass er die weite Schifffahrt nach Rom unternommen habe.[660] Allerdings stellt sich die Frage, warum der Sklave Onesimus – offenbar noch nicht als einer, der an Jesus Christus glaubte – gerade nach Cäsarea (Maritima) hätte fliehen sollen.[661]

Gegen diese These[662] spricht u. a. die Hoffnung des Paulus auf baldige Freilassung (Phlm 22), die im Philipperbrief zur Gewissheit wird (vgl. Phil 1,24-26; 2,24). Wir finden keinen konkreten Hinweis darauf, dass Paulus in Cäsarea je Hoffnung auf eine baldige Freilassung hatte, geschweige denn, dass er Gewissheit darüber gehabt hätte.[663] Vielmehr beruft Paulus sich ausdrücklich auf den Kaiser in Rom (Apg 25,11f.[664], während er zur Zeit der Abfassung des Philemon- und des Philipperbriefs plante, nach Kolossä und Philippi zu reisen (vgl. Phlm 22; Phil 1,25; 2,24). In Phlm 23 wird Epaphras als Mitgefangener des Apostels erwähnt. Es wird in Apg 20,4-6 jedoch nicht erwähnt, dass Epaphras mit der Delegation nach Palästina reiste. In Kol 4,10 erwähnt Paulus zudem, dass auch Aristarch sein Mitgefangener war. Beide sind wohl kaum in Cäsarea gefangen gewesen (besonders nicht Epaphras als Nicht-Jude; vgl. Kol 4,11f.). Ob Paulus in Cäsarea die Freiheit zur Verkündigung des Evangeliums, wie sie in Eph 6,19f.; Kol 4,3f. zum Ausdruck kommt, hatte, wird nicht sichtbar (vgl. Apg 24,23 mit 28,30f.), ist aber nicht auszuschließen.[665] Die große Anzahl Mit-

---

[657] Vgl. auch Percy, Probleme, 473; Bormann, Kolosser, 8–9.
[658] Robinson, Redating, 57–80.
[659] Vgl. auch Reicke, Re-examining, 227–286. Er spricht sich in Bezug auf den Epheser-, Kolosser- und den Philemonbrief für eine Abfassung in Cäsarea aus, während der Philipperbrief in Rom geschrieben worden sein soll.
[660] Vgl. dazu Kümmel, Einleitung, 306.
[661] Vgl. auch z. B. Schmid, Zeit und Ort, 92–95; Godet, Einleitung 1, 262; Carson/Moo, Einleitung, 631; Guthrie, Introduction, 577; Harrison, Introduction, 315; Mauerhofer, Einleitung 2, 118.
[662] Vgl. dazu auch u. a. Schmid, Zeit und Ort, 130ff.
[663] Vgl. auch Carson/Moo, Einleitung, 631f.; Guthrie, Introduction, 578; Mauerhofer, Einleitung 2, 118.
[664] Vgl. dazu Omerzu, Prozeß, 485ff.
[665] Vgl. auch Carson/Moo, Einleitung, 631; Guthrie, Introduction, 578; Mauerhofer, Einleitung 2, 120; anders Feine, Einleitung, 161.

arbeiter, die erwähnt wird (Kol 4,7ff.; Phlm 24), spricht auf jeden Fall auch eher gegen Cäsarea als Abfassungsort.[666] Bei einer Abfassung in Cäsarea wäre zudem wohl der Evangelist Philippus (vgl. Apg 21,8) erwähnt worden (vgl. Kol 4,10f.).[667]

3.2.4.3 Was für Rom als Abfassungsort spricht

Für Rom als Abfassungsort spricht u. a., dass diese These eine aus dem Neuen Testament bekannte Gefangenschaft voraussetzt. Lukas (vgl. Kol 4,14; Phlm 24; vgl. auch 2. Tim 4,11) und Aristarch (vgl. Kol 4,10; Phlm 24) reisen mit Paulus nach Rom (vgl. Apg 27,1ff.). Markus, der als Mitarbeiter des Paulus offenbar bei ihm war (vgl. Kol 4,10; Phlm 24), war gemäß 1. Petr 5,13 zumindest bei der Abfassung des 1. Petrusbriefs in Rom, wenn „Babylon" an dieser Stelle als Deckname für Rom gemeint ist, und nach 2. Tim 4,11 soll Timotheus ihn mit nach Rom bringen, da er dem Paulus „nützlich zum Dienst" ist. Markus wird in Kol 4,10 als „Vetter des Barnabas" vorgestellt, womit angedeutet wird, dass er der Empfängergemeinde, zu der Paulus ihn senden möchte, noch nicht bekannt war.[668] Zur Zeit der Abfassung des 2. Timotheusbriefs befand sich Markus jedoch offenbar in der Region von Ephesus (bzw. nicht allzuweit davon entfernt), sodass Timotheus ihn mit nach Rom nehmen konnte. Es ist unwahrscheinlich, dass Markus während der dritten Missionsreise in Ephesus bei Paulus war. Und ob er in Cäsarea zu Paulus gestoßen ist, muss offen bleiben. Vor allem spricht nichts dafür, dass Lukas, der dem „Wir-Bericht" der Apostelgeschichte nach von ca. 50–57 n. Chr. in Philippi geblieben sein muss (vgl. Apg 16,10-17; 20,5f.), bei Paulus in Ephesus gewesen ist[669], wobei Lukas hingegen sowohl in Cäsarea als auch in Rom bei Paulus gewesen sein könnte. Bezeugt ist durch den „Wir-Bericht" in Apg 27,1ff. jedoch nur, dass er Paulus nach Rom begleitet hat (vgl. auch 2. Tim 4,11: „Lukas ist allein bei mir").

Die Grüße von den Leuten „aus dem Haus des Kaisers" (Phil 4,22)[670] und die Erwähnung des Prätoriums (Phil 1,13[671]) sprechen für Rom, auch wenn sie keinen eindeutigen Beweis darstellen.[672] Die Betonung in Phil 1,13, dass „im ganzen Prätorium und den Übrigen allen" bekannt geworden ist, dass Paulus die Fesseln für Christus trägt, zeigt, dass mit dem „Prätorium" an dieser Stelle nicht

---

[666] Vgl. Kümmel, Einleitung, 306; Mauerhofer, Einleitung 2, 120.
[667] Vgl. Carson/Moo/Morris, Introduction, 335; Mauerhofer, Einleitung 2, 120; Thiessen, Introduction, 228.
[668] Vgl. auch Schmid, Zeit und Ort, 104.
[669] Vgl. ebd., 105.
[670] Vgl. dazu Schnider/Stenger, Studien, 127; Schmid, Zeit und Ort, 116 und 132; Feine, Abfassung, 88ff.
[671] Vgl. dazu auch Mt 27,27; Mk 15,16; Joh 18,28.33; 19,9; Apg 23,35.
[672] Vgl. Müller, Philipper, 212f.

nur ein Gebäude gemeint sein kann. Das spricht für Rom, wo die Militärkaserne auf einem größeren Gelände – neben der heutigen Castro-Pretorio-Straße im Nordosten der Stadt Rom – stationiert war.[673] Es kann m. E. kaum das Herodes-Prätorium z. B. in Cäsarea (vgl. dazu Apg 23,35) gemeint sein.

Gemäß Theobald spricht die Erwartung in Phil 1,26 und 2,24, dass Paulus demnächst wieder Philippi besuchen wird, „definitiv gegen die Rom-Hypothese".[674] Doch selbst wenn Paulus nach seiner Freilassung Spanien tatsächlich noch besucht haben sollte (vgl. 1. Clem 5,6f.)[675], so spricht das nicht gegen Rom als Abfassungsort des Philipperbriefs. Denn Paulus hat nach so langer Gefangenschaft in seinem Alter kaum lange in Spanien missioniert. Zudem würde die erwähnte Erwartung noch deutlicher gegen Cäsarea sprechen.

Gegen Rom spricht nach Pokorny und Heckel auch „das relativ unkomplizierte Reisen zwischen Philippi und dem Gefängnis des Paulus, das in 2,25ff. vorausgesetzt wird ...".[676] Den Brief könnte Paulus nach ihnen „demnach am Ende seiner ephesinischen Gefangenschaft verfasst haben, da er mit seiner baldigen Freilassung rechnet (2,24), d.h. *etwa im Jahr 55*".[677] Allerdings ist das kein Argument gegen Rom als Abfassungsort, denn von einem „unkomplizierten Reisen" ist im Text nicht die Rede wie auch nicht davon, dass ein ständiger Austausch stattfand.[678] Auch Röm 15,19ff., wonach Paulus über Rom nach Spanien reisen wollte, weil er nicht auf fremden Fundament bauen wollte, spricht nicht gegen die Annahme, dass Paulus am Ende der ersten römischen Gefangenschaft nochmals in die Regionen zurückkehren wollte, in denen er auf der zweiten und dritten Missionsreise gewirkt hatte.[679] Denn erstens deuten besonders der Philipper- und der Kolosserbrief an, dass Paulus Gefahren für die Gemeinden erkannte, die bekämpft werden mussten (vgl. z. B. Phil 3,1ff.; Kol 2,1ff.). Und zweitens sehen wir auch aus anderen Paulusbriefen, dass Paulus seine Pläne

---

[673] Vgl. dazu auch Schmid, Zeit und Ort, 115f.
[674] Theobald, Philipperbrief, 377. Vgl. ebd., 378: „Das passt nicht zu den Plänen, die Röm 15,13f. zufolge Paulus von der Hauptstadt aus zu realisieren gedenkt ..."
[675] Vgl. dazu u. a. Dubowy, Klemens, 1914; Löhr, Paulus-Notiz, 197–213. Ich gehe davon aus, dass Paulus nach seiner Freilassung in Rom möglicherweise kurz in Spanien war. Vgl. dazu auch Schmid, Zeit und Ort, 87: „Die Lösung des Problems kann a priori auf zwei Wegen gesucht werden. Entweder hätte Paulus die Spanienreise völlig aufgegeben oder wenigstens zurückgestellt. Oder aber sie wäre mit größter Beschleinigung noch vor der Reise nach Philippi und Kolossä ausgeführt worden."
[676] Pokorný/Heckel, Einleitung, 287.
[677] Ebd., 288; vgl. auch z.B. Deissmann, Paulus, 203–225; Müller, Philipper, 16–23.
[678] Vgl. dazu auch u. a. Schmid, Zeit und Ort, 76ff. Schmid rechnet aus, dass die Reise von Rom bis Philippi zu Fuß ca. einen Monat gedauert haben wird (vgl. ebd., 78f.).
[679] Vgl. auch Schmid, Zeit und Ort, 90.

durchaus ändern konnte, wenn er sich von Gott so geführt sah (vgl. z. B. 2. Kor 1,15ff.).[680]

Paulus wurde gemäß Apg 28,16 nach der Ankunft in Rom erlaubt, „für sich zu bleiben mit dem Soldaten, der ihn bewachte", und gemäß Apg 28,23 befand sich der Apostel in einer Herberge (ξενία), wo er die führenden jüdischen Persönlichkeiten empfing und sie „von früh bis spät" vom Alten Testament her („vom Gesetz des Mose und den Propheten") zu überzeugen versuchte, dass Jesus der Messias ist. Und nach Apg 28,30f. blieb Paulus „zwei ganze Jahre" in Rom in einer Mietwohnung gefangen, wobei er in „jeder Freimütigkeit ungehindert" verkündigen und lehren konnte. Das entspricht der Situation, die in Phil 1,12ff. vorausgesetzt ist (vgl. auch Kol 4,2f.; Eph 6,19f.)[681], besonders dann, wenn wir an den im Philipperbrief (indirekt) angesprochenen Prozess denken[682], und kaum der Situation im „Prätorium des Herodes" in Cäsarea (vgl. Apg 23,35).

Gemäß Phlm 10 hat Paulus den Onesimus in seiner Gefangenschaft „gezeugt". Das spricht ebenfalls für eine längere missionarische Tätigkeit in der vorausgesetzten Gefangenschaft, zumal Phlm 13 auch noch voraussetzt, dass die Möglichkeit für Onesimus bestanden hätte, Paulus weiterhin in der Gefangenschaft dienend zur Seite zu stehen. Zudem deutet die Tatsache, dass Paulus sich nach Phlm 9 inzwischen als „alten Mann" (πρεσβύτης) bezeichnet, an, dass er inzwischen relativ lange Zeit von Philemon getrennt gewesen sein muss, wobei davon auszugehen ist, dass Philemon durch Paulus zum christlichen Glauben gefunden hat (vgl. Phlm 8.19), als Paulus drei Jahre in Ephesus tätig war (vgl. Apg 20,31). Eine längere Gefangenschaft mit der Möglichkeit zur (öffentlichen) Verkündigung des Evangeliums deuten auch der Aufruf zur Fürbitte diesbezüglich in Kol 4,3f. (vgl. auch Eph 6,18-20) und die Erwähnung der Mitarbeiter in Kol 4,10-14 (vgl. auch Phlm 23f.) an.

3.2.4.4 Der angedeutete Prozess und die Hoffnung auf Freilassung

Gemäß Jaroš bezieht sich Apg 28,20 (gemeint ist offenbar Apg 28,30[683]) „auf den Romaufenthalt des Paulus als ganzen, was einschließt, dass auch der Prozeß schon stattgefunden haben musste".[684] Wäre Paulus bei diesem Prozess freige-

---

[680] Vgl. dazu auch ebd., 84f. und 89f.
[681] Vgl. dazu auch ebd., 108 (mit Bezug auf den Philipperbrief): „Paulus befindet sich an einem Ort, an welchem eine große Christengemeinde bestand und zahlreiche Missionare tätig waren (1,12-18) … Augenscheinlich war Paulus am Ort der Haft nur einer unter vielen anderen Missionaren. Das entspricht aber nicht seiner Stellung in Ephesus." Vgl. dazu und zum Folgenden auch ebd., 134ff.
[682] Vgl. dazu den folgenden Punkt.
[683] Vgl. Jaroš, Das Neue Testament, 98.
[684] Ebd.

sprochen worden, so wäre es nach Jaroš verwunderlich, dass Lukas dies nicht abschließend erwähnt hat. Wäre Paulus schuldig gesprochen und hingerichtet worden, so wäre noch verwunderlicher, dass Lukas dies nicht berichtet hat.

„Diese Möglichkeit scheidet daher aus, da Paulus nach der altkirchlichen Tradition erst in der neronischen Verfolgung, die nach dem Brand Roms im Jahre 64 einsetzte, hingerichtet wurde. Paulus könnte freigelassen worden sein, da seine jüdischen Ankläger nicht fristgerecht erschienen sind. Diese Möglichkeit scheint mir die überzeugendste zu sein. Es gab gar keinen Prozeß vor Kaiser Nero und Paulus konnte als freier Mann Rom verlassen."[685]

Nach Lerle war den ersten Lesern (und Lukas) bewusst,

„was für Folgen es für einen Untersuchungshäftling hatte, wenn das Zeitmaß seiner Haft, die volle zweijährige Frist, abgelaufen war ... Bei den Römern war es üblich, einen Angeklagten ohne Prozeß freizulassen, wenn sich die Kläger in einer festgelegten Frist nicht eingefunden hatten".[686]

Für eine Verurteilung des Paulus lag

„kein ausreichend belastendes Material vor. Die theologisch motivierte Anklage jüdischer Amtsträger war für die Römer uninteressant. So haben es die Behörden wohl vorgezogen, die für Untersuchungshäftlinge festgelegte gesetzliche Frist verstreichen zu lassen, um dann den Apostel sang- und klanglos zu entlassen".[687]

Omerzu schließt dagegen aus, dass es sich „bei dem Zeitraum ... um eine prozeßrechtliche Frist" handle, „wie besonders in der älteren Forschung angenommen wurde".[688]

„Dazu verwies man zum einen auf die Praxis der Kaiser Claudius und Nero, gegen ausbleibende Parteien vorzugehen[689], zum anderen auf ein kaiserliches Edikt, das man in die Zeit Neros datierte und in dem das späteste Erscheinen der Parteien in Strafrechtsangelegenheiten, die auf dem Weg der Berufung (*provocatio* oder *remissio*) vor das Kaisergericht kamen, innerhalb Italiens auf neun Monate, transalpin oder von Übersee auf achtzehn Monate festgelegt wurde. In der Forschung wurde angenommen, daß vor Inkrafttreten dieses Edikts die Frist für Ankläger aus Übersee zwei Jahre betragen haben könnte und der Paulusprozeß noch unter diese Regelung gefallen sei."[690]

---

[685] Ebd.
[686] Lerle, Moderne Theologie, 88f.; vgl. auch Jaroš, Das Neue Testament, 98; Schlatter, Geschichte, 272. Allerdings legen die Ausführungen des Philipperbriefs (2. Tim 4,16f. bezieht sich wohl auf die zweite Gefangenschaft) nahe, dass nach Abschluss der zwei Jahre ein Prozess stattgefunden hat, dessen Ausgang am Anfang völlig offen war (Phil 1,20-25), dann aber mit einem Freispruch endete (vgl. Phil 2,24).
[687] Ebd., 90; vgl. zum Prozessverfahren auch Kaser, Römisches Privatrecht, 350–390; Cadbury, Roman Law, 319–338.
[688] Omerzu, Schweigen, 148.
[689] Vgl. Sueton, Claudius 15,2; Dio Cass 60,28,6.
[690] Omerzu, Schweigen, 148.

Nach Omerzu ist der zur Begründung herbeigezogene Bericht des Philo vom Fall des Lampon, dessen Prozess in Alexandrien sich über zwei Jahre hinzog[691], unzulässig, „da hier der Präfekt das Vefahren in die Länge zog und es unklar bleibt, ob zwei Jahre die längstmögliche Frist darstellten".[692] „Grundsätzlich zielten die prozeßrechtlichen Maßnahmen des Claudius und Nero darauf, *Kläger* zur Durchführung ihrer Klage zu verpflichten, nicht die *Angeklagten* zu schützen; es sollte lediglich das Delikt der *calumnia*, der ungerechtfertigten Klage eingedämmt werden."[693]

Omerzu folgert aus dem Bericht des Lukas in Apg 28, dass Lukas keinerlei Kenntnis von einer Freilassung, einer Spanienreise und einer erneuten Gefangenschaft des Paulus gehabt habe.[694] Vielmehr habe er „von der Hinrichtung des Paulus nach Ablauf der erwähnten zwei Jahre" gewusst. „Da sich allerdings dessen Spuren für ihn bereits viel früher – nämlich mit der Abreise aus Caesarea – im Dunkeln verlaufen haben, hat Lukas auf eine entsprechende Nachricht vom Tod des Paulus ganz verzichtet."[695] Diese Erklärung setzt offensichtlich voraus, dass die Apostelgeschichte viele Jahre nach den Ereignissen, von denen im letzten Kapitel berichtet wird, abgefasst wurde und dass der Verfasser trotz „Wir-Bericht" nicht bei der Romreise dabei war (und schon gar nicht bei Paulus in Rom). Aber selbst 30 Jahre später wäre es dem Lukas ohne Zweifel möglich gewesen, darüber genauere Informationen über Paulus zu erhalten.

Zu beachten ist, dass die jüdischen Ankläger in Judäa Paulus nicht beim Kaiser in Rom angeklagt hatten. Nach Apg 25,16 ist es bei den Römern „nicht Sitte, irgendeinem Menschen Gnade zu gewähren, ehe der Angeklagte seine Ankläger persönlich vor sich hat und Gelegenheit bekommt, sich wegen der Anklage zu verteidigen". Da Paulus römischer Bürger war (vgl. Apg 16,37f.; 22,25-27.29; 23,27)[696], ist allein deshalb schon davon auszugehen, dass Paulus freigelassen

---

[691] Vgl. Philo, Flacc 128f. (… Λάμπων μὲν ἀσεβείας τῆς εἰς Τιβέριον Καίσαρα δίκην σχὼν καὶ ἐπὶ διετίαν τριβομένου τοῦ πράγματος ἀπειρηκώς). Das Wort διετία erscheint bei Philo nur an dieser Stelle und im Neuen Testament neben Apg 28,30 nur noch in Apg 24,27. Zum Adjektiv διετής vgl. Philo, Jos 100 und Josephus, Ant 2,74 (es geht beide Male um die Gefangenschaft Josephs in Ägypten). In 2. Macc 10,3 erscheint die Wendung μετὰ διετῆ χρόνον – nach zwei Jahren wurde im Tempel wieder geopfert.

[692] Omerzu, Schweigen, 148.

[693] Ebd., 149.

[694] Ebd., 152–156; vgl. dazu auch Omerzu, Prozeß, 500.

[695] Omerzu, Schweigen, 156. Vgl. auch Büllesbach, Verhältnis, 237.

[696] Vgl. dazu auch u. a. Omerzu, Prozeß, 17–52. Nach Omerzu lassen sich die vorgebrachten Argumente gegen den Besitz des römischen Bürgerrechts des Paulus „ausnahmslos entkräften" (ebd., 51). Die Angaben der Apostelgeschichte zur römischen Bürgerrecht des Paulus deckten sich „mit den anderen Nachrichten des 1. Jahrhunderts n.Chr. …, was Bedeutung und Verbreitung des Bürgerrechts angeht. In späterer Zeit stellte der Besitz des Bürgerrechts kein eigentliches Privileg mehr dar, da es einerseits weiter verbreitet war und andererseits geringere Rechte umfaßte. Gerade die Romreise

wurde, da seine Ankläger kaum noch Rom gekommen sein werden, um ihn vor dem Kaiser anzuklagen.[697] Ob Paulus beim Abschluss der Apostelgeschichte bereits auf freien Fuß war, ist allerdings nicht klar. Auf jeden Fall konnte offenbar sowohl Lukas als auch der (direkte) Empfänger (Theophilus) damit rechnen, dass dieses geschehen würde (vgl. auch Phlm 22; Phil 1,25f.; 2,24). Somit muss man von einem Abfassungsabschluss der Apostelgeschichte am Ende der zweijährigen Gefangenschaft des Paulus in Rom, also im Frühjahr 62 n. Chr. ausgehen.

Ich gehe von einer Gefangenschaft in Rom in den Jahren 60–62 n. Chr. aus. Denn Paulus ist wohl im Winter 59/60 n. Chr. nach Rom gekommen. Da die Stürme im Mittelmeer etwa um den 6. Dezember beginnen und Paulus nach Apg 27,9-10 der Besatzung des Schiffes riet, vom „Schönfahren" auf Kreta nicht weiterzufahren, „da viel Zeit verflossen und die Fahrt schon unsicher war, weil auch das Fasten schon vorüber war", ist davon auszugehen, dass der 14-tägige Sturm schon in der ersten Dezemberhälfte des Jahres 59 n. Chr. begann. Und nach Apg 28,11 reiste Paulus mit seinen Begleitern nach einem dreimonatigen Aufenthalt auf der Insel Melite (Malta) nach dem Winter weiter in Richtung Rom. Demnach muss Paulus wohl im frühen Frühjahr des Jahres 60 n. Chr. in Rom angekommen sein, und wenn er nach „zwei ganzen Jahren" (vgl. Apg 28,30) wieder freigelassen wurde, ist er höchstwahrscheinlich im Frühjahr des Jahres 62 n. Chr. wieder aus der Gefangenschaft gekommen.

Paulus musste sich zur Zeit der Abfassung des Philipperbriefs offenbar bereits vor Gericht verantworten (Phil 1,7.16), wobei der Ausgang des Prozesses noch offen zu sein scheint (Phil 1,19-24; 2,24). Der Prozess scheint im Gang zu sein (vgl. Phil 1,20ff.; 2,17), und Paulus kann das Evangelium nicht mehr verkünden (Phil 1,12-26).[698] Wie Phil 1,20 und 2,17 zeigen, hätte der Prozess zur Hinrichtung führen können. Das Todesurteil konnte für einen römischen Bürger jedoch nur in Rom gefällt werden. Paulus erwartet aber konkret den Freispruch (vgl. Phil 1,24-26; 2,24[699]). Auch Phil 2,23[700] deutet an, dass der Verfasser damit rechnet, dass bei ihm eine Veränderung der Lage eintreten wird. Die Hoffnung auf baldige Freilassung (Phlm 22), die im Philipperbrief zur Gewissheit wird (vgl. Phil 1,24-26; 2,24)[701], spricht m. E. deutlich für Rom als Abfassungsort.[702]

---

des Paulus gewinnt jedoch durch die Annahme des Bürgerrechts und mit dem damit verbundenen Appellationsrecht an Plausibilität" (ebd., 52).

[697] Anders dagegen z. B. Scriba, Von Korinth nach Rom, 173.

[698] Vgl. auch Mauerhofer, Einleitung 2, 121.

[699] Die Perfektform πέποιθα in Phil 2,24 durch „ich vertraue" bzw. „ich hoffe" wiederzugeben, ist zu schwach, wie der Ausdruck πεποιθὼς οἶδα in Phil 1,25 bestätigt (die Perfektform erscheint auch in Phil 1,6.14; 3,3f.).

[700] „Diesen [Timotheus] nun hoffe ich gleich zu senden, wenn ich das, was mich betrifft, übersehe" (vgl. auch Phil 2,19).

[701] Nach Phlm 22 hofft Paulus, dass er „durch eure Gebete euch geschenkt" wird. Und nach Phil 1,19 weiß er, dass er Prozess sich „mir zum Heil ausschlagen wird durch euer

Nur dort konnte Paulus konkret mit einer Freilassung nach den „zwei ganzen Jahren" der Gefangenschaft (vgl. Apg 28,30) rechnen.

Überbringer des Philipperbriefs ist offensichtlich Epaphroditus (vgl. Phil 2,25ff.), der Paulus die Spende von Philippi überbracht hatte (vgl. Phil 1,5; 4,10-18) und bei Paulus krank geworden war (vgl. Phil 2,26-30). Paulus wollte aber auch Timotheus nach Philippi schicken (vgl. Phil 2,19.23)[703], und zwar sofort, „wenn ich die Dinge in Bezug auf mich überblicke" (Phil 2,23). Und Paulus ergänzt: „Ich vertraue aber im Herrn [darauf], dass auch ich selbst bald kommen werde" (Phil 2,24). Es ist wahrscheinlich, dass Timotheus mit Epaphroditus zusammen nach Philippi reiste (mit dem Philippierbrief und möglicherweise auch mit der Apostelgeschichte des Lukas in der Hand[704]).

Wir können daraus folgern, dass die Gefangenschaftsbriefe am Ende der ersten römischen Gefangenschaft des Paulus (60–62 n. Chr.) und somit wohl im Frühjahr (etwa im März) des Jahres 62 n. Chr. in Rom geschrieben wurden. Der Philipperbrief muss einige Tage oder spätestens ein paar Wochen nach den anderen drei Briefen (Epheser-, Kolosser- und Philemonbrief) geschrieben worden sein.

Dafür, dass der Philipperbrief erst nach den anderen Briefen geschrieben ist, spricht übrigens auch, dass Paulus Timotheus bei der Abfassung „bald zu euch senden" wollte, „damit auch ich guten Mutes bin, wenn ich um euer Ergehen weiß" (Phil 2,19; vgl. auch Phil 1,1), während er bei der Abfassung des Kolosser- und des Philemonbriefs bei Paulus war (vgl. Kol 1,1; Phlm 1). Dementsprechend kann der Philipperbrief auf jeden Fall nicht relativ kurz vor dem Kolosser- und dem Philemonbrief abgefasst worden sein, es sei denn, dass Paulus Timotheus doch nicht schon bald nach Philippi gesandt hatte.

Gebet und durch den Beistand des Geistes Jesu Christi", was schließlich zur Gewissheit führt (καὶ τοῦτο πεποιθὼς οἶδα), dass er „bleiben und bei euch allen bleiben" wird „zu eurer Förderung und Freude im Glauben" (Phil 1,25).

[702] Vgl. auch Schmid, Zeit und Ort, 107.

[703] Es ist anzunehmen, dass Paulus nicht Epaphroditus zurückschickt und Timotheus dann kurze Zeit später nachschickt, sondern dass sie zusammen reisen.

[704] Wie der „Wir-Bericht" der Apostelgeschichte nahelegt (vgl. Apg 16,10-17; 20,5ff.), ist Lukas wahrscheinlich von ca. 50–57 n. Chr. in Philippi gelieben und hat sich um die Gemeinde gekümmert. In dieser Zeit hat er wohl auch Theophilus, dem er sein Doppelwerk widmet (vgl. Lk 1,3; Apg 1,1), kennen gelernt. Da Lukas, wie oben erwähnt, die Apostelgeschichte am Ende der zweijährigen ersten römischen Gefangenschaft des Paulus fertiggeschrieben haben muss (wie vor rund 100 Jahren Adolf von Harnack schon überzeugend gezeigt hat; vgl. bes. Harnack, Neue Untersuchungen, 1911), ist es wahrscheinlich, dass sie bei der Gelegenheit mitgegeben wurde.

4. Die „Pastoralbriefe" – Fälschungen eines Paulusschülers?
4.1 Gemeinsamkeiten der Briefe an Timotheus und Titus
4.1.1 Einführung

Obwohl nach Häfner in der kritischen Forschung die Einschätzung, dass es sich bei „den Pastoralbriefen" um Pseudepigrafen handelt, „eindeutig vorherrscht", fehle es doch „gerade in jüngerer Zeit auch nicht an Bestreitungen", aber diese könnten „den etablierten Konsens[1] nicht erschüttern".[2] Unabhängig von der Frage nach der Authentizität der Briefe kann und muss man davon ausgehen, dass die drei Briefe vom gleichen Verfasser stammen, wie im Folgenden dargelegt wird. Gleichwohl muss auch von Anfang an betont werden, dass es ebenso deutliche Unterschiede gibt, welche durch pseudepigrafische Verfasserschaft kaum zu erklären sind, wenn man davon ausgeht, dass es sich jeweils um den gleichen Autor handelt, wie es die Gemeinsamkeiten in den Briefen vermuten lassen.

„Dass die beiden Timotheusbriefe und der Titusbrief ein zusammengehörendes Korpus bilden", kann nach Häfner „als Mehrheitsmeinung kritischer Forschung bezeichnet werden".[3] Gegen die Einwände dazu ließen sich „gute Gründe für die Zusammengehörigkeit der Briefe anführen".[4] Dazu gehören für Häfner, dass der angesprochene Mitarbeiter im Präskript jeweils mit „Kind" (τέκνον) angesprochen wird – und zwar ist in 1. Tim 1,2 und Tit 1,4 jeweils von „dem echten Kind" (γνησίῳ τέκνῳ) die Rede, was neutestamentlich einzigartig ist (vgl. aber Phil 2,20; 4,3). Zudem gibt es seiner Ansicht nach in „*sprachlicher Hinsicht … auffallende Gemeinsamkeiten, wenn man sie mit den übrigen Paulusbriefen vergleicht*".[5]

Häfner betont, dass es Aussagen in den Briefen gebe, die erst „im Rahmen der anderen Briefe verständlich werden".[6] Auch das „Fehlen eines eigentlichen Briefschlusses in 1 Tim" weist nach ihm in diese Richtung.

> „Dieses ist besonders auffällig, weil der Absender (nach der Brieffiktion) zum Adressaten kommen will (3,14f.). Erklärlich ist die genannte Besonderheit, wenn die Fiktion von vornherein auf die Fortsetzung in 2 Tim angelegt ist; alle in 1 Tim mit-

---

[1] Vgl. dagegen Herzer, Abschid, 1280: „Abgesehen von den Grundannahmen … kann von einem Konsens nicht die Rede sein." Die unterschiedlichen Auffassungen gehen nach ihm so weit auseinander, „dass dadurch die Grundannahmen selbst zweifelhaft werden" (ebd.).
[2] Häfner, Pastoralbriefe, 459.
[3] Häfner, Pastoralbriefe, 456.
[4] Ebd.
[5] Ebd.
[6] Ebd., 457.

geteilten Pläne (typisches Merkmal von Briefschlüssen) wären überholt durch den folgenden Brief."[7]

Für Häfner stellt nicht, wie auch angenommen wird, Tit 1,1-4[8], sondern „der breite Eingangsteil von 1 Tim (1,1-20)" den „Beginn der Sammlung" dar.[9] Zu diesem Schluss kommt er, weil er „nicht das Präskript in Beziehung zum Briefschluss" setzt, „sondern – formal passender, da das Pendant zum Präskript nur das Postskript ist – die ganze *Brieferöffnung* ... Außerdem ist, wie oben vermerkt, Tit besser zu verstehen, wenn zuvor 1 Tim gelesen wurde".[10]

Auch wenn einzelne Punkte von Häfner hinterfragt werden müssen, bestätigen viele Merkmale die Einheitlichkeit der Briefe in Bezug auf die Verfasserfrage. Dass der 2. Timotheusbrief diesbezüglich zum Teil eine Sonderstellung einnimmt[11], spricht nicht gegen diese Feststellung. Vielmehr ist diese Sonderstellung auf Grund der besonderen Abfassungssituation völlig erklärbar. Denn inzwischen wird Paulus als Gefangener vorgestellt, der damit rechnet, dass er demnächst hingerichtet werden wird (vgl. 2. Tim 4,6ff.). Diese Tatsache spricht stark für die Echtheit aller Pastoralbriefe, da ein fiktiver Schreiber kaum plötzlich eine ganz andere Situation fiktiv „vorausgesetzt" hätte, wie das beim 2. Timotheusbrief der Fall ist.

Gemäß Niebuhr sind die Pastoralbriefe „untereinander gerade in denjenigen Punkten eng verwandt, in denen sie sich von allen übrigen Briefen der Paulussammlung charakteristisch unterscheiden".[12] Auch diese Tatsache spricht für die Echtheit und für die zeitliche Nähe der Briefe. Dadurch wird sichtbar, welche Themen den Schreiber zur Zeit der Abfassung besonders beschäftigten.

Es gibt inhaltlich größere „Überschneidungen" mit anderen Paulusbriefen.[13] Dabei stellt sich die Frage, ob es sich um Anlehnungen eines pseudonymen Verfassers handelt oder ob diese Verwandtschaft dadurch zu erklären ist, dass Paulus die Briefe selbst geschrieben hat. Im letzten Fall wäre die veränderte Abfassungssituation für die eigenen Schwerpunkte der Briefe „verantwortlich".

Bei aller Gemeinsamkeit der drei Pastoralbriefe dürfen jedoch die Unterschiede nicht übersehen werden. Ostmeyer bemerkt dazu:

---

[7] Ebd.
[8] Vgl. z. B. Schaefer, Judentum, 79; Eisele, Der gemeinsame Glaube, 81–114.
[9] Häfner, Pastoralbriefe, 457f.
[10] Ebd.
[11] Vgl. dazu u. a. Prior, Paul the Letter-Writer, 61–67.
[12] Niebuhr, Paulusbriefsammlung, 280.
[13] Vgl. dazu u. a. Häfner, Pastoralbriefe, 455: „Welche *Briefe* der Verfasser der Past gekannt und benutzt hat, ist umstritten. Gewöhnlich gelten Röm und 1 Kor als die sichersten Kandidaten (vgl. z. B. 1 Tim 1,8/Röm 7,12.16; 1 Tim 2,7/Röm 9,1; 2 Tim 1,7/Röm 8,15; Tit 1,1–4/Röm 1,1–7; 2 Tim 1,2/1 Kor 4,17; 1 Tim 1,20/1 Kor 5,5); auf Phlm oder Kol scheinen Namensangaben zurückzugreifen (2 Tim 4,10f./Phlm 24; Kol 4,10.14)."

„Die Pastoralbriefe präsentieren sich hinsichtlich ihrer Kommunikationstermini uneinheitlich. Aus den verwendeten Begriffen lässt sich weder eine für alle drei Briefe gleichermaßen gültige Christologie noch eine einheitliche Theologie erheben."[14]

Der 2. Timotheusbrief stimmt gemäß Häfner terminologisch wesentlich mit den „Protopaulinen" überein, und auch der 1. Timotheusbrief sei „in sich stimmig".[15] Der Titusbrief könne jedoch keinem der anderen beiden Briefe zugeordet werden. Nach Ostmeyer ergibt sich das „diffuse Gesamtergebnis" erst, „wenn die Pastoralbriefe als ein geschlossenes Corpus dreier genuin zusammenhängender Briefe betrachtet werden. Es legt sich nahe, das Postulat eines geschlossenen Pastoralbriefe-Corpus einer kritischen Überprüfung zu unterziehen".[16]

Herzer folgert hingegen, dass die drei Pastoralbriefe „stärker von ihrem eigenen Profil und Anspruch her interpretiert werden" müssten.[17] Und auch für Hahn „lassen sich ... Unterschiede feststellen", auch „wenn die drei Briefe in ihrem Gesamtcharakter sehr eng verwandt sind".[18] Gemäß Herzer stehen sich der 1. Timotheusbrief und der Titusbrief näher, während im 2. Timotheusbrief „der Abschied des Paulus" im Vordergrund stehe, „was diesem Schreiben den Charakter eines Testaments verleiht".[19]

Im Folgenden sollen zuerst einheitliche Themen, welche die Pastoralbriefe verbinden und gleichzeitig auch unterscheiden, vorgestellt werden.

4.1.2. Die Briefeinleitungen im jeweiligen Kontext

Die drei Präskripte der Pastoralbriefe haben einige Parallelen, aber auch Unterschiede, wie der folgende Vergleich zeigt:

- Παῦλος ἀπόστολος Χριστοῦ Ἰησοῦ *κατ' ἐπιταγὴν θεοῦ σωτῆρος ἡμῶν* καὶ Χριστοῦ Ἰησοῦ *τῆς ἐλπίδος ἡμῶν* Τιμοθέῳ γνησίῳ τέκνῳ *ἐν πίστει*, χάρις ἔλεος εἰρήνη ἀπὸ θεοῦ πατρὸς καὶ Χριστοῦ Ἰησοῦ τοῦ κυρίου ἡμῶν (1. Tim 1,1f.).
- Παῦλος ἀπόστολος Χριστοῦ Ἰησοῦ διὰ θελήματος θεοῦ *κατ' ἐπαγγελίαν ζωῆς* τῆς ἐν Χριστῷ Ἰησοῦ Τιμοθέῳ ἀγαπητῷ τέκνῳ, χάρις ἔλεος εἰρήνη ἀπὸ θεοῦ πατρὸς καὶ Χριστοῦ Ἰησοῦ τοῦ κυρίου ἡμῶν (2. Tim 1,1f.).

---

[14] Ostmeyer, Kommunikation, 158f.
[15] Ebd., 159.
[16] Ebd., 160.
[17] Herzer, Abschied, 1280.
[18] Hahn, Theologie 1, 368.
[19] Ebd.

- Παῦλος δοῦλος θεοῦ, ἀπόστολος δὲ Ἰησοῦ Χριστοῦ **κατὰ πίστιν** ἐκλεκτῶν θεοῦ καὶ ἐπίγνωσιν ἀληθείας τῆς κατ᾽ εὐσέβειαν **ἐπ᾽ ἐλπίδι ζωῆς** αἰωνίου, ἣν ἐπηγγείλατο ὁ ἀψευδὴς θεὸς πρὸ χρόνων αἰωνίων, ἐφανέρωσεν δὲ καιροῖς ἰδίοις τὸν λόγον αὐτοῦ ἐν κηρύγματι, ὃ ἐπιστεύθην ἐγὼ **κατ᾽ ἐπιταγὴν τοῦ σωτῆρος ἡμῶν θεοῦ**, Τίτῳ γνησίῳ τέκνῳ **κατὰ κοινὴν πίστιν**, χάρις καὶ εἰρήνη ἀπὸ θεοῦ πατρὸς καὶ Χριστοῦ Ἰησοῦ τοῦ σωτῆρος ἡμῶν. (Tit 1,1-4).

In 1. Tim 1,1 ist von der „Verordnung Gottes, unseres Retters ... und Christi Jesu, unserer Hoffnung", die Rede, während in Tit 1,3 von der „Verordnung unseres Retters, Gottes" gesprochen wird.[20] Dabei werden gleichzeitig „Nähe" und Unterschiede sichtbar: Im 1. Timotheusbrief wird konsequent nur „Gott" als „unser Retter" bezeichnet, während im Titusbrief „Jesus Christus" (bzw. „Christus Jesus") und „Gott" abwechselnd als „unser Retter" bezeichnet werden (in der Reihenfolge „Gott" – „Christus Jesus" – „Gott" – „des großen Gottes und unseres Retters Jesus Christus" – „Gott" – „Jesus Christus") –, und in 2. Tim 1,10 ist von der „Erscheinung unseres Retters Christus Jesus" die Rede. Im 2. Timotheusbrief wird der Begriff damit wie auch in zwei (weiteren) „Gefangenschaftsbriefen" des Paulus (vgl. Eph 5,23; Phil 3,20) in Bezug auf Jesus verwendet.[21]

Der Ausdruck κατ᾽ ἐπιταγήν („nach Verordnung"), der in 1. Tim 1,1 und Tit 1,3 verwendet wird, erscheint auch in Röm 16,26; 1. Kor 7,6 und 2. Kor 8,8, während das Nomen ἐπιταγή sonst im gesamten Neuen Testament nur noch in 1. Kor 7,25 und Tit 2,15 und somit siebenmal nur in Paulusbriefen erscheint. Der Ausdruck κατ᾽ ἐπιταγήν ist in Thessalonike in Inschriften des Heiligtums der ägyptischen Götter neben den Formeln καθ᾽ ὅραμα („gemäß Vision") und κατ᾽ ὄναρ („gemäß Traum") bezeugt.[22]

> „Sie weisen darauf hin, daß die in den Weihungen genannten Götter, zumeist Sarapis und Isis beziehungsweise *Isis Nike*, aber auch *Isis Tyche* – und diese dann alleine –, dem Gläubigen in Erscheinungen oder Träumen gegenübertraten; auf diesem Wege ist wohl auch die Übermittlung der obengenannten ἐπιταγαί anzunehmen."

Zudem lautet der Text einer Inschrift (möglicherweise aus dem 1. Jh. n. Chr.) „dem Höchsten Gott nach Verordnung (κατ᾽ ἐπιταγήν)" mit dem Zusatz ΙΟΥΕΣ, was zum Teil als Umschrift des Tetragramms יהוה (Jahwe) gedeutet wurde, womit es sich um eine jüdische Inschrift handeln würde.[23] Das ist allerdings alles andere als sicher. Wahr-

---

[20] Der Begriff ἐπιταγή erscheint außer in 1. Tim 1,1 und Tit 1,3 auch noch in Tit 2,15 (... καὶ ἔλεγχε μετὰ πάσης ἐπιταγῆς ...) und sonst nur noch viermal im Neuen Testament (Röm 16,26; 1. Kor 7,6.25; 2. Kor 8,8). Das Verb ἐπιτάσσω wird in den Paulusbriefen nur ein einziges Mal (Phlm 8) gebraucht.
[21] Vgl. dazu auch Fuchs, Unverwartete Unterschiede, 95.
[22] Vgl. Steimle, Religion, 121.
[23] Vgl. dazu Brocke, Thessaloniki, 217ff.

scheilicher ist, dass mit dem „Höchsten Gott" die häufig in Mazedonien und auch in Thessalonike bezeugte heidnische Gottheit (auch „Höchster Zeus") bezeichnet ist.
Da es wahrscheinlich ist, dass nicht nur der 1. Timotheusbrief, sondern auch der Titusbrief (wie auch der 2. Korintherbrief) in Mazedonien geschrieben wurde, ist es gut möglich, dass die Wendung in den Präskripten der zwei Briefe in Anlehnung an den religiösen Gebrauch in Thessalonike formuliert wurde, was für eine Abfassung der zwei Briefe in Thessalonike sprechen könnte.

Der Begriff σωτήρ („Retter") erscheint im 1. Timotheusbrief dreimal (1. Tim 1,1; 2,3; 4,10), im Titusbrief sechsmal (Tit 1,3f.; 2,10.13; 3,4.6) und im 2. Timotheusbrief einmal (2. Tim 1,10), während er sonst in den Paulusbriefen noch Eph 5,23 und in Phil 3,20 vorkommt. Während der Begriff in Eph 5,23 im Nominativ und in Phil 3,20 im Akkusativ erscheint, fällt auf, dass er in den Pastoralbriefen mit einer Ausnahme (1. Tim 4,10) immer im Genitiv erscheint und dabei jeweils von „unserem Retter" die Rede ist. Zudem wird das Verb σῴζω („retten, heilen") im 1. Timotheusbrief viermal (1. Tim 1,15; 2,4.15; 4,16), im 2. Timotheusbrief zweimal (2. Tim 1,9; 4,18) und im Titusbrief einmal verwendet (Tit 3,5), was allerdings im Vergleich zu einzelnen anderen Paulusbriefen nichts Außergewöhnliches ist[24]. Das *Nomen actionis* σωτηρία („Rettung") erscheint zweimal im 2. Timotheusbrief (2. Tim 2,10; 3,15; sonst noch 16-mal in Paulusbriefen) und das Adjektiv σωτήριος („rettend, heilbringend") einmal im Titusbrief (Tit 2,13).

Das relativ häufige Vorkommen des Begriffs ἔλεος („Erbarmen")[25], der sonst in den Paulusbriefen des Neuen Testaments insgesamt nur noch fünfmal erscheint[26], fällt in den Pastoralbriefen auf.[27] Außerhalb der zwei Timotheusbriefe erscheint der Begriff ἔλεος im Eingangsgruß im Neuen Testament nur noch in 2. Joh 3 und Jud 2 – also auch nicht im Titusbrief. In den beiden Timotheusbriefen erscheint das Wort im Eingangsgruß, der in beiden Briefen fast wörtlich übereinstimmt – mit dem kleinen Unterschied, dass der Empfänger des 1. Timotheusbrief als „echtes Kind im Glauben" angesprochen wird (1. Tim 1,2: Τιμοθέῳ γνησίῳ τέκνῳ), während der Empfänger des 2. Timotheusbrief als „geliebtes Kind" (Τιμοθέῳ ἀγαπητῷ τέκνῳ) angesprochen wird (2. Tim 1,2), aber auch Titus wird wie der Empfänger des 1. Timotheusbriefs „echtes Kind" genannt (Tit 1,4: Τίτῳ γνησίῳ τέκνῳ). Beide Ausdrücke sind zwar neu-

---

[24] Das Verb σῴζω erscheint achtmal im Römerbrief, neunmal im 1. Korintherbrief, einmal im 2. Korintherbrief, zweimal im Epheserbrief und je einmal in den zwei Thessalonicherbriefen.
[25] Vgl. dazu 1. Tim 1,2; 2. Tim 1,2.16.18; Tit 3,5.
[26] Vgl. Röm 9,23; 11,31; 15,9; Gal 6,16; Eph 2,4.
[27] Das Verb ἐλεέω erscheint hingegen sechsmal im Römerbrief (in Röm 9,15.18; 11,30.31.32), je einmal im 1. und im 2. Korintherbrief (1. Kor 7,25; 2. Kor 4,1) und im Philipperbrief (Phil 2,27) und zweimal im 1. Timotheusbrief (1. Tim 1,13.16).

testamentlich singulär, doch nicht unpaulinisch (zu γνήσιος vgl. auch 2. Kor 8,8; Phil 2,20; 4,3).
Timotheus ist gemäß 1. Tim 1,2 ein „echtes Kind im Glauben[28]", während Titus nach Tit 1,4 ein „echtes Kind nach dem gemeinsamen Glauben (κατὰ κοινὴν πίστιν)" ist und der Glaube in 2. Tim 1,2 nicht erwähnt wird[29]. Der gemeinsame Glaube wird sonst in einer Briefeinleitung nur noch in Röm 1,12 betont. In Tit 1,4 wird er wohl deshalb hervorgehoben, weil Titus im Gegensatz zu Timotheus und auch zu Paulus „Heidenchrist" ist und/oder weil der Titusbrief in Gemeinden (auf Kreta) gelesen wurde, die Paulus nicht selbst gegründet hat (wie im Fall des Römerbriefs). Diese feine Unterscheidung zwischen 1. Tim 1,2 und Tit 1,4 macht jedoch nur dann Sinn, wenn beide Briefe auch tatsächlich von Paulus geschrieben wurden. In diese Richtung deutet auch der Briefschluss in Tit 3,15, wonach „alle, die mit mir [sind]"[30], Titus grüßen lassen und Titus diejenigen grüßen soll, „die uns im Glauben lieben" (τοὺς φιλοῦντας ἡμᾶς ἐν πίστει).
Während Paulus in Tit 1,1 über die Präskripte der zwei Timotheusbriefe hinaus als „Sklave Gottes" (δοῦλος θεοῦ) bezeichnet wird, fehlt in Tit 1,4 im Segenswunsch die Ergänzung „unseres Herrn" (τοῦ κυρίου ἡμῶν), die sowohl in 1. Tim 1,2 als auch in 2. Tim 1,2 begegnet. Das fällt umso mehr auf, da der Titusbrief der einzige Paulusbrief ist, in dem der Begriff κύριος („Herr") kein einziges Mal verwendet wird, während er im 1. Timotheusbrief sechsmal und im 2. Timotheusbrief 16-mal erscheint.[31]
In 2. Tim 1,1 wird die „Verheißung des Lebens" (ἐπαγγελίαν ζωῆς) angesprochen, womit ein Ausdruck gebraucht wird, der im Neuen Testament nur noch in 1. Tim 4,6 erscheint, wonach diese Verheißung des „jetzige und das kommende" Leben betrifft. Im Präskript des Titusbrief wird hingegen die „Hoffnung des ewigen Lebens" betont (vgl. auch Tit 3,7 κατ' ἐλπίδα ζωῆς αἰωνίου = „nach

---

[28] Der Ausdruck ἐν πίστει erscheint in allen drei Pastoralbriefen (1. Tim 1,2.4; 2,7.15; 3,13; 4,12; 2. Tim 1,13; Tit 3,15), sonst aber im gesamten Neuen Testament nur dreimal (so in Gal 2,20; Jak 1,6; 2,5). Mit Artikel (ἐν τῇ πίστει) steht der Ausdruck zudem in 1. Kor 16,13; 2. Kor 13,5; Tit 1,13 und 2. Kor 1,5).

[29] In 2. Tim 1,5 ist von dem „ungeheuchelten Glauben in dir" die Rede.

[30] Der Ausdruck οἱ μετ' ἐμοῦ πάντες in Tit 3,15 erscheint zwar im Neuen Testament nur an dieser Stelle, doch ist die Satzstellung von πᾶς in diesem Zusammenhang typisch für ähnliche Wendungen am Schluss einiger Paulusbriefe. (vgl. 1. Kor 16,20: ἀσπάζονται ὑμᾶς οἱ ἀδελφοὶ πάντες; 1. Thess 5,26: ἀσπάσασθε τοὺς ἀδελφοὺς πάντας ...; Röm 16,16b: ἀσπάζονται ὑμᾶς αἱ ἐκκλησίαι πᾶσαι τοῦ Χριστοῦ; 2. Kor 13,12: ἀσπάζονται ὑμᾶς οἱ ἅγιοι πάντες; 2. Tim 4,21b: ἀσπάζεταί σε ... καὶ οἱ ἀδελφοὶ πάντες.

[31] Relativ häufiger als im 2. Timotheusbrief (ca. 1,29 % Wortanteil) erscheint der Begriff in den neutestamentlichen Paulusbriefen nur noch in den zwei Thessalonicherbriefen (ca. 1,6 bzw. 2,66 %) und im Philemonbrief (ca. 1,48 %).

der Hoffnung des ewigen Lebens"; zum Ausdruck „ewiges Leben" vgl. auch 1. Tim 1,16), welche Gott verheißen hat, während nach 1. Tim 1,1 Christus Jesus „unsere Hoffnung" ist. Zu beachten ist dabei, dass der Begriff ἐλπίς („Hoffnung") in den Pastoralbriefen neben 1. Tim 1,1 und Tit 1,2 nur noch zweimal im Titusbrief erscheint (Tit 2,13; 3,7), womit der Begriff im Titusbrief in jedem Kapitel einmal verwendet wird.

Zudem fallen im Präskript des Titusbriefs Ergänzungen im Vergleich zu den Präskripten in den zwei Timotheus auf, die jedoch für „die Pastoralbriefe" insgesamt „typisch" sind. So erscheint das Verb φανερόω („erscheinen"), das auch im ähnlichen Zusammenhang in 1. Tim 3,18 und 2. Tim 1,10 verwendet wird. Der Satz ὃ ἐπιστεύθην ἐγώ („das mir angetraut wurde") erscheint wörtlich auch in 1. Tim 1,11 (vgl. auch 1. Kor 9,17; Gal 2,7), wobei an dieser Stelle das „Evangelium" Gegenstand ist, während es in Tit 1,3 die „Verkündigung" (κήρυγμα) ist[32], womit an dieser Stelle ein Begriff erscheint, der auch in 2. Tim 4,17 verwendet wird (vgl. auch Röm 16,25; 1. Kor 1,21; 2,4; 15,14). Der Begriff ἐκλεκτός („auserwählt; Auserwählter"), der in Tit 1,1 verwendet wird, erscheint auch in 1. Tim 5,21 und in 2. Tim 2,10, wobei an der ersten Stelle von den „auserwählten Engeln" die Rede ist.

Der Ausdruck ἐπίγνωσις ἀληθείας („Erkenntnis der Wahrheit"), der in Tit 1,1 verwendet wird, erscheint sonst im Neuen Testament nur noch in 1. Tim 2,4 und in 2. Tim 2,25 sowie 3,7[33], während der Begriff εὐσέβεια („Frömmigkeit; Ehrfurcht") besonders „typisch" für den 1. Timotheusbrief ist (vgl. 1. Tim 2,2; 3,16; 4,7; 6,3.5.6.11; vgl. auch 2. Tim 3,5); außerhalb der Pastoralbriefe erscheint der Begrif kein einziges Mal in den Paulusbriefen. In Tit 1,2 ist außerdem die Wendung πρὸ χρόνων αἰωνίων („vor ewigen Zeiten") gebraucht, die im Neuen Testament nur noch in 2. Tim 1,9 verwendet wird, und der Ausdruck καιροῖς ἰδίοις („zu seinen [rechten/passenden] Zeiten", der im Neuen Testament nur noch zweimal in 1. Tim 2,6 und 6,15 erscheint. Somit entsteht der Eindruck, dass der Titusbrief im Präskript besonders an den 1. Timotheus-brief anknüpfen kann, obwohl das Präskript wie in anderen Paulusbriefen gleichzeitig schon besonders mit Rücksicht des folgenden Inhalts des Briefs formuliert worden ist.

Der Ausdruck „Christi Jesu" statt „Jesu Christi" im Präskript ist für die drei Pastoralbriefe einzigartig. Außergewöhnlich ist für 1. Tim 1,2 und 2. Tim 1,2 zudem die anschließende Ergänzung τοῦ κυρίου ἡμῶν („unseres Herrn")[34], die

---

[32] Die Wendung τὸν λόγον αὐτοῦ ἐν κηρύγματι in Tit 1,3 erinnert an ὁ λόγος μου καὶ τὸ κήρυγμά μου in 1. Kor 2,4 (vgl. auch 2. Tim 4,2: κήρυξον τὸν λόγον), wobei die Stellung von ἐν κηρύγματι in Tit 1,3 für Paulus typisch ist.

[33] Vgl. auch 1. Tim 4,3: καὶ ἐπεγνωκόσι τὴν ἀλήθειαν; vgl. zudem Hebr 10,26: τὴν ἐπίγνωσιν τῆς ἀληθείας.

[34] In 2. Tim 1,2 so mit folgenden Textzeugen: ℵ² A D F G I K L Ψ 81. 104. 365. 630.

in Tit 1,4 mit τοῦ σωτῆρος ἡμῶν („unseres Retters") „ersetzt" wird. Somit wird einerseits der „paulinische Charakter" der Präskripte in den Pastoralbriefen deutlich sichtbar, während es andererseits ebenso deutliche Parallelen innerhalb der drei Pastoralbriefe gibt, die leicht vom „paulinischen Schema" abweichen, wobei der Titusbrief wiederum leicht von den Timotheusbriefen abweicht, was im Rahmen des Briefes offenbar sehr bewusst geschieht. Ein „Fälscher" hätte sich bei all diesen „Anlehnungen" an den „echten" Paulus wohl insgesamt an diesen gehalten.

In 2. Tim 1,1 erscheint im Präskript zusätzlich die Wendung διὰ θελήματος θεοῦ („durch den Willen Gottes"), der in weiteren vier Präskripten der Paulusbriefe erscheint[35] und sonst im gesamten Neuen Testament nur noch in Röm 15,32 und 2. Kor 8,5 und somit kein einziges Mal außerhalb der Paulusbriefe. Ebenso folgt in 2. Tim 1,3 die typisch paulinische Danksagung, die im Titusbrief fehlt, während sie in 1. Tim 1,12 in einem gewissen Sinn „nachgeholt" wird, wobei in 2. Tim 1,3 allerdings nicht wie sonst allgemein bei Paulus das Verb εὐχαριστέω („danken") verwendet wird, sondern der Ausdruck χάριν ἔχω („danken"), der sonst im Neuen Testament in diesem Sinn nur noch in 1. Tim 1,12 gebraucht wird. Dabei folgt in 1. Tim 1,12 nicht eine „typische Danksagung" für den/die Empfänger, sondern eine Danksagung in Bezug auf den Verfasser. In diesem Zusammenhang fällt auch auf, dass das Verb εὐχαριστέω in den drei Pastoralbriefen kein einziges Mal erscheint, was sonst innerhalb der Paulusbriefe nur noch im Galaterbrief der Fall ist. Die Fürbitte für Timotheus geschieht nach 2. Tim 1,3 „Nacht und Tag" (νυκτὸς καὶ ἡμέρας), womit ein Ausdruck verwendet wird, der neben Mk 5,5 und 1. Tim 5,5 nur noch dreimal in 1. Thess 2,9 und 3,10 sowie in 2. Thess 3,8 erscheint und dabei in 1. Thess 3,10 wie in 1. Tim 5,5 auf das Gebet des Paulus bezogen wird.[36]

Die Einleitungen der Pastoralbriefe tragen somit deutlich die Handschrift des Apostels Paulus, und gerade auch die „Abweichungen" sprechen dabei nicht für eine Fälschung, sondern viel eher für die Originalität und die Selbständigkeit des Heidenapostels, da sie gezielt eingefügt werden.

Im Folgenden sollen kurz die Abschlüsse der Pastoralbriefe miteinander verglichen werden:

- Ἡ χάρις μεθ' ὑμῶν (1. Tim 6,21).
- Ὁ κύριος μετὰ τοῦ πνεύματός σου. ἡ χάρις μεθ' ὑμῶν (2. Tim 4,22).

1175. 1241. 1505 𝔐 lat sy[h] sa bo[p].

[35] So in 1. Kor 1,1; 2. Kor 1,1; Eph 1,1; Kol 1,1.

[36] Der Ausdruck לַיְלָה וְיוֹמָם erscheint im Alten Testament nur dreimal (Deut 28,66; Jes 34,10; Jer 14,17), während der Ausdruck יוֹמָם וְלַיְלָה insgesamt 19-mal erscheint (so z. B. in Ex 13,21; Lev 8,35; Num 9,21; Ps 1,2; 32,4; 42,4; 56,11), wobei besonders die Psalmstellen zeigen, dass der Ausdruck vor allem auch mit der Mühsal verbunden wird.

- Ἀσπάζονταί σε οἱ μετ' ἐμοῦ πάντες. ἄσπασαι τοὺς φιλοῦντας ἡμᾶς ἐν πίστει. Ἡ χάρις μετὰ πάντων ὑμῶν (Tit 3,15).

In allen drei Briefschlüssen findet sich der Ausdruck „die Gnade [sei] mit euch" (so im Neuen Testament nur noch in Kol 4,18; vgl. auch Eph 6,24), wobei in Tit 3,15 πάντων („allen") ergänzt wird (so auch in Hebr 13,25) und in 2. Tim 4,22 ein persönlicher „Segenswunsch" („der Herr [sei] mit deinem Geist") vorangeht. Zudem lassen gemäß Tit 3,15 „alle, die mit dir [sind]", Titus grüßen. Das entspricht jeweils dem Kontext im Brief, da der 2. Timotheusbrief insgesamt eher persönlichen Charakter trägt und der gemeinsame Glaube im Titusbrief und damit in einem Brief, der wohl außer an Titus vor allem an Gläubige gerichtet ist, die Paulus nicht persönlich kannte, von Anfang an betont wird.

Vor dem eigentlichen Briefschluss schreibt der Verfasser in 2. Tim 4,9: „Beeile dich, schnell/bald zu mir u kommen" (σπούδασον ἐλθεῖν πρός με ταχέως), und dies soll nach 2. Tim 4,21 „vor dem Winter" geschehen (σπούδασον πρὸ χειμῶ-νος ἐλθεῖν). Andererseits wird Titus in Tit 3,12 aufgefordert: „Wenn ich Artemas zu dir sende oder Tychikus, beeile dich, zu mir nach Nikopolis zu kommen (σπούδασον ἐλθεῖν πρός με εἰς Νικόπολιν), denn ich habe entschieden, dort zu überwintern" (vgl. auch 1. Kor 16,6). In dieser Hinsicht stellt sich die Frage, warum ein „Fälscher" solche Aufforderungen an (ehemalige) Paulusmitarbeiter erfinden sollte.

4.1.3 Die Betonung der Rettung Gottes durch Jesus Christus für alle

Gemäß 1. Tim 2,5 gibt es „nur einen Gott und einen Mittler zwischen Gott und den Menschen, der Mensch Christus Jesus". Dieser „eine Gott" wünscht, „dass alle Menschen errettet werden und zur Erkenntnis der Wahrheit kommen" (vgl. 1. Tim 2,4). Er ist gemäß 1. Tim 4,10 ein „Retter aller Menschen, am meisten der Gläubigen", und gemäß Tit 2,11 ist die Gnade Gottes „heilbringend (σωτήριος) für alle Menschen" erschienen. Dieses Heil Gottes (vgl. auch 1. Tim 1,1; 2,3) ist den Menschen durch Jesus Christus zugänglich gemacht worden, und darum ist er „unsere Hoffnung" (1. Tim 1,1). In 2. Tim 1,10 wird Jesus Christus deshalb als „unser Retter" bezeichnet, der durch seine Erscheinung „den Tod zunichte gemacht" und „Leben und Unvergänglichkeit ans Licht gebracht hat durch das Evangelium". Diese Erscheinung bezieht sich auf die Menschwerdung Jesu (vgl. 1. Tim 3,16).[37] Aus diesem Grund spricht 1. Tim 2,5 vom „Menschen Christus Jesus", „der sich selbst als Lösegeld gegeben hat für alle

---

[37] Manche Textzeugen (so ℵ^c A^c C^2 D^2 Ψ 1739. 1881 𝔐 vg^{ms}) lesen in 1. Tim 3,16 „Gott erschien im Fleisch" statt „er erschien im Fleisch" (D* liest ὅ = es = das Geheimnis). Auch wenn dieser Text kaum ursprünglich ist (ΟΣ konnte leicht mit ΘΣ, der Kurzform von θεός, verwechselt werden), so ist doch mit der Formulierung die Präexistenz Jesu vorausgesetzt.

[Menschen], das Zeugnis in eigenen Zeiten" (1. Tim 2,6). Das Heil für alle Menschen geht demnach von dem „einem Gottes" aus, der Jesus Christus dafür in die Welt kommen ließ (vgl. auch u. a. Tit 2,11). Somit gibt es aber auch nur durch Jesus Christus Heil für alle Menschen (vgl. auch Röm 5,12.18).

In diesem Zusammenhang fällt auf, dass der Ausdruck πάντες ἄνθρωποι („alle Menschen") im 1. Timotheusbrief dreimal (1. Tim 2,1; 2,4; 4,10) und im Titusbrief zweimal erscheint (Tit 2,11; 3,2), während er sonst in den Paulusbriefen insgesamt zehnmal verwendet wird.[38]. Mit „dem Menschen Christus Jesus" ist damit in 1. Tim 2,4 offenbar „der zweite/letzte/eschatologische Adam/Mensch" gemeint[39], der nach 1. Kor 15,45 auf Grund seiner Auferstehung aus den Toten (vgl. 1. Kor 15,20ff.) „zum lebendig machenden Geist" geworden ist.

An dieser Stelle sei noch auf eine gewisse Parallele zwischen Tit 2,11ff. und 1. Tim 2,1ff. hingewiesen. Während 1. Tim 2,1ff. mit dem Gebet für alle Menschen (ὑπὲρ πάντων ἀνθρώπων) und der Obrigkeit beginnt und dann das Heil Gottes für alle Menschen erwähnt (vgl. 1. Tim 2,4: ὃς πάντας ἀνθρώπους θέλει σωθῆναι ...), beginnt Tit 2,11ff. mit der Gnade Gottes, die „heilbringend für alle Menschen" (σωτήριος πᾶσιν ἀνθρώποις) erschienen ist, und geht anschließend auf die Beziehung zur Obrigkeit (vgl. Tit 3,1) und zu allen Menschen (πρὸς πάντας ἀνθρώπους) ein (vgl. Tit 3,2), und Tit 3,4 knüpft dann offensichtlich wieder an Tit 2,11 an. Tit 3,5a (vgl. auch Tit 3,7a) bildet dagegen eine gewisse Parallele zu 2. Tim 1,9 (und zu anderen Paulus-Stellen).

In 1. Tim 2,6 erscheint das neutestamentliche Hapaxlegomenon ἀντίλυτρον („stellvertretende Erlösung"; vgl. dazu auch z. B. Mt 20,28 = Mk 10,45). Dabei ist auch zu beachten, dass der Stamm λυτρ- („Erlösung" etc.) in den Pastoralbriefen nur noch in Tit 2,14 vorkommt, wonach Jesus Christus, „unser Erretter" (vgl. Tit 2,13), „sich selbst für uns hingegeben hat, damit er uns von jeder Gesetzlosigkeit erlöse (ἵνα λυτρώσηται ἡμᾶς ...) und sich ein Eigentumsvolk (λαὸν περιούσιον)[40] reinige ...". Tit 2,14 stellt somit eine gewisse Parallele zu 1. Tim 2,6, geht jedoch konkret auf die Situation *seiner* Adressaten ein, die offenbar zumindest zum großen Teil aus Neulinge im Glauben bestand.

---

[38] So in Röm 5,12.18; 12,17f.; 1. Kor 7,7; 15,19; 2. Kor 3,2; Phil 4,5; 1. Thess 2,15; vgl. auch Gal 5,3; Kol 1,28.

[39] Vvgl. dazu 1. Kor 15,45.45: ὁ ἔσχατος Ἀδάμ bzw. ὁ δεύτερος ἄνθρωπος.

[40] Das Adjektiv περιούσιος erscheint im Neuen Testament nur in Tit 2,14. Der Ausdruck λαὸν περιούσιον ist offensichtlich in Anlehnung an alttestamentliche Texte wie Ex 19,5 formuliert worden (er erscheint in der LXX zudem in Ex 23,22; Deut 7,6; Deut 14,2 und 26,18, wobei diese Stellen an Ex 19,5 anknüpfen). In 1. Petr 2,9 findet sich – offenbar ebenfalls in Anlehnung an Ex 19,5f. – λαὸς εἰς περιποίησιν.

4.1.4 Der Gebrauch christologischer Titel und die militärische Epiphaniesprache

In diesem Zusammenhang sei nochmals darauf hingewiesen, dass der Begriff κύριος („Herr") im 1. Timotheusbrief sechmal und im 2. Timotheusbrief 16-mal verwendet wird, während er im Titusbrief kein einziges Mal erscheint, wobei – wie bereits erwähnt – besonders das Auslassen im Präskript auffallend ist. Obwohl der Begriff im 2. Timotheusbrief 16-mal verwendet wird, wird er nur in 2. Tim 1,2 und damit im Präskript ausdrücklich auf Jesus bezogen; ansonsten ist von „dem Herrn" die Rede, wobei vorausgesetzt wird, dass dem Leser bewusst ist, wer dieser „Herr" ist.[41] Im 1. Timotheusbrief wird „Christus Jesus" bzw. „Jesus Christus" allgemein als „unser Herr" bezeichnet (vgl. 1. Tim 1,2.12; 6,3.12). In 1. Tim 1,14 wird „die Gnade unseres Herrn mit Glauben und Liebe, welche ist Christus Jesus [ist]", erwähnt, und nach 1. Tim 6,15 ist Jesus „der König der Könige und Herr der Herren". Fuchs geht davon aus, dass die „Übertragung des wichtigsten Gottestitels des Judentums auf Jesus bei der Verlesung des Tit durch einen Griechen – vor eventuell anwesenden auch jüdischen Hörern" – den Titus hätte in Schwierigkeiten bringen können.[42] Auf jeden Fall wird sichtbar, dass der Verfasser die „Hoheitstitel" ganz gezielt eingesetzt hat. Ein Pseudepigraf hätte kaum z. B. den Titel „Herr" im Titusbrief ausgelassen bzw. stattdessen σωτήρ („Retter") eingesetzt, während der Titel „Herr" sonst in allen neutestamentlichen Paulusbriefen erscheint.[43]

Der Begriff ἐπιφάνεια („Erscheinung") begegnet in allen drei Pastoralbriefen (1. Tim 6,14; 2. Tim 1,10; 4,1.8; Tit 2,13) – in Tit 2,11 und 3,4 ist das Verb ἐπιφαίνομαι („erscheinen") gebraucht –, sonst aber im Neuen Testament nur in 2. Thess 2,8. Im gleichen bzw. ähnlichen Zusammenhang wird in 1. Tim 3,16; 2. Tim 1,10 und Tit 1,3 zudem das damit verwandte einfache Verb φανερόω („sichtbar machen/werden") verwendet. Während in den Pastoralbriefen dabei jeweils von der Erscheinung Jesu bzw. Gottes die Rede ist, wird in 2. Thess 2,8 von der „Erscheinung seiner Ankunft" (τῇ ἐπιφανείᾳ τῆς παρουσίας αὐτοῦ), d. h. der Erscheinung Jesu bei seiner Wiederkunft gesprochen.[44] Der militäische Fachausdruck, der das plötzliche und unerwartete Auftauchen des Feindes bezeichnete, „wodurch die Entscheidung der Schlacht erzwungen werden sollte"[45], wird in den Pastoralbriefen sowohl in Bezug auf das erste Kommen (vgl. 1. Tim

---

[41] Vgl. dazu auch Fuchs, Unverwartete Unterschiede, 96f.
[42] Ebd., 100.
[43] Vgl. auch Fuchs, Unverwartete Unterschiede, 99.
[44] In 2. Thess 2,9 ist dagegen von der Ankunft (ἡ παρουσία) des „Gottlosen" die Rede, die „nach der Wirksamkeit Satans" ist.
[45] Bultmann/Lührmann, Art. ἐπιφαίνω, 8. Das Nomen ἐπιφάνεια bezeichnete zudem die Front des Heeres (vgl. ebd.). Die ἐπιφάνεια Gottes „ist sein hilfreiches Eingreifen in der Schlacht" (ebd., 9).

3,16; 2. Tim 1,10; Tit 2,11; 3,4; vgl. auch Tit 1,3) als auch in Bezug auf die Wiederkunft Jesu (vgl. 1. Tim 2,8; 2. Tim 4,1.8; Tit 2,13) verwendet.

4.1.5 Die Bekämpfung der Irrlehren

Die „Mythen" (μύθοι) sind in allen drei Pastoralbriefen ein Thema (vgl. 1. Tim 1,4; 4,7; 2. Tim 4,4; Tit 1,14), während der Begriff im Neuen Testament sonst nur in 2. Petr 1,16 erscheint. Damit verbunden werden sowohl im 1. Timotheusbrief als auch im Titusbrief die „Genealogien" (γενεαλογίαι) angesprochen (1. Tim 1,4; Tit 3,9), die für theologische Diskussionen sorgten, und die „Streitfragen" (ζητήσεις bzw. ἐκζητήσεις) sind auch im 2. Timotheusbrief ein Thema (vgl. 1. Tim 1,4; 6,4; 2. Tim 2,23; Tit 3,9). In 2. Tim 2,23 und Tit 3,9 werden (nomistische) „Kämpfe" (μάχαι) erwähnt, während dieser Begriff sonst im Neuen Testament lediglich in 2. Kor 7,5 und Jak 4,1 erscheint (vgl. auch 1. Kor 15,32: ἐθηριομάχησα). Zudem erscheint die Wortfamilie als solche in den Pastoralbriefen sogar wesentlich häufiger, so ἄμαχος („ohne Kampf/Streitsucht"; 1. Tim 3,3; Tit 3,2), λογομαχία („Wortstreit"; 1. Tim 6,4), λογομαχέω („Wortstreit führen"; 2. Tim 2,14) und μάχομαι („streiten, kämpfen"; 2. Tim 2,24).[46] Im Zusammenhang mit den damit angesprochenen religiösen „Schwätzern"[47] erscheint auch dreimal das Adjektiv ἀνυπότακτος („unordentlich; Unordentlicher"; 1. Tim 1,9; Tit 1,6; Tit 1,10), das im Neuen Testament sonst nur noch in Hebr 2,8 gebraucht wird.

In 1. Tim 1,3 und 6,3 ist nach dem Kontext von denen die Rede, die „etwas anderes/Andersartiges lehren", wobei das Kompositum ἑτεροδιδασκαλέω gebraucht wird, das sonst im gesamten Neuen Testament nicht erscheint. Allerdings erscheint ἕτερον („etwas anderes/Arndersartiges") noch zweimal als Präfix in einem Kompositum in den Paulusbriefen, und zwar nur hier im Neuen Testament (vgl. 1. Kor 14,21: ἐν ἑτερογλώσσοις; 2. Kor 6,14: ἑτεροζυγοῦντες), was für Paulus auch als Verfasser der Pastoralbriefe sprechen könnte.

Der Begriff νοῦς („Verstand, Sinn") erscheint in allen drei Pastoralbriefen jeweils einmal, und zwar immer im Zusammenhang mit den „Verführern", wobei in den zwei Timotheusbriefen von Menschen die Rede ist, die in Bezug auf den Verstand „verkehrt" (διεφθαρμένων bzw. κατεφθαρμένοι) sind (vgl. 1. Tim 6,5; 2. Tim 3,8), während nach Tit 1,15 „sowohl ihr Verstand als auch ihr Gewissen befleckt ist". Und während diese Menschen nach 1. Tim 1,7 „nicht bedenken (μὴ νοοῦντες), was sie sagen", soll Timotheus gemäß 2. Tim 2,7 „be-

---

[46] Das letzte Verb erscheint ansonsten im Neuen Testament in Joh 6,52; Apg 7,26; Jak 4,2, und die anderen Begriffe werden sonst nicht gebraucht.

[47] Vgl. dazu u. a. 1. Tim 6,20 und 2. Tim 2,16: τὰς δὲ βεβήλους κενοφωνίας; 1. Tim 1,6: εἰς ματαιολογίαν; Tit 1,10: ματαιολόγος καὶ φρεναπάται. Das Wort φρεναπάτης ist ein neutestamentliches Hapaxlegomenon. In Gal 6,3 erscheint jedoch das damit verwandte Verb φρεναπατάω.

denken, was ich sage" (νόει ὃ λέγω), wobei das Verb νοέω verwendet wird, das sonst (als einfaches Verb) in den Paulusbriefen nur noch dreimal erscheint (Röm 1,20; Eph 3,4.20). In 1. Tim 6,9 und Tit 3,3 erscheint das substantivierte Adjektiv ἀνόητος („Unverständiger"), das sonst in den Paulusbriefen nur noch dreimal gebraucht wird (Röm 1,14; Gal 3,1.3) und sonst im Neuen Testament nur noch in Lk 24,25 erscheint. Und während das Wort „Lust" (ἡδονή) in den Paulusbriefen nur an dieser Titusstelle erscheint, werden die Menschen gemäß 2. Tim 3,4 in den letzten Tagen (vgl. 2. Tim 3,1) „mehr lustliebend als gottliebend" (φιλήδονοι μᾶλλον ἢ φιλόθεοι) sein.

In diesem Zusammenhang fällt zudem auf, dass die Empfänger aller Pastoralbriefe aufgefordert werden, verkehrte Lehrinhalte „zurückzuweisen", wobei das Verb παραιτέομαι („zurückweisen") in jedem der drei Briefe je einmal verwendet wird (1. Tim 4,7; 2. Tim 2,23 und Tit 3,10), während das Kompositum περιΐστημι („herumtreten; meiden") in 2. Tim 2,16 (τὰς δὲ βεβήλους κενοφωνίας περιΐστασο ...) und in Tit 3,9 (μωρὰς δὲ ζητήσεις καὶ γενεαλογίας καὶ ἔρεις καὶ μάχας νομικὰς περιΐστασο ...) erscheint und sonst im Neuen Testament nur noch in Joh 11,42 und Apg 25,7. Andererseits begegnet in 1. Tim 6,20 wie in 2. Tim 2,16 die Wendung τὰς δὲ βεβήλους κενοφωνίας („die unheiligen leeren Geschwätze") – der Begriff κενοφωνία erscheint sonst im Neuen Testament nicht –, wobei in 1. Tim 6,20 in diesem Zusammenhang das Kompositum ἐκτρέπομαι („sich abwenden") gebraucht wird, das seinerseits neben 1. Tim 1,6 und 5,15 auch in 2. Tim 4,4 erscheint und sich sonst im Neuen Testament nur noch in Hebr 12,13 findet. In 1. Tim 1,6 wird erwähnt, dass sich einige „zur leeren Rede" (εἰς ματαιολογίαν) abgewandt haben (vgl. dazu auch Tit 1,10: ματαιολόγος καὶ φρεναπάται), während in 2. Tim 4,4 gesagt wird, dass sich einige zu den Mythen hin abgewandt haben.

4.1.6 Die Betonung des Bewahrens, der richtigen Lehre und der Nachfolge

Das Verb φυλάσσω („bewahren, halten") erscheint in den Paulusbriefen außerhalb der Pastorbriefe lediglich dreimal (Röm 2,26; Gal 6,13; 2. Thess 3,3), wobei es entweder um das Halten des Gesetzes (so Röm 2,26; Gal 6,13) oder um die Bewahrung durch den „Herrn" geht (so 2. Thess 3,3). Im 1. Timotheusbrief erscheint das Verb zweimal (1. Tim 5,21; 6,20) und im 2. Timotheusbrief dreimal (2. Tim 1,12.14; 4,15), und dreimal ist dabei das „anvertraute Gut" (παραθήκη) Gegegenstand des Bewahrens. In 1. Tim 6,20 wird Timotheus aufgefordert, das „anvertraute Gut" zu bewahren (τὴν παραθήκην φύλαξον), während er in 2. Tim 1,14 aufgefordert wird, das „anvertraute Gut" durch den Heiligen Geist zu bewahren (τὴν καλὴν παραθήκην φύλαξον ...), und gemäß 2. Tim 1,14 fordert Paulus Timotheus auf, „mein anvertrautes Gut bis auf jenen

Tag zu bewahren" (τὴν παραθήκην μου φυλάξαι ...). Auch in 1. Tim 5,21 und 2. Tim 4,15 ist Timotheus Subjekt des Verbs.
Das Nomen παραθήκη („[testamentarisch] anvertrautes Gut") erscheint im Neuen Testament seinerseits nur in 1. Tim 6,20 sowie 2. Tim 1,12.14, während das entsprechende Verb παρατίθημι („vorlegen; [testamentarisch] anvertrauten") im Neuen Testament zwar insgesamt 19-mal erscheint (bei Paulus in 1. Kor 10,27; 1. Tim 1,18; 2. Tim 2,2), aber nur in 1. Tim 1,18 und 2. Tim 2,2 wird das Kompositum in Bezug auf das „(testamentarische) Anvertrauen" eines lehrmäßigen Inhalts gebraucht.
In diesem Zusammenhang fällt auch auf, dass das Verb ἀκολουθέω („folgen; nachfolgen") und seine Komposita in den Paulusbriefen außerhalb der Pastoralbriefe nur in 1. Kor 10,4 erscheinen, sich dabei aber nicht auf die christliche Lehre beziehen, während in 1. Tim 4,6 und 2. Tim 3,10 jeweils das Kompositum παρακολουθέω[48] und in 1. Tim 5,10.24 das Kompositum ἐπακολουθέω[49] verwendet wird. Gemäß 1. Tim 4,6 und 2. Tim 3,10 ist Timotheus „der guten Lehre/Belehrung" bzw. „meiner Belehrung" gefolgt. Damit hat das Kompositum – und nur das Kompositum – παρακολουθέω, das an diesen Stellen gebraucht wird[50], jeweils Timotheus als Subjekt. Dabei fällt in dieser Hinsicht aber auch noch eine weitere Parallele zwischen den zwei Briefen auf. Während Timotheus in 1. Tim 6,12 aufgefordert wird, „den guten Kampf des Glaubens" zu kämpfen und „das ewige Leben, zu dem du berufen wurdest", zu ergreifen, hat Paulus selbst nach 2. Tim 4,7 „den guten Kampf gekämpft, den Lauf vollendet, den Glauben bewahrt", und hinfort liegt ihm „der Siegeskranz der Gerechtigkeit" (das „ewige Leben"; vgl. auch 2. Tim 1,1.10) bereit.[51] Was also von Paulus inzwischen erreicht wurde, soll Timotheus anstreben. Ebenso wird Timotheus sowohl in 1. Tim 6,11 als auch in 2. Tim 2,22 aufgefordert, u. a. vor „vielen unvernünftigen und schädlichen Begierden" (vgl. 1. Tim 6,9) bzw. vor „den jugendlichen Begierden" zu fliehen und der Gerechtigkeit nachzufolgen.
Diese Beispiele sind dann verständlich, wenn die zwei Timotheusbriefe in ihrer Abfassung zeitlich nahe beieinander liegen und Paulus konkret seinen langjährigen Mitarbeiter, von dem Paulus in Phil 2,21.23 geschrieben hatte, dass er „keinen [ihm] Gleichgesinnten" habe, „der aufrichtig für das Eure besorgt sein wird" und der mit Paulus „wie ein Kind dem Vater am Evangelium gedient hat", auf die Zeit nach seinem Abscheiden vorbereiten will. Das ist auch in Bezug auf die Datierung der Timotheusbriefe zu beachten.

---

[48] Vgl. dazu auch Mk 16,17; Lk 1,3.
[49] Vgl. dazu auch Mk 16,20; 1. Petr 2,21.
[50] Vgl. dazu auch Mk 16,17; Lk 1,3.
[51] Vgl. auch u. a. 1. Tim 1,18 (... ἵνα στρατεύῃ ἐν αὐταῖς τὴν καλὴν στρατείαν) mit 2. Tim 2,3-4 (συγκακοπάθησον ὡς καλὸς στρατιώτης Χριστοῦ Ἰησοῦ. Συγκακοπάθησον ὡς καλὸς στρατιώτης Χριστοῦ Ἰησοῦ).

4.1.7 Die Betonung der „gesunden Lehre", des „gottesfürchtigen" Lebens und der Besonnenheit

Auch der Gebrauch des Verbs ὑγιαίνω („gesund sein") fällt in den Pastoralbriefen auf, wobei von den zwölf neutestamentlichen Erscheinungen acht aus den Pastoralbriefen stammen[52] und sich auf die „Belehrung" (so in 1. Tim 1,10; 2. Tim 4,3; Tit 1,9; 2,1), die „Worte" (so in 1. Tim 6,3; 2. Tim 1,13) oder den „Glauben" (so in Tit 1,9; 2,2) beziehen. Der Begriff διδασκαλία („Lehre; Belehrung") erscheint im 1. Timotheusbrief achtmal (1. Tim 1,10; 4,1.6.13.16; 5,17; 6,1), im 2. Timotheusbrief dreimal (2. Tim 3,10.10; 4,3) und im Titusbrief viermal (Tit 2,1.7.10), während er sonst in den Paulusbriefen insgesamt nur noch viermal vorkommt (so in Röm 12,7; 15,4; Eph 4,14; Kol 2,22).[53] Dabei ist in jedem der drei Briefe von der „gesunden Belehrung" (ἡ ὑγιαινούση διδασκαλία) die Rede (vgl. 1. Tim 1,10; 2. Tim 4,3; Tit 1,9; 2,1). Das hängt primär sicher mit den Irrlehren zusammen, die zum Kontext der Empfänger gehörten und eine Gefahr für die Gläubigen darstellten (vgl. z. B. 1. Tim 1,3; 6,3; Tit 1,10ff.; 2,1ff.). Diese Betonung ist aber auch auf dem Hintergrund verständlich, dass der Verfasser sich offenbar seines herannahenden Abscheidens bewusst ist und die „gesunde Belehrung" seinen engsten Mitarbeitern „anvertraut" (vgl. z. B. 1. Tim 6,20; 2. Tim 1,12.14). In diesem Zusammenhang ist zu beachten, dass das „Gesundsein" in Bezug auf den Glauben nur im Titusbrief betont wird (vgl. Tit 1,13; 2,2). Offenbar sieht der Verfasser gerade in den Empfängergemeinden dieses Briefs einen Mangel in Bezug auf den „gesunden Glauben" (vgl. auch Tit 2,10).

Was den Begriff „Glaube" in den Pastoralbriefen betrifft, so gibt es Gemeinsamkeiten, aber auch deutlich unterschiedliche Akzentuierungen zwischen den einzelnen Briefen.[54] So wird der Glaube z. B. im Titusbrief nie mit Jesus Christus in Verbindung gebracht (vgl. z. B. Tit 3,8). Anderseits erscheint in den zwei Timotheusbriefen jeweils einmal der Ausdruck πίστις καὶ ἀγάπη ἡ ἐν Χριστῷ Ἰησοῦ („[der] Glaube und [die] Liebe, die in Christus Jesus [ist]"; vgl. 1. Tim 1,14; 2. Tim 1,13) und einmal der Ausdruck πίστις ἡ ἐν Χριστῷ Ἰησοῦ („[der] Glaube, der in Christus Jesus [ist]"; vgl. 1. Tim 3,13; 2. Tim 3,15). In Bezug auf das Nomen „Glaube" erscheinen ähnliche Ausdrücke in den Paulusbriefen nur noch in Gal 3,26 und Kol 1,4, während in Bezug auf das Nomen „Liebe" ähnliche Ausdrücke nur noch in Röm 8,39 und 1. Kor 16,24 vorkommen.[55]

---

[52] Sonst nur in Lk 5,31; 7,10; 15,27; 2. Joh 2. In den Paulusbriefen fehlt die Wurzel außerhalb der Pastoralbriefe vollkommen.
[53] Der Begriff διδαχή erscheint in den Paulusbriefen in Röm 6,17; 16,17; 1. Kor 14,6.26; 2. Tim 4,2 und Tit 1,9.
[54] Vgl. dazu auch Mutschler, Glaube, 383ff.
[55] Der Ausdruck ἐν Χριστῷ Ἰησοῦ erscheint im Neuen Testament nur in Paulusbriefen

Andererseits erscheint der Ausdruck πιστὸς ὁ λόγος („zuverlässig [ist] das Wort") im Neuen Testament nur in den drei Pastoralbriefen (vgl. 1. Tim 1,15; 3,1; 4,9; 2. Tim 2,11; Tit 3,8)[56]. Dass der „Glaube" bereits im Präskript des Titusbriefs zweimal hervorgehoben wird (vgl. Tit 1,1.3) und auch im Briefschluss angesprochen wird (vgl. Tit 3,15), wurde oben bereits erwähnt. Somit wird auch in dieser Hinsicht deutlich, dass die Ausdrücke zwar Gemeinsamkeiten in den Pastoralbriefen aufweisen, dass sie aber doch jeweils gezielt eingesetzt werden, was deutich gegen einen pseudepigrafischen Verfasser und gegen einen fiktiven Empfängerkreis spricht.

Auch die Verwendung des Adjektivs διάβολος („verleumderisch") zur Beschreibung vom menschlichen Verhalten fällt in allein drei Pastoralbriefen auf (so in 1. Tim 3,11; 2. Tim 3,3; Tit 2,3), was für das Neue Testament einzigartig ist. In diesem Zusammenhang ist auch die Rede vom διάβολος („Teufel") in Bezug auf den „Widersacher Gottes" zu verstehen (vgl. 1. Tim 3,6f.; 2. Tim 2,26). Weiter fällt die im Vergleich zu den übrigen Paulusbriefen relativ häufige Verwendung des Verbs ἐλέγχω („überführen") (vgl. 1. Tim 5,20; 2. Tim 4,2; Tit 1,9.13; 2,15)[57] auf. Das Verb ἐλέγχω erscheint sonst in den Paulusbriefen nur noch in 1. Kor 14,24 und Eph 5,13. Gemäß 1. Tim 5,20 soll Timotheus diejenigen, die sündigen, vor allen (in der Gemeinde) zurechtweisen, „damit auch die Übrigen Furcht haben", während in 2. Tim 4,2 allgemein erwähnt wird, dass Timotheus u. a. überführen soll. Titus soll hingegen einerseits Älteste bzw. Aufseher einsetzen, die imstande sind, „die Widersprechenden zu überführen" (Tit 1,9), während er andererseits die „leeren Schwätzer und Betrüger", die besonders „aus der Beschneidung"[58] kommen (vgl. Tit 1,10), „streng" (ἀποτόμως) überführen soll, „damit sie im Glauben gesund werden" (Tit 1,13). Somit unterscheiden sich die zwei Briefe im Gebrauch des Verbs darin, dass die angesprochenen Situationen offensichtlich die unterschiedlichen Situationen der Briefe voraussetzen.[59]

Auch der Wortstamm σεβ- (etwa „Ehrfurcht vor einer Gottheit") ist für die Pastoralbriefe typisch, wie z. B. der Gebrauch von ἀσέβεια („Gottlosigkeit"; 2. Tim 2,16; Tit 2,12), εὐσέβεια („Gottesfurcht"; 1. Tim 2,2; 3,16; 4,7f.; 6,3.5f.11; 2. Tim 3,5; Tit 1,1), εὐσεβῶς („gottesfürchtig"; 2. Tim 3,12; Tit 2,12)

(insgesamt 46-mal), und zwar in allen Paulusbriefen außer im 2. Korintherbrief, im 2. Thessalonicherbrief und im Titusbrief, während der Ausdruck ἐν Χριστῷ, der ohne das anschließende „Jesus" zusätzlich 30-mal erscheint, im Neuen Testament außerhalb der Paulusbriefe nur dreimal im 1. Petrusbrief verwendet wird (vgl. 1. Petr 3,16; 5,10. 14). Dieser letzte Ausdruck erscheint im 2. Korintherbrief sechsmal, jedoch nicht im 2. Thessalonicher- und im Titusbrief.

[56] Vgl. auch Tit 1,9: τοῦ κατὰ τὴν διδαχὴν πιστοῦ λόγου.
[57] Vgl. auch 2. Tim 3,16: πρὸς ἐλεγμόν.
[58] Vgl. zum Ausdruck auch Apg 10,45; 11,2; Röm 4,2; Gal 2,12; Kol 4,11.
[59] Vgl. dazu u. a. Engelmann, Unzertrennliche Drillinge?, 364–432.

und εὐσεβέω („gottesfürchtig leben"; 1. Tim 5,4) zeigt. Der Stamm erscheint im 1. Timotheusbrief elfmal sowie im 2. Timotheusbrief und im Titusbrief je dreimal. Das Nomen εὐσέβεια erscheint im Neuen Testament außerhalb der Pastoralbriefe nur in Apg 3,12 und viermal im 2. Petrusbrief (2. Petr 1,3.6f.; 3,11). Die Wurzel σεβ- wird außerhalb der Pastoralbriefen in den Paulusbriefen fünfmal im Römerbrief (Röm 1,18.25; 4,5; 5,6; 11,26) und sonst nur noch in 2. Thess 2,4 verwendet. Gemäß Hanna Stettler verwendet der Verfasser der Pastorlbriefe „statt des für hellenistische Leser mißverständlichen φόβος θεοῦ [vgl. dazu Röm 3,18; 2. Kor 7,1] ausschließlich das aus dem hellenistischen Judentum übernommene εὐσέβεια".[60] Besonders deutlich zeige sich in 1. Tim 3,16,

> „dass εὐσέβεια kein bloßer Moralbegriff ist ... Hier kann er nur als Synonym für πίστις verstanden werden ... Der Begriff steht also nicht in erster Linie ‚für das Verhalten des Christen', so wie vorher für das ‚des Griechen', sondern in erster Linie für dessen Grund, nämlich das neue Gottesverhältnis, mit Paulus gesprochen: den Glauben".[61]

Der (zusammengesetzte) Wortstamm σωφρο- (σωφροσύνης = „Besonnenheit" [„wörtlich" etwa: „heile Gesinnung"]; σώφρων = „besonnen", σωφρονέω = „besonnen sein"; σωφρονίζω = „besonnen machen") ist für die Pastoralbriefe typisch[62], während er sonst im gesamten Neuen Testament nur sechsmal vorkommt[63]. Im 1. Timotheusbrief sind es die Frauen, die zur „Besonnenheit" aufgefordert werden (1. Tim 2,9.15), während im Kontext von 2. Tim 1,7 Timotheus selbst angesprochen wird. Im Titusbrief werden die jungen Frauen und Männer zumindest indirekt aufgefordert, „besonnen zu sein" (Tit 2,4.6), und es wird betont, dass die rettende Gande Gottes „uns erzieht", und zwar u. a., „damit wir ... besonnen ... leben" (Tit 2,12). Der Wortstamm wird also nicht einfach literarisch „übernommen", sondern der jeweiligen Situation entsprechend verwendet. Das Verb φρονέω („denken, im Sinn haben, urteilen, trachten nach") – verbunden mit verschiedenen Präpositionen – erscheint auch sonst relativ häufig in den Paulusbriefen (z. B. zwölfmal im Römerbrief und zehnmal im Philipperbrief[64]), wobei die „heile Gesinnung" in den Pastoralbriefen offenbar angesichts der Gefahr der falschen Lehren und Weltanschauungen im Hintergrund sonders betont wird.

In diesem Zusammenhang ist auch der Gebrauch des Adjektivs νηφάλιος („nüchtern"; 1. Tim 3,2.11; Tit 2,2[65]), des Verbs νήφω („nüchtern ein"; 1. Tim

---

[60] Stettler, Christologie, 234.
[61] Ebd., 234–235.
[62] Vgl. 1. Tim 2,9.15; 3,2; 2. Tim 1,7; Tit 1,8; 2,2.4-6.12; 4,7.
[63] So in Mk 5,15; Lk 8,35; Apg 26,25; Röm 12,3; 2. Kor 5,13; 1. Petr 4,7.
[64] Ansonsten zweimal im 1. Korintherbrief, dreimal im 2. Korintherbrief, einmal im Galaterbrief und einmal im Kolosserbrief.
[65] Sonst an keiner Stelle im Neuen Testament.

2,26; 4,5⁶⁶) sowie des Adjektivs σεμνός („ehrbar"; 1. Tim 3,8.11; Tit 2,2⁶⁷) und des Nomens σεμνότης („Ehrbarkeit"; 1. Tim 2,2; 3,4; Tit 2,7⁶⁸) zu verstehen. In 2. Tim 3,15 erscheint zudem das Verb σοφίζω („weise machen"), das im Neuen Testament sonst nur in 2. Petr 1,16 gebraucht wird. Timotheus kennt demnach die „Heiligen Schriften" bereits seit der Zeit, als er Säugling war, und diese können ihn „weise machen zur Rettung durch den Glauben an Christus Jesus".

Zu der „Besonnenheit" gehört nach 1. Tim 2,9 auch, dass die Frauen sich „in ordentlicher Haltung/Kleidung" (ἐν καταστολῇ κοσμίῳ) schmücken. Der Begriff καταστολή („Zurückhaltung; ruhige Haltung; anständige Kleidung"⁶⁹) erscheint im Neuen Testament nur an dieser Stelle, während der Verfasser in Tit 2,3 in Bezug auf die „älteren Frauen" den Ausdruck ἐν καταστήματι ἱεροπρεπεῖς („in einer Haltung, wie es den Heiligen geziemt") verwendet. Auch dabei wird mit dem Begriff κατάστημα („Stellung, Beschaffenheit"⁷⁰) ein neutestamentliches Hapaxlegomenon gebraucht, das offenbar an dieser Stelle gewissermaßen als Synonym zum Begriff καταστολή in 1. Tim 2,9 verwendet wird. Die Parallelität zwischen den zwei Stellen kommt auch durch den Gebrauch des Ausdrucks ὃ πρέπει („was sich geziemt") in 1. Tim 2,10 bzw. ἱεροπρεπής („war sich für Heilige geziemt") in Tit 2,3 zum Ausdruck. Und der Gebrauch der Adjektive νηφάλιος („nüchtern") und σεμνός („ehrbar") mit Bezug auf Frauen in Tit 2,2 und des Ausdrucks μὴ διαβόλους („nicht verleumderisch") in Tit 2,3 findet eine Parallele in 1. Tim 3,11.⁷¹ Es gibt also deutliche Parallelen, aber keine literarische Abhängigkeit, da jede Stelle auf den jeweiligen Kontext der Empfängerschaft eingeht.

In den Tugendkatalogen des 1. Timotheusbriefs und des Titusbriefs erscheint zudem insgesamt dreimal das Adjektiv σεμνός („ehrbar"; vgl. 1. Tim 3,8.11; Tit 2,2). Dieses Adjektiv erscheint im Neuen Testament nur noch in Phil 4,8, und zwar ebenfalls in einem „Tugendkatalog". Zudem erscheint im 1. Timotheusbrief und im Titusbrief insgesamt dreimal das Nomen σεμνότητος („Ehrbarkeit"; vgl. 1. Tim 2,2; 3,4; Tit 2,7), und zwar ebenfalls im Zusammenhang mit anderen „Tugenden". Während gemäß 1. Tim 3,11 die Frauen (der Diakone) u. a. „ehrbar" (σεμνάς) und „nüchtern" (νηφαλίους) sein sollen, sollen das gemäß Tit 2,2 die älteren Männer (πρεσβύτας) sein. Dabei fällt auch auf, dass νηφάλιος („nüchtern") im Neuen Testament nur noch in 1. Tim 3,2 er-

---

⁶⁶ Sonst im Neuen Testament nur in 1. Kor 15,34; 1. Thess 5,6.8; 1. Petr 1,13; 4,7; 5,8.
⁶⁷ Sonst im Neuen Testament nur in Phil 4,8.
⁶⁸ Sonst an keiner Stelle im Neuen Testament.
⁶⁹ Vgl. dazu Papa, Handwörterbuch I, 1382.
⁷⁰ Vgl. ebd.
⁷¹ Allerdings mit Bezug auf die Frauen der Diakone bzw. auf die Diakonninen (vgl. auch 1. Tim 3,2.8), während in Tit 2,2 die älteren Frauen in der Gemeinde angesprochen werden.

scheint, wonach der „Aufseher" u. a. nüchtern und besonnen (σώφρονα) sein soll. Das Adjektiv σώφρων („besonnen"), das an dieser Stelle verwendet wird, erscheint im Neuen Testament nur noch dreimal im Titusbrief (vgl. Tit 1,8; 2,2.5), und zwar u. a. in dem „Tugendkatalog" für die älteren Männer in Tit 2,2. Auch die „Keuschheit" (ἁγνεία) wird im 1. Timotheus- und im Titusbrief stärker als sonst in den Paulusbriefen hervorgehoben (vgl. 1. Tim 4,12; 5,2.22; Tit 2,5). Wie jedoch z. B. 2. Kor 6,6 und Phil 4,8 zeigen, handelt es sich um einen „typisch paulinischen" Gebrauch (vgl. auch z. B. 2. Kor 11,2).[72]

4.1.8 Die Betonung guter Werke, des Erbarmens Gottes und des guten Gewissens

Die „guten Werke" der Gläubigen werden in allen drei Pastoralbriefen betont, während diese sonst im Neuen Testament so kaum erwähnt werden[73].[74] So erscheint die Wendung ἔργον ἀγαθόν („gutes Werk") in 1. Tim 2,10; 5,10; 2. Tim 2,21; 3,17; Tit 1,16; 3,1 – außer in 1. Tim 2,10 immer im Singular –, und der Ausdruck ἔργα καλά („gute/schöne Werke") in 1. Tim 5,10.25 [τὰ ἔργα τὰ καλά]; 6,18; Tit 2,7.14; 3,8.14 – im Singular zudem in 1. Tim 3,1.

Das Adjektiv ἀγαθός („gut") ist im 1. Timotheusbrief viermal gebraucht (dazu in 1. Tim 6,18 das Kompositum ἀγαθοεργεῖν), im 2. Timotheusbrief zweimal (dazu in 2. Tim 3,3 das Kompositum ἀφιλάγαθος) und im Titusbrief viermal[75], während der Begriff καλός („schön, gut") im 1. Timotheusbrief 16-mal (das Adverb καλῶς viermal), im 2. Timotheusbrief dreimal und im Titusbrief fünfmal (dazu in Tit 2,3 καλοδιδάσκαλος) verwendet wird[76]. Gemäß Fuchs, der die Begriffe besonders in den Pastoralbriefen untersucht hat,

„muss aus dem jeweiligen Textzusammenhang erschlossen werden, ob καλός/ῶς als Außenseite des Guten eher mit ‚nützlich' oder ‚hilfreich' oder mit ‚beeindruckend'

---

[72] Das *Nomen actionis* ἁγνεία erscheint im Neuen Testament nur in 1. Tim 4,12 und 5,2, während das Adjektiv ἁγνός neben 1. Tim 5,22 und Tit 2,5 auch noch in 2. Kor 7,11 sowie 11,2 und Phil 4,8 gebraucht wird (vgl. auch Jak 3,17; 1. Petr 3,2; 1. Joh 3,3) und das *Nomen abstractum* ἁγνότης in 2. Kor 6,6 (und 11,3) erscheint. In den Schriften des Philo von Alexandria wird u. a. 65-mal das Adjektiv σεμνός und 21-mal das Nomen abstractum σεμνότης gebraucht, während er das Adjektiv ἁγνός siebenmal und das *Nomen actionis* ἁγνεία sowie das Verb ἁγνεύω jeweils elfmal verwendet.

[73] Der Ausdruck ἔργον ἀγαθόν erscheint sonst im Neuen Testament – im Singular und Plural noch in Apg 9,36; Röm 2,7; 13,3; 2. Kor 9,8; Eph 2,10; Phil 1,6; Kol 1,10.

[74] Vgl. auch die Wendung ἀπὸ παντὸς ἔργου πονηροῦ in 2. Tim 4,18 (vgl. auch Kol 1,21; 2. Joh 11).

[75] Sonst erscheint das Adjektiv in den Paulusbriefen hauptsächlich im Römerbrief, nämlich 21-mal, aber kein einziges Mal z. B. im 1. Korintherbrief.

[76] Sonst erscheint dieses Adjektiv z. B. im Römerbrief fünfmal und im 1. Korintherbrief sechsmal.

oder ‚schön' u.ä. wiederzugeben ist. Solche Übersetzungen würden dem heutigen Leser besser ins Bewusstsein rufen, was griechische Hörer damals sofort verstanden: Christlicher Glaube ist keine Gesinnungsethik, sondern drängt aus innerster Überzeugung hin zur tatkräftigen diakonischen und aktiv missionarischen Lebensweise in Gebeten, Taten und Worten. Das Gute Gottes muss für Menschen ‚beeindruckend' sein, die Welt positiv gestalten und zur Rettung Gottes in Christus Jesus einladen".[77] Während also καλός „für Gottes Gutsein die Konnotation der Nützlichkeit und des Hilfreichseins trägt und weniger mit der Wahrnehmung des menschlichen Verstandes oder Auges zu tun hat", hat ἀγαθός im Gegensatz dazu „eher die Bedeutung der inneren Grundlage der Person, die Gutes tut".[78]

Von der Bereitschaft „zu jedem guten Werk" ist im Neuen Testament nur in 2. Tim 2,21 und Tit 3,1 die Rede[80] (vgl. auch 2. Tim 3,17: „zu jedem guten Werk zugerüstet"), während Tit 1,16 von Menschen spricht, die „zu jedem guten Werk unbewährt" sind. Doch während im 1. Timotheusbrief besonders die „Aufseher" der Gemeinde in „guten Werken" Vorbild sein sollen (vgl. 1. Tim 3,1), wird im Titusbrief vor allem Titus als Vorbild beschrieben (vgl. Tit 2,7).[81] Die „guten Werke" sind nicht die Grundlage für die Errettung; vielmehr geht diese auf die „Freundlichkeit" (χρηστότης; so Tit 3,4[82]), den Vorsatz[83] und die Gnade Gottes[84] durch Jesus Christus zurück (vgl. 1. Tim 1,14f.; 2. Tim 1,9f.; Tit 2,11-14; 3,4-6). Der auf diese Weise Gerette ist aber befähigt zu „guten Werken"[85] und soll sich auch darum bemühen (vgl. Tit 2,14; 3,8.14; vgl. auch 1. Tim 6,18; 2. Tim 2,21; 3,17). Es gibt also je nach Situation der Empfänger offenbar auch unterschiedliche Akzentuierung bei dem Gerauch der Begriffe.[86]

In 1. Tim 1,14 erscheint der Ausdruck ἡ χάρις τοῦ κυρίου ἡμῶν („die Gnade unseres Herrn") und in 2. Tim 1,9 der Ausdruck κατὰ ἰδίαν πρόθεσιν καὶ χάριν („nach eigenem/r Vorsatz und Gnade"), während in Tit 2,11 der Ausdruck ἡ χάρις τοῦ θεοῦ („die Gnade Gottes") und in Tit 3,7 der Ausdruck τῇ ἐκείνου χάριτι („durch die Gnade von jenem")[87] erscheint. Diese Gnade ist

---

[77] Fuchs, Bisher unbeachtet, 30.
[78] Ebd., 15.
[80] Vgl. auch 1. Clem 2,7: ... ἕτοιμοι εἰς πᾶν ἔργον ἀγαθόν. Der Ausdruck εἰς πᾶν ἔργον ἀγαθόν erscheint so wörtlich in 2. Tim 2,21, während Clemens wie in Tit 3,1 das pluralische Adjektiv ἕτοιμοι (Titus: ἑτοίμους εἶναι) verwendet (2. Tim 2,21: ἡτοιμασμένον). Demnach scheint sich 1. Clem 2,7 an beide Stellen in den Pastoralbriefen anzulehnen.
[81] Vgl. dazu Fuchs, Bisher unbeachtet, 20ff.
[82] Vgl. dazu besonders Röm 2,4; 11,22!
[83] Vgl. dazu auch Röm 8,28; 9,11; Eph 1,11; 3,11.
[84] Vgl. dazu auch u. a. Röm 3,23-26; Eph 2,8f.
[85] Vgl. dazu auch u. a. Eph 2,10.
[86] Vgl. auch Fuchs, Bisher unbeachtet, 28f.
[87] Vgl. dazu u. a. Röm 3,24; 11,6; Eph 2,8.

„uns" nach 2. Tim 1,9 „in Christus Jesus gegeben worden". Damit werden sowohl mit der Verbindung von „Gnade" und „geben"[88] als auch mit dem Ausdruck „in Christus Jesus"[89] typisch paulinische Ausdrücke verwendet. Auch der Ausdruck „die Gnade des/unseres Herrn (Jesus Christus)", wie er in 1. Tim 1,14 erscheint, ist „typisch paulinisch", zumindest was den Briefschluss betrifft.[90] Ebenso ist aber auch die Wendung ἡ χάρις τοῦ θεοῦ („die Gnade Gottes") „typisch paulinisch", zumal er in den Paulusbriefen 15-mal erscheint und sonst im gesamten Neuen Testament nur noch viermal[91], davon einmal in der Miletrede des Apostels Paulus.

In 1. Tim 1,12ff. wird Paulus als Beispiel dieser Gnade erwähnt, wie das z. B. auch in 1. Kor 15,8-20 der Fall ist. In dem Zusammenhang (und nur hier in den Pastoralbriefen) erscheint zweimal das Verb ἐλεέω („erbarmen"), wobei beide Mal der Aorist Passiv ἠλεήθην („ich habe Erbarmen erfahren") verwendet wird. Dabei ist es Paulus, der bei seiner Errettung durch Jesus Christus dieses Erbarmen erfahren hat. Das Nomen ἔλεος erscheint neben 1. Tim 1,2 und 2. Tim 1,2 auch in 2. Tim 1,16.18, wonach der Verfasser jeweils wünscht, dass „der Herr" dem Onesiphorus „Erbarmen gebe". Es kann durchaus sein, dass dieser Gebrauch des Nomens ἔλεος in Anlehnung an Röm 9,23 geschieht, wonach „der Reichtum seiner Herrrlichkeit an den Gefäßen des Erbarmens, die er vorher zur Herrlichkeit zubereitet hat", bekannt gemacht werden soll, zumal 2. Tim 2,20f. sich ebenfalls an Röm 9,22f. anzulehnen scheint.

Dabei ist auch zu beachten, dass in 2. Tim 1,18 der Ausdruck εὑρεῖν ἔλεος („Erbarmen finden") erscheint. Dieser Ausdruck begegnet im gesamten Neuen Testament nur noch in Hebr 4,16, wonach die Empfänger aufgefordert werden, zum „Thron der Gnade" zu kommen, „damit wir Erbarmen und Gnade finden zur rechtzeitigen Hilfe". Ansonsten erscheint im Neuen Testament zweimal zusätzlich der Ausdruck εὑρεῖν χάριν („Gnade finden"; Lk 1,30; Apg 7,46). Dieser Ausdruck erscheint in der LXX rund 100-mal[92] und geht dabei in der Regel auf den Ausdruck מָצָא חֵן („Gunst finden") zurück, der im Alten

---

[88] Die Verbindung von „Gnade" und „geben" (δίδωμι) erscheint häufig in den Paulusbriefen und ansonsten im gesamten Neuen Testament nur an drei Stellen, wobei es sich an allen drei Stellen um Anlehnungen oder „Zitate" aus dem Alten Testament handelt (vgl. Apg 7,10; Jak 4,6; 1. Petr 5,5).

[89] Der Ausdruck erscheint in den Paulusbriefen des Neuen Testaments 46-mal und sonst kein einziges Mal im Neuen Testament.

[90] Der Ausdruck erscheint am Schluss von acht Paulusbriefen (Röm 16,20; 1. Kor 16,23; 2. Kor 13,13; Gal 6,18; Phil 4,23; 1. Thess 5,28; 2. Thess 3,16; Phlm 25) und sonst außer 1. Tim 1,14 nur noch in 2. Kor 8,9 und dreimal außerhalb der Paulusbriefe (vgl. Apg 15,11.40; Offb 22,21). Nach 2. Kor 8,9 kennen die Empfänger des Briefs „die Gnade unseres Herrn Jesus Christus, dass er, da er reich war, um euretwillen arm wurde, damit ihr durch seine Armut reich werdet".

[91] So in Apg 14,26; 20,24; Hebr 12,15; 1. Petr 5,12.

[92] So z. B. in Gen 6,8; 18,3; 30,27; 32,6; 33,8.10.15.

Testament insgesamt ca. 88-mal gebraucht wird, während der Ausdruck מָצָא חֵסֶד („Gnade finden") im hebräischen Alten Testament nur indirekt in Hiob 27,13 verwendet wird. Der Ausdruck מָצָא חֵן wird jedoch mit dem Ausdruck εὑρεῖν ἔλεος genauer wiedergegeben als mit εὑρεῖν χάριν. Der griechische Ausdruck εὑρεῖν ἔλεος erscheint hingegen in der LXX außerhalb der „Deuterokanonica" lediglich fünfmal (so in Gen 19,19; Num 11,15; Ri 6,17; Dan 3,38; 9,3). Somit scheint 2. Tim 1,18 einen alttestamentlichen „Hebräismus" aufgenommen zu haben, womit es wahrscheinlich ist, dass der Verfasser das hebräische Alte Testament gekannt hat.

Das „gute/reine Gewissen" wird in den zwei Timotheusbriefen betont (vgl. 1. Tim 1,5.19; 3,9; 2. Tim 1,3), und in Tit 1,15 kommt es indirekt zur Sprache. Dabei erscheint in 1. Tim 3,9 und 2. Tim 1,3 die Wendung ἐν καθαρᾷ συνειδήσει („in/mit einem guten Gewissen"), und andererseits gebraucht der Autor in 1. Tim 1,5 und 2. Tim 2,22 den Ausdruck ἐκ καθαρᾶς καρδίας („aus reinem Herzen"; vgl. dazu auch 1. Petr 1,22). Der Gebrauch des Abjektivs καθαρός („rein") und des Verbs καθαρίζω („reinigen") ist für alle drei Pastoralbriefe typisch (vgl. 1. Tim 1,5; 3,9; 2. Tim 1,3; 2,22; Tit 1,15; 2,14), während das Adjektiv und das Verb in den Paulusbriefen sonst nur dreimal gebraucht werden (vgl. Röm 14,20; 2. Kor 7,1; Eph 5,26). Anderserseits erscheinen sowohl das Nomen ἀκαθαρσία („Unreinheit"[93]) als auch das Adjektiv ἀκάθαρτος („unrein"[94]) in anderen Paulusbriefen, jedoch nicht in den Pastoralbriefen. Und nur in 1. Tim 1,5 und 2. Tim 1,5 ist im Neuen Testament vom „ungeheuchelten Glauben" die Rede.[95]

Der Begriff καρδία („Herz") wird in den Timotheusbriefen jeweils einmal gebraucht (vgl. 1. Tim 1,5; 2. Tim 2,22 – beide Male im Ausdruck „aus reinem Herzen"), und zwar in 1. Tim 1,5 parallel zum „griechischen" Begriff „Gewissen" (συνείδησις), und während der erste Begriff im Titusbrief nicht verwendet wird, werden in Tit 1,15 die zwei „griechischen" Begriffe „Verstand" (νοῦς) und „Gewissen" parallel zueinander gebraucht. Dabei ist zu beachten, dass es im altestamentlichen Hebräisch keinen Begriff für „Gewissen" gibt[96]; vielmehr ist das „Gewissen" eine Funktion des Herzens[97] – aber auch die „Nieren" kön-

---

[93] Vgl. Röm 1,24; 2. Kor 12,21; Gal 5,19; Eph 4,19; 5,3; Kol 3,5; 1. Thess 4,7.
[94] Vgl. 1. Kor 7,14; 2. Kor 6,17; Eph 5,5.
[95] Nach Röm 12,9 soll die Liebe „ungeheuchelt" sein, und nach 2. Kor 6,6 ist Paulus selbst in der Liebe „ungeheuchelt". Ansosnten erscheint das Adjektiv ἀνυπόκριτος („ungeheuchelt") im Neuen Testament nur noch in Jak 3,17 („Die Weisheit von oben [ist] ... ungeheuchelt") und 1. Petr 1,22 („zur ungeheuchelten Geschwisterliebe"). Da der Glaube und die Liebe für Paulus eng zusammengehören, kann man in Bezug auf den Gebrauch in den Pastoralbriefen von einem „typisch" paulinischen Gebrauch sprechen.
[96] Im Neuhebräischen heißt „Gewissen" מַצְפּוּן. Dieses Wort ist mit dem Begriff צָפוֹן („Norden") und dem davon abgeleiteten Wort מַצְפֵּן („Kompass") verwandt.
[97] Vgl. z. B. 2. Sam 24,10; Jer 17,1; Hiob 27,6; Ps 16,7; 73,21; Eccl 7,22.

nen Sitz der Tätigkeit des „Gewissens" sein (vgl. Ps 73,21; Hiob 16,13; 19,27). Der „griechische" Begriff νοῦς erscheint neben Tit 1,15 auch in 1. Tim 6,5 (διεφθαρμένων ἀνθρώπων τὸν νοῦν) und 2. Tim 3,8 (ἄνθρωποι κατεφθαρμένοι τὸν νοῦν), wobei es sich bei diesen beiden Stellen um deutliche Parallelformulierungen handelt[98], die aber auch eine gewisse Parallele zu Tit 1,15 bilden, was durch Tit 1,14 bestätigt wird, da auch an dieser Stelle von Menschen die Rede ist, die sich „von der Wahrheit abwenden" (... ἀνθρώπων ἀποστρεφομένων τὴν ἀλήθειαν)[99] und sich an „jüdische Mythen und Gebote halten". Damit bildet Tit 1,14 aber auch eine Parallele zu 2. Tim 4,4, wonach Menschen „das Gehör von der Wahrheit abwenden" (ἀπὸ μὲν τῆς ἀληθείας τὴν ἀκοὴν ἀποστρέψουσιν ...[100]) und sich „den Mythen zuwenden werden" (vgl. dazu auch 1. Tim 1,4; 4,7).

4.1.9 Zum Gebrauch weiterer Begriffe und Ausdrücke

Der Ausdruck καιρός ἴδιος („eigene Zeit") erscheint im Neuen Testament nur in 1. Tim 2,6 und 6,15 sowie in Tit 1,3 und wird dabei jeweils im Plural verwendet (vgl. auch z. B. 1. Tim 4,1: ἐν ὑστέροις καιροῖς; 2. Tim 3,1: ἐνστήσονται καιροὶ χαλεποί). In 1. Tim 2,6 ist im Zusammenhang mit dem Hinweis, dass Jesus Christus sich selbst als „Lösegeld für alle" gegeben hat, von der „Bezeugung in eigenen Zeiten" die Rede, und nach 1. Tim 6,15 wird „unser Herr Jesus Christus" (vgl. 1. Tim 6,14) seine Erscheinung „in eigenen Zeiten" zeigen/demonstrieren. Tit 1,2f. betont, dass Gott „in eigenen Zeiten" sein Wort in der Verkündigung hat „sichtbar werden/erscheinen lassen".
Zudem fallen z. B. das im Neuen Testament nur in 1. Tim 1,9 und 2. Tim 3,2 erscheinende Adjektiv ἀνόσιος („unheilig; Unheilige") sowie die Verwendung des Verbs παιδεύω („erziehen") in 1. Tim 1,20; 2. Tim 2,25 und Tit 2,12 auf[101], ebenso aber auch der Gebrauch des Verbs ἀρνέομαι („leugnen; sich abwenden") in 1. Tim 5,8; 2. Tim 2,12f.; 3,5; Tit 1,16 und 2,12[102]. Beim Gebrauch dieses Verbs können wir von einem gewissen „parallelen" Gebrauch sprechen. Einerseits werden nämlich diejenigen angesprochen, die den Glauben (vgl. 1. Tim 5,8) bzw. die Kraft des gottesfürchtigen Lebens (vgl. 2. Tim 3,5) oder

---

[98] An beiden Stellen wird die „Beraubung der Wahrheit" bzw. das „Widerstehen der Wahrheit" erwähnt.
[99] Vvgl. 1. Tim 6,5: ... καὶ ἀπεστερημένων τῆς ἀληθείας.
[100] Das Kompositum ἀποστρέφω erscheint in den Paulusbriefen neben 2. Tim 4,4 und Tit 1,14 nur noch in Röm 11,26 (im Aktiv) und in 2. Tim 1,15 (wie in 2. Tim 4,4 und Tit 1,14 reflexiv). Das Kompositum ἀποστρέφω erscheint neben 1. Tim 6,5 auch dreimal im 1. Korintherbrief (1. Kor 6,7.8; 7,5).
[101] Das Verb erscheint sonst in den Paulusbriefen nur noch in 1. Kor 11,32 und 2. Kor 6,9; vgl. auch παιδεία in 2. Tim 3,16
[102] Dieses Verb erscheint sonst in den Paulusbriefen nicht.

Gott selbst mit den Werken (vgl. Tit 1,16) „leugnen", während Tit 2,11f. betont, dass die „heilbringende Gnade" erschienen ist, um „uns" zu erziehen, „damit wir die Gottlosigkeit (τὴν ἀσέβειαν) leugen ...". Andererseits betont 2. Tim 2,12f., dass Gott auch uns verleugnen wird (vgl. dazu auch z. B. Mt 10,33), wenn wir ihn verleugnen, wobei er „uns" allerdings trotz Untreue treu bleibt, da er sich selbst nicht (ver-)leugnen kann.

Weiter wird der Begriff διάβολος („Verleumder; Teufel"), der in den Paulusbriefen achtmal vorkommt, hier neben den Pastoralbriefen, wo er sechsmal erscheint (1. Tim 3,6.7.11; 2. Tim 2,26; 3,3; Tit 2,3), noch im Epheserbrief gebraucht (vgl. Eph 4,27; 6,11). Dabei wird er in den Pastoralbriefen dreimal (als Adjektiv) in Bezug auf menschliches Verhalten – im Sinn von „verleumderisch" – gebraucht (vgl. 1. Tim 3,11; 2. Tim 3,3; Tit 2,3), womit sichtbar wird, dass der Begriff in diesem Zusammenhang offenbar auch in Bezug auf den „Widersacher" Gottes bewusst verwendet wird, um dessen Eigenschaft als „Durcheinanderwerfer" (διάβολος) hervorzuheben. In 1. Tim 3,7 und 2. Tim 2,26 ist vom „Fallstrick (παγίς[103]) des Teufels" die Rede, in welchen der „Aufseher" nach 1. Tim 3,7 nicht „hineinfallen" soll.[104] Wenn dann in 1. Tim 3,11 betont wird, dass „Frauen" (der Aufseher und Diakone?) u. a. „nicht verleumderisch" (μὴ διαβόλους) sein sollen, so stellt das sprachlich sicher eine Anknüpfung an 1. Tim 3,7 dar.

Ich gehe davon aus, dass das Wort διάβολος vom Verb διαβάλλω „hin- und herwerfen; durcheinanderwerfen; verleumden, beschuldigen" abgeleitet ist (vgl. z. B. Offb 2,9f.). Das Kompositum διαβάλλω erscheint im Neuen Testament nur in Lk 16,1, wo es im Sinn von „anklagen" gebraucht wird. Flavius Josephus verwendet das Kompositum in seinen Schriften insgesamt 58-mal,[105] Philo von Alexandria insgesamt zehnmal[106], und in der LXX erscheint es dreimal[107]. Das *Nomen agentis* διάβολος erscheint zwar bei Philo nur einmal (Sacr 32) – allerdings nicht in Bezug auf den „Widersacher" Gottes – und bei Josephus überhaupt nicht, dafür verwenden sie jedoch häufig z. B. das *Nomen*

---

[103] Der Begriff παγίς erscheint im Neuen Testament nur noch dreimal, davon in den Paulusbriefen außerhalb der Pastoralbriefe nur einmal (Lk 21,35; Röm 11,9; 1. Tim 6,9).

[104] Das Kompositum ἐμπίπτω erscheint neben 1. Tim 3,7 in den Paulusbriefen nur noch in 1. Tim 3,6 und 6,9, also nur dreimal im 1. Timotheusbrief (vgl. auch Mt 12,11; Lk 6,39; 10,36; Hebr 10,31). Nach 1. Tim 3,6 soll der Aufseher kein „Neugepflanzter" sein, „damit er nicht, aufgebläht, dem Gericht des Teufels verfalle", und nach 1. Tim 6,9 fallen diejenigen, die beschließen, reich zu werden, „in Versuchung und Fallstrick und in viele unvernünftige und schädliche Begierden, welche die Menschen in Verderben und Untergang versenken".

[105] So z. B. in Ant 6,196.224.270.280.371.

[106] So z. B. in Conf 48; Fug 20; Mut. 35; Somn 2,143; Abr 178; Ios 80.

[107] Dan 3,8; 2. Macc 3,11; 4. Macc 4,1.

actionis διαβολή („Beschuldigung, Verleumdung"[108]). In der LXX erscheint das Nomen διάβολος insgesamt 22-mal, davon 13-mal im Buch Hiob, während σατανᾶς nur in Sir 21,27 erscheint. Das hebräsche Wort שָׂטָן („Satan") wird also in der LXX durchgehend mit διάβολος wiedergegeben. Es ist deshalb nicht überraschend, wenn dieses Nomen in den Pastoralbriefen verwendet wird.

Vom „Fallstrick" ist auch in 1. Tim 6,9 die Rede, ohne dass der „Teufel" direkt erwähnt wird. Nach dieser Stelle fallen diejenigen in den „Fallstrick", die beschließen, reich zu werden. Anschließend wird betont, dass die „Geldliebe" (φιλαργυρία) die „Wurzel von allem Bösen ist", und einige, die danach getrachtet haben, sind „vom Glauben abgeirrt" (1. Tim 6,10). Das Wort φιλαργυρία („Geldliebe") erscheint im Neuen Testament nur an dieser Stelle, doch wird in 2. Tim 3,2 das entsprechende Ajektiv φιλάργυρος („geldliebend") verwendet, das sonst im gesamten Neuen Testament nur noch in Lk 16,14 erscheint. Nach 1. Tim 3,3 soll der Gemeindeaufseher „nicht geldliebend" (ἀφιλάργυρον) sein, wobei das entsprechende Adjektiv mit α-Privativum verwendet wird (im Neuen Testament nur noch in Hebr 13,5). Auch damit ist der Bezug zum „Fallstrick" und zum „Teufel" zumindest indirekt gegeben (über 1. Tim 5,9f.).

Zudem erscheint der Ausdruck „[die] Liebe, die in Christus Jesus [ist]" (ἀγάπη ἡ ἐν Χριστῷ Ἰησοῦ) im Neuen Testament lediglich in 1. Tim 1,14 und 2. Tim 1,13, während gemäß Röm 8,39 „uns nichts trennen kann von der Liebe Gottes, die in Christus Jesus, unserem Herrn, [ist]". Ebenso erscheint im Neuen Testament nur in 1. Tim 3,13 und 2. Tim 3,15 die neutestamentlich einzigartige Formulierung „[der] Glaube, der in Christus Jesus [ist]" (πίστις ἡ ἐν Χριστῷ Ἰησοῦ). Die Formulierung „die/der in Christus Jesus" (τῆς/τῇ ἐν Χριστῷ Ἰησοῦ) erscheint zudem in 2. Tim 1,1 (vom Leben) sowie in 2,1 (von der Gnade) und in 2,10 (von der Errettung). Diese Wendung findet sich sonst im Neuen Testament nur noch in Röm 3,24 und 8,39 (vgl. auch 1. Kor 4,17), also kein einziges Mal außerhalb der Paulusbriefe. Insofern kann man auch hier von einem „typisch paulinischen" Gebrauch sprechen. Auf jeden Fall spricht dabei nichts gegen Paulus.

Weiter fällt auf, dass das Nomen ἐπίθεσις („Auflegen"), das im Neuen Testament außerhalb der Pastoralbriefe nur zweimal erscheint (Apg 8,18; Hebr 6,2), in 1. Tim 4,14 und 2. Tim 1,6 im gleichen Zusammenhang gebraucht wird, wobei allerdings in 1. Tim 4,14 davon die Rede ist, dass der „Ältestenrat" dem Timotheus die Hände aufgelegt hat (μετὰ ἐπιθέσεως τῶν χειρῶν τοῦ πρεσβυτερίου), während es nach 2. Tim 1,6 Paulus selbst war, der dem Timotheus die Hände gelegt hat (διὰ τῆς ἐπιθέσεως τῶν χειρῶν μου). Offensichtlich hat Paulus im Namen des Ältestenrats der Gemeinde dem Timotheus die Hände aufgelegt, um ihn in den Dienst einzusetzen.[109] Ein Pseudepigraf hätte sicher

---

[108] Bei Josephus 91-mal und bei Philo 19-mal.

[109] Vgl. dazu u. a. Liebelt, Allgemeines Priestertum, 260–264.

sorgfältiger darauf geachtet, dass nicht der Eindruck eines Widerspruchs entstünde. Die zweimalige Erwähnung der Handauflegung zur Ermutigung des Timotheus deutet zudem darauf hin, dass die Briefe zeitlich nahe beieinander liegen müssen, da Timotheus immer noch diese Ermutigung nötig hatte (vgl. auch 2. Tim 1,7).

4.1.10 Zur Wortstatistik in den Pastoralbriefen

Gemäß Harrison werden von den 306 Wörtern, die von den dreizehn neutestamentlichen Paulusbriefen nur in den Pastoralbriefen erscheinen, 127 nur im 1. Timotheusbrief, 81 nur im 2. Timotheusbrief und 45 nur im Titusbrief gebraucht.[110] Somit finden sich von den 306 Wörtern nur 53 Wörter in mehr als einem der drei Briefe, und damit unterscheiden sie sich voneinander im gleichen Ausmaß wie von den übrigen Paulusbriefen.[111] Andererseits kommen nach Harrison 112 Partikeln, Präpositionen und Pronimina der übrigen zehn Paulusbriefe in den Pastoralbriefen nicht vor.[112] Demgegenüber erscheinen gemäß Guthrie in den Pastoralbriefen 93 Partikeln, Präpositionen und Pronomina, die auch in den übrigen zehn Paulusbriefen erscheinen.[113] Damit werden von den 205 Wörtern 93 in den Pastoralbriefen gebraucht, was im Verhältnis den übrigen Paulusbriefen entspricht.[114]

Zudem weist Guthrie darauf hin, dass von den 112 Wörtern, die nicht in den Pastoralbriefen erscheinen, aber sonst in den Paulusbriefen gebraucht werden, 58 nur in einem oder zwei Briefen, 30 nur in drei oder vier Briefen und 24 in fünf oder mehr Briefen erscheinen.[115] Die Unterschiede sollten also mit Vorsicht als Argument für Pseudepigrafie verwertet werden. Wesentlich besser werden sie durch den jeweiligen Empfänger und seine besondere Situation erklärt. Dabei erscheint z. B. τινες („einige"; als maskuliner Plural) im 1. Timotheusbrief achtmal, im 2. Timotheusbrief zweimal und im Titusbrief überhaupt nicht. Der Gebrauch im 1. Timotheusbrief entspricht in etwa dem des 1. Korintherbriefes, wo das Pronomen als maskuliner Plural elfmal vorkommt, wäh-

---

[110] Harrison, Problem, 20ff. und 137–139. Vgl. dazu auch u. a. Grayston/Herdan, Authorship, 1–15; Mealand, Extent, 61–92; Mounce, Pastoral Epistles, XCIXff.; Torm, Über die Sprache, 225–243.
[111] Vgl. auch Carson/Moo, Einleitung, 674.
[112] Vgl. Harrison, Problem, 34ff.
[113] Vgl. Guthrie, Pastoral Epistles, 1956, 41–44; ders., Pastoral Epistles, 1990, 248.
[114] Vgl. auch Carson/Moo, Einleitung, 675.
[115] Guthrie, Pastoral Epistles, 1990, 247. Guthrie ergänzt: „Yet from Harrison's own figures it will be seen that considerable variation exists among the ten Paulines, for whereas Romans, 1 and 2 Corinthians have more than fifty, Colossians, 2 Thessalonians and Philemon have less than twenty" (ebd.).

rend es sonst in den Paulusbriefen insgesamt lediglich zwölfmal erscheint[116]. Damit wird einmal mehr deutlich, wie komplex solche Beobachtungen sind.
Dabei stellt sich die Frage, ob diese „Vielfalt in der Einheit" und diese „Verwandtschaft bei gleichzeitigen Unterschieden" zu den „echten" Paulusbriefen besser durch die Annahme der Pseudepigraphie zu erklären ist oder ob sie sich nicht natürlicher dadurch erklären lässt, dass der Apostel Paulus die drei Briefe geschrieben hat, und zwar zeitlich nahe beieinander, wobei er jeweils auf seine eigene Situation und/oder die konkrete Situation des Empfängers eingeht. Einerseits werden gleiche oder ähnliche Themen in den verschiedenen Briefen angesprochen, andererseits unterscheiden sich die jeweiligen Situationen wiederum stark voneinander, sodass jeder der „Pastoralbriefe" seinen eigenen Kontext voraussetzt.

4.1.11 Kurze Auswertung und ergänzende Beobachtungen

Unter anderem die Tatsache, dass die verschiedenen Begriffe und Wortstämme sowie Synonyme (im gewissen Sinn), die für die Pastoralbriefe „typisch" sind, in den Briefen so „verstreut" erscheinen, zeigt, dass es sich kaum um eine literarische „Abhängigkeit" handelt. Es ist somit davon auszugehen, dass es sich um den gleichen Verfasser handelt. Zudem deutet die Verwandtschaft (bei allen Unterschieden) darauf hin, dass die Abfassungszeit zeitlich nicht allzu weit voneinander liegen muss. Es gibt aber auch (weitere) Unterschiede zwischen den Schreiben, welche die inhatliche Unabhängigkeit deutlich machen und mit dem jeweiligen Empfänger und seiner Situation erklärbar sind. Auf diese Unterschiedene soll im Folgenden nur kurz eingegangen werden.[117]
Nur im 1. Timotheusbrief erscheint dreimal der Imperativ παράγγελλε („gebiete"; 1. Tim 4,11; 5,7; 6,17), und zudem wird bereits einleitend betont, dass Paulus Timotheus in Ephesus zurückgelassen habe, „damit du einigen gebietest (ἵνα παραγγείλῃς τισίν), nicht anders zu lehren".[118] Dieser Zusammenhang

---

[116] Davon viermal im Römerbrief (Röm 3,3.8; 11,14.17), dreimal im 2. Korintherbrief, zweimal im Galaterbrief, zweimal im Philipperbrief und einmal im 2. Thessalonicherbrief. Vgl. dazu Fuchs, Unerwartete Unterschiede, 11: „Τινες findet sich in 1. Kor 10-mal; 1.Tim 6-mal ; [sic] sonst nur: Röm 3-mal; 2. Kor 1-mal; Gal 1-mal; Phil 2-mal." Fuchs, der sich auf die Konkordanz von Aland (1987) beruft, bezieht sich wohl nur auf den Nominativ des Pronomens in den Briefen (der allerdings im 1. Timotheusbrief nur fünfmal erscheint).
[117] Vgl. dazu auch die Ausführungen von Fuchs weiter unten; vgl. auch u. a. Wagner, Anfänge, 151–154.
[118] Während das Verb παραγγέλλω im 2. Timotheusbrief und im Titusbrief kein einziges Mal erscheint, wird dieses Verb, das außerhalb der Pastoralbriefe in den Paulusbriefen insgesamt sechsmal verwendet wird (1. Kor 7,10; 11,17; 1. Thess 4,11; 2. Thess 3,4.6.10.12), auch in 1. Tim 6,13 gebraucht.

zeigt, dass der Inhalt des 1. Timotheusbriefs konkret mit der in der Einführung beschriebenen Situation zu tun hat. Parallel dazu erscheint in 1. Tim 1,5.18 der Begriff παραγγελία („Anweisung, Verordnung"), der sonst im Neuen Testament nur noch dreimal vorkommt (Apg 5,28; 16,24; 1. Thess 4,2). Das Kompositum ἐπαγγέλλομαι („verheißen") erscheint zweimal im 1. Timotheusbrief (2,10; 6,21) und einmal im Titusbrief (1,2), sonst jedoch nur zweimal in den Paulusbriefen (Röm 4,21; Gal 3,19). Allerdings wird es nur in Tit 1,2 wie in Röm 4,21 und Gal 3,19 in Bezug auf die „Verheißung" Gottes gebraucht. Andererseits erscheint in 1. Tim 4,8 und 2. Tim 1,1 das Nomen ἐπαγγελία („Verheißung"), das sonst in den Paulusbriefen vor allem im Galaterbrief oft gebraucht wird (zehnmal).

Während das Verb ἐντυγχάνω („eintreten/bitten für") in den Paulusbriefen nur dreimal im Römerbrief verwendet wird[120], erscheint das *Nomen actionis* ἔντευξις (u. a. „Zusammentreffen, Begegnen; Bitte, Fürbitte"[121]) lediglich in 1. Tim 2,1 und 4,5, und zwar in 1. Tim 2,1 u. a. parallel zum *Nomen actionis* δέησις („Bitte"), das in den Paulusbriefen insgesamt zehnmal gebraucht wird[122]. Und während nach 1. Tim 5,5 eine Witwe „Nacht und Tag" (νυκτὸς καὶ ἡμέρας) in Fürbitte leben soll, lebt Paulus selbst nach 2. Tim 1,3 „nachts und tags" in Fürbitte für Timotheus. Andererseits betet der Apostel (δεόμενοι) nach 1. Thess 3,10 „nachts und tags" dafür, „euer Angesicht zu sehen und die Mängel eures Glaubens auszubessern". Auffallend bei diesen Parallen ist auch, dass der Genitivausdruck νυκτὸς καὶ ἡμέρας („Nacht und Tag") im Neuen Testament neben den zwei Timotheusbriefen nur noch in den zwei Thessalonicherbriefen erscheint (vgl. 1. Thess 2,9; 3,10; 2. Thess 3,8), wobei 1. Thess 3,10 eine gewisse Parallele zu 1. Tim 5,5 und 2. Tim 1,3 bildet, während 1. Thess 2,9 eine Parallele zu 2. Thess 3,8 darstellt.

Somit werden die „Parallelen" zwischen den einzelnen Schreiben der Pastoralbriefe deutlich, aber es wird ebenso deutlich, dass diese „Parallelen" kaum rein literarischer Natur sein können. Sie entstammen vielmehr der vorausgesetzten konkreten Situation, wie z. B. die unterschiedlichen Akzentuierungen bei diesen „Parallelen" zeigen.

---

[120] Röm 8,26.27.34; 11,2; vgl. Apg 25,24; Hebr 7,25; Röm 8,26: ὑπερεντυγχάνει.
[121] Vgl. Pape, Handwörterbuch I, 855; Montanari, Brill Dictionary, 704.
[122] Röm 10,1; 2. Kor 1,11; 9,14; Eph 6,18; Phil 1,4.19; 4,6; 1. Tim 2,1; 5,5; 2. Tim 1,3.

Rüdiger Fuchs

4.2. Unterschiede der Briefe an Timotheus und Titus

4.2.1 Einleitung

4.2.1.1 Vorbemerkung

Die Exegetenmehrheit liest den 1. Timotheus-, 2. Timotheus- und Titusbrief wie einen Brief.[1] Man ebnet die Besonderheiten jedes Briefs und auch die Gemeinsamkeiten nur zweier der drei Briefe in „die Pastoralbriefe" oder das „Corpus Pastorale" ein[2]. Man fragt nur nach *der* „Theologie", „Ekklesiologie", „Ethik" u. dgl. „der Pastoralbriefe".[3] Erst mit dem ausgehenden 20. Jahrhundert stellt man die communis opinio zunehmend in Frage.[4]

Ich werde im Folgenden die drei Mitarbeiterschreiben

a) je für sich untersuchen, aber auch die
b) einzeln Briefe miteinander und
c) sie mit einzelnen Gemeindebriefen des Corpus Paulinum vergleichen, nicht – wie immer noch üblich – mit „Paulus".

4.2.1.2 „Paulus" und die „Pastoralbriefe"

Auch Arbeiten, die den 1. Timotheus-, dern2. Timotheus- und den Titusbrief separat untersuchen, messen sie zumeist nur an einem „Paulus", den man aus einer geringen Zusammenstellung von Kernaussagen der sogenannten „Hauptbriefe" Römerbrief (für fremde Adressaten), 1./2. Korintherbrief und Galater-

---

[1] Vgl. jetzt Engelmanns Forschungsüberblick: Unzertrennliche Drillinge?, 6–117.
[2] Häfner, Corpus, 258–273; von Lips, Corpus Pastorale, 49–71.
[3] Vgl. aktuelle Einleitungen, die alle NT-Schriften einzeln behandeln, nur nicht die „Pastoralbriefe" (in alphabetischer Reihenfolge): Broer, Einleitung, 529–556; Carson/Moo/Morris, Introduction, 359–385; Häfner, Pastoralbriefe, in: Ebner/Schreiber, Einleitung, 450– 473; Hörster, Einleitung, 143 –153; Jaroš, Das Neue Testament, u. a. 142; Mauerhofer, Einleitung 2, 165–192; Niebuhr (Hg.), Grundinformationen, 279–293; Schnelle, Einleitung, 403–425; Weißenborn, Apostel, 253–383.
[4] In alphabetischer Reihenfolge: Aageson, Paul; Berger, Kommentar, 790–826; van Bruggen, Einordnung; Engelmann, Unzertrennliche Drillinge?; Fuchs, Unterschiede; ders., Agape; ders., Bisher unbeachtet; ders., Vierte Missionsreise; ders, Vater; ders. Artemis (im Erscheinen); Herzer, Abschied; Houwelingen, Godfighter; Johnson, Timothy; Kenny, Stylometric Study; Luttenberger, Prophetenmantel, 2012; Marshall/Towner, Pastoral Epistles; Murphy O'Connor, 2 Timothy; Mutschler, Glaube; Neudorfer, Timotheus; ders., Titus; Ostmeyer, Kommunikation; Richards, Difference; Robinson, 'C' Quantity; Schaefer, Gegnerpolemik; Schwarz, Bürgerliches Christentum; Towner, Letters; Wagner, Anfänge; Walker, Revisiting Part I und Part II; Wieland, Salvation.

brief (für problematische Adressaten) rekonstruiert. Die im Wortumfang zusammengenommen den „Pastoralbriefen" vergleichbaren Briefe an die Philipper, 1. Thessalonicher und Philemon für Adressaten, die Paulus kennt *und* lobt, werden bei Vergleichen der „Pastoralbriefe" mit „Paulus" weitestgehend ignoriert. Würden die „Pastoralbriefe" nur am Philipper-, am 1. Thessalonicher- und am Philemonbrief gemessen – wie „unpaulinisch" wären sie? Jesus wäre Retter (Phil 3,20), die Gemeinden lebten recht „bürgerlich" (1. Thess 4,1-12; Phil 4,5-8), geleitet von Episkopen, Diakonen und Hausvätern (Phil 1,1; Phlm 1-3; vgl. 1. Thess 5,11-15). Die Gemeinde wäre kein Leib Christi mit vielen Gliedern/Charismen. Die Rechtfertigung aus Glauben spielte kaum (nur am Rande in Phil 3), der Heilige Geist (anders 1. Tim 3,16-4,1; Tit 3,4-7; 2. Tim 1,7; 3,15) und das Alte Testament keine Rolle (anders u. a. 1. Tim 1,7ff.; 2. Tim 3,15-17). Paulus ist – gleich nach Christus – die „norma normans" (Phil 4,9; vgl. auch Phil 3,17), und von seinem positiven Vorbild her werden Gegner ohne eingehende theologische Diskussion abgrenzend polemisch bekämpft (Phil 3,2-19 bzw. bis 4,9; vgl. 1,15-18; vgl. 1. Thess 2,14-16 im Kontext des Kapitels!). Gemeinde wird den von Paulus autorisierten Gemeindeleitern untergeordnet (1. Thess 5,12-13; Phil 3,17; vgl. 1,1b) usw.

Aber auch in den „Hauptbriefen" kann es „unpaulinisch" zugehen. Gemeinde wird Paulus, seinen Delegaten und örtlichen Autoritäten „untergeordnet" (1. Kor 4,14–21; 11,1; 16,11–18) wie so nie in den „Pastoralbriefen". Der Galaterbrief enthält keine apokalyptische Eschatologie und Naherwartung der Parusie Jesu. Gemeinde, unterteilt in Lehrer und Unterrichtete, ist uncharismatisch kein Leib Christi, sondern Hausgenossenschaft (Gal 6,6-10). Wenn Paulus nicht „den Charismatikern wie ein Charismatiker" argumentieren muss wie in 1. Kor 12, entfällt die Pneumatologie und Charismenlehre in Röm 12 fast. Nicht einmal in Röm 12,11 dürfte der Geist Gottes gemeint sein. Gemeinde besteht aus „besonnen" lebenden, „das Gute" erstrebenden Geleiteten und Leitern/Lehrern (Röm 12,3-10). Christen sind loyale Bürger (12,14–13,7). Basis ihres Glaubens ist eine feststehende Lehre (Röm 6,17; vgl. 1. Kor 4,17), von der her Gegner bisweilen ohne jede Argumente heftig angegriffen werden (Röm 16,17-20). Vom „Kreuz" weiß der Römerbrief fast nichts (nur Röm 6,6).[5]

4.2.1.3 Die Gründe für die Unterschiede der Briefe an Timotheus und Titus

Untersucht man den Titus-, den 1. Timotheus- und den 2. Timotheusbrief im eingangs dargelegten Dreischritt a)–c), so stellt man zwar manche sprachlichen und inhaltlichen Gemeinsamkeiten fest. Bei näherem Hinsehen sind diese je-

---

[5] Zur vielfach großen Übereinstimmung der „Pastoralbriefe" mit „Paulus" vgl. auch Reiser, Bürgerliches Christentum?

doch oft gar keine.[6] „Die Pastoralbriefe" sind die einzigen *Mitarbeiter*schreiben des Neuen Testaments. Alle drei wurden von *Paulus* geschrieben, zwei davon an *denselben* Timotheus. Er ist in oder nahe *Ephesus* im Einsatz. Ähnlichkeiten nicht nur aller drei Briefe sind aus diesen Gründen nicht nur eine Selbstverständlichkeit, sondern unterscheiden den 1. und den 2. Timotheusbrief außerdem sehr vom Titusbrief und vom übrigen Neuen Testament. Nur der 1. Timotheus- und der Titusbrief wiederum autorisieren und instruieren Delegaten. Sie enthalten daher z. T. ähnliche, aber nie identische Instruktionen. Diese müssen sie vom 2. Timotheusbrief und dem Rest des Neuen Testaments unterscheiden.

Man vergleiche mit dem 1. Timotheus- und dem Titusbrief schon die Ähnlichkeit des „Pastoralbriefs in nuce" in 1. Kor 4,16f. plus u. a. 1. Kor 10,31–11,2 usw. Da Paulus hier ausdrücklich behauptet, in allen Gemeinden *denselben* Unterrichtsinhalt zu vermitteln, dürften Parallelen zwischen 1. Timotheus- und Titusbrief auch darauf zurückzuführen sein, dass Paulus für seine unterschiedlichen Mitarbeiter als Lehrer der Lehrer in sehr verschiedenen Gemeinden in der Provinz Asia und auf Kreta denselben Lernstoff unterschiedlich formuliert und gut lehrbar knapp zusammenfasst. Er folgt seinem uns von Lukas bezeugten Unterrichtsschema in Apg 20,20f.:

A) Es geht um das Verhalten innerhalb der von Nichtchristen beobachteten christlichen Hausgemeinden: 1. Tim 4–6 par Tit 1–2 (vgl. Röm 14–15) und um das Verhalten der Christen in der Öffentlichkeit: 1. Tim 1–3 par Tit 3 (vgl. Röm [9–]12–13).

---

[6] Dies hat jetzt Engelmann gründlich herausgearbeitet. Allerdings erklärt sie Unterschiede häufig zu Widersprüchen, um die drei „Pastoralbriefe" schließlich drei Verfassern zuschreiben zu können. Wenn man den Philipperbrief so mit dem 1. Korinther-, dem 1. Thessalonicher- oder dem Römerbrief vergleichen würde, wie Engelmann die drei „Pastoralbriefe" vergleicht, und dann die Unterschiede dieser Schreiben zu Widersprüchen erklärt, könnte man bis zu vier Verfasser für vier Briefe „feststellen". Auch der Schreibstil des 1. Korintherbriefs ist sehr weit entfernt von dem des Römerbriefs. Im 1. Korintherbrief wird Jesustradition an entscheidenden Stellen wörtlich zitiert, im Römerbrief fehlen Stellen wie 1. Kor 11,23; 15,1ff. komplett. Die Rechtfertigungslehre bestimmt im Römerbrief alles, im 1. Korintherbrief so gut wie nichts. Ähnliches ließe sich beim Vergleich des Philipper- mit dem 1. Korintherbrief feststellen. Und zwischen dem 1. Thessalonicher- und dem Römerbrief liegen Welten. Rechtfertigungslehre, Leib-Metapher usw. sind für den 1. Thessalonicherbrief „Fremdwörter". Selbst der Galater- und der Römerbrief könnten, würde man Engelmanns Vergleichsmethode folgen, unmöglich beide von Paulus stammen. Im Galaterbrief fehlt u. a. die Eschatologie und der Gebrauch der ?Ι⊕Ι-Wortgruppe des Römerbriefs. Die Leib-Christi-Metapher wird in Gal 3–6 durch Bilder für das Leben im antiken Haus und als Hausgemeinde ersetzt.

B) Es geht immer zuerst um den Glauben an *Gott* (Titusbrief; vgl. Röm 1–4), bevor, darauf aufbauend, Jesus Hauptthema wird (1./2. Timotheusbrief; vgl. schon Röm 2,17ff.; 3,21ff., aber dann Röm 5–8).

Zu A) Das Schema der ethischen Belehrung „Im Haus/Gemeinde intern – Gemeinde in der Öffentlichkeit" findet sich auch in anderen Paulinen angedeutet: 1. Thess 3,12; 5,15; Gal 6,9f.; Phil 4,1-4, dann 4,5-8. Für Anfänger (1. Kor 3,1ff.) kann es mehr entfaltet werden, z. B. in der Gottesdienstordnung, erstens intern: 1. Kor 14,1-22 und zweitens gegenüber Nichtchristen: 14,23-40. Für fremde Adressaten kann Paulus dieses Schema ohne Gottesdienstbezug, aber anlassgerecht[7] im Römerbrief noch breiter und in der Abfolge des 1. Timotheusbriefs für unterrichtete Fortgeschrittene (vgl. Röm 6,17; 16,17) entfalten: erstens Gemeinde unter Nichtchristen: Röm 12–13, zweitens besuchte, beobachtete Hausgemeinden (vgl. Röm 16,3-16) intern: Röm 14–16 u. ö.

Zu B) Im Römerbrief finden wir auch eine sukzessive Aufnahme der Theo- und der Christologie des Präskripts: von 1,18ff. an geht es zunächst adressaten- oder themenspezifisch begrenzt vorrangig um die Entfaltung der *Gottes*lehre. In sie wird titelchristologisch dann erstens mit dem Titel „Christus" die *Messianität* Jesu eingefügt (2,17ff.; 3,21ff.). Zweitens wird hinzukommend in 4,6-8.25 und 5,1 an Gottes „Herrsein" auf Jesus übertragen und in die Lehre eingefügt. Drittens wird schließlich mit 5,10 und 8,3.29.32 Jesu Gottessohnschaft bekannt, und die Pneumatologie wird in Röm 5–8 eingebracht. Kurz – für Paulus gilt: „Gott aber ist das Haupt Christi" (1. Kor 11,3; vgl. 1. Kor 15,20-28), wonach er seinen Unterricht gestaltet.

Paulus kann nur in Briefen an Mitarbeiter die Kenntnis seiner Lehre in vollem Umfang und ihre absolute Loyalität ihm gegenüber voraussetzen. Dies beachten Exegeten/innen nicht, die behaupten, der Autor *vermöge*, gemessen u. a. am Römerbrief, kaum theologisch zu argumentieren[8]. Schreiben war mühselig. Mehr als heute verzichtete man auf Ausführlichkeit (vgl. etwa 1. Kor 11,34; Joh 20,30f.). Paulus würde „Eulen nach Athen tragen", würde er seine Lehre gegenüber von ihm geschulten Mitarbeitern argumentativ entfalten wie für unbekannte Adressaten im Römer-, für Anfänger im 1. Korinther- und 1. Thessalonicher- oder für Abgefallene im Galaterbrief. Er spielt nur noch in gut lern- und memorierbaren Konzentratworten, Formeln und Zusammenfassungen auf bekannte Lehrinhalte an. Mitarbeiter konnten mühelos entfalten, was der 1. Timotheus- und Titusbrief für sie zur Erinnerung ganz grob skizzieren (vgl. 1. Kor 4,17).[9]

---

[7] Haacker, Friedensmemorandum und ders. Römerbrief.
[8] Vgl. Engelmann, bspw. zum 2. Timotheusbrief: 561, 564f.
[9] Vgl. dazu z. B. Riesner, Taufkatechese; Stettler, Christologie.

4.2.1.4 Lukas und die „Pastoralbriefe"

Lukas dürfte die „Pastoralbriefe" mitgeschrieben haben,[10] wofür ich in dieser Arbeit manche Belege anführen werde. Ein „lukanisches" Beispiel für ein „Konzentratwort" sei hier genannt: ὑγιαίνω κτλ. In allen drei Briefen ist die Rede von der „gesunden" Lehre oder von „gesunden" Worten Jesu im Sinne des Heilens von Sünde (1. Tim 1,10; 6,3; 2. Tim 4,3; Tit 1,9; 2,1). Im Titusbrief finden wir darüber hinaus den Wunsch, der *Glaube* der Gegner möge „gesunden" und der Glaube alter Männer möge „gesund" sein (Tit 1,13; 2,2). Laut Tit 1,5(.12) war manches auf Kreta in Ordnung zu bringen. Falsche Lehre und falsches Fragen können im 1. und 2. Timotheusbrief ferner als Krankheiten bezeichnet werden (1. Tim 6,4; 2. Tim 2,17f.; vgl. 1. Tim 4,2 ?). Im NT bezeugt allein Lukas nicht nur die Beschreibung eines Lehrers, allerdings des Paulus, durch dessen Gegner als „eine Pest" für die Welt (Apg 24,5; vgl. ähnlich die Beschreibung der Irrlehre in 2. Tim 12,17f.), sondern nur Lukas verwendet sonst das Bild der Gesundheit und der Krankheit im übertragenen Sinn unter Verwendung der Worte ὑγιαίνω κτλ.[11] In der lukanischen Jesustradition finden wir die übertragene Rede vom Gesunden von der Krankheit *Sünde*, also die Befreiung aus dem lebenszerstörenden Zustand der Trennung von Gott: Lk 5,31f.; vgl. in einem Gleichnis: Lk 15,(11-)27. Auf solche Jesustradition dürfte der Arzt Lukas (Kol 4,14) mit den Konzentratworten „gesund", „gesunden" in den „Pastoralbriefen" hinweisen. Diese Tradition war seinen „Kollegen" Timotheus und Titus vertraut. Dass der Glaube an Jesus gesund macht bzw. Jesu Worte *heilen* können, weiß Lukas ebenfalls (vgl. Lk 7,10). Kann 1. Tim 6,3-4 sowohl übertragen als auch im wörtlichen Sinn verstanden werden?

Neben einigen Ähnlichkeiten finden wir in den drei „Pastoralbriefen" weitere, viel zahlreichere Besonderheiten und Unterschiede. Diese haben verschiedenste Ursachen:

(a) *Paulus* ist der Autor[12], hat aber – wie üblich (Röm 16,22; 1. Kor 16,21; Gal 6,11; 2. Thess 3,17; Kol 4,18; Phlm 19; vgl. den Wechsel vom überwiegenden Wir- zum überwiegenden Ich-Stil nach 2. Kor 1–9) – seine inhaltlichen Vorgaben wahrscheinlich von einem Sekretär ausformulieren lassen, m. E. von Lukas. Paulus schreibt außerdem wie ein antiker Briefautor aus der Sicht und Situation der Absender „den Juden als ein Jude und den Griechen wie ein Grieche" (vgl. 1. Kor 9,20-22; 10,32f.). Auch der lukanische Paulus passt die Sprache und In-

---

[10] Vgl. dazu unten unter 4.2.3.11.
[11] Gegen Häfner, Corpus, 267.
[12] In jüngster Zeit votieren einige Exegeten auf Grund der erheblichen Unterschiede der drei Schreiben sogar dafür, dass sie von unterschiedlichen Verfassern stammen – z. B.: Murphy O'Connor; Marshall; Richards; Aageson; Herzer; Engelmann. Ich halte ihre Argumente für nicht überzeugend, kann aber auf Grund der gebotenen Kürze des vorliegenden Beitrags nicht ausführlich darauf eingehen.

halte seiner Reden vor Nichtjuden (Apg 14,15-17; 17,16ff.), Juden (Apg 13,16-41; 22,1-21), hochrangigen Heiden und Juden (Apg 26,2-23) und geschulten christlichen Gemeindeleitern (Apg 20,17-35) nach dem „1. Kor 9,22-Prinzip" an. Er stellt also den Hermeneuten Paulus historisch zuverlässig dar.[13] Lukas leistet zudem für seine/n nichtchristlichen, nichtjüdischen und auch christlichen Leser (Lk 1,1-4) bewusste Übersetzungsarbeit im Sinne von 1. Kor 9,22.[14] Wir können somit nie sicher sagen, ob der Hermeneut Paulus oder der Hermeneut Lukas Abschnitte in den „Pastoralbriefen" ausformulierte. Und dass ausgerechnet die Milet-Rede des Paulus in Apg 20,17ff. den „Pastoralbriefen" sehr verwandt ist, dürfte an den ähnlichen Adressaten liegen. In den „Pastoralbriefen" werden ausgebildete Lehrer durch den Lehrer Paulus instruiert, denen Paulus „den ganzen Willen Gottes" bereits vermittelt hatte (Apg 20,27).

Die Sekretärshypothese ist – gegen M. Engelmann[15] – keine Modifikation der Unechtheitserklärung, da antike Autoren gern auf „Ghostwriter" zurückgriffen, die nach ihren Vorgaben Briefe oder Reden schrieben. Solche Texte wurden vom Autor lediglich hier und dort überarbeitet und mit eigenhändigem Postskript als Unterschrift autorisiert. Sie galten als „authentisch". Engelmann kennt offenbar Arbeiten wie die von E. R. Richards „The Secretary in the Letters of Paul"[16] nicht. Aus erheblichen Stilunterschieden der Paulusbriefe und aus Röm 16,22; 1. Kor 16,21; Gal 6,11; Phlm 19; Kol 4,18 und 2. Thess 3,17 kann man nur schließen, dass Paulus zwar inhaltlich Einfluss auf seine Schreiben nahm, aber die Ausformulierung seinen Sekretären überließ. Der im Vergleich mit dem 1. Korintherbrief sehr verschiedene Schreibstil u. a. des Römerbriefs erweist die Behauptung eines typisch paulinischen Schreibstils als Maßstab für „echte" und „unechte" Briefe als unhaltbar und spricht dagegen, dass Paulus beide Briefe wörtlich diktierte. Der Römerbrief wurde von einem Römer Tertius geschrieben (Röm 16,22). Den 1. Korintherbrief schrieb ein Korinther Sosthenes mit (1. Kor 1,1; Apg 18,17). Auch so wurde Paulus seinen Gesprächspartnern bzw. Adressaten optimal „einer der ihren, um sie zu gewinnen" (vgl. 1. Kor 9,20-22). Stiluntersuchungen erweisen den 1. Korintherbrief sogar als weiter vom Römerbrief entfernt als u. a. den 2. Timotheusbrief.[17]

(b) Paulus macht in den Briefen an seine *Mitarbeiter* bewusst Unterschiede zwischen dem *Juden* Timotheus und dem *Griechen* Titus. Er unterscheidet außerdem die *Aufgaben* seiner Mitarbeiter.

---

[13] Haacker, Urchristliche Mission; Köhler, „Allen bin ich alles geworden".
[14] Vgl. etwa Haacker, Verwendung.
[15] Engelmann, Unzertrennliche Drillinge?, 42–50.
[16] WUNT II/42, Tübingen: Mohr Siebeck, 1991. Vgl. auch ders., Paul and First-Century Letter Writing, 2005.
[17] Kenny, Stylometric Study, 99f..

(c) Er berücksichtigt ihre verschiedenen *Situationen* in Ephesus (1. Timotheusbrief), auf Kreta (Titusbrief) oder später in Kleinasien (2. Timotheusbrief), und zwar zur Zeit des 2. Timotheusbriefs nach einem großen Abfall „aller" Christen von Paulus ebendort (2. Tim 1,15). Timotheus muss vor Ort eine junge Gemeinde organisieren oder reorganisieren (2. Tim 2,2; vgl. die in die Frühphase gehörende Einsetzung von Gemeindeleitern in Apg 14,23 und Tit 1,5; vgl. nicht lange nach der Gemeindegründung: Gal 6,6; 1. Thess 5,12-13; 1. Kor 16,15-18). Timotheus wird außerdem als zukünftiger Paulusnachfolger und Bewahrer des paulinischen Erbes angesprochen sowie als Zeuge des Apostels nach Rom gerufen (1,6-8; 2,7-14; 3,10–4,22).

Sollten die von Timotheus derzeit betreuten „Anfänger" im Glauben den Brief mithören (4,22b!), wären einige „griechische" Ähnlichkeiten des 2. Timotheusbriefs mit dem Titus- und dem 1. Timotheusbrief nicht nur im Hinblick auf Timotheus, den Sohn eines Griechen und einer hellenistischen Jüdin, sondern auch für die Mithörer gedacht. Paulus muss dann im 2. Timotheusbrief hier und dort „für die Griechen wie ein Grieche" formulieren.[18] Die Inhalte des Titusbriefs sind Lehrhilfestellungen für *neugetaufte* Kreter. Sie befassen sich darum – wie Apg 20,20 als Schema für den zweigeteilten urchristlichen Erstunterricht bezeugt – noch eher mit der gerade erfolgten „Umkehr zu *Gott*" (vgl. im Titusbrief von 2,11 an bis schließlich nur zum „Glauben an *Gott*" in 3,8). Von daher könnte der Titusbrief u. a. die hellenistische Soteriologie aufnehmen, dass Gott als ein „Retter" für „alle" in „Epiphanien" eingreift.[19] Der 2. Timotheusbrief reduziert jedoch u. a. den Gebrauch von Soter erheblich (nur 2. Tim 1,9f.) und die Verwendung des Kyrios-Titels ist nur in diesem der drei „Pastoralbriefen" eine über den ganzen Brief reichlich vorkommende Selbstverständlichkeit. Nur in 2. Tim 1,2 muss der Verfasser einmal beim Erstgebrauch dieses Titels gegenüber einem Timotheus und eventuell besonders für die Mithörer paulinisch (vgl. Röm 10,9-13; 1. Kor 8,6; Phil 2,9-11) bekennen, dass der „Herr" – wie er danach nur noch ohne Jesusnamen u. ö. 15-mal im Brief heißt – eben Jesus ist. Zudem ist Jesus für die Juden Paulus und Timotheus nicht erstens der „Herr über alle" (Röm 10,9-13; Phil 2,9-11; Apg 10,36), sondern der „*Christus* Jesus". So bezeichnet ihn Paulus im 1. und im 2. Timotheusbrief mit Voranstellung des griechischen Messiastitels fast ausschließlich und einseitig wie sonst nie in seinen Briefen.

Der 1. Timotheusbrief wurde für kurze Zeit geschulte, aber gegenüber den Kretern fortgeschrittenere Epheser geschrieben und ist daher in manchem noch

---

[18] Vgl. etwa in 2. Tim 4,8-10 die merkwürdig an Tit 2,11.13; 3,4 erinnernde Formulierung, dass man nicht direkt den Herrn, sondern „seine Erscheinung lieben" soll, aber nicht „diesen Äon". Zur nur im Titusbrief streng durchgehaltenen Wahrung der Transzendenz Gottes und Christi vgl. 4.2.3.4.

[19] Jung, Soter.

sprachlich „griechischer" als andere Paulinen. Auch Timotheus steht 53/54 n. Chr.[20] erst noch am Anfang seiner selbständigen Mitarbeit. Die Instruktionen dieses Briefs drehen sich schon um den – nach Apg 20,20 auf der *Theo*logie erst in einem zweiten Schritt aufbauenden – Unterricht „Glauben an *unsern Herrn Jesus*" mit u. a. dreimaligem Gebrauch des Kyrios-Titels in Kap. 1 und 6. Der Titusbrief ersetzt diesen Titel noch durch Doppel-Sotertitel für Gott und Jesus.[21] Wenn Hebr 5,11–6,1 andeutet, welche identischen Unterrichtsinhalte Neugetauften in allen Gemeinden grundlegend als „Milch" vermittelt wurden (vgl. 1. Kor 3,1ff.; 4,17), dann fällt auf, dass die Aufzählung der von der *Theo*-logie („Aussprüche *Gottes*") ausgehenden Lehrinhalte für „Unmündige" (vgl. Röm 2,20) – soweit noch nötig oder strittig – in den Briefen des Corpus Paulinum wieder aufgenommen und weitergeführt werden, die für „Anfänger" geschrieben wurden: die Messianität Jesu = „das Wort vom Anfang des *Christus*" (vgl. z. B. 1. Kor 3,11 sowie ab 1. Tim 1,15; 2,5f.; 3,16); das „*Grund*-legen" (1. Timotheus- und 1. Korintherbrief); „die *Abkehr von toten Werken* und dem *Glauben an Gott*" (z. B. Tit 2,11–3,8; 1. Thess 1), „die Lehre von *Waschungen*" (Tit 1,15–3,7) und „die *Handauflegung*" (1. Tim 4,14; 5,22), „die Totenauferstehung" (1. Thess 4-5; 1. Kor 15; vgl. 1. Tim 3,16) und das „ewige Gericht" (1. Tim 5,11–6,19).

(d) Die *Gemeinden*, die die Mitarbeiter betreuen sollen, sind verschieden, bzw. Gemeinde spielt im 2. Timotheusbrief so gut wie keine Rolle. Hier formuliert Paulus viel mehr von jüdischem Freund zu Freund (1,1-5) im Stil antiker Freundschaftsbriefe, aber bisweilen auch im Stil eines Testaments. Er schreibt als Vorgänger dem Nachfolger (1,6f.; 2,2; 3,10ff.)[22]. Und Paulus formuliert von Zeuge zu Mitzeuge in einem irdischen Gerichtsprozess, der zugleich vor dem himmlischen Richter und seinem kommenden Gericht stattfindet (1,6-8; 2,11-13; 4,1-16).

(e) Die *Situation des Apostels* ist als Kämpfer gegen Irrlehre (1. Timotheusbrief), als Missionsleiter im Osten (Titusbrief) und am Lebensende als Zeuge der gesamten Christenheit vor Nero in Rom (2. Timotheusbrief) pro Brief ebenfalls je anders. Das Thema „Irrlehrerkampf" und v. a. satanische Angriffe spielen nur im 1. Timotheusbrief eine erstrangige Hauptrolle.

Dies alles soll nun anhand von Textbeobachtungen belegt werden.

---

[20] Vgl. meine Datierung unter 4.4.
[21] Vgl. dazu unter 4.3.2.1.
[22] Vgl. Weiser, Zweiter Timotheus, 30–39.

4.2.2 Paulus und seine Mitarbeiter als Ursachen für ganz verschieden geartete Unterschiede

Im Titusbrief spricht *Paulus* zu Titus wie ein Grieche über „Leute aus der *Beschneidung*" oder *„jüdische"* Mythen (Tit 1,10.14; anders 1. Tim 1,4; 4,7; 2. Tim 4,4). Er thematisiert für neugetaufte Juden und Kreter jeweils am Ende der drei Themenblöcke Gemeindeleitung (1,5-16), besuchte und beobachtete Gemeinde im Haus (2,1-14) und Christen in der Öffentlichkeit (3,1-8) die „Reinheit/Reinwaschung" aller Gläubigen (Tit 1,15, 2,14; 3,5f.). Dies ist in allen anderen Paulusbriefen so nicht mehr nötig. Anders als sonst meldet sich Paulus im Briefkorpus des Titusbriefs auch ausschließlich im reichlich verwendeten *Wir*-Stil zu Wort. Von der Betonung des *„gemeinsamen* Glaubens" in Tit 1,4 an werden Autor und Adressat auf diese Weise vor allen kretischen Christen zum Vorbild der neuen Gemeinschaft getaufter Juden und Nichtjuden. Schlusssätze dieses Briefthemas sind die Aussagen, dass „wir" „reingewaschene" Glieder eines neuen Gottesvolkes sind, die gemeinsam „allen Menschen" zum Besten dienen und nicht mehr „verhasst, einander hassend" sind (2,14–3,8). Der Titusbrief baut auf diese Weise außerdem neugetauften Juden Brücken zum Griechen Titus, dem sie folgen sollen, aber den sie noch bis vor Kurzem als „unrein" abgelehnt hätten (vgl. Lk 7,6; Apg 10–11). Dies alles würde in Briefen eines Juden an einen Juden so formuliert keinen Sinn machen.

Ebenso wenig machen für viele Neugetaufte auf Kreta Zitate aus den und Anspielungen auf die heiligen Schriften und Traditionen der Juden Sinn (anders 1. Tim 1,7ff.; 4,1-16; 5,18ff.; 6,6ff.; 2. Tim 2,7f.19; 3,8.15-17 u. ö.). Sogar in Tit 1,14-16 entfällt der für Juden unumgängliche Gebrauch ihrer Schriften und Überlieferungen. Paulus formuliert wie ein Nichtjude für Nichtjuden:

> „... nicht auf jüdische Fabeln und Gebote von Menschen achten, die sich von der Wahrheit abwenden ... befleckt ist sowohl ihr *Verstand* als auch ihr *Gewissen*. Sie geben vor, Gott zu kennen, aber in den Werken verleugnen sie ihn und sind abscheulich und ungehorsam und zu jedem guten Werk unbewährt."

Ganz anders formuliert der Jude Paulus für den Juden Timotheus in der Parallelstelle 1. Tim 1,7ff.: „Sie wollen *Gesetzeslehrer* sein und verstehen nichts ... Wir (beiden) wissen aber, dass *das Gesetz* gut ist ..." Paulus muss in Tit 1,12 – wie ähnlich in der Missionspredigt vor Griechen in Apg 17,22ff. – eine heidnische Autorität, ja, einen *kretischen* „Propheten" zitieren. Er kann sich schließlich auch in Tit 3,9 mit einem mehrdeutig knappen Verbot von „*gesetzlichen* Streitereien" begnügen.[23] Für getaufte Nichtjuden, die den Brief seit Tit 2,10-12; 3,1-2.8 schon mithören, geht es hier um eine Distanzierung von Menschen, die irgendwelche Gesetze der Obrigkeiten nicht akzeptieren. Neugetaufte Juden

---

[23] Vieldeutig entsendet Paulus zur Verstärkung der Missionare auf Kreta einen „Gesetzeskenner" Zenas (Tit 3,13).

hören zugleich Anspielungen auf ihre Tora Moses. Mehrdeutige Formulierungen dieser Art finden sich im Titusbrief vom ersten Vers an. Paulus ist „Sklave" Gottes (Tit 1,1). Das ist für Nichtjuden ein sich mit Sklaven solidarisierender, programmatischer Vorausblick auf Tit 2,9f. Aber für Juden erklärt Paulus sein Amt außerdem als vergleichbar mit dem Amt von alttestamentlichen Autoritäten Gottes wie Mose. Und wenn Paulus im selben Atemzug alttestamentlich-jüdisch von den „Auserwählten Gottes" spricht, hören nur Juden hier eine Ankündigung des Themas von Tit 2,14 heraus. Nichtjuden wird ihre Auserwählung in Tit 2,11–3,8 breit erklärt. Im Titusbrief schreibt Paulus „wie einer ohne Gesetz", d. h. so wenig wie möglich in alttestamentlicher Sprache, und zwar „denen, die ohne Gesetz [großgeworden] sind ..., damit ich die, welche ohne Gesetz sind, gewinne" (1. Kor 9,21). Im 1. und 2. Timotheusbrief aber formuliert er von 1. Tim 1,7ff. an bis 2. Tim 3,14ff. für den Juden Timotheus und für die (mithörenden) Juden

> „wie ein Jude, damit ich die Juden gewinne [und] für die [mithörenden gottesfürchtigen Synagogenbesucher und Proselyten], die sich [bis zur Taufe mehrheitlich] unter [dem] Gesetz befanden [vgl. Apg 19,1-10!], wie einer unter [dem] Gesetz – obwohl ich selbst nicht unter Gesetz bin –, damit ich die, welche unter Gesetz sind [bzw. die, welche derzeit im Streit mit Gesetzeslehrern sind], gewinne" (1. Kor 9,20).[24]

Die beiden Paulus-*Mitarbeiter* Timotheus und Titus waren sehr verschieden. Timotheus war Jude und von Jugend an in den Heiligen Schriften Israels „zuhause". Für Paulus war er ein Lehrer der Schrift und Jesus-Tradition und Verkündiger des Evangeliums. Schon vor ihrer Christwerdung hatten Paulus und Timotheus an den Gott Israels geglaubt (Apg 16,1; 2. Tim 1,3-5; 3,14-17). Titus aber war für Paulus ein typischer Grieche (Gal 2,1.3). Timotheus wird im Neuen Testament 24-mal erwähnt. Er ist Co-Autor mancher Paulusbriefe (ab 1./2. Thess). Für Paulus ist Timotheus der wichtigste theologische Lehrer neben ihm (Phil 1,1; 2,19-23; vgl. 1. Thess 3; 1. Kor 4,16f.; 16,10f.; 1./2. Tim; Apg 16,1; 17,14f.; 18,5; 19,22; 20,4). Titus wird 13-mal im Neuen Testament genannt (nur im Galater-, im 2. Korinther-, im Titus- und im 2. Timotheusbrief und gar nicht in Apostelgeschichte). Er war langjähriger Mitarbeiter des Apostels, doch nie Co-Autor. Er ist für Paulus kein Lehrer der Heiligen Schrift und Jesus-Tradition. Titus war Organisator und Krisenmanager. Für die Kreter war Titus vor allem „ein Vorbild für *beeindruckende Werke*" (καλῶν ἔργων: Tit 2,7). Er

---

[24] Gegen Häfner (Nützlich zur Belehrung, 13, Anm. 75) finden wir im Titusbrief nicht deshalb keinen intendierten Rückgriff auf die Schrift, weil „Tit und 1. Tim dasselbe Thema behandeln" und Paulus im Titusbrief keine entsprechenden Passagen aus dem 1. Timotheusbrief wiederholen wollte, sondern weil Paulus ihm unbekannten neugetauften Kretern wie ein Kreter schreibt und darum nicht bei allen Adressaten AT-Wissen voraussetzen kann.

soll nicht theologisch lehren wie ein Timotheus (s. u.), sondern Lehrer beauftragen oder einsetzen, die lehren können (Tit 1,6-10; 2,3-5, anders 1. Tim 3,14–5,2).

Nach Tit 1,1-4; 2,11–3,8 hatte es nur der gebürtige Grieche Titus nötig, für den Erstunterricht Neugetaufter von Paulus eine detaillierte, sprachlich auffällig griechische Erklärung des Ursprungs, des Inhalts und Ziels seines Apostolats an die Hand zu bekommen sowie einen sehr „griechischen" Grundkurs über die aus der ἀσέβεια („Gottlosigkeit") „rettende Gnade Gottes". Ähnlich lehrt Paulus ihm persönlich nicht bekannte Adressaten über Gottes Rettung aus der ἀσέβεια in Röm 1,16–11,26. Schon Röm 1,1-7 ist inhaltlich mit Tit 1,1-4 verwandt, aber nur im Präskript des Titusbriefs formuliert Paulus für Menschen ohne Kenntnis des Alten Testaments und der Jesus-Tradition. Solche brieflichen Hilfestellungen sind für Timotheus (vgl. 1. Kor 4,17; Phil 2,19-22; 2. Tim 3,14-17) und für die von Paulus persönlich geschulten Epheser (vgl. 1. Kor 15,32; 16,8) nicht notwendig. Nach 1. Tim 3,14 bis vor allem 4,12-16 ist Timotheus in Ephesus unter Auflegen der Hände dazu ordiniert, „biblische Theologie" zu lehren wie Paulus (vgl. u. a. 1. Thess 1,6, 1. Kor 4,16f.; Phil 2,19-22). Timotheus soll als *Beispiel* für alle Gläubigen lehren. Sein Lebensstil soll eine Interpretation der Theologie sein, gelebter Glaube, der sich in der Liebe zeigt (ab 1,5; 4,6-16; 6,11). Titus ist erstens Vorbild „beeindruckender", „guter" Werke (Tit 2,7-8), nie aber ein Vorbild für „Glaube und Liebe".

Titus ist zwar „Bruder" (2. Kor 2,13), „Begleiter" und „Mitarbeiter" (2. Kor 8,23) oder „mein rechtmäßiges Kind" (= Schüler, Delegierter) (Tit 1,4). Aber wie anders spricht Paulus von und mit Timotheus! Er ist „Mitarbeiter" (Röm 16,21) „*geliebtes* Kind" (1. Kor 4,17; 2. Tim 1,2) „Bruder" (2. Kor 1,1, Phil 2,19; Kol 1,1), aber auch „*Mitarbeiter für Gott in der Verkündigung des Evangeliums des Christus*" (1. Thess 3,2) und auf Augenhöhe mit Paulus judenchristlicher „*Knecht* Jesu Christi" (Phil 1,1), „*Knecht* des Herrn" (2. Tim 2,24) und „Mensch/Mann Gottes" (1. Tim 6,11; 2. Tim 3,17; vgl. u. a. Dtn 33,1; Jos 14,6). Paulus ordinierte nur Timotheus zum Amtsnachfolger wie Mose einst Josua (2. Tim 1,6-8; 3,10–4,8; vgl. Dtn 34,9). Ihm allein vertraute er seine *Paratheke* an, nicht Titus oder anderen Mitarbeitern (1. Tim 6,20; 2. Tim 1,12-14). Timotheus, nicht Titus, wird über die Salutatio hinaus je ein weiteres Mal als „Kind" des jüdischen Weisheitslehrers Paulus angesprochen (1. Tim 1,18; 2. Tim 2,1; vgl. 1. Kor 4,14.16f.; Phlm 10; vgl. Spr 8,1; Sir 2,1; 3,1ff., 4,1 u. ö.), was G. Häfner irrtümlich als Gemeinsamkeit „der Pastoralbriefe" wertet[25].

Zudem wird nur Timotheus im 1. Timotheusbrief im Vokativ briefrahmend ermahnt (1. Tim 1,18; 6,11.20). Im Griechischen ist der Vokativ oft ein Ausdruck von Emotionen. Und nicht nur aus der Zusammenschau der drei Vokative im 1. Timotheusbrief kann man mit Sicherheit starke Emotionen des Absenders er-

---

[25] Häfner, Corpus, 265.

schließen. Diese sehr persönliche Anrede in Bezug auf die Adressaten geschieht vielmehr insgesamt in einem Wortfeld, das nur im 1. Timotheusbrief verwendet wird, nicht im Titusbrief oder 2. Timotheusbrief. Von 1. Tim 1,3-20 an sendet Paulus seinen Beauftragten in einen Kampfeinsatz. Der Ton ist im Zusammenklang mit weiteren sprachlichen Eigentümlichkeiten sogar dramatisch. Neben dem tonangebenden, briefrahmenden Vokativ werden nur in 1. Tim mehrere παραγγέλω/-ία -Befehle verwendet (1. Tim 1,3.5.18; 4,11; 5,7; 6,13.17). Hinzu kommt eine sechsmalige τινες-Polemik nur in 1. Tim 1,6.19; 4,1; 5,15; 6,10.21. Ein „(Wett- oder Ring-)Kampf"-Motiv beherrscht nur Anfang, Mitte und Ende des 1. Timomtheusbriefs (1. Tim 1,18; 4,10; 6,12; vgl. 2. Tim 2,1.5; 4,7). All dies zeigt die emotionale Beziehung zwischen Absender und Empfänger in heftiger Kampfsituation in Ephesus (vgl. 1. Kor 15–16; 2. Kor 1,8ff.; Apg 19–21). Der Titusbrief bleibt im Ton emotionslos amtlich-nüchtern. Auch die Ausnahme in Tit 3,9 („gesetzliche Streitigkeiten") ist vergleichsweise betonungslos und der Briefeinstieg in Tit 1,5 „kampflos" (anders 1. Tim 1,3-5; vgl. 2. Tim 1,6-8; 2,1ff.). Eine persönlichere, besorgtere oder herzliche Beziehung zwischen Apostel und Titus finden wir im Titusbrief ebenso wenig wie das persönliche Vorbild des Paulus, das den Briefauftakt in 1. Tim 1,12ff. und 2. Tim 1,3ff. bestimmt. Bei Tit 1,1-4 handelt es sich um eine durch und durch nichtbiographische Erläuterung des Apostelamtes. Dem Schluss Tit 3,12-15 fehlt jede Besorgnis, jede Warnung (anders 1. Tim 6,20f.; vgl. 2. Tim 3,1–4,5; 4,14-18). Gegner und deren Anhänger werden im Titusbrief polemisch, aber ausschließlich namenlos und prophylaktisch bekämpft (Tit 1,10-16; 2,5.8; 3,9-11). Im 1. und 2. Timotheusbrief werden sie beim Namen genannt und als reale Gefahr angegriffen (1. Tim 1,3-20; 2,14; 3,6f.; 4,1-16; 5,3-25; 6,3-16.20f. und 2. Tim 1,15–3,13; 4,14f.). Paulus wünscht schließlich keinem anderen Adressaten als nur dem Judenchristen Timotheus (vgl. Apg 16,1; 2.Tim 1,3ff.; 3,15) „Gnade, *Barmherzigkeit*, Frieden" (vgl. 1. Tim 1,2; 2. Tim 1,2).
Erkennt man diese grundsätzlichen Unterschiede der drei Schreiben, so sind ihre erheblichen inhaltlichen (vgl. 4.2.3.1 und 4.2.3.10), sprachlichen (vgl. 4.2.3.11 und 12) und formalen Unterschiede (vgl. 4.2.3.13), aber auch Gemeinsamkeiten jeweils nur zweier der drei Briefe von paulinischem Denken her nach 1. Kor 9,20-22; 10,32f. sehr gut erklärbar. Diese Mitarbeiterbriefe sind auf Grund ihrer Unterschiedlichkeit deutlich erkennbar kein „literarisches Konstrukt" für ein und dieselben Adressaten in gleicher Situation[26]. Ein Durchgang durch wesentliche Briefthemen zeigt dies im Folgenden.

---

[26] Gegen Häfner, Corpus.

4.2.3 Inhaltliche Unterschiede

4.2.3.1 Theologie und Soteriologie

Vom *König* Gott oder von Jesu *Königreich* sprechen nur der 1. und 2. Timotheusbrief (1. Tim 1,17; 6,15; 2. Tim 4,1.18). Nur im 1. Timotheusbrief erhält Gott reichlich hellenistische Herrscher- und Retter-Attribute (1. Tim 1,1.11.17; 2,3; 4,10; 6,15f.). Im Titusbrief ist Gott – neben Jesus! – nur „Retter" (1,3; 2,10; 3,4). Ansonsten werden dem „nicht lügenden Gott" (1,2) personifizierte *Eigenschaften* hellenistischer Herrscher und Wohltäter zugesprochen (2,11; 3,4). Auch Christen erhalten im Titusbrief herrscherliche Eigenschaften zugesprochen (vgl. Tit 3,1f.: „*Milde* gegen alle Menschen"). Sie sollen ihren Gott also ganz ähnlich repräsentieren wie es in Phil 3,20–4,5.8 gefordert wird (vgl. Mt 5)[27]. Andere und andersgeartete Eigenschaften hat Gott im 1. Timotheusbrief. Gemäß frühjüdischer Polemik gegen Götzenkulte ist Gott nur *einer* und der *lebendige* Gott, der *Schöpfer und Erhalter* allen Lebens.[28] Im 2. Timotheusbrief werden – wie in den paulinischen Gemeindebriefen (außer im Römerbrief) – Gott keine Attribute oder Eigenschaften zugesprochen. Nur in der Salutatio ist er paulinisch üblich „Vater" (1,2). Im 1. Timotheusbrief ist Gott dreimal „Retter" und ist dies nicht nur für „uns", sondern auch für „alle Menschen" (1. Tim 1,1; 2,13; 4,10). Im Titusbrief ist er nur „unser" Retter (1,3; 2,10; 3,4), der alle Menschen gnädig retten *möchte* (vgl. Tit 2,11). Gott ist nur im Titusbrief immer dann „unser Retter", wenn Jesus unmittelbar danach als „unser Retter" bezeichnet wird.

Deutlich geht Paulus im Titusbrief auf die Situation eben erst Geretteter ein, die im Glauben wachsen müssen und auch noch kaum Mission nach außen betreiben können.[29] Ihnen fehlen sogar die Lehrer (vgl. Tit 1,5). Gesamtgemeinde als Wahrheitszeugin in der Welt, wie sie in 1. Tim 3,15f. als Tempel Gottes beschrieben wird, ist auf Kreta noch nicht vorhanden. Der Titel „Retter" wird im kürzesten der drei Briefe im Verhältnis zu seinen nur 659 Worten häufiger gebraucht als in allen anderen christlichen Schriften des 1. und 2. Jahrhunderts. Seine Doppelverwendung von σωτήρ („Retter") in der Formel „Gott, unser Retter – Jesus, unser Retter" ersetzt noch den Titel „Herr" (besonders in Tit 1,3.4; vgl. Tit 2,10.13; 3,4.6). Im 1. Timotheusbrief wird dreimal nur Gott „Retter" genannt, im 2. Timotheusbrief nur einmal Jesus. Verbal ausgedrückt, wie in anderen Paulinen, „rettet" Gott im 2. Timotheusbrief *durch* Jesus (1,9f.). Ebenso paulinisch ist nur im 2. Timotheusbrief von σωτηρία („Rettung") die Rede (2. Tim 2,10; 3,15). Der 2. Timotheusbrief kommt also der Sprache der unbestrittenen Paulinen viel näher als der Titus- und der 1. Timotheusbrief. Dies zeigt zu-

---

[27] Löning, Epiphanie.
[28] Breytenbach, Paulus und Barnabas, 60–66.
[29] Fuchs, Bisher unbeachtet.

dem die im Neuen Testament seltene[30], aber bei Paulus häufigere *parallele* Verwendung von ῥύσεται und σῴζω κτλ. nur in 2. Timotheusbrief, nicht aber im Titus- und im 1. Timotheusbrief. Paulus kann gegenüber Timotheus viel mehr in seiner Sprache sprechen. Er formuliert seine Soteriologie paulinischer (vgl. 2. Kor 1,[8-]10 mit 2. Tim 4,16-18) sogar in der Sprache der LXX (vgl. besonders Röm 11,25f.) von Jude zu Jude[31], von Freund zu Freund. Für neugetaufte Kreter und junge Christen in Ephesus verwendet Paulus im Titus- und im 1. Timotheusbrief „griechischer" nur die Wortgruppe σωτήρ κτλ. Im 2. Timotheusbrief ist lediglich Jesus einmal „unser", d. h. des Paulus und Timotheus, „Retter" (2. Tim 1,10; vgl. in anderen Gefangenschaftsbriefen Phil 3,20; Eph 5,23). Und nur im 2. Timotheusbrief wird gut paulinisch gesagt, dass man *durch* den Glauben an Jesus Christus gerettet wird (3,15). Gott handelt im Titusbrief nur indirekt durch Mittlermächte, in Tit 1,3 durch seinen „Logos im Kerygma", in Tit 2,11 und 3,4 durch personifizierte Eigenschaften, aber in den Timotheusbriefen nie.

Dass ein und derselbe Pseudonymos durch Paulusimitation „den" Pastoralbriefen sprachlich einen „Echtheitsanstrich" geben wollte, dabei aber nur im 2. Timotheusbrief Paulus sehr gut imitieren kann, ist angesichts dieser und vieler anderer – noch zu nennender – Unterschiede in den drei Briefen als Erklärungshypothese für ihre Besonderheiten klar schon jetzt auszuschließen. Aber die Annahme, dass der Verfasser – paulinisch denkend – in den drei Briefen sprachlich und inhaltlich „den Juden ein Jude und den Nichtjuden wie ein Nichtjude" werden möchte, erklärt die Unterschiede und Besonderheiten der Briefe in viel größerem Umfang und besser. Besonderheiten der Pastoralbriefe sind, wie wir in 1. Tim 1,1 sofort sehen, keine missratenen Imitationsversuche. Sie zeigen das Bemühen des Autors, pro Brief verschiedene Anliegen für unterschiedliche Adressaten in real anderen Situationen zu formulieren. Wenn also z. B. Gott gleich in 1. Tim 1,1 „Retter" genannt wird, so finden wir dafür keine anderen Paulusbriefe als Vorbilder. Mit Ausnahme von Gal 1,1 („Vater") fügt Paulus sonst immer dann, wenn er Gott in der Superskriptio erwähnt, keine Attribute hinzu (vgl. Röm 1,1; 1./2. Kor 1,1; 1. Thess 1,1; vgl. Kol 1,1; Eph 1,1; 2. Thess 1,1). Wir finden aber im 1. Timotheusbrief selbst einen guten Grund für die Verwendung von „Retter" gleich in der Überschrift. 1. Tim 1,1 ist Programmankündigung dieses besonderen Briefs, der einen Mitarbeiter zum Kampf ermutigt und Rat gibt. Gott allein ist Retter, nicht aber Artemis oder menschliche Herrscher und Wohltäter[32]. Und Gott ist nur im 1. Timotheusbrief

---

[30] Im übrigen Neuen Testament jenseits von Paulusbriefen nur: Mt 6,13; 27,43; Lk 1,74; 2. Petr 2,7.9. Bei Paulus: Röm 7,24; 11,26 (!); 15,31; 2. Kor 1,10; Kol 1,13; 1. Thess 1,10; 2. Thess 3,2.

[31] Wie sonst oft im 2. Timotheusbrief: 1,3ff; 2,7f.; 3,8.14-17 u. ö.

[32] Fuchs, Artemis (im Erscheinen).

vor allem auch der Retter der Gemeinde und aller Menschen im diesseitigen Kampf gegen satanisch-dämonische Angriffe, die auf Kreta oder zur Zeit des 2. Timotheusbriefs keine Rolle spielen. Gott rettet in allen drei Briefen Menschen durch Jesus. Aber dies wird unterschiedlich beschrieben. Gott rettet in den Briefen vor allem aus unterschiedlichen Gefahren und Nöten. Jesus als Retter hat in den Briefen an Timotheus und Titus ebenfalls unterschiedliche Retteraufgaben. Rettung geht im *Titusbrief* von Gott aus und wird allen Menschen angeboten (Tit 2,10f.). Sie „heilt" und „erzieht uns, damit wir die Gottlosigkeit (ἀσέβεια) und die Begierden dieser Welt verleugnen und [im Hinblick auf uns selbst und im Urteil der Nichtchristen nicht verrückt, sondern standesgemäß =] besonnen und [in Beziehung zu anderen Menschen =] gerecht und [in alledem =] in Ehrfurcht vor Gott unserer [neuen] Religion entsprechend leben (εὐσεβῶς ζῆν) in dem jetzigen Äon" (Tit 2,12). Dies alles tun wir in Hoffnung auf „unseren großen Gott und Retter Jesus Christus"[33]. Es ist eine Rettung aus Unmoral und Areligiosität, aus Sünden bzw. – für griechischsprachige Menschen der hellenistischen Zeit verständlicher – aus „Gottlosigkeit" (ἀσέβεια). Asebie gegen andere Menschen und ohne Ehrfurcht vor Gott wird dann nicht erwähnt, aber näher umschrieben in Tit 3,3. Schon zuvor und nach 3,3 fortgesetzt, werden die „Früchte" des positiven Wandels als für alle Menschen „nützlich" beschrieben (vgl. Tit 3,1f.4-8.13f.). Die Ursache der positiven Veränderung wird in Tit 1,1-3 und 2,10-14 nur angedeutet. In 3,4ff. aber wird sie als von Gott durch seine Güte (= Jesus) und durch seine Menschenliebe (= durch den Heiligen Geist) herbeigeführte „Neugeburt" ausführlich erklärt.[34] Eine Rettung in ein *ewiges Leben* wird nur angedeutet (Tit 1,1f.; 3,7). Sie ist aber im *2. Timotheusbrief* ein zentrales Thema, das mit 1,1 angekündigt wird. Es geht im Brief um die „*Verheißung des Lebens*", so formuliert Paulus in alttestamentlich-jüdischer Sprache von Jude zu Jude. Gott rettet Paulus, Timotheus und alle Christen durch Jesus vor dem Tod und aus allen Lebensbedrohungen in sein Königreich hinein (2. Tim 1,6-10; 2,11-13; 3,15; 4,1.8.14-18).

Im *1. Timotheusbrief* hingegen wird das Gebet um Rettung und für den Frieden für die Christen und alle Menschen quantitativ und qualitativ mehr betont als in anderen Paulinen. Es ist „vor allem anderen" das wichtigste Mittel zur Rettung (2,1-6). Die Gemeinde in Ephesus wird massivst von Satan und Dämonen durch verführerische Häresien attackiert, und dies im Gegensatz zu den Gemeinden

---

[33] Tit 2,12 nimmt das Stichwort „Eusebeia" Tit 1,1 auf und fasst die ethischen Forderungen in 1,6–2,10 samt ihren Begründungen in den Kardinaltugenden „besonnen, gerecht, fromm leben" zusammen. Tit 2,11-14 wird dann in Tit 3,1-7 weiter entfaltet. Gott will alle Menschen retten. Dazu lädt sein neues Volk (2,11-14) alle Menschen durch „gute Taten" ein, die sie nun statt der Fortsetzung ihres negativen Vorlebens aus der Kraft seines Geistes tun.

[34] Buchegger, Erneuerung.

auf Kreta (Titusbrief) und anderswo (vgl. etwa Röm 14–15 oder besonders 1. Kor 10,13). Allerdings ergeht es den Gemeinden des Epheserbriefs ähnlich. Deren Retter im Kampf gegen Satan und sein Gefolge ist Jesus (Eph 5–6; vgl. besonders Eph 5,23). Im 1. Timotheusbrief ist Gott der „Retter", allerdings durch Jesus (vgl. 1. Tim 1,15f.; 2,3-6). Die Gemeinde ist von Satan umgeben (1,20). Frauen werden vom Versucher angegriffen (2,14). Den die Aufsicht führenden Gemeindeleitern (ἐπίσκοποι) stellt der *Diabolos* als Fallensteller nach (3,6f.!; vgl. 6,9: das Bild der Falle). Die ganze Gemeinde droht von negativen Geistern zum Abfall verführt zu werden (4,1). All diese Angriffe der in 3,16; 6,15f. gewiss auch mit im Blick befindlichen unsichtbaren Machthaber, Könige und Herren, welche bisweilen in irdischen Machthabern wie Pontius Pilatus am Werk sind, muss Timotheus im „Kampf des Glaubens" und in zuversichtlicher Erwartung des „militärischen" Eingreifens Gottes durch Jesus in „Epiphanien" bestehen (6,11-16). Gott, „unser und aller Menschen Retter", er will durch Jesus und seine Verkündiger Paulus und Timotheus alle Menschen, besonders die Gläubigen, im jetzigen Kampf retten (1. Tim 1,15; 2,15; 2,3-5; 4,10).

In 1. Tim 2,15 und 4,16 geht es von daher m. E. nicht primär um Rettung ins ewige Leben. Letzterer Vers ist von 4,1ff. her zu lesen und 2,15 von 2,11-14 her. Es geht um das Überleben satanischer Angriffe. Nach 1. Tim 4,1-4 haben dämonisch inspirierte Häretiker heiratswilligen und verheirateten Christen generell und – aus 2,15 gefolgert – insbesondere Ehefrauen, heiratswilligen Frauen sowie Müttern das Heil abgesprochen. Andererseits haben „skandalös" lebende junge Frauen bereits die Erregung öffentlichen Ärgernisses verursacht und sind vom Satan „verklagt" vor aller Augen zu Fall gebracht worden (1. Tim 5,11-15). In dieser Situation der verführenden Angriffe Satans müssen Frauen nun, so Paulus, anders leben als Eva in Gen 3. Sie war – an Adam vorbei (dagegen 1. Tim 2,11f.) – ins „Lehrgespräch" mit Satan eingestiegen, d. h. in die Diskussion um das, was Gott gesagt haben soll oder nicht. Sie unterlag. Paulus ergreift als von Gott eingesetzter „Kriegsherr" (vgl. 1,1) mehrfach direkt das Wort:

„So will ich nun [in dieser Situation, die ich in 1,3-20 beschrieben habe], dass alle Gemeindeglieder in jeglicher Weise für den Frieden beten (2,1)[35], dass die Männer

---

[35] Vgl. ähnlich Phil 3,17–4,9: Verführerische Gegner missionieren in den Gemeinden. Paulus stellt sich und seine Mitarbeiter (die Wir-Gruppe) als Norm vor Augen. Die Gemeinde aber soll allen Menschen Gottes Freundlichkeit weitergeben, nach besten herrscherlichen und bürgerlichen Tugenden als Repräsentanten ihres *Soters* leben (4,5.8) und intensiv für den Frieden beten (4,5.6f.). Ein Streit in der Gemeinde ist in dieser Situation mithilfe eines Aufsehers, eines Jochgenossen des Paulus in heikler Lage, vor allen Gemeindegliedern zu regeln (4,1-3). In Phil 1,1b wird diese Situation, die Gemeindezucht nötig macht, schon angekündigt. Frauen befinden sich im Streit und sind darum angreifbar geworden (4,3). Jesus ist der bald eingreifende Soter, Christus und Herr (3,20f.; 4,5), der alle Mächte bezwingen wird (2,9-11). Im Hintergrund steht 2.

sich nicht in Streit und Zweifel hineinziehen lassen (2,8) und dass die Frau in der Stille lerne mit aller Unterordnung. Einer Frau gestatte ich nicht, dass sie lehre, auch nicht, dass sie allein und über den Mann [dabei] die Herrschende sei, sondern sie sei still. Denn Adam wurde zuerst gemacht, danach Eva. Und Adam wurde nicht verführt, die Frau aber hat sich zur Übertretung verführen lassen [= Eva ist in allen Frauen und ist in der jetzigen Situation diesem einen Angreifer nicht gewachsen]. Sie [= Übergang von der einen Eva zur Frau generell] wird aber (gegen die Behauptungen der Häretiker] durch das Kindergebären hindurch[36] [und nicht nur jenseits davon oder ohne Kinder] gerettet werden, wenn sie [= die Frauen, oder: die Frauen und ihre Kinder? anders als Kain und Abel?] bleiben mit Besonnenheit im Glauben und in der Liebe und in der Heiligung (2,15),... dass die jüngeren Witwen [sich unangreifbar machen, d. h.:] heiraten, Kinder zur Welt bringen, den Haushalt führen, *dem Widersacher* [=Satan? Oder *Menschen wie Alexander und Hymenäus; vgl. 1,20] keinen Anlass geben* [unseren Glauben öffentlich als sittenwidrig] *zu lästern.* Denn schon haben sich einige abgewandt und folgen dem Satan."

Soweit die „Kommandos" des „Kriegsherrn" Paulus. Die Frauen in Ephesus sollen also in der damalig gefährlichen Situation die Rolle erfüllen, in der sie vor Angriffen geschützt sind. Sie werden letztlich aber durch den Glauben gerettet, wenn sie in ihm „bleiben".

Und Männer, die sich in der aktuellen Lage anders als Adam in Gen 3 verhalten, die also nicht stumme Befehlsempfänger der Frauen sind (wie Adam nach Gen 3,6), sondern die im Kampfgebiet erstens beten und – soweit dazu befähigt (3,6; 5,17) – auch die Gespräche im Streit über die rechte Lehre eventuell sogar mit Gegnern führen (3,1-7; vgl. 4,6–5,2), sichern den Frieden, für den alle Männer und Frauen beten (2,1ff.; 5,5). Männer schützen so in der aktuellen Lage die Frauen. Nach paulinischem Denken hat Adam durch sein Versagen die Verantwortung dafür, dass die Sünde in die Welt kam und mit ihr der Tod (vgl. Röm 5,12). Aber der Versucher griff nicht ihn an, sondern siegte durch die Lüge im Gespräch mit Eva (vgl. 2. Kor 11,3; Gen 3,1ff.). Und für Paulus gilt laut u. a. in Röm 15,4ff., dass das typologisch ausgelegte Alte Testament und das Vorbild Christi Richtschnur für alles Verhalten ist, und dies besonders für friedensdienliches Verhalten (vgl. Röm 12–15; 1. Tim 2,1ff.). Die Eva in allen Frauen muss darum im speziellen Fall von Angriffen des Satans hinter den Adam in allen Männern zurücktreten. Sie muss ihm das Lehrgespräch überlassen und still im öffentlichen Gottesdienst mitbeten. Die Frau kann weiterhin als Diakonin missionarisch verkündigen (1. Tim 3,11), da Diakone in der zweiten Reihe hinter den Episkopen nicht auf dieselbe Weise von Satan attackiert werden. Sie *lehren* nicht: 3,(8-)12f.. Anderes gilt für (die nur männlichen) Aufseher (1. Tim 3,2!; vgl. Tit 1,5-9). Nur sie, nicht die Diakone, sind die vom Satan an-

---

Kor 11,3: Satan greift über „Eva"/Frauen an, wenn er zum Abfall von Gott verführen will.

[36] Mutschler, Glaube, 273–279.

gefochtenen Lehrer (vgl. 1. Tim 3,6f. mit 3,12f.). Ein Aufsichtsamt in der ersten Verteidigungslinie sollen nur lehrende Männer bekleiden. Es dürfen aber auch nur gestandene Männer des Glaubens sein, keine Neugetauften.

1. Tim 3,6 entspricht in seiner Absicht den Versen 2,12-14: Satan könnte zu schwache Gegner leicht überwinden und über die Besiegten alle schädigen. Sie müssen also aus der Schusslinie gebracht werden, so 1. Tim 2,11-15; 3,6; 5,11-15. Auch Neugetaufte gehören – wie Frauen – in dieser Situation in die zweite Reihe. Nur männlichen und nur zum Lehren fähigen Presbytern – als Episkopen bezeichnet – ist die Verteidigung des Glaubens und die Lehre anvertraut (vgl. Apg 20,17-28; Tit 1,5-9). Insgesamt gilt für Paulus: Die „*Schlachtordnung* Gottes" im gegenwärtigen Kampf ist einzuhalten: „der *Christus* ist das Haupt eines jeden *Mannes*, das Haupt der Frau aber ist der *Mann*, des Christus Haupt aber ist *Gott*" (1. Kor 11,3; vgl. 1. Tim 6,13-16). Deshalb ist Gott allein im 1. Timotheusbrief unser und aller Menschen Retter, und zwar durch seinen Christus.[37] Und die Männer stehen wiederum schützend vor bzw. über den Frauen. Frauen geraten laut Paulus nämlich – wie Eva – sogar als Prophetinnen immer zuerst unter die Angriffe negativer Engel und Mächte (vgl. 1. Kor 11,3-16; 2. Kor 11,3-14). Frauen sollen unbedingt religiöse Bildung erlangen (1. Tim 2,11; 1. Kor 14,34f.).[38] In der Glaubenslehre unterrichtete Menschen sind vor Satan sicher (vgl. 1. Tim 4,1-16). Frauen sollen aber nicht nach der Verkündigung des Wortes Gottes durch männliche und weibliche Propheten im Gottesdienst dann in das öffentliche, sich an die prophetischen Worte anschließende, prüfende Lehrgespräch u. a. auch mit Widersprechenden oder Irrlehrern mit einsteigen.[39]

Kurz: Im 1. Timotheusbrief geht es nicht um Frauenfeindlichkeit, sondern um Verteidigungsfähigkeit sowie um Kampf- und Missionsstrategie. Alle Stellen zum Thema „Rettung" in diesem Brief müssen vor dem Hintergrund satanischer Attacken gelesen werden. Deswegen ist im 1. Timotheusbrief Gott allein der Retter. Er ist das Haupt Christi (vgl. 6,13-16). Aber er kam durch Jesus zur Hilfe (1,15). Jesus nahm bis zur Selbstopferung als „Mittler" den Kampf zur Rettung aller Menschen auf (2,5f.). Er siegte durch den Heiligen Geist Gottes und wurde von Gott über alle Mächte inthronisiert (3,16). Er wird im Auftrag Gottes

---

[37] Vgl. auch, dass Gott Jesus alle Feinde unterwirft, nicht umgekehrt!: 1. Kor 15,20-28; Röm 16,17-20; 1. Tim 6,15f. u. ö.

[38] Sicher waren die meisten Frauen von Kindheit an ohnehin zur Bildungslosigkeit verurteilt und früh verheiratet gewesen. Sie hätten gegen rhetorisch geschulte Redner allein schon von daher wenig Widerstand leisten können.

[39] Vgl. die Abfolge 1. Thess 5,16ff.: Auf Gebet folgt pneumatisch inspirierte Prophetie, aber dann die Prüfung derselben. So auch in 1. Kor 11–14: Auf die Prophetie und alle möglichen Formen des Gebetes (1. Kor 11,3ff. wird mit 14,1ff. wieder aufgenommen) folgt das öffentlich auch vor Nichtchristen geführte Lehrgespräch, an dem Frauen – in Korinth wegen der Gefahr, Anstoß bei Nichtchristen zu erregen – nicht teilnehmen durften: 14,23-40.

und mit dessen ihm nun unterstellten Engeln kommen, um Sünder zu richten (5,11.21ff.) und wird in Epiphanien siegreich in Ephesus gegen auch alle unsichtbaren Fallensteller (6,9) und „Herren" eingreifen (5,11.21ff.; 6,13-16). Doch der derzeitige Kampf muss erst noch bestanden werden (6,11f.17-20), wie ihn einst u. a. Hiob gegen Satan bestand, auf den vielleicht deshalb in 1. Tim 6,6ff mit angespielt wird. Auch Jesus hat schon unter Pilatus gesiegt (6,13) und wird siegen (3,16; 6,14-16).

Rettung im 1. Timotheusbrief ist Rettung vor Satan. Schon in 1,3-20 heißt es gleich, dass Christus Jesus *gekommen* ist und den ersten sündigen „Lästerer" gegen Christus, Paulus (vgl. Apg 26,9-11!), gerettet/bekehrt hat. Genauso geht Christus jetzt in Paulus und Timotheus und im Auftrag des Retters Gott mit „Lästerern" (vgl. Apg 19,9-10) um bzw. Christus geht in Ephesus erst einmal gegen sie vor, um sie als Sprachrohr Satans zum Verstummen zu bringen. Die Liebe ist auch nach 1. Tim 1,5 gegenüber Gegnern das Ziel (wie immer bei Paulus: 2. Thess 3,15). Aber erst in 2. Tim 2,22-26 wird Paulus im Rückblick gnädiger formulieren, dass Gott die „verführten Verführer" (2. Tim 3,13) doch retten möge (vgl. so auch 1. Kor 5). Im 1. Timotheusbrief will Gott zwar alle (Irrenden) retten, wie einst Paulus, aber es geht noch nicht um die Rückgewinnung und Rettung von Gegnern (vgl. so auch Tit 1,12f.; 3,9-11), sondern zunächst nur um die Abwehr und das Beenden von Attacken gegen die Christen (1,18-20; vgl. 6,3-5).

Rettung ist im 1. Timotheusbrief auch ein durch Gott ermöglichtes Überleben im Diesseits. Dabei könnte der Vergleich von 1. Tim 3,14f. und 6,11-16 intensive Naherwartung eines Eingreifens Gottes in Christus auf Seiten des Verfassers offenbaren. Timotheus soll seinen Auftrag als „Gemeinderetter" (1,3-10; 4,6-16) im „Kampf" (1,18; 6,11ff; vgl. 4,7f.) durchhalten, bis Paulus oder – schon vor ihm? – Jesus wiederkommt. Paulus erwartet nach 1. Tim 6,15f. wohl sogar einen Endkampf Christi wie in 2. Thess 2. Oder rechnet Paulus lediglich mit einem Eingreifen Jesu durch irdische Regierende (vgl. 1. Tim 2,1-6), wie es laut Lukas tatsächlich kurz nach dem 1. Timotheusbrief geschah (vgl. Apg 19,31ff.)? Im Titusbrief fehlt jede intensive, alles im xx-Brief bestimmende Naherwartung, auch wenn ein Kommen Christi erhofft wird (vgl. Tit 2,13). Im 2. Timotheusbrief wird die Naherwartung vermutlich zur noch intensiveren Demnächst-Erwartung (vgl. 2. Tim 4,1.8.16-18)[40].

4.2.3.2 Christologie und Soteriologie

Jesus wird im Vergleich zu Gott im Titusbrief viel weniger häufig als sonst in Paulusbriefen erwähnt, und wenn, dann immer Gott nachgeordnet (Tit 1,1; 1,3.4; 2,10.13; 3,4.6). Für Paulus geht die Theologie immer der Christologie vo-

---

[40] Siehe unter 4.2.3.10.

raus (vgl. u. a. Apg 20,20; 1. Kor 11,3; Röm 1–8). Im 1. und 2. Timotheusbrief wird Jesus vom ersten Vers an häufig *vor* Gott genannt. Er ist die erste und ausschließliche „Adresse" Gottes. Er ist das alleinige Objekt des rettenden Glaubens, und er ist Gottes Retter der Gläubigen (vgl. 1. Tim 1,12-16; 2,[3-6.]15[41]; 2. Tim 3,15; vgl. auch 2. Tim 1,9-14). Gott rettet durch Jesus. In 1. Tim 2,3-6; 6,14-16 (vgl. 1,15-17) wird dies judenchristlich in Bekenntnissen und Gebeten ausgedrückt. Gott ist *einer*. Jesus ist sein „Mittler". Gott ist „Herr der Herren", also auch Herr „unseres Herrn" Jesus (1,2.12[.14?]; 6,3.14). Im Titusbrief wird der Monotheismus nicht betont, aber vorausgesetzt. Im gesamten Brief und am Ziel aller Theo- und Christologie dieses Briefs angekommen, ist nicht Jesus, sondern nur Gott einmal in Tit 3,8 Objekt des Glaubens, so, wie nur er in 1. Tim 6,15f. zuletzt „Herr aller Herren" ist. Damit Tit 3,8 und 1. Tim 6,15-17 die theologischen Schlussaussagen der Briefe bleiben, wird danach nicht mehr von Gott oder Jesus gesprochen, auch nicht im Gnadenwunsch in 1. Tim 6,21 und Tit 3,15. Im 2. Timotheusbrief rettet und richtet Gott ebenfalls durch Jesus (1,9f.; 2,11-13; 4,1.6-8.14.17f.). Dessen Mittlerfunktion unter den Menschen als *Mensch* wird in 2. Tim 2,8 erkennbar. Statt sonst „*Christus* Jesus" wird er hier zuerst mit dem Personennamen des Menschen „*Jesus* Christus" und auch Davidssohn genannt. Ansonsten wird seine Mittlerfunktion vor allem dadurch ausgedrückt, dass der Judenchrist Paulus nur im 2. Timotheusbrief und sonst nie in seinen Briefen gleich im Briefvorwort nur ein einziges Mal für alle weiteren Vorkommen „unseren *Herrn*" mit Jesus identifiziert (2. Tim 1,2). Mehr ist gegenüber Timotheus nicht nötig. Danach verwendet Paulus *das* Jahwe-Synonym der LXX (Deut 6,4) bis zuletzt 15 Male nur noch unverbunden (4,22). Jesus ist mit dem „Herrn" des Alten Testament identisch (vgl. z. B. Röm 10,9-13). Gegenüber Timotheus wird die Theo- und Christologie u. a. von 1. Kor 8,6 und Phil 2,6-11 als ihm bekannt deutlich vorausgesetzt. Eine ausdrückliche Überordnung Gottes, des Herrn, über „unseren Herrn" Jesus muss im 2. Timotheusbrief nicht mehr betont werden. Sie ist Timotheus bekannt. Wie u. a. in Röm 10,12-14; 2. Kor 12,8; Phil 2,9-11 ist „der Herr", d. h. der ganze Gott in Christus, in Gebeten zu Jesus, dem „Herrn", zu erreichen (2. Tim 2,19.22).

Dieser „Herr" ist nach 2. Tim 1,2 dann – titelchristologisch ausgedrückt – zunächst im Auftakt 2. Tim 1,3-14 und bis 2,1ff. nur Gottes *Messias* Jesus und *Retter* des Paulus und des Timotheus. Von 2,5 an wird er im Brief mehr und mehr zum gegenwärtigen „Herrn", der jetzt hilft und im geistlichen Kampf und Krieg anzurufen ist (2,1ff.). Im Kampfgebiet der Gemeinde(n), die Timotheus gerade organisiert oder reorganisiert (2. Tim 1,15; 2,2-26 oder bis 4,5), missioniert, lehrt und handelt „der Herr" direkt nur durch Paulus und Timotheus. Das

---

[41] Die Frauen werden – entgegen den Behauptungen der Häresie, die in 4,1ff. als ehefeindlich beschrieben wird – durch das Kindergebären/Muttersein *hindurch* und nicht nur jenseits davon gerettet: Mutschler, Glaube, 273–279.

entspricht m. E. der paulinischen Auffassung des Amtes und der Lehre eines Apostels bzw. aller von Christus eingesetzten Apostel (vgl. 1. Kor 15,1-11; Röm 6,17; 16,17). In Übereinstimmung mit Jesus und darum als Teil der Inkarnation Gottes in der Welt (vgl. Mt 10,40 par Lk 10,16) sieht der Apostel sich und seine Lehre als von Gott berufenes (Gal 1–2) normatives Urbild für alle späteren, durch ihn und seine von ihm autorisierten Lehrer zum Glauben gekommenen Christen. Nachfolger Jesu werden heißt zugleich heilsnotwendig auch Nachahmer und Schüler der Apostel und ihrer Delegaten zu sein (vgl. 1. Kor 11,1f.; Phil 3,17; 4,9). Normative Lehre bestand nach antikem Denken immer aus „Worten und Taten/Vorbild" des Lehrers (vgl. z. B. Apg 1,1). Deswegen kann Paulus im Titusbrief gegenüber Fremden nicht als Vorbild und nur „in" Titus lehren. Im Briefkorpus finden wir nie das apostolische Ich, sondern immer den „*Du ordne an*"-Stil und den „*Wir*-Stil". Folglich sind auch im 2. Timotheusbrief beide, Apostel und Mitarbeiter, laut 2. Tim 2,24 (altestamentlich ausgeedrückt) „Knecht(e) des *Herrn*"[42]. Dies wird so im Brief umgesetzt, dass zuletzt von 2. Tim 4,2 an und bis 4,22 nicht mehr von Gott oder „Christus Jesus" die Rede ist. Nach letztmaliger Wiederaufnahme der Theo- und Christologie von 2. Tim 1,3–2,4 in 4,1, indem Timotheus nochmals sehr judenchristlich in der Sprache der LXX „vor *Gott* und dem *Messias* Jesus" ermahnt wird, wird sodann in 2. Tim 4 nur noch und häufig vom „Herrn" gesprochen (4,8.14.17f. 22). Er handelt zuletzt und ausschließlich an und durch Paulus und Timotheus. Darum wird der mithörenden Gemeinde zwar mit dem letzten Vers „die Gnade" gewünscht, aber ihr wird Timotheus sprachlich übergeordnet gegenübergestellt, mit dessen Geist *allein* (Aufnahme von 1,6-8; 2,7f.) ausdrücklich „der Herr" ist. Die Gnade Gottes wurde laut 2. Tim 1,6-8 und 1,9ff. im Heilsplan Gottes nur „uns", also zunächst nur dem Absender Paulus und Adressaten Timotheus gegeben. Gemeinde kann nicht an Paulus und am Mitknecht des Paulus vorbei Gemeinde *des Herrn* sein, wie es viele versuchen (vgl. 2. Tim 4,1-5; vgl. auch 2. Tim 1,15). Speziell für alle nichtjüdische Christen gilt zudem: Gott hat Paulus, und niemanden sonst, zum Heidenapostel und normativen Lehrer in seinem Heilsplan eingesetzt (vgl. u. a. 2. Tim 1,11-14; 2,10; 4,17f. mit Gal 1–2; Röm, 1,1-17; 1. Kor 4; 1. Kor 11,1f.; Phil 4,9; Tit 1,1-4; 1. Tim 2,7).

Alle drei Gnadenwünsche in 1. Tim 6,21; 2. Tim 4,22 und Tit 3,15 lassen also bewusst die Erwähnung Gottes oder Jesu im Hinblick auf die von Mitarbeitern

---

[42] Vgl. wie Paulus im Philipperbrief gegenüber Gegnern (1,15ff.; 3,2-19) und im Streit (1,27–4,3) alle Philipper an Christus bindet, dem sie aber nur folgen können, wenn sie Paulus und seinem „legitimen" Delegaten Timotheus (2,19ff.), dem gleichrangigen „Knecht" des Christus Jesus (1,1!) folgen: 2,5-22, in 3,17 mit dem Wir-Stil wieder aufgenommen. Zuletzt ist Paulus aber die Norm: 4,9. Gemeindeaufseher sind nur als „Jochgenossen" des Paulus „legitime" Gemeindeleiter im Streit: 4,3.

betreuten Gemeinden aus. Ähnliches findet in Kol 4,18 statt.[43] In Kol 4,12 und 4,17 ist zuvor letztmalig im Brief von Jesus im Kampfgebiet des Abfalls vom gelehrten Glauben (2,6ff.) die Rede. Allein die Mitarbeiter Epaphras und Archippus werden vor der Gemeinde mit Jesus in Verbindung gebracht. Sie werden als „Knecht des Messias (Jesus)" und als Diakon des „Herrn" brieflich gegenüber der Gemeinde autorisiert und so über sie eingesetzt. Die Gemeinde hat, wenn sie nicht in Übereinstimmung mit ihrer Lehre und ihrem Vorbild bleibt, keinen direkten Zugang zum Herrn. Auch im Kolosserbrief ist die Hierarchie klar: Gott steht über Jesus und ist nur in ihm ganz und gar zugänglich, aber dies nur im Evangelium des Paulus (vgl. Kol 1,10-23; 2,9). Schon mit Kol 1,1-3 wird sogleich klargestellt, dass zwar Gott der Schöpfervater aller ist. Aber Jesus, der Herr, ist der Herr der Briefautoren Paulus und Timotheus, die es gilt im Glaubensleben „nachzuahmen" (vgl. 1. Kor 4,16f.; 11,1f.; 16,10f.)! Der Eingangsgruß wird – abweichend von allen anderen Paulinen und daher bewusst – verkürzt wie der Gnadenwunsch Kol 4,18. Und wie in Kol 4,12 wird von beiden Autoren, die den Kolossern vermutlich persönlich nicht bekannt waren (vgl. Kol 2,1), gleich in Kol 1,7 Epaphras zu ihrem einzig legitimen Lehrer in Wort und Tat und „Diakon des Messias" ernannt. Die zu den Häretikern abgefallenen Kolosser haben keine Möglichkeit, an Christus vorbei mit Gott in Kontakt zu stehen, aber sie haben auch nur Zugang zu Christus, wenn sie an ihn in Übereinstimmung mit dem Evangelium des Heidenapostels glauben, wie sie es urbildlich durch Epaphras und nicht durch spätere, häretische Lehrer empfangen haben (vgl. Kol 1,7; 2,6f.; 4,12). Mit ihnen ist derzeit nur „die Gnade" (4,22; vgl. Tit 2,11), mit Epaphras und Archippus aber, wie mit Paulus und Timotheus, ist der Messias und Herr. Paulus bleibt grundsätzlich bei seiner u. a. in 1. Kor 11,1f.23; 15,1f.; Phil 3,17; 4,9 mitgeteilten Auffassung.

---

[43] Vgl. Hebr 13,25: „Die Gnade sei mit euch allen!" ohne Gottes- oder Christusbezug. Wegen der für den Hebräerbrief ganz ungewöhnlich kombinierten (und hier übrigens sehr paulinisch anmutenden) Titel-Christologie in Hebr 13,20f. und damit wegen des ganz besonderen Abschlusses aller theologischen und christologischen Aussagen des Briefs ebd. entfällt jede weitere Theologie und Christologie in Vers (23-)25. Im Hebrbräerbrief wird zuerst zwar entweder nur vom „Sohn" gesprochen oder von „Jesus, dem Sohn Gottes" oder nur vom „Herrn" oder „dem Herrn", nur von „Jesus" oder von „Christus" oder von „dem Christus". Zweimal wird sogar in 10,10 und 13,8 von „Jesus Christus" kombiniert gesprochen. Aber die christologische und titelchristologisch kombinierte Aussage in nur den zwei Versen Hebr 13,20f., dass Jesus sowohl „unser *Herr* Jesus" (so sonst nie im Brief genannt!) und außerdem zugleich „Jesus *Christus*" ist, sowie dass Jesus „der große Hirte der Schafe" ist, den Gott von den Toten heraufgeführt hat, ist singulär im Hebräerbrief. Hier wird die Lehre des Briefs mit „Konzentratworten" zusammengefasst und *beendet*. Die Auslassung jeder weiteren Theo- oder Christologie sowie jeder Pneumatologie in Vers (23-)25 ist also Absicht.

Im Titusbrief *rettet* allein Gott die Menschen, aber er tut dies – griechisch gedacht – durch seine wie Personen handelnden Eigenschaften Gnade, Güte und Menschenfreundlichkeit (2,11; 3,4). Götter (vgl. Tit 2,13!) sind nach griechischer Vorstellung aus Göttern hervorgegangen. Auch Römer sahen in den vielen Gottheiten eine Art Verkörperung eines höchsten Gottes. Die personifizierten Eigenschaften Gottes, so lehrt es nur der Titusbrief (vgl. den Logos in Joh 1), werden wie eine Art Mittlermächte aus Gott heraus und in Jesus und dem Heiligen Geist aktiv (Tit 2,10-14; 3,3-7). Gott spricht und rettet auch nicht im „Evangelium" von Jesus Christus, wie es bei Paulus sonst alttestamentlich heißt (vgl. besonders Röm 10,1-13), sondern durch seinen „Logos im Kerygma" des Paulus (vgl. Tit 1,1-3). Der nur in Tit 3,8 als Beziehung dargestellte Glaube an Gott wird im Titusbrief nicht als direkt *rettend* bezeichnet. Es ist ja kein Christus-Glaube.

Der 1. und 2. Timotheusbrief gebrauchen die *„in Christus"*-Formel, Der 2. Timotheusbrief verwendet sie – wie alle Gefangenschaftsbriefe – im prozentualen Verhältnis zu seinen nur 1238 Worten viel häufiger (siebenmal) als 1. Timotheusbrief (zweimal) und alle Briefe vor der Gefangenschaft. Der Titusbrief ist der einzige Paulusbrief, der die Formel nicht verwendet.[44]

Die Abfolge „*Christus* Jesus", d. h. das Bekenntnis zur Messianität Jesu, erklingt – im Gegensatz zu allen anderen Paulinen – in 1. Tim 1,1f. und 2. Tim 1,1f. je gleich dreimal. Dieses judenchristliche Bekenntnis in Kurzform wird dann genau so fast ausnahmslos im Brief verwendet. Nur, wenn Jesus zuvor „Herr" genannt wird, wird – wie in allen Paulinen von *„Jesus* Christus" gesprochen (Ausnahme: Titusbrief), um beide Titel nicht zu einem zu verschmelzen. Der Titusbrief bevorzugt gegenüber dem Griechen Titus *„Jesus* Christus", obwohl „Herr" nicht voransteht. Für Titus war Jesus erstens Mensch geworden, nicht Messias.[45]

Der Titel „Herr" wird im Titusbrief durch den Doppelgebrauch von „Retter" für Gott und sogleich danach auch für Jesus ersetzt (s. o.), ganz „unpaulinisch" sogar in der Salutatio Tit 1,(3.)4[46]. Der Autor imitiert Paulus nicht, sondern denkt und schreibt wie er, d. h. wie „ein Grieche für Griechen". Im 1. Timotheusbrief finden wir diesen Titel selten und – mit Ausnahme von 1,14 – immer auf Jesus (1,2.12; 6,3.14) oder Gott (6,15) bezogen. In 1. Tim 1 und 6 wird „Herr" je dreimal und so als klangvolle Briefklammer nur dieses Briefs verwendet. „Herr" fehlt deshalb in 1. Tim 2–5.

Wie bewusst „Herr" im 1. Timotheus- und im Titusbrief eingesetzt oder vermieden wird, zeigt sich auch daran, dass Sklavenbesitzer in diesen beiden Briefen „Despoten" (δεσπόται) genannt werden, nicht „Herren" (vgl. 1. Tim 6,1f.;

---

[44] Vgl. dazu ausführlich Fuchs, Unterschiede, 117–125.
[45] Ausführlich dazu Fuchs, Unterschiede, 110–116.
[46] Zu „Herr" und „Retter" vgl. Fuchs, Unterschiede, 89–109.

Tit 2,9). Der Titusbrief vermeidet den Kyriostitel absichtlich, der 1. Timotheusbrief beschränkt ihn auf Jesus und einmalig Gott. Eine Verwendung in Tit 2,9f. und 1. Tim 6,1f. oder in 1. Tim 2,1ff. oder Tit 3,1ff. (vgl. etwas anders Eph 1,21) hätte den besonderen Klang von „Herr" als Spitze gegen den Kaiserkult und die „Herrin" der Stadt, Artemis, im 1. Timotheusbrief aufgehoben. Er hätte im Titusbrief andere „Herren" sprachlich sogar über die „Retter" Gott und Jesus gestellt, denn Paulus denkt bei der Verwendung des Titels „Herr" immer von Deut 6,4 her.

Im 2. Timotheusbrief wird „Herr" nur in der Salutatio auf Jesus bezogen und dann weitere 15 Male im Stil der LXX unverbunden gebraucht. Paulus verwendet „Herr" unverbunden auch sonst thematisch passend u. a. nach Röm 1–8 in Röm 9–11 oder Röm 14,1ff., wenn es um Israel oder judenchristliche Fragen geht. Von „*unserem* Herrn" ohne Hinzufügung des Jesusnamens spricht Paulus nur zweimal in allen 13 Briefen, und zwar gegenüber Timotheus. Parallel nur in 1. Tim 1,14 und 2. Tim 1,8 spricht er so von Jesus ganz genau jeweils am Ende programmatischer Einleitungsworte und unmittelbar vor einer zu den Briefthemen passenden Skizze des Evangeliums vom *gekommenen* (1. Timotheusbrief) oder *erschienenen* (2. Timotheusbrief) Christus Jesus (vgl. 1. Tim 1,15 und 2. Tim 1,9f.).[47]

4.2.3.3 Pneumatologie

Der Heilige Geist ist nur nach dem Titusbrief ausdrücklich allen Christen unterschiedslos gegeben. In Tit 2,11–3,8 wird dargelegt, was Paulus im 1./2. Timotheusbrief und anderen Briefen voraussetzt. In den Timotheusbriefen ist der Geist Gottes vor allem an und durch Paulus, Timotheus und durch Propheten am Werk. Er dient u. a. der „Stärkung" durch Gott und lehrt durch die Heiligen Schriften.[48] Ohne den Heiligen Geist und seine Stärkung ist das Tun des Willens Gottes und ein Zeugendienst in der Gefahrensituation unmöglich. Nach 1. Tim 3,16–4,1 und im Kontext von 3,15–4,16, d. h. in den Sätzen, die das Thema „alle Menschen" von 2,1ff fortsetzen und abschließen,[49] handelt und spricht bzw. verkündigt der Geist Gottes im Kosmos zeichenhaft durch die Auferweckung Christi, und zwar zugunsten der Mission und Rettung aller Men-

---

[47] Zur Christologie vgl. auch unten 4.2.3.4.

[48] Vgl. Wolter, Paulustradition, 31–49; 215–222. Die Wortgruppe δυναμις κτλ. findet sich in 1. Tim 1,12; 5,25; 6,7.(15.)16 und 2. Tim 1,7f.12; 2,1.13; 3,5.7.15; 4,17. Phil (3,20f. und) 4,13 erinnert sehr an den 2. Timotheusbrief. Paulus schreibt vom alttestamentlich-jüdischen Gedanken her, dass Gott durch den Heiligen Geist Kraft gibt. Im Titusbrief fehlt diese Wortgruppe fast völlig. Die einzige Ausnahme Tit 1,9 deutet solche „Stärkung" durch die „Kraft" Gottes oder gar ausdrücklich durch den Geist Gottes nicht einmal an.

[49] Zum Aufbau des 1. Timotheusbriefs vgl. Fuchs, Unterschiede, Kap. 2.

schen und in Ephesus aktuell besonders auch aller Christen (4,10.16). Er hat durch die christlichen Propheten (vor Ort und einschließlich dem Propheten Paulus?) eine aktuelle Warnung ausgesprochen (4,1). Er hat Timotheus für den Verteidigungsauftrag in Ephesus ausgewählt (1,18). Daraufhin wurde Timotheus dafür „vor vielen Zeugen" von der Gemeindeleitung (und dem Propheten Paulus?) eingesetzt (vgl. 4,14; 6,12 und zum Einsetzungsverfahren im Urchristentum vgl. von Lukas exemplarisch am Anfang der paulinischen Mission dargestellt in Apg 13,1!).

Dass der Titusbrief vom überlangen Präskript an für dem Verfasser unbekannte, noch recht unorganisierte, ungelehrte Neugetaufte geschrieben wurde, wie wir aus Tit 1,5 und 2,11–3,8 schließen dürfen, bestätigt auch die Tatsache, dass den Neugetauften sogar noch der *Geistempfang* grundsätzlich-informierend ausführlich dargelegt werden muss (2,11–3,8). Im 1. und 2. Timotheusbrief wird die paulinische Pneumatologie – wie in anderen Paulinen auch – eher vorausgesetzt als dargelegt (vgl. Philipper-, 1. Thessalonicher- und Philemonbrief). Das gerne behauptete Zurücktreten der Geistleitung in der Kirche der „Pastoralbriefe", die nachpaulinisch durch eine Ämterhierarchie ersetzt worden sei, muss sowohl mit Hinweis auf den Gebrauch von δύναμαι κτλ. im 1./2. Timotheusbrief korrigiert werden als auch darf die Bedeutung der Prophetie im 1. Timotheusbrief nicht herabgespielt werden. Der 1. Timotheusbrief betont sie mehr als die meisten anderen Paulusbriefe. „Propheten" (z. T. alttestamentlche, z. T. christliche, z. T. auch heidnische) werden nur im Römer-, *1. Korinther-*, 1. Thessalonicher-, Epheser- und Titusbrief erwähnt, „prophetische" Schriften nur in Röm 16,26 (vgl. Röm 1,2). Das Verb προφητεύω („prophezeien; prophetisch reden") finden wir nur im *1. Korintherbrief* und das Substantiv προφητεία („Prophetie") nur im Römer-, *1. Korinther-*, 1. Thessalonicher- und 1. Timotheusbrief. Nur die Timotheusbriefe kennen außerdem die m. E. – wie soeben dargelegt – zur Pneumatologie gehörige Ordination per Handauflegung (als Geistübertragung?) für bestimmte Aufträge und Aufgaben (1. Tim 4,14; 5,22; 2. Tim 1,6f.).

Der oben genannte Vergleich mit den einzelnen paulinischen Gemeindebriefen erweist die Auffassung des exegetischen Mainstreams vollends als Irrtum. Die Pneumatologie tritt mindestens im Philipper-, 1. Thessalonicher- und Philemonbrief weiter zurück als in „den Pastoralbriefen". Nur im 1. Korintherbrief erscheinen eine ausführliche Charismenlehre und Pneumatologie sowie zahlreiche Hinweise auf Propheten und Prophetie. Nur im 1 Korintherbrief muss Paulus noch lehren, was er sonst im Anfängerunterricht für Neugetaufte lehrt (vgl. 1. Kor 3,1-11; 4,1-21; 7,17; 11,1f.16.23; 15,1ff.). Die Pneumatologie und Charismenlehre wird schon in Röm 12–15 stark reduziert. Man vergleiche auch das Thema „Heiliger Geist" in Röm 5–8 und Gal 3–6 mit dem „geistlosen" Philipperbrief, welcher die paulinische Lehre ausdrücklich als den Adressaten bestens bekannt voraussetzt (Phil 4,9) und darum nur andeutungsweise eventuell in Phil 3,20f. und 4,13 ein Handeln des Heiligen Geistes als verwandelnde Kraft und

„Stärkung" erwähnt. Was im Philipperbrief zum Thema „Heiliger Geist" gesagt wird, erreicht nicht annähernd den Tiefgang von Tit 3,3-7 oder 1. Tim 3,16–4,1 und 2. Tim 1,7; 3,15-17 (vgl. πνεῦμα nur in Phil 1,19.[27]; (2,1); 3,3; [4,23]).

4.2.3.4 Das Gebet

Wenn man sich bildhaft die drei „Pastoralbriefe" wie drei Kirchen vorstellt, die man zur Gottesdienstzeit betritt, und zwar zuerst die Timotheusbriefe und danach den Titusbrief, so verändert sich im Gottesdienst auf Kreta schlagartig alles: Es wird sozusagen still. Nicht nur fehlt im Gottesdienst auf Kreta jede Schriftlesung, sondern niemand bekennt sich zum „Herrn" oder „ruft den Herrn an". Jegliches Gebet fällt aus. Keine Doxologie erklingt. Die Gebetslosigkeit des Titusbriefs unterscheidet diesen Brief überhaupt von allen Paulinen, ja fast vom gesamten Schrifttum des Neuen Testaments. Christen sind nach dem 2. Timotheusbrief eine Gebetsgemeinschaft (vgl. 2. Tim 1,3-5; 2,19.22). Gemeinde ist nach dem 1. Timotheusbrief Gebetsgemeinschaft (vgl. 1. Tim 2,1-5,5). Im Titusbrief sind Gemeinden keine Gebetsgemeinschaften. Denn das Gebet kommt im Titusbrief gar nicht,[50] aber im 1. Timotheusbrief im Vergleich zum Wortumfang mit am häufigsten in einem Paulusbrief vor. Der 2. Timotheusbrief bewegt sich quantitativ, sprachlich und grammatisch im paulinischen Rahmen.[51] Nur im 2. Timotheusbrief finden wir den seltenen, aber in anderen Paulinen gern verwendeten Gebetsoptativ in hoher Dichte (2. Tim 1,16.18; 2,25; 4,16; vgl. mit Röm 15,5.13; 1. Thess 3,11f; 5,23; 2. Thess 2,17; 3,5.16)[52]. Nur der 2. Timotheusbrief spricht davon, dass Christen den „Namen des Herrn anrufen", und verwendet dabei – wie Paulus sonst auch – das Verb ἐπικαλέω (2. Tim 2,22; vgl. Röm 10,12-14; 1. Kor 1,2; 2. Kor 1,23), nicht aber der Titus- und der 1. Timotheusbrief[53]. Die Gebetssprache stimmt im 2. Timotheusbrief „mit Abstrichen bei der Schlussdoxologie, mit ... unumstrittenen Paulusbriefe überein".[54] Gerade mit der hellenistisch-jüdischen Schlussdoxologie aber knüpft der 2. Timotheusbrief an eine Sprache an, die nach Kleinasien zielt. Andeutungsweise und in hellenstisch-jüdischer Terminologie wird wahrscheinlich der Kaiserkult des Gebets „beraubt". Es wird auf den wahren „König" Jesus übertragen: „Der *Herr* aber wird mich erlösen von allem Übel und mich retten in sein himmlisches *König*reich. Ihm sei Ehre von Ewigkeit zu Ewigkeit! Amen." (2. Tim 4,18; vgl. mit 1. Tim 1,11.17; 3,16; 6,15f. schon: „Gepriesen sei der

---

[50] Fuchs, Unterschiede, 43f.; Ostmeyer, Kommunikation, 160.
[51] Der Galaterbrief z. B. thematisiert und enthält Gebet weniger als der 2. Timotheusbrief.
[52] Ostmeyer, Kommunikation, 157.
[53] Ostmeyer, Kommunikation, 148.
[54] Ostmeyer, Kommunikation, 159. Vgl. insgesamt seinen Abschnitt 4. „Pastoralbriefe".

Name Gottes von Ewigkeit zu Ewigkeit! Denn Weisheit und Macht, sie sind sein. Er ändert Zeiten und Fristen, er setzt Könige ab und setzt Könige ein ..."; Dan 2,20f.).

Mit dem Gebet in 2. Tim 4,18 spielt Paulus gegenüber seinem Mitarbeiter Timotheus vermutlich – wie an anderen Stellen im Brief – auf den wenige Jahre zuvor geschriebenen 1. Timotheusbrief an oder zumindest auf die Situation, in die jener Brief hineinsprach. Denn: Ausschließlich im 1. Timotheusbrief sind das Gebet, Aufforderungen zum Gebet, Doxologien usw. sowohl „vor allem anderen" (2,1f.) das Wichtigste als auch wird Gebet – im Verhältnis zur Kürze des 1. Timotheusbriefs – mit am häufigsten im Corpus Paulinum thematisiert (vgl. 1. Tim 1,11.12-17; 2,1f.8; 3,16?; 4,3-5; 5,5; 6,15f.). Deutlich erkennbar verwendet Paulus neben der Gebetssprache, die wir in anderen Paulinen antreffen, auch „den Ephesern wie ein Epheser" die Terminologie hellenistischer Kulte oder hellenistisch-jüdische Gebetssprache gegen Götzendienst. Kaiser- und Artemiskult wurden von der Bevölkerung Kleinasiens und nicht zuletzt in Ephesus, der Hauptstadt der Provinz Asia, immer kombiniert und begeistert praktiziert. Aber der 1. und 2. Timotheusbrief sind noch weit vor der Zeit geschrieben worden, da die römischen Kaiser selbst göttliche Verehrung für sich forderten und förderten. Erst der Statthalter *Plinius d. J.* lässt Christen um 113 n. Chr. hinrichten, die nicht dem Götterstandbild des Trajan opfern: Die aber

> „leugneten, Christen zu sein oder es je gewesen zu sein, habe ich entlassen zu können geglaubt, sobald sie, nach meinem Vorgang, die Götter anriefen *und deinem Bild*, das ich mit den Götterstatuen zu diesem Zweck hatte herbeischaffen lassen, mit Weihrauch und Wein opferten, außerdem noch Christus lästerten ...",

schreibt er seinem Kaiser.[55] Die Antwort des Trajan klingt noch immer wie eine indirekte Ablehnung des Kaiserkultes für sich selbst, da er zwar das Vorgehen des Plinius einerseits bejaht, andererseits aber befürwortet er eine Opferung vor seiner Statue, wie bei den Menschen im Osten des Römerreiches üblich, gerade nicht ausdrücklich. Im Osten wehte den Christen vermutlich ein schärferer Wind entgegen als im Westen. Trajan schreibt nur, dass man Christen, die als solche „überführt werden, bestrafen muss, so jedoch, daß einer, der leugnet, Christ zu sein, und dies durch die Tat, d. h. durch Vollzug eines Opfers *für unsere Götter*, unter Beweis stellt, aufgrund seiner Reue zu begnadigen ist ..." Paulus muss im 1. und 2. Timotheusbrief um 53/54 n. Chr. und irgendwann kurz nach 60 n. Chr. jedenfalls noch nicht befürchten, dass die Verwendung des Titels „Herr" oder überhaupt der Terminologie des Herrscherkultes in Gebeten zu Gott und Jesus von römischer Seite als Illoyalität gegenüber Roms Herrschern Claudius oder Nero aufgefasst wurde. Sogar Beamte des Kaiserkultes konnten laut Lukas noch auf Seiten des Paulus stehen (vgl. Apg 19,21-40)!

---

[55] Vgl. Text und Auslegung bei Bruce, Zeitgeschichte, Teil II, 230–236.

Judenchristliche Dank- und Lobgebete/Doxologien sind am Briefanfang und -ende und auch sonst im 1. und 2. Timotheusbrief tonangebend. Gebet und Gebetsaufrufe sind von zentraler Bedeutung. Dem Titusbrief hingegen fehlt – als einzigem der 13 Paulinen – jedes Lobgebet und jeglicher Dank an Gott oder Jesus sogar im Briefrahmen. Es fehlen besonders auch dann Gebet bzw. Gebetsaufrufe, wenn sie im 1. Timotheusbrief in Parallelstellen „vor allem anderen" wichtig sind (vgl. etwa 1. Tim 2,1ff. mit Tit 3,1ff.). Durch das *einerseits* nur indirekte Handeln Gottes über Mittlermächte – genauer: über den *Logos im Kerygma* des Paulus und über Gottes personifizierte *Gnade, Güte und Menschenliebe* und durch *andererseits* fehlenden Gebetskontakt zu Gott und Christus – bleibt die Transzendenz Gottes im Titusbrief streng gewahrt. Menschen, die in den Augen des Absenders Paulus Jesus noch nicht als ihren *Herrn* bekennen, sondern nur als *Soter* Gottes, unseres *Soters*, die können – paulinisch gedacht (Röm 10,9-13; Phil 2,9-11; 1. Kor 8,6) – noch keinen Gebetskontakt zu Gott aufnehmen. Jesus wird im 1. Timotheusbrief im Kontext des Themas „Gebet" als einziger Mittler Gottes für alle Menschen bezeichnet (an Jesus-Tradition wie Mt 11,25-30 und 18,19-20 anknüpfend?). Er wird in diesem Brief betont „Mensch" genannt. Im 2. Timotheusbrief ist er Davidsohn, also König Israels. Dieser war im Alten Testament Mittler zwischen Gott und Menschen (vgl. in der LXX den „Christus" des Herrn in Ps 2 oder den „Herrn meines Herrn" in Ps 109). Aber im Titusbrief ist Jesus noch einseitig auf Gottes Seite, nicht Menschgewordener für die Menschen. Der 1. und 2. Timotheusbrief kennen keine Mittlermächte, die aus Gott hervorgehen und an Menschen handeln wie in Tit (1,3) 2,11 und 3,4 beschrieben. Der Titusbrief vertritt noch eine ganz einseitige Theologie und Christologie „von oben", während beide Timotheusbriefe auch einen direkt „von unten", vom Menschen her ansprechbaren und handelnden Gott und Jesus sowie eine Christologie des Menschen Jesus, eine Christologie „von unten" vertreten.[56] Nur Timotheus wird im Stil der LXX unmittelbar „vor" Gott, Christus Jesus und Engeln angesprochen oder ermahnt (vgl. 1. Tim 1,20; 2,3; 5,4.21; 6,13 und 2. Tim 2,14; 4,1), Titus nie.

Dass Paulus vor Abfassung des Titusbriefs nicht auf Kreta wirkte, wohl aber in Ephesus vor dem 1. Timotheusbrief, erkennen wir daran, dass nur Timotheus „vor" menschlichen Zeugen ebendort, insbesondere wohl unter Mitwirkung des Presbyteriums, von Paulus in sein Amt eingesetzt werden konnte (1. Tim 4,14 und 1. Tim 6,12). Paulus kennt die Gemeinde bzw. die Zeugen (1. Tim 4,14; 5,20; 6,12). Eine ἐνώπιον-Formel macht im Titusbrief keinen Sinn. Sie fehlt sogar in Tit 3,9-11. Ihr Fehlen ist im Titusbrief allerdings im Vergleich zum 1. und 2. Timotheusbrief auffällig. Paulus hat weder Titus persönlich vor kretischen Zeugen eingesetzt noch gibt es dort Presbyterien oder Gruppen, die er *Ekklesia* und *Brüder* nennen würde, noch sieht er die Kreter in unmittelbarem

---

[56] Towner, Letters, 62–68.

(Gebets-)Kontakt mit Gott und Christus oder eben unmittelbar „vor" diesen lebend.
Der Delegat Titus wird beinahe noch rein „weltlich" und amtlich als dem Absender verpflichteter Mitarbeiter autorisiert. Lediglich Paulus selbst ist nach Tit 1,1-4 *Gottes* Knecht und Apostel und verkündigt seinen Logos in seinem Kerygma. Die geistliche Hierarchie (vgl., 1. Kor 11,1-3): Gott – Christus – Apostel – Delegat – zukünftige Gemeindeleitung – derzeitige Alte als „inoffizielle" Gemeindeleiter – Gemeinde wird in Tit 1–2 ebenso streng durchgehalten wie die staatliche Hierarchie: Obrigkeiten – alle Menschen in Tit 3,1-8. Auch in Tit 3,9-15 ist Paulus uneingeschränkt der Anweisende, Titus der Ausführende. Titus steht, dazu eingesetzt, über allen Häretikern und Gemeindegliedern. Wie in Phil 2,5-11; 3,17-21; 4,9 wird alles auch im Titusbrief streng „von oben nach unten durchregiert". Man muss aber beachten, dass nirgends im Titusbrief eine Unterordnung der Gemeinde unter Paulus, seinen Delegaten und die örtlichen Gemeindeleiter gefordert wird, wie anders in 1. Kor 4,1-21 (besonders 4,16f.); 11,1-3; 12,28; 16,10f. und 16,15-18 oder wie die Unterordnung der Christen unter die Obrigkeit in Tit 3,1f.; Röm 13,1-7. Antike Strukturen werden im Titusbrief vorausgesetzt und missionsstrategisch genutzt, nicht gefordert oder gar errichtet. Erst mit 1. Tim 2,1f.; 3,16; 6,15f. und schon 1,11-17 wagt es Paulus, weltliche Obrigkeit unter Gott und in „alle Menschen" einzuordnen, und dies als der Fürbitte bedürftig. Sie sind keine Götter. Noch kann man sich als eine Gruppe der von den Römern anerkannten jüdischen Religionsgemeinschaft sehen und wie sie im öffentlichen Gebetsgottesdienst für u. a. die Könige zusammenkommen. Das ging spätestens nach 70 n. Chr. gar nicht mehr. In Tit 3,1ff. meidet Paulus jede Konfrontation mit Menschen, die Könige göttlich verehren. Wie in Röm 13 bezeichnet er die Regierenden einfach nicht als „Könige" und verwendet den Titel „Herr" gar nicht. Das Gebet ist ebenfalls kein Thema. Auf fremdem Terrain ist Paulus sehr vorsichtig.
Die Christen Kretas sind noch nicht mündig im Glauben. „Von unten nach oben" gibt es weder die Möglichkeit des Gebets noch werden die Gemeinden im Sinn Jesu (Mt 20,26-28 par Mk 10,42-45) über die „Diener" derselben, die zukünftigen Gemeindeleiter, gestellt wie im 1. Timotheusbrief und den Gemeindebriefen.[57]

4.2.3.5 Andere Wesen der unsichtbaren Welt

Jesus, seine Apostel und alle Autoren des Neuen Testaments lebten im Weltbild des Epheserbriefs. Alle unter Christus stehenden, aber in der Welt noch regierenden menschlichen Machtausübenden (Eph 1,10.21) oder menschliche Gegner sind, selbst dann, wenn sie gegen Christen vorgehen, nie ihre wahren Fein-

---

[57] Vgl. unten Punkt 4.2.3.8.

de. Es sind vielmehr die unsichtbare Mächte und der Teufel (Eph 2,1ff.).[58] In 1. Tim 3,16; 5,21; 6,12-16 dürften diese in 1. Tim 1,20; 2,13f.; 3,6f.; 4,1ff.; 5,15 ausdrücklich genannten Mächte ebenfalls mit gemeint sein, sie werden hier aber nicht klar von irdischen Machthabern unterschieden. Gegen unsichtbare Gegner kann man nur mit Gebet siegen. Eph 1–3 sind von Gebet zu Gebet formuliert und erinnern mit 3,14 an die Szene in Apg 20,(20-)36. Man fleht und hält sich zu „*dem* Christus", zum „Sohn Gottes" (Eph 4,13), zum „Herrn" über alle Mächte. Man lebt als Kinder Gottes und des Lichts in satanischer (4,26f.) und dunkler Zeit (5,1ff.) und hält sich – die Männer opferbreit im Kampf vor den Frauen stehend – zum „Retter" Christus (5,23). Alle Christen der Hausgemeinde (Eph 2,20–6,9) glauben und beten gemeinsam gegen den Feind (6,10-20). Dass Jesus der σωτήρ („Retter") ist, durch den der Vater rettet, gilt – wie Gott, der σωτήρ, in 1. Tim 2 ähnlich durch Jesus rettet – nach Eph 5,23 insbesondere für Mann, Frau und Familie (Eph 5–6), also für die bevorzugt von Satan attackierte Basis der Gemeinde und der antiken Gesellschaft. Man lebte als Christen unter dem wahren Regenten Jesus, dem König, dem Gesalbten der Juden, dem Sohn Gottes und *Kyrios* über alle Menschen (vgl. Ps 2 und 109^{LXX}). Man blieb als Haus Gottes „erbaut auf dem Grund der Apostel und Propheten" (Eph 2,20; vgl. Apg 2,42) im Schutzraum von Gottes Hausordnung (οἰκονομία; Eph 1,9.11; 3,11), die Paulus in Eph 4,1–6,20 nach seinen Gebeten für alle (ebenso betenden) Adressaten (Eph 1–3) darlegt. Man steht für die Wahrheit Gottes ein (Eph 1,13; 4,21ff.; 5,9; 6,14, vgl. 1. Tim 3,15) und sieht sich so als Haus und Tempel Gottes (Eph 2,20–6,9) im Glaubens- und Gebetskampf nicht mit Fleisch und Blut, sondern gegen Anschläge des Teufels und böser Geister (Eph 6,10-20). Sie sind hinter allen möglichen Irrlehren verborgen (Eph 4,14.26f.). Hausvater im geordneten Haus ist Gottvater (Eph 4,1-16; 5,1-8), der seine von Christus aus dem Bereich des Bösen herausgeholten Kinder auch durch Christus schützt (Eph 5,23) und durch Lehrer gegen Häresie stark und mündig im Glauben an Christus werden lässt (Eph 4,1-16; vgl. diesen Grundgedanken auch in 1. Tim 4,1-16).

Die meisten heutigen Exegeten leben nicht in diesem Weltbild. Vermutlich entgeht ihnen von daher auch die größte Sorge des Autors des 1. Timotheusbriefs, die er in diesem Brief in jedem Kapitel fortlaufend thematisiert. Der Brief ist eine Art Vorform des Epheserbriefs oder skizziert für einen Mitarbeiter nur andeutend, was der Epheserbrief direkt und ausführlich lehrt. *Rettung* ist im 1. Timotheusbrief nicht primär eine Rettung ins ewige Leben, sondern eine Rettung vor Satans Verführungskünsten. Kein Brief des Corpus Paulinum erwähnt so häufig und so variantenreich wie der 1. Timotheusbrief in nur 1591 Worten

---

[58] Vgl. sprachlich doppeldeutig formuliert: Eph 3,10; 4,14-27; 5,5.11.16; 6,10-20. Vgl. u. a. Röm 8,38f.; 16,17-20 als unsichtbarer Hintergrund der Widrigkeiten des Christenlebens in der Welt: Röm 8,28-37; vgl. auch 1. Thess 2,13-18; 2. Thess 2,2ff.: Lk 4.

zugleich den *Versucher* (vgl. 1. Tim 2,14), *„Diabolos"* (1. Tim 3,6f., sonst nur in Eph 4,27; 6,11), *„Satan"* (1. Tim 1,20; 5,15; vgl. Röm 16,20; 1. Kor 5,5; 7,5; 2. Kor 2,11; 11,14; 12,7; 1. Thess 2,18; 2. Thess 2,9), *„Geister/Dämonen"* (nur in 1. Tim 4,1 und 1. Kor 10,21f.) und *Engel* (3,16; 5,21, sonst Röm 8,38; 1. Kor 4,9; 6,3; 11,10; 13,1; 2. Kor 11,14; 12,7; Gal 1,8; 3,19; 4,14; Kol 2,18; 2. Thess 2,7). In 2. Tim 2,26 wird einmal der *Diabolos* erwähnt. Die Provinz Asia ist seit 2. Tim 1,15 wie im 1. Timotheusbrief im Blick. Gebet zum Herrn ist auch angesichts um sich greifender Häresie (2,17f.) ein Kampfmittel (2,19ff.). Aber auf Kreta bzw. im Titusbrief spielen Satan, Dämonen und Engel gar keine Rolle. In Ephesus greifen zur Zeit des 1. Timotheusbriefs Satan und Geister an. Die Hauptattackierten sind Frauen und Timotheus. Timotheus ist es, weil er der im Kampf vom Heiligen Geist ausgewählte und vom Ältestenrat daraufhin vor der Gesamtgemeinde eingesetzte sowie vom „Retter" Gott und dessen „Kriegsherrn" Paulus mit dem 1. Timotheusbrief autorisierte „Feldmarschall" ist (1. Tim 1,1.3-5.18-20; 4,14; 6,11-16).

Die Frauen sind nach paulinischem Denken immer erste Angriffsopfer Satans (2. Kor 11,3; 1. Tim 2,11-15). Timotheus und die Frauen der Gemeinde können sich zwar nicht ins ewige Leben retten, können sich aber selbst vor Satan und Geistern „retten", indem sie jeweils in ihrem Aufgabenbereichen treu „bleiben" (1. Tim 2,13-15 und 4,16). Timotheus muss als Vorbild und lehrender Feldmarschall allen Christen und alle Menschen in Ephesus den aktuell durch böse Geister (1. Tim 4,1; vgl. Apg 19,11-40) gefährdeten Frieden (1. Tim 2,1ff.) erhalten (1. Tim 4,1-16).[59] Dies gelingt im diesseitig-momentanen Kampf mit okkulten Mächten in Ephesus (Apg 19,11ff.; 19,23ff.) nur unter Schutz und Beachtung der eigenen Schwächen und Grenzen der Frauen und des Timotheus (1. Tim 2,11-14; 4,12; 5,[15.19-]22f.) und in treuer Erfüllung, nicht Überschreitung, ihrer Aufgaben und Rollen im Plan Gottes (1. Tim 1,3-5.18-20; 4,6-16; 5,11-15.23; 6,11-16.20f.). Diese Aufgaben sind zugleich der Schutzraum Gottes. Paulus befielt im Auftrag Gottes und Christi in Bezug auf den jetzigen Kampf: Alle sollen im öffentlichen Gebetsgottesdienst mitwirken (1. Tim 2,1-8), aber Frauen in der „zweiten Verteidigungslinie" (1. Tim 2,9-15). Sie sollen still ihre Gottesfurcht als Mitbeterinnen bezeugen (2,1-3.9f.) und in ihrer Ehe und Familie mit den Kindern Schutz finden und in Glauben und Liebe „bleiben" (1. Tim 2,15; vgl. 1. Tim 5,11-15) wie ebenso Timotheus in seinem Lehrauftrag „ausharren" und „bleiben" soll (1. Tim 4,6.16; vgl. 1. Tim 1,3).

Das Thema der Selbstrettung im Fall von lügnerischen Verführungsversuchen gibt es in „den Pastoralbriefen" nur im 1. Timotheusbrief. Nur in diesem Brief ist die Attacke negativer Mächte erstrangiges Thema. Auch 2. Tim 2,26 ist damit nicht zu vergleichen.

---

[59] Ein Hauptthema wird auch im Epheserbrief der zu bewahrende Frieden bleiben: 1,2; 2,14.15.17; 4,3; 6,15.23.

Gegen M. Engelmann[60] und den Mainstream kann man vom Präskript an nicht den „verkündigten", sondern den verkündigenden Paulus erleben, und zwar vor allem in 1. Tim 1,1f. sogleich als einen Kämpfer des Retter-Gottes im geistlichen Kampf. Seine Autorität als eines durch Befehl Gottes zum „Kriegsherrn" ernannten Apostels Christi wird betont wie auch die Hoffnung auf Gottes eschatologisches Eingreifen in Jesus. 1. Tim 1,1 („Christus Jesus, unsere Hoffnung") schaut auf 1,3-5.18-20 und 6,11-16 voraus. Die gegenüber Timotheus selbst vielleicht noch „unpassend" klingende Betonung der Amtsgewalt des Paulus wie ebenso das hierarchische Gefälle zwischen Paulus und seinem einzig „rechtmäßigen"[61] Delegaten (1,2) hat die eigentlichen Adressaten im Blick, die den Brief bei der Verlesung durch Paulus (?) mithörende Gemeinde in der Lehrhalle des Tyrannus (vgl. Apg 19,9f.[62]). Die Gemeinde muss laut 1. Tim 1,3-5 und 4,1-16 verteidigt werden. Sie muss die Weisungen des 1. Timotheusbriefs von 1. Tim 2,1 an und bis 6,2.17-19 als Befehle Gottes im Kampf hören und mit umsetzen.

Im Präskript des 2. Timotheusbriefs wird zwar ebenfalls, wie in 2. Tim 4,22 auch, eine mithörende Gemeinde vorausgesetzt, und der Aposteltitel soll Timotheus selbst Mut machen: Sogar in Todesgefahr (1,6-8; 4,1-6.14-18) ist und bleibt Paulus *der Apostel* Christi. Beide sollen dem Kriegsherren Gott oder Christus (2,1ff.) treu als Zeugen dienen (2,11-13). Aber sprachlich gut paulinisch formuliert Paulus in 2. Tim 1,1f. eher auch persönlich, freundschaftlich für das „geliebte Kind". Seit 1. Thess 1,6; 2,1ff. und 1. Kor 4,1-21 hatte Paulus nie nur das Evangelium verkündigt. Er hatte immer auch unter denen *gelebt*, die es hören sollten. So werden die Menschen, die Timotheus derzeit betreut (2,2-26), den 2. Timotheusbrief bei der Verlesung mitgehört und Paulus im Brief als Vorbild und als treuen Apostel im Leid miterlebt haben. Paulus dürfte sie u. a. in 2,10 und 4,17.22 mit ansprechen, auch in 1,16-18. Timotheus gegenüber hätte er nicht unbedingt als „Apostel" schreiben müssen (1,1), obwohl dies – wie gesagt – durchaus für einen nicht so starken Menschen wie Timotheus (1. Tim 4,12; 5,23; 1. Kor 16,10f.) eine hilfreiche „Jetzt erst recht"-Ermutigung und ein notwendig aufrüttelnder Ton sein konnte (vgl. 2. Tim 1,6-8; 2,11-13). Paulus schrieb ja in einer Zeit, in der nur noch wenige glaubten, dass er wirklich Apostel war (vgl. 2. Tim 1,15). Sogar enge Freunde fielen von ihm ab (vgl. 2. Tim 4,10). Da konnte Paulus Sorge gehabt haben, dass ein schwächlicher, ängstli-

---

[60] Engelmann, Unzertrennliche Drillinge?, 433–459.
[61] Vgl. γνησιος mit Phil 2,19; 4,3!
[62] Vgl. 4.4. Der „Brief" ohne Postskript könnte noch von Paulus selbst als Mahnrede an Timotheus vor allen verlesen worden sein, und zwar als Timotheus nach Ephesus zurückkehrte und in sein Amt eingesetzt wurde (1,3-5; 4,14; 6,12), bevor Paulus nach Mazedonien aufbrach: 1. Tim 1,3/1. Kor 16,5-11.

cher (?) Timotheus schwach wurde (vgl. 2. Tim 1,6-8; vgl. auch 1. Tim 4,12; 5,23; 1. Kor 16,10f.). Paulus ruft immerhin zum Kriegseinsatz (2. Tim 2,1ff.)! In Tit 1,1-4 muss Paulus zwar ebenso wenig wie etwa nach dem Präskript im Philipper-, im 1. Thessalonicher- oder Philemonbrief „mühsam" um seine Amtsautorität ringen, wie Engelmann es fälschlich für den „Paulus" aller „Protopaulinen" behauptet. Aber Paulus muss als eine den Kretern von Angesicht unbekannte Amtsperson ausführlicher werden. Nur im Römer- und Titusbrief kann er nicht mit seinem Vorbild argumentieren oder mit gemeinsam Erlebtem. Allen Christen der apostolischen Zeit waren allerdings die in Gal 2,9f. und Apg 15,23ff. geschilderten Absprachen bekannt. Auch die Kreter hatten Kontakte nach Jerusalem und zum übrigen Christentum (vgl. schon Apg 2,11). Alle nichtjüdischen Getauften wussten außerdem mit Sicherheit durch ihre Gemeindegründer, wer der einzige von Gott in seinem Rettungswerk eingesetzte Heidenapostel war (vgl. schon Gal 1–2). Paulus musste als solcher natürlich unter *allen* Heiden, auch unter den ihm fremden Nichtjuden in Rom und auf Kreta wenigstens brieflich wirken. So konnte er die Gemeinden auf den gemeinsamen Lehrgrund der Apostel stellen (vgl. 1. Kor 11,23; 15,1-11; Röm 6,17; 16,17 u. ö.). Er trat „in" den Briefüberbringern bei der Verlesung der Briefe als Heidenapostel „im Geist" real anwesend auf (vgl. dazu auch 1. Kor 5 oder Phil 1–2). Sein Amt und die Höflichkeit erforderten eine ausführlichere, nicht biografische, aber amtliche Vorstellung vor Fremden wie eben in Röm 1,1-7 und Tit 1,1-4. Ganz anders muss Paulus in Gal 1 oder 2. Kor 10–13 wirklich gegen Wandermissionare, Beschneidungsprediger, Pseudoapostel und Menschen, die als „Engel" gegen ihn auftraten, um seine Autorität ringen. Dieselben umherziehenden Beschneidungsprediger wie im Galaterbrief hat er in Tit 1 nur prophylaktisch als eine von vielen Gegnergruppen mit im Blick. Tit 1,10-16 und 3,9-11 enthalten keinerlei Hinweise darauf, dass auf Kreta in dieser Zeit Judaisten aktiv waren. So kann er dann auch per Zitat eines kretischen „Propheten" (Tit 1,12) die in Tit 1,10 allgemein genannten judaistischen *und* nichtjüdischen Gegner allesamt attackieren und die Gesundung ihres Glaubens durch klaren und kompromisslosen Umgang mit ihnen unterschiedslos anzielen bzw. Titus zu einem „heilenden" Verhalten ihnen gegenüber anleiten. Paulus selbst tritt in Tit 1,6–3,11 nirgends als Autorität auf, weil die Kreter ihn nicht kennen.
Die Attacke durch Geister und Verführer war und blieb historisch ein massives Problem der Gemeinde in Ephesus, wie uns von Apg 19 bis Eph 6,10ff. und Offb 2,1-7 bezeugt wird. Zur Zeit des 1. Timotheusbriefs (und des Epheserbriefs) ist noch keine spätere Förderung und Praxis des Kaiserkults seitens der römischen Kaiser selbst erkennbar, wie sie im 2. Jahrhundert n. Chr. klar zutage tritt. Der 1. Timotheusbrief kann noch die Sprache des Kaiserkults, der nur von der Bevölkerung praktiziert wird, auf Gott und Jesus übertragen und zum wahren König und Retter einladen (vgl. u. a. 1. Tim 1,11.17; 2,1ff.; 3,16; 6,11-16). 1. Tim 2,1ff. (und Tit 3,1ff.) passt eher in die Zeit vor und um Röm 13,1-7, als

Paulus menschliche Regenten und ihre Statthalter noch als von Gott gelenkt sah. Die nur angedeutet negative Rolle des Pilatus in 1. Tim 6,13 könnte ein erster, indirekt kritischer Gedanke im 1. Timotheusbrief sein. Das Weltbild des Paulus gerät später dann vielleicht im Epheserbrief (vgl. 1,21 u. ö.) und Phil 2,6-11; 3,20f. usw. ins Wanken. Gebet für die Obrigkeit oder Loyalität ihr gegenüber wird nicht mehr ausdrücklich gefordert. Man beachte die Auslassung solcher Forderungen schon in 1. Thess 5,11-22, also in dem Fall, dass örtliche Behörden sich „illegal" gegen Christen verhalten (vgl. Apg 17,8). Der Epheserbrief geht aber wiederum noch nicht so weit wie die Offbarung des Johannes, in der der römische Kaiser ganz klar Handlanger Satans und Christenverfolger ist. Morde ausdrücklich an (von Juden klar unterschiedenen) „Christen" sind uns erst nach dem 1. Timotheusbrief durch römische Kaiser vom „späten" Nero an bekannt. Aber nur Satan, Geister, Dämonen sind in den Timotheusbriefen die eigentlichen Gegner hinter zum Teil mit Namen bekannten Häretikern aus den eigenen Reihen. Satan stellt Gläubigen ausdrücklich – mit Bildern alttestamentlicher Psalmen umschrieben (vgl. Ps 64,6; 69,23; 91,3; 119,61 usw.) – „Fallen" (1. Tim 3,7; 2. Tim 2,26). Im 1. Timotheusbrief werden darüber hinaus auch Engel erwähnt, über die Christus inthronisiert wurde und die ihm nun dienen – soweit sie positive, d. h. von Gott „auserwählte" Engel sind[63] (1. Tim 3,16; 5,21).

Im Titusbrief hingegen finden wir zum einen keinerlei Hinweise auf derartige jenseitige gute und böse Wesenheiten. Andererseits sind auf Kreta keine realen Gegner namentlich bekannt. Alle Gegner betreffenden Textpassagen sind ausnahmslos allgemein formuliert und somit prophylaktischer Natur. Sie gelten nur für den Fall, dass Gegner und Kritiker auftreten (vgl. Tit 1,9-16; 2,5.8; 3,9-11). Der Tonfall in den Timotheusbriefen ist schärfer oder dramatischer. Beide Briefe sprechen – im Gegensatz zum Titusbrief – mehrfach vom „Kampf". Sie vergleichen Auseinandersetzungen mit militärischen Bildern. Der 1. Timotheusbrief schlägt sogar von 1,3ff. an wiederholt den „Befehlston" an ($\pi\alpha\rho\alpha\gamma\gamma\epsilon\lambda\iota\alpha/\pi\alpha\rho\alpha\gamma\gamma\epsilon\lambda\lambda\omega$). All dies suchen wir im Titusbrief vergeblich (Ausnahme „Wort*gefechte*", aber um gesetzliche Dinge, in 3,9). Jesus steht auch nur in den Timotheusbriefen in aktuellen Gegnerkämpfen bei, wie er es früher schon bei anderen Gelegenheiten tat. Er wird rechtzeitig zugunsten seiner Gläubigen in einer „Epiphanie" (Gottes) in die aktuellen Kämpfe eingreifen (1. Tim 6,16-16; 2. Tim 4,16-18?).

---

[63] Gerade in paulinischen Schriften werden Engel häufig eher als gefährlich angesehen: Röm 8,38f.; 1. Kor 11,3ff.; 2. Kor 11,3ff.; 12,7; Gal 1,8 u. ö.

4.2.3.6 Die Rolle der Frau im Titus- und 2. Timotheusbrief und anders im 1. Timotheusbrief

Im *Titusbrief* finden wir ein zwar konservatives, aber in der Antike übliches und darum missionsdienliches Frauenbild ohne Polemik gegen Frauen. Nach paulinischem Denken (vgl. u. a. 1. Thess 3,12–4,12; Röm 2,17-24; 14,16-18; 1. Kor 9,20-22; 10,32–11,6; 14,23-40; 2. Kor 6,3; Phil 4,4-9) galt es, unanstößig zu leben, damit niemand den christlichen Glauben lästern konnte (vgl. Tit 2,3-5[.8].10; vgl. auch 1. Kor 10,32–11,16).[64]

Der 2. Timotheusbrief stellt bewusst *neben* Paulus zu Beginn (1,3-5) und zum Schluss (4,19.21) dem Adressaten und den Mithörenden des Briefs gläubige Frauen sehr positiv vor Augen, die Großmutter und Mutter des Timotheus sowie Priska und Claudia. Der Plural τινων in 3,(1-)14 kommt mit Timotheus und seiner/n Gemeinde/n von 1,3-5 her. Der Autor erinnert damit an sein Vorbild und – als Lehrerinnen gleichberechtigt neben ihm – an Lois und Eunike. Er tut dies gegen Menschen, die ihren Eltern nicht gehorchen (3,2), und gegen Frauen, die Irrlehrern folgen (3,6ff.). Frauen werden im 2. Timotheusbrief den Männern nirgends untergeordnet. Im Gegenteil werden die rechtgläubigen Frauen Lois, Eunike, Priska und Claudia im Brief neben den Männern Paulus, Aquila, Eubulus, Pudens und Linus gleichwertig bzw. unter den „Brüdern" erwähnt, Priska sogar wie in Röm 16,3 *vor* Aquila. In 2. Tim 3,6 werden häretische Frauen nicht so scharf angegriffen wie in 2,17f. oder 4,14f. männliche, mit Namen genannte Gegner (vgl. 1,15). Im „Haus des Onesiphorus" wird nirgends eine Hierarchie von Mann und Frau erkennbar (vgl. 1,16-18; 4,19), und im Haus/der Gemeinde des Herrn gibt es nur gleichberechtigt positiv und negative Glieder/„Gefäße" (2. Tim 2,19ff.). In 1. Thess 4,4 ist demgegenüber die Frau ein „Gefäß".

Im *1. Timotheusbrief* kommt das Thema „Männer und Frauen" nicht nur quantitativ mehr vor. Es spielt in diesem Brief von Kap. 2–5 vielmehr eine zentrale Rolle. Laut Mainstream möchten „die Pastoralbriefe", in die man den Befund des 1. Timotheusbriefs hineinliest, Frauen wieder aus der Freiheit und Gleichheit herausdrängen, die sie in paulinischen Gemeinden hatten. Obwohl hier etwas richtig gesehen wird, beruht die „Zurückdrängung" der Frau im 1. Timotheusbrief nicht auf einer Geringschätzung von Frauen. Paulus möchte, wie wir sahen, nur in Ephesus zur Zeit der speziell satanischen Attacken (1. Tim 1,20 par Apg 19,9f. und 1. Tim 2,13f.; 4,1ff.) Frauen aus einem ganz anderen Grund in die „zweite Reihe" zurückbeordern, soweit nötig. Vom Versucher Evas (2,13f.; vgl. 5,15) und von dessen Geistern inspirierte Feinde der Ehe und Familie sprachen Heiratenden und Verheirateten das Heil ab (vgl. 1. Tim 4,3f.). Sie wollten und konnten über Frauen in die Gemeinden eindringen (1. Tim 4,1ff.; 5,11ff.; vgl. 2. Tim 3,6). Die Heiligen Schriften dienten Paulus als Richt-

---

[64] Zu den weiblichen Lehrerinnen auf Kreta (Tit 2,3-5) vgl. Punkt 4.2.3.8.

schnur für ein Verhalten auch im Fall dieser Art von Attacken. Nach 1. Tim 2,11ff. und 5,3-16 sind alleinstehende Frauen immer gegen die Angriffe Satans ungeschützt, wenn sie ohne die Männer der Gemeinde oder ohne einen Ehemann in ein „Lehrgespräch" mit dem Versucher geraten. Hier denkt Paulus vom Fehlverhalten Evas her, die an Adam vorbei bzw. ohne Rücksprache mit ihm zu halten allein ins Streitgespräch mit Satan um Gottes Wort eintrat (Gen 3; vgl. 2. Kor 11,3). Mit judenchristlich typologischer Auslegung des Alten Testaments (vgl. u. a. Röm 15,4; 1. Kor 10; Gal 3–4) befiehlt Paulus Mann und Frau, dem Angriff des Versuchers mit einem Verhalten zu widerstehen, welches das genaue Gegenteil des Verhaltens von Eva und Adam in Gen 3 ist.[65] Männliche Beter und Lehrende sollen in Ephesus im geistlichen Kampf für den Frieden „ohne Zorn und Zweifel" an die Streit-Front gehen (2,8; 3,2-7; 4,6-16; 6,11ff.), die seit 1,3-20 im Blick ist. Der Leser soll sich in den Personen des AT wiedererkennen. Und Satan schleicht und lauert – wie im Paradiesgarten, so auch jetzt – um die Gemeinden herum (vgl. 1. Kor 5,5/1. Tim 1,20). Er stellt Fallen auf (1. Tim 3,6-7; 6,9; 2. Tim 2,26). Die Hauptattackierten müssen „unergreifbar" (ἀνεπίλημπτον) für ihn sein, d. h. die Lehrer: 1. Tim 3,2; die alleinstehenden Frauen: 5,(5-)7 und der „Feldmarschall" Timotheus gegen unsichtbare Machthaber im Gefecht: 6,(11-)14 (und bis V. 16).

4.2.3.7 Häresiebekämpfung

4.2.3.7.1 Vorbemerkung

M. Engelmann arbeitet hilfreich pro Brief Unterschiede a) in der Beschreibung der Gegner und b) in der Art und Weise ihres Eingehens auf Häretiker und ihre Lehren heraus. Ihre Beobachtungen werden nachfolgend mitberücksichtigt und gegebenenfalls anders interpretiert.[66]

4.2.3.7.2 Die Gegner

M. Engelmann meint, der Titusbrief greife ausschließlich Gegner „aus der Beschneidung" an. Sie würden „jüdische" *Mythen* verbreiten und über das *Gesetz* und alttestamentliche *Genealogien* streiten. Doch der Wortlaut von Tit 1,7-14 und 3,9 gibt dies nicht her. Ein Presbyter muss als Aufseher generell *alle möglichen* Widersprechenden überführen, „da es *viele* Aufsässige, hohle Schwätzer und Betrüger gibt". Nur eine besondere Gruppe unter ihnen sind „die aus der Beschneidung". Sie mögen zwar, wie wir schon aus Apg 15,1ff. und dem Galaterbrief wissen (vgl. dieselben Gegner in Gal 2,12!), eine besonders aggressive

---
[65] Vgl. dazu auch die Ausführungen oben unter 4.2.3.5.
[66] Engelmann, Unzertrennliche Drillinge?, 364–432. Ich kann unter 4.3.2.7 nur eine knappe Auseinandersetzung mit Engelmanns Interpretationen der Textbefunde führen.

und erfolgreiche Gegnergruppe gewesen sein (Gal 1,6; 3,1ff.), aber Paulus formuliert im Titusbrief insgesamt und auch speziell in Tit 1,10ff. ausschließlich allgemeine Verhaltensregeln für Neugetaufte. Und solche müssen u. a. eben auch Anweisungen für das Verhalten gegen generell *alle* möglichen Gegner enthalten. Paulus schreibt als Prophet (vgl. 1. Thess 3,3-4; Tit 1,1) und von seinen Erfahrungen mit missionarischen Gegnern aus der Zeit Apg 13–19 par Galater-, 1. Thessalonicher-, 1. Korintherbrief her. Wir finden Ähnlichkeiten in allen drei Briefen, sogar thematische Parallelen in 1. Thess 1,6ff.; 2,13; 3,2-4, 4,1ff.; 4,13ff. par Tit 1,6-10; 2,1-10 und Tit 1,2f.; 2,11-12; 2,13; 3,7. Die Formulierung „es gibt nämlich viele" in Tit 1,10a schließt definitiv aus, dass der Titusbrief nur ganz bestimmte Gegner „aus der Beschneidung" bekämpft. So formuliert man einen allgemeinen Leitfaden für den Umgang mit welchen Gegnern auch immer. Paulus kennt auf Kreta weder rechtgläubige noch häretische Christen noch konkrete Kritiker und Gegner der Christen. Wie er sehr distanziert von den Christen nie als „Brüdern" spricht (3,1.8.14f.), so hat er auch in Tit 1,10.14; 2,5.8 keine realen, sondern nur imaginär alle eventuell auftretenden Gegner im Blick. Alle Irrlehrer, die irgendwie gegen die gemeinschaftsdienliche Ethik verstoßen, welche in Tit 1,6-8; 2,1-10 und 3,1f.8 wie in der hellenistisch-römischen Welt erwartet wird, könnten die Basis der antiken Gesellschaft zerstören: „Häuser", also Familien (vgl. die beiden Kategorien „Haus" und „Stadt"/alle Menschen z. B. angedeutet in Apg 20,20; Gal 6,9f.; 1. Thess 3,12; 5,15).

Auch in Tit 3,9 formuliert Paulus anders, als Engelmann übersetzt. Er kommt mit seinen Hörern von 3,1ff. her: „Erinnere sie, staatlichen Gewalten und Mächten *untertan* zu sein, *Gehorsam* zu leisten, zu jedem guten Werk bereit zu sein, niemand zu lästern, nicht streitsüchtig zu sein, milde zu sein, an allen Menschen alle Sanftmut zu erweisen ... Törichte Streitfragen [= welche auch immer] aber und Geschlechtsregister und Zänkereien und gesetzliche [= welche gültigen Gesetze auch immer betreffende] Streitigkeiten vermeide ..." Hellenistisch-römische Kreter ohne jeden synagogalen Hintergrund, die diese Sätze vernahmen, hörten hier nur heraus: „Paulus möchte, dass wir uns als gesetzestreue Bürger positiv verhalten und in der Öffentlichkeit nicht in lautstarke Streitigkeiten mit Leuten hineinziehen lassen, die gegen welche gültigen Gesetze auch immer leben. Einige von denen könnten auch irgendwelche Herkunftsfragen anhand von Stammbäumen diskutieren wollen." Anders, nämlich eindeutig, klingen die Verse 1. Tim 1,3ff., die das Programm nur dieses Briefs enthalten:

> „Ich bat dich, ... in Ephesus auszuharren, damit du gewissen Leuten Weisung erteilen solltest, nichts anderes zu lehren noch mit Mythen und endlosen Geschlechtsregistern sich abzugeben, die mehr Streitfragen hervorbringen, als dass sie die Hausordnung Gottes im Glauben fördern ... Sie wollen *Gesetzeslehrer* sein und verstehen nichts ... Wir wissen aber, dass *das Gesetz* gut ist, wenn jemand es *gesetzmäßig* ge-

braucht, indem er dies weiß, dass für einen Gerechten das *Gesetz* nicht bestimmt ist, sondern für *Gesetzlose* und Widerspenstige ..."

Es folgt dann in 1. Tim 1,9f. eine typisch frühjüdische Paraphrase des *Dekalogs*.[67] Engelmann verkennt, dass Paulus im Titusbrief wie ein Grieche für AT-Unkundige schreibt, aber im 1. Timotheusbrief fast dasselbe Thema wie ein Jude für AT-Kundige diskutiert. Paulus schreibt in Tit 1,14-16 wie ein Grieche über die eine Gruppe unter den „vielen" in 1,10, nämlich über die Judaisten, die Beschneidung predigen. Außerdem beschreibt er sie wie ein Nichtjude als Leute, die auf „jüdische" Mythen achten, und fügt darum sogleich verallgemeinernd hinzu, dass sie auch auf „Gebote von *Menschen* (nicht von Juden!) achten und sich so von der Wahrheit abwenden". Paulus formuliert provokativ ferner beinahe wie ein von Judaisten beschimpfter Grieche, dass ihm und allen Christen, also „den Reinen", eben „alles rein ist; den Befleckten aber und Ungläubigen [Häretikern] ist nichts rein", sondern – gut hellenistisch formuliert – „befleckt ist sowohl ihre *Verstand* als auch ihr Gewissen", nicht jüdisch: das Herz (anders 1. Tim 1,5). Und Paulus schreibt schließlich: „Sie geben vor, Gott zu *kennen* ..."

Ich gehe davon aus[68], dass die Auseinandersetzungen in Ephesus, die 1. Tim 1,3ff. und 4,1-10 andeuten, Paulus vor Augen standen, als er – kurz nach seiner Abreise aus Ephesus (1. Tim 1,3) und vor seiner Rückkehr dorthin (1. Tim 3,14; 4,12) – Tit 1–3 als ein Vademecum für ein christliches Leben nach der Taufe schreibt, in dem er dazu anleitet, „besonnen, gerecht und fromm" so zu leben (2,12; vgl. 1,8), dass die Neugetauften u. a. auch Häretikern und Kritikern weder folgen noch allgemein Anlass zu Lästerungen ihres Glaubens geben. Die in diesem Sinn formulierten ἵνα-Sätze Tit 2,5.8.10 entsprechen dann als allgemeiner Leitfaden dem historischen Background von 1. Tim 1,13-10 und 6,1ff. Mit anderen Worten: Paulus argumentiert im Titusbrief gegen u. a. judaistische „Gnostiker" ähnlich wie in Röm 2,17ff. oder wie in 1. Kor 1ff., die aus irgendwelchen abstrusen AT-Auslegungen und Stammbaumdebatten (vgl. später immer noch 2. Kor 11; Phil 3) sowohl ihre Rechtgläubigkeit als auch ein merkwürdig anstößiges Verhalten folgern (wie die „*Alles ist erlaubt*"-Partei in Korinth?; vgl. 1. Kor 6,12). Sie lehnten vermutlich außerdem als Judenchristen die beschneidungsfreie Heidenmission ab. Solche missionarisch aktiven Gegner der paulinischen Mission gab es seit Apg 15 par Galaterbrief. Sie bestanden auf der Beschneidung, wollten aber keineswegs die ganze Tora befolgen.

Gegen Engelmann geht also nicht nur der 1. Timotheusbrief gegen *gnostisierende* Gegner vor, die aus dem alttestamentlichen Gesetz spekulativ-enthusiastische Begründungen für ihre Anschauungen herauslasen. Alle drei Pastoralbriefe geben uns vielmehr zu wenig Informationen über die Häretiker, die sie

---

[67] Vgl. Fee, 1 and 2 Timothy, Titus, 45f.; Towner, Letters, 124–131.
[68] Vgl. dazu Abschnitt 4.4.

attackieren. Doch aus vielen Ähnlichkeiten der *anonymen*, weil imaginären Gegner des Titusbriefs und der realen Gegner des 1. Timotheusbriefs lässt sich erschließen, dass Paulus bei der Abfassung des Titusbriefs die Häretiker in Ephesus (und anderswo) als aktuelle Beispiele vor Augen standen. Sie zerstörten auf Grund ihrer gepredigten Ethik, basierend auf ihrer „Gotteserkenntnis" (Tit 1,16), die antik übliche „Hausordnung" (1. Tim 1,4; 4,1-5 par Tit 1,11). Nicht nur die Gegner im 1. Timotheusbrief sind weltfeindlich gegen Ehe und bestimmte Speisen (vgl. 1. Tim 4,3f.). Auch mit Tit 1,11-16 könnte Paulus – nur hier prophylaktisch-generell – u. a. Gegner attackieren, die „Häuser", also Ehen und Familien zerstören und die bestimmte Speisen für „unrein" erklären. Paulus könnte auch genereller gegen imaginäre judaistische und andere Gegner schreiben, die mehr als nur Speisen für unrein erklärten. Der Verfasser kritisierte ihre Lehren als Mythen und Genealogien.

Die im 1. Timotheusbrief bekämpfte Häresie, so Engelmann, sei schon eine Vorform der späteren „Gnosis". Da die „Gnosis", die der 1. Timotheusbrief zurückweist (6,20f.), allerdings vom Alten Testament her argumentiert (vgl. 1. Tim 1,6ff.) und ansonsten kaum im 1. Timotheusbrief beschrieben wird, geht Engelmann zu weit, wenn sie meint, eine jüdische Herkunft der Häretiker ausschließen zu können. 1. Tim 1,7ff. und wiederholte Argumentation vom Alten Testament her u. a. in 1. Tim 4,1ff. sprechen eher dafür, dass die Gegner in Ephesus sehr wohl aus der Synagoge und dem Judentum stammen könnten. Kurz: Die Annahme reicht aus, Paulus argumentiere im 1. Timotheusbrief als Jude bzw. von Jude zu Jude. Indirekt spricht er so auch zu den mehrheitlich selbst unterrichteten ehemaligen Synagogenbesuchern und Täuferjüngern der Gemeinde (vgl. Apg 19,1-10). Er hat dabei reale Gegner im Sinn.

Der *2. Timotheusbrief* schließlich gehe, so Engelmann, auf einen Streit nicht mit Außenstehenden, sondern zwischen paulinischen Gruppen intern ein. Der 2. Timotheusbrief ergreife gegen nur präsentische Eschatologie das Wort (2. Tim 2,17f.). Im Sinne von Röm 6 korrigiere er diese zugunsten der paulinischen, d. h. nicht nur präsentischen, sondern auch futurischen Eschatologie. Zwar werde den Gegnern vorgeworfen, sie verbreiteten „Mythen", aber im Gegensatz zum Titus- und 1. Timotheusbrief definiert der 2. Timotheusbrief diese Mythen inhaltlich gar nicht.

Im 2. Timotheusbrief ist kein Streit um Genealogien erkennbar. Die Gegner sind zudem keine „Lästerer" des Glaubens. Die Wortgruppe βλασφημέω κτλ. (1. Tim 1,20; 6,1; Tit 2,5; 3,2[69]) fehlt in diesem Brief komplett. Auch das Ge-

---

[69] Vgl. auch nach Apg 19,9f. dann Apg 19,37! Die o. g. Stellen im 1. Timotheus- und Titusbrief scheinen den Vorwurf mancher der vielen Gegner in Ephesus (vgl. 1. Kor 16,9; 2. Kor 1,8f.) sprachlich aufnehmen und widerlegen zu wollen wie Lukas auch. Apg 26,11 ergänzt dies letztmalig und ganz im Sinn von 1.Tim 1,12ff.: Der Glaube der Christen führt nicht zur Lästerung Gottes, sondern beendet sie.

setz oder irgendwelche Gesetze spielen im 2. Timotheusbrief in der Gegnerdebatte keine Rolle. Mit dem 2. Timotheusbrief befinden wir uns in einer Situation etliche Jahre nach dem 1. Timotheusbrief und Titusbrief. Den Brief interessiert das Thema „Gemeinde und Christen in der Öffentlichkeit" (1. Tim 1–3; Tit 3) und intern (1. Tim 4–6; Tit 1–2) nicht. Gegnerische Lehren von Häretikern aus den eigenen Reihen, die zur Zeit von 1. Tim 6,20f. deutlich erkennbar neu aufgekommen sind, weswegen die Exkommunikation ihrer Vertreter im 1. Timotheusbrief eben erst geschehen war (1. Tim 1,20 par Apg 19,9f.), könnten dem Paulus außerdem zur Zeit des 2. Timotheusbriefs viel vertrauter gewesen sein (vgl. 2. Tim 2,17f.). Und – gegenüber Timotheus allein, der inzwischen zudem ein gereifter, gut ausgebildeter Nachfolger ist, kann Paulus auch auf Ausführlichkeiten verzichten. Ein allgemein bekanntes Wort der Zeit für „Lügen" und „Lügengeschichten", nämlich „Mythoi", reicht ihm gegenüber in 2. Tim 4,4 aus (anstelle von 1. Tim 1,3ff., 4,[1–]7f.; Tit 1,[10–]14-16). Es genügt, um Timotheus daran zu erinnern, dass er gegen die Lügen aller erdenklichen Gegner der Gegenwart und Zukunft vorgehen muss. 2. Tim 3,14–4,5 sind ein vom Propheten Paulus formuliertes Vademecum für solche Situationen nach seinem Ableben.

Die Unterschiede der Gegnerbeschreibung lassen sich – gegen Engelmann – besser als solche erklären, die Paulus beim Diktat der drei „Pastoralbriefe" zwischen Timotheus und Titus, zwischen den Kretern und den Ephesern, zwischen ihm bekannten und unbekannten Gemeinden und zwischen realen und imaginären Gegnern macht. Er mag zudem in je anderer Situation und im 1. und 2. Timotheusbrief auch für eine ihm bekannte Situation des Adressaten unterschiedlich formuliert haben. Die wenig beschriebenen, in den „Pastoralbriefen" bekämpften Häresien lassen sich – u. a. gegen die eindeutigen Worte „es gibt nämlich viele(rlei) Gegner" in Tit 1,10 – nicht als drei Gegnergruppen identifizieren, die drei Verfasser unterschiedlich bekämpfen. Am ehesten könnten einige Gegner des 2. Timotheusbriefs andere sein als diejenigen in 1. Tim 1,3ff. und Tit 1,10ff. Besonders der 1. Timotheus- und der Titusbrief beschreiben – ersterer aus jüdischer, zweiter aus nichtjüdischer Perspektive – Gegner zu ähnlich, als dass wir Heutigen behaupten könnten, sie seien unmöglich identisch gewesen.

4.2.3.7.3 Die Art des Umgangs mit den Gegnern

Der *Titusbrief* ähnelt in vielem dem 1. Thessalonicherbrief. Allerdings lehren (1. Thess 1–3; 4,13ff.) und ordnen (3,12–4,12; 5,1ff.) Paulus, Silvanus und Timotheus im 1. Thessalonicherbrief die ihnen *bekannte* Einzelgemeinde direkt. Im Titusbrief hingegen instruiert der Heidenapostel seinen Delegaten, in den Paulus persönlich unbekannten Gemeinden manches in Ordnung zu bringen (1,5), vielleicht manches selbst zu lehren (2,11–3,8), aber vor allem Lehrer und

Lehrerinnen zu berufen (Tit 1,5-9; 2,3). Außerdem zeigen u. a. 1. Thess 4,1.13ff., dass Paulus auf bereits von ihm vor Ort vermittelte theologische und ethische Lehre nur noch erinnernd aufbaut. Er ergänzt die Erstunterweisung lediglich (vgl. ähnlich, aber ausführlicher 1. Kor 3,1–16,18). Der Titusbrief aber legt allerersten Grund. In ihm wird nicht vorher Vermitteltes ergänzt. Aber auch der Titusbrief enthält die Erstunterweisungen nur in einer komprimierten Form, die Titus als Paulusschüler „von Ort zu Ort" (Tit 1,5) selbstständig entfalten konnte.

Nur in Tit 3,1f. geht Paulus einmal in den Stil des Erinnerns über. Titus soll dort aber nicht an zuvor vermittelte Weisungen erinnern. Diese Erinnerung betont lediglich die ständige Loyalität aller Christen gegenüber den Regierenden. „Staatsbürgerkunde" muss – im Gegensatz zu manch anderem in Tit 1–2 – nicht gelehrt werden. Für Christen ist ein gesetzestreues Verhalten zum Nutzen aller eine Selbstverständlichkeit.

Alle Erstunterweisungen des Titusbriefs mussten vor allem und zuerst – genauso wie die des 1. Thessalonicherbriefs – missionsdienlich Unanstößigkeit des Verhaltens fördern und Angriffsflächen verringern.[70] Ein Leitfaden zum Umgang mit Unruhestiftern und Gegnern gehörte dazu. Dieser enthielt immer Warnungen vor *möglichen* Gegnerattacken. Die Gegner werden im 1. Thessalonicherbrief nur noch als schon bekannt knapp ins Gedächtnis gerufen (1. Thess 3,4; vgl. 2,13f.). Unruhestifter sind nur ein Randthema (1. Thess 5,11-15).

Der Titusbrief möchte also den Unterricht von Neugetauften organisieren und Inhalte desselben vermitteln helfen. Der Unterricht auf Kreta befindet sich allerdings noch *vor* der Phase der auf die Erstbelehrung aufbauenden Zweitbelehrung, die mit 1. Thess 3–5 brieflich in Thessalonich schon beginnt. Der Titusbrief möchte z. B. unbekannten Neugetauften erstmals und grundlegend das Amt eines Apostels erklären (1,1-4). Anders wird in 1. Thess 2,7 (vgl. 1,1!) die Autorität eines Apostels Christi nicht mehr erklärt, sondern als bekannt vorausgesetzt. Ebenso enthält der Titusbrief einen ausführlicheren Leitfaden für das Verhalten der Neugetauften gegenüber Nichtchristen und Skeptikern. Dieses Thema wird in 1. Thess 3,12; 4,12 und 5,15 aber nur noch angedeutet: Christen untereinander – „alle" Menschen/„die draußen". Es wurde bereits vermittelt, und zwar im – anders als im noch ausführlich im Titusbrief – im üblichen paulinischen Unterrichtsschema „Hausgemeinde intern" (= ausführlich Tit 1–2) – „Gemeinde in der Öffentlichkeit" (vgl. ausführlich Tit 3).[71]

Dieses Schema wird in Gal 6,6-10 auch in einer Auseinandersetzung mit Irrlehrern nur noch angedeutet: A) (versorgte) Gemeindeleitung (6,6-8), B)

---

[70] Vgl. zur Ethik im 1. Thessalonicherbrief Schreiber, Erster Thessalonicherbrief, 390–393. Seine Worte ebd. könnten auch als Beschreibung der Ethik und ihrer Motivation in Tit 1,5–3,11 dienen.

[71] Vgl. oben unter 4.2.1.3.

Haus/Gemeinde und C) Öffentlichkeit/alle Menschen (6,9-10). Nichtchristen, Skeptiker und Gegner sind im Titusbrief insbesondere in A) Tit 1,8f.; B) 2,5.8.10; C) 3,1f.8f. im Blick. Sie werden v. a. von gastfreundlichen Gemeindeleitern in die Häuser eingeladen (1,8). Sie besuchen und beobachten christliche (Haus-)Gemeinden (Tit 1–2). Einen weiteren Leitfaden gibt der Titusbrief dann für das Verhalten aller Christen in der Öffentlichkeit und gegenüber Wandermissionaren an die Hand (Tit 3). Es gilt im Haus wie in der Stadt allen „Gutes zu tun". Die „Hausgenossen" in Gal 6,9 sind – so der Galaterbrief insgesamt – real angefochten. Tit 1,11 weiß davon auf Kreta noch nichts, warnt aber davor oder geht sogar davon aus, dass Anfechtungen kommen werden (vgl. 1. Thess 3,3f.).

Der Titusbrief ist ein Vademecum im Sinn von 1. Thess 3,12–5,15, aber noch ohne Anleitungen zum Gebet (anders schon 1. Thess 5,16ff.!). Die Kreter glaubten noch nicht an den *Herrn* Jesus Christus, konnten also noch nicht mit Gott in Kontakt treten.[72] Der 1. Timotheusbrief kommt dem 1. Thessalonicherbrief in vielem sprachlich und inhaltlich näher, denn die Epheser sind zwar noch junge Christen[73], aber existieren als Gemeinde schon länger und glauben u. a. schon an den *Herrn* Jesus Christus, sie beten usw. Manche Kreter mögen schon an Gott glauben. Paulus kennt aber keine solchen Gläubigen persönlich (Tit 3,8). Er nennt sie u. a. darum nie „Brüder". Gott-Glaube steht auch im 1. Thessalonicherbrief von 1,1.8 an noch im Vordergrund. Aber Paulus weiß von den ihm persönlich bekannten Thessalonichern, die er 16-mal im Brief „Brüder" nennt, dass sie schon an den „Herrn Jesus" glauben. Dieser Titel kommt extrem häufig im 1. Thessalonicherbrief vor, fehlt jedoch im Titusbrief nicht nur ganz, sondern wird hier noch durch Doppelgebrauch von „Retter" für Gott und Jesus in Tit 1,3.4; 2,10.13; 3,4.6 ersetzt.[74]

Dies tut im Neuen Testament sonst nur Lukas vor nichtgetauften Juden (vgl. Apg 5,31; 13,23). Er überträgt in Lk 1–2 unter Zuhilfenahme von Worten der σῴζω-Wortfamilie (1,69.71.77; 2,30; 3,6) für alle Leser den Soter-Titel von Gott (1,47) auf den Messias (2,11). Lukas dürfte die „Past" mit verfasst haben.

Im 1. Thessalonicherbrief kann Paulus als Lehrer weitergehen als im Titusbrief. Er kann also z. B. Weisungen für das gemeinsame Gebet an die Verhaltensregeln 1. Thess 3,12–5,15 für Christen intern und für Christen unter Nichtchristen (Klammer: 3,12; 5,15) anfügen (5,16ff.). So ergänzt Paulus selbst, was noch

---

[72] Vgl. unter 4.3.2.4 zum Gebet.
[73] Vgl. 4.4.
[74] Gegen Häfner, Corpus, 261, kann man den 1. Thessalonicherbrief nicht undifferenziert mit dem Titusbrief vergleichen. Paulus war nie als Lehrer auf Kreta aktiv, aber er war persönlicher Lehrer der Thessalonicher. Und der aus dem Titusbrief erschließbare theologisch-christologische Bildungsstand der Kreter ist deutlich geringer als der der Thessalonicher.

fehlt (vgl. 1. Thess 3,10 mit ähnlich Tit 1,5!). In Thessalonich ist allerdings die Auferstehung das, was noch ungeklärt ist. Auf Kreta steht sie nicht sonderlich zur Debatte (vgl. 1,2; 2,13f.; 3,7). Dort muss jedoch noch die paulinische Rechtfertigungslehre grundlegend vermittelt werden. Sie muss im 1. Thessalonicherbrief gar nicht mehr vorkommen.
Paulus setzte die Rechtfertigungslehre in seinen Briefen an bereits geschulerte Christen sonst voraus, spielt darauf höchstens – wenn überhaupt – an (vgl. etwa die nur noch knappen Andeutungen in Phil 3 oder in 1. Kor 1,30; 6,11). Die paulinische Gnadenlehre im Rahmen seiner Soteriologie gehörte in seine Missionspredigt in Synagogen (vgl. Apg 13,23.26.38f.) und seinen Anfängerunterricht in frühester Form. Paulus legt sie in seinen Gemeindebriefen nur noch Fremden dar (Römerbrief) oder vom rechtfertigenden Glauben Abgefallenen (Galaterbrief). Deswegen finden wir eine ausführliche, sehr „griechische" Entfaltung der Rechtfertigungslehre nur in Tit 2,10–3,8, nicht aber mehr im 1. und 2. Timotheusbrief. Letztere enthalten ebenfalls nur noch Andeutungen in Richtung Rechtfertigungs- und Gnadenlehre (1. Tim 1,7-16; 2. Tim 1,9f.; 2,11-13 u. ö.).
Die Gemeinde in Thessalonich ist eine real angefochtene Gemeinde, aber von aktuellen Kämpfen auf Kreta weiß Paulus nichts. Die Ethik ist jedoch in beiden Schreiben mit Blick zu den Nichtchristen ähnlich defensiv formuliert (vgl. 4,[1-]12 mit Tit 2,5.8; 3,1f.8; vgl. auch 1. Kor 10,32f.; 2. Kor 6,3 usw.). Zu den Leitfäden im 1. Thessalonicher- und Titusbrief gehört auch die Autorisierung von Gemeindeleitern. Diese sind in Thessalonich wohl auf Grund der vorzeitigen Flucht des Paulus (Apg 17,1-10) weder vollständig ausgebildet (1. Thess 3,10) noch offiziell eingesetzt worden. Aber es sind schon Führungspersönlichkeiten erkennbar aktiv (1. Thess 5,12f.), die auf Kreta noch ganz fehlen (Tit 1,7-9)[75]. Die Anerkennung ihrer Autorität hilft, „Unordentliche", also die gute Ordnung störende Mitchristen (vgl. Tit 1,11; 3,9 mit 1. Thess 4,1-12), gemeinsam zurechtzuweisen (vgl. 1. Thess 5,11ff. mit Tit 1,9 und 3,4-11). Im 1. Thessalonicherbrief kann Paulus dabei schon die ihm real bekannte Gemeinde mehr aktivieren (5,11). Auf Kreta kennt er keine Christen persönlich. Der Delegat Titus muss hier noch ohne Gemeinde die Gemeindezucht durchführen (Tit 3,9-11, anders schon 1. Tim 5,19-25; Gal 2,11ff.; 1. Kor 5; Phil 4,1-3). Der Titusbrief

---

[75] Vgl. Gehring, Hausgemeinde, 329–384 und 452–468: Bei Paulus kommen schon dieselben Gemeindeleiter und Leitungsstrukturen vor wie in den „Pastoralbriefen", nur dass die Bezeichnung „Presbyter" (zufällig?) nicht von dem Paulus der wenigen unumstrittenen Gelegenheitsschreiben verwendet wird. Aber wo geht es in Paulusbriefen um die Ehren-Stellung der Leiter in Gemeinden, sodass eine Verwendung des Titels „Presbyter" wirklich angebracht wäre? In Phil 1,1b beispielsweise werden Episkopen und Diakone erwähnt, weil auf Phil 4,1-3 vorausgeblickt wird. Funktionale Titel sind erforderlich, weil ein Gemeindeleiter als Aufseher fungieren und zwei Missionsmitarbeiterinnen, wohl Diakoninnen, vor der Gesamtgemeinde versöhnen soll.

ist zudem ausdrücklich ein Rundschreiben für Gemeinden „von Stadt zu Stadt" (1,5), während der 1. Thessalonicherbrief zwar „alle" Christen erreichen soll, diese scheinen aber nur in Thessalonich zu leben (vgl. 1. Thess 1,1; 5,27).
Als Vademecum für die Erstorganisation und -unterweisung entwirft der Titusbrief auch einen Leitfaden für den Umgang mit möglichen Gegnern intern und extern. Paulus versetzt sich in die Lage der Gemeinden auf Kreta. Er ordnet an, was zu tun ist, wenn Menschen in Gemeindeversammlungen den Lehrenden widersprechen sollten oder wenn „Freche, unnütze Schwätzer und Verführer" auftreten, besonders Beschneidungsprediger. Kritiker und Lästerer dürfen das Verhalten von Christinnen und Christen nicht zum Anlass für öffentliche Polemik gegen den Glauben nehmen können. Es darf auch nicht dazu kommen, dass christliche Familien („Häuser") auf Kreta zerstört werden. Streitigkeiten – so Paulus – dürfen nicht bis hinein in die Stadtgesellschaft Schaden anrichten. Wie immer spricht Paulus (Jesus folgend; vgl. Mt 18,15-18) dabei besonders jüdischen und judaistischen Gegnern unter den „vielen" Häretikern (1,10ff.) nicht den Glauben an Gott ab (vgl. Röm 10; 1. Kor 5; 2. Thess 3,15), sondern – falls solche auf Kreta aktiv werden – wünscht er, dass ihr Glaube geheilt wird (vgl. Tit 1,13 mit 2,2!). Nur im Titusbrief finden wir das so ausgedrückt (vgl. sinngemäß den geforderten Umgang mit „Unordentlichen", also mit denen, die gegen die allgemein anerkannten Sitten, Gesetze und Bräuche verstießen, in 1. Thess 4,1-12; 5,[1-]11). Nie aber wird dies so im 1. und 2. Timotheusbrief wie in Tit 1,13 gesagt, wobei 2. Tim 2,22–3,16 oder bis 4,5 ähnlich eine Umkehr für Gegner erhoffen. Paulus kennt im Titusbrief also persönlich gar keine Kreter „von Stadt zu Stadt" und auch keine realen Gegner. Er behandelt mit Tit 1,10-16; 2,5.8; 3,(1f.)9-11 Gegner nur ganz allgemein als mögliche interne und externe Gefahrenquelle, denn Paulus rechnete als Prophet grundsätzlich mit Gegnerattacken in allen Gemeinden (vgl. 1. Thess 3,4; 1. Kor 10,13; Apg 20,20ff.).
Aus all dem ergeben sich auch Unterschiede im Umgang mit Gefahren durch Kritiker, Widersprechende und Gegner jeglicher Couleur im Titusbrief einerseits und im 1. und 2. Timotheusbrief andererseits. Letztere Briefe haben reale Gegner vor Augen. Sie erteilen Weisungen für den Umgang mit ihnen. Außerdem enthalten sie Weisungen für den Umgang mit zukünftig von diesen Häretikern beeinflussten Menschen. Der 2. Timotheusbrief enthält ferner generelle Weissagungen des Propheten Paulus (Gal 1,1.11.15f.; Apg 13) hinsichtlich der Menschen, die sich in der „Endzeit" zukünftigen Irrlehrern anschließen werden. Der 1. Timotheusbrief enthält ebenfalls Weissagungen von Propheten und eventuell auch des Propheten Paulus für den Umgang mit denen, die von derzeitig agierenden Irrlehrern zum Abfall verführt werden.
Aus der Perspektive „für den Fall, dass" beschreibt der *Titusbrief* „die" Irrlehre natürlich ganz anders als 1. und 2. Timotheusbrief, nämlich als ein rein *gegenwärtiges* Phänomen der Imagination. Die Gegner sind im Titusbrief – anders als in 1. Tim 1,3ff. – darum „nur mittelbare Begründung für den an Titus ergange-

nen Auftrag"⁷⁶. Er soll – als bald abreisender Delegat – kaum direkt und eher nicht als theologischer Lehrer, sondern als Gemeindeorganisator gegen Häretiker vorgehen. Er soll darum Älteste als Aufseher und Lehrer für u. a. diese Aufgabe einsetzen (1,5-9), weil Gemeinde grundsätzlich unterrichtet werden muss (Tit 1,9). Dies kann immer auch dazu führen, dass der Lehrer während des Vortrags Widerspruch erfährt. Es droht sogar bisweilen eine Gegnerattacke (1,9bf.). Aber dies ist alles allgemein formuliert. Anders als in den Timotheusbriefen nennt und kennt Paulus also keine realen Gegner mit Namen. Ihre u. a. aus der Bibel oder aus Geboten von Menschen abgeleiteten Irrlehren, woher auch immer die Gegner kommen, könnte Häuser/Familien zerstören (Tit 1,11). Sie könnten sowohl in der Gemeinde auftreten (1,13; vgl. 2,5.8), und ihr Glaube könnte durch Belehrung gesunden (1,13), als auch könnten sie externe Aggressoren sein bzw. den Frieden in der Stadt stören. Sie wären in diesem Fall nach zweimaliger Ermahnung öffentlich erkennbar als nicht zu den Christen gehörend abzuweisen (Tit 3,9-11). Eine argumentative Entfaltung der Auseinandersetzung muss im Titusbrief unterbleiben, da Paulus keine konkreten Irrlehren bekämpft, die den Kretern real zu schaffen machen.

Dabei hat Paulus im Titusbrief die Erfahrungen mit ihm bisher bekannten Irrlehrern, Kritikern und Andersdenkenden vor Augen, die von Gemeinde zu Gemeinde aggressiv gegen seine Lehre hinter ihm her missionierten (vgl. Röm 3,8; 6,1ff.; 12–15 mit 1. Kor 8–12; vgl. Phil 1,15-18; 3,2-19 mit 2. Kor 11 oder den Galaterbrief mit Apg 15,1ff. oder Apg 19,9-40 mit Apg 21,27). So erklären sich manche Anklänge im Titusbrief an Auseinandersetzungen im Galater-, Römer- und 1. Timotheusbrief usw. Es ist dennoch nicht auszuschließen, dass Paulus in Tit 2,11–3,8 – einschließlich des „Reinheitslehrgangs" in Tit 1,14-16; 2,14; 3,4-7 – insbesondere die Lehren judaistischer Wandermissionare samt ihrer Ablehnung der Heidenmission aufnimmt und – ohne dies ausdrücklich mitzuteilen – argumentativ von seiner Soteriologie und Gnaden- und Rechtfertigungslehre her, für Griechen formuliert, widerlegt.

Im Titusbrief werden Lehrer eingesetzt, um Gemeinden so zu unterrichten, dass sie im Glauben wachsen (Tit 1,7-9; 2,3; 2,11–3,8). Die Lehrer aber sollen auch Gäste einladen. Sie sollen Kritiker, Widersprechende und Gegner widerlegen und zurechtweisen können. Daher sind sie, die Presbyter, auch Episkopen, also Aufseher.

Ganz anders sind die Weisungen im *2. Timotheusbrief*. Gemeindliche Fragen interessieren nicht. Lehrer werden in 2. Tim 1,6-8 und 2,1–4,5 dementsprechend weder „Presbyter" noch „Aufseher" genannt. Timotheus ist gegenwärtig irgendwo beauftragt, sie im Missionsgebiet auszuwählen (2,2). Nur er selbst soll als „Knecht des Herrn", als „Mensch Gottes" und geistgestärkter „Evangelist" in der vom Propheten Paulus als anbrechend eingeschätzten „Endzeit" von

---

⁷⁶ Engelmann, Unzertrennliche Drillinge?, 430.

der Schrift her leben und zweierlei im Umgang mit Häretikern tun: Er soll einerseits *Streitgespräche* meiden, die nur nach allen Seiten hin destruktiv wirken würden. *Andererseits* aber soll er im Falle sachlicher theologischer Diskussionen sanftmütig mit den Heiligen Schriften zum rettenden Glauben an Jesus Christus einladen und von der Schrift her sich selbst und andere „lehren, von Irrtümern überführen, zurechtweisen und unterweisen in der Gerechtigkeit" (2. Tim 3,15f.). Dies kann sogar dazu führen, dass Gott durch solche sanftmütige, schriftgemäße Belehrung in Glauben und *Liebe* (auch in 1. Tim 1,3-5 angezielt!) Irrlehrer wiedergewinnen könnte (2,22-26). Paulus diskutiert im 2. Timotheusbrief nicht mit den Häretikern, sondern er ermutigt Timotheus dazu, als Schrifttheologe in sachlichen Gesprächen mit Irrenden ihre Wiedergewinnung anzustreben. Das geht nur über gründliche Belehrung. Gegenüber Timotheus lehrt und argumentiert Paulus natürlich nicht, sondern leitet den Lehrer zum Lehren an.

Im 2. Timotheusbrief fehlt das Thema „Gemeinde". Im Brief tritt an die Stelle der fehlenden Gemeindeordnung eines Titus- oder 1. Timotheusbriefs die persönliche Beziehung der Lehrer Paulus und Timotheus samt ihren Aufgaben. Innerhalb wohl des Verbandes der Gemeinden Kleinasiens (vgl. 2. Tim 1,15) gibt es eine *namentlich* bekannte Gruppe von „Paulinisten", die – wie u. a. auch in Mazedonien (2. Thessalonicherbrief) und Korinth (1. Korintherbrief) – entgegen dem paulinischen Evangelium (vgl. 2. Tim 1,9f.; 2,7f.) verkündigen, die Auferstehung sei schon geschehen (2. Tim 2,17f.): Hymenaios, Phyletus, Hermogenes und Phygelos[77]. Ihnen soll Timotheus als wahrer Paulusvertreter und -erbe entgegentreten, dabei Streit mit ihnen vermeiden, aber ihnen „besonnen" (vgl. 2. Tim 1,7!) argumentativ auch Rückwege zum Glauben bauen (2,22-26; 3,16).

Paulus unterscheidet als Prophet des weiteren zwischen einerseits gegenwärtigen Häretikern und andererseits ihren gegenwärtigen und zukünftigen Opfern. Gegenwärtig hat Timotheus es mit realen Gegnern zu tun (2. Tim 2), aber zukünftig und auch nach dem Tod des Paulus werden weibliche und männliche Gläubige sich Lehrern anschließen, die falsche Lehren samt negativem Verhalten verbreiten werden (2. Tim 3–4). Wie derzeit, so gilt es auch dann, von der Schrift her als Lehrer und als Missionar/Evangelist das Wort Gottes zu lehren und missionarisch zu predigen. Über zukünftige Irrlehren kann Paulus in 2. Tim 3–4 natürlich keine inhaltlichen Informationen weitergeben. Aber über die Gegner, die jetzt schon in Asia wirken, werden wir mit 2. Tim 2,17f. informiert. Außerdem wird in 2. Tim 4,14f. deutlich, dass der laut 1. Tim 1,20 ehemalige Christ Alexander, den Paulus dort wohl noch als einen der in die Opposition zu

---

[77] Auch in Texten wie 2. Kor 5 oder Phil 3 könnte Paulus gegen solche „Hyper-Paulinisten" argumentieren, die mit u. a. der im 1. Korintherbrief zurückgewiesenen Pauluspartei identisch sein könnten.

ihm gegangenen „Gesetzeslehrer" und als „im *Glauben* Schiffbrüchigen" sieht, inzwischen vom Apostel nicht mehr als theologisch gefährlich eingeschätzt wird. Er wird – wahrscheinlich hier abwertend – bloß noch als „Schmied" dem Anteil der Gegnerschaft in Kleinasien zugerechnet, die berufsbedingt und aus rein finanziellen Gründen gegen Paulus vorgehen. Seine Lehre schädigte das Geschäft der Schmiede in Ephesus und Umgebung (vgl. Apg 19,23ff.). Hymenäus jedoch, der in 1. Tim 1,20 noch als theologischer Weggefährte des Alexander neben diesem erwähnt wird, aber im 2. Timotheusbrief nicht mehr in einem Atemzug mit Alexander genannt wird, blieb nach 2.Tim 2,17f. auch später ein theologisch gefährlicher Häretiker. Timotheus muss im 1. und 2. Timotheusbrief über Alexander und Hymenäus besonders informiert werden, weil er weder ihren Abfall vom Glauben noch ihre Exkommunikation noch Alexanders Aufstieg zu einem Führer der jüdischen Gegner in Ephesus und Kleinasien miterlebt hatte (vgl. 1. Tim 1,3-20 zur Zeit von 1. Kor 16,8-10 und von Apg 19,33-34[-21,27] an, als Timotheus auf Reisen ist: 19,21ff). Auch während der Gefangenschaft des Paulus ab Apg 21,27–28,31 ist Timotheus dann längere Zeiten nicht bei Paulus (vgl. Phil 2,19ff.; 2.Tim 2,2).

Im *1. Timotheusbrief* finden wir Eigenheiten im Umgang mit Häretikern, die im Titus- und 2. Timotheusbrief so nicht vorkommen. Ephesus ist Kampfgebiet. Alles im 1. Timotheusbrief hat mit dem geschilderten Szenario und Kampfauftrag in 1,3-20 zu tun. Alles wird daraus gefolgert (2,1.8: „So will ich *nun* ..."). Die Gemeinde muss im Falle von Angriffen Satans anders organisiert werden und „vor allem" gemeinsam beten (vgl. das lukanische Modell für nichtsatanische Angriffe in Apg 12!). Frauen müssen im Fall von satanischen Angriffen in die zweite Reihe. Nur geschulte, lehrfähige Männer (3,6; vgl. 5,17) sollen das Wort führen. Sie werden attackiert (3,[1-]6f.); Timotheus soll als theologischer Lehrer Gegnern Paroli bieten und die Gesamtgemeinde und sich selbst durch intensive theologische Lehre gegen die dämonische Irrlehre „retten" (4,1-16) usw. Männliche und weibliche Diakone gibt es auch schon. Sie sollen nicht fundiert Gemeinde lehren, sondern den Lehrern zuarbeiten. Diakone und Diakoninnen sollen die Missionspredigt gerade jetzt in reiner Form (d. h.: nicht doppelzüngig, nicht verleumderisch oder gehässig usw.) bewahren und fortführen, indem sie zum Glauben einladen (3,8-13.16), der sodann von Lehrern weiter geschult werden muss (3,1-7; 4,6-16). Auf Kreta sind Diakone noch nicht erforderlich. Mission soll dort noch nur durch einladende Taten geschehen. Neugetaufte sind zumeist nicht zur Mission durchs Wort fähig.[78]

Paulus sieht in Timotheus zeitlich spätestens seit 1. Thess 3,2 (vgl. später 1. Kor 4,16f.; Phil 1,1; 2,19-22) seinen „Mitarbeiter am Evangelium Christi", der von Kind an in der Heiligen Schrift zuhause war (2. Tim 3,14-17). Schon früh ließ Paulus ihn als Mitautor (1. und 2. Thessalonicherbrief; 2. Korintherbrief; Phi-

---

[78] Siehe dazu Fuchs, Bisher unbeachtet.

lipperbrief; Philemon- und Kolosserbrief) und Lehrer wirken (1. Kor 4,17). Dies alles setzt Paulus auf Kreta und bei Titus so nicht voraus.

Paulus muss im 2. Timotheusbrief so gut wie gar nicht mehr gegen die Irrlehre argumentieren. Timotheus weiß, einige Jahre nach dem 1. Timotheusbrief, bestens ausgebildet, selbst mit Häretikern umzugehen (vgl. 2. Tim 2,22–3,17). Titus setzt Paulus hingegen – wie im Galater- und 2. Korintherbrief bezeugt – kaum als theologischen Lehrer ein. Ihm gibt er mit Tit 2,11–3,8 einen allerersten Grundkurs der paulinischen Lehre „für neugetaufte Griechen" an die Hand. Ansonsten beauftragt er Titus eher, andere Lehrer einzusetzen, als dass er selbst in zu knapper Zeit (3,12) lehrt (1,5; 2,3).

Im 1. Timotheusbrief sieht es anders aus. Dort argumentiert der Apostel mehr gegen die Irrlehre (1,6-10; 4,1-5) und erwartet von Timotheus ebenfalls, dass dieser – wie laut 1. Thess 3 und 1. Kor 4, d. h. wie Paulus – gut lehren kann (1,3-20; 3,14–5,2; 6,3-19; vgl. 1. Thess 1,6; 3,2; 1. Kor 4,16f.). Die Gemeinde- und Ämterordnung des 1. Timotheusbriefs ist auch eine geistliche „Kampfordnung" im Kampf gegen Satan und die von ihm inspirierte Häresie. In diesem Brief wird insgesamt eine *Heilsordnung* als Hausordnung mit 1,4 angekündigt und dann gelehrt (vgl. 1. Tim 3,4-15) bzw. es wird ihre Organisation und Reorganisation durch Timotheus angeordnet. Sie wird von den Lehrern Paulus (besonders in 1. Tim 1–3) und Timotheus (besonders in 1. Tim 4–6) mit Brief und mündlicher Unterweisung in Ephesus zum Teil weiter errichtet, zum Teil aber auch wieder hergestellt. Paulus tritt außerdem – mit anderen Propheten vor Ort? – als Prophet auf, der vom Heiligen Geist zweierlei mitgeteilt bekam. Er sollte Timotheus als Lehrer und Verteidiger der Gemeinde einsetzen und er erhält außerdem Hinweise auf einen durch die jetzige Häresie ausgelösten, zukünftig drohenden Abfall mancher Christen vom rettenden Glauben (4,1ff.). Paulus könnte hier – wie in 1. Thess 3,3f. – sowohl aktuelle Geistwarnungen im Sinn haben als auch vom Geist ausgelegte Heilige Schriften (vgl. 1. Thess 2,14-16) oder Jesustradition (wie u. a. Mt 5; 7; 24). Gegen u. a. Engelmann lässt sich 1. Tim 4,1ff. nicht entnehmen, dass die Irrlehrer selbst als zukünftige Größe geweissagt und ihre Lehrinhalte schon jetzt vorhergesehen werden. Vorausgesehen wird vor allem der Abfall von Gemeindegliedern, die – entgegen der Belehrung durch Paulus und Timotheus (vgl. schon 1,3ff. und dann 4,6-16) – dennoch auf die gegenwärtigen Häresien hören (vgl. dann Apg 20,20ff.; 2. Tim 1,15). Erste Erfolge hat Satan schon unter Frauen ohne Schutzgemeinschaft mit Männern erzielt (5,11-15), weswegen die Frauenparänese ab 1. Tim 2 gewiss ausführlicher und dringlicher ausfällt als die für Männer (2,8) oder Sklaven (6,1f.). Vergleichbar dringlich und ausführlicher sind 3,1-7 und 4,6-16. Die Gruppe der Häretiker ist nach 1. Tim 1,20 noch klein und überschaubar und wurde – wie auch Apg 19,9f. schildert – soeben als „Lästerer" ausgegrenzt. Da ihre Lehren aber zu einigen Erfolgen führten (vgl. 1. Tim 5,11ff. mit später 2. Tim 1,15, 3,6ff.?), muss im 1. Timotheusbrief viel mehr als im Titus- und im 2.

Timotheusbrief argumentativ gegen die Häresie angegangen werden. Die Gemeinde hört zudem mit! In 1. Tim 5,3-16.17-18.19ff. muss im Kontext der Bezahlungsregelungen auch das Erschleichen von Versorgungsgeldern verhindert sowie in 6,1-19 gegen ein Fehlverhalten Besitzender und gegen Habgier argumentiert werden. Reiche müssen ja die Lehrer und Witwen mit versorgen. Das darf ihnen keinen Machtvorsprung verschaffen. Sie dürfen aber auch nicht ausfallen.

Reiche sahen vor ihrer Christwerdung „ihre" Sklaven als Besitz an. 1. Tim 1,10 bezieht Stellung dagegen. Sklaven wird mit 1. Tim 6,1f. eine Strategie an die Hand gegeben, wie sie das Evangelium in die Häuser ihrer Herren einbringen oder zumindest dessen Lästerung eingrenzen können. Die Gäste der christlichen Herren sollen durch das vorbildliche Verhalten auch der Sklaven zum Glauben eingeladen werden.

Die Situation hinter dem 1. Timotheusbrief ist insgesamt neu und höchstgefährlich (1,3-10; 4,1-5; 6,20f.). Regelmäßig werden vom Alten Testament (1,6ff.; 2,11-15, 4,1ff.; 5,18; 5,19ff.; 6,6ff.) und von Jesus-Tradition her (1. Tim 1,12-16; 2,4-6; 3,16; 4,3ff.; vgl. auch mit Mk 7,1ff; 5,18; 6,3.13.15-19) die Irrlehre und sonstige Irrtümer sowie daraus resultierendes Fehlverhalten *argumentativ* korrigiert. Dies fehlt so ausführlich in 2. Tim 2,8.17f. und Tit 1,10-16; 2,5.8.9f.; 3,9-11. Man vergleiche besonders auch die sehr knappen Lehraufträge für Titus (1,5.13; 2,1.6-8.15; 3,1.8.10f.; 3,13f.) mit den ausführlichen Lehraufträgen und Verhaltensregeln für Timotheus (1,3-20; 3,14–5,2; 6,3-21). Viele Neugetauften Kretas waren des Alten Testaments und der Jesus-Tradition nicht kundig, wie anders die Epheser in jener Zeit (vgl. Apg 19,10). Paulus versucht knapp, von ihrer Tradition her (Tit 1,12) Gegner zu attackieren, aber nicht – außer vielleicht in 2,11–3,8? – argumentativ zu widerlegen. In diese Richtung scheinen mir auch die nur im Titusbrief vorkommenden, für Griechen und Römer vertrauten Kardinaltugend-Reihen „besonnen, gerecht, fromm" zu zielen (vgl. Tit 1,8; 2,12). Wenn Gemeindeleitung und Gemeinde so als Eigentumsvolk Christi leben, bieten sie keine Angriffsflächen, sondern laden indirekt zum Glauben ein (2,10-14).

Im 1. Timotheusbrief geht es auch – anders als in Tit 1,13; 3,10f. und 2. Tim 2,22–3,17 – weniger um die Rückgewinnung von Gegnern. Es geht erstrangig um das Überleben und – deshalb – um die Abwehr satanischer Attacken durch den Verteidiger Timotheus. Es geht um die Rettung der Gemeindeglieder in diesem „Krieg". Daher geht Paulus in 1. Tim 1,3-20 nicht so weit wie in Tit 1,13 und 3,10f. sowie 2. Tim 2,22–3,17. Die dämonischen Lehren müssen zunächst überhaupt verstummen. Timotheus soll zwar die Liebe nicht aus dem Blick verlieren (1. Tim 1,3-5), wenn er Häretiker scharf ausgrenzt, zumal sie als „Lästerer" ja durch Christus bekehrt werden könnten, wie der „Lästerer" Paulus früher schon (1,12-16). Aber in Ephesus ist eine Verteidigungsschlacht zu gewinnen. Hier sind Gemeindeglieder aus der „Schusslinie" zu bringen. Satan ist

auf dem Plan und stellt Fallen. Geister flüstern etwas ein (vgl. 2,11-14; 3,6f. und 6,9; vgl. 4,1f.; 5,14ff.; vgl. 1. Petr 5,8). Das alles fehlt so im Titusbrief und ist im 2. Timotheusbrief „Nebensache" (2. Tim 2,26; 3,8). Häretiker werden darum im 1. Timotheusbrief besonders scharf ausgegrenzt. Die Frontlinie, die es auf Kreta real gar nicht gibt, muss in Ephesus klar verlaufen (Apg 19,9f.13-19!). Es geht um den Frieden und die Rettung für alle Menschen.
Zuzustimmen ist Engelmann darin, dass das Gegnerbild in den drei Briefen ein durchaus je eigenes ist. Sie übersieht allerdings, dass Paulus im Titusbrief wie ein Grieche für einen griechischen Mitarbeiter und für kretische Neugetaufte schreibt. Im 1. Timotheusbrief aber schreibt er als Jude für einen jüdischen Mitarbeiter und für nur eine von ihm selbst unterrichtete und fortgeschrittene Einzelgemeinde in der in Apg 19,9f. geschilderten Reorganisationsphase[79]. Sie steht am Vorabend der Gefahr, die in Apg 19,11-40 und 2. Kor 1,8ff. geschildert wird. Etliche Ähnlichkeiten und Unterschiede zwischen den dargestellten Häresien in Kreta und der Häresie in Ephesus (vgl. etwa Tit 1,15f. mit 1. Tim 4,1ff.; 6,20f.) rühren daher, dass Paulus in Ephesus konkrete Gegner und Irrlehren erlebt, die zum Teil missionarisch in seinen Gemeinden verbreitet wurden, die ihm zum Teil aber auch bei Abfassung des Titusbriefs als aktuelles Beispiel vor Augen standen. Der Titusbrief ist in allem ein Vademekum, auch in der Häresiebekämpfung.
Zuzustimmen ist Engelmann ferner darin, dass die jeweils gewählte Form der argumentativen Widerlegung in den drei Briefen so stark differieren kann, dass dies notwendig auf verschiedene gemeindliche Szenarien hinweist,[80] in die hinein der 1. Timotheus-, der Titus- und der 2. Timotheusbrief zielen. Zur Annahme verschiedener Briefverfasser aber zwingen die Unterschiede einmal mehr nicht. Diese Unterschiede legen es nahe, für die drei Briefe je verschiedene Adressaten und – im Hinblick auf den 2. Timotheusbrief – andere Situationen und Zeiten und zum Teil andere oder inzwischen besser bekannte Häretiker anzunehmen, die Paulus im Blick hatte.

4.2.3.8 Ekklesiologie und Paulusbild in den paulinischen Mitarbeiterschreiben[81]

In keinem der drei Mitarbeiterschreiben wird Gemeinde ihren Leitern untergeordnet. Die Errichtung einer Hierarchie liegt ihnen fern. Gemeinden waren in den ersten Jahrhunderten allerdings „Hausgenossenschaften" (Gal 6,9f.). Sie kamen in Privathäusern zusammen (vgl. Röm 16,3-16; Philemonbrief). Insbesondere Paulus legte wert darauf, dass antike Ordnungen und Gesetze nicht re-

---

[79] Vgl. dazu Abschnitt 4.4.
[80] Engelmann, Unzertrennliche Drillinge, 432
[81] Vgl. insgesamt Gehring, Hausgemeinde, 437–477.

volutionär umgestoßen, sondern für Mission und den Gemeindebau genutzt wurden (vgl. Röm 13; Philemonbrief). Also sorgte er dafür, dass in diesen christlichen „Häusern" bzw. von jedem Christen die antike Ethik und Kultur in „Haus und Stadt" unanstößig beibehalten wurde (vgl. 1. Kor 9,20-22; 10,32f.; 14,23-40; vgl. auch 1. Thess 3,12–4,12; Phil 4,8). Seine christlich neue Perspektive (Gal 3,28) musste er aus missionarischen Gründen immer wieder in die jüdische und die nichtjüdische Kultur behutsam einfügen (vgl. 1. Kor 7,17-24; 10,31–11,16; 14,23-40). Paulus musste den Leib Christi (1. Kor 12,12ff.), wenn er seine Liebes-Ordnung verlor, neu nach der dem antiken Denken entsprechenden gesamtkirchlichen Hierarchie und Gottesdienstordnung unanstößig für auch die Nichtchristen reformieren (vgl. 1. Kor 1,2; 4,1-21; 7,17b; 11,1f., 12,27f.; 14,23-40; 16,10-18). In paulinischen Hausgemeinden wird es zudem immer einen wohlhabenden „Hausherrn" und seine Familie gegeben haben, die eine Gemeinde in ihr Haus aufnahmen. Selbstverständlich ordneten sich die Gäste den Gastgebern unter. Diakone und Lehrer der Gemeinde konnten andere sein, falls der Hausherr selbst z. B. kein theologisch geschulter und begabter Lehrer war (vgl. für Kolossä: Phlm 1–2: „.... *Philemon*... unser Mitarbeiter, und *Apphia* [seine Frau], die Schwester, und *Archippus*, unser Mitstreiter, und die *Gemeinde in deinem Hause*", sowie laut Kol 1,7; 4,12.17: Lehrer der Gemeinde ist Epaphras, Diakon ist Archippus). In einer Stadt mit mehreren Hausgemeinden gab es darum mehrere Aufseher und Diakone (vgl. Phil 1,1). Aber weder Diakone noch die Hausväter oder alle Presbyter des Presbyteriums einer Stadtchristenheit (vgl. 1. Tim 3,8-13; 4,14; 5,1f.17) waren leitende Lehrer (vgl. 1. Tim 3,2-7; 5,17; Tit 1,5-9; 2. Tim 2,2; 1. Kor 12,28-30).
Nur die Gemeinde in Korinth brachte alle anderen Gemeinden bzw. die weltweite Ekklesia Gottes öffentlich in Verruf. Sie missachtete die eben skizzierte gemeindliche und öffentliche Sitte und Ordnung vor Juden, Nichtjuden und allen anderen Christen (1. Kor 10,32f.). Die Korinther trugen auch Streitigkeiten öffentlich aus (1. Kor 6,1-11) und verhielten sich vor Nichtchristen in den Gottesdiensten „unordentlich" bis „verrückt". Deshalb werden nur die Korinther von 1. Kor 1,2 an (vgl. 2. Kor 1,1!) von Paulus in die Ordnung der Gesamtkirche zurückgerufen und seinem Delegaten (1. Kor 4,16f.; 16,10f.) und ihrem wichtigsten Gastgeber und seiner Familie streng *untergeordnet* (vgl. 1. Kor 16,15-18), so wie alle Christen Achajas, „allen, die *mitarbeiten* und sich *mühen*! Erkennt solche Leute an!" (vgl. dieselbe Terminologie in 1. Tim 5,17 und 1. Thess 5,12f.). Wenn Gemeinden sich positiv verhalten, klingt Paulus anders, verfolgt aber dieselbe Organisation der Gemeinde (vgl. Phil 1,1; 2,16–3,17; 4,1-9; 1. Thess 5,11-15).
Haus und Stadtgesellschaft waren in der Antike hierarchisch strukturiert. In den „Pastoralbriefen" wird diese Hierarchie – wie in anderen Paulusbriefen – nur als missionsdienlich und verteidigungsstrategischen günstig genutzt, nicht gefor-

dert. Nur bei der Beachtung dieser Ordnungen war erfolgreich Mission „den Juden wie Juden, den Griechen wie Griechen" möglich.
Engelmann zeigt zutreffend, dass weder im 2. Timotheus- noch im Titusbrief eine Oikos-Ekklesiologie gefordert oder eingeführt wird. Ihr ist – wie anderen vor ihr – aber darin zu widersprechen, dass der 1. Timotheusbrief dieses tun soll. Auch im 1. Timotheusbrief wird nur vorausgesetzt, dass alle paulinischen Gemeinden als antike „Häuser" existierten. Allerdings macht die Vermengung der Haus- *und* Tempelmetaphorik in 1. Tim 3,(4-)15f.; 3,13 (?); 6,19 (?) in Ephesus doppelt Sinn: Die Gemeinde kam dort für gemeinsame Zusammenkünfte aus ihren „Häusern" nicht in einem größeren Haus, sondern in der „Schule des Tyrannus" zusammen (vgl. Apg 19,9) und sah sich auch als wahren Tempel des „alleinigen, lebendigen Gottes, des Schöpfers und Erhalters allen Lebens" in Konkurrenz zum weltberühmten Artemistempel (vgl. Spitzen gegen Götzendienst und Kaiserkult: 1. Tim 1,11.17; 2,1f.; 3,14-16; 4,3-5.10; 6,14-16; 6,17). Ohne solche hellenistisch-jüdische Polemik hat Paulus allerdings auch anderen Neugetauften Gemeinde als Haus und Tempel Gottes erklärt (vgl. 1. Kor 3,1ff.; 4,1-21; 11,1f.; 12,27-30; 16,15-18), vielleicht auch erst durch die Auseinandersetzungen in Ephesus dazu inspiriert (vgl. Eph 2,20). Der 1. Timotheusbrief setzt nur andere Schwerpunkte als u. a. der erste Korintherbrief, weil ein gemeindeorganisierender Delegat instruiert und nicht eine Anfängergemeinde (1. Kor 3,1ff.) unterrichtet wird.
Paulus übernahm also übliche antike Organisationsformen. Wichtig war ihm allein, dass in christlichen „Häusern" Gott bzw. Jesus Christus der Haus- und Tempelherr, die Apostel, Hausväter und Lehrer nur noch „Gottes Hausverwalter" (Tit 1,7; 1. Kor 4,1) und alle „Hausgenossen" (Gal 6,9; Eph 2,18-20) Schwestern und Brüder einer „Familie" wurden (vgl. z. B. 1. Tim 4,6; 5,1f.; 6,1f.; Phlm u. ö.). Dies implizierte in der Antike zwar soteriologische und geistliche, aber dennoch keine soziale Gleichheit (vgl. Philemonbrief). Die Gemeinde wurde auch Gottes „Pflanzung" genannt (1. Kor 3,5; 1. Tim 3,6; vgl. auch Kol 2,6f.), vgl. schon im AT bspw. Ps 92,13ff.
Wie unter 4.2.3.2 angedeutet, wird der Adressat im *Titusbrief* als dem Absender verpflichteter Delegat gegenüber den entstehenden Gemeinden Kretas autorisiert. Paulus selbst und ausschließlich ist nach Tit 1,1-4 *Gottes* Knecht und *Jesu Christi* Apostel, fördert den Glauben der Auserwählten Gottes samt der daraus erwachsenen Frömmigkeit. Er verkündigt *Gottes* Logos. Nach damaligem Botenverständnis tut er dies bei der Briefverlesung und in seinem Delegaten auch ganz real anwesend. Aber: Die Kreter und ihr Vorbild Titus werden nie so wie allein Paulus oder wie Paulus, Timotheus und Christen in den Timotheusbriefen als direkt mit Gott oder Jesus in einer lebendigen Beziehung lebend dargestellt. Gott und Christus werden auch umgekehrt nicht als in direktem Kontakt mit Christen stehend beschrieben. „Glaube und Liebe" sind nur in den Timotheusbriefen „in Christus Jesus" (1. Tim 1,14; 3,13; 2. Tim 1,13; 3,15, anders Tit

2,2). Ein Leben direkt „vor Gott und Christus Jesus" gibt es ebenfalls nur in den Timotheusbriefen (1. Tim 2,3; 5,4.21; 6,13; 2.Tim 2,14; 4,1). Diese der LXX entnommene Formel fehlt im Titusbrief ganz. Nur einmal, als Höhe- und Schlusspunkt aller Theo-, Christo- und Pneumatologie im Briefkorpus des Titusbriefs, wird substantivisch (!) davon gesprochen, dass alle, die den Heiligen Geist empfangen haben, „zum Glauben an Gott gekommen sind" (Tit 3,8). Aber auch hier wird keine lebendige Gebets- und Vertrauensbeziehung direkt zu *Gott* und Christus geschildert, wie z. B. in 1. Tim 2–4 oder 2.Tim 1,3-5; 3,15; 4,16. Gemeindeleiter und alle Christen Kretas können zwar „fromm" sein oder leben (Tit 1,8; 2,12; anders 2. Tim 3,12: „fromm leben *in Christus Jesus*"), Kinder können „gläubig" bzw. den Vätern und d. h. einschließlich ihrer Religion „treu" sein (1,6), alte Männer können „Glauben und Liebe" haben (2,2), alte Frauen „dem Heiligen gemäß" leben (2,3). Junge Frauen können „besonnen und keusch" und junge Männer und Titus unter ihnen „besonnen" sein (2,4-6), was in der Antike immer auch religiöses Leben beinhaltete (vgl. die Zielangaben der Unterweisungen. 2,5.8). Sklaven können auch „der *Lehre* Gottes" (die eben von Gott über Paulus in Titus vermittelt wird), nicht aber direkt Gott Ehre machen. Alle Christen können sich sogar „im *Glauben* lieben" (3,15). Aber: Die 1. Kor 4,1-21; 11,1f.; 12,28 und 16,10-18 entsprechende Hierarchie wird in Tit 1–2 besonders streng und völlg gebetslos durchgehalten: Gott – Christus – Apostel – Delegat – zukünftige Lehrer/Gemeindeleiter – derzeitige natürliche Autoritäten, die Alten in den entstehenden Gemeinden – die Gemeinden.
Auch weltliche Obrigkeit wird in Tit 3,1-8 ebenso klar ohne jeden direkten Einfluss Gottes auf sie geschildert (vgl. anders Röm 13; 1. Tim 2,1f.) und ansonsten allen Menschen übergeordnet wie in Röm 13,1ff. In Tit 3,9-15 ist Paulus wieder alleiniger „Vorgesetzter" des Delegaten, der ihn für die Gemeinden Kretas instruiert wie vergleichsweise Timotheus in 1. Kor 4,16f. und 1. Kor 16,10f. vom Apostel eingesetzt wird. Allerdings ist Paulus im Titusbrief weder Ur- noch Vorbild. Er verschwindet in Tit 1,6–3,11 ausnahmslos im „*Wir*-" und „*Du ordne an*"-Stil". Weil die Kreter ihn nicht persönlich kennen, kann er kein Lehrer in „Worten *und Taten*" sein, wie es in der Antike erforderlich war und Paulus es u. a. in 1. Kor 3–4 gegenüber persönlich bekannten Schülern auch ist. Er vermittelt keine Lehrtraditionen wie z. B. in 1. Kor 11,23; 15,1f.. Er gibt auch keine Paratheke an Titus weiter, die dieser dann weitergeben soll. Vermutlich ist auf Kreta noch nicht einmal das Stadium der Gemeindeentwicklung erreicht, in dem der überall identische Gemeindeunterricht erteilt werden kann (vgl. u. a. 1. Thess 3,10; 1. Kor 4,16f.; 11,1f.; Röm 6,17; Phil 4,9; Kol 1,7; 2. Thess 3,6). Möglicherweise lebten einige getaufte Pfingstfestpilger seit der in Apg 2,11 geschilderten Zeit auf Kreta, missionierten, so gut sie es konnten unter den auf Kreta zur Zeit des Neuen Testaments reichlich vorhandenen Juden und Gottesfürchtigen – vielleicht ähnlich „unvollkommen" belehrt wie ein Apollos? (vgl. Apg 18,24ff.) – und hielten eventuell sogar Kontakt zur Jerusalemer Gemeinde,

aber: die „Lehre der Apostel" und ein Apg 2,42-47 vergleichbarer Gemeindeaufbau fehlte ihnen noch – bis der von Gott eingesetzte Heidenapostel irgendwann vor Röm 15,19ff. diese Aufbauarbeit initiierte (s. 4.4).
Im Titusbrief fehlt ferner „jegliche Erwähnung der als Ordinationsritus gedeuteten Handauflegung, obwohl nur hier (!) davon die Rede ist, dass der Briefempfänger ... Amtsinhaber einsetzen soll"[82]. Und in diesem Brief soll jedenfalls nicht die Lehre oder eine Sukzession des Amtes, sondern ausschließlich der apostolisch verkündigte „Logos *Gottes* im Kerygma", eine allgemeinverständlichere Umschreibung des alttestamentlich herzuleitenden (Röm 10) Evangeliumsbegriffs, in der mündlichen Unterweisung auf Kreta weitergegeben und mit dem Lebenswandel bezeugt werden (vgl. 1,3.9; 2,5.8.10; 3,8). Der in der Missionspredigt verkündigte Logos Gottes geht der Lehre voraus, die nach der Taufe erteilt wurde (vgl. 1. Thess 2,13 mit 1. Thess 3,10).
Interessanterweise finden wir den fast ausschließlich verwendeten Wir-Stil auch im 1. und 2. Thessalonicherbrief gegenüber sehr jungen Christen. Stilistisch-rhetorisch baut Paulus bzw. bauen die drei in 1. und 2. Thess 1,1 genannten Autoren Barrieren ab. Dass man in einer Gemeinschaft des Glaubens steht, wird gegenüber Anfängern auf diese Weise besonders betont. Allerdings kann Paulus als in Thessalonich bekannter Lehrer den Adressaten den Wir-Stil – anders als im Titusbrief – im Briefkorpus gelegentlich als Tröster oder Lehrer durchbrechen: 2,18; 3,5. Die Kreter kennen ihn nicht und wissen offenbar noch nicht, was ein Apostel ist (vgl. Tit 1,1-4).
Im Titusbrief sind Titus, Artemis, Tychikus Empfänger der Weisungen des Paulus (auch Apollos, Zenas; vgl. Tit 3,12f.). Titus ist nur der vorrübergehend diese Weisungen durchsetzende Delegat. Aber wie es im Titusbrief nicht um Paulus geht, so geht es auch nicht um Titus. Menschenverehrung ist in den „Pastoralbriefen" nirgends zu finden. Sehr bald werden irgendein Artemas *oder* der uns bekanntere Tychikus Titus ersetzen (vgl. Tit 3,12).
Die Gemeinden sind noch unorganisiert im Werden (Tit 1,5). Wie in Apg 14,23 und 20,17-28 reichen in dieser Phase noch wenige *Presbyter*. Sie sind intern gastfreundliche (Haus-)Gemeindeleiter. Als Episkopen sind sie auch Repräsentanten, Lehrer und Verteidiger der Gemeinden (1,5-10). Diakone als Missionsprediger werden auf Kreta noch nicht eingesetzt, da es noch gar nicht genügend gut geschulte Prediger unter den Neugetauften gibt, die das Geheimnis des Glaubens und der „Gottesfurcht" (εὐσέβεια) verkündigen könnten (vgl. anders 1. Tim 3,8-13.16). Derzeit sind nur Lehrer für die Getauften wichtig (Tit 1,7-9; 2,3).
Ganz anders sieht es in den Timotheusbriefen aus: Im 2. Timotheusbrief interessieren Hierarchien, Gemeindeleitung oder -organisation insgesamt gar

---

[82] Engelmann, Unzertrennliche Drillinge, 340f.. Vergleichbar wäre allerdings auch 2. Tim 2,2.

nicht,[83] auch wenn die Autorität des *Apostels* in 1. Tim 1,1f. bzw. 1,1-10 betont wird. Sie wird gegenüber dem „geliebten Kind" Timotheus nicht amtlich, sondern ermutigend hervorgehoben. Paulus schreibt diesen Freundschaftsbrief allein an Timotheus. Er formuliert nicht wie im 1. Timotheusbrief als Befehlshaber im Kampfton der παραγγελία (vgl. 1. Tim 1,3.5.18; 4,11; 5,7; 6,13.17), sondern in Form der Bitte. Paulus betont dabei mit einigen Stilelementen damaliger Testamente, dass Timotheus sein Nachfolger im Amt sein wird. Er wirbt ermutigend um die Treue und Unterstützung seines Mitarbeiters. Paulus gebietet sie aber nicht (2. Tim 1,3-8; 2,1-13; 3,10–4,5; 4,9-13.19.21f.). Er empfiehlt ihm (wie Titus) außerdem maximal den u. a. seelsorgerlich-ermutigerenden Ton des παρακαλεῖν (2. Tim 4,2; vgl. Tit 1,9; 2,6.15). Dieser kommt im 1. Timotheusbrief, wenn angebracht, natürlich auch vor (1,3; 2,1; 4,13; 5,1; 6,2).

Die Glaubensvorbilder und -lehrerinnen des Timotheus, dessen Großmutter Lois und Mutter Eunike, stellt Paulus, der mit Timotheus und den Mithörern von 2. Tim 1,3-5 her kommt, dabei im keinerlei Hierarchie andeutenden Plural in 2. Tim 3,14 neben sich gleichrangig auf eine Stufe. Hier, wie sonst auch, geht es klar erkennbar in den Mitarbeiterschreiben an Timotheus und Titus nicht um den „verkündigten" Paulus, nicht um die Autorität dieses Apostels oder gar um Hagiographie. Nicht Menschen, sondern Gott, Christus, der Heilige Geist und Gottes Heilige Schriften sind die *norma normans* im 2. Timotheusbrief. Sie, nicht Paulus, stehen über der zu bewahrenden und zu vermittelnden paulinischen Lehrtradition, die Gott und den Glauben an Christus zum Inhalt hat (2. Tim 1,12-14; vgl. 2,2).

Die von Timotheus auszuwählenden treuen Lehrer werden nicht in Beziehung zu einer Gemeinde oder gar über sie gesetzt. In 2. Tim 2,2 fallen sämtliche Amtsbezeichnungen für Lehrer aus (was den Lehrern in 1. Kor 12,28 entspricht; vgl. auch Gal 6,6). Nur in Tit 1,5-7 und 1. Tim 3–5 sind Amtsbezeichnungen angebracht, da hier wirklich *Gemeinde*leiterinstruktionen erteilt werden. Die Bezeichnungen „Presbyter" und „Presbyterium" betonen dabei für damalige jüdische und nichtjüdische Hörer ausschließlich die *Ehrenstellung* von Gemeindeleitern in ihrer Gemeinschaft. Sie bestanden, so u. a. Paulus in Phil 1,1; 1. Tim 3,1-13, aus „Aufsehern" und „Diakonen", die gemeinsam die Gemeindeleitung bildeten. Presbyter wurden also als ἐπίσκοποι („Aufseher") und διάκονοι („Diakone") bezeichnet, wenn sie als *Funktionsträger mit bestimmten Aufgaben* angesprochen oder thematisiert wurden (vgl. Apg 14,23 mit anders 20,17-28). Da zum Presbyterium im weitesten Sinn nach damaligem Empfinden alle männlichen und weiblichen Senioren der Gemeinden allein schon auf Grund ihres Alters gehörten (vgl. 1. Tim 5,1f.), muss Paulus in 1. Tim 5,17 die schon in 1. Tim 3,2 genannten Lehrer besonders hervorheben. Im Gegensatz zu 1. Tim 3 geht es in 1. Tim 5 nicht um Aufgaben und Eignungskriterien, sondern um die „Ehre"

---

[83] Ausführlich dazu Engelmann, Unzertrennliche Drillinge?, 177–344.

oder „doppelte Ehre". Darum wählt Paulus in 5,17-25 keine Funktions-, sondern Ehrenbezeichnungen für Autoritäten in der Gemeinde. Selbst die Anleitung zum Umgang mit Häretikern ist im 2. Timotheusbrief – trotz mancher Polemik in 2,17f.; 3,1-13; 4,14f. – eher mitleidsvoll (2,22-26). Der Abfall vieler Christen von Paulus wird nur kurz festgestellt. Er wird kaum bedauert und überhaupt nicht als Abfall aus einer gottgegebenen, heilsnotwendigen Hierarchie gerügt.[84] Gemeinde ist im 2. Timotheusbrief nirgends als nach der Hierarchie des antiken Hauses organisiert erkennbar, wie dies allein im 1. Timotheusbrief der Fall sein könnte (s. u.). Haustafelethik spielt im 2. Timotheusbrief keine Rolle.

Lediglich im 1. Timotheusbrief finden wir die – in vieler Hinsicht – typisch paulinische Gemeindeorganisation und Hierarchie und eine später im Epheserbrief theologisch vertiefte „Hausordnung" als „Ratschluss" oder „Heilsplan" Gottes für alle Menschen (vgl. 1. Tim 3,15 mit Eph 2,20 und vgl. οἰκονυμία Θεοῦ in 1. Tim 1,4; vgl. 3,5.15 und Eph 1,9.11; 3,9). Gemeinde ist Wahrheitszeugin als „Haus"-Genossenschaft (vgl. Gal 6,9f.) oder als „Haus Gottes" im Sinne eines Tempels Gottes (vgl. 1. Tim 3,5.15; 1. Kor 3 und so auch im Epheserbrief insgesamt mit den Höhepunkten zu diesem Thema in 2,20 und 3,1–5,1ff.). In diesem Tempel thront Christus und regiert den Kosmos (vgl. 1. Tim 3,16; vgl. Eph 1–3).

Im 1. Timotheus- und im 1. Korintherbrief finden wir zeitgleich eine Parallele der Metaphern „Pflanzung" und „Haus"/„Tempel" in der Anfängerlehre (1. Kor 3,1ff.; vgl. 1. Kor 3,16f.; 6,19 und 14,3.5.12.26 [οἰκοδομή] und 4,1 [„Haus-Verwalter"]) und – nur knapp darauf anspielend für den kundigen Mitarbeiter – in 1. Tim 3,5–6,15: Pflanzung, Haus Gottes, Fels/Grund (vgl. „*Haus*verwalter"[85] auch in Tit 1,7ff. und 1. Kor 4,1ff.). Hier könnten alttestamentliche Vorbilder anklingen wie Ps 92,13-16; (vgl. Ps 52,10): Auf Seiten der Wahrheit Gottes und in Distanzierung von den Feinden Gottes und ihren Botschaften werden die Gläubigen im Haus Gottes als Pflanzungen grünen. Das Substantiv οἰκία („Haus") wird in der LXX nur für Tempel fremder Götter oder für Privathäuser verwendet. Das Wort οἶκος hingegen wird in der LXX, wenn nicht ein Privathaus gemeint ist, für den Tempel Jahwes, den οἶκος Θεοῦ, reserviert. Dies dürfte bei der Wortwahl im 1. Timotheus- und 1. Korintherbrief auch mit im Hin-

---

[84] Erst später im 1. Clemensbrief oder den Ignatiusbriefen wird Rebellion gegen Gemeindeleiter verurteilt und die Unterordnung unter den Klerus und den monarchisch regierenden Bischof heilsnotwendig. Kommentarlose Informationen wie in 2. Tim 1,15 über einen Abfall von Paulus, der erst im 2. Jh. ein unumstrittener Apostel ist, sind auch erst im 2. Jahrhundert undenkbar.

[85] Engelmann, Unzertrennliche Drillinge?, 187–189: In u. a. antiken Kulten hatte ein „Verwalter" nichts mit einem Haus-Verwalter zu tun, sondern hatte ein religiöses Amt inne. Tit 1,7 nötigt also nicht dazu, in einem ἐπίσκοπος einen Haus-Verwalter Gottes zu sehen, der eine Hausgemeinde leitet.

tergrund stehen. In 2. Tim 2,19ff. ist nicht – wie in 1. Tim 3,15f. – von einem Tempel Gottes und Christi die Rede. Es geht lediglich um die Metapher des Privathauses (οἰκία), in dem „Gefäße" = Menschen sind. Zur Zeit des 2. Timotheusbriefs sind die „Gefäße zu nicht ehrenhaftem Gebrauch", die Gegner der rechten Lehre des Paulus, nicht mehr vom Haus Gottes getrennt (so in 1. Tim 1,20 und Apg 19,9f.), sondern laut 2. Tim 1,15 im „Haus", in der Gemeinde aktiv. Auch deshalb wird hier wohl nicht οἶκος, sondern οἰκία verwendet (vgl. 2. Tim 2,19ff. mit 3,6 und 1. Tim 5,13). Die einzige Hausgemeinde, die noch die auch für die Tempelmetaphorik mögliche Bezeichnung οἶκος verdient, ist die Gemeinde im Haus des Onesiphorus (2. Tim 1,16 und 4,19 scheinen eine Briefklammer zu sein). Wenn hier im 2. Timotheusbrief überhaupt auf das Thema Gemeinde angespielt wird, dann so, dass der in der LXX lebende Timotheus natürlich den Unterschied und eventuell kritischen Unterton zwischen einem auch von Gegnern bewohnten οἰκία in 2. Tim 2,19ff. und den rechtgläubigen οἶκος in 1,16; 4,19 heraushört.

Noch ein paar Beobachtungen zur „Haus"-Metapher seien hier mitgeteilt: In 2. Tim 2,14-26 wird Gemeinde nicht in Anlehnung an ein antikes „Haus" organisiert/beschrieben o. ä. wie eventuell in 1. Tim 3 oder Gal 6,6ff. Im Titusbrief finden wir Gemeinde nicht ausdrücklich als Hausgemeinde angesprochen, und ob in 1. Tim 3,15 wirklich Gemeinde als „Haus" und nicht doch in der Sprache der LXX als Säulen-Tempel Gottes beschrieben wird, ist umstritten, obgleich 1. Tim 3,4.5.12 dies voraufgehend vorbereiten könnten. Da aber Gemeinde in 1. Tim 2–3 in die Stadtgesellschaft eingeordnet und typisch jüdisch insgesamt zur Wahrheitszeugin „des *lebendigen* Gottes" gegen Götzenkult ernannt wird, ist m. E. in 1. Tim 3,15f. Gemeinde vor allem der neue, öffentlich zugängliche Tempel Gottes mit dem Weltenherrscher Christus in seiner Mitte (vgl. von 2,5–3,16 und 6,14-16).

„Alle Menschen" werden den irdischen Regierenden in 1. Tim 2,1ff. vorgeordnet erwähnt. Letztere sind dadurch nur noch Teilgruppe aller Menschen. Man beachte, dass Röm 13,1ff. erst nach Röm 12 folgt und dass Obrigkeit auch dort ausdrücklich als Dienerin beschrieben wird! Man beachte zudem, dass die Gemeindeleiter sonst bei Paulus als Teilgruppe aller Christen erscheinen: 1. Tim 5,17-25 erst nach 4,6–5,16 oder in Röm 12,6-8 erst nach 12,1-5 oder in Phil 1,1b und 4,1-3.[86] In Tit 1–2 und 3 aber werden Gemeindeleitung und Obrigkeit der Gemeinde und allen Menschen vorgeordnet. Wenn Paulus von Traditionen wie Mt 20,26-28 her denkt[87], dann organisiert er auf Kreta noch nicht apostolisch belehrte, mündige Neugetaufte als noch unter über ihnen wachenden Autoritäten. Für Paulus waren Lehrer dazu da, Gläubige zur Mündigkeit im Glau-

---

[86] Vgl. auch, wie die Reichen erst zuletzt „im Nachtrag" erwähnt und instruiert werden (1. Tim 6,17-19).
[87] Vgl. Roloff, Kirche, 133

ben zu erziehen (vgl. Röm 2,17ff.; 1. Kor 3,1ff.; 13–14; Eph 4,1ff.), und eventuell arbeitete er dabei auch mit Blick auf Jer 31,31-34 und 1. Kor 11,25.
Ihrem fortgeschrittenen Bildungsstand gemäß werden die Christen in Ephesus, im Gegensatz zu denen auf Kreta, zur Zeit des 1. Timotheusbriefs von ihren „Dienern" Paulus und Timotheus unterrichtet (1. Tim 1,12, 4,6; vgl. 1. Kor 1,24; 4,5).
Die Gemeinde in Ephesus zur Zeit des 1. Timotheusbriefs ist irgendwann nach Apg 19,1-10 bereits auf dem Weg zur abschließenden Unterweisung (vgl. Apg 20,17ff.). Im Gegensatz zu den Gemeinden Kretas glaubte sie als Gemeinschaft von „Brüdern" (1. Tim 4,6; 5,1; 6,2) schon an Jesus Christus als ihrem „Herrn" (vgl. 1. Tim 1,2.12.14 und 6,3.14.16). Gebet, Schrift- und Jesustraditions-Auslegung sowie die Vermittlung der paulinischen Paratheke ist im Titusbrief bzw. auf Kreta noch nicht möglich, aber in Ephesus selbstverständlich (vgl. 1. Tim 2,1-5.19; 4,6-16; 6,3-13.17-19). Allerdings ist die Gemeinde in Ephesus schwer umkämpft. Angesichts satanischer Angriffe muss Timotheus manches um- und reorganisieren. Frauen sollen weiter lernen, aber nicht mehr lehren. Ein handlungsfähiges Presbyterium, das – wie Paulus selbst – prophetische Weisungen, ausgesprochen durch Propheten vor Ort (?), empfängt und umsetzt, ist allerdings vorhanden (4,14; vgl. 1,18; 4,1). Die Trias Apostel – Propheten – Lehrer in 1. Kor 12,28 und (später erweitert oder funktional nur anders beschrieben) in Eph 2,20–4,1ff. ist auch in Ephesus zur Zeit des 1. Timotheusbriefs präsent: Apostel (1,1–2,7), Propheten (ab 1,18 und 4,14) und einige Gemeindeleiter als Lehrer (ab 3,2 und 5,17).
Der 1. Timotheusbrief ist in zwei thematisch in etwa parallel gestalteten Briefhälften aufgebaut. In 1. Tim 1–3 geht es um in der Öffentlichkeit angefeindete und beobachtete Gemeinde. Die Unterthemen dieser drei Kapitel im überwiegenden *„Ich ordne an"*-Stil werden annähernd parallel in Kap. 4–6 wieder aufgenommen.[88] Nun aber wird im überwiegenden *„Ordne du an*-Stil der Auftrag des Timotheus in 1,3-5.18-20 weiter erläutert. Die Gemeinde muss auch intern reorganisiert und instruiert werden.
Nach diesem Briefaufbau werden die lehrenden, verteidigenden und missionarisch wirkenden Gemeindeleiter im ersten Briefhauptteil 1. Tim 1–3 mit allgemeingültigen, auch die Öffentlichkeit beeindruckenden bzw. Unanstößigkeit anzielenden Eignungskriterien beschrieben[89], und sie werden mit den funktionsandeutenden Bezeichnungen ἐπίσκοποι und διάκονοι benannt (3,1-13). Doch nach der Briefwende zum Thema „Gemeinde intern" (1. Tim 4–6) sind dieselben Gemeindeleiter dann *Ehren*- und Autoritätspersonen, Presbyter bzw. *Pres-*

---

[88] Der 1. Timotheusbrief ist ähnlich wie der Philipper- und der Philemonbrief aufgebaut. Vgl. P. Wick, Philipperbrief, und ders., Bibelkunde, 73f. mit Fuchs, Unterschiede, Kap. 2.

[89] Paschke, cura morum, 105–119.

byterium (vgl. 1. Tim 4,14), ein vor allem aus Senioren und Seniorinnen bestehendes Gremium (5,1f.17-25). Vermutlich gehören auf Grund des Alters auch die „echten" Witwen als Teilgruppe der von allen zu ehrenden – und dies hieß immer auch: ggf. von allen als Beraterinnen zu hörenden – Alten der Gemeinde dazu (5,1f. und von daher dann 5,3-16). Jedenfalls: Vom Glauben abgefallene Lehrer sind – wie in 1,3-20 gezeigt – auszusondern, und eventuell sind auch Reumütige per Handauflegung wieder aufzunehmen (oder neue Presbyter sind einzusetzen). Die Versorgung der Lehrer war im Sinne von Gal 6,6-8 und 1. Kor 9,9-14 auch nach 1. Tim 5,(3ff.)17f. in der Frühzeit einer Gemeinde zu regeln. Sie darf von niemandem fälschlich erschlichen werden.

Episkopen stehen als Repräsentanten und Lehrer aller in 1. Tim 1–3 in der ersten Reihe. Sie sind die von Satan angegriffenen Gemeindeleiter (3,6f.). Diakone hingegen stehen (wie in Phil 1,1 und sonst in der Literatur des 1./2. Jahrhunderts) als deren vor allem auch missionarisch predigende Helfer in der zweiten Reihe. Sie werden zwar öffentlich wahrgenommen (3,13), d. h. sie müssen sich durch positives Verhalten „Freimut" für die Rede bewahren und ausbauen. Sie müssen eindeutig und ehrlich predigen, nicht doppelzüngig oder gehässig (3,8.11). Aber im Falle von Angriffen sind nicht sie, sondern die Episkopen, die „Aufseher" eben, die attackierten Verteidiger (vgl. 3,13 mit anders 3,6f.).

Man beachte die feinen Unterschiede in der Wortwahl: Im 1. Timotheusbrief taucht ein neutestamentliches Hapaxlegomenon gleich dreimal auf: ἀνεπίλημπτος, wörtlich: „unergreifbar" oder „unangreifbar", und zwar in 3,2(-6.7) ; 5,7(-15); 6,(11-)14(-16.20f.). Episkopen und Witwen müssen für Häresie bzw. den Teufel „unergreifbar" bleiben, dürfen nicht in seine „Fallen" tappen. Der Feind würde sie zu (öffentlichkeitswirksamen) Verleugnern und unehrenhaften Vertretern des Glaubens machen (wie schon so manche: 1,18-20; 5,11-15). Auch Timotheus steht bis zum militärisch ausgedrückten (bald erwarteten?) „Eingreifen Jesu in einer Epiphanie Gottes" (vgl. 1. Tim 6,11-16 mit 2. Thess 2,8) in allererster Front des geistlichen „Kampfes" in Ephesus (vgl. zeitgleich 1. Kor 15,32; 16,8f.; 2. Kor 1,8ff.; 6,3ff.; 11,3ff. u. ö. par Apg 19–21). Er muss „unergreifbar" sein (6,14). Gemeindeleiter, die nicht ausdrücklich im Kampf gegen Satan stehen, müssen in den Augen der Mitmenschen nur „unbescholten" auftreten: Die Diakone in 1. Tim 3,10 und sogar die Presbyter-Episkopen Kretas in Tit 1,6f.

Wie Frauen im Falle satanischer Angriffe nicht lehren dürfen (2,11-14), so dürfen auch *Neugetaufte* keine lehrenden, die Gemeinde schützenden Aufseher in der ersten Verteidigungslinie werden (vgl. 3,1f.). Diese Gemeinde soll ja vor allem durch intensive Lehre gerettet werden (4,6-16; vgl. 2. Tim 3,15f.). Der *Verkläger* und Diabolos würde unreife, ungeschulte Gemeindeleiter angreifen und überwinden (3,6; vgl. 5,12.15). Nur Timotheus und bewährte männliche Gemeindeleiter führen in dieser Situation das Lehrgespräch. Da *Diakone* nicht

in der ersten Verteidigungslinie stehen, können diese auch Frauen sein (3,11), wie im paulinischen Missionswerk üblich (Röm 16,1; Phil 4,3[90]).
Christliche jüngere Frauen, die unter Beobachtung der nichtchristlichen Gäste im Haus leben, sollen im Titusbrief – im Sinne von 1. Kor 9,20ff.; 10,32f.; 14,23-40; 2. Kor 6,3; Röm 14,16; vgl. 2,17-24 – zugunsten des ganz frühen Missionszeugnisses auf Kreta nur durch Liebe zum Mann und zu den Kindern, durch καλὰ ἔργα in ihren Familien Zeuginnen des Glaubens sein, darin von älteren, bewährten Frauen unterrichtet. Alte Frauen, die „dem Heiligen gemäß leben", sollen also auch als „Lehrerinnen des (allgemein anerkannten) Guten" dafür sorgen „dass das Wort Gottes in der Öffentlichkeit nicht gelästert wird" (2,5). Alles läuft auf 2,10–3,8 zu: „Der Lehre Gottes, unseres Retters", der alle Menschen retten will (Tit 2,11), soll durch geschlechter- und standesgemäßes „besonnenes, gerechtes und frommes" (1,8; 2,12) Verhalten Ehre gemacht werden. Titus darf deshalb auf Kreta zwar alle Gemeindeglieder unterrichten, nicht aber auf diesem fremdem Terrain heiratsfähige und verheiratete jüngere Frauen (anders Timotheus in bekannten Gemeindeverhältnissen; vgl. 1. Tim 5,1-2!). Solche „Unanständigkeit" wäre wahrscheinlich als sehr anstößig empfunden worden. Die Aufgabe des Titus muss er an die lehrenden alten Frauen abtreten. Sie gehören als „Lehrerinnen des (andere beeindruckenden) Guten" vielleicht zu den in Tit 1,9 erwähnten Gemeindelehrern, da für den Autor ethische Weisungen (vgl. 2,1-10; 3,1f.) immer auch theologisch begründet werden müssen (2,11-14; 3,3-8).
Im 1. Timotheusbrief werden Frauen, wie wir sahen, sehr bewusst in die zweite Reihe zum stillen Gebet und zum Zeugnis durch Wohlverhalten und angemessene Kleidung auf- oder eventuell sogar zurückgerufen (vgl. auch 5,3-16). Aber weder Frauen, die ja lernen sollen (2,11; vgl. 1. Kor 13,34f.), noch Männer werden Timotheus im *gemeindeinternen* Unterricht (3,14–4,16) laut 5,1f. ausdrücklich untergeordnet (vgl. allerdings 1. Tim 4,12 wie 1. Kor 4,17; 16,10f. mit 1. Thess 5,12f.; Phil 3,17). Im Gegenteil muss Timotheus als recht unerfahrener (3,14f.) und der Gemeinde wenig bekannter Neuling und Jüngling (4,12) im „Haus Gottes" (3,14f.) ihnen gegenüber je angemessen „familiären" Respekt zeigen. Der Gebetsauftrag in 1. Tim 2,1ff. gilt für alle Gemeindeglieder. Aber 2,9f. gibt dann das wichtigste Ziel der im Kontext 2,1-7 und 2,15 stehenden und zu lesenden Frauenparänese an: Es geht um die öffentlich „besonnene", nicht „skandalöse" Bezeugung der *Gottesfurcht* (εὐσέβεια) im gemeinsamen Gebetsgottesdienst aller Christen. *Eusebeia* in 2,2 wird in 2,10 als *Theosebeia* (θεοσέβεια)[91] übersetzt. Die Hörer der Verse 2,1-15 im Kontext von 1. Tim 2–3

---

[90] Siehe zu Phil 4,3 P. Wick, Philipperbrief, 106–114.

[91] Der Begriff θεοσέβεια erscheint bei Philo von Alexandrien neunmal (vgl. Opif. 154; Her. 60; Congr. 130; Fug. 150; Abr. 114; Mos. 1,303; Spec. 4,134.170; Virt. 186; vgl. auch z. B. in der LXX Gen 20,11).

sind mit Paulus sozusagen auf dem Weg hin zu den folgenden Anweisungen für die Gemeindelehrer und Missionsprediger unterwegs zum Lernziel des Lehrers Paulus für alle (2,7): Angefochtene Gesamtgemeinde aller Männer und Frauen ist, wie schon im Auftakt 2,1-6, so nun zum Beschluss der Kapitel 1. Tim 2–3, eine Gemeinde, die ihren zur Rettung gekommenen Jesus (1,15f.; 2,5f.), den von Gott eingesetzten König des Kosmos (3,16) allen Menschen bezeugt. Diese Gemeinde ist Tempel Gottes und Zeugin der Wahrheit in der Welt (2,4 wird in 3,15 aufgenommen; vgl. 1. Tim 2,1-7; 3,2.6f.9.12.14-16). In der Anfechtung durch Satan bedeutet das für die Frauen Nichtteilnahme am öffentlich hörbaren Gebet und an Lehr- oder gar Streitgesprächen der Männer „ohne Zorn und Zweifel" (2,8–3,7). Aber sie unterstützen das Zeugnis der Männer im öffentlichen Gebetsgottesdienst mit unanstößigem Auftreten und still betender Teilnahme. So verhalten sie sich in den Augen der jüdischen und nichtjüdischen Nichtchristen „besonnen". 1. Tim 2,9 und 2,15 sind die das Oberthema angebende Klammer des Abschnitts.

Die alten Frauen und „rechten" Witwen werden *gemeindeintern* weder Timotheus noch Paulus untergeordnet (5,1f.16ff.). In 1. Tim 5 geht es von Vers 3 an primär um die Versorgung von Witwen und Presbytern, was die dafür allgemeinsprachlich übliche Formel, lehrenden Presbytern komme „doppelte Ehre zu", ausdrückt.[92] Erst zweitrangig geht es auch um Gemeinde und *Gemeinde*leiter als Funktionsträger, nämlich – wie in 1. Tim 2–3 – um Beter und Lehrer (5,5 wie 2,1ff.; 5,17 wie 3,2ff.). Es könnte aber darum gehen, dass Timotheus getarnte Häretiker so wie häretische oder zu junge Witwen abweisen muss, die sich Gemeindeversorgung (5,3-16; 5,17f.) oder Ämter (5,22) erschleichen möchten (vgl. 1. Tim 5,19-25; 6,20f.).

Wie u. a. in 1. Kor 4,1-21; 11,1f.; 12,28 oder in Phil 3,17–4,9 ist *Paulus*, ganz anders als in Tit 1,6–3,11, im 1. Timotheusbrief auch im Ich-Stil in 2,1ff. und 5,14ff. zwar die erste Autorität im Kampfgebiet, und sein Delegat ist immer nur seine „rechte Hand", sein „Feldmarschall". Dennoch sind beide als „Erste" in diesem Brief – anders als im Titusbrief – gemäß Mt 20,26-28 ausdrücklich für alle Gemeindeglieder „Diener" oder „im Dienst" (vgl. 1. Tim 1,12; 4,6). Diese Terminologie der Jesus-Tradition fehlt im Titusbrief vermutlich ganz. Jeweils im Auftakt der beiden Briefhälften 1. Tim 1–3 (im *„Ich ordne an"*-Stil) und 1. Tim 4–6 (überwiegend im *„Ordne du an"*-Stil), also in 1. Tim 1 und 3,14–5,2, wird die Diakonie-Terminologie der Jesus-Tradition auf den Apostel und seinen Stellvertreter übertragen. Nur vielleicht geschieht dies auch in Tit 1,1. Hier wird wohl die Sprache des Alten Testaments aufgenommen (vgl. aber „*Knecht* Gottes" mit Mk 10,44!). Paulus und Timotheus stehen im 1. Timotheusbrief nur als „*Diakone* Christi" lehrend über der Gemeinde und ihren Presbytern, den Episkopen und Diakonen (vgl. 2. Kor 1,24; 4,5). Als Erste sind

---

[92] Herzer, Formen.

sie Diakone von allen. Vgl. auch in Phil 1,1 gegenüber der absolut paulustreuen (1,3ff.; 4,1ff.; 4,10ff.) Gesamtgemeinde und ihren „Episkopen und Diakonen" den Verzicht auf den Aposteltitel zugunsten des Titels „*Knechte* Christi Jesu". *Mitarbeiter und lokale Gemeindelehrer* stehen ebenso nur *dienend* über der Gemeinde (1. Tim 1,12; 3,10.13; vgl. 2. Tim 1,18; 4,5.11), da sie im Sinne von Mt 20,27 wie in allen paulinischen Gemeinden nach der Gemeinde angesprochen werden: in 1. Tim 3 erst nach 1. Tim 2 und in 1. Tim 5,17ff. erst nach 5,1-16. Dass Gemeinde ihre Gemeindeleiter „anerkennen" oder gar sich ihnen unterordnen soll, wie es streng hierarchisch in 1. Kor 12,27f. und 16,15-18 oder weniger streng in 1. Thess 5,12f. gefordert wird, wird weder in Tit 1,5ff. noch in 1. Tim 2–3 oder 5 verlangt.

Nur in den Timotheusbriefen sind Christen ferner – wie in allen Gemeindebriefen des Corpus Paulinum – *„Brüder"*. Im Titusbrief werden bewusst Ersatzumschreibungen gesucht. Der Autor spricht in Tit 3,1-15 distanziert über „sie", „die zum Glauben an Gott gekommen sind", „die unseren", „die uns wie Freunde lieben im Glauben", und umgekehrt grüßt er von „allen, die bei mir sind". Auch Sklaven und Herren sind in Tit 2,9f. weder teilweise Christen noch geliebte Brüder. Anders verhält es sich in 1. Tim 6,1f..

Nur der Titusbrief hat ein extrem langes Präskript, in dem für neugetaufte Menschen das Apostelamt erst noch grundlegend vorgestellt werden muss (vgl. Tit 1,1-4). Sie bedürfen noch solcher Informationen. Anders formulieren 1. und 2. Tim 1,1f. knapp. Beide Präskripte setzen also als bekannt voraus, was ein Apostel Christi ist. Paulus weiß so wenig über die Neugetauften auf Kreta, dass er sie weder als Christusgläubige noch als „Brüder" anreden will. Er vermeidet den Begriff *Ekklesia* für ihre Zusammenkünfte, da sie noch nicht abschließend organisiert sind (Tit 1,5). Sie werden gerade erst auf den Grund der apostolischen Predigt des Logos Gottes gestellt (vgl. die Anfänger in Thessalonich, die noch nicht die apostolische Lehre in vollem Umfang besaßen; vgl. den Logos in 1. Thess 2,13 mit anders 3,10). Die Missionspredigt, der Logos, geht sozusagen der Lehre voraus. Aus paulinischer Sicht fehlt noch zu vieles für eine Bezeichnung der Kreter als „Brüder" im Glauben. Insbesondere ein Christusglaube, der auf der Schrift und der Jesus-Tradition fußt und Jesus als Kyrios bekennt, wie das in den Timotheusbriefen der Fall ist, fehlt im Titusbrief. Lediglich Titus selbst kann schon als „Kind nach dem gemeinsamen Glauben" auch familiär bezeichnet werden. Die Betonung des gemeinsamen Glaubens ist ein Hinweis darauf, dass in Tit 1,4 der Jude Paulus zum von ihm im Glauben geschulten Griechen Titus spricht. In 1. Tim 1,2 und 2. Tim 1,2-5 formuliert Paulus von Jude zu Jude ganz anders, wenn er vom Glauben spricht. Erst die Gemeinde des 1. Timotheusbriefs erscheint, gut paulinisch gedacht, nicht nur als *Haus*, als „Familie", sondern als *Haus Gottes*. Sie dient nach 1. Tim 2–3 mit ihrem Gebet, Wort und Verhalten in der Öffentlichkeit gemeinsam als ein weithin sichtbares Ganzes der Wahrheit Gottes in der Welt. Nur der 1. Timotheusbrief – nicht die

„Pastoralbriefe" – thematisiert ausdrücklich immer wieder den „brüderlichen" bzw. den „geschwisterlich-familiären Aspekt des gemeindlichen Miteinanders", der in 2. Tim 4,21 wenigstens vorausgesetzt wird, aber nicht in 2,19-26 erscheint (anders vgl. z. B. 1. Kor 5,9ff.; 2. Thess 3,15) und der im Titusbrief nie erwähnt wird (vgl. so 1. Tim 5,1f., nicht aber Tit 2,1.6-8.15; 3,1.8f.-11.13-15). Erst im 1. Timotheusbrief lässt die „Organisation der Gemeinde als οἶκος Θεοῦ Platz für einen respektvollen und von familiärer Zuneigung gekennzeichneten Umgang miteinander".[93]

Der 1. Timotheus- und der Titusbrief dürfen nicht undifferenziert mit Röm 12–15 verglichen werden. Im Römerbrief geht es um Gaben und Aufgaben der Gemeindeglieder. Im 1. Timotheus- und im Titusbrief aber geht es um die Organisation von Gemeinde unter den Augen der Nichtchristen. Vergleichbar wäre eher 1. Thess 3,12–5,22, wo deshalb ebenfalls Leibmetapher und die Charismenlehre fehlen. Allerdings scheint der 1. Thessalonicherbrief manches von dem schon vorauszusetzen, was im Titusbrief und eventuell sogar im 1. Timotheusbrief erst gelehrt wird. 1. Thess 1,6-8; 2,7[94]; 2,13; 3,4.10; 4,1ff. sind z. B. nur noch eine Erinnerung an Gelehrtes.

Ein paar abschließende Beobachtungen zur Ekklesiologie seien im Folgenden noch mitgeteilt: Wie wir sahen, werden in 2. Tim 2,2 Lehrer weder in Beziehung zu einer Gemeinde gesetzt – anders in 1. Tim 3–5 oder Tit 1 – noch erhalten sie wenigstens die ihre Aufgaben und Autorität in der Gemeinde andeutenden Titel „Presbyter" (= Ehrentitel) oder „Episkopos und Diakone" (= funktionelle Bezeichnungen). Da es in 1. Tim 2–3 um Gemeinde in der Öffentlichkeit und unter Angriffen von außen geht, werden hier die funktionalen Bezeichnungen zuerst gewählt (vgl. Apg 20,28). Von 1. Tim 4 an geht es um Gemeinde intern, in der Gemeindeleiter „Ehre" und Anerkennung jeglicher Art verdienen, weswegen Episkopen und Diakone dann *Presbyterium* oder *Presbyter* genannt werden (1. Tim 4,14; 5,1f.; 5,17ff.). Das Thema „ehren" bzw. „Ehre" (τιμάω, τιμή) von 1. Tim 1,17; 5,3.17; 6,1.16 fehlt im Titusbrief ganz. Deswegen müssen Alte in der Gemeinde nur in 1. Tim 5,1f. ebenfalls zu ehrende *Presbyter* sein, nicht aber in Tit 2. Da es aber in Tit 1–2 umgekehrt zuerst um Gemeinde in besuchten und beobachteten Häusern geht, danach in Tit 3 dann um Gemeinde in der Öffentlichkeit, werden ihre zukünftigen Leiter zuerst als Presbyter (der Gemeinde) und danach erst auch funktionell als einladende, lehrende und verteidigende *Episkopoi* instruiert: Erst Tit 1,5f., dann 1,7-9.[95] Der Briefaufbau des Titusbriefs ist nur ein anderer als der des 1. Timotheusbriefs. Da einladende und lehrende Gemeindeleiter in einem Dreischritt als Haus-Verwalter Gottes (Tit 1),

---

[93] Engelmann, Unzertrennliche Drillinge, 232.
[94] Vgl. den hier unerklärten Aposteltitel mit anders Tit 1,1-4!
[95] Vgl. wie in Apg 14,23; 20,17 sind Gemeindeleiter intern nur „Presbyter", aber in 20,28 sind sie Lehrer und Verteidiger, also Episkopen.

besuchte Gemeinde in den Häusern (Tit 2) und Gesamtgemeinde in der Stadtöffentlichkeit (Tit 3) behandelt werden, müssen die Gemeindeleiter und Gemeindeglieder in Tit 3 nicht mehr zum wiederholten Mal differenziert instruiert werden. Ihr je standes- und geschlechtergemäß verschiedenes Verhalten vor Gästen bzw. ihre Verantwortung für Gottes Wort unter den Nichtchristen wurde in Tit 1–2 schon geklärt. In der Öffentlichkeit gilt für alle Christen aller Gemeinden Kretas Tit 3.

Der Singular ἐπίσκοπος in 1. Tim 3,2 und Tit 1,6 ist jeweils modellhaft gemeint. In 1. Tim 3,2 wird er durch die singularische Formulierung „wenn irgendeiner ein Aufsichtsamt anstrebt" in 3,1 „erzwungen". Ebenso wird der Plural in Tit 1,5 deshalb von 1,6 an zum Singular, weil allgemeine Anforderungen für ein Amt beispielhaft für irgendeinen = jeden potentiellen Kandidaten für das Lehramt formuliert werden. Im Singular stellt Paulus imaginär den idealen Gemeindeleiter vor Augen.

Schließlich sei darauf hingewiesen, dass dem Titusbrief auch Ordinationen unter Handauflegung fremd sind. Dieser jüdische und judenchristliche Ritus in fortgeschrittenen Gemeinden wird nur in 1. Tim 4,14 und 5,22 sowie in 2. Tim 1,6 skizziert (vgl. auch Apg 13,1), aber noch nicht in der frühen Phase der Gemeindegründung (vgl. so auch Apg 14,23). Nur in der Gemeindearbeit einige Zeit erprobte und bewährte Menschen wurden offiziell per Handauflegung in Leitungsämter eingesetzt.

4.2.3.9 Ethik

4.2.3.9.1 Glaube, Hoffnung, Liebe

Der Glaube ist in den Pastoralbriefen wie in den Gemeindebriefen des Paulus in der Liebe aktiv und erwartet dabei sehnsüchtig Gottes Zukunft. Von Glaube, Hoffnung und Liebe ist in den drei Mitarbeiterbriefen allerdings höchst verschieden die Rede. So wie der rettende Christus-*Glaube* in den Timotheusbriefen (1. Tim 1,15f.; 2,[3-6.]15[96] oder 2. T im 3,15 [vgl. 2. Tim 1,9f.]) und der Gottes-Glaube im Titusbrief (3,8), der nicht Grund der Rettung, sondern Resultat derselben ist (2,11–3,8)[97], so ist auch die *Hoffnung* im 1. Timotheus- und im

---

[96] Die Frauen werden – entgegen Behauptungen der Häresie, die in 4,1ff. als ehefeindlich beschrieben wird – durch das Kindergebären/Muttersein hindurch und nicht nur „dran vorbei" (vgl. διά plus Genitiv z. B. in 1. Kor 3,11ff.: „durchs Feuer") gerettet. Und es geht in 1. Tim 2,13-15 allein um die Rettung aus satanischen Verführungsversuchen. Auch hier sind letztlich Gott und Jesus die Retter, die den Schutzraum Ehe und Familie gebieten und eröffnen.

[97] Für weitere, erhebliche Unterschiede des „Glaubens" pro Brief vgl. Mutschler, Pistis. Mutschler zeigt außerdem, dass das Glaubensverständnis der drei Briefe – im Gegensatz zu Behauptungen des exegetischen Mainstreams – weitestgehend paulinisch ist. Vgl.

Titusbrief ein grundlegend wichtiges Thema. Sie ist aber im 1. Timotheusbrief – außer in der „Programmankündigung" in 1. Tim 1,1 – immer eine verbal ausgedrückte, lebendige Erwartung der Glaubenden. Sie ist – wie der Glaube – eine sehnsüchtige *Beziehung* zu Jesus und Gott (1. Tim 4,10; 5,5; 6,17, vgl. auch 3,14), in der Gebet eine entscheidende Rolle spielt (1. Tim 2,1ff.; 5,5 u. ö.). Im Titusbrief spielt Gebet gar keine Rolle. Es wird nur substantivisch von „der Hoffnung" als Lehr- und Glaubensinhalt gesprochen. Die Hoffnung wird – passend zu der in diesem Brief streng durchgehaltenen Transzendenz Gottes – nie direkt auf Gott oder Jesus bezogen. Der Titusbrief kennt nur die Hoffnung auf „das ewige Leben" oder auf „die Erscheinung der *Herrlichkeit* Gottes" (Tit 1,2; 2,13; 3,7).

Die Bezeichnung „Gott und Retter" war a) eine geläufige hellenistische Bezeichnung von *einzelnen* Göttern und wurde also von den Kretern auch als solche gehört. Außerdem unterscheidet b) die Doppelbezeichnung „unser Retter, Gott – unser Retter, Jesus" in Tit 1,3f. und 3,4.6 beide deutlich. Auch in Tit 2,10.13 wird der Doppelgebrauch von „Retter" aus dem Präskript aufgenommen und ausgelegt. Und c) Paulus kann Jesus zwar an anderen Stellen „Gott" nennen oder mit Gott identifizieren (Röm 9,5; vgl. 8,9-11), aber d) in 1. Kor 15 vertritt er, dass Jesus nur bis zum Ende dieser Welt von Gott getrennt dessen „Sohn" ist. Von diesem Beobachtungen a)–d) her neige ich dazu, in Tit 2,10-13 den hermeneutisch anfängergerecht „griechischeren" Versuch zu sehen, den kommenden Jesus als „Licht vom Licht und Gott von Gott" zu verkündigen (vgl. ähnlich und zeitlich kurz nach dem Titusbrief formuliert 2. Kor 4,4-6). In anderen Paulinen erhält Jesus darum den alttestamentlichen „Namen" Gottes: „Herr" (vgl. ebenfalls im Kontext 2. Kor 4,4-6 Vers 4,5 und ansonsten besonders Phil 2,9-11 oder auch Röm 10,9-13). Paulus möchte klarstellen, dass Gott nur über Jesus Kontakt mit Menschen und der Schöpfung aufnimmt. Gott schuf und erhält sie durch ihn (1. Kor 8,6; vgl. Christus schon im Alten Testament: 1. Kor 10,4ff.; Röm 15,1ff.). Umgekehrt können alle Menschen, die durchaus Gottesahnungen haben (Röm 1–2; Apg 17,22ff.), nur in Jesus den „ganzen" Gott antreffen und (durch den Heiligen Geist) wie Jesus und durch Jesus als „Vater" ansprechen (vgl. 1. Kor 8,6; Röm 8,9ff. bis 8,38f.; Phil 2,5-11; 3,20f.; 4,5; 1. Tim 2,1-6; Kol 1,10-20; 2,9 u. ö.).[98]

Als einziger Paulusbrief arbeitet der 2. Timotheusbrief nie mit der ἐλπίς-Wortgruppe. Hoffnung ist aber im 1. Timotheusbrief und im Titusbrief ein gleich im Präskript angekündigtes zentrales Thema (1. Tim 1,1; 3,14; 4,10; 5,5; 6,17; Tit 1,2; 2,13; 3,7). Im 2. Timotheusbrief herrscht demgegenüber eher die

---

dazu auch Fuchs, Unterschiede, 211f..

[98] Zur Diskussion, ob in Tit 2,13 Jesus Gott oder die Herrlichkeit Gottes genannt wird vgl. Towner, Letters, 750–758; Engelmann, Unzertrennliche Drillinge, 125–127, 154. Beide plädieren für Letzteres.

Erwartung des unmittelbar mit dem Tod durch einen Rettungsakt Christi möglichen Eintritts in Gottes Reich vor.[99] Könnte es sogar eine Erwartung des unmittelbar bevorstehenden Eingriffs Jesu in die endzeitlichen Zustände oder in den Paulusprozess sein (vgl. 2. Tim 3–4 oder auch schon 2. Tim 2,11-13 in diesem Sinn)? Paulus verstand laut 1. Tim 6,13(ff.) allerdings auch Jesu Auftreten vor Pontius Pilatus als einen von vielen Eingriffen, als eine von vielen „Epiphanien" Jesu in der Welt. Vor einem Stellvertreter des Kaisers und der Könige der Welt kämpfte und kämpft er den guten Kampf, der jetzt auch Timotheus wieder verordnet worden ist. In 1. Tim 2,1f. schon werden diese „Könige" zu Menschen unter allen Menschen „degradiert" und mit 3,16 und 6,13-16 Jesus und Gott unterstellt. Auch Pilatus wird vor dem Kyrios Jesus durch das Vorenthalten aller Ehrentitel und den Gebrauch stattdessen nur des Vornamens „Pontius" aller Macht entkleidet. Jesu Kampf war – im Rückblick geurteilt – ein rechtzeitiges (vgl. Gal 4,4; Röm 1,1-7; 16,25-27) Eingreifen Gottes zugunsten der Rettung aller Menschen, wie Paulus dies von 1. Tim 1,15 oder gar von 1,12-16 an über 2,3-6; 3,16; 5,11.21 bis 6,11-16 fortlaufend entfaltet. Man muss also 2. Tim 4,1.8-18 nicht als Parusieerwartung auslegen. Jesus kann auch durch von ihm gelenkte Menschen eingreifen (vgl. Röm 13,1ff.; Apg 19,31-40). Aber natürlich sollte jeder Christ zu jeder Zeit mit der Parusie Jesu in seiner Lebenszeit rechnen. Hoffnung oder Sehnsucht ist immer höchst lebendige Erwartung – oder gar nicht vorhanden.

Die *Agape*-Liebe ist in beiden Timotheusbriefen von Anfang an grundlegendes Thema, die wichtigste Auswirkung des Glaubens und der Hoffnung (oder ihre sichtbare Seite). Die Agape ist der Maßstab der christlichen Ethik auch der Timotheusbriefe (1. Tim 1,5 und dann 1,14; 2,15; 4,12; 6,2.11; 2. Tim 1,2.7 und dann 1,13; 2,22; 3,10; 4,8.10). Der Titusbrief hingegen erwähnt die Agape in seinen Anfangszeilen nicht als grundlegend. Sie ist später nur ein einziges Mal in Tit 2,2 eine unter anderen Tugenden der getauften alten Männer. Ansonsten spricht der Titusbrief das Thema „Liebe" anfängergerecht „griechischer" nur unter Verwendung von Worten des φιλ-Wortstamms an. Diesen Wortstamm verwendet er programmatisch eingeführt mit Tit 1,8. Die entscheidene Tugend der für alle Christen vorbildlichen Gemeindeleiter ist: Sie sollen – sehr griechisch-römisch ausgedrückt (vgl. Gal 6,9f.; Röm 12,1f.) – „das Gute liebende" Hausverwalter Gottes sein, d. h. sie sollen in allem „das Gute" anstreben. Der φιλ-Wortstamm wird im Titusbrief auffallend häufiger und inhaltsreicher als in den übrigen Schriften des Neuen Testaments verwendet. Ganz unpaulinisch, aber höchst griechisch, wird zuletzt sogar die Liebe Gottes zu allen Menschen und die Liebe der Christen untereinander nicht mit αγαπ-, sondern mit φιλ-Worten beschrieben (Tit 3,4.15).

---

[99] Vgl. 2. Tim 4,6-18 mit ähnlich Lk 23,33-44.

Christliche Insider-Sprache wird somit im Titusbrief vermieden oder übersetzt. Sie wird nur gegenüber den Ephesern (1. Timotheusbrief) oder Timotheus (2. Timotheusbrief) selbstverständlich in Worten des αγαπ-Stamms gebraucht. Nur der 1. und 2. Timotheusbrief lehren die Liebe „in Christus" (1. Tim 1,14; 2. Tim 1,13), d. h. sie lehren eine vollkommen selbstlose Art von Liebe, wie sie Jesus gelehrt und vorgelebt hat. Diese Liebe baut nicht mehr, wie bei hellenistischen Nichtjuden und Nichtchristen üblich, auf Sympathie und Gegenseitigkeit auf. Sie wird auf Kreta nur von den im Glauben vermutlich reiferen, aktuell vorhandenen natürlichen Autoritäten erwartet (Tit 2,2). Die Forderung der Liebe zu Gegnern im 1. und 2. Timotheusbrief (1. Tim 1,3-5; 2. Tim 2,22-26) als Umsetzung des Feindesliebegebotes Jesu wie ebenso das gesellschaftskritische Kräftepotential, das die Agape-Liebe in 1. Tim 6,2 diplomatisch behutsam zwischen die christlichen Sklaven und Sklaven-„Besitzer" als neue „Brüder"-Beziehung einbringt, kennt der Titusbrief noch nicht. Christliche Sklaven sind erst laut 1. Tim 1,10 ausdrücklich eben keine „Ware" mehr, auch wenn sie in 1. Tim 6,2 direkt und ihre „Herren" nur indirekt angesprochen werden, nämlich als den Brief mithörende Gemeindeglieder. Sklavenbesitzer werden aber auch als „die Reichen" in 1. Tim 6,(6-)17-19 mit angesprochen. Sie werden in 1. Tim 6 ihrer durch Geld und Gut erworbenen Vorrangstellung in der antiken Gesellschaft sozusagen „beraubt". Habgier wird ebenfalls disqualifiziert. Alle „Herren" werden dem einen „Herrn" untergeordnet. Der materielle Besitz der Reichen, von dem Sklaven schon in 1,10 ausgenommen wurden, wird zur Aufgabe und Leihgabe Gottes nur in diesem kurzen Leben vor der Ewigkeit erklärt. Hier könnte der Mitverfasser Lukas von seiner Jesus-Tradition her deutlich den Ton mit angegeben haben (Lk 6,33; 12,13ff.; 16,1ff.; 16,19ff.; 19,1ff.; 22,24ff. u. ö.).
Bei vorzeitiger Zusammenschau der Aussagen zur Liebe in unseren drei Briefen entgeht dem Leser, dass Paulus im Titusbrief insgesamt mit seinen Adressaten bewusst nicht so weit geht wie etwa in Gal 3,28: Frauen werden erst im 1. Timotheusbrief mit einem Glauben beauftragt, der im Gebet für alle Menschen und in der Liebe ausdrücklich nicht mehr nur häuslich aktiv ist (1. Tim 2,[1-]15), anders noch Tit 2,4 (φιλ-Worte!). Erst in Ephesus sind alle Frauen nicht mehr nur im Haus, sondern als Mitbeterinnen im öffentlichen Gottesdienst Mitzeuginnen der allen Christen gemeinsamen Gottesfurcht. Sklaven und Herren werden in Tit 2,9f. ebenfalls noch nicht in Christen und Nichtchristen unterteilt, um dann erstere in ein Brüderverhältnis „Geliebter" zu rufen. Kreta ist noch absolutes Neuland für das christliche Menschenbild. Der Titusbrief erreicht darum nur ein „Etappenziel" mit Neugetauften auf dem Weg hin zur christlich weitherzigeren Agape, und zwar über die Brücke eines antikem Denken entlehnten, inhaltlich aber zum Teil christlich neu gefüllten φιλ-Sprachkonzeptes.[100]

---

[100] Zur Liebe in den „Pastoralbriefen" vgl. ausführlich Fuchs, Agape, insbesondere in konstruktiv-kritischer Auseinandnersetzung mit Weiser, Gesellschaftliche Verantwor-

4.2.3.9.2 Ethik jenseits der Forderung der Agape

Für Juden und Christen der neutestamentlichen Zeit war der Glaube der zentrale Bestandteil der Religion. Von ihm her lebte man untereinander und vor allen Menschen in Liebe zu und Ehrfurcht vor Gott, und dies in den Bahnen seiner Gebote in den Heiligen Schriften (vgl. u. a. 2. Tim 3,14ff.; 1. Tim 1,8ff.). Christen waren darüber hinaus in allem Jesus-Nachfolger (1. Tim 6,3), oder griechischer umschrieben: von ihm „erzogene" Leute (Tit 2,11-14). In der klassisch griechisch-römischen Religion aber stand die Handlung im Vordergrund, und der Glaube – an welche Gottheiten auch immer – war Privatsache. Da Paulus dies wusste, baut er seine Darlegungen im Titusbrief noch wie ein Nichtjude seiner Zeit auf. Dies zeigt sich im Vergleich der Briefe: In den Timotheusbriefen geht es zwar erstens um den Glauben. Darum werden ethische Forderungen jüdisch und gut paulinisch mit ουν-paraeneticum schon aus vorangehend Dargelegtem *gefolgert*, und zwar nicht nur, aber vor allem auch aus theologischer Lehre und aus dem Evangelium (vgl. das ουν-paraeneticum in 1. Tim 2,1.8; 3,2; 5,14 und 2. Tim 1,8; 2,1.21). Doch der Titusbrief ist der einzige Brief im Corpus Paulinum, der die Partikel οὖν gar nicht verwendet. Denn: In diesem Schreiben werden Instruktionen und ethischen Weisungen streng durchgehalten stets vorangestellt (Tit 1,5f. und 1,7-10; 2,1-10; 3,1f. und 3,9a sowie 3,12a) und erst nachträglich mit einer durch γαρ angeschlossenen Begründung verknüpft. Die Handlung steht für damalige nichtjüdische, die Christen beobachtende Menschen im Vordergrund. Glaube, an wen auch immer, war wie gesagt Privatsache. So hatten es die Neugetauften z. T. selbst vor kurzem noch gesehen. Vgl. Tit 1,10-16 erst nach Tit 1,5-9 bzw. 1,7-9 schon als erste, auch „fromme" Begründung von Tit 1,5f. und dann die nachträglichen Begründungen Tit 1,10-16; Tit 2,11-14; 3,3-8; 3,9b und 3,12b. Nichtjuden ging es um u. a. die *Eusebeia* oder mit dem Synonym ausgedrückt: um die ὁσιότης, d. h. um das ehrfürchtige Einhalten von Regelwerken und Tugenden der Vorfahren. Dass ein „frommes" Leben (vgl. Tit 1,8; 2,12; 1. Tim 2,8; 1. Thess 2,10!) intensiv theologisch begründet wurde, war für sie neu. Paulus wird den neugetauften eigentlichen Adressaten des Titusbriefs, den Kretern, erstens wie einer der ihren, damit sie zweitens dann auch wie er werden können (vgl. Gal 4,12), und leitet sie zugleich zu solchem Brücken zum Glauben bauenden Verhalten gegenüber Nichtchristen ihrer Mitwelt an.

An dieser Stelle sei kurz darauf hingewiesen, dass keine Schrift im Neuen Testament an die Häufigkeit herankommt, mit welcher der Titusbrief mit der σωφροσύνη-Wortgruppe arbeitet. Sie ist der Grundton der ethischen Weisungen für von Nichtchristen beobachtete Hausgemeinden in Tit 1,8–2,12. In den Timotheusbriefen wird diese Wortgruppe selten verwendet.[101] Im 1. Timotheus-

---

tung.

[101] Zum Beispiel als intentionsangebende Klammer um 1. Tim 2,9-15: Es geht in 1. Tim

brief wird stattdessen die εὐσεβεία-Wortgruppe Leitwort der Ethik. Diese Wortgruppe betont das äußere Verhalten in Ehrfurcht vor Gott gegenüber anderen Menschen und in der Gemeinschaft.[102] Die σωφροσύνη-Wortgruppe hingegen betont das vernünftige Sich-Einschätzen und Sich-Einfügen in die standesgemäße Rolle z. B. im antiken Haus (Titusbrief) oder in der Gemeinde (Röm 12). Die Neugetauften Kretas sollen in den Augen der Nichtchristen nicht „verrückt" leben. Die fortgeschrittener unterrichteten, Paulus bekannten Epheser sind hingegen gemeinsam *Ekklesia*, öffentliche Versammlung[103], in Gebeten, Taten und Worten Gottes Wahrheitszeugin in der Welt (1. Tim 2,1–3,16). Ehrfurcht vor Gott soll hilfreich und beeindruckend in allen Beziehungen zu Menschen erfahrbar werden. Der 1. Timotheusbrief bevorzugt daher auch – wie kein Paulusbrief sonst so einseitig – den die äußere, beeindruckende Wirkung und Erscheinung betonenden Gebrauch von καλός und καλῶς (16-mal) anstelle von ἀγαθός (viermal; vgl. ganz anders Titusbrief = fünf- bzw. viermal; 2. Timotheusbrief = drei- bzw. zweimal). Dies fällt besonders beim Vergleich der Eignungskataloge für Gemeindeleiter auf. In 1. Tim 3,1-13; 5,17-25 sind καλός und καλῶς Grundton (3,1.4.7.12f.; 5,17.25), fehlen aber in Tit 1,5-16 ganz.[104]

Im Titusbrief werden ethische Weisungen auch wesentlich häufiger als in anderen Paulinen fast durchgehend nach dem Grundmuster von 2. Kor 6,3-4a erteilt: „wir geben in keiner Sache irgendeinen Anstoß, *damit* der Dienst nicht verlästert werde", und erst nachträglich kommt die Theologie als Motivation und Begründung ins Spiel: „sondern in allem erweisen wir uns als Diener *Gottes*". Diese Verse sind eine fast zeitgleiche Zusammenfassung der Ethik des Titusbriefs, die immer erst nachträglich mit Theologie begründet wird. Durch finale ἵνα-*Sätze* werden Anfängern im Glauben besonders klare Ziel- und Absichtsangaben mitgeteilt. Im Titusbrief macht finales ἵνα ca. 2 % des Gesamtwortschatzes aus, im 1. Timotheusbrief 0,9 %, im 2. Timotheusbrief 0,4 % und sonst bei Paulus höchstens 1 % (2. Korintherbrief) oder 1,2 % (Philemonbrief). Im 2. Timotheusbrief geben ἵνα-*Sätze* zudem keine Ziele ethischer Weisungen für Alters- und Geschlechtergruppen in den Gemeinden an (vgl. 2. Tim 1,4; 2,4.10; 3,17; 4,17).

---

2 um die Rettung aller Menschen und daher um ein vor allem auch die Missionspredigt und das Gebet der Männer unterstützendes „besonnenes" Auftreten der Frauen im öffentlichen Gottesdienst.

[102] Reiser, xx, 34–36.

[103] Vgl. den enormen Anstieg des Gebrauchs von ἐκκλησία im 1. Korintherbrief ab 1. Kor 10,32 und bis 16,19 = 18-mal gegenüber zuvor nur viermal. Bis 1. Kor 10 wird individualethisch gelehrt. Von da an aber ordnet Paulus die gemeinsame und öffentlich zugängliche Gebetsversammlung aller Christen Korinths, d. h. ihren auch von Nichtchristen besuchten gemeinsamen Gottesdienst, die Ekklesia Gottes.

[104] Fuchs, Bisher unbeachtet.

4.2.3.10 Eschatologie

Dass am Ende der Welt ein Gericht Gottes/Christi über notorische Sünder kommen wird, ist nur in den Timotheusbriefen Thema. Dieser Gedanke steht insgesamt hinter 1. Tim 5–6. Dabei ist der ganze 1. Timotheusbrief mit Jesus-Tradition begründet[105] und nach dem Grundschema von Phil 2,6-11 und 3,20f. (vgl. auch 1. Kor 15,1ff.) strukturiert: Der zur Rettung von Menschen in die Welt gekommene Jesus (1. Tim 1,15), der sich als Mensch zur Rettung für alle geopfert hat (2,4-6), wurde erweckt und erhöht (3,16). Er kommt erstens als „der Messias" (5,11) mit den Engeln, denen er befiehlt (3,16; 5,21), und zweitens als der über alle im Auftrag Gottes herrschende Richter zum Gericht (5,21ff.) und eschatologischen Endkampf bis zum Sieg über alle Mächte und Herren dieser Welt, als „Herr" der Herren (6,3.14-16). Über Phil 2,6-11 und 1. Tim 1,15; 2,5f.; 3,16; 5,11.21-25; 6,3.14-16 hinaus geht die Aufnahme weiterer Jesus-Tradition (vgl. den ausdrücklichen Hinweis in 1. Tim 6,3 auf die Worte Jesu als Basis aller Lehre) dann zuletzt in 1. Tim 6: Die ihm durch „gute Taten" dienen, werden dafür am Ende der Zeit ihren Lohn empfangen (6,17ff.). Diese Gedanken klingen aber auch in Phil 3,14.20f. an (vgl. 2. Kor 5,10f.). In Tit 2,(10.)11-14 fehlen noch fast alle diese Themen.

Nur die Timotheusbriefe sprechen ferner ausführlich von einem auf das jetzige Leben folgenden zukünftigen Leben (im 2. Timotheusbrief vom ersten Vers an und bis 4,16; im 1. Timotheusbrief ab 1,16 und bis 6,12-19; vgl. anders Tit 1,2; 3,7), tun dies aber sprachlich höchst verschieden: Der 1. Timotheusbrief spricht fast ausschließlich vom „zukünftigen Leben" und von sich zukünftig darin befindenden Menschen (1,16; 4,8; 6,19). Der 2. Timotheusbrief spricht von „jenem", also dem letzten *Tag* oder den „letzten Tagen" (1,12.18; 3,1; 4,8) und von der „Verheißung des Lebens" oder vom „unvergänglichen Leben" (1,1; vgl. 1,9f.). Paulus kann dieses Thema in anderen Briefen sehr unterschiedlich formulieren, so z. B. in Röm 8,38 ähnlich wie im 1. Timotheusbrief, aber im 2. Thessalonicherbrief ähnlich wie im 2. Timotheusbrief. Ausschließlich im Philipperbrief spricht er dreimal vom „Tag Christi (Jesu)" usw. Beide Timotheusbriefe aber kennen jedenfalls – im Gegensatz zum „griechischeren" Titusbrief – ein judenchristliche, zeitlich gedachte Eschatologie (vgl. allein 1. Tim 6,13-19). Sie wird nur ganz vage in Tit 2,13 kurz einmal angedeutet und – eventuell – in Tit 3,11 („sich selbst ein Gerichtsurteil sprechen"). Allerdings wird an beiden Stellen so formuliert, dass neugetaufte Nichtjuden und Menschen ohne AT-Kenntnisse keinerlei Verstehensschwierigkeiten haben. Die Aussage in Tit 3,11 „sie sprechen sich selbst das Urteil" kann eine rein innerweltlich gemeinte Re-

---

[105] Vgl. 1. Tim 6,3 und von daher 1. Tim 1,15par Lk 19,10; 1. Tim 2,3-6par Mk 10,45; 1. Tim 3,16par u. a. Mt 28,18-20; 1. Tim 4,1ff.par Mk 7,1-24; 1. Tim 5,18par Lk 10,7; 1. Tim 5,19par Mt 18,15-18; 1. Tim 5,24-25par Mk 13,27; Mt 25,31-46 u. ö.; 1. Tim 6,6-19 vgl. Mt 6,19ff.; vgl. auch Pilatus in 1. Tim 6,13 usw.

dewendung im Kontext von 3,1-11 sein und profane Gerichtssprache metaphorisch verwenden. In der hellenistischen Welt war es ferner üblich, dass man von göttlichen und menschlichen „Rettern" ein hilfreiches Eingreifen in „Epiphanien zugunsten aller" erwartete. In Tit 2,13f. folgt auf die Epiphanie Christi nicht ausdrücklich das ewige Leben. Die „Hoffnung auf ewiges Leben" wird in 1,2 und 3,7 nur knapp angedeutet. Terminologie und apokalyptische Szenarien wie in 1. Thess 4–5 oder 1. Kor 15 werden in Tit 2,13–3,8 vermieden. Das entspricht in etwa Eph 1–4, wo ausdrücklich nach 1,15ff. für nichtjüdische Getaufte von zukünftiger „Hoffnung" als einem Hoffnungsgut nur vage gesprochen wird: Eph 1,18; 2,12; Eph 4,4. Gegenüber mehrheitlich römischen und griechischen Hörern verzichtet Paulus im Philipperbrief ebenfalls auf die judenchristliche Apokalyptik, die er gegenüber getauften, mehrheitlich ehemaligen Synagogengottesdienst-Besuchern in 1. Thess 4–5; 2. Thess 2 und 1. Kor 15 vertritt.

4.2.3.11 Stilistische Differenzen

Die Mehrheit der Exegeten behauptet, die „Pastoralbriefe" hätten einen einheitlichen und unpaulinischen Schreibstil und Wortschatz. Dabei übersieht man allerdings zahlreiche Stilunterschiede zwischen den verschiedenen Paulusbriefen allgemein. Wir finden z. B. Substantive und Adjektive ganz verschieden häufig in Paulusbriefen.[106] *Substantive*: Römerbrief 5 % von 7111 Worten; 1. Korintherbrief 4 %; 2. Korintherbrief 6 %; Galaterbrief 6 %; Epheserbrief 9 %, Philipperbrief 9 %; Kolosserbrief 10 %; 1. Thessalonicherbrief 7 %; 2. Thessalonicherbrief 10 %; Philemonbrief 10 %, *aber* 1. Timotheusbrief 12 %; 2. Timotheusbrief 11 %; Titusbrief 14 %. Der 2. Timotheusbrief kommt also „Paulus" am nächsten. *Adjektive*: Der Römer- sowie der 1./2. Korintherbrief, der Galaterbrief, Epheser-, Kolosser- und der 1./2. Thessalonischerbrief bleiben alle bei ca. 2 %. Nur der Philipperbrief hat 3 %, Philemonbrief 4,5 %, *aber*: 1. Timotheusbrief 5,5 %; 2. Timotheusbrief 5,6 % und Titusbrief 11 %! Mit Substantiven und Adjektiven als „Konzentratworten" kann Paulus gegenüber geschulten Mitarbeitern Lehrinhalte z. B. für ihren Unterricht kurz zusammenfassen, die er als Lehrer in Gemeindebriefen unter Verwendung von Verben ausführlicher darlegen muss. Man vergleiche etwa seine gegenüber Timotheus und Titus nur knappen Hinweise für die Anfängerunterweisung darauf, dass etwas „nützlich" (ὠφέλιμος) ist (Tit 3,8; 1. Tim 4,8; 2. Tim 3,16). Aber in 1. Kor 13–14 leitet er keinen Lehrer knapp zum Lehren an, sondern formuliert als Lehrer für Anfänger (3,1ff.) ausführlicher. Darum verwendet er nun u. a. das Verb ὠφελέω (13,3; 14,6).

Beide Timotheusbriefe kennen ferner den *„Ich- und Du-"*Stil bzw. der 1. Timotheusbrief darüber hinaus sogar den *„Ich ordne an"*-Stil sowie den *„Du*

---

[106] Nach Morgenthaler, Statistik, 164.

ordne an"-Stil. Der Titusbrief hingegen beschränkt das apostolische „Ich" auf je zweimal im Präskript und im Postskript (1,3.5; 3,12.15). Im Briefkorpus wird streng der „*Du ordne an*"-Stil durchgehalten, und zwar neben dem – im Vergleich zu den Timotheusbriefen und meisten Paulusbriefen – viel häufigren „*Wir*-Stil", in dem der Apostel ganz „verschwindet". „Die Pastoralbriefe" verkündigen also nicht Paulus, wie oft behauptet wird.
Im Folgenden nenne ich nur eine Auswahl weiterer, sehr auffälliger, aber in der Forschung bisher nicht diskutierter Stilunterschiede.

4.2.3.11.1 Lukanismen in den Briefen an Timotheus und Titus

Dass die Sprache und der Schreibstil zum Teil die des Autors des lukanischen Doppelwerks ist, habe ich in der vorliegenden Untersuchung bereits wiederholt angedeutet, und dies ist auch mittlerweile – trotz gelegentlicher Kritik[107] – von Exegeten wie C. F. D. Moule[108], A. Strobel[109], G. Wilson[110], J. D. Quinn[111], R. Riesner[112] und B. Witherington[113] mit immer mehr Textbelegen als sehr wahrscheinlich erwiesen worden. Sogar Wendungen wie κατὰ πόλιν (Tit 1,5), die nur dreimal in der LXX vorkommen (2. Macc 4,36; 2. Macc 4,4, 6,41) und nur einmal in den apostolischen Vätern (Ign. Röm 9,3)[114], sind in Variationen lukanische Vorzugssprache (vgl. Lk 8,1.4.39; 9,6.10; 13,22; Apg 14,23[!], 15,21.36; 20,23 und 24,12). Auf Grund der in 2. Tim 4,11 beschriebenen Situation – „Lukas ist (als einziger Zeuge und Reisebegleiter) bei mir" – glaube ich, dass Lukas der seinen Freund Paulus beratende Sekretär für den 2. Timotheusbrief war, dessen Handschrift ihn auch als „Ghostwriter" des 1. Timotheus- und Titusbriefs erweist. Neuere Untersuchungen wie u. a. die von M. Engelmann[115], die sich in ihrem Buch allerdings wiederholt gegen die lukanische Mitverfasserschaft ausspricht, oder von G. M. Wieland[116], der mit der lukanischen Mitverfasserschaft sympathisieren könnte, zeigen, wie sehr lukanisch die Sprache und mancher Inhalt der „Pastoralbriefe" ist. H. Marshalls Kritik an Strobel und Wilson belegt jedoch beeindruckend, dass der paulinische Stil mehr Einfluss auf die

---

[107] Brox, Lukas; Marshall, Rezension G. Wilson.
[108] Moule, Problem.
[109] Strobel, Schreiben?
[110] Wilson, Luke.
[111] Quinn, Titus.
[112] Riesner, Once more; ders., Taufkatechese; ders., Apostelgeschichte. Marshall widerspricht Riesner in: Pastoral Epistles in Recent Study, 290f.
[113] Witherington, Letters, 49–390.
[114] Quinn, Titus, 78.
[115] Engelmann, Unzertrennliche Drillinge.
[116] Wieland, Salvation.

drei Schreiben hat als der lukanische.[117] Das entspricht ja auch den Absenderangaben. In der bisherigen Diskussion wird außerdem noch nicht gesehen, dass die Lukanismen in den „Pastoralbriefen" unterschiedlich stark vertreten sind. Ursache für diese Stilschwankungen dürften unterschiedliche Abfassungszeiten und/oder -situationen sein.

Strobel trägt eine Fülle von Gemeinsamkeiten zwischen Lk/Apg und „den Pastoralbriefen" zusammen.[118] Dabei stellt er u. a. zahlreiche grammatikalische Lukanismen fest.[119] Wenn man aber danach fragt, wie sie sich auf im Einzelnen auf die drei Briefe verteilen, ergibt sich nach meiner Auswertung der Studie Strobels ein uneinheitlicher Befund: 1. Timotheusbrief (1591 Worte) und Titusbrief (659 Worte) haben beide einen grammatischen Lukanismus auf erstaunlich einheitlich ca. alle 132 Worte. Das lässt auf annähernd zeitgleiche Abfassung schließen. Aber der 2. Timotheusbrief (1238 Worte) hat einen grammatischen Lukanismus auf 62 Worte, eine Steigerung um mehr als 100 %! Der Hinweis „Lukas ist allein bei mir" (2. Tim 4,11) und die Tatsache, dass Paulus in Ketten (2. Tim 1,16; 2,9) und ernsthaft krank war (2. Kor 12), schließen es aus, dass Paulus den 2. Timotheusbrief (und andere Gefangenschaftsbriefe) mühselig eigenhändig schrieb. Lukas muss den 2. Timotheusbrief viel mehr in eigenem Stil schreiben. Gegenüber dem 1. Timotheusbrief und demTitusbrief nimmt allerdings der Gebrauch von typisch paulinischen *Vokabeln* der unumstrittenen Briefe im 2. Timotheusbrief zu. Dies ergeben Strobels Untersuchungen auch. Lukas formuliert also die Sätze des Briefs aus, übernimmt aber als schreibender Sekretär viel mehr paulinisches Vokabular des diktierenden Apostels. Paulus muss gegenüber Timotheus kein Hermeneut sein wie für die neugetauften Kreter oder wie für die fortgeschrittenen Anfänger in Ephesus um 53/54 n. Chr. Nach Strobels Studie hat der 2. Timotheusbrief nur 13 Vokabeln mit Lk/Apg gemeinsam, also auf alle 95 Worte ein typisch lukanisches Wort. Hingegen hat der 1. Timotheusbrief 20 lukanische Worte = 1:79 und der Titusbrief 8 lukanische Worte, also 1:82. Lukanisches Vokabular ist also im Titusbrief und 1. Timotheusbrief stärker vorhanden. Mag die weniger lukanische Wortwahl im 2. Timotheusbrief noch als Zufall gewertet werden, so spricht der enorme Anstieg grammatischer lukanischer Stileigenheiten im 2. Timotheusbrief stark gegen ein einheitliches „Corpus-Pastorale".

---

[117] Marshall, Rezension G. Wilson, 69–74.
[118] Strobel, Schreiben?, 191–210.
[119] Strobel, Schreiben?, 197ff.

4.2.3.11.2 Weitere Stilunterschiede

Die unterschiedliche Verteilung der paulinischen Vokabeln und Stilistik in den drei Mitarbeiterbriefen lässt sich durch eine Auswertung weiterer Studien noch deutlicher zeigen. Es finden sich neben zahlreichen Lukanismen auch viele *Paulinismen* in den drei Briefen.

Schon A. Schlatter[120] listete siebzig Wendungen in den Pastoralbriefen auf, die Parallelen im sonstigen Corpus Paulinum haben. Nach Schlatter enthält der 2. Timotheusbrief einen Paulinismus auf ca. 43 Worte seines Gesamtwortbestandes, der 1. Timotheusbrief 1:48, doch der Titusbrief nur 1:82. Man vergleiche mit den unumstrittenen Paulinen gemeinsam: 2. Timotheusbrief 1:54, 1. Timotheusbrief 1:61, aber Titusbrief nur 1:132. Der 2. Timotheusbrief enthält also die höchste Paulinismen-Dichte, während der Titusbrief in seiner Verwendung paulinischer Stilistik weit hinter dem 1./2. Timotheusbrief zurückbleibt.

H. J. Rose untersuchte im Jahr 1923 die *clausulae* und Satzrhythmik in Paulusbriefen. Der 2. Timotheusbrief ist nach Rose stilistisch gut paulinisch. 1. Timotheus- und Titusbrief weichen von den unumstrittenen Paulinen ab.[121]

Die statistischen Untersuchungen des Sondervokabelschatzes der „Pastoralbriefe" von R. Morgenthaler und K. Grayston und G. Herdan ergeben einerseits, dass jeder der drei „Pastoralbriefe" im Verhältnis zu seinem Gesamtwortschatz mehr an Sondervokabeln enthält als die Gemeindebriefe.[122] Jedes in einem Brief behandelte Thema erzwingt allerdings sein spezielles Wortfeld,[123] und in Schreiben an Mitarbeiter ist die Themenfülle sehr hoch. Die Themen (von *Theo*logie bis Ethik) kommen – wie eine „Zip-Datei" komprimiert – nur als Lehrhilfestellungen in kurzen, prägnanten Texten aneinandergereiht pro Brief vor. Der Mitarbeiter kann solche Kurzfassungen entfalten. Und die auf engstem Raum im Vergleich zu Gemeindebriefen viel höhere Dichte komprimierter Themen bringt einen höheren Sondervokabelschatz mit sich, da jedes Thema sein eigenes Vokabular erfordert. Der Titusbrief beispielsweise skizziert in nur 659 Worten mit Tit 1,1-4; 2,10-3,8 einen mitarbeitergerecht komprimierten „Römerbrief" für neugetaufte „Bibelunkundige" und entwirft in Tit 1,6–2,10 zudem eine Stände- oder „Haustafel"-Ethik für von Nichtchristen besuchte und beobachtete Gemeinden im Werden, wie sie viel ausführlicher im 1. Korintherbrief vom Lehrer Paulus (1. Kor 4) für Säuglinge im Glauben (1. Kor 3,1ff.) oder im Kolosserbrief für angefochtene Fortgeschrittene (Kol 1,7, 2,6f.) nochmals neu entwickelt wird. Aktueller Anlass für Kol 3–4 sind, an den ausführlichen Worten 3,22ff. noch deutlich erkennbar, insbesondere Sklavenprobleme

---

[120] Schlatter, Kirche der Griechen, 15.
[121] Rose, Clausulae, 17–43, und sein Ergebnis: 34.
[122] Morgenthaler, Statistik, 38; Grayston/Herdan, Authorship. Vgl. etwa die Aufnahme ihrer Ergebnisse bei Broer, Einleitung, 534f.
[123] Bird, Authorship, 131.

(vgl. Kol 3,22–4,1.9; Philemonbrief). Aber Gegner, die nicht nur Sklaven in Häusern/Familien gegen ihre „Herren" aufwiegeln, sondern ganze Häuser ruinieren (Tit 1,11), muss man natürlich auch mit Worten zum Thema „Familie" abwehren. Dem Galaterbrief fehlt z. B. die paulinische Eschatologie und Naherwartung, die der Titusbrief in 2,13 andeutet, und die Soteriologie, die der Titusbrief – wie der Römerbrief – reichlich mit der σῴζω-Wortgruppe enthält. Im 1./2. Korintherbrief fehlt fast und im 1. Thessalonicherbrief fehlt völlig die Gnaden- und Rechtfertigungslehre und vieles mehr, was Tit 2,10–3,8 enthält. Zurecht meint B. Mutschler (mit R. F. Collins), dass Tit 1,1-4; 2,11-14 und 3,4-7 die drei Abschnitte mit der reichhaltigsten theologischen Dichte auf engstem Raum im gesamten Neuen Testament sind.[124] Das nach hermeneutischen Kriterien anfängergerecht ausgewählte „unpaulinische" Sondervokabular jedes Themas muss sich also im Titusbrief regelrecht häufen. Mitarbeiterbriefe eines Lehrers für Lehrer enthalten zudem Themen, die in Gemeindebriefen nicht vorkommen können. Nur Delegaten erhalten Weisungen bezüglich Gemeindeleitereinsetzung, Unterrichtinhalten und -gestaltung usw.

Paulus verwendet des weiteren für den 1. Timotheus- und den Titusbrief u. a. Stilelemente und Terminologie der Gattung *mandata principis* zur Autorisierung und Beauftragung von Delegaten. Im 2. Timotheusbrief gebraucht er u. a. die Sprache von Freundschaftsbriefen und Testamenten. Und Paulus erwähnt und behandelt besonders im Titusbrief vieles bewusst noch nicht, verwendet jedoch zwecks Hermeneutik noch am meisten die hellenistische Ausdrucksweise der Umwelt, sodass die Sprache dieses Briefs weniger paulinisch und mehr allgemeinverständlich erscheinen muss. Schriftzitate und Gebetsterminologie entfallen wie ebenso die Sprache von Bekenntnissen zum „Herrn" oder Formeln wie „vor Gott" und „*in Christus*" usw. Paulus drückt sich „den Kretern ein Kreter werdend" aus. Dies alles sind Gründe, warum der Sondervokabelschatz-Anteil im Titus- und 1./2. Timotheusbrief höher sein muss als in Gemeindebriefen.

Außerdem muss der Sonderwortschatz dazu für jeden einzelnen Brief berechnet werden. Grayston und Herdan hatten die „Pastoralbriefe" statistisch nur wie einen Brief untersucht. Sie ermittelten so einen viel zu hohen „C-Wert" für „die Pastoralbriefe" von 43,9 % Sondervokabeln. Der C-Wert ergibt sich nach Grayston und Herdan aus der Berechnung der Hapaxlegomena-Häufigkeit (A = 81 Vokabeln) addiert mit der Anzahl der allen Paulinen (ohne Phlm) gemeinsamen Vokabeln (B = 51 Vokabeln) geteilt durch die pro Brief eigene Vokabelanzahl (C = 458 Vokabeln). T. Robinsons Ergebnisse seiner Anwendung der korrigierten Methode Grayston und Herdans auf nur jeden einzelnen der drei Briefe sehen anders aus: Der 2. Timotheusbrief ist normalpaulinisch in seinem von Grayston und Herdan so genannten C-Wert: 28,8 %, während 1. Timotheus- und

---

[124] Mutschler, Glaube, 117f.

Titusbrief wenig höhere Prozentzahlen als andere Paulinen aufweisen (1. Timotheusbrief: 32,9 % und Titusbrief: 31,7 %), die nach T. Robinson[125] einen C-Wert zwischen 23 % (1. Thessalonicherbrief) und 29,8 % (1. Korintherbrief) haben. Solch ein Ergebnis ist für den 1. Timotheus- und Titusbrief aber auch zu erwarten, da Paulus sprachlich in diesen Schreiben für von Delegaten betreute Neugetaufte noch weit entgegenkommt und seine und allgemeinkirchliche Lehrtraditionen komprimiert in hoher Dichte (samt ihrer Terminologie) weitergibt. Gegenüber Timotheus allein hat er dies nicht nötig.

Ein weiteres Beispiel: Die im Vergleich zu „Paulus" größere durchschnittliche Wortlänge in den „Pastoralbriefen" (2. Timotheusbrief = 5,26 Buchstaben pro Wort; 1. Timotheusbrief = 5,58; Titusbrief = 5,66, Paulus erreicht sonst maximal in 1. Thessalonicherbrief = 5,02 Buchstaben pro Wort) wird von manchen als Indiz für die Unechtheit gewertet.[126] Nun könnte aber der polemische Paulus als Rhetoriker selbst mehr Komposita u. ä. eingesetzt haben, um Gegner zu attackieren. Auch die Vorliebe des Lukas für Komposita könnte – wie in seinem Doppelwerk – ebenfalls zu einer höheren Wortlänge geführt haben, die in Lk/Apg höher als bei „Paulus" ist. Wie dem aber auch sei – W. Schenk stellt jedenfalls die Komposita „der Pastoralbriefe" (ohne Komposita mit ⱴ privativum) zusammen.[127] Eine Auswertung seiner Recherchen für jeden einzelnen „Pastoralbrief" ergibt m. E., dass sie *zum einen* nicht beliebig, sondern ganz gezielt verwendet werden. Es ist eine Kampfsprache in Abwehr der *Lehre der Gegner*. Sie behaupten z. B., „Gnosis" zu besitzen. Die „Pastoralbriefe" sprechen demgegenüber von genauerer (?) *Epi*-Gnosis (vgl. auch Lk 1,1-4!). Gegen das *Verhalten* der Häretiker setzen sie z. B. Tugendkataloge voller „unpaulinischer" Terminologie ein usw. (dies müsste alles gründlich geprüft werden). *Zum anderen* erklärt sich daher die ungleiche Verteilung der Komposita auf die drei Schreiben: Nach Schenks von mir ausgewerteter Zusammenstellung finden sich ca. 27 Komposita in Titusbrief (659 Worte) = 4,1 % vom Gesamtwortbestand, 50 in 1. Timotheusbrief (1591 Worte) = 3,1 %, aber nur 26 im 2. Timotheusbrief (1238 Worte) = 2,1 %. Letzterer Brief will eben über den angeschriebenen Mitarbeiter hinaus keine Gemeinde polemisch gegen die Häresie an die rechte Lehre binden und keine Anti-Ethik für Gemeinde und Gemeindeleiter gegen das in der Öffentlichkeit Anstoß erregende Verhalten von Gegnern entwerfen. Es gibt also „die" u. a. von Schenk behauptete Vorliebe „der Tritopaulinen" für Komposita gar nicht.

Die hier genannten großen Stilschwankungen decken sich mit Ergebnissen A. Kennys. Er meint nach einer umfangreichen Untersuchung des Schreibstils im Neuen Testament, er könne sich – gemessen am Philipper- und Römerbrief –

---

[125] Robinson, 'C' Quantity, 283f.
[126] Siehe Lohse, Entstehung, 62f.
[127] Schenk, Timotheus I und II und Titus, 3411f.

für zwölf der dreizehn Briefe des Corpus Paulinum ein und denselben stilistisch flexiblen Autor vorstellen, nicht aber für den Titusbrief.[128] Dies wiederum entspricht Beobachtungen von E. E. Ellis. Danach enthalten die beiden Lehrhilfestellungen 1. Timotheusbrief 43 % und Titusbrief 46 % vom Autor übernommene, nicht von ihm stammende Traditionen, aber der 2. Timotheusbrief, der keine Lehrhilfestellung sein möchte, nur 16 %.[129] Meine Interpretation lautet: Nur der 1. Timotheus- und der Titusbrief wollen Lehrtradition vermitteln helfen. Man vergleiche für solchen Traditions-Unterricht in paulinischen (Anfänger-)Gemeinden z. B. 1. Kor 4,16f.; 7,17; 11,1f..16.23; 15,1ff u. ö.,[130] der eben u. a. „Worte Jesu" (1. Tim 6,3) und sonstige Jesus-Tradition enthielt. Der 2. Timotheusbrief konnte jedoch viel mehr in der persönlichen Sprache des Apostels geschrieben werden, da Paulus seinem Meisterschüler Timotheus im 2. Timotheusbrief keine von anderen formulierten Traditionen wie für Anfänger (vgl. anders etwa 1. Kor 15,3ff.; 11,23ff.) vermitteln musste.

Wer also von einem „einheitlichen" Corpus Pastorale und einem einheitlich „unpaulinischen" Schreibstil „der Pastoralbriefe" spricht, hat sich m. E. nicht mit den Ergebnissen der Stilforschung der letzten mehr als 200 Jahre befasst.[131] Bis heute können Stilforscher wie D. Mealand[132] oder G. K. Barr[133] durch Untersuchung verschiedenster Stileigentümlichkeiten zu sehr unterschiedlichen Ergebnissen gelangen. Letzterer vertritt die Echtheit aller dreizehn Paulusbriefe, da sie Stileigentümlichkeiten gemeinsam haben, die wir sonst in antiker Literatur nicht finden. Ersterer vertritt die Echtheit nur der sieben unumstrittenen Briefe, muss allerdings für die große Nähe des 2. Timotheusbriefs zu „Paulus" annehmen, in ihm würden authentische Fragmente verarbeitet. K. J. Neumann vermutet nicht autorenbedingte, sondern eher gattungsbedingte Andersartigkeiten der „Pastoralbriefe" im Vergleich zu sonstigen Paulinen.[134] Die Stiluntersuchungen zu den „Pastoralbriefen" begannen 1807 mit F. D. E. Schleiermacher.[135] Er wies bereits darauf hin, dass die drei Briefe keinen einheitlichen Stil haben. Schleiermacher vertrat die Unechtheit nur des 1. Timotheusbriefs auf Grund von dessen Stileigentümlichkeiten.

Spannend wäre es, Schleiermachers Ergebnisse mit denen von K. Beyer zu vergleichen, der nur im 1. Timotheusbrief und 1. Korintherbrief (!) eine große Fülle von Gräzismen feststellen möchte, auch wenn er seine eigenen Ergebnisse

---

[128] Kenny, Stylometric Study, 99f.
[129] Ellis, Traditions.
[130] Zum Unterricht in paulinischen Gemeinden vgl. Weise, Paulus; Smith, Pauline Communities.
[131] Eine weiterführende Widerlegung des Spracharguments auch bei Prior, Paul, 25–35.
[132] Mealand, Computers und ders., Positional Stylometry.
[133] Barr, Scalometry.
[134] Neumann, Authenticity, 222–226.
[135] Schleiermacher, Timotheos.

dann in „die Pastoralbriefe" einebnet.[136] Beyers Ergebnis für den 1. Korintherbrief deckt sich jedenfalls mit dem Ergebnis Kennys, der den 1. Korintherbrief als stilistisch weit von Philipper- und Römerbrief abweichend erweist, viel weiter auch als den 2. Timotheusbrief. (Vgl. oben auch den C-Wert des 1. Korintherbriefs!)

4.2.3.12 Timotheus und Titus: Inhalte und Form der an sie adressierten Briefe

Ich komme – 4.2.1 und 2 ergänzend – noch einmal zur *paulinischen Lehre und Tradition* zurück. Im Titusbrief – wiederum als einzigem Paulusbrief – wird niemals vom „*Evangelium*" oder gar betont von „*meinem* Evangelium" gesprochen. Dieses wird nur einmal umständlicher als „Logos Gottes im Kerygma" des Paulus umschrieben (Tit 1,3), eine Formulierung, die so sonst nie bei Paulus auftaucht.
Nur die Timotheusbriefe kennen Paulus ferner als „*Lehrer*" und ihn bzw. seine *Lehre* wie u. a. 1. Kor 4,1-21; 11,1-2.23; 15,1f. und Phil 3,17–4,9 als Norm für die Gläubigen und Timotheus. Nur die Timotheusbriefe argumentieren mit ur- und vorbildlichen biographischen Details des Paulus. Nur die Timotheusbriefe, keiner der Paulusbriefe sonst, sprechen davon, dass Paulus dem Timotheus eine „Paratheke" anvertraut. Nur dieser Freund und Mitarbeiter soll die Paratheke bewahren und an andere weitergeben (2. Tim 2,2). Im Titusbrief sind Paulus und seine Lehre weder Ur- noch Vorbild. Weder ist Paulus Lehrer noch gibt er Lehre weiter. Die Überlieferung einer „Paratheke" spielt im Titusbrief keine Rolle. Das Alte Testament, Jesu Worte und das Evangelium sind nur in beiden Timotheusbriefen hoch geschätzte Teile der ganzen, von Paulus vorgelebten und unterrichteten Lehre. Man vergleiche ähnlich die Rolle von Jesus und seinem ersten Nachahmer Paulus als maßgeblichem Vorbild für paulinische Delegaten und Gemeinden in 1. Kor 3,1-11; 4,1-21; 11,1-3.23; 15,1-11 und Phil 2,5–4,9. All dies spielt im Titusbrief keine Rolle. Wir finden höchstens minimalste sprachliche Anklänge an das Alte Testament und die paulinische Jesus-Tradition.
Engelmann vertritt zurecht als ein Gesamtergebnis ihrer Untersuchung die Ansicht, dass die Gemeinden auf Kreta wie nichtpaulinische Gemeinden wirken, und zwar dann, wenn man – wie Engelmann und auch ich hier unter 4.2 – den Inhalt des Titusbriefs zu dem erklärt, was auf Kreta geglaubt und gelebt wurde.
Nur Timotheus wird im 1. und 2. Timotheusbrief u. a. mit dem Bild „fliehe – jage nach" zum ethisch richtigen Handeln ermahnt und mit den alttestamentlichen Titeln „Mensch Gottes" und „Knecht des Herrn" bezeichnet. Er wird ins-

---

[136] Beyer, Semitische Syntax, 298. Vgl. auch meinen Beitrag unten in 4.4 dazu.

gesamt auch als Schrifttheologe instruiert. Titus hingegen ist Vorbild für positives Verhalten, das er anderen vorleben und vorschreiben soll.
Nur die Timotheusbriefe sprechen jeweils dreimal im ersten Kapitel von der „*Barmherzigkeit*" oder dem sich „erbarmenden" Gott und Christus (1. Tim 1,2. 13.16; 2. Tim 1,2.16.18). Das finden wir so weder im Titusbrief noch in anderen Paulinen. Die Barmherzigkeit Gottes und Christi wird ganz „unpaulinisch" auch gleich in der Salutatio nur Timotheus gewünscht. Kurz: Timotheus wird in den Briefen an ihn als jüdischer Paulusschüler, als Prediger des paulinischen Evangeliums und Lehrer der paulinischen Tradition instruiert (vgl. 1. Thess 3; 1. Kor 4,17), Titus jedoch nicht.

4.2.3.13 Unterschiede in der Briefform und im Briefaufbau

4.2.3.13.1 Gemeinsamkeiten der Timotheusbriefe gegen den Titusbrief (und andere Paulinen)

Strukturelle Parallelität der Timotheusbriefe
Wir finden im Corpus Paulinum einander stilistisch und/oder inhaltlich sehr verwandte Briefe. Die Gründe dafür sind: Diese Briefe könnten fast zeitgleich geschrieben worden sein oder auch, ganz gleich, wann sie geschrieben wurden, *ähnliche Themen* behandeln. Daher weisen der Römer- und der Galaterbrief oder auch Röm 12–15 mit 1. Kor 8–12 eine große Verwndtschaft miteinander auf, und später sind es auch der Philemon-, der Kolosser- und Epheserbrief. Es können aber auch *dieselben Adressaten zu zum Teil ähnlichen Themen* angeschrieben werden. Daher dürften die inhaltlich einander ergänzenden Korintherbriefe (vgl. 1. Kor 5 mit 2. Kor 6,14–7,1; 1. Kor 15 mit 2. Kor 5; 1. Kor 16,1-4 mit 2. Kor 7–9) schon in ihren Eröffnungen in 1. Kor 1,1ff. und 2. Kor 1,1ff. die parallele Wendung „durch den Willen Gottes" bieten. Es schreiben aber auch bisweilen vielleicht *zeitlich sehr nahe* sogar *dieselben Absender* für *dieselben Adressaten* zu *ähnlichen Problemen*, weswegen der 1. und 2. Thessalonicherbrief sogar bis in den häufigen „Wir-Stil" hinein verwandt sind.
Auch der 1. und 2. Timotheusbrief weisen, trotz ihrer unterschiedlichen Entstehungsorte und trotz verschiedener literarischer Gattungen, trotz je anderer Kommunikationsstruktur (1. Timotheusbrief: Apostel – Timotheus – *Gemeinde*; 2. Timotheusbrief: Apostel – Timotheus) und trotz ihrer sehr unterschiedlichen Themen, nicht nur – wie oben bereits gezeigt – inhaltliche Parallelitäten auf, sondern auch im Aufbau. Da der 2. Timotheusbrief allein für Timotheus bestimmt ist, dürfte auch die formale Parallelität nur dieser beiden Briefe, die sie vom Titusbrief und anderen Paulinen unterscheidet, vor allem darauf zurückzuführen sein, dass in beiden Briefen der besondere Mitarbeiter Timotheus angeschrieben wird. Der in manchem locker parallele Aufbau beider Briefe verläuft wie folgt:

– In *1. Tim 1,1f.* und *2. Tim 1,1f.* finden wir folgende parallelen Besonderheiten samt Abfolge derselben gegen Tit 1,1-4: „Paulus, Apostel Christi Jesu ... Befehl/Wille Gottes ... an Timotheus ... Erbarmen ... Christus Jesus, unser *Herr*".
– Dabei fällt auf, dass die in beiden Briefen fast nur verwendete Reihenfolge „*Christus* Jesus" anders als in anderen Paulusbriefen gleich je dreimal im Präskript auftaucht. Gegenüber dem Juden Timotheus wird die Messianität Jesu viel stärker betont.
– Je dreimalige Thematisierung der für Juden wichtigen *Barmherzigkeit* Christi und Gottes im jeweils ersten Kapitel (1. Tim 1,2.13.16; 2. Tim 1,2.16.18).
– *Gleich nach* dem Präskript betonen beide Briefe die alles weitere im Brief bestimmende Rolle des „ungeheuchelten" *Glaubens und der Liebe in Christus Jesus* (1. Tim 1,5.14; 2. Tim 1,2.5-7.13). Die Formel *Glaube und Liebe* wird ausschließlich in den Timotheusbriefen mit Paulus und Timotheus u. a. als Vorbildern des Glaubenslebens in Verbindung gebracht (1. Tim 1,5.14; 4,12; 6,11 und 2. Tim 1,5-7.13; 2,22; 3,10), sonst nur je einmal mit den Frauen (1. Tim 2,15) und mit den Sklaven und ihren Herren (1. Tim 6,2), aber mit Titus nie. In Tit 2,2 wird einmal Glauben und Liebe den männlichen Senioren Kretas abverlangt.
– Ebenso wird das „gute" bzw. „reine" *Gewissen* ausschließlich im 1./2. Timotheusbrief gleich zu Beginn gefordert (1. Tim 1,5.19; 2. Tim 1,3, anders Tit 1,15); vgl. auch alttestamentlich-jüdisch die innere Instanz „reines Herz" in 1. Tim 1,5 und (allerdings erst später im Brief) in 2. Tim 2,22. Tit 1,15 bietet stattdessen die griechische Kombination „Verstand und Gewissen", aber völlig anders. Sie sind die bei den Gegnern zerstörte innere Zentrale. Verstand, Gewissen und Herz spielen im Titusbrief für Gemeindeleiter und Titus als innere Instanzen keine Rolle.
– Nur 1. Tim 1,14 und 2. Tim 1,8 bieten ein einziges Mal die sonst in keinem Paulusbrief vorkommende Formel „*unser* Herr" ohne *Jesus und/oder Christus* gegen Ende der Einführung wichtiger Briefanliegen (1. Tim 1,1-14; 2. Tim 1,1-7) und vor einer briefthematisch angepassten Kurzfassung des „Evangeliums" vom „gekommenen" (1. Tim 1,[11-]15) oder „erschienenen Christus Jesus" (2. Tim 1,9f.).
– Beide Briefe beginnen mit (lukanischem Sprachgebrauch in Lk 17,9 folgenden) Χάριν ἔχω-*Gebeten* (1. Tim 1,12ff.; 2. Tim 1,3ff.). Die stilistischen Anleihen des 1. Timotheusbriefs bei der antiken Briefgattung *mandata principis*[137] erzwingen auch in 1. Tim 1,3ff. noch *vor* dem Dankgebet zunächst eine amtliche Legitimierung, Bevollmächtigung und Aufgabenübertragung für den Adressaten.

---

[137] Wolter, Paulustradition, 164ff.

– Nur zum Briefeinstieg der Timotheusbriefe wird die Bekehrung bzw. werden die Worte des Apostels als maßgebliches „*Urbild*" bezeichnet (1. Tim 1,16, 2. Tim 1,13).
– Jeweils etwas zuvor (1. Timotheusbrief) oder genau zum Beginn (2. Timotheusbrief) eines ersten Briefhauptteils wird Timotheus – wie sonst keine Adressaten des Paulus – *nochmals* ermutigend als „Kind" angesprochen, dem ein bestimmter, heikler Auftrag bevorsteht (1. Tim 1,3-5.18-20; 2. Tim 1,6-8; 2,1ff.). Außerdem werden (im Gegensatz zum Titusbrief) mit οὖν-paraeneticum aus dem zuvor biographisch beispielhaft an Paulus als Lehrer des Timotheus anschaulich dargelegten *Evangelium* (1. Tim 1,11ff.) oder aus dem gemeinsamen judenchristlichen *Glauben an Gott* (2. Tim 1,3ff.) ethische Weisungen gefolgert: 1. Tim 1,8-16, dann „nun" in 1. Tim 2,1, fortgesetzte Evangeliumsdarlegung in 1. Tim 2,1-7, daher nochmals οὖν-paraeneticum in 1. Tim 2,8 und ähnlich: οὖν-paraeneticum in 2. Tim 1,8 nach 2. Tim 1,3-7, und ebenfalls u. a. im Anschluss an die weitere Evangeliumsdarlegung 1,9f. *wiederholtes* „nun" in 2,1 (und eventuell nochmals in 2,21[138]).[139]
– Das jüdisch-alttestamentliche Motiv der „*Kraft*" und „*Stärkung*" Gottes bestimmt, wenn auch unterschiedlich, beide Briefe zu Beginn (1. Tim 1,12; 2. Tim 1,7-8; vgl. 2,1).
– Nicht ganz strukturell parallel, aber doch beachtlich bestimmt beide Briefe das Thema „*anvertrauen*" einer Epistel[140]/Aufgabe/Überlieferung schon zu Beginn sehr stark (1. Tim 1,18f.; 2. Tim 2,2; vgl. 1,12-14; 1. Tim 6,20f.).
– Das *Kampf- und Wett- oder Ringkampfmotiv* ist zu Beginn bzw. fast zu Beginn im Brief und am Briefende in beiden Timotheusbriefen wichtig (1. Tim 1,18ff.; 6,12; 2. Tim 2,3ff.; 4,7; vgl. außerdem 1. Tim 4,10). Es fehlt dem Titusbrief ebenso wie
– *gegen Briefende* und überhaupt der Hinweis auf *Gottes Gericht*. Anders 1. Tim 5,19-25; 6,14-19; 2. Tim 4,1-8.14.18; vgl. antithetisch zu 2. Tim 4,14 schon 1,18. Beide Verse fungieren vielleicht als eine thematische Briefklammer. Das Gericht Gottes steht bevor (vgl. auch die Briefmitte: 2,11-13), nicht nur der irdische Gerichtsprozess (1,6-8 und 4,9-13).

---

[138] Meines Erachtens ist 2. Tim 2,21 nicht mit den direkten Aufforderungen und Ansprachen für Timotheus in 2. Tim 1,8; 2,1 zu vergleichen.
[139] Vgl. auch in beiden Timotheusbriefen unmittelbar im Rahmen oder zum Abschluss der Evangeliumsdarlegung 1.Tim 1,11–2,6 bzw. 2. Tim 1,9f. kurz vor (1. Tim 2,8) oder nach (2. Tim 1,8) ein οὖν-paraeneticum die in beiden Briefen parallele Zusammenfassung des paulinischen Amtes „Herold, Apostel, Lehrer (der Heiden)" in 1. Tim 2,7 und 2. Tim 1,11!
[140] Wolter, Paulustradition, 118f. zur den Brief als „Befehl" und „Gebot" ausweisenden Inklusio 1. Tim 1,18-20 und 6,14.20f.

– Die hymnischen, thematisch programmatischen *Briefwendepunkte* in 1. Tim 3,16 und 2. Tim 2,11-13 sind im Stil „hymnischer" formuliert als die eher „pädagogische" Briefmitte Tit 2,11-15.
– Jeweils im Rahmen von massiven Schlussanweisungen für Timotheus wird Timotheus „*Mann/Mensch Gottes*" genannt (1. Tim 6,11 als Auftakt von 6,11-16; 2. Tim 3,17 im Kontext 3,10ff. oder speziell von 3,14–4,5). Man vergleiche auch, allerdings nicht strukturell parallel, das Motiv „fliehe... jage nach..." in 1. Tim 6,11; 2. Tim 2,22.
– Schließlich könnte auch das Thema „*Gemeindeleiter/Lehrer*" in 1. Tim 3,1-7 und in 2. Tim 2,2-26 (im Hintergrund dieses Textabschnittes stehend) parallel jeweils gegen Ende mit der „lukanischen" Wendung (vgl. πάγις in Lk 21,35!; aber auch Mt 22,15 παγιδεύω) „*Schlinge des Teufels*" abgeschlossen worden sein. Tit 1,5-9 endet völlig anders, obwohl menschliche Gegnerschaft von Tit 1,9ff. an im Blick ist.
– Vgl. auch (nicht parallel im Briefaufbau vorkommend) διδακτός in den „Pastoralbriefen" nur in 1. Tim 3,2 direkt für Gemeindelehrer und im 2. Timotheusbrief für einzusetzende Gemeindelehrer in 2,2.
– Eine weitere Parallele innerhalb der Gemeindeleiterparänese finden wir auch in 1. Tim 5,20f. und 2. Tim 2,(2-)14, nämlich die ἐνώπιον-Formel im Stil der LXX, die im Titusbrief fehlt. Dem „griechischeren" Titusbrief fehlt diese alttestamentlich-jüdische Wendung allerdings generell, genauso, wie die „in Christus-Formel", die bei Paulus vor allem die alttestamentliche Formel „im Gesetz" ablöst. Paulus schreibt im Titusbrief als „Grieche".

4.2.3.13.2 Besonderheiten in der Form jedes einzelnen der drei Briefe

a) Der Aufbau des 2. Timotheusbriefs
Der Aufbau des 2. Timotheusbriefs ist durch und durch dem der Gemeindebriefe vergleichbar. Schon im Präskript verwendet Paulus auch seine üblichere Sprache, nicht die von amtlichen Schreiben wie in 1. Tim 1,1f. und Tit 1,1-4.
2. Tim 1,1f. = *Präskript*: Paulus ist Absender, Timotheus Adressat, daraus folgt eine judenchristliche Formulierung des Themas „Verheißung" des „Lebens" sowie ein Barmherzigkeitswunsch. Es geht im Brief – so wird hier angekündigt – um die besondere Glaubens-Beziehung zwischen Paulus und seinem „geliebten" Kind, es geht um das ewige Leben nach dem Tod und daher auch um die Messianität Jesu (dreimal „Christus Jesus" o.). Vgl. ewiges Leben: von 1,9ff. an bis 3,15; 4,6-8; 4,16-18; die Beziehung zu Paulus als u. a. dessen Amtsnachfolger: von 1,3ff. an und bis 3,10–4,5; 4,9ff.; die Messianität Jesu: fast ausschließlich im Brief „Christus Jesus", aber vgl. auch 2,7f. Und vgl. auch das Thema „Barmherzigkeit" nach 2. Tim 1,2 wieder in 2. Tim 1,16.18 fortgeführt.
2. Tim 1,3–4,8 = *Briefkorpus*:
1,3-5: Einleitendes Lob des Gottes der jüdischen Vorfahren.

1,6-8: Berufung des Timotheus in den Zeugenstand in Rom (vgl. 1,17; 4,9ff.).
1,9f.: Das Evangelium vom Retter Jesus.
1,11-14: Das gesamte paulinische geistliche Erbe bewahren nicht Menschen, sondern Gott.
1,15-18: Die Situation in der Asia, der getreue Onesiphorus und sein Haus.
2,1-26: Wiederaufnahme und Weiterführung der in 1,6-8 ausgesprochenen Beauftragung des Timotheus. Weitere Entfaltung des Evangeliums 1,9f. für in 2,7f.11-13. Vor der Abreise nach Rom beruft Timotheus irgendwo Lehrer und soll Irrende sanftmütig zurechtzubringen.
3,1-14: Timotheus soll treuer Nachfolger von Lois, Eunike und Paulus bleiben, eventuell auch von Onesiphorus und seinem Haus (?; vgl. den Plural in 2. Tim 3,14).
3,15-17: Mit der Bibel soll Timotheus Gegner und Irrende zurechtbringen und selbst auf dem rechten Weg bleiben.
4,1-8: Timotheus soll Missionar sein, wie es Paulus war und noch ist.
4,9-22 = *Postskript:* darin u. a. 4,9f.: Begründung für die Berufung des zweiten (und dritten) Zeugen Timotheus (und Markus) in den Zeugenstand in Rom: Demas fiel von Paulus ab. Nur ein Zeuge Lukas (2. Tim 4,11) ist nach Deut 19,15; 2. Kor 13,2; 1. Tim 5,19 u. ö. nicht ausreichend. Segen für Timotheus. Gnadenwunsch für seine derzeitige Gemeinde am Schluss.

b) Aufbau des 1. Timotheusbriefs
1. Tim 1,1f. = *Präskript*: *Absender* ist Paulus, „Apostel Christi Jesu nach dem Befehl Gottes, unseres *Retters*, und Christi Jesu, unserer *Hoffnung*". Die Briefzweiteilung wird angekündigt: In Kap. 1,3–4,10 geht es mit Blicken nach draußen zu allen Menschen und mit Sorge hinsichtlich der Attacken Satans um den rettenden *Glauben* und die Rettung aller Menschen. In Kap. 3,14–6,19 hingegen geht es dann um die *Hoffnung* der geretteten, der glaubenden Christengemeinde als beobachtete und intern angefochtene Wahrheitszeugin in der Welt. Übergang sind die Verse 3,14–4,16 oder 4,6-16, in denen beide Themen nebeneinander vorkommen, letztmalig „Retter/Rettung", erstmalig „Hoffnung". Man vergleiche das Thema πιστεύω, πίστις, Glaube an Christus Jesus, das sich im 1. Timotheusbrief fast auf die ersten vier Kapitel beschränkt (1. Tim 1,11f.15.16; 3,1.11.16; 4,3.9f.12, Ausnahmen: 5,16; 6,2), sowie das Thema „Hoffnung" und „hoffen" in 1. Tim 1,1 und dann aber von 3,14 an nur noch in 4,10; 5,5; 6,17. *Adressat* ist laut 1. Tim 1,2 Timotheus. Der Absender nennt ihn „meinen rechten oder legitimen Sohn im Glauben", wünscht ihm „Gnade, *Barmherzigkeit*, Friede von Gott, dem Vater, und unserm Herrn Christus Jesus!" Auffällig ist im Präskript erneut die dreimalige Namensformel „Christus Jesus" wie in 2. Tim 1,1f. Dort wie hier wird Jesus auch im Brief fast nur als „*Christus* Jesus", ein- oder zweimal sogar als „der Christus/der Messias" be-

zeichnet (1. Tim 5,11; vgl. 2,6?[141]). Auch die *Gruß*formel mit Hinzufügung der „*Barmherzigkeit*" taucht wieder auf (vgl. dann das Thema Barmherzigkeit in 1,13.16). Kein Paulusbrief klingt für einen Kenner des Alten Testaments sonst so durch und durch jüdisch. Hier kommuniziert ein Judenchrist mit einem Volksgenossen. Als „Grieche" schreibt Paulus in Tit 1,1-4 ganz anders. Er ersetzt sogar in Tit 1,3f. die alttestamentliche Anrede Jesu als „Herr" durch den Doppelgebrauch von „Retter" für Gott und Jesus, wie im Brief auch.

1. Tim 1,3–6,19 = *Briefhauptteil*:

A) Gemeinde in der Welt

1. Tim 1,3–3,16, auch übergangsweise noch bis 4,16: Christen sind als „Haus Gottes", d. h. als besuchter Tempel auch Zeugen der Wahrheit in der Welt. 1. Tim 1,15–2,15 führen zu 3,15f. hin.

Paulus leitet im Ich-Stil a) Timotheus an, Gemeinde gegen außenstehende, judaistische „Lästerer" zu verteidigen und b) instruiert er direkt im „*Ich ordne an*"-Stil ab 2,1 auch Gemeinde und c) fortgesetzt ab 3,1 Gemeindeleiter. Die Gemeinde und ihre Leiter sollen trotz (satanischer) Anfeindungen missionarisch in der Öffentlichkeit mit Gebet, friedlichem Verhalten und Wort für den Frieden und die Rettung aller wirken. Jesus ist gekommen. Er rettet im Auftrag des Retters Gott durch Mission und Gebet der Gemeinde.

B) Gemeinde intern

1. Tim 3,14–6,19 sind im „*Ordne du an*"-Stil geschrieben (mit bewusster Ausnahme: 5,14ff.![142]). Gemeinde ist als hoffende Gemeinde auf dem Weg zum zweiten Kommen/zur Epiphanie Christi (4,10; 5,21–6,19). Gemeinde ist im zweiten Briefhauptteil „Haus Gottes" intern. Sie kommt a) von 3,15 an in den Blick und wird b) von Timotheus gelehrt und organisiert: in 5,1f. die Gesamtgemeinde; in 5,3-16 v. a. die Witwen der Gemeinde bzw. die Verantwortung der Gemeinde für „rechte" Witwen; in 5,17-25: die Gemeindeleitung intern. Vielleicht wird mit dem Motiv vom „Fundament" oder „Grundstein" (θεμέλιον) in 6,19 nochmals daran erinnert, dass Christen – hier pars pro toto die Reichen unter ihnen – ein Haus „anderer Art" bauen (?; vgl. ebenso motiviert βαθμόν in 1. Tim 3,13). Der 1. Timotheusbrief ist m. E. in vielem einige Jahre vor dem Epheserbrief auf dem Weg von 1. Kor 3 hin zu Eph 2,20. Der 1. Timotheusbrief ist sozusagen eine Vorstufe des Epheserbriefs, allerdings nur als Skizze für einen Delegaten, nicht als Lehrdarlegung des Lehrers Paulus. Der Epheserbrief knüpft entweder später daran an, was zur Zeit des 1. Timotheusbriefs in Ephesus gelehrt worden ist und entfaltet es, oder der Lehrer Paulus legt – hier und dort weiter entwickelt – nochmals direkt dar, was uns im 1. Timotheusbrief nur in Skizze und Andeutungen begegnet.

---

[141] Textkritisch nicht sicher zu entscheiden.
[142] Der vom Retter-Gott eingesetzte „Kriegsherr" Paulus (1. Tim 1,1) tritt gegen Satan (1,20; 2,13f.; 5,15) immer persönlich an. Vgl. auch 4,1.

1. Tim 6,20f. ist *kein Postkript*. Dem Briefschluss fehlen Grüße, Reiseinformationen u. ä. Der 1. Timotheusbrief ist kein wirklicher Brief (s. u. 4.4).

c) Aufbau des Titusbriefs
Der Brief steht noch vor der fortgesetzten Anfängerunterweisung im frühen Stadium von z. B. 1. Thess (3,10–)5,11-22 und 1. Tim 2,1–5,5; 6,15f. oder auch 1. Kor 3,1–16,18. Insgesamt muss man den 1. Timotheusbrief – gegen Engelmann – nicht als ein pseudonymes Schreiben lesen, das den Titusbrief als „Paulustradition" aufnimmt und für spätere Zeiten ergänzt. Den 1. Timotheusbrief kann man in manchem eher als einen „Anfängerunterricht Teil 2" lesen, in dem Paulus für von ihm geschulte Neugetaufte in Ephesus zur Zeit von Apg 19,9f./1. Korintherbrief – wie ähnlich im 1. Thessalonicherbrief – situationsgerecht variiert sein Unterrichtsschema Gemeinde intern – Gemeinde extern entfaltet (vgl. dieses Schema angedeutet in Gal 6,9f.; 1. Thess 3,12; 5,15; Röm 12–13, dann 14–16; Phil 1,27–2,16 und 4,1-4, erst danach dann 4,5-8 u. ö.; vgl. auch von Lukas bezeugt in Apg 20,20).
Tit 1,1-4 = *Präskript*: Absender ist Paulus. Grund, Inhalt und Ziele seines Knechts- und Apostelamtes werden für die Kreter erklärt. Die Zweiteilung des Briefs wird angedeutet: Paulus ist erstens „Knecht Gottes für die *Auserwählten Gottes*", also Autorität innerhalb des Volkes Gottes, das in Tit 1–2 Thema ist, zusammengefasst in Tit 2,14. Paulus ist aber zweitens für *die Erkenntnis der Wahrheit*, die ein Leben in *Eusebeia* ermöglicht oder die dem als *Eusebeia* umschriebenen Glauben entspricht (?), Gottes Apostel „*Jesu* Christi" in der Welt (Tit 3). Die Reihenfolge, erst der Personenname Jesus, dann Christustitel, bevorzugt der Brief, da Titus kein Jude und Jesus für ihn erstens also *Mensch* geworden ist, nicht Messias. Zugleich ist Paulus für griechisch-römische Hörer in 1,1 eventuell nur „Sklave Gottes" in Solidarität mit den „Sklaven" in Tit 2,9f. (vgl. so auch 1. Kor 9,19ff. nach 7,17ff.). Adressat ist Titus. Er wird als Delegat, als „rechtmäßiges Kind im *gemeinsamen* Glauben" vom Juden Paulus als gläubiger Grieche autorisiert (1,4). Der Eingangsgruß ist nicht jüdisch mit „Barmherzigkeit" erweitert, sondern paulinisch üblich: „Gnade und Frieden". Das Programm des Titusbriefs wird angedeutet: Gott und Jesus sind „*unsere* Retter" und wollen alle Menschen retten (vgl. Tit 1,3f. mit dann 2,10f.13 und 3,4.6).
Tit 1,5–3,11 = *Briefhauptteil*:
Wie Paulus im 1. Thessalonicherbrief für dem Paulus bekannte Anfänger jedes der fünf Kapitel mit einem Ausblick auf ihr persönliches Hauptthema der Parusie Jesu enden lässt (1,9f.; 2,19; 3,13; 4,13-18; 5,23), so lässt er im Titusbrief die drei Kapitel mit einem Hauptthema „Reinheit und Waschung" enden (Tit 1,15; 2,14; 3,4-7). Daran erinnert er in 1. Thess 4,7f. nur noch knapp, weil gerade das Thema Reinheit – wie wir im Titusbrief sehen – natürlich in den allerers-

ten Unterricht für getaufte Juden und Nichtjuden gehörte. Im Einzelnen geht es im Dreitakt um Folgendes:
A) Gemeinde zuerst intern, da sie noch aufgebaut werden muss (Tit 1–2 entspricht 1. Tim 4–6)
Tit 1: Einladende und lehrende Gemeindeleitung
Tit 1,5: Die Aufgaben des apostolischen Delegaten (1,1-5) werden klar benannt. Er soll vor allem das „ordnen", was den Christen Kretas noch fehlt, d. h. vor allem Gemeindeleiter einsetzen. Textblöcke wie 1. Tim 1,3-20; 3,14–5,2; 6,11-20, in denen Timotheus als theologischer Verteidiger der Gemeinde und Lehrer der Schrift und Tradition für die Gemeinde instruiert wird, sind in Tit nicht erforderlich (vgl. Tit 1,5.13; 2,1.6-8.15; 3,1.8.12-15). Titus erhält mit 1,5-9 Eignungskriterien für von ihm einzusetzende Gemeindeleiter. Die Verse Tit 1,5f. werden mit 1,7-10, die Verse Tit 1,6-9 insgesamt aber mit 1,10-16 begründet.
Tit 2: Die im Haus von möglichen Gästen und Kritikern beobachtete Gemeinde. Titus erhält als *das* „Vorbild nach außen hin beeindruckender, allen Menschen nützlicher Werke"[143] in 2,1-10 Verhaltensregeln, die mit 2,11-14 begründet werden.
B) Gemeinde in der Welt bzw. Stadt kann in Tit 3 erst nach ihrem internen Aufbau in Tit 1–2 Thema sein (Tit 3 entspricht 1. Tim 1–3).
Die ethische Unterweisung von Tit 1–2 fordert insgesamt: Nichtchristen dürfen Christen weder als die Familie/das Haus zerstörende (1,11) noch als sich „verrückt" verhaltende Mitmenschen erleben. Christen müssen in den Augen der das christliche Haus besuchenden und beobachtenden Nichtchristen „besonnen" leben (Tit 1,8; 2,2.4-6.12 und dann bes. 2,5.8.10). Kein Paulusbrief sonst gebraucht „Besonnenheit" als Leitwort der gemeindeinternen Ethik im Haus. Schon der 1. Timotheusbrief wählt für Fortgeschrittene stattdessen als Leitwort *Eusebeia*, d. h. der Brief fordert nicht nur einen Glauben, der – laut Tit 1–2 – die angemessene, die „besonnene" Selbsteinschätzung und das Sich-Einfügen in alters-, standes- und geschlechtergemäßes persönliches Verhalten im Haus einübt, um in den Augen der Nichtchristen nicht als „verrückt" dazustehen. Der 1. Timotheusbrief fordert vielmehr schon einen Glauben, der als Ehrfurcht vor Gott in *allen* Beziehungen zu Menschen sichtbar und erlebbar wird. „Besonnenheit" wird nur im Briefteil Tit 1–2 für die besuchte Gemeinde im Haus gefordert. *Eusebeia* hingegen ist stattdessen wichtiges Leitwort sowohl in 1. Tim 1–3 = Gemeinde in der Öffentlichkeit als auch in 1. Tim 4–6 = Gemeinde intern.
Tit 3: Gemeinde in der Öffentlichkeit.
Titus erhält dafür Verhaltensregeln in 3,1-8.13f.: Alle Christen gemeinsam werden unterschiedslos als Mitglieder der antiken Stadtgesellschaft angewiesen, ihren Glauben an Gott und ihre Hoffnung auf das ewige Leben durch für „alle

---

[143] Näheres dazu Fuchs, Bisher unbeachtet.

Menschen" nützliche Werke zu leben und zu bezeugen.[144] Dies impliziert eine klare Distanzierung von denen, die nicht für alle Menschen „nützlich" leben wollen, sondern den öffentlichen Frieden stören und geltende Gesetze nicht respektieren (3,9-11). Im Übergang von Gemeinde intern (Tit 1–2) zu Gemeinde extern (Tit 3) wird mit Tit 2,10f.-14 die Superskriptio Tit 1,1 wieder aufgenommen: „Die Auserwählten Gottes" sind nun das „Eigentumsvolk (Christi)" und leben „besonnen" (= Tit 1–2), „gerecht und fromm" (= Tit 3).

3,12-15 = *Briefschluss* (Postskript):

Tit 3,12: Reisepläne des Apostels, Anweisungen für Titus, Benennung des zeitlichen Endes des Auftrags des Delegaten bei Ablösung durch einen Nachfolger.

Tit 3,13: Benennung der Briefüberbringer.

Tit 3,14: die in der ersten Missionsphase wichtigste Aufgabe der jungen Gemeinden Kretas ist missionsdienliche *Gastfreundschaft*. Sie ist schon die allererste Forderung eines aktiven Verhaltens nach außen hin, und zwar gefordert von den für die Gemeinde gastgebenden Hausbesitzern (wie Philemon in Kolossä: der Philemonbrief!), die als Christen im eigenen Haus Gottes entscheidende Hausverwalter und Gemeindeleiter geworden sind: Tit 1,7f. Gastfreundschaft war Basis urchristlicher Mission und Missionseinsätze[145] und von daher sind Tit 1,8 und 3,14 eine programmankündigende Briefklammer.

Tit 3,15: Grüße noch nicht an Brüder, sondern an Freunde im antiken Sinn, ferner ein Gnadenwunsch ausdrücklich für „alle". Der allen Christen damals als Jude bekannte Paulus schließt sich seit Tit 1,4 und mit dem Wir-Stil von 1,6 an bis 3,11 sowie im Kontext des Themas Reinheit mit Titus als Vorbilder der neuen Gemeinschaft aus Juden und Griechen zusammen. Diese durch die Reinwaschung Christi (2,14) entstandene Gemeinschaft verkörpern die beiden als Vorbilder für alle Kreter. Die Botschaft zwischen den Zeilen ist auch prophylaktisch: Der Grieche Titus und ich, der Jude Paulus, wir leben, was ihr miteinander glauben dürft. „Wir" getauften Christen sind ein Volk Christi, egal, was zukünftig Beschneidungsprediger auf Kreta verkündigen mögen. Wir sind nicht mehr „verhasst, einander hassend" (3,3). In Tit 3,15, nicht aber in 1. Tim 6,20f. oder 2. Tim 4,19-22, wird mit dem dreifach betonten „es grüßen dich *alle*, die bei mir sind. Grüße *alle*, die uns lieben im Glauben. Die Gnade sei mit euch *allen*" letztmalig die gesamte Christenheit aller Getauften Kretas und bei Paulus ausdrücklich zu einer neuen Einheit zusammengeschlossen – die seit 1,1 „die Auserwählten Gottes" sind und bis 2,12-14 als besonnen, gerecht und fromm lebendes „Eigentumsvolk Christi" instruiert werden. Der Brief begann mit dem Blick auf die „Auserwählten Gottes": 1,1. Die Briefmitte thematisiert

---

[144] Vgl. ähnlich die „Bürger" in Phil 1,27-4,5.8, die auf den Retter warten wie die getauften Bürger Kretas: Tit 2,11–3,8.

[145] Gehring, Hausgemeinde, 315–328.

diese Gruppe explizit: 2,[11-]14 und der Brief endet mit dem Segen und Gruß für betont das *eine* Volk „aller" Glaubenden auf Kreta und in der Welt.

4.2.3.14 Schlussbemerkungen

Bisherige Untersuchungen der Unterschiede der drei „Pastoralbriefe" wie die hier mitberücksichtigten Arbeiten von beispielsweise K.-H. Ostmeyer, B. Mutschler und M. Engelmann gehen nicht weit genug. Mutschler etwa bleibt – man möchte fast sagen: wider besseres Wissen um die erheblichen Unterschiede der „Pastoralbriefe" – bei der Corpus-Theorie, Ostmeyer stellt sie infrage und Engelmann gibt sie auf. Aber alle drei Studien befassen sich nur mit einer zu knappen Auswahl von Unterschieden.

Ostmeyer fragt – dem Thema seines Buches entsprechend – nur nach Sprache und Inhalten der sehr unterschiedlichen Gebete im 1. und 2. Timotheusbrief und stellt fest, dass der Titusbrief gar keine Gebete enthält. Aber er versucht keine Interpretation der Unterschiede.

Mutschler befasst sich ausschließlich mit dem Glauben in den „Pastoralbriefen". Er stellt die Verschiedenheit der Aussagen zum Glauben in den „Pastoralbriefe" fest. Beeindruckend arbeitet er z. B. heraus, dass der 1. Timotheusbrief allein und intensiv in eine Auseinandersetzung mit anderen Weltanschauungen hinein zielt, sowie – gegen den Mainstream – dass die „Pastoralbriefe" in ihrer Glaubenslehre eine viel größere Nähe zu „Paulus" aufweisen, als man es bisher annahm. Dabei setzt er allerdings voraus, was er noch beweisen müsste, nämlich dass die drei Briefe ein zusammengehörendes Corpus seien.

Engelmann untersucht zwar ein erheblich breiteres Spektrum von Unterschieden der „Pastoralbriefe". Sie untersucht deren Christologie, Ekklesiologie, Häresiologie und Paulusbild. Aber sie unterlässt es auf diesem Weg der Beschränkung einerseits von vornehrein, etliche Interpretationsvorschläge anderer Forscher zur viel größeren Verschiedenheiten der „Pastoralbriefe" zu diskutieren.[146] Andererseits übergeht sie sogar in den wenigen von ihr ausgewählten Themenbereichen zahlreiche Unterschiede, die Forscher vor ihr feststellten, deren Arbeiten sie aufnimmt. Diese würden ihrer Theorie vermutlich erhebliche Schwierigkeiten bereiten. Wie Ostmeyer und Mutschler bleibt Engelmann ferner bei der unbefriedigenden Vergleichsmethode der drei Briefe mit einem nicht klar definierten „Paulus". Ein Vergleich mit immer nur einzelnen Paulusbriefen unterbleibt. „Konsequent" setzt Engelmann darum auch die Argumente der Einleitungswissenschaft des Mainstreams für die Pseudonymität der „Past" vo-

---

[146] Man vergleiche die von mir oben unter 4.2.1.1 in Fußnote 4 aufgeführten Studien zur Verschiedenheit der „Pastoralbriefe" mit der Literatur zum Thema, die Engelmann in ihrem Buch nur in geringerer Auswahl überhaupt erwähnt und dann in noch geringerer Auswahl intensiver diskutiert.

raus[147], obwohl sie gegen den Mainstream dessen Basis der Kritik verlässt, eben die Vermengung der „Pastoralbriefe" zu einem Corpus Pastorale und den Vergleich dieses „Corpus" mit „Paulus". Engelmann müsste für jeden einzelnen der drei Briefe, die sie je einem anderen Autor zuschreibt, den separaten Nachweis der Unechtheit versuchen, die sie ohne Argumente voraussetzt. Immerhin wollen alle drei Briefe von Paulus geschrieben sein, und Engelmann weist nach, dass besonders der 2. Timotheusbrief dem inhaltlich und sprachlich gerecht werden könnte. Zu diesem Ergebnis kommen auch zahlreiche andere Exegeten, die den 2. Timotheusbrief ganz unterschiedlich an den unumstrittenen „Protopaulinen" messen.[148]

Die vorliegende Untersuchung möglichst vieler Unterschiede der paulinischen Mitarbeiterschreiben versuchte aufzuzeigen, dass sich alle inhaltlichen, sprachlichen und formalen Unterschiede der Briefe des Paulus an Timotheus und Titus zu einem harmonischen Gesamtbild zusammenfügen, sobald man bei der Lektüre von der historische Echtheit der drei Briefe ausgeht, d. h. von einer authentischen Abfassung durch den immer hermeneutisch denkenden Lehrer Paulus (1. Kor 9,20-22; 10,32–11,2), wahrscheinlich unterstützt vom Hermeneuten Lukas. Eine Abfassung durch Paulus ist die Hauptursache für die Unterschiede zwischen den Briefen, denn dieser besondere Absender schreibt real sehr unterschiedlichen Adressaten aus je ihrer Sicht. Er verwendet oft ihre Sprache. Er berücksichtigt den Bildungsstand der sehr verschiedenen Gemeinden. Er schreibt vor allem auch mit Rücksicht auf ihre unterschiedlichen historischen Situationen.[149]

---

[147] Engelmann, Unzertrennliche Drillinge?, u. a. 107–117.
[148] So etwa Richards, Differences; Aageson, Paul, oder Kenny, Stylometric Studies, 99f.
[149] Vgl. zur Echtheitsdebatte Jacob Thiessen in diesem Buch unter 4.3.

4.3 Die Verfasserfrage der Briefe an Timotheus und Titus

4.3.1 Einführung – aktueller Stand und Selbstzeugnis

Schmidt äußerte im Jahr 1804 Zweifel an der Echtheit des 1. Timotheusbriefs[1], Schleiermacher bestritt drei Jahre später die Echtheit dieses Briefs[2], und Eichhorn dehnte diese Ablehnung der Echtheit auf alle Pastoralbriefe aus[3]. Heute werden die Pastoralbriefe in der neutestamentlichen Einleitungswissenschaft zumindest im deutschsprachigen Raum in der Regel als pseudepigrafische Schreiben aufgefasst, obwohl es nach wie vor Befürworter der Authentizität gibt.[4] Gemäß Stuhlmacher scheinen die Pastoralbriefe „auf Briefe zurückzugehen, die Paulus während seiner Gefangenschaften an Timotheus und Titus geschrieben hat".[5] Er ergänzt:

> „In ihrer heutigen Form stellen sie Lehrbriefe dar, die (geraume Zeit) nach dem Martyrium des Apostels zu testamentarischen Verfügungen und Kirchenordnungen ausgestaltet worden sind, um einen Damm gegen die in den paulinischen Gemeinden aufkommende Gnosis (vgl. 1Tim 6,20) zu bauen."[6]

Andererseits setzt der 1. Clemensbrief offenbar die Pastoralbriefe bereits voraus[7], und bei Ignatius finden wir Anspielungen an die Pastoralbriefe[8]. Insgesamt wurden die Briefe in der frühen Kirchengeschichte als von Paulus geschrieben betrachtet.[9]

Auch das Selbstzeugnis der Briefe ist deutlich. Paulus wird jeweils als Verfasser angegeben. Nach 1. Tim 1,1 ist „Paulus, Apostel Christi Jesu nach Befehl Gottes, unseres Heilandes, und Christi Jesu, unserer Hoffnung …" Verfasser (vgl. 1. Tim 1,2.13.18; 2,7). Er war Lästerer und Verfolger der Gemeinde (1. Tim 1,13) und ist nun „Herold und Apostel", ein „Lehrer der Nationen in Glauben und Wahrheit" (1. Tim 2,7). Timotheus ist sein „rechtmäßiges Kind" (1. Tim 1,2; vgl. Tit 1,4; 1. Tim 1,18). Auch in 2. Tim 1,1 wird „Paulus, Apostel Christi Jesu durch Gottes Willen nach Verheißung des Lebens, das in Christus

---

[1] Schmidt, Historisch-kritische Einleitung, 1809.
[2] Schleiermacher, Ueber den sogenannten ersten Brief, 1807.
[3] Eichhorn, Einleitung, 312–410.
[4] Vgl. dazu u. a. Reicke, Re-examining, 51ff., 68ff., 85ff. und 105ff.; ders., Chronologie, 82ff.; Carson/Moo, Einleitung, 671ff.; DeSilva, Introduction, 733ff.; Guthrie, Introduction, 607ff.; ders., Pastoral Epistles, 1956, 41ff.; Harrison, Problem, 20ff.; Johnson, Timothy, 64ff.; Mounce, Pastoral Epistles, XLVIff.; Mauerhofer, Einleitung 2, 170ff.; Michaelis, Einleitung, 238ff.; Neumann, Authenticity, 167ff.; Neudorfer, Timotheus, 15ff.; ders., Titus, 18ff.; Weißenborn, Apostel, 361ff.
[5] Stuhlmacher, Theologie 2, 3.
[6] Ebd.
[7] Vgl. dazu u. a. Thiessen, Rezeption, 298; Looks, Das Anvertraute bewahren, 78–123.
[8] Vgl. dazu u. a. Thiessen, Rezeption, 313; Looks, Das Anvertraute, 125–152.
[9] Vgl. dazu auch Mauerhofer, Einleitung 2, 168–170.

Jesus ist ..." als Verfasser angegeben. Er ist offenbar jüdischer Abstammung (vgl. 2. Tim 1,11), ist gefangen (2. Tim 1,8; 2,9) und weiß um sein baldiges Abscheiden (2. Tim 4,6ff.). Timotheus ist sein „geliebtes Kind" (2. Tim 1,2; vgl. 2. Tim 2,1), das nicht nur durch den Verfasser zum Glauben gekommen, sondern auch durch ihn in der Lehre unterwiesen worden (vgl. 2. Tim 2,2) und dem Verfasser sogar in Verfolgungszeiten gefolgt ist (2. Tim 3,10f.). Der Verfasser kennt die Familie des Timotheus (2. Tim 1,5) und weiß, dass Timotheus die Heiligen Schriften bereits vom „Säuglingsalter" (ἀπὸ βρέφους) an kennt (2. Tim 3,15). Ebenso nennt Tit 1,1 „Paulus, Knecht Gottes, aber Apostel Jesu Christi nach dem Glauben der Auserwählten Gottes und nach der Erkenntnis der Wahrheit, die der Gottseligkeit gemäß ist ..." als Verfasser. Gott hat ihm sein Wort, das er durch die Verkündigung offenbart hat, „nach Befehl unseres Heilandes-Gottes" anvertraut (vgl. dazu auch 1. Tim 2,3; 2. Tim 1,10; Tit 1,4; 3,4.6). Auch Titus ist sein „rechtsmäßiges Kind" (Tit 1,4). Paulus hat ihn in Kreta zurückgelassen, „damit du, was noch mangelte, in Ordnung bringen und in jeder Stadt Älteste anstellen solltest, wie ich dir geboten hatte" (Tit 1,5).

Im Folgenden sollen die Argumente gegen und für die Echtheit der Pastoralbriefe dargelegt und bewertet werden.

4.3.2 Einwände gegen die Echtheit der Pastoralbriefe und Stellungnahme

4.3.2.1 Die äußeren Daten der Pastoralbriefe

Gegen die Echtheit der Pastoralbriefe werden oft die *äußeren Daten* ins Feld geführt. So bemerkt beispielsweise Schnelle, dass die „in den Briefen vorausgesetzte historische Situation ... sich weder mit den Angaben der Apg noch der Protopaulinen in Übereinstimmung bringen" lasse.[10] Als Verfasser des Titusbriefs komme Paulus nicht in Frage, „denn von der im Brief vorausgesetzten gemeinsamen Mission auf Kreta und einer Überwinterung des Paulus in Nikopolis (Tit 3,12) berichten weder die authentischen Paulusbriefe noch die Apg".[11] Häfner hält dagegen fest: „Aufgrund der Lückenhaftigkeit unserer Kenntnis zum Wirken des Paulus können die Eigenheiten der biographischen Notizen in den Past für sich genommen keinen Zweifel an der Autorschaft des Paulus begründen."[12]

Es gibt Grund zur Annahme, dass Paulus nach der zweijährigen Gefangenschaft in Rom (vgl. Apg 28,30f.) wieder freigelassen wurde.[13] Nach Michaelis besteht

---

[10] Schnelle, Einleitung, 406; vgl. auch z. B. Conzelmann/Lindemann, Arbeitsbuch, 238f.; Kümmel, Einleitung, 330ff.; Lohse, Entstehung, 61; Vielhauer, Literatur, 223; Wikenhauser/Schmid, Einleitung, 517ff.

[11] Schnelle, Einleitung, 406.

[12] Häfner, Pastoralbriefe, 459.

[13] Vgl. dazu auch die Ausführungen unten Abschnitt 3.2.4. Die Apostelgeschichte des

für „den Fall, dass die Past echt (und einheitlich) sein sollten, ... nur die Möglichkeit, dass sie nach der Zeit von Apg 28, 30f geschrieben sind".[14] Die Möglichkeit, dass die Pastoralbriefe somit nach dieser Freilassung geschrieben wurden, darf auf jeden Fall nicht von Anfang an ausgeschlossen werden.

Gemäß Mauerhofer hätte ein Fälscher „wohl versucht, die persönlichen Bezüge und die Aussagen zur Situation des Paulus deutlich in die Daten der Apg einzuordnen".[15] Dabei ist zu beachten, dass 2. Tim 3,11, wonach Timotheus dem Paulus „in den Verfolgungen, die mir in Antiochia, in Ikonien, in Lystra (ἐν Ἀντιοχείᾳ, ἐν Ἰκονίῳ, ἐν Λύστροις) geschahen", gefolgt ist, indirekt den Bericht in Apg 16,1f. bestätigt, wonach Timotheus offensichtlich aus Lystra stammte, demnach auf der ersten Missionsreise des Paulus zum Glauben an Jesus Christus gelangt sein muss und „von den Brüdern in Lystra und Ikonien" ein gutes Zeugnis empfing. Ein Fälscher hätte die Beziehung deutlicher hergestellt, falls er die Echtheit hätte vortäuschen wollen.

Andererseits ist der Versuch, die Abfassung des 1. Timotheusbriefs und des Titusbriefs auf die 3. Missionsreise zu datieren[16], ernsthaft zu prüfen. Auf jeden Fall hätte ein Pseudepigraf sorgfältig darauf geachtet, dass die äußeren Daten das Schreiben nicht als „unecht" entlarven. Zudem darf der Tatsache, dass in der Apostelgeschichte nichts darüber berichtet wird, nicht zu viel Gewicht beigemessen werden. Es ist offensichtlich, dass die Apostelgeschichte bei weitem nicht alles aus dem Wirken des Paulus berichtet.[17] Bei den Paulusbriefen handelt es sich nicht um Tätigkeitsberichte des Apostels, weshalb wir manches aus seiner Tätigkeit mehr oder weniger „zufällig" erfahren, vieles aber auch unerwähnt bleibt.

Lukas ist u. a. mit Harnack und Mittelstaedt auf 62 n. Chr. zu datieren (vgl. Harnack, Neue Untersuchungen, 70ff.; Mittelstaedt, Lukas als Historiker, 49ff.; vgl. auch u. a. Thiessen, Stephanusrede, 1ff.; ders., Verfasserschaft, 241ff.).

[14] Michaelis, Einleitung, 249; anders z. B. van Bruggen, Die geschichtliche Einordnung, 17ff.

[15] Mauerhofer, Einleitung 2, 171

[16] Vgl. dazu Fuchs unten unter 4.4; vgl. auch z. B. van Bruggen, Die geschichtliche Einordnung, 17ff.; Fuchs, Unerwartete Unterschiede, 5ff.; ders., Eine vierte Missionsreise, 33–58.

[17] So heißt es z. B. in Apg 20,1f. zusammenfassend: „Nachdem aber der Tumult [in Ephesus] aufgehört hatte, rief Paulus die Jünger zu sich und ermahnte sie; und als er Abschied genommen hatte, ging er fort, um nach Mazedonien zu reisen. Als er aber jene Gegenden durchzogen und sie mit vielen Worten ermahnt hatte, kam er nach Griechenland." Aus den Paulusbriefen (2. Korintherbrief und Römerbrief) erfahren wir dazu einige Details. So muss z. B. die Verkündigung des Evangeliums in Illyrien (vgl. Röm 15,19) in diese Zeit fallen. Insgesamt umfasste die Zeit, die in Apg 20,2 mit einem „Nebensatz" beschrieben wird, offenbar etwa ein Jahr.

4.3.2.2 Sprache und Stil der Pastoralbriefe

Weiter sollen sich *Sprache und Stil* der Pastoralbriefe zu stark von den „echten" Paulusbriefen unterscheiden. Auffallend ist nach Schnelle „die große Zahl der Hapaxlegomena: 66 im 1Tim, 60 im 2Tim und 32 im Tit".[18] Auch Schelkle erkennt einen erheblichen Unterschied in Sprache und Stil zwischen den Pastoralbriefen und den „großen Kampfbriefen" des Paulus. Anders als die „oft leidenschaftliche, agressive Rede des Paulus" sei „die Sprache der Pastoralbriefe ruhig; ihr Stil ist einfach und schlicht", und zwar „in allen Pastoralbriefen gleich".[19] Und nach Morgenthaler müssten die Pastoralbriefe

> „mit ihrem zusammengefassten Wortbestand von 3484 Worten normalerweise eine Sondergutwortzahl aufweisen, die ungefähr in der Mitte zwischen denjenigen für den 2. Korintherbrief und den Galaterbrief liegt, also um 130 herum. Faktisch weisen sie aber 335 Sondergutvokabeln auf, gut 50 mehr als der doppelt so lange Römerbrief! Das ist nun freilich eine Zahl, die sehr kräftig für die Unechtheit der Pastoralbrief spricht".[20]

Zu solcher Wortstatistik wurde bereits Stellung genommen.[21] Zu beachten sind die neue Situation, der jeweils behandelte Gegenstand und die unterschiedlichen Empfänger.[22] Zudem ist zu beachten, dass wir auch in den „echten" Paulusbriefen einen großen Unterschied in Sprache und Stil vorfinden.[23] Insgesamt sind Sprache und Stil der Pastoralbriefe kaum weniger „leidenschaftlich" und „agressiv" als einzelne „echte" Paulusbriefe im Neuen Testament. Man kann es auch umgekehrt formulieren: Nicht alle Paulusbriefe sind so „leidenschaftlich" und „agressiv" wie der Galaterbrief.

Andererseits bemerkt Reicke richtig:

> „Es bedeutet einen primitiven Anachronismus, zu behaupten, jemand hätte dreißig, fünfzig oder neunzig Jahre nach dem Tode des Paulus sich die Mühe gegeben, aus der Apostelgeschichte und den Paulusbriefen einige Namen und Daten herauszupicken, um die Zeitgenossen mit gefälschten Paulusbriefen an Privatpersonen zu be-

---

[18] Ebd.; vgl. auch z. B. Conzelmann/Lindemann, Arbeitsbuch, 240; Kümmel, Einleitung, 327ff.; Lohse, Entstehung, 62; Vielhauer, Literatur, 223; Wikenhauser/Schmid, Einleitung, 521ff.

[19] Schelkle, Paulus, 144.

[20] Morgenthaler, Statistik, 38.

[21] Vgl. 4.1.10.

[22] Vgl. auch Michaelis, Einleitung, 240f.; Spicq, Les Épîtres Pastorales 1, 179–200. Nach Michaelis, der auf Thörnell verweist, kehren „zahlreiche Merkmale paulinischen Sprachgebrauchs in den Past" wieder und „Wortschatz und Stil der Past" sind „in weitestem Maß durch Par in den anderen Pls-Briefen gedeckt" (Michaelis, Einleitung, 241).

[23] Vgl. dazu auch u. a. Guthrie, Pastoral Epistles, 1956, 41ff.; Harrison, Problem, 20ff.

glücken, ohne sich über derartige Antiquitäten hinaus um eine überzeugende Imitation der paulinischen Ausdrucksweise und Begriffswelt zu kümmern."[24]

Und Michaelis ergänzt:

„Wenn Sprache und Stil der Past in sehr hohem Maße paulinischen Charakter tragen[25], dann scheidet jedenfalls die Möglichkeit aus, dass sie unecht sein könnten in dem Sinn, dass hier ein Verf schreiben würde, dessen eigener, von dem des Pls unterschiedener Stil sofort und überall kenntlich machen würde, dass Pls als Verf von vornherein ausscheide."[26]

Jaroš stellt fest, dass Paulus „souverän die gehobene Umgangssprache der Koine" beherrscht und „einen großen, zum Teil auch seltenen Wortschatz" augewiesen und auch viele neuen Wörter (Neologismen) geprägt habe.[27] Auch die drei Pastoralbriefe gehören nach ihm „trotz einiger Stilunterschiede sprachlich" zu der Gruppe, deren Sprachstil er als Sprachstil des Corpus Paulinum ausgewiesen hat.[28] Auch Reiser weist auf „eine Reihe von semantischen Neuprägungen" im Wortschatz der Pastoralbriefe hin, „die später zum geläufigen christlichen Wortschatz gehören".[29] Diese Tatsache spricht jedoch stark für Paulus, da Paulus für die Bildung von Neologismen bekannt ist.[30]

Weißenborn „muss" seinerseits „davon ausgehen, dass zwischen den übrigen Paulusbriefen und denen an Timotheus und Titus auch sprachlich und stilistisch eine Entwicklung liegt".[31] Das werde jedoch für die Vertreter einer paulinischen Verfasserschaft erst dann zum Problem, „wenn man nachweisen könnte, dass diese Entwicklung zu den Lebzeiten des Apostels nicht möglich gewesen ist. Dieser Nachweis ist bisher freilich nicht erbracht worden".[32]

---

[24] Reicke, Chronologie, Sp. 83.
[25] Vorher hatte Michaelis darauf hingewiesen, „daß zahlreiche Merkmale paulinischen Sprachgebrauchs in den Past wiederkehren und anderseits Wortschatz und Stil der Past in weitestem Maß durch Par in den andern Pls-Briefen gedeckt sind" (Michaelis, Einleitung, 241).
[26] Michaelis, Einleitung, 241; vgl. auch Fuchs, Unerwartete Unterschiede, 176ff. sowie die Ausführungen oben.
[27] Jaroš, Das Neue Testament, 149; zu den Neologismen bei Paulus vgl. auch Reiser, Sprache, 70f.; Buchegger, Neologismen, 13–35. Buchegger zählt „eine Höchstanzahl von 94 ‚potenzielle[n] Wortneubildungen' des Paulus", wovon 66 „aus statistischer Sicht mit grosser Wahrscheinlichkeit bei Paulus zum ersten Mal belegt" seien – ohne die Pastoralbriefe sowie den Epheserbrief- und den Kolosserbrief 53 bzw. 42 (ebd., 30).
[28] Jaroš, Das Neue Testament, 151.
[29] Reiser, Sprache, 82.
[30] Vgl. dazu ebd., 70f.
[31] Weißenborn, Apostel, 370.
[32] Ebd.; vgl. auch u. a. Guthrie, Introduction, 633–636.

Der unterschiedliche Sprachstil wird manchmal durch die *Sekretärshypothese* erklärt. Dazu meint Michaelis, dass die drei Briefe „zu sehr verschiedenen Zeiten und von sehr verschiedenen Orten aus geschrieben" sind.

> „Sollte bei ihnen allen der gleiche Sekretär seines Amtes gewaltet haben (nur in diesem Fall vermag die Sekretärshypothese die Verwandtschaft der Past untereinander zu erklären), so müsste dieser Mitarbeiter des Pls mithin während geraumer Zeit sein ständiger Begleiter gewesen sein. Er hätte dann aber sowohl dem Tim wie dem Tit so weit bekannt sein müssen, dass, wenn er nicht schon im Präskript als Mitabsender genannt wäre, mindestens doch Grüße von ihm ausgerichtet würden."[33]

Auch für Häfner bleibt die Sekretärshypothese „eine unbeweisbare Vermutung".[34]

Was die Hapaxlegomena (nach Schnelle 66 im 1. Timotheusbrief [von 1594 Wörtern insgsamt[35]], 60 im 2. Timotheusbrief [von 1242 Wörtern insgsamt] und 32 im Titusbrief [von 661 Wörtern insgsamt])[36] betrifft, so ist auch zu beachten, dass der „echte" Philipperbrief 76 Wörter (von insgesamt 1633 Wörtern) enthält, die sonst in den „echten" Paulusbriefen nicht vorkommen.[37] Zudem bemerkt Häfner, dass die „erhobenen Werte ... von der Zusammenstellung der Briefe" abhängen.[38] „Ein signifikant hohes Sondervokabular ergibt sich für die Past nur, wenn man diese als Gruppe mit einzelnen Briefen vergleicht ... Mit rein statistischen Mitteln ist der unpaulinische Charakter der Sprache also nicht zu erweisen."[39] Das haben auch die Untersuchungen oben zum Wortschatz der Pastoralbiefe bezeigt.[40]

4.3.2.3 Die Ekklesiologie der Pastoralbriefe

Die *Gemeindeordnung* der Pastoralbriefe soll sich ebenfalls von der paulinischen Gemeindeordnung unterscheiden.[41] Schnelle bemerkt dazu:

> „Nicht mehr die Hausgemeinde, sondern die nach dem Modell des antiken Hauses gegliederte Ortsgemeinte (vgl. 1Tim 3, 15; 2Tim 2, 20 f; Tit 1, 7) bildet die vorherr-

---

[33] Michaelis, Einleitung, 243.
[34] Häfner, Pastoralbriefe, 460.
[35] Nach dem Text der 28. Auflage des *Novum Testamentum Graece* von Nestle-Aland.
[36] Schnelle, Einleitung, 406; vgl. auch z. B. Conzelmann/Lindemann, Arbeitsbuch, 240; Kümmel, Einleitung, 327ff.; Lohse, Entstehung, 62; Vielhauer, Literatur, 223; Wikenhauser/Schmid, Einleitung, 521ff.
[37] Vgl. Mauerhofer, Einleitung 2, 139; vgl. dazu auch Harrison, Problem, 20.
[38] Häfner, Pastoralbriefe, 459.
[39] Ebd.
[40] Vgl. oben unter 4.1.10.
[41] Vgl. z. B. Kümmel, Einleitung, 335ff.; Lohse, Entstehung, 64; Vielhauer, Literatur, 229; Wikenhausen/Schmid, Einleitung, 528ff.; Niebuhr, Paulusbriefsammlung, 286. Zur Stellungnahme vgl. auch die Ausführungen von Fuchs oben unter 4.2.3.8.

schende Organisationsstruktur. Episkopen, Presbyter und Diakone werden durch Handauflegung anderer kirchlicher Autoritäten auf Dauer in ihr Amt eingeführt, und sie haben das Recht auf Unterhalt (vgl. 1Tim 1, 18; 3, 1–7.8–13; 4, 14; 5, 17–22; 2Tim 1, 6; 2, 1 f; Tit 1, 5-9). Die charismatisch-funktionale Gemeindestruktur des Paulus (vgl. 1Kor 12, 4–11.28 f; Röm 12, 3–8) wurde durch ein System von Amtsträgern ersetzt."[42]

Er ergänzt: *„Der Episkopos steht nicht mehr nur einer Hausgemeinde vor, sondern ihm obliegt die Leitung einer Ortsgemeinde*, umgeben von Diakonen und Verantwortung wahrnehmenden Ältesten."[43] Gemäß Häfner gibt es zudem in den „unumstrittenen echten Paulusbriefen" die Funktion von Verantwortlichen nicht, wie sie in den Pastoralbriefen vertreten werde, „auch nicht in Phil 1,1 (,Episkopen und Diakone') und Röm 16,1f. (Phoebe als Diakon)".[44] Zwar spreche Paulus

„von Vorstehern (1 Thess 5,12) und vom Charisma der Leitung (1 Kor 12,28), doch steht diese nur kurz gestreifte Personengruppe der Gemeinde nicht so gegenüber, dass sie für Paulus in seinen Briefen zum eigentlichen Ansprechpartner werden könnte ... Dies stellt einen *fundamentalen* strukturellen Unterschied zu den Past dar".[45]

In den paulinischen Gemeinden gab es jedoch offenbar von Anfang an leitende „Ämter" bzw. „Dienste" (διακονία), wobei bereits 1. Thess 5,12 zeigt, dass es sich dabei um ein Team handelt (vgl. auch z. B. Röm 12,8; Phil 1,1; Apg 14,23; 20,17ff.).[46] Es ist auffallend, dass Paulus in Phil 1,1 ausdrücklich die „Aufseher und Diakone" (σὺν ἐπισκόποις καὶ διακόνοις) anspricht, obwohl der Brief an die Gesamtgemeinde gerichtet ist. Grund für diese „Ausnahme" in den Paulusbriefen ist offenbar, dass es in dem Schreiben wesentlich um die finanzielle Unterstützung durch die Gemeinde geht und dass dafür die „Verantwortlichen" gleich speziell angesprochen werden. Zudem sind auch die Pastoralbriefe nicht an eine Gemeindeleitung (Ältestenrat) gerichtet, sondern an einzelne Mitarbeiter des Apostels, die er vorübergehend (!) an gewisse Orte versetzt hat, damit sie dort die Gemeindeleitung (neu) ordnen. Es handelt sich also keineswegs um „Personengruppen der Gemeinde", welche „zum eigentlichen Ansprechparnter werden".

Der Begriff ἐπίσκοπος („Aussecher, Bischof") erscheint bereits in Phil 1,1 (im Plural). Pilhofer zeigt, dass es Sinn macht, den Gebrauch des Begriffs in der Gemeinde von Phi-

---

[42] Schnelle, Einleitung, 406.
[43] Schnelle, Theologie, 559.
[44] Häfner, Pastoralbriefe, 461.
[45] Ebd.
[46] Vgl. auch Guthrie, Introduction, 624ff.; Michaelis, Einleitung, 244f.; Mauerhofer, Einleitung 2, 174f.; Mounce, Pastoral Epistles, LXXVIff.; Fuchs, Unerwartete Unterschiede, 203ff.

lippi aus den Gegebenheiten vor Ort selbst abzuleiten.[47] Gerade in Philippi spielten „Ämter" für die Identität der Leute offenbar eine wichtige Rolle (so z. B. in den Vereinen).[48] So hatten z. B. die Anhänger des Thrakischen Reiters nur in Philippi *procuratores* als ihre Funktinäre.[49] Diese „waren nicht irgendwelche Beamte, sondern sie hatten Leitungsfunktion inne".[50] Obwohl die kaiserlichen *procuratores* in griechischen Texten als ἐπίτροποι bezeichnet werden, nimmt Pilhofer an, dass die christliche Gemeinde in Philippi den Begriff ἐπίσκοπος als Pendant zum Begriff *procurator* gewählt hat.[51] Das macht m. E. Sinn. Das bedeutet jedoch nicht, dass die Personen in der Leitung in anderen Gemeinden erst viel später als ἐπίσκοποι bezeichnet wurden. In Ephesus war diese „Amtsbezeichnung" offenbar schon früh neben der Bezeichnung als „Älteste" (πρεσβύτεροι) bekannt (vgl. Apg 20,17.28).[52] Da die Apostelgeschichte von Lukas um 62 n. Chr. abgeschlossen worden sein muss – wie schon Adolf von Harnack nach intesniver Forschung gezeigt hat[53] –, ist ausgeschlossen, dass der Begriff ἐπίσκοπος in den paulinischen Gemeinden außerhalb von Philippi erst um 100 n. Chr. verwendet wurde. Zudem legt Apg 20,17 nahe, dass die gängige Bezeichnung in Ephesus πρεσβύτερος gewesen sein muss, während Paulus in Apg 20,28 gezielt die Verantwortung des „Amtes" als ἐπίσκοπος als hervorhebt. Dies ist verständlich, da Ephesus im Gegensatz zu Philippi offenbar von Anfang an einen größeren jüdischen Anteil an Mitgliedern hatte.[54]

Angesichts der Feststellung von Schnelle fragt sich, wann der „Aufseher" (ἐπίσκοπος) lediglich „nur einer Hausgemeinde" vorstand. Zudem wurde bereits dargelegt, dass die „Aufseher" in den Pastoralbriefen wie auch anderswo im Neuen Testament offenbar mit den „Ältesten" identisch sind (vgl. z. B. Apg 20,17 mit Apg 20,28), sodass nicht nur je ein „Aufseher" einer Gemeinde vorstand, sondern jeweils ein Team. Auch in den Pastoralbriefen sind die „Aufseher" (ἐπίσκοποι) offensichtlich noch mit den „Ältesten" (πρεσβύτεροι) identisch, wie u. a. ein Vergleich von Tit 1,5 mit Tit 1,7 bei Beachtung des begrün-

---

[47] Vgl. Pilhofer, Philippi 1, S. 141ff.
[48] Vgl. ebd., S. 142ff.
[49] Vgl. ebd., S. 145f.
[50] Ebd., S. 146.
[51] Vgl. ebd.
[52] Auch im 1. Clemensbrief (vor 100 n. Chr.) werden die Begriffe ἐπίσκοπος und πρεσβύτερος als Synonyme verwendet (vgl. z. B. 1. Clem 42,5; 44,1.5; 54,2).
[53] Vgl. u. a. Harnack, Neue Untersuchungen, 1911.
[54] Interessant ist, dass Polykarp, der jüngere Freund des Ignatius, in der ersten Hälfte des 2. Jahrhunderts in einem Brief an die Gemeinde von Philippi keine „Aufseher", sondern nur „Älteste" (und Diakone) anspricht (vgl. Polykarp, Phili 5,3; 6,1), während bei Ignatius (um 108 n. Chr.) jeweils der eine „Aufseher" bzw. „Bischof" an der Spitze des Ältestenrats steht (vgl. z. B. Ignatius, Eph 2,2; 20,2; ders., Mag 2,1; 7,1; ders., Poly 6,1). Ob das wohl daran liegt, dass die „Amtsbezeichnung" als ἐπίσκοπος in Philippi (wo im Volk die Amtsbezeichnungen offenbar eine wichtige Rolle spielten; vgl. Pilhofer, Philippi 1, S. 141ff.) missbraucht wurde, sodass diese Bezeichnung später gerade hier, wo ihr christlicher Ursprung sein könnte, nicht mehr verwendet wurde?

denden γάρ („denn, nämlich") in Vers 7 deutlich macht. Schnelle bemerkt dazu, dass die „häufig kritisierte Ämterlehre der Past ... ebenfalls eine Neuinterpretation" verdiene. „Das sich bildende Bischofsamt ist ein wesentliches Intrument einer historisch notwendigen und theologisch legitimen Identitätssicherung."[55] Das war es für den Apostel Paulus jedoch augenscheinlich von Anfang an (vgl. z. B. Apg 14,23; Phil 1,1), und selbst in der Jerusalemer Gemeinde gab es neben den Aposteln schon früh auch Älteste (vgl. Apg 15,2.22f.). Claire Smith vergleicht die Pastoralbriefe in ihrer Dissetation mit dem 1. Korintherbrief und kommt zum Schluss, dass es sich bei den betroffenen Gemeinden um „Pauline Communities" handelt.[56]

Nach Michaelis spricht für die Echtheit „durchaus, dass der Unterschied zwischen der schon länger bestehende[n] Gemeinde von Ephesus und den noch jungen Gemeinden auf Kreta festgehalten ist", aber auch die Tatsache, „dass längst nicht alle Fragen des Gemeindelebens behandelt sind, die einer späteren Generation hätten wichtig sein müssen, zB nicht Taufpraxis und Abendmahlfeier (vgl. Did)".[57] Und nach Jaroš ist es „bestes paulinisches Gedankengut", das uns im 1. Timotheusbrief und im Titusbrief begegnet, „nicht nur darauf bedacht zu sein, die Evangelisierung der Ökumene voranzutreiben, sondern den Gemeinden eine auf apostolischer Tradition begründete Verfassung zu geben".[58] Zudem ist es sachlich nicht zutreffend, von „der Gemeindeordnung der Pastoralbriefe" zu reden, wie Johnson richtig betont.[59] Im 2. Timotheusbrief gibt es keine Bezugnahme auf eine solche „Gemeindeordnung", und in den Ausführungen des 1. Timotheusbriefs und des Titusbriefs gibt es größere Unterschiede, die auf jeweils unterschiedliche Gemeindesituationen hindeuten.

4.3.2.4 Weitere theologische Aspekte

Auch weitere *theologische Unterschiede* zu den „echten" Paulusbriefen werden als Argument gegen die Echtheit der Pastoralbriefe aufgeführt.[60] Schnelle stellt z. B. fest, dass „Begriffe wie ,Gerechtigkeit Gottes', ,Freiheit', ,Kreuz', ,Sohn Gottes' oder ,Leib Christi'" in den Pastoralbriefen fehlen.[61] Auch ließen sich „inhaltliche Verschiebungen feststellen. Während bei Paulus der Glaube als die Aneignungsform des Heils erscheint, dominiert im 1Tim der Glaubensinhalt als

---

[55] Schnelle, Theologie, 563.
[56] Smith, Pauline Communities, 2012.
[57] Michaelis, Einleitung, 245.
[58] Jaroš, Das Neue Testament, 165.
[59] Vgl. Johnson, Timothy, 75.
[60] Vgl. dazu auch Mauerhofer, Einleitung 2, 173f.
[61] Schnelle, Einleitung, 407f.

Lehrverkündigung".⁶² Häfner beobachtet „erhebliche Verschiebungen in der theologischen Begrifflichkeit", zudem sei

> „auch eine gegenüber Paulus andere eschatologische Perspektive zu konstatieren. Von Naherwartung und eschatologischer Spannung ist in den Past nichts zu spüren, obwohl die Erwartung der Wiederkunft Christi deutlich bezeugt wird (1 Tim 6,14; 2 Tim 4,1; Tit 2,13). Eine eschatologisch motivierte Distanz zur Welt (wie in 1 Kor 7,29–31) gibt es nicht".⁶³

Zudem erscheine der Begriff „Glaube" (πίστις)⁶⁴ „nicht im Gegensatz zu Gesetzeswerken, sondern wird vor allem verstanden als ‚Rechtgläubigkeit' und wie ‚Gerechtigkeit' mit Tugenden zusammengestellt".⁶⁵ Schnelle meint darüber hinaus feststellen zu können, dass im Glaubensbegriff „ein großer Abstand zu Paulus zu beobachten" sei.⁶⁶ Auffallend ist für Häfner angesichts des „starken Gewichts, das den Fragen von Ekklesiologie und Gemeindeleben zukommt, ... das Fehlen des *Leib-Christi-Begiffs*", was ebenfalls für die Verfasserfrage auswertbar sei.⁶⁷ Zudem sei die „Rede vom Gesetz (νόμος) ... abgekoppelt von der Frage nach seiner heilsgeschichtlichen Bedeutung".⁶⁸

Was die Verwendung von theologischen Begriffen betrifft, so ist z. B. zu beachten, dass der Begriff δικαιοσύνη („Gerechtigkeit") zwar im Römerbrief 34-mal erscheint, im langen 1. Korintherbrief jedoch nur ein einziges Mal gebraucht wird und z. B. im 1. Thessalonicherbrief überhaupt nicht erscheint.⁶⁹ Im Galaterbrief, der eine ähnliche Thematik wie der Römerbrief behandelt, wird der Begriff gerade nur viermal verwendet. Diese Tatsache zeigt, dass Paulus nicht einfach an gewisse Begriffe gebunden ist. Michaelis bemerkt zudem treffend in Bezug auf die Pastoralbriefe: „Ausgesprochen unpaulinische Aussagen, die eine Verleugnung des Gedankenguts der anderen Briefe bedeuten würden, begegnen nicht."⁷⁰ So werden das Nomen „Gerechtigkeit" (δικαιοσύνη) und „gerecht" (δίκαιος) in den Pastoralbriefen zwar vor allem in Bezug auf die „Tugend" des christlichen Lebens bezogen (vgl. z. B. 1. Tim 6,11; 2. Tim 2,22; 3,16; Tit 1,8), obwohl es auch Stellen gibt, die „typisch paulinisch" sind, zumindest dann, wenn man z. B. Röm 3,21ff. oder Phil 3,6.9 als Vergleichspunkt nimmt (vgl. Tit 3,5.7). Aber auch für den „ethischen Gebrauch" finden wir in anderen Paulusbriefen deutliche Parallelen.⁷¹

---

⁶² Ebd., 407.
⁶³ Häfner, Pastoralbriefe, 461.
⁶⁴ Vgl. dazu auch Kretschmar, Der paulinische Glaube, 115–140.
⁶⁵ Häfner, Pastoralbriefe, 461.
⁶⁶ Schnelle, Theologie, 551.
⁶⁷ Häfner, Pastoralbriefe, 461. Vgl. dazu auch u. a. Eisele, Der gemeinsame Glaube, 81.
⁶⁸ Häfner, Pastoralbriefe, 461.
⁶⁹ Vgl. auch u. a. Guthrie, Introduction, 630ff.; Mounce, Pastoral Epistles, LXXXIXf.
⁷⁰ Michaelis, Einleitung, 245; vgl. auch Fuchs, Unerwartete Unterschiede, 210ff.
⁷¹ Vgl. z. B. Röm 6,13.16.18f.; 14,17; 2. Kor 6,7.14; 9,10; Eph 5,9; 6,14; Phil 1,11; 4,8;

Was die „*eschatologische Spannung*" betrifft, so fällt es schwer, einen Unterschied z. B. zwischen 1. Tim 4,1ff. und 2. Tim 4,1ff. einerseits und den „echten" Paulusbriefen andererseits zu sehen (vgl. z. B. Röm 13,11-14). Zudem fällt es schwer, in 1. Kor 7,29-31 „eine eschatologisch motivierte Distanz zur Welt" zu erkennen, nicht aber z. B. in Tit 2,11f. Außerdem muss der Apostel die Aussage in 1. Kor 7,29ff. nicht immer wieder wiederholen, was ja auch in den „echten" Briefen nicht geschieht.

Die *Betonung der rechten Lehre* in den Pastoralbriefen „im Gegensatz zu Paulus" soll gegen die Verfasserschaft durch Paulus sprechen.[72] Damit verbunden soll sich die Auseinandersetzung mit den „Gegnern" in den Pastoralbriefen „*substantiell* von den unumstritten echten Paulusbriefen" unterscheiden. „Der bekämpften Position, unter starkem Einsatz von Stereotypen der Ketzerpolemik als falsch gebrandmarkt, wird einfach die ‚gesunde Lehre' entgegengesetzt".[73] Allerdings zeigen Stellen wie z. B. Röm 6,17 und 16,17 oder auch Gal 1,6-9, wie die „richtige" Lehre für den „echten" Paulus keine geringere Rolle spielt als für die Pastoralbriefe. Mehr als Paulus im Galaterbrief kann man die „rechte Belehrung" (vgl. 1. Tim 4,6: τῆς καλῆς διδασκαλίας) – die offenbar mit dem „Evangelium" identisch ist (vgl. z. B. 2. Tim 1,10; 2,8) – nicht betonen, auch wenn hier vom „Evangelium" gesprochen wird (vgl. Gal 1,6f.11). Auch im Galaterbrief kommt zudem deutlich zum Ausdruck, dass der „rechte Glaube" mit der „rechten Lehre" zusammenhängt.[74]

Außerdem wird in 1. Tim 1,10 (vgl. dazu auch 1. Tim 5,14) das Kompositum ἀντίκειμαι („entgegengesetzt sein") mit Bezug auf die „gesunde Belehrung" in einer gewissen Parallele zu Phil 1,28 gebraucht. Im Philipperbrief handelt es sich offensichtlich um Personen, die „dem Glauben/der Zuverlässigkeit des Evangeliums" widerstreben (vgl. Phil 1,27) und die sich damit als „Feinde des Kreuzes" erweisen, indem sie auf das Irdische sinnen (vgl. Phil 3,18f.). Und wie in 1. Tim 6,9 so wird auch in Phil 1,28 und 3,19 von dem „Verderben" (ἀπώλεια) dieser Leute gesprochen.

Kol 4,1. In 1. Tim 6,11 und 2. Tim 2,22 wird Timotheus aufgefordert, der Gerechtigkeit zu folgen, während die Empfänger des 1. Thessalonicherbriefs dazu aufgefordert werden, „allezeit dem Guten zu folgen" (1. Thess 5,15). Mit „dem Guten" ist dabei nichts anderes gemeint als „die Gerechtigkeit" in den Timotheusbriefen.

[72] Vgl. z. B. Lohse, Entstehung, 63; Vielhauer, Literatur, 228.
[73] Häfner, Pastoralbriefe, 460.
[74] Vgl. auch Stuhlmacher, Theologie 2, 27: „Schauen wir auf die Christologie (und die Anschauung vom Glauben) in der Paulusschule zurück, wird deutlich, *daß die vom Apostel begründete Schultradition nirgends bewußt verlassen, vielmehr aufgenommen, fortgeführt und in eine Form gebracht worden ist, die sie zum festen Bestandteil christlicher Tradition hat werden lassen.*"

Mutschler, der den Begriff „Glaube" in den drei Pastoralbriefen untersucht hat, stellt fest, dass „Unterschiede zwischen den einzelnen Briefen deutlich sichtbar" werden.[75] Schwach ausgeprägt sei in den Pastoralbriefen

> „die Bedeutungsnuance Glaube als ‚Rechtgläubigkeit und Lehre'. Dies überrascht um so mehr, als eine sehr gängige und hartnäckige Vorstellung dem Glaubensverständnis des Corpus Pastorale insgesamt einen veräußerlichten, ‚objektiven' Sinn zuschreibt. Dies ist aber ... eine theologische Klischeevorstellung, der man aufgrund der Ergebnisse dieser Untersuchung den Abschied geben sollte".[76]

Mit Merk vertritt Mutschler die Auffassung, dass „die Pastoralbriefe" im Glauben den Zugang zur Christologie sehen und „hier theologisch mit dem ersten Thessalonikerbrief in einer Reihe" stehen,[77] wobei allerdings zu beachten ist, dass der Titusbrief den Glauben nirgends mit Jesus Christus in Verbindung bringt (vgl. z. B. Tit 3,8). Mutschler belegt also einerseits, dass der Begriff „Glaube" nicht einfach im „Corpus Pastorale" im Gegensatz zu Paulus verwendet wird, sondern dass jeder Brief den Begriff aus einer besonderen Situation heraus verwendet, und andererseits zeigt er die Parallelen zu den unbetrittenen Paulusbriefen auf.

In Bezug auf den *Glaubensbegriff* weist auch Eisele darauf hin, dass die „paulinische Rechtfertigungslehre" in den Pastoralbriefen „der Sache nach unverfälscht rezipiert" werde, wobei er auf 2. Tim 1,8-10 und Tit 3,3-7 verweist, auch wenn dabei „die Formulierung der entsprechenden Passagen ohne den Begriff des Glaubens" auskomme (vgl. allerdings z. B. 1. Tim 1,16 und 2. Tim 3,15!).[78] Ein Vorgehen, das deshalb „die Glaubensauffassung der Pastoralbriefe gegenüber derjenigen der echten Paulusbriefe ... als defizitär und wenig profiliert" empfindet, sei „abzulehnen, wenn dadurch die paulinische Formulierung des Glaubens zum alleinigen Maßstab für jeglichen christlichen Begriff vom Glauben erhoben werden soll".[79] Eisele stellt aber auch die Frage, ob man mit Recht so einseitig von der „paulinischen Formulierung des Glaubens" sprechen kann.

Löhr weist zudem richtig darauf hin, dass der Glaube (πίστις) im Neuen Testament „semantisch nicht auf das Fürwahrhalten von (logisch oder empirisch nicht einwandfrei verifizierbaren) Glaubenstatsachen begrenzt werden" könne.[80] Er betont in diesem Zusammenhang, dass der Begriff πίστις auf Grund des „prägenden Gebrauchs" in der LXX meist mit „Treue, Zuverlässigkeit" wiederzugeben sei, was mit der pagan-griechischen Semantik des Begriffs. „Entspre-

---

[75] Mutschler, Glaube, 383; vgl. auch z. B. ebd., 392.
[76] Ebd., 393.
[77] Ebd., 396, Anm. 44.
[78] Eisele, Der gemeinsame Glaube, 83; vgl. dazu auch Mutschler, Glaube, 2009.
[79] Ebd.
[80] Löhr, Ethik, 151.

chend beschreibt die ntl. *pistis* eine Gesamthaltung des Menschen."[81] Grundlage dafür ist jedoch immer die Zuverlässigkeit bzw. Gläubwürdigkeit Gottes in seinem Wort. Dabei wird zum Teil stärker die persönliche Seite im Sinn einer persönlichen vertrauensvollen Antwort des Menschen auf Gottes Rufen betont und ein anderes Mal stärker die Grundlage des Glaubens im Wort Gottes bzw. in dem verkündigten Evangelium von Jesus Christus – mit oder ohne den Begriff πίστις (vgl. z. B. Röm 1,12; 1. Kor 1,9; 11,2; 11,23-25; 15,1-3; Gal 1,6-8).
Der wirkliche Paulus ist offensichtlich vielseitiger, als er oft dargestellt wird.[82] Er hält sich nicht einfach an ein Schema, muss sich auch nicht daran halten; vielmehr kann er auf die jeweilige Situation und Problematik eingehen.[83] Wenn Lips darauf hinweist, dass der Begriff πίστις für die Pastoralbriefe „eine Selbstverständlichkeit" ist, „die keiner Erläuterung bedarf und daher nirgends erläutert wird"[84], so wird das damit bestätigt: Der „echte" Paulus konnte, als er die Briefe schrieb, bereits voraussetzen, dass der Leser vor allem der Timotheusbriefe wusste, welche Rolle der christliche Glaube für die Aneignung des Heils in Jesus Christus hat, während ein pseudonymer Verfasser wohl doch den Begriff etwas näher erläutert hätte.
Auch der Gebrauch des Begriffs νόμος („Gesetz") lässt keinen unpaulinischen Charakter erkennen. Der Begriff erscheint in den Pastoralbriefen lediglich in 1. Tim 1,8f., wobei es in Gal 5,23 eine deutliche Parallele dazu gibt (vgl. zu 1. Tim 1,8 auch Röm 7,12f.), ohne dass wir in 1. Tim 1,8f. eine literarische Anlehnung an Gal 5,23 erkennen können. Auch die Tatsache, dass der Begriff nur an einer Stelle gebraucht wird, spricht nicht gegen Paulus als Verfasser. In den Paulusbriefen wird der Begriff νόμος zwar im Römerbrief 74-mal und im Galaterbrief 32-mal verwendet, aber sonst erscheint er in den übrigen Paulusbriefen abgesehen vom 1. Timotheusbriefs nur im 1. Korintherbrief neunmal, im Epheserbrief einmal und im Philipperbrief dreimal. Der Begriff taucht also z. B. weder im 2. Korintherbrief (der von der Datierung her dem Römerbrief am nächsten ist!) noch in den Thessalonicherbriefen auf, aber auch nicht im Kolosserbrief, im Philemonbrief, im Titusbrief und im 2. Timotheusbrief.
Dem Gebrauch der Begriffe „Gesetz" (νόμος) und „gesetzlos" (ἄνομος) in 1. Tim 1,8f. entspricht übrigens auch der Gebrauch von „Gesetzlosigkeit" (ἀνο-

---

[81] Ebd.
[82] Vgl. auch z. B. ebd., 82: „Der so skizzirte paulinische Glaubensbegriff gewinnt sein spezifisches Profil im Rahmen der Rechtfertigungslehre des Apostels, die er im Zuge der scharfen Auseinandersetzungen mit den Gegnern seiner beschneidungs- und gesetzesfreien Mission formuliert." Das ist jedoch nicht der einzige Hintergrund, von dem aus die Inhalte aller Paulusbriefe beurteilt und verstanden werden müssen.
[83] So bemerkt Weidemann z. B., dass die „*Gegnerpolemik und die Paränese des Titusbriefs ... in einem engen Zusammenhang*" stehen (Weidemann, Titus, 35). Vgl. auch ebd., 36f.
[84] Lips, Glaube, 25.

μία) in Tit 2,14, wonach Jesus Christus sich selbst „für uns gegeben hat, damit er uns von jeder Gesetzlosigkeit erlöse ..." Dieser Gebrauch entspricht seinerseits der Verwendung des Begriffs in Röm 6,19 und 2. Kor 6,14 im Kontext (vgl. auch z. B. Röm 2,12; 4,7; 2. Thess 2,3.7f.).

4.3.2.5 Die behandelten Irrlehren

Als Argument gegen die paulinische Verfasserschaft der Pastoralbriefe wird zudem erwähnt, dass der Verfasser sich mit *Irrlehrern*[85] auseinandersetze, die gnostische Spekulationen vertreten,[86] obwohl z. B. Kümmel betont, dass die „in den Past bekämpfte judenchristlich-gnostische Irrlehre ... zu Lebzeiten des Paulus an sich durchaus vorstellbar" sei[87]. Allerdings ist die Identifikation und Charakterisierung der Irrlehrer schwierig und umstritten.[88] Es muss auch beachtet werden, dass die Wurzeln der Gnosis wesentlich weiter zurückreichen, als lange angenommen wurde. Es ist jedoch offensichtlich, dass auch jüdische Elemente die Irrlehre, auf welche die Briefe eingehen, prägen,[89] wie das z. B. auch im Kolosser- und im Galaterbrief der Fall ist, obwohl die Briefe nicht einfach die gleichen „Gegner" bekämpfen. Das passt m. E. besser in die Zeit vor der Zerstörung Jerusalems und des Tempels. Michaelis weist zurecht darauf hin, dass die „Irrlehren der Past ... ein Nebeneinander von judenchristlichen und gnostischen Zügen" zeigen, „wie es auch aus Kol[90], obschon nicht in genau gleicher Art, bekannt ist".[91]

Gerade die *unterschiedliche Charakterisierung* der „Gegner" in den einzelnen Pastoralbriefen[92] deutet darauf hin, dass wir es kaum mit fiktiven Briefen zu tun haben: Ein pseudonymer Schreiber hätte die „Gegner" wohl entweder einheitlich beschrieben oder zumindest deutlicher charakterisiert, während der „echte" Paulus voraussetzen konnte, dass die Empfänger (Timotheus und Titus) die Irrlehren kannten, insofern tatsächliche Gefahren angesprochen werden. Nach Schnelle besteht „ein unmittelbarer Zusammenhang zwischen dem relativ hohen Anteil wohlhabender Gemeindeglieder, den Erfolgen der Falschlehre in den Gemeinden und der Herausbildung einer festen ‚Lehre' und konstitutiver Äm-

---

[85] Vgl. dazu u. a. Schlarb, Die gesunde Lehre, 73–82; Oberlinner, Titusbrief, 52–73; Gnostische Irrlehre, 325–339.

[86] Vgl. z. B. Kümmel, Einleitung, 333ff; Lohse, Entstehung, 63; Wikenhauser/Schmid, Einleitung, 527f.

[87] Kümmel, Einleitung, 334.

[88] Gerber, Antijudaismus, 335–363; Mauerhofer, Einleitung 2, 172f.; Fuchs, Unerwartete Unterschiede, 195ff.; Schaefer, Judentum und Gnosis?, 62ff.

[89] Vgl. dazu auch z. B. Schnelle, Theologie, 557.

[90] Vgl. dazu auch u. a. Stettler, Kolosserhymnus, 58–74.

[91] Michaelis, Einleitung, 247.

[92] Vgl. dazu auch Schaefer, Judentum und Gnosis?, 65ff.

ter".[93] Damit wird bestätigt, dass der Verfasser auf eine konkrete Situation im Leben der Gemeinden eingeht und dass der Inhalt der Briefe eng mit dieser jeweiligen Situation zusammenhängt. Das spricht gegen eine pseudonyme Verfasserschaft mit fiktiven Empfängern.

4.3.2.6 Abschließende Bemerkungen

Für Frenschkowski scheint es keines „Beweises bedürftig", dass die Pastoralbriefe pseudepigraph und auch in hohem Maße fiktional sind".[94] Für ihn sind sie „ohne Frage geplante und raffinierte Fälschungen".[95] Die Grenze zwischen Fiktion und Fälschung sei hier wie sonst fließend, doch sei damit historisch noch nicht viel geklärt. Denn „wir" müssten begründen,

> „1. wie die Pastoralbriefe offenbar Jahre nach dem Tod des Apostels allgemein und unwidersprochen als genuin paulinisch rezipiert werden konnten, und 2. wie und warum gerade ihr Autor, oder ihre Autoren, sich dazu legitimiert gesehen haben, im Namen des Paulus zu schreiben".[96]

Frenschkowski stellt die Frage: „Was aber nun, wenn die vorgeblichen Adressaten in Wahrheit die Verfasser gewesen wären?" und antwortet: „Damit würden sich schlagartig beide zuletzt genannten Probleme lösen."[97] Er geht im Folgenden davon aus, dass möglicherweise Timotheus, eventuell Titus oder vielleicht beide die Pastoralbriefe verfasst haben.[98] „Wenn diese Hypothese zutreffen sollte, haben sich Timotheus und/oder Titus dabei ohne Frage in direkter Fortsetzung ihrer alten Aufgaben für den Apostel und im Dienst seines Lebenswerkes gesehen."[99] Alle anderen „konkreten Vorschläge, welche es für die Autorenschaft der Pastoralbriefe gibt", seien „recht unbefriedigend".[100] Aber dass ein langjähriger Mitarbeiter des Paulus wie Timotheus (oder Titus) sich zu solch einem Betrug hätte hinreißen lassen, muss stark bezweifelt werden. Zudem stellt sich die Frage, ob er das überhaupt nötig gehabt hatte. Viel glaubwürdiger wären in diesem Fall ein (oder mehrere) Schreiben von Timotheus im eigenen Namen (eventuell mit Berufung auf die Lehre des Apostels Paulus) gewesen. Somit überzeugt auch der Vorschlag von Frenschkowski nicht wirklich.

---

[93] Schneller, Theologie, 556.
[94] Frenschkowski, Pseudepigraphie, 262.
[95] Ebd.
[96] Ebd.
[97] Ebd., 263.
[98] Zur Begründung vgl. z. B. ebd., 267.
[99] Ebd., 268.
[100] Ebd., 263.

Gemäß Tsuji hat der Verfasser allerdings bewusst diese „persönliche Korrespondenz"-Form gewählt, um nicht als Pseudonym aufzufallen, obwohl ihrem Inhalt „die Gattung des Gemeindebriefs besser entsprochen hätte".[101]

> „Dennoch hat der pseudonyme Verfasser der Past persönliche Briefe des ‚Paulus' fingiert, und zwar weil er, wie die Autoren der anderen deuteropaulinischen Briefe, mit einer Echtheitskritik seiner Leser, allem voran mit einem auf allfällige Widersprüche in den Entstehungsverhältnissen gerichteten kritischen Blick rechnen musste. Durch die Gattung des Privatbriefs hat er versucht, neue, bisher unbekannte Briefsituationen zu schaffen und die späte Entdeckung der Briefe verständlich zu machen."[102]

Weil der Verfasser also mit der „Echtheitskritik seiner Leserschaft gerechnet hat", hat er durch „diese Briefgattung ... versucht, ein Aufdecken seiner Fälschung zu vermeiden".[103] Tsuji verweist auf Baum[104], der „überzeugend nachgewiesen" habe, „dass im Frühchristentum wie im nichtchristlichen Altertum literarische Fälschungen unabhängig von ihrem Inhalt negativ beurteilt wurden".[105] Das lasse sich „durch die seit der ausführlichen Studie von Wolfgang Speyer[106] feststehende Tatsache unterstützen, dass es im Umfeld des Neuen Testaments die Idee des geistigen Eigentums und dementsprechend auch eine Echtheitskritik gab".[107]

Allerdings erstaunt es bei dieser Voraussetzung, dass es der pseudonyme Verfasser der Pastoralbriefe gemäß Tsuji zwar nicht unterlässt, „Stil und Inhalt der Protopaulinen zu imitieren", aber „keinen großen Wert darauf zu legen" scheint, „beides genau und ohne Abweichung zu übernehmen".[108] Überhaupt ist zu betonen, dass es zwar Unterschiede zwischen „den Pastoralbriefen" und anderen Paulusbriefen gibt, wie es einerseits auch Unterschiede zwischen den drei Pastoralbriefen unter sich und andererseits zwischen den anderen Paulusbriefen gibt.[109] Diese sind aber kein Grund, die Echtheit zu bestreiten.

Fritz Barth betont, dass in Bezug auf den Stil zu erwägen sei,

> „dass Paulus als älterer Mann schreibt, der die Verderblichkeit eines sittlich unfruchtbaren Christentums vielfach erprobt und nicht Lust hat, das genugsam Erlebte immer wieder weitläufig zu beweisen, sondern dem Erfahrungszeugnis: ‚So ist es!' größere Kraft zuschreibt; ferner, dass er nicht an ganze Gemeinden schreibt, bei denen er sich wie bei den Römern und Kolossern durch den Brief erst einführen muss-

---

[101] Tsuji, Persönliche Korrespondenz, 253. Vgl. ebd., 255.
[102] Ebd., 253f.
[103] Ebd., 256.
[104] Vgl. Baum, Pseudepigraphie, 100–112.
[105] Tsuji, Persönliche Korrespondenz, 256.
[106] Speyer, Die literarische Fälschung, 1971.
[107] Tsuji, Persönliche Korrespondenz, 256–257.
[108] Ebd., 258–259.
[109] Vgl. dazu auch Mounce, Pastoral Epistles, XCVIII; Johnson, Timothy, 81ff.

te, sondern an einzelne Personen, und zwar an vertraute Schüler, welche manche kurze Weisung oder Andeutung aus den mündlichen Unterredungen des Apostels zu ergänzen wussten."[110]

Michaelis bemerkt zudem richtig:

> „Vielmehr hat sich immer deutlicher gezeigt, dass die Past auch und gerade hinsichtlich ihrer Eigenart unter der Voraussetzung ihrer Echtheit noch am ehesten verständlich sind und dass es sogar viel schwieriger ist, sie unter der Voraussetzung einer nur bedingten Echtheit zu verstehen."[111]

Auch gemäß Feine umschließt die Persönlichkeit des Paulus „in Wahrheit viel mehr Möglichkeiten, als ihm kritische Theologen zugetraut haben. Jeder Plsbrief hat etwas Eigenständiges".[112] Auch wenn diese Briefe im Einzelnen sehr verschieden sein mögen und der geschichtlichen Forschung mancherlei Probleme stellten, seien sie „einschließlich der Past am sichersten geschichtlich zu begreifen als Erzeugnisse *eines* großen Geistes aus der apostolischen Zeit, eben des Pls."[113].

4.3.3 Zusätzliche Argumente für die Echtheit der Pastoralbriefe

4.3.3.1 Die Erwähnung verschiedener Mitarbeiter des Paulus und die persönlichen Notizen in den Pastoralbriefen

Die Erwähnung verschiedener Personen (meistens Mitarbeiter des Apostels) in 2. Tim 4,10-15.19-21, die nur zum Teil aus anderen Paulusbriefen bekannt sind,[114] spricht m. E. deutlich für die Echtheit des Briefs, obwohl auch das Gegenteil behauptet wurde[115]. Gemäß Apg 20,4 kamen Tychikus und Trophimos aus der Provinz Asia (Trophimus stammte nach Apg 21,29 aus der Provinzhauptstadt Ephesus, möglicherweise auch Tychikus), während Paulus nach 2. Tim 4,12 und 20 Tychikus nach Ephesus gesandt und Trophimos in Milet (nahe bei Ephesus) krank zurückgelassen hat. Gemäß 2. Tim 4,20 ist Erastus in

---

[110] Barth, Einleitung, 101f.
[111] Michaelis, Einleitung, 250.
[112] Feine, Einleitung, 101.
[113] Ebd.
[114] Folgende Namen erscheinen in den Paulusbriefen nur in diesem Abschnitt: Kreszens, Trophimus (vgl. aber Apg 20,4; 21,29), Karpus, Eubulus, Pudens, Linus und Klaudia. Demas wird in den Paulusbriefen auch in Kol 4,14 und Phlm 24 erwähnt, Titus in Gal 2,1.3, Tit 1,4 sowie einige Male im 2. Korintherbrief (2,13; 7,6.13.14; 8,6.16.23; 12,18), Tychikus in Eph 6,21, Kol 4,7 und Tit 3,12, Lukas in Kol 4,14 und Phlm 24, Markus in Kol 4,10 und Phlm 24, Alexander in 1. Tim 1,20, Priska und Aquila in Röm 16,3 und 1. Kor 16,19 (in Röm 16,3 in der gleichen Reihenfolge wie in 2. Tim 4,19), Onesiphorus in 2. Tim 1,16 und Erastus in Röm 16,23.
[115] Vgl. z. B. Donelson, Pseudepigraphy, 23ff.

Korinth geblieben, während Paulus einen Erastus in Röm 16,23 als „Schatzmeister der Stadt" (d. h. höchstwahrscheinlich von Korinth) bezeichnet.[116] Dass Paulus Titus nach Dalmatia gesandt hat (vgl. 2. Tim 4,10), setzt eine Tätigkeit des Paulus an dem Ort voraus, wobei zu beachten ist, dass Paulus in Röm 15,19 mit einer einzigen Bemerkung darauf hinweist, dass er auch in (der Provinz) Illyricum das Evangelium verkündigt hat, und gemäß Tit 3,12 wollte Paulus (später) in Nikopolis (wahrscheinlich Nikopolis Epirus – damals im Westen Achajas) überwintern.[117] Die Erwähnung Alexanders in 2. Tim 4,14 setzt wohl 1. Tim 1,20 voraus, während dieser Name sonst in den Paulusbriefen nicht vorkommt. Linus, der nach 2. Tim 4,21 offensichtlich bei Paulus (in Rom) war, als der Brief geschrieben wurde, aber sonst im Neuen Testament nicht erwähnt wird (wie auch Eubulus, Pudens und Klaudia, die im gleichen Zusammenhang genannt werden), war gemäß Irenäus der dritte Gemeinde-Aufseher (Bischof) von Rom.[118]

Es ist äußerst unwahrscheinlich, dass jemand, der nach dem Tod des Apostels schrieb, einen Teil der Namen und die jeweilige Situation erfunden hätte. Auch die Bemerkung, dass Paulus den „Mantel" und die Pergamentrollen in Troas bei einem Karpus zurückgelassen hat, der im Neuen Testament sonst nicht erwähnt wird und in 2. Tim 4,13 offensichtlich als bekannt vorausgesetzt wird, ist kaum pseudepigrafisch entstanden.[119] Zum Teil wird 1. Tim 6,8 und 2. Tim 4,13 im Vergleich zu EpSokr 6,2[120] und EpSokr 9,2bf.[121] als Beispiel der Selbstgenügsamkeit eines fingierten Lehrers für seinen „Schüler" betrachtet.[122] Luttenberger betont jedoch einerseits richtig, dass die „Selbstgenügsamkeit", die in 1. Tim 6,8 zum Ausdruck kommt, den Ausführungen anderer Paulusbriefe entspricht (vgl. z. B. 2. Kor 9,8; Phil 4,11)[123], während Luttenberger andererseits darlegt, dass 2. Tim 4,13 nichts mit einer solchen „Selbstgenügsamkeit" zu tun haben kann. Denn wenn mit dem Wort φαιλόνης überhaupt ein Mantel gemeint ist, dann sicher nicht der selbstgenügsame Philosophenmantel.

---

[116] Auf die Diskussion, ob dieser Erastus mit dem Erastus identisch ist, der in Korinth auf einer Pflasterinschrift erwähnt wird, für dessen Bau der erwähnte Erastus verantwortlich war, muss an dieser Stelle nicht weiter eingegangen werden. Der Titel auf der erwähnten Inschrift lautet auf Lateinisch *aedilis* (*pro aedilitate sua pecunia*).
[117] Vgl. auch Johnson, Timothy, 66.
[118] Vgl. Irenäus, Ad. haer. 3,3,3; vgl. auch Eusebius, Hist. Eccl. 3,2,1; 3,4,8; 3,13,1; 3,21,2; 5,6,1 (nach Hist. Eccl. 3,21,2 war Linus allerdings der erste Aufseher von Rom).
[119] Vgl. dazu auch Luttenberger, Prophetenmantel, 323ff.
[120] „Mir genügt es, ganz einfache Speise zu mir zu nehmen und Sommer und Winter dasselbe Kleig zu tragen …".
[121] „… habe denselben Mantel (τρίβωνα) im Sommer und im Winter …".
[122] Vgl. z. B. Trummer, Mantel, 193–207.
[123] Vgl. dazu Luttenberger, Prophetenmantel, 329.

„Selbst wenn mit φαιλόνης von einem Kleidungsstück die Rede sein sollte, ginge es um ein kostbares (eventuell purpurnes) Obergewand (eher für Frauen), und ein solches wäre nicht nur kein Ausdruck von Bescheidenheit, sondern auch in der Situation des Apostels nicht plausibel."[124]

Gemäß Luttenberger ist jedoch wahrscheinlich ein (kostbarer) Behälter (Schutzhülle) für die Pergamentrollen gemeint[125], was ebenfalls kein Ausdruck für Selbstgenügsamkeit ist. Zudem ist zu beachten, dass Timotheus in 1. Tim 5,23 aufgefordert wird, um des Magens willen ein wenig Wein zu trinken, während der selbstgenügsame Philosoph ganz darauf verzichtet.

Ein Pseudepigraf hätte auch kaum mit einer „Nebenbemerkung" erwähnt, dass Demas, der sonst in Kol 4,14 und Phlm 24 unter den Mitarbeitern des Paulus genannt wird, „mich verlassen und das jetzige Zeitalter liebgewonnen" hat, zumal auch noch – ohne nähere Erläuterung – ergänzt wird, dass er nach Thessalonich gereist ist (2. Tim 4,10). Onesiphorus wird im Neuen Testament nur in 2. Tim 1,16 und 4,19 erwähnt. Gemäß 2. Tim 1,16f. hat er Paulus als Gefangenen in Rom aufgesucht, und nach 2. Tim 4,19 lässt Paulus sein „Haus", das auch in 2. Tim 1,16 erwähnt wird, durch Timotheus grüßen.

Es ist nicht einsichtig, warum ein Pseudepigraf das alles nach dem Tod des Apostels erfunden haben sollte. Ähnliche Bezugnahmen auf Mitarbeiter des Apostels finden wir auch sonst in einigen Paulusbriefen[126], während sie in anderen Briefen fehlen. Die Aufreihung in 2. Tim 4,10ff. ist in dem Sinn einzigartig, dass kurz ohne jede nähere Erklärung berichtet wird, was mit einzelnen Mitarbeitern des Paulus geschehen ist bzw. wie Paulus mit ihnen umgegangen ist. Diese Tatsache ist jedoch sehr gut zu erklären, wenn man davon ausgeht, dass Paulus den Timotheus vor seiner Verhaftung nur ganz kurz gesehen hat, dann überraschend verhaftet wurde und Timotheus sich unter Tränen von ihm verabschieden musste (vgl. 2. Tim 1,4). Das scheint in Ephesus oder in der Nähe (wie z. B. Troas; vgl. 2. Tim 4,13) gewesen zu sein und muss nicht lange vor dem Brief geschehen sein. Dafür spricht auch die Bemerkung, dass Lukas allein bei Paulus war (2. Tim 4,11).

Paulus informiert Timotheus nun in seinem Schreiben kurz über einige Mitarbeiter (2. Tim 4,10-15) und bittet ihn, schnell zu ihm zu kommen (2. Tim 4,9) bzw. noch vor dem Winter zu kommen (2. Tim 4,21) und Markus mitzubringen, da dieser ihm „nützlich zum Dienst" sei (2. Tim 4,11). Die Aufforderung an Timotheus, zu Paulus zu kommen und Markus mitzubringen, setzt voraus, dass Timotheus bereits vor der Aufforderung gewusst haben muss, dass er zu Paulus nach Rom kommen sollte. Diese Information muss ihm also möglicherweise

---

[124] Ebd., 341.
[125] Vgl. ebd., 330ff.
[126] Vgl. z. B. Gal 2,1.3.9.13; Phil 2,19f.; 4,2f.; Kol 4,10-14; Phlm 23f.

zuerst vom Briefüberbringer vermittelt worden sein. Auf jeden Fall ist 2. Tim 4,9ff. bei Pseudepigrafie kaum zu erklären.

Luttenberger betont am Schluss seiner Leipziger Dissertation, dass die Pastoralbriefe „unter epistolographischem Gesichtspunkt nicht alle demselben Formular folgen".[127] Während sich der 1. Timotheusbrief an dem Formular einer brieflichen Urkunde „orientiert", folge insbesondere der 2. Timotheusbrief, aber auch der Titusbrief „klar dem Formular des wirklichen Briefes".[128] Gemäß Luttenberger ergänzen die Pastoralbriefe „eine wirkliche Briefsammlung[,] und dies in einer Weise, dass zumindest der 2Tim und der Tit als wirklcihe und authentische Paulusbriefe erscheinen können[,] und dies gerade auch, weil der briefliche Rahmen so ausführlich ist".[129] Diese beiden Briefe müssten „unter der nichtpaulinischen Verfasserschaft als bewusste Fälschung bezeichnet werden".[130] Luttenberger folgert aus seiner ausführlichen Untersuchung, dass die Aufgabe der Forschung darin bestehen werde, „die Frage über die Herkunft der Pastoralbriefe neu und losgelöst von den bisherigen Arbeitshypothesen und von neuen Gesichtspunkten aus zu stellen".[131] Dabei stellt er die Vermutung an, „dass es sich nicht um einen einzigen Verfasser und somit auch nicht bei jedem Brief um Pseudepigraphie handeln muss".[132]

Luttenberger hat somit deutlich gezeigt, dass u. a. die persönlichen Notizen zumindest im 2. Timotheus- und im Titusbrief kaum auf Grund von Pseudepigrafie erklärbar sind und dass die drei „Pastoralbriefe" nicht einfach als (pseudepigrafisches) Corpus zu verstehen sind, sondern dass jeder Brief für sich beachtet werden muss. Andererseits spricht vieles dafür, dass auch der 1. Timotheusbrief nicht eine nachpaulinische Fälschung darstellt, sondern in zeitliche Nähe zu den anderen zwei Pastoralbriefen zu sehen ist, und zwar besonders in die Nähe des Titusbriefs, während der 2. Timotheusbrief den 1. Timotheusbrif offensichtlich voraussetzt und ergänzt.

4.3.3.2 Sprachliche und inhaltliche Beziehungen zu anderen Paulusbriefen

Für die Echtheit sprechen auch die *sprachlichen und inhaltlichen Beziehungen* zu den „echten" Paulusbriefen.[133] In dieser Hinsicht soll im Folgenden das unter 4.1 Besprochene ergänzt werden, allerdings nicht erschöpfend.

---

[127] Luttenberger, Prophetenmalten, 371.
[128] Ebd., 371–372.
[129] Ebd., 374.
[130] Ebd., 381.
[131] Ebd., 382–383.
[132] Ebd., 383.
[133] Vgl. dazu auch u. a. Mounce, Pastoral Epistles, XCIXff.

Nach 1. Tim 2,8 sollen die Männer „heilige Hände" zum Gebet emporheben, und das „ohne Zorn und Zweifel" (χωρὶς ὀργῆς καὶ διαλογισμοῦ). Das erinnert an Phil 2,14, wonach die Gläubigen alles „ohne Murren und Zweifel" (χωρὶς γογγυσμῶν καὶ διαλογισμῶν) tun sollen. Zudem erscheint das Verb πιστεύω („glauben, vertrauen") im Neuen Testament im Passiv nur neunmal in den Paulusbriefen und davon dreimal in den Pastoralbriefen.[134] Dabei wird es in 1. Tim 1,11 und Tit 1,3 wie auch in Röm 3,2; 1. Kor 9,17; Gal 2,7 und 1. Thess 2,4 im Sinn von „anvertraut werden" gebraucht, während es in 1. Tim 3,16 wie in Röm 10,10 und 2. Thess 1,10 im Sinn von „geglaubt werden" verwendet wird. Auch die Betonung in 2. Tim 1,9 und Tit 3,5, dass Gott „uns" nicht „aus Werken" (Tit 3,5; vgl. 2. Thess 1,9: „nach unseren Werken") gerettet hat[135], ist „typisch paulinisch", ebenso der Ausdruck „die Gnade, die uns gegeben wurde" (2. Tim 1,9[136]) und die Rede von der „Erneuerung" in Bezug auf die Vergebung der Sünden durch den Glauben an Jesus Christus (Tit 3,5; vgl. z. B. Röm 12,2).

Der Ausdruck κατὰ ἰδίαν πρόθεσιν („nach eigenem Vorsatz") in 2. Tim 1,9 erinnert an Röm 8,28 (vgl. auch Röm 9,11) sowie an Eph 1,11 und 3,11, während der Ausdruck πρὸ χρόνων αἰωνίων („vor ewigen Zeiten") in 2. Tim 1,9[137] gewisse Parallelen im Epheserbrief findet (vgl. Eph 1,4; 3,9.11). Die Verbindung des Verbs οἶδα („wissen") mit dem Perfekt des Verbs πείθω („überzeugt sein") mit dem Verfasser des Briefs als Subjekt beider Verbformen, wie sie in 2. Tim 1,12 zu finden ist (οἶδα γὰρ ᾧ πεπίστευκα καὶ πέπεισμαι), begegnet auch in Röm 14,14 (οἶδα καὶ πέπεισμαι) und Phil 1,25 (πεποιθὼς οἶδα). Überhaupt ist die Verwendung des Perfekts von πείθω mit dem Verfasser des Schreibens als Subjekt wie auch in 2. Tim 1,5 (πέπεισμαι) „typisch" für Paulus, in dessen Briefen dieses Perfekt insgesamt 18-mal erscheint – davon 14-mal mit dem Apostel selbst als Subjekt[138] – und sonst im Neuen Testament nur noch

---

[134] Röm 3,2; 10,10; 1. Kor 7,17; Gal 2,7; 1. Thess 2,4; 2. Thess 1,10; 1. Tim 1,11; 3,16; Tit 1,3.

[135] Während ἐξ ἔργων in den Paulusbriefen an zehn weiteren Stellen im gleichen Zusammenhang erscheint (vgl. Röm 3,20; 4,2; 9,12; 11,6; Gal 2,16; 3,2.5.10; Eph 2,9; vgl. auch Jak 2,21.24.25), handelt es sich bei κατὰ τὰ ἔργα um eine Wendung, die zwar ebenfalls auch anderswo in den Paulusbriefen verwendet wird (vgl. Röm 2,6; 2. Kor 11,15), die sich dabei aber immer wie in 2. Tim 4,14 auf das eschatologische Gericht bezieht.

[136] Vgl. Röm 12,3.6; 15,15; 1. Kor 1,4; 3,10; Gal 2,9; Eph 3,2.7f.; 4,7.

[137] Vgl. dazu auch Tit 1,2; vgl. zudem Röm 16,25: κατὰ ἀποκάλυψιν μυστηρίου χρόνοις αἰωνίοις σεσιγημένου.

[138] So in Röm 8,38; 14,14; 15,14; 2. Kor 1,9; 2,3; Gal 5,10; Phil 1,6.25; 2,24; 3,3; 2. Thess 3,4; 2. Tim 1,5.15; Phlm 4.

fünfmal[139], wobei das Perfekt nur in Hebr 6,9 ähnlich wie allgemein in den Paulusbriefen im Sinn von „überzeugt sein" verwendet wird.[140]
Der Ausdruck διὰ τοῦ εὐαγγελίου („durch das Evangelium"), der ebenfalls in 2. Tim 1,10 gebraucht wird, erscheint im Neuen Testament nur in den Paulusbriefen (vgl. auch 1. Kor 4,15; Eph 3,6; 2. Thess 2,14), und διὰ πνεύματος ἁγίου τοῦ ἐνοικοῦντος ἐν ἡμῖν („durch [den] Heiligen Geist, der in euch wohnt") in 2. Tim 1,14 findet eine gewisse Parallele in Röm 5,5 (διὰ πνεύματος ἁγίου τοῦ δοθέντος ἡμῖν) und 8,11 (διὰ τοῦ ἐνοικοῦντος αὐτοῦ πνεύματος ἐν ὑμῖν). Der Satz ἀποδώσει αὐτῷ ὁ κύριος κατὰ τὰ ἔργα αὐτοῦ („ihm wird der Herr nach seinen Werken zurückgeben/vergelten") in 2. Tim 4,14 (vgl. auch 2. Tim 4,8) bildet eine Parallele zu Röm 2,6 (ὃς ἀποδώσει ἑκάστῳ κατὰ τὰ ἔργα αὐτοῦ). In Tit 3,5 erinnern dagegen Begriffe bzw. Ausdrücke wie ἐξ ἔργων („aus Werken"), ἐν δικαιοσύνῃ („in Gerechtigkeit"), ἔλεος („Erbarmen") und λουτρόν („Bad") besonders an den Epheserbrief (vgl. Eph 2,4.8; 4,24; 5,26). Mit λέγει γὰρ ἡ γραφή („die Schrift sagt nämlich") in 1. Tim 5,18 erscheint nicht nur eine für Paulus typische Wendung (vgl. Röm 4,3; 9,17; 10,11; 11,2; Gal 4,30[141]), sondern es wird dabei auch die gleiche alttestamentliche Aussage (vgl. Deut 25,4) mit der gleichen Äußerung Jesu verbunden, wie Paulus das in 1. Kor 9,9.14 tut, allerdings mit dem Unterschied, dass die Aussage Jesu in 1. Kor 9,14 noch als „Verordnung" Jesu für den Verkündiger des Evangeliums eingeführt wird, während sie als 1. Tim 5,18 als „Schrift" zitiert wird (vgl. Lk 10,7).
Zudem spricht die Stellung des Genitivattributs zwischen Artikel und Nomen in den Timotheusbriefen (vgl. 1. Tim 3,16; 2. Tim 1,16; 2,4.17; 4,8.19), wie sie sonst im Neuen Testament hauptsächlich im Johannesevangelium[142], in der Apostelgeschichte[143], in den Paulusbriefen[144], im Hebräerbrief[145] und in den zwei Petrusbriefen[146] belegt ist[147], ebenfalls für Paulus als Verfasser, zumal die Wendungen τῷ Ὀνησιφόρου οἴκῳ („dem Haus [des] Onesiphorus") in 2. Tim 1,16 sowie τὸν Ὀνησιφόρου οἶκον („das Haus [des] Onesiphorus") in 2. Tim

---

[139] So in Mt 27,43; Lk 18,9; 20,6; Hebr 2,13; 6,9.
[140] In den Paulusbriefen bilden nur 2. Kor 1,9 (vgl. dazu Mt 27,43; Hebr 2,13) und Phil 3,3 (vgl. dazu Lk 18,9) eine gewisse Ausnahme, weil man an diesen Stellen nicht mit „überzeugt sein", sondern mit „vertrauen" übersetzen müsste.
[141] Nur in Jak 4,5 erscheint zudem die Wendung ἡ γραφὴ λέγει. Vgl. auch Joh 7,38 (εἶπεν ἡ γραφή); 7,42 (ἡ γραφὴ εἶπεν) und Jak 2,23 (ἡ γραφὴ ἡ λέγουσα).
[142] Joh 6,51; 14,30; 18,10.
[143] Vgl. Apg 4,13; 13,22.36; 19,3; 24,5.
[144] Vgl. Röm 10,3; 13,2; 1. Kor 9,9; 2. Kor 8,19; 11,7; Eph 3,19; Kol 4,16; vgl. auch Phil 3,9: τὴν ἐκ θεοῦ δικαιοσύνην.
[145] Vgl. Hebr 9,7.13; 12,2.
[146] Vgl. 1. Petr 3,1.20; 4,13.17; 5,1; 2. Petr 2,16; 3,5.12.
[147] Sonst nur in Mt 13,55 und Lk 3,2.

4,19 (vgl. dazu 1. Kor 1,16: τὸν Στεφανᾶ οἶκον) und θεοῦ οἰκονόμον („Gottes Hausverwalter") in Tit 1,7 deutliche Parallelen in den „echten" Paulusbriefen haben.[148]

Auch Wendungen wie οἱ ἀδελφοὶ πάντες („die Geschwister alle") in 2. Tim 4,21 – mit dem Adjektiv zur Betonung nach Artikel und Nomen – und οἱ μετ' ἐμοῦ πάντες („alle, die mit mir [sind]") in Tit 3,15 sind für Paulus typisch, und zwar vor allem wie in 2. Tim 4,21 gegen Schluss der Briefe (vgl. z. B. 1. Kor 16,20: οἱ ἀδελφοὶ πάντες; 1. Thess 5,26: τοὺς ἀδελφοὺς πάντας; vgl. z. B. Röm 16,16: αἱ ἐκκλησίαι πᾶσαι; 12. Kor 13,12: οἱ ἅγιοι πάντες).

Diese inhaltlichen Beziehungen zu den unumstrittenen Paulusbriefen sind kaum als Anlehnungen eines Fälschers erklärbar, und auch stilistische Untersuchungen der Pastoralbriefe bestätigen die paulinische Verfasserschaft[149].

---

[148] Vgl. Röm 3,5: θεοῦ δικαιοσύνην; 1. Kor 1,24: θεοῦ δύναμιν καὶ θεοῦ σοφίαν; 2,7: θεοῦ σοφίαν; 6,9: θεοῦ βασιλείαν; vgl. auch z. B. Röm 13,14: τῆς σαρκὸς πρόνοιαν; 1. Kor 6,15: πόρνης μέλη.

[149] Vgl. z. B. Neumann, Authenticity, 1990.

Rüdiger Fuchs

4.4 Frühe Datierung der Briefe an Timotheus und Titus
4.4.1 Die Datierung vor 65 n. Chr.

Zur Zeit von 1. Tim 1,11.17; 2,1f.; 3,16; 6,15f., Tit 3,1f. und Römer 13,1-7 war die Regierung der Welt durch den römischen Kaiser auch für Christen akzeptabel. Ohne Zögern und Vorbehalte und vor allem ohne negative Äußerungen über irdische Regenten konnten sie Gott und Jesus Christus metaphorisch noch als die besseren, nein, besten Regenten, Könige, Herrscher, Friedensstifter und Retter für Christen und Nicht-Christen beschreiben. Sie seien die wahren Hüter des Friedens und Versöhner aller Menschen. Dabei mussten sie keinerlei Gegenreaktionen des römischen Kaisers und seiner Stellvertreter befürchten. Dies wird uns erst später bezeugt, wenn etwa Plinius der Jüngere seinem Kaiser Trajan berichtet, wie er Christen dadurch vom Glauben abbringen wollte, dass er sie unter Androhung der Todesstrafe dazu zwang, ein Götterbild des Kaisers anzubeten. Römische Kaiser, mit Ausnahme kurzfristig des Calligula, förderten solchen Kult um sie als *lebende* Götter auf Erden wohl erst im 2. Jahrhundert n. Chr. Den Menschen im Osten des Römerreichs und besonders in Kleinasien, die dies zur Zeit des Neuen Testaments allerdings schon lange taten, das Evangelium Gott oder Jesus „ist der wahre Kaiser, Retter und Friedensbringer der griechisch-römischen Welt" zu verkündigen, war für Christen zur Zeit des 1. Timotheus- und des Titusbriefs noch sowohl eine positiv besetzte Metaphorik als auch eine völlig gefahrlose Form der Einladung zum Glauben. Gott wirkte ja durch die irdischen Regenten.

Das änderte sich schlagartig, nachdem Nero, auf den Paulus noch vertraut hatte (vgl. Apg 25,9ff.; Röm 13,1-7), die Apostel Petrus und Paulus hinrichten ließ. Bald darauf ließ er außerdem eine große Zahl Christen in Rom ermorden. Danach konnte im restlichen ersten Jahrhundert n. Chr. kein Christ mehr Texte wie die oben genannten oder wie die Apostelgeschichte schreiben. Deren Autor Lukas hielt offenbar einzelne Ermordungen wie die des Zebedaiden Jakobus ca. 44 n. Chr. durch Herodes Agrippa (Apg 12,2) sowie die Ausweisung aller (am Streit um Christus beteiligten?) Juden aus Rom unter Claudius 49 n. Chr (Apg 18,2par Suet. Claud. 25,4) für die größtmöglich vorstellbaren Gefahren für die Mission und für Christen. Im ersten Regierungsjahr 41 n. Chr. hatte Claudius den Juden Alexandrias in einem (sicher über Alexandria hinaus bei allen Juden später bekannten) Brief angedroht, gegen sie vorzugehen, wenn sie durch Unruhen eine allgemeine „Krankheit" der ganzen Welt erregen. Im Jahr 49 hatte er dann in Rom der Drohung auch Taten folgen lassen, als dort Unruhen durch um

Christus streitende Juden aufkamen.[1] Und eventuell haben noch die jüdischen Gegner in Apg 17,1-10 und 24,1-9 die Worte des Claudiusbriefs von 41 im Sinn, wenn sie Paulus als Gegner des Kaiserkultes beschuldigen oder wenn sie sich selbst als friedfertig, Paulus aber als „Krankheit", als Unruhestifter in aller Welt darstellen. Paulus ruft noch im Römerbrief um 57 n. Chr. umgekehrt die römischen Christen zum allgemeinen Frieden auf, der, wie ihr Glaube (Röm 1,8), von ihnen in die „ganze Welt" ausgehen muss.[2] Lukas schreibt in jener Situation etwas später, Anfang der 60-er Jahre. Damals hielten sich fast alle Christen noch für getaufte Juden und Gottesfürchtige.

Die Aufforderungen in 1. Tim 2,1ff.; Tit 3,1ff.; 1. Thess 3,12–5,15; Röm 13,1-7; 14–15 widerspiegeln dieselbe Sorge während und nach der Regierung des Claudius, dass der römische Staat und Kaiser wie dieser Regent nun generell auch in Zukunft gegen Juden(christen) vorgehen würde. Sie hätten sogar ihre religiösen Privilegien auf freie Religionsausübung verlieren können. Lukas schreibt in derselben Sorge um den Frieden wie Paulus im Römer- und Epheserbrief. Er weiß aber noch gar nichts von der neronischen Verfolgung in Rom, von dem Tod seiner Helden Petrus und Paulus und danach vieler Schwestern und Brüder in Rom. Er weiß noch nicht, dass der von Apg 15 an dem seit Apg 12 „abgetauchten" Petrus folgende zweite Leiter der Jerusalemer Urgemeinde[3], der Herrenbruder Jakobus, 62 n. Chr. ermordet werden wird. Von ihm, wie von Petrus und Paulus, berichtet er als von einer noch lebenden Person. Und Lukas weiß nichts von der Zerstörung des – auch für ihn sehr bedeutsamen – jüdischen Tempels.[4] Die Hoffnung auf Unterstützung der den Gesetzen gehorsamen Christen seitens römischer Autoritäten und sogar auf den Schutz seitens der Behörden vor gegnerischen Attacken wird zwar gelegentlich enttäuscht (Apg 16,23-40; 17,1-10), aber nicht grundsätzlich erschüttert. Lukas teilt sie noch mit dem Autor des Römerbriefs. Seine Hoffnung besteht optimistisch noch in Apg 27–28 fort. Noch kann er auf den seit 54 im Amt befindlichen „frühen" Nero ohne jeden Zweifel hoffen. Daher müssen Schriften wie der Römer-, der 1. Timotheus- und der Titusbrief sowie die Apostelgeschichte vor 65 n. Chr. entstanden sein.[5] Man beachte den sehr anderen, finsteren Ton des später zu datierenden Buches der Offenbarung des Johannes. Gott, „der Herr", ist hier bei-

---

[1] Zum ganzen vgl. Botermann, Judenedikt. Vgl. auch Walker, Unterwegs, 97–99.

[2] Haacker, Friedensmemorandum.

[3] Vgl. dieselbe Abfolge von erstens Kephas-Petrus hin zu zweitens dann Jakobus als dem Erstgenannten [oder: „als Erstgenanntem"] in 1. Kor 15,5, dann 15,7 und in Gal 1,18f. erstens Kephas, aber dann erstens Jakobus in Gal 2,9.

[4] So wie etliche Exegeten vor ihm, mit Recht u. a. auch A. Mittelstaedt, Lukas als Historiker. Zur Datierung des lukanischen Doppelwerkes (TANZ 43) (Francke), Tübingen 2006.

[5] Dafür haben andere überzeugend argumentiert: Robinson, Wann entstand das Neue Testament?; Berger, Kommentar.

spielsweise zwar der *Pantokrator*, dies nun aber nicht mehr als der bessere Kaiser, nicht mehr als der bessere Herrscher, der positiv durch die irdischen Regenten regiert und über ihnen steht, im Sinn etwa von 1. Tim 6,15f. oder Röm 13,1-7. Der Kaiser, ja, alle Könige der ganzen Welt (vgl. Offb 16,14), werden eindeutig nicht mehr von Gott gelenkt. Sie sind jetzt von Satan und dessen Geistern inspiriert und werden darum abgelehnt! Noch im Epheserbrief wird dies nicht so vertreten. Es gibt allerdings erste kritische Untertöne in Eph 1,10.21; 2,2 sowie 3,10, und Gebet für die Obrigkeit (wie noch in 1. Tim 2,1f-) oder Loyalität ihr gegenüber (wie in Tit 3,1ff.; Röm 13,1ff. und zwischen den Zeilen der Apostelgeschichte) finden wir im Epheserbrief oder auch in Phil 2,6–4,6 nicht mehr. Das kann in Phil 4,6 allerdings ebenso lokale Gründe haben wie in 1. Thess 5,16ff. In beiden Orten waren die politischen Verantwortlichen nicht für die Christen gegen Anfeindungen eingeschritten, sondern hatten sich auf die Seite der Gegner begeben.

Erst ab der Zeit der Offenbarung des Johannes jedoch sind Christen nicht mehr nur Opfer von Häresien oder spontanen Aggressionen von Mitmenschen, sondern des Kaisers. Sie sind Märtyrer. Aus dem Epheserbrief ist dies noch nicht zu entnehmen. Auch Kol 2,8ff. sind nicht gegen den Kaiser und dessen Triumphzüge gerichtet. Diese Verse übertragen sie sogar als positives Bild auf Christi Sieg über alle unsichtbaren Mächte. Der Kolosserbrief geht inhaltlich kaum über 1. Kor 15 sowie Phil 2,6-11; 3,20f. und 4,5 hinaus. Er ist ausschließlich gegen Irrlehren gerichtet. Im 1. Timotheus-, Titus-, Römer- und Epheserbrief sowie in der Apostelgeschichte oder im Markus- und Lukasevangelium (vgl. Mk 12,13-17par Lk 20,20-26) sind Bilder und Sprache des Krieges zwischen Christus und weltlichen, satanisch inspirierten Regenten, wie wir sie in der Offenbarung des Johannes finden, undenkbar (vgl. etwa ganz anders Offb 19).

Darüber hinaus war der Nero der 50-er Regierungsjahre ein anderer als der der 60-er Jahre. Die ersten guten Jahre des jungen Kaisers nach 54/55 waren kurz nach dem Brief des Paulus an die Römer um spätestens 60 vorbei. Irgendwann nach 60 mutierte Nero zu einem verrückten Christen-Hasser. Er wurde dies nicht über Nacht, sondern gewiss schon einige Zeit vor dem Brand von Rom 64, nach dem er seine breiter angelegte Verfolgung der erstmals als Christen erkannten Gläubigen begann. Laut P. Walker geschah Neros Umdenken in erster Linie und vor allem durch die Verhöre der Leitfiguren der Christen, Petrus und Paulus, die vermutlich der neronischen Christenverfolgung noch vorausgingen. Walkers Ansicht hat viel für sich. Und: Dies legt auch der Text von 1. Clem 5,1ff. *vor* 6,1ff. nahe. Die Verhöre von Petrus und Paulus machten Nero oder seinen Richtern klar, was Christen im Unterschied zu Juden sind. Von 62/63 n. Chr. an konnte kein Christ mehr ein faires Gerichtsverfahren vor Nero erwarten. Und seit dem jüdischen Aufstand in Judäa 65/66–70 n. Chr. wurden die Juden von Rom gehasst. Der Claudiusbrief von 41 n. Chr. (s. o.) wurde immer mehr wahr: Judenverfolgung. Im 2. Jahrhundert beendete Rom die Existenz Israels nach dem Bar-Kochba-Aufstand 135 n. Chr. Die Juden wurden über die ganze Welt verstreut. Israel hieß per Erlass Hadrians „Palästina", um jede Erinnerung an die jüdischen Bewohner zu tilgen.

Die Annahme einer Freilassung des Judenchristen Paulus in den 60-er Jahren halte ich auf Grund der Feindseligkeit schon des Neros gegenüber Christen und Juden für unwahrscheinlich.[6] Die noch u. a. in 1. Tim 2; Tit 3; Röm 12–13 und der Apostelgeschichte sehr lebendige Welt vor der neronischen Verfolgung ist in den Jahren 65–70 n. Chr. auf brutalste Weise vernichtet worden und mit ihr viele Juden und Christen. Davon haben die Autoren der oben genannten Schriften des Neuen Testaments noch überhaupt keine Ahnung. Wie dem aber auch sei – für eine frühere Datierung des 1. Timotheus- und des Titusbriefs sogar noch vor dem Römerbrief gibt es ebenso gute Argumente (4.4.2) wie für eine Datierung des 2. Timotheusbriefs um 59/60 n. Chr. kurz nach der Ankunft des Paulus in Rom (4.4.3).

4.4.2 Die Datierung des 1. Timotheus- und des Titusbriefs um 53/54 n. Chr.

Im 2. Korintherbrief blickt Paulus auf seinen bereits zweiten Besuch in Korinth zurück und kündigt einen dritten Besuch an (vgl. 2. Kor 1,15; 11,9; 12,14; 13,1f.). Im 1. Korintherbrief aber schaut Paulus auf bisher nur einen einzigen Besuch der Gemeindegründung zurück (vgl. 1. Kor 1–4), und plant nun einen *zweiten* Besuch von Ephesus aus über Mazedonien in Korinth, eventuell sogar mit Überwinterung in Korinth (vgl. 1. Kor 16,1-11). Dieser zweite Besuch muss also der zweite Besuch sein, den Paulus in 2. Kor 13,1f. als bereits vergangen erwähnt (vgl. die zurückliegende „zweite Gnade" in 2. Kor 1,15; vgl. auch 2. Kor 12,14). Paulus hat m. E. den 1. Timotheus- und den Titusbrief während dieser zweiten Reise geschrieben. Das soll im Folgenden begründet werden.

Aus 2. Kor 8,6.10 und 9,2 erfahren wir, dass Titus irgendwann im Laufe des Jahres vor der Abfassung des 2. Korintherbriefs die Korinther ermutigte, an einer Sammlung für Jerusalem teilzunehmen. Doch laut dem 1. Korintherbrief erregte diese Sammlung offenbar zunächst die ohnehin erhitzten Gemüter (vgl. 1. Kor 1–4). Fragen aus Korinth zur Geldsammlung erreichten den Apostel schon bald in Ephesus (vgl. 1. Kor 16,1-4). Also muss Titus versucht haben, die Kollekte in Korinth sogar schon vor Abfassung des 1. Korintherbriefs zu initiieren, genauer: einige Zeit vor Ostern (vgl. 1. Kor 5,6-8) und Pfingsten (1. Kor 16,8). Titus reiste dann aber weiter von Korinth nach Kreta (Tit 1,5). Er kann die aufkommenden Fragen zur Kollekte darum nicht mehr selbst klären.

---

[6] Zum Ganzen vgl. Walker, Revisting 1 und 2.

Die Monate der Abfassungszeit des 1. Korintherbriefs sind auch die einzige Zeit einer uns bekannten Zusammenarbeit zwischen Paulus und Apollos (Apg 18,24–19,1par 1. Kor 1,12–16,12). Zum Zeitpunkt von 1. Kor 16,12 ist Apollos noch bei Paulus. Später jedoch hat Apollos sein dem Paulus gegebenes Versprechen einer Griechenlandreise eingelöst, die ihn laut Tit 3,13 auch nach Kreta führte. Vielleicht reiste er – was schiffstechnisch gewiss am besten war – von Ephesus über Korinth, überbrachte dabei den sogenannten „Tränenbrief" (falls dieser nicht der 1. Korintherbrief oder der schon in 1. Kor 5,9 erwähnte, verlorengegangene, einige Unruhe stiftende Brief davor war), auf den Paulus im 2. Korintherbrief Bezug nimmt, und fuhr von dort nach Kreta. Oder Apollos war sogar Reisebegleiter des Paulus auf der zweiten Reise (s. u.). Wie dem aber auch sei, Apollos musste Titus jedenfalls die geänderten Reisepläne des Apostels samt dem deshalb notwendig gewordenen Titusbrief überbringen. Nachdem Apollos den Brief an Titus überbracht hat, verschwindet er aus der uns bekannten Paulusgeschichte. Die Erwähnung des Apollos ist ein starkes Indiz dafür, dass der Titusbrief in der Zeit um den 1. Korintherbrief geschrieben wurde.

Titus wurde somit von Ephesus aus von Paulus noch vor der Abfassung des 1. Korintherbriefs und vor Apollos auf demselben Weg wie später dieser mit einer doppelten Mission entsandt: Zunächst sollte er die Korinther besuchen und vielleicht sogar die Kollekte in Korinth anregen, wenn er dies nicht von sich aus tat (2. Kor 8,6.10). Zweitens sollte er danach auf Kreta Älteste einsetzen und sonst in den Gemeinden in Ordnung bringen, was dort noch fehlte (Tit 1,5).

So erklärt sich, warum Titus zum Zeitpunkt des 1. Korintherbriefs, obwohl er der hauptverantwortliche „Mitarbeiter" des Paulus für die korinthische Kollekte war (2. Kor 8,32), für dieselbe nicht weiter in Korinth aktiv sein kann, gerade auch dann nicht, als diese Aktion in die Kritik geriet (1. Kor 16,1-4). Diese Kritik verstummte offenbar erst kurze Zeit vor dem 2. Korintherbrief (vgl. 2. Kor 7–9). Titus ist zur Zeit der aufkommenden Fragen bezüglich der Kollekte in Korinth bereits auf dem Weg nach Kreta oder dort schon im Einsatz. Ein scheinbarer Widerspruch der Quellen kann also aufgelöst werden: Es ist kaum vorstellbar, dass der in Korinth beliebte Titus (vgl. 2. Kor 7–9), der einerseits für Paulus laut 2. Korintherbrief der Initiator und hauptverantwortliche „Mitarbeiter" für die korinthische Kollekte war („Mitarbeiter" nennt Paulus Titus sonst nie!), andererseits aber in 1. Kor 16,1-4 nicht einmal erwähnt wird. Stattdessen muss Paulus den 1. Korintherbrief schreiben und danach außerdem Timotheus als stellvertretenden Lehrer nach Korinth entsenden (1. Kor 4,17) und in Ephesus zurückerwarten, weil er sonst keine weiteren Mitarbeiter mehr für Ephesus und Korinth bei sich hat, die ihn vertreten können (1. Kor 16,10f.; 1. Tim 1,3). Zur Zeit des 2. Korintherbriefs hat Paulus laut 2. Kor 7–9; Apg 19,21ff. und 20,1ff. wieder einen größeren Mitarbeiterstab um sich und kann sogar Brüder mit Titus entsenden (vgl. 2. Kor 8,18.22.23; 9,3.5).

Wohl bei der laut 1. Kor 16,5-11 noch erwarteten „Wachablösung" in Ephesus (1. Tim 1,3par 1. Kor 16,10f.) verliest oder übergibt Paulus dem jungen Timotheus vor der Gemeinde den 1. Timotheusbrief sowohl als Autorisierung als auch als schriftliche Hilfestellung für den Unterricht und Glaubenskampf in Ephesus. Timotheus übernimmt damals ab 50 n. Chr. seine ersten Einsätze als selbstständiger Mitarbeiter (1. Thess 3; 1. Kor 4,17). Der 1. Timotheusbrief ist also, wie B. Reicke richtig sah[7], kein versandter Brief, sondern eine in Erwartung des Timotheus schriftlich ausgearbeitete Mahnrede oder in der Sprache des 1. Timotheusbriefs: ein Einsatzbefehl, eine *Parangelia*: 1. Tim 1,3.5.18; 4,11; 5,7; 6,13. Das fehlende Postskript und kaum persönliche Notizen und Informationen (anders Tit 3,12-15 und 2. Tim ab 1,3-6) zeigen dies deutlich an.

Dass der 1. Korintherbrief und der 1. Timotheusbrief fast zeitgleich entstanden, dürfte der Grund für viele auffällige Ähnlichkeiten beider Schreiben im Kleinen wie im Großen sein. Viel häufiger verwenden sie eine Art τινες-Polemik (vgl. „gewisse Leute"in 1. Kor 4,18; [6,11?]; 8,7; 10,7-10; 15,[6].12.34 und 1. Tim 1,6.9; 4,1; 5,15; 6,10.21). Sie kommt im 2. Timotheus- und im Titusbrief sowie im Philemon-, 1./2. Thessalonicher-, Kolosser- und Epheserbrief gar nicht und sonst nur in Gal 1,7; 2. Kor 3,1; Phil 1,15a und Röm 3,3.8; 11,17 vor. Auch ταυτά-Rückblicke kommen im Vergleich zu allen anderen elf Paulusbriefen (dort maximal dreimal im Galater-, 2. Korinther- und 2. Timotheusbrief) im 1. Timotheusbrief (achtmal) und 1. Korintherbrief (elfmal) viel häufiger vor. Gräzismen finden wir nach K. Beyer nur in diesen beiden Paulusbriefen enorm häufig, im 1. Korintherbrief 90-mal oder ein Gräzismus auf 76 Worte, im 1. Timotheusbrief 32-mal = 1:50, sonst maximal Römerbrief 1:132 – vgl. Titusbrief 1:219; 2. Timotheusbrief 1:619.[8] Der 2. Timotheusbrief enthält somit die wenigsten Gräzismen im Corpus Paulinum, der 1. Timotheusbrief hingegen die meisten! Etliche fast wörtliche Gemeinsamkeiten des 1. Korinther- und 1. Timotheusbriefs passen zur Annahme einer zeitgleichen Abfassung (vgl. 1. Kor 5,5/1. Tim 1,20; 1. Kor 10,31/1. Tim 4,4f.; 1. Kor 11,3-16; 14,(23-)33-40/1. Tim 2,9-15, die gemischte Haus-Tempel-Metapher in 1. Kor 3 und 1. Tim 3,5-15 etc.). Derselbe Autor denkt und schreibt in der gleichen Zeit und Situation, und obwohl er verschiedene Empfänger anschreibt, kommen ihm dadurch immer wieder fast die gleichen Worte und Metaphern wie von selbst in den Sinn.[9] Etliche Instruktionen im 1. Timotheusbrief machen eher in der Gründungsphase einer Gemeinde Sinn, die später nicht nötig wären – wie z. B. 1. Tim 3,6 (ungefestigte Neugetaufte dürfen nicht Episkopen werden); 5,22 (Timotheus könnte noch entgehen, dass sich – ihm unbekannte – Falschlehrer oder notorische Sün-

---

[7] Reicke, Chronologie, 84f.
[8] Beyer, Syntax, 298. Beyers Untersuchung ist nicht unumstritten. Zustimmend allerdings z. B. Roloff, Der erste Brief an Timotheus, 30.
[9] Weitere Parallelen sammeln Towner, Gnosis, und Johnson, Timothy.

der zu Gemeindeleitern einsetzen lassen) oder wie auch 5,3ff. und 5,17f. (die Versorgung von Witwen und Gemeindelehrern ist, wie ähnlich zur Zeit von Gal 6,6, also in der Frühzeit von Gemeinden, noch nicht geregelt). Timotheus kennt sich mit den eben erst aufkommenden Häresien noch nicht gut aus (1,18-20; 4,1-5; 6,20f.). Das alles passt m. E. nicht zu einer zehn und mehr Jahre alten Gemeinde in Ephesus um 65 n. Chr., die ein dann gereifter Timotheus (anders 1. Tim 3,14; 4,12) bestens kannte und in der zahlreiche Christen nicht mehr Anfänger im Glauben sind. Die laut 1. Tim 3,1–5,22 und bis 5,25 im Gang befindlichen Einsetzungen von Gemeindeleitern war bereits vor Apg 20,17ff. abgeschlossen. Und laut Röm 15,19.23 hatte Paulus die Mission im Osten zur Zeit des Röm (56/57 n. Chr.) beendet. Der 1. Timotheusbrief passt besser in die Zeit vor dem Römerbrief.

Erst nach der Abreise des Titus von Ephesus nach Kreta und nach der Rückkehr des Timotheus von Korinth nach Ephesus beginnt Paulus seine Zwischen-Reise von Ephesus über Mazedonien nach Korinth (1. Kor 4,19; 16,5-8; 1. Tim 1,3), die er mit dem 1. Korintherbrief vorbereitet hatte (1. Kor 11,34). Diese Reise führt ihn wenige, zuvor kaum genauer planbare Monate[10] später wieder zurück nach Kleinasien (2. Kor 1,8), wie er es Timotheus versprochen hatte (1. Tim 3,14f.; 4,13). Die Zwischenreise ist auf keinen Fall, wie bisweilen vertreten wird, identisch mit der dritten und letzten Griechenlandreise, die Apg 19,21f.; 20,1ff.; 2. Kor 12,14; 13,1f. erwähnen. Zu dieser letzten Reise hatte Paulus den Timotheus von Ephesus bereits wieder vorausgesandt. Ab dann und bis Apg 20,4; Hebr 13,23 kann Timotheus nicht mehr in Ephesus so wirken, wie es 1. Tim 1,3-20; 3,14–5,2 und 6,3-21 von ihm verlangen.

Sehr bald, nachdem Paulus auf seiner zweiten Griechenlandreise aus Mazedonien (1. Kor 16,5/1. Tim 1,3) in Korinth eingetroffen war, geriet er dort unerwartet in heftigen Streit mit etlichen Korinthern. Anstatt wie erhofft (1. Kor 16,6) in Korinth bis über den Winter zu bleiben, war er nun gezwungen, den Ort wieder zu verlassen. Die befürchteten Verzögerungen (1. Tim 3,14f.) traten nun ein. Er kann die Ostmission nicht friedlich zu Ende führen, verspricht aber darum den Korinthern vor der Abreise, ein drittes und letztes Mal wiederzukommen. Der 2. Korintherbrief blickt auf diesen Streit zurück, der u. a. die Überwinterungspläne des Paulus änderte. Paulus kündigt nun zugleich die Realisierung des versprochenen dritten Besuchs an (vgl. besonders 2. Kor 1,15–2,17 und 2. Kor 10–13: 2. Kor 13,1f.; vgl. 12,14).

Die geänderten Überwinterungspläne der zweiten Reise konnte Paulus nicht mehr mit dem schon zuvor von Ephesus nach Kreta abgereisten Titus bespre-

---

[10] Vgl. dieselbe Unsicherheit der „vielleicht", „entweder oder", „falls ich mich verspäte", „wenn der Herr es zulässt" usw. in den Planungen jener Zeit in 1. Tim 3,15; 4,13; Tit 3,12 und 1. Kor 16,5f. Apollos ist z. Z. von 1. Kor 16,12 für Paulus auch noch nicht konkret einsetzbar.

chen. Titus kannte also, auf Kreta angekommen, nur den Planungsstand von 1. Kor 16,5f.. Paulus verlässt Korinth dann im Streit. Er reist zwecks Überwinterung weiter in Richtung Nikopolis (wahrscheinlich Nikopolis in Achaja/Epirus, oder weniger wahrscheinlich in Mazedonien, nördlich von Philippi). Vermutlich noch auf dem Weg Richtung Nikopolis – oder gar zuvor noch während einer kurzen Mission in Illyrien (vgl. Röm 15,19) – informiert Paulus den Titus irgendwann um 53/54 n. Chr. spätestens im Frühsommer (?; vgl. seine Abreise aus Ephesus über Mazedonien nach Pfingsten laut 1. Kor 16,8) über diese Änderung seiner Winterpläne (vgl. Tit 3,12). Vermutlich hatte Paulus in Ephesus zur Zeit von 1. Kor 16,5f. mit Titus vor dessen Abreise nach Korinth und Kreta besprochen, seinen Mitarbeiter von Korinth aus auf Kreta zu besuchen und von dort abzuholen. Eine Schiffsreise nach Kreta dauerte von Korinth aus nur wenige Tage. Aber der Streit in Korinth während der Zwischenreise machte diese Pläne zunichte. Titus hatte seine Arbeit zu dieser Zeit auf Kreta erst begonnen. Paulus konnte ihn nicht sogleich von dort wieder abziehen und nutzte nun stattdessen sehr wahrscheinlich die Zeit für eine kurze Illyrienmission, die laut Röm 15,19ff. bereits länger zurückliegt. Anstatt persönlich nach Kreta zu reisen, sendet Paulus notgedrungen Apollos und Zenas mit dem Titusbrief und kündigt darin außerdem an, Titus später, statt persönlich, nun durch Artemas oder Tychikus abzulösen (Tit 3,12). Vermutlich taten sich in Illyrien neue Türen auf. Die Entsendung des Apollos und später des Artemas oder Tychikus anstelle eines persönlichen Besuchs wird Paulus weitere Missionszeit dort verschafft haben. Apollos war demnach wohl schon mit Paulus von Ephesus nach Korinth aufgebrochen, und – während Paulus Korinth vorzeitig Richtug Nikopolis verließ – womöglich gleich von Korinth aus nach Kreta aufgebrochen (1. Kor 16,12; Tit 3,13).

Wie ich oben unter 4.2 dargelegt habe, dürfte Paulus dem kleinen Titusbrief deswegen ein so „unpassend" ausführliches Vorwort vorangestellt haben, weil er nach damaligem Botenverständnis auch in Apollos und mit dem Titusbrief als „Knecht Gottes und Apostel Jesu Christi" im Geiste auf Kreta anwesend sein konnte. So hat er dann als der von Gott in seinem Heilsplan eingesetzte Apostel für alle Nichtjuden (Gal 1–2; vgl. Röm 1,1-17; 15,19–16,20) brieflich dafür gesorgt, dass er schließlich „in der Kraft des Geistes, von Jerusalem und ringsumher bis nach Illyrien das Evangelium des Christus völlig verkündigt hatte" (vgl. Röm 15,19). Nach Röm 15,23ff. hat er dann zur Zeit des Römerbriefs seinen Auftrag schon erfüllt. Der Titusbrief kann m. E. nicht nach dem Römerbrief verfasst worden sein. Andernfalls hätte Paulus wider besseres Wissen in Röm 15,19ff. behauptet, er habe seine Mission im Osten definitiv abgeschlossen. Er wäre dann jedoch später mit einem ganzen Mitarbeiterstab ein knappes Jahr oder länger nochmals im Osten darangegangen, Gemeinden auf Kreta in ihrer ganz frühen Phase „auf den Grund der Apostel und Propheten" zu stellen. Zur Zeit des Titusbriefs sind die Christen Kretas, wie wir sahen, noch nicht

einmal in der Lage, Jesus als „Herrn" zu bekennen, leben noch nicht im Gebet, haben noch keine Gemeindeleiter usw. Die Mission im Osten ist also noch nicht abgeschlossen. Sie steckt auf Kreta sogar noch in den „Kinderschuhen".
Der Titusbrief passt in Form, Sprache und Inhalt bestens zur hier vorgeschlagenen Datierung. Mit einem extrem langen Präskript (Tit 1,1-4), sowie mit einem, im Gegensatz zu 1. Tim 6,20f., informativen Postskript eines echt versandten Briefes samt Schlussgrüßen an alle Kreter „die uns wie Freunde lieben im Glauben" (3,12-15), samt auch einer letzten Anleitung für alle kretischen Christen darin, gastfreundlich-missionsdienlich zu leben (3,14f.), gehört der Brief in die Missionszeit im Osten vor Röm 15,19ff. Nicht Titus, sondern neu getaufte Kreter mussten „sehr griechisch" über wesentliche Grundlagen des Glaubens erst noch nur an Gott unterrichtet werden (Tit 2,11–3,8). Sie, nicht Titus, mussten den Grund, die Inhalte und die Ziele des Heidenapostolats des Paulus erfahren (vgl. Tit 1,1-4). Man vergleiche den für Kenner der Jesus-Tradition und des Alten Testaments ähnlichen, aber ausführlichen Text in Röm 1,1-7 ebenfalls für dem Paulus unbekannte Adressaten! Nur der Titusbrief wird auch mit einer ersten und einer letzten Forderung missionarischer Gastfreundschaft als Basis der paulinischen Mission[11] gerahmt (vgl. Tit 1,8 und 3,14). Das finden wir sonst in keinem Paulusbrief so, muss aber auf Kreta gerade erst gelehrt und organisiert werden.
Das Verb „zurücklassen" (ἀπολείπω) impliziert in Tit 1,5 keinen vorausgehenden Besuch des Paulus auf Kreta, obwohl eine kurze Visite während der Zwischenreise nicht mit letzter Gewissheit ausgeschlossen werden kann. Ich meine aber, dass die Annahme eines solchen Kurzbesuches nicht erforderlich ist. Die Verben ἀπολείπω oder (in einigen Handschriften) καταλείπω wurden auch als technische Begriffe für eine offizielle „Ernennung" oder „Einsetzung" verwendet. Man könnte Tit 1,5 also auch so übersetzen: „Ich habe dich zum Einsatz auf Kreta ernannt und entsandt, damit du in Ordnung bringst was noch fehlt ..." Ein Reisender musste zudem nicht an dem Ort gewesen sein, den er „hinter sich ließ" oder an dem er jemanden „zurückließ".[12]
Die Informationen „den Mantel, den ich in Troas bei Karpus *zurückließ*" (2. Tim 4,13) sowie „Trophimus habe ich in Milet krank *zurückgelassen*" (2. Tim 4,20) verlangen ebenfalls keine persönliche Anwesenheit des Apostels kurz vor der Briefabfassung. Erstere Notiz beschreibt Timotheus einige Jahre (!) nach einem Fußmarsch, den Paulus von Troas nach Assos in damals sehr unüberschaubaren Zeiten allein und also ohne Timotheus (!) unternommen hatte (Apg 20,13), bei wem genau Paulus in Troas seinen Mantel zurückgelassen hatte.

---

[11] Gehring, Hausgemeinde, 315–320.
[12] Vgl. Josephus, Ap 1,77; ders., Ant 17,335; vgl. Gehring, Hausgemeinde, 324; vgl. zudem Apg 21,3.

Letztere Notiz informiert darüber, dass Trophimus (Apg 20,4; 21,29) die Romreise nicht bis zum Zielort begleiten konnte. In Apg 27,1f.5f. lesen wir:

> „Als es aber beschlossen war, dass wir nach Italien absegeln sollten, überlieferten sie sowohl Paulus als auch einige andere Gefangene einem Hauptmann mit Namen Julius von der Schar des Augustus. Nachdem wir aber in ein adramyttisches Schiff gestiegen waren, das im Begriff stand, die Orte längs der Küste Asiens zu befahren, fuhren wir ab ... Und als wir das Meer von Zilizien und Pamphylien durchsegelt hatten, kamen wir nach Myra in Lyzien; und als der Hauptmann dort ein alexandrinisches Schiff fand, das nach Italien segelte, brachte er uns auf dasselbe."

Trophimus musste somit wahrscheinlich krank oder gar seekrank einfach an Bord des Schiffs „zurückgelassen" werden, „das die Orte längs der Küste Asiens anfuhr", um nach Milet zu gelangen. Wir wissen nicht, wie ernst er erkrankt war. Aber schon fortwährende Seekrankheit macht längere Schiffsreisen für Erkrankte unmöglich.

Man kann Tit 1,5 auch als Entschuldigung lesen: „Ich musste dich im Stich lassen, obwohl das nicht meine Absicht war ..." Im profanen Griechisch und im Neuen Testament können beide Komposita ἀπολείπω und καταλείπω solchen entschuldigenden Unterton haben.

Jedenfalls sind in Titus das Fehlen des Paulus als Lehrer einer paulinischen Tradition oder als Ur- und Vorbild für die Gläubigen ebenso wie die von Tit 3,1 an und bis 3,15 nur sehr distanzierte Rede über die getauften Kreter starke Indizien dafür, dass Paulus nicht selbst auf Kreta gewirkt hat. Er ist demnach nicht mit den Kretern bekannt und weiß niemanden persönlich zu grüßen. Er nennt die Christen Kretas bewusst nicht „Brüder" (vgl. Tit 3,1.8.14f) – wie er sonst Christen in allen seinen Briefen bezeichnet, auch in 1. Tim 4,6; 5,1; 6,2; 2. Tim 4,21.

Nur wenn Paulus nicht auf Kreta war, ist es schließlich zu verstehen, warum er zwar im 1. und 2. Timotheus-, im 1. und 2. Thessalonicher-, im 1. und 2. Korinther- sowie im Galater-, Philipper- und Philemonbrief von seinem den Adressaten bekannten Vorbild und von gemeinsamen Erfahrungen her argumentiert, aber nicht im Titusbrief. Ausschließlich im Römerbrief (vgl. den Kolosser- und Epheserbrief) argumentiert er auch nicht von seinem Vorbild und gemeinsamen Erlebnissen her, dort definitiv deshalb, weil er zur Zeit des Römerbriefs noch nicht als Apostel in Rom gewesen war.

Es gibt vermutlich noch weitere Indizien, die für die hier vorgeschlagene Datierung sprechen. Wenn der in der Apg 19,33f. erwähnte Alexander identisch ist mit dem Alexander in 1. Tim 1,20 und 2. Tim 4,14, dann ist der Abfall des Alexanders vom christlichen Glauben unmittelbar vor Apg 19,9f. par 1. Tim 1,20 geschehen. Und es würde sich von daher auch die starke Feindseligkeit Alexanders gegenüber Paulus erklären. Dieser hatte den „Lästerer" Alexander ja exkommuniziert und „dem Satan übergeben". In Apg 19,33f. schildert uns Lukas, was Paulus versuchte zu unterbinden: Alexander wollte ein weiteres Mal über die Christen in Ephesus in aller Öffentlichkeit „lästern" (1. Tim 1,20; Apg 19,9f.; vgl. kurz nach 2. Kor 1,8ff.par Apg 19,23-40 auch von daher 2. Kor 6,3!). Aber Lukas berichtet, dass die Gebete der Christen in Ephesus „für alle, die Macht ausüben, damit [sie dafür sorgen, dass] wir ein ruhiges und stilles Leben führen können in aller gelebten Frömmigkeit und Ehrbarkeit" von Gott erhört wurden (1. Tim 2,1ff.). Die politischen Verantwortungsträger schritten zugunsten der Christen und für den Stadtfrieden rechtzeitig ein (Apg 19,31.35-41). Alexander, vermutlich ein Berufskollege des Demetrius (vgl. Apg 19,24ff. mit 2. Tim 4,14), den vielleicht die Schmiede der Stadt als Zeugen gegen Paulus herbeigerufen hatten (Apg 19,33?), kam, wie erhofft (1. Tim 1,20), nicht einmal zu Wort (Apg 19,33f.). Ebenso wenig kann die habgierige Scheinfrömmigkeit einiger Gegner an ihr Ziel (1. Tim 6,3ff.; Apg 19,23ff.). Eine Datierung des 1. Timotheusbriefs nach Apg 19,33f. ist undenkbar: Timotheus, der vor Apg 19,22 wieder in Ephesus ist, wusste da längst, was ihm mit 1. Tim 1,20 als „neuste Neuigkeit" mitgeteilt werden muss. Alexander war von da an kein Christ mehr, und zwar nie wieder (vgl. 2. Tim 4,14f.).

Die weitere Geschichte verlief so: Titus verlässt später Kreta – abgelöst von Artemas oder Tychikus – und schließt sich Paulus in dessen Winterquartier in Nikopolis an (Tit 3,12). Nach der Winterpause wird Titus von dort aus nach Korinth geschickt. Paulus selbst kehrt aber für eine kurze Zeit nach Kleinasien zurück (2. Kor 1,8; angekündigt war dies schon in 1. Tim 3,14; 4,12). Dann aber reist er, knapp dem Tod entronnen (Apg 19,23-40; 2. Kor 1,8ff.), von dort nach Mazedonien. Diese Reise beendet die Mission im Osten. Er und Titus treffen sich wieder in Mazedonien (2. Kor 1,16–2,13; 2. Kor 7–9). Von dort wird Titus nach Korinth vorausgesandt, um den Abschluss der Kollekte herbeizuführen, die er im Vorjahr begonnen hatte (2. Kor 7,6–8,24; 12,18). Paulus selbst wartet noch in Mazedonien auf Titus, der dann aus Korinth zurückkehrt. Seine Rückkehr und sein positiver Bericht ist das Aufbruchsignal für Paulus zu seiner letzten Reise. Es wird eine Reise, die Paulus nach Jerusalem führen wird, dort aber dann in die Gefangenschaft und schließlich in den Tod in Rom. Paulus vollendet seinen Lauf und empfängt „die Krone der Gerechtigkeit, die der Herr, der gerechte Richter", seinem Apostel der Heiden verleiht (vgl. 2. Tim 4,6-18).

4.4.3 Die Datierung des 2. Timotheusbriefs um 59/60 n. Chr.

Der 2. Timotheusbrief wurde wahrscheinlich bald nach der Ankunft des Paulus in Rom geschrieben, d. h. bald nach den Ereignissen von Apg 28,16-29 und vor Apg 28,30f., also in der Zeit kurz nach der langen, gefahrvollen Reise nach Rom. Zur Zeit des 2. Timotheusbriefs war der Verbleib des Paulus selbst besten Freunden noch nicht bekannt. Onesiphorus musste darum lange nach ihm suchen (2. Tim 1,17). Paulus brauchte jetzt zweifellos seinen wärmenden Mantel noch vor dem *ersten* Winter in Rom (2. Tim 4,13). Sobald Paulus nach einem

Vorverhör erkannt hatte, dass ihm weitere Zeit für missionarische Arbeit bis zum eigentlichen Prozess blieb (2. Tim 1,6-8; 4,9-17), rief er Timotheus und Markus als zweiten und dritten Zeugen (gemäß Deut 19,15 und 2. Kor 13,1) neben Lukas und anstelle von Demas (4,9-11) mit den dafür erforderlichen Büchern nach Rom (vgl. 2. Tim 4,9-13).

4.4.4 Weitere Absicherung der Datierung des 1. Timotheus-, Titus- und 2. Timotheusbriefs

In 2. Kor 11,9 schreibt Paulus im Rückblick auf seinen zweiten Besuch in Korinth: „Und als ich bei euch war ... halfen meinem Mangel die Brüder ab, die aus Mazedonien kamen ..." Diese „mazedonischen Reisebegleiter" werden auch in Apg 19,29 erwähnt. Sie sind folglich bei Paulus geblieben und mit nach Ephesus zurückgereist. Ihre Erwähnung in Apg 19,29 zeigt, dass Lukas über die zweite Reise über Mazedonien nach Korinth (1. Kor 16,5f.) und zurück nach Kleinasien (1. Tim 3,14; 4,12; 2. Kor 1,8ff.) informiert war. Sie fand also zeitlich nach Apg 19,1-20 und noch vor den Ereignissen in Apg 19,21-40; 2. Kor 1,8ff. und 20,1ff. statt. Lukas erwähnt diese Reise nicht explizit, aber er macht einen klaren Bruch zwischen Apostelgeschichte 19,1-20 einerseits und dann erst 19,21-40. Die Zwischenreise in der Zeitlücke zwischen Apg 19,20 und 19,21 war eine Reise, die zu den oben genannten heftigen Kontroversen unter Christen in Korinth und mit Paulus führte, wie wir aus dem 1. und 2. Korintherbrief wissen. Der Wunsch des Lukas, auch nichtchristlichen Lesern den neuen Frieden Gottes in der Welt bzw. die diesen Frieden spiegelnde und transportierende frühchristliche Harmonie zu präsentieren (vgl. Apg 1–2 und besonders Apg 2,42-47), wird ihn dazu veranlasst haben, auf die Zwischenreise nicht weiter einzugehen. Lukas könnte für sich beschlossen haben, die Leser über diese Beinahe-Katastrophe in Unkenntnis zu lassen. Schließlich gab es später ja eine Versöhnung der Korinther mit Paulus. Paulus konnte sie sogar zur Versöhnung mit Gott führen (vgl. 2. Kor 1–5) und von seinen Gegnern abgrenzen (2. Kor 6; 10–13). Meiner Meinung nach nimmt Paulus mit 2. Kor 6,14–7,1 Parolen der Unruhestifter, der Falschapostel (2. Kor 11) und ihrer eventuellen restlichen Anhänger in Korinth, auf. Er wendet diese Parolen, einschließlich sogar ihrer unpaulinischen Sprache, als eine Art Zitat ihrer Spitzensätze gegen sie selbst, nachdem er sich mit der überwiegenden Mehrheit der Korinther wieder versöhnt hat:[13]

---

[13] Auch Röm 1,18-32 könnten womöglich polemische Worte gegnerischer, judaistischer Wandermissionare gegen „die Heiden" sein, Worte die Paulus also „zitiert", als ob er einer der ihren wäre. Dann aber attackiert er in Röm 2,17-24; 3,8; 6,1ff. und bis 16,17-20 eben diese merkwürdigen judaistisch-libertinistischen Gegner: Alle Menschen, auch sie, sind ohne die Gnade Gottes in Christus unter dem Zorn Gottes, nicht nur „die Hei-

„Geht nicht unter fremdartigem Joch [vgl. 1. Tim 6,2] mit Ungläubigen! Denn welche Verbindung haben Gerechtigkeit und Gesetzlosigkeit [Tit 3]? Oder welche Gemeinschaft Licht mit Finsternis [vgl. die Epiphaniesprache der ‚Pastoralbriefe' und die Lichtmetaphorik auch in Eph 5]? Und welche Übereinstimmung Christus mit Belial? Oder welches Teil ein Gläubiger mit einem Ungläubigen [Paulus solidarisiert sich mit Ungläubigen und Heiden, die es zu missionieren gilt, in 1. Tim 1, 13–2,6 und betont den gemeinsamen Glauben mit einem Griechen in Tit 1,4ff., auch im Wir-Stil des Briefs]? Und welchen Zusammenhang der Tempel Gottes mit Götzenbildern? Denn wir sind der Tempel des lebendigen Gottes [1. Tim 3,15]; wie Gott gesagt hat: ‚Ich will unter ihnen wohnen und wandeln, und ich werde ihr Gott sein, und sie werden mein Volk sein' [vgl. u. a. Tit 1,1; 2. Tim 2,10 ‚die Auserwählten Gottes' und Tit 2,14]. ‚Darum geht aus ihrer Mitte hinaus und sondert euch ab!' [vgl. 1. Kor 5! 2. Tim 2,19ff.], spricht der Herr. ‚Und rührt Unreines nicht an!' [Tit 1,15; 1. Tim 4,1ff.; 2. Tim 2,19ff.; 1. Kor 7,12-16; 1. Kor 8 und 10] ‚Und ich werde euch annehmen und werde euch Vater sein, und ihr werdet mir Söhne und Töchter sein', spricht der Herr, der Allmächtige. Da wir nun diese Verheißungen haben, Geliebte, so wollen wir uns reinigen von jeder Befleckung des Fleisches und des Geistes [vgl. auch 1. Tim 4,1ff; 2. Tim 2,19ff.; Tit 1,15f.] und die Heiligkeit vollenden in der Furcht Gottes [vgl. 1. Tim 2,1-9; vgl. auch 1. Thess 3,12–4,12?]."

Wären solche (und andere?) Worte zitierte Parolen judaistischer Gegner des Paulus, von denen es verschiedenste Gruppen gegeben haben wird, so würde dies erklären, warum Paulus schon im 1. Korintherbrief beginnt, gegen einige Anhänger der Reinheits-Prediger in Korinth zu argumentieren. Sie verboten Ehen mit „Ungläubigen und Unreinen" (vgl. 1. Kor 7,12ff.) und „unreine" Speisen (1. Kor 8–10). Sie riefen dazu auf, so Paulus ironisch, „die Welt zu räumen" (1. Kor 5). Im 1. Timotheusbrief schlägt er so häufig wie sonst nie den bei ihm seltenen παραγγελια-Ton an, den wir – außer in 1. Thess 4,11 und 2. Thess 3,4-12 – nur noch in 1. Kor 7,10 anlässlich des Themas „Ehe" und in 1. Kor 11,17 im Rahmen der Diskussion um „himmlische" Speisen (1. Kor 10–11) antreffen. Im 1. Korintherbrief verwendet Paulus diesen Ton also im Kontext der auch in 1. Tim 4,1-5 genannten Hauptthemen der Gegner des Paulus. Wären 2. Kor 6,14–7,1 zitierte Gegnerparolen, würde sich erklären, warum Paulus u. a. auch in 1. Tim 4,1ff. gegen solche „Reinheits"-Prediger und für die Ehe (vgl. Tit 1,11; 2,3-5; vgl. auch 1. Tim 2,15) sowie für den Genuss aller Speisen mit Dankgebet argumentiert (vgl. auch Tit 1,15; vgl. auch 1. Kor 10,31; Röm 14). Es würde sich erklären, warum Paulus im Titusbrief sogar einen ganzen „Lehrgang" zum Thema „Reinheit" schreibt, wie ich unter 4.2 gezeigt habe. Jedes Kapitel des Titusbriefs mündet dann in prophylaktische Worte gegen zukünftig

---

den". Schon in Gal 5–6 kritisiert er Beschneidungsprediger, die gar nicht wirklich Juden sein wollten, sondern dies nur mit der Beschneidung vortäuschten, um Verfolgungen zu entgehen. Sie könnten demnach beschnitten gewesen sein und dennoch ethisch unjüdisch gelebt haben.

eventuell auf Kreta wirkende judaistische Missionare der „Reinheit" (vgl. Tit 1,15f.; 2,14; 3,3-7). Und dass die Gegner sich „höherer Gnosis" rühmten (vgl. u. a. dieses häufige Stichwort im 1. Korintherbrief und vgl. auch 2. Kor 12), wird zu Worten wie 1. Tim 1,7-10; 2,4; 6,20f. und zu prophylaktischen Worten wie Tit 1,1; 1,14.16 oder Röm 2,17-24 geführt haben.

Auch der massive Vorwurf einiger Gegner in Ephesus, Christen würden *Asebie* fördern (Apg 19,23ff.), wird in der Zeit der Zwischenreise, aber auch im Rückblick auf die Mission im Osten in einem Grundsatzschreiben wie dem Römerbrief, dort in Röm 1,18–11,26, zur Aufnahme dieser „unpaulinischen" Terminologie (vgl. so sonst nur in 2. Thess 2,4; 2. Tim 2,16-3,12) und zu mancher Klarstellung bezüglich *Asebeia* und *Eusebeia* in Paulusbriefen geführt haben. Paulus plädiert für die *Liebe*, die der Weg wahrer $επι$-γνωσις[14] Gottes und Christi ist (1. Tim 1,5; 1. Kor 12–13 u. ö.). Für Paulus waren die Christen „die Auserwählten"/das „Eigentumsvolk" Gottes, oder besser: der wahre „Tempel des lebendigen Gottes" (1. Tim 3,15; 1. Kor 3), wofür sich auch die Gegner laut 2. Kor 6,14ff. hielten. In Röm 2,17-24 scheint Paulus später diese Gegner zu kritisieren, die er in Tit 1,10-16 skizziert und die sehr merkwürdig einerseits irgendwie vom Alten Testament her argumentierten, andererseits aber mit ihrem Verhalten den Gott des Alten Testaments in den Augen der Nichtchristen verleugneten. Paulus entwirft dagegen dann nicht erst in Röm 14 eine Ethik des Friedens gegen Reinheitsprediger und Unruhestifter, eine Gegenethik, die die Nichtchristen beeindrucken soll (Röm 12–15!), sondern schon im Titus- und im 1. Timotheusbrief. Die Grundsätze seiner Ethik finden wir u. a. in 1. Kor 9,20-22; 10,31–11,2; 14,23-40 und 2. Kor 6,3. Letzterer Vers ist bis in die Form hinein als Satz mit finalem ἵνα eine fast zeitgleiche Ethik des Titusbriefs in Kurzform, wie Paulus sie so m. W. sonst nicht formuliert. Der Titusbrief enthält im Vergleich zu anderen Paulinen solche ἵνα-Sätze viel häufiger, ja, beinahe besteht das Briefkorpus des Titusbriefs nur aus solchen Sätzen (s. o. 4.2.3.9). Und Paulus könnte mit dem Titusbrief jedenfalls ein prophylaktischer „Erstschlag" gegen die Häretiker gelungen sein. Paulus wird mit dem Brief ihre Themen „Reinheit", „Erkenntnis", „Auserwählte", „Volk Gottes" usw. noch vor dem Auftauchen der Gegenmissionare auf Kreta zuerst besetzt haben. In christlichen Häusern, in denen der Inhalt des Titusbriefs angenommen worden war oder sogar eine Abschrift des Titusbriefs vorlag, konnten die im Titusbrief skizzierten Judaisten keinen Einfluss mehr gewinnen. Sie konnten dann keine Ehen und „Häuser" mehr zerstören.

Ebenso könnte Paulus den *Asebie*-Vorwurf nichtjüdischer Gegner in Ephesus u. a. in Tit 1,1; 2,11f.; 1. Tim 1,9; 2,1ff. bis 6,35.6.11 aufnehmen (auch später noch in 2. Tim 2,16–3,12 wieder) und an sie zurückgeben. Oder war es Lukas, als er für Paulus die „Pastoralbriefe" schrieb (s. meine Argumente dafür in 4.2)?

---

[14] Vgl. darum u. a. auch επι-γνως gleich in Lk 1,4 gegen dieselben Gegner?

Eusebeia war nach damaligem Verständnis die Einhaltung von althergebrachten Regeln der Vorfahren im Verhalten, Ausdruck der Ehrfurcht gegenüber den Göttern in allem Tun und Lassen: Tempelkult, Gebete, Weihegaben, Opfer, Reinigungsriten, Feste zu Ehren der Götter, positiver Umgang mit Familie und Ahnen. Wer dieses Regelwerk befolgte, galt als εὐσεβής, d. h. er verehrte die Götter auf rechte Weise. Wer dieses Regelwerk vernachlässigte, galt als ἀσεβής, als „gottlos und frevelhaft".

Auch Lukas möchte in der Apostelgeschichte die Christen als „fromm" in Schutz nehmen, als Leute, die sich an überkommene religiöse Regeln (des von den Römern zur legitimen Form der Religionsausübung erklärten Judentums) halten, und zwar spätestens nach der Einführung Apg 1–2 gleich in Apg 3–4, wobei besonders beim Auftakt in Apg 3,12 christliches Glaubensleben bei *der ersten apostolischen Wundertat* nichtchristlichen Lesern u. a. als praktizierter Tempelgang/Gebet und Armenfürsorge, d. h. – mit ihren Worten zusammengefasst – als *Eusebeia* erklärt wird. Die Glaubenspraxis christlicher Frömmigkeit wurde schon zuvor in 2,44-47 (Gebet, Armenfürsorge, Tempelkult, Gunst des Volkes) und danach gleich wieder in 3,16 zu einem „aus eigener Kraft" praktizierten Außenaspekt des übergeordnet wichtigeren, heilsrelevanten Glaubens erklärt, zur Außenseite der eigentlichen Gottes- und Christusbeziehung.

Gleiches geschieht im 1. Timotheusbrief: Allein Christusglaube rettet (1,15–2,6). *Eusebeia* ist in diesem Kontext eine allen Menschen hilfreiche, einladend beeindruckende Gottesfurcht (2,2.10; vgl. 2,8), ist ein nach außen hin den Glauben durch die Lebensführung verkündigender Aspekt desselben, einschließlich in 3,15 einer Anspielung auf den „anderen" Tempelkult („Säule", „Fundament", „Haus Gottes") der Christen (3,9.15f.). Der Verfasser der Apostelgeschichte sieht in Feinden des Paulus aus Ephesus gefährliche Hauptgegner (vgl. von Apg 19,9 an bis Apg 21 und besonders darin Apg 19,33f. und Apg 21,27 mit 1. Tim 1,20; 2. Tim 4,14f.).

Abschließend meine ich, dass die hier unter 4.4 und auch 4.2 schon vertretene Datierung der Briefe an Timotheus und Titus ein Maximum an Daten aus den historischen Quellen – bei einem gleichzeitigen Minimum an unbelegbaren Zusatzannahmen![15] – zu einem stimmigen, die Form, Inhalte und verschiedenen Schreibstile der drei Mitarbeiterschreiben gut erklärenden Szenario verbinden kann.

---

[15] Zum Beispiel: die Zusatzannahmen der Pseudonymität gegen die Absenderangaben; der erneuten Mission im Osten gegen Röm 15,19ff; der Freilassung des Paulus um 62/63 n. Chr. durch einen gewiss nicht erst 64 zum Juden- und Christenhasser mutierenden Nero; der erneuten Zusammenarbeit mit Apollos jenseits der Zeitspanne Apg 18–19 und 1. Kor ferner die Zusatzannahme der Gegnerschaft des Alexander zur Zeit von Apg 19,33f, dann aber der erneuten (?) Christwerdung und erneuten Exkommunikation (1. Tim 1,20) und Feindschaft (2. Tim 4,14f.) usw.

4.5 Spätere Datierung der Briefe an Timotheus und Titus

4.5.1 Einleitende Anmerkungen zum Todesjahr des Paulus

Schnelle setzt den Tod des Apostels um 64 n. Chr. an.[1] Gemäß Omerzu kam Paulus im Frühjahr 60 n. Chr. in Rom an und verbrachte dann „zwei weitere Jahre in relativ leichter Haft …, bevor Kaiser Nero das Todesurteil des Festus bestätigte und Paulus hingerichtet wurde".[2] Das ist reine Vermutung. Es ist auch zu beachten, dass Festus kein Todesurteil aussprach. Vielmehr lesen wir in Apg 26,32, dass Agrippa (II.) zu ihm sprach: „Dieser Mensch hätte losgelassen werden können, wenn er sich nicht auf den Kaiser berufen hätte."

Gemäß Eusebius, der einer älteren Tradition folgt, wurde Paulus bei seiner zweiten Gefangenschaft im 13. Regierungsjahr des Kaisers Nero, also etwa 66/67 n. Chr.[3], enthauptet[4], und gemäß Dionysius von Korinth (um 170 n. Chr.) sind Paulus und Petrus zur gleichen Zeit in Italien den Märtyrertod gestorben.[5] Paulust ist demnach wohl etwa im Winter 66/67 n. Chr. hingerichtet worden, wobei allerdings die Möglichkeit, dass er bereits etwa im Winter 63/64 n. Chr. den Märtyrertod erlitt, nicht ganz auszuschließen ist.[6] Das ist in Bezug auf die Datierung der Pastoralbriefe zu beachten, wobei eine genaue Datierung schwierig ist.

4.5.2 Vertreter der späteren Datierung und deren Begründung

Nach Michaelis besteht für „den Fall, dass die Past echt (und einheitlich) sein sollten, … nur die Möglichkeit, dass sie nach der Zeit von Apg 28, 30f geschrieben sind".[7] Michaelis, der die Echtheit der Pastoralbriefe mit ausführli-

---

[1] Schnelle, Einleitung, 46; vgl. auch Schnelle, Paulus, 39: „Das Todesjahr des Apostels ist unbekannt, man darf aber vermuten, dass er während der Chrisenverfolgung unter Nero im Jahr 64 in Rom als Märtyrer starb [vgl. 1Klem 5,5-7]"; vgl. auch ebd., 425–431).

[2] Omerzu, Prozeß, 508.

[3] Thiede bemerkt: „Als Jahr [seines Todes] wird von Euseb in seiner ‚Chronik' das dreizehnte Regierungsjahr Kaiser Neros genannt, also der Zeitraum zwischen dem 13. Oktober 66 und dem 12. Oktober 67 in heutiger Chronologie. Todesort und Todesjahr gehen auf römische Überlieferung zurück und werden in keiner spätantiken Quelle von rivalisierenden Traditionen in Frage gestellt; es gibt keinen vernünftigen Grund, sie zu bestreiten" (Thiede, Paulus, 188).

[4] Eusebius, Hist. Eccl. 2,25,5; vgl. ebd. 3,1,3; 2,22,2.

[5] So Eusebius, Hist. Eccl. 2,25,8.

[6] Vgl. zur Chronologie des Paulus u. a. Riesner, Frühzeit, 66ff.; Suhl, Paulus, 2005; Jewett, Paulus-Chronologie, 1982; Horn, Ende des Paulus, 2001.

[7] Michaelis, Einleitung, 249.

chen Argumenten begründet⁸, datiert den 2. Timotheusbrief auf den Herbst des Jahres 63 n. Chr., kurz vor dem Tod des Paulus, den er auf den Winter 63/64 n. Chr. datiert.⁹ Die Freilassung des Paulus aus der ersten römischen Gefangenschaft erfolgte nach Michaelis' Datierung im Frühjahr 61 n. Chr., die Abfassung des 1. Timotheusbriefs im Herbst 61 n. Chr. oder im Winter 61/62 n. Chr. und die Abfassung des Titusbriefs im Herbst 62 n. Chr.¹⁰ Michaelis geht davon aus, dass Paulus nach dem Winteraufenthalt in Nikopolis (vgl. Tit 3,12) im Frühjahr 63 n. Chr. erneut nach Troas, Korinth und Milet kam (vgl. 2. Tim 4,13.20) und dass dann im Sommer oder Herbst des Jahres 63 n. Chr. die zweite römische Gefangenschaft folgte.¹¹

Mauerhofer, der ebenfalls von der Echtheit der Pastoralbriefe ausgeht, weist darauf hin, dass die Handschrift 1739ᶜ und der Mehrheitstext (𝔐) in der Subscriptio zum 2. Timotheusbrief auf einen zweiten Prozess vor dem Kaiser Nero verweisen.¹² Zudem sieht Mauerhofer durch die Kirchenväter die Tradition einer zweiten Gefangenschaft bestätigt.¹³ Nach der Freilassung in Rom sei Paulus – wie ursprünglich geplant – nach Spanien und von dort wieder in den Osten gereist, und zwar über Kreta, wo er Titus zurückgelassen habe, und Achaja nach Mazedonien (vgl. Phil 2,24), „von wo aus er den *1. Tim* nach Ephesus und den *Tit* nach Kreta sandte".¹⁴ Paulus habe gewünscht, nach der Überwinterung in Nikopolis (vgl. Tit 3,12) „von Mazedonien weiter zu Timotheus nach Ephesus (vgl. 1. Tim 3,14; 4,13) und Kolossä (Philm 22) zu reisen".¹⁵ Unterwegs dorthin sei Paulus wahrscheinlich in Troas verhaftet (vgl. 2. Tim 4,13) und von dort als Gefangener wieder nach Rom überliefert worden.¹⁶ Mauerhofer datiert den 1. Timotheusbrief und den Titusbrief auf ca. 65/66 n. Chr. und den 2. Timotheusbrief auf ca. 66/67 n. Chr. „ganz kurz vor seinem Märtyrertod".¹⁷

Gemäß Wolfgang Metzger „nötigen" der 1. Timotheusbrief und der Titusbrief zu dem Schluss, dass die erste (römische) Gefangenschaft des Paulus mit einem Freispruch endete.¹⁸ Grund dafür, dass Lukas in der Apostelgeschichte darüber nichts schreibt, sei wohl, „daß Paulus damals, als Lukas Apg 28,30f schrieb, noch am Leben, und zwar zum zweiten Mal gefangen war".¹⁹ Die Spanienpläne

---

⁸ Vgl. ebd., 238ff.
⁹ Ebd., 260.
¹⁰ Ebd.
¹¹ Ebd.
¹² Mauerhofer, Einleitung 2, 181f.
¹³ Ebd.
¹⁴ Ebd., 182.
¹⁵ Ebd.
¹⁶ Ebd.
¹⁷ Ebd., 183.
¹⁸ Metzger, Die letzte Reise, 16.
¹⁹ Ebd., 17.

habe Paulus nach der Gefangenschaft aufgegeben. „Reifliche Überlegungen auf Grund der Nachrichten, die ihn aus seinen bisherigen Missionsgebieten erreichten, mögen ihn zum *Verzicht* oder wenigstens zur Zurückstellung dieses Gedankens bewogen haben."[20]

Metzger geht davon aus, dass Paulus nach der Freilassung in Rom mit einer Gruppe von Mitarbeitern nach Kreta reiste, wo Titus blieb.[21] Es sei möglich, dass Titus hier schon vorher Gemeinden gegründet habe.[22] Wohl spätetens von Kreta aus habe Paulus Botschaft nach Ephesus gesandt, dass er selbst noch nicht dorthin kommen könne – Paulus habe mit einer Verhaftung in Ephesus rechnen müssen[23] –, habe aber stattdessen den Timotheus nach Ephesus gesandt.[24] Paulus selbst sei von Kreta über Milet nach Troas weiter gereist[25], und „etwa von *Milet* aus, wo das Schiff aus Kreta gelandet haben mag", sei Timotheus nach Ephesus hinüber gegangen.[26] In Troas habe Tychikus, „im tiefsten *konform mit dem Anliegen des Paulus*" und als „Quintessenz der Gespräche auf der Reise von Milet nach Toras", im Auftrag des Paulus zuerst den 1. Timotheusbrief und dann den Titusbrief geschrieben.[27]

Über Mazedonien sei Paulus dann nach Nikopolis weitergereist.[28] Metzger geht davon aus, dass es sich in Tit 3,12 um das Nikopolis am Eingang des Ambrakischen Meerbusens handelt (in Epirus),[29] das nach Tacitus zur Provinz Achaja gehörte[30]. Um zu diesem Nikopolis zu gelangen, werde Paulus

> „zum mindesten Philippi und Thessalonich berührt haben, um dann seinen Weg auf der Via Egnatia fortzusetzen und die dort gelegenen Orte zu besuchen und schließlich durch das alte Epirus Nikopolis und damit das vorläufige Ziel zu erreichen".[31]

Metzger geht davon aus, dass Paulus in diesem Nikopolis eventuell bereits vor seinem Gemeindegründungsaufenthalt in Korinth tätig gewesen sei und hier eine Gemeinde gegründet habe.[32] Von hier aus habe Paulus Titus nach seiner Ankunft (vgl. Tit 3,12) anschließend wohl nach Dalmatien delegiert (vgl. 2. Tim 4,10).[33]

---

[20] Ebd., 18.
[21] Ebd., 20f.
[22] Vgl. ebd., 21 und 29.
[23] Vgl. ebd., 33ff.
[24] Ebd., 30f.
[25] Vgl. ebd., 30ff.
[26] Ebd., 32.
[27] Ebd., 40f.
[28] Ebd., S. 42ff.
[29] Ebd., 43f.
[30] Tacitus, Ann. 2,53.
[31] Metzger, Die letzte Reise, 43.
[32] Vgl. ebd.
[33] Vgl. ebd.

Paulus kündet im 1. Timotheusbrief seine Rückkehr nach Ephesus (vgl. 1. Tim 1,3) an (vgl. 1. Tim 3,14f.; 4,13). Metzger geht nun davon aus, dass sich dem Paulus als „nächster Weg von Nikopolis nach Ephesus ... die Route über Korinth" anbot (vgl. 2. Tim 4,20: „Erastus blieb in Korinth ...").

> „Erastus, nach Röm 16,23 ehedem ‚Rentmeister der Stadt', wird wohl von ihm mit der Leitung der Gemeinden in Achaia beauftragt, so wie er Titus zu seinem Vertreter für Dalmatien, Artemas für Kreta, Timotheus für die Asia gemachte hatte."[34]

Metzger geht weiter davon aus, dass Paulus bei seiner Ankunft in Ephesus verhaftet und als Gefangener nach Rom gebracht wurde.[35] Der 2. Timotheusbrief lasse nicht darauf schließen, dass der Konkakt zur Gemeinde in Ephesus „hergestellt werden konnte, abgesehen von einem schmerzlichen persönlichen Abschied von Timoheus, vermutlich beim Aufbruch des Apostels in die Gefangenschaft nach Rom" (vgl. 2. Tim 1,4: „... indem ich deiner Tränen gedenke ...").[36] Grundlage für diese Annahme bieten Metzger z. B. Texte wie 2. Tim 4,14f., wonach der Schmid Alexander, vor dem Timotheus sich (in Ephesus?) hüten soll, Paulus „viel Böses erwiesen" hat, und die Aussage in 2. Tim 1,15, wonach Timotheus weiß, „dass alle, die in [der Provinz] Asia sind, sich von mir abgewandt haben", unter denen Phygelus und Hermogenes sind. Diese Texte lassen vermuten, dass Timotheus damals in der Provinz Asia und damit wahrscheinlich in Ephesus wirkte, zumal Alexander und Hymenäus, die im 2. Timotheusbrief erwähnt werden (vgl. 2. Tim 2,17; 4,14) und vor denen Timotheus sich hüten soll, wohl die gleichen Personen sind, die Paulus nach 1. Tim 1,20 „dem Satan übergeben hat, damit sie erzogen werden, nicht länger zu lästern", und die demnach ebenfalls für Timotheus, der damals in Ephesus wirkte (vgl. 1. Tim 1,3), eine gewisse Gefahr darstellen.

Weiter geht Metzger davon aus, dass Paulus anschließend auf dem Weg nach Rom wohl Trophimus in Milet krank zurückgelassen habe (vgl. 2. Tim 4,20), während Lukas und Tychikus Paulus wahrscheinlich begleitet hätten.[37] Nach dem ersten Verhör in Rom (vgl. 2. Tim 4,16) habe Paulus den 2. Timotheusbrief mit seinem Sekretär Tychikus nach Ephesus geschickt, wo dieser „als beglaubigter Sendbote des Apostels ... den Timotheus ablösen" sollte (vgl. 2. Tim 4,11).[38] Durch Onesiphorus, der Paulus in Rom aufsuchte (vgl. 2. Tim 1,17), sei Paulus über die Entwicklung der Dinge in Ephesus gut informiert gewesen.[39] In Rom habe Paulus möglicherweise „im Jahr 62 oder 63 kraft richterlichen Ur-

---

[34] Ebd., 44.
[35] Vgl. ebd., 44ff.
[36] Ebd., 44f.; vgl. auch ebd., 46f.
[37] Vgl. ebd., 47.
[38] Ebd., 53.
[39] Ebd., 55.

teils" den Märtyrertod erlitten.[40] Für Metzger deutet nichts darauf hin, „daß Paulus erst in der Neronischen Verfolgung 64 umgekommen wäre"; vielmehr befinde er sich nach dem Zeugnis des 2. Timotheusbriefs „in einer Einzelhaft, auf deren schlimmes Ende er gefaßt ist, und so kommt es wohl auch zu einer Einzelverhandlung gegen ihn, bei welcher er zum Tode verurteilt wird".[41]

4.5.3 Auswertung der unterschiedlichen Datierungen

Da ich von der Echtheit der Pastoralbriefe ausgehe, muss an dieser Stelle die Datierung, die von Pseudepigrafie ausgeht, nicht weiter kommentiert werden. Die Anlehnungen im 1. Clemensbrief machen zudem eine Datierung nach 90 n. Chr. völlig unwahrscheinlich.[42]
Die Frühdatierung des 1. Timotheusbriefs und des Titusbriefs während der 3. Missionsreise hat auf dem ersten Blick einiges für sich. Sie sollte auf jeden Fall nicht einfach ungeprüft verworfen werden. Doch gibt es m. E. einige begründete Anfragen.
Es ist m. E. grundsätzlich denkbar, dass Paulus den Winter 55/56 n. Chr. in Nikopolis verbrachte, wenn in Tit 3,12 das Nikopolis von Mazedonien gemeint ist, und dass er ein Jahr später in Korinth überwinterte (vgl. Apg 20,2f.). Allerdings ist in Tit 2,13 sehr wahrscheinlich Nikopolis Epirus gemeint. Wahrscheinlich ist außerdem, dass Paulus im Spätsommer oder Herbst des Jahres 55 n. Chr., bevor er nach seiner dreijährigen Tätigkeit (vgl. Apg 20,31) Ephesus verließ, Titus von hier aus mit dem „Tränenbrief" (vgl. 2. Kor 2,3.12f.; 7,5.8) nach Korinth schickte (vgl. 2. Kor 2,3f.9; 7,8.12), vorausgesetzt, dass Paulus den „Zwischenbesuch", der im 1. Korintherbrief – in etwas anderer Form, als er später durchgeführt wurde – angekündigt wird (vgl. 1. Kor 4,19-21; 11,34; 16,5-8), nach Pfingsten von Ephesus aus machte.
In 1. Kor 16,8 hatte Paulus angekündigt, „bis Pfingsten in Ephesus" zu bleiben. Gemeint ist wohl Pfingsten des Jahres 55 n. Chr.[43] Ob Paulus Ephesus kurz nach Pfingsten verließ, wie 1. Kor 16,8 andeuten könnte, kann bezweifelt werden. Denn es ist einerseits möglich, dass er länger blieb, als ursprünglich geplant: Wenn man beachtet, dass die Korinther „seit letztem Jahr" (ἀπὸ πέρυσι) Geld für die „Heiligen" in Jerusalem sammeln (vgl. 2. Kor 8,10; 9,2), und wenn man davon ausgeht, dass der 1. Korintherbrief dazu erst den eigentlichen Anlass

---

[40] Ebd., 58.
[41] Ebd., 58.
[42] Vgl. dazu u. a. Thiessen, Rezeption, 298; Looks, Das Anvertraute bewahren, 78–123.
[43] Wie die Delphi-Inschrift nahelegt, war Paulus vom Herbst des Jahres 50 n. Chr. bis zum Frühjahr des Jahres 52 n. Chr. in Korinth. Demnach muss er im Herbst des Jahres 52 n. Chr. gekommen sein. Dort wirkte er gemäß Apg 20,31 drei Jahre, also bis Herbst 55 n. Chr.

gab (vgl. 1. Kor 16,1ff.), dann liegt ein Jahreswechsel (im Herbst[44]) zwischen der Abfassung des 1. und des 2. Korintherbriefs. Andererseits ist wahrscheinlich, dass der angekündigte Besuch in Korinth (vgl. dazu 1. Kor 4,19.21; 11,34) in dem „Zwischenbesuch" eingelöst wurde. Ob Paulus ursprünglich plante, damit Ephesus (zumindest vorläufig) ganz zu verlassen, schliesslich aber doch entschied, wieder zurückzukehren, muss offen blieben. Es ist davon auszugehen, dass die „große und wirksame Tür" in Ephesus (vgl. 1. Kor 16,9) Paulus veranlasste, von Korinth wieder nach Ephesus zurückzukehren, von wo aus er wahrscheinlich im Herbst 55 n. Chr. in Richtung Troas und von dort noch vor Winter (vgl. 2. Kor 2,12f.) weiter nach Mazedonien aufbrach.

In Troas wurde dem Paulus „eine Tür im Herrn aufgetan" (2. Kor 2,12). Doch hatte er dort keine Ruhe in seinem Geist, „weil ich Titus, meinen Bruder, nicht fand, sondern ich nahm Abschied von ihnen und zog fort nach Mazedonien" (2. Kor 2,13). Paulus war gespannt und wohl auch besorgt, was für Nachrichten Titus von Korinth als Reaktion auf den „Tränenbrief" bringen würde. Deshalb reiste er von Troas nach Mazedonien weiter, wo er Titus traf, der einen erfreulichen Bericht aus Korinth übermittelte (vgl. 2. Kor 7,5f.13ff.). Es ist somit kaum wahrscheinlich, dass Titus von Kreta über Korinth zu Paulus nach Nikopolis kam, um ihm über die Reaktion der Korinther in Bezug auf diesen „Tränenbrief" zu informieren, wie Fuchs annimmt[45].

In 1. Tim 5,18 wird (neben Deut 25,4) augenscheinlich Lk 10,7 zitiert mit dem Hinweis, dass „die Schrift" das sage.[46] Ähnlich nimmt Paulus auch in 1. Kor 9,9.14 auf Deut 25,4 und auf das Jesus-Wort Bezug, doch im Unterschied zu 1. Tim 5,18 wird in 1. Kor 9,14 das Jesus-Wort noch nicht als „Schrift" zitiert. Dieser Vergleich zeigt, dass auch in Bezug auf die Zitierung von Jesus-Worten sehr wohl zwischen dem Hinweis auf eine mündliche Überlieferung und der Festlegung dieser Überlieferung als „Schrift" unterschieden wurde. Höchstwahrscheinlich hat Lukas die Apostelgeschichte im Jahr 62 n. Chr. am Ende der

---

[44] Witulski schreibt, dass das Koinon der Provinz Asia unter dem Prokonsulat des Lucius Volcacius Tullus, dessen Statthalterschaft um 29 n. Chr. zu datieren sei, auf einer Sitzung in Smyrna einen Kranz als Ehrung für diejenige Person ausgelobt habe, welche die bestmöglichen Ehren für „den Gott", d. h. den Kaiser Augustus, erfinden würde (Witulski, Kaiserkult, 26f.). „Etwa 20 Jahre nach dieser Auslobung schlug der procosul Paullus Fabius Maximus in einem Brief an die Delegierten vor, zur Ehre und zum Ruhm des Augustus das asianische Kalenderjahr mit dem 23. September, dem Geburtstag des Kaisers, beginnen zu lassen" (ebd., 27). Mit ihrem „übereinstimmenden Beschlüssen zur Einführung des neuen Kalenders in der Provinz Asia, vor allem aber zur Festlegung des Geburtstags des amtierenden Herrschers als Neujahrstag, stießen die Statthalter und der Provinziallandtag offensichtlich in eine neue Dimenson kultisch-religiöser Herrscherverehrung vor" (ebd., 29).

[45] Vgl. Fuchs, Eine vierte Missionsreise, 51.

[46] Vgl. dazu auch u. a. Stuhlmacher, Theologie, 36; Frank, Sinn, 64.

zweijährigen römischen Gefangenschaft des Paulus in der Mietwohnung (vgl. Apg 28,30f.) abgeschlossen.[47] Demnach muss er das Evangelium etwas früher, frühestens aber in der Zeit, als Paulus von 57–59 n. Chr. in Cäsarea gefangen war, geschrieben haben (vgl. Lk 1,1-4). Zur Zeit der Abfassung des 1. Timotheusbriefs muss also das Lukasevangelium bereits in schriftlicher Form vorgelegen haben, da der Text von Lk 10,7 als „Schrift" zitiert wird.[48] Da es unwahrscheinlich ist, dass das Lukasevangelium bereits während der 3. Missionsreise des Paulus in schriftlicher Form vorlag (vgl. auch 1. Kor 9,14), kann der 1. Timotheusbrief auch kaum während der 3. Missionsreise des Apostels abgefasst worden sein. Ähnliches lässt sich auch vom Titusbrief sagen.

Unter anderem auf Grund der inhaltlichen Nähe des Titusbriefs zum 1. Timotheusbrief gehe ich davon aus, dass der Titusbrief in die Nähe des 1. Timotheusbriefs datiert werden muss. Zudem scheinen mir Sprache und Thema der Briefe an Timotheus und Titus dafür zu sprechen, dass der 2. Timotheusbrief nicht allzu lange nach den anderen zwei Briefen zu datieren ist.

In Bezug auf die Datierung des 2. Timotheusbriefs spricht m. E. gerade die Tatsache, dass darin „fast nur aus Kleinasien" berichtet wird[49], gegen die Abfassung während der ersten Gefangenschaft. Als Paulus bei der ersten römischen Gefangenschaft nach Rom kam, war er bereits ca. zweieinhalb Jahre in Cäsarea gefangen gewesen (vgl. Apg 24,27). Beachtet man z. B. 2. Tim 1,15-17, wonach in Asia (Ephesus?) „alle" Paulus verlassen haben außer Onesiphorus, der dann Paulus auch in Rom aufgesucht hat, und bedenkt man, dass dieser Onesiphorus offenbar am gleichen Ort wohnte, an dem Paulus Timotheus wohl unter Tränen (vgl. 2. Tim 1,4) zurückgelassen hatte (vgl. 2. Tim 4,19), so ist davon auszugehen, dass Paulus noch nicht lange als Gefangener von Asia nach Rom überbracht worden war, als der 2. Timotheusbrief geschrieben wurde.

Außerdem wären bei einer Abfassung des 2. Timotheusbriefs während der ersten römischen Gefangenschaft des Paulus seinen „Mantel"[50] und die Schriftrollen bereits seit mindestens drei Jahren in Troas liegen geblieben (vgl. 2. Tim 4,13). Wenn nämlich Paulus im Frühjahr des Jahres 57 n. Chr. die 3. Missionsreise beendet hat, dann muss er etwa im Februar oder März des Jahres 60 n. Chr. in Rom angekommen sein. Auch die postulierte „Nähe" des 2. Timo-

---

[47] Vgl. dazu auch u. a. Harnack, Neue Untersuchungen, 70ff.; Mittelstaedt, Lukas als Historiker, 49ff.; Jaroš, Das Neue Testament, 97f.; Thiessen, Verfasserschaft, 241ff.; ders., Stephanusrede, 1ff.

[48] Viel spricht dafür, dass die Apostelgeschichte des Lukas am Ende der zweijährigen Gefangenschaft des Paulus in Rom (vgl. Apg 28,30f.) und damit etwa im Frühjahr 62 n. Chr. abgeschlossen wurde. Demnach muss das Lukasevangelium etwas früher geschrieben worden sein (vgl. dazu Thiessen, Verfasserschaft, 241ff.).

[49] So Fuchs, Unerwartete Unterschiede, 22.

[50] Vgl. dazu unter 4.3 die Fußnote 120 und die folgenden Ausführungen.

theusbrief zum Philipperbrief spricht bei näherer Betrachtung[51] nicht für eine Datierung des 2. Timotheusbriefs am Anfang der ersten römischen Gefangenschaft. Da wir davon ausgehen müssen, dass auch der Philipperbrief in Rom geschrieben wurde[52], so zeigt dieser Vergleich, dass der 2. Timotheusbrief kaum während der gleichen Gefangenschaft geschrieben worden sein kann. Während Paulus im Philipperbrief von seiner baldigen Freilassung überzeugt ist (vgl. Phil 1,25f.; 2,24; vgl. auch Phlm 22), erwartet er im 2. Timotheusbrief seine baldige Hinrichtung (vgl. 2. Tim 4,6-8.18).

Gemäß Fuchs beabsichtige Paulus zu keiner anderen Zeit als während der angenommenen Rundreise, „‚bald' von Griechenland nach Ephesus zurückzukehren. 1 Tim 3,14-15; 4,13 wird zeitlich nach 1 Kor 16,6-11 dann später durch 2 Kor 1,8 bestätigt".[53] Wenn Paulus jedoch den 1. Timotheusbrief schrieb, bevor Timotheus (nach der Überbringung des 1. Korintherbriefs) aus Korinth zurückkehrte und bevor Paulus ihm die Gemeinde von Ephesus „anvertraute", um eine „Rundreise" über Mazedonien nach Korinth und wieder zurück über Mazedonien nach Ephesus anzutreten, hätte er kaum schreiben können, dass er selbst schon „bald" wieder zurückkehren werde, wie das in 1. Tim 3,14 zum Ausdruck kommt (ἐλπίζων ἐλθεῖν πρὸς σὲ ἐν τάχει).

Sollte Paulus sogar geplant haben, nach dem Besuch in Korinth zu Titus nach Kreta weiterzureisen, wie Fuchs annimmt, hätte er mit einer noch längeren Zeit rechnen müssen (auch wenn die Reise bis Kreta nur etwa fünf Tage dauerte). Auch die mögliche Verzögerung der Rückkehr des Paulus, die in 1. Tim 3,15 angesprochen wird, kann nicht als Argument für diese Sicht verwendet werden. Paulus deutet an dieser Stelle lediglich die mögliche Verzögerung an, während er sonst äußerst stark mit dieser Verzögerung hätte rechnen müssen und keine baldige Rückkehr hätte ankünden können. Und auch wenn der Ausdruck ἐν τάχει (wörtlich etwa: „in Schnelle") nicht in dem Sinn zu verstehen ist, dass Paulus innerhalb von wenigen Tagen bereits wieder in Ephesus zu sein gedenkt[54], so bringt der Apostel damit doch sicher zum Ausdruck, dass er in rela-

---

[51] Vgl. dazu auch die Ausführungen unten zur Datierung des 2. Timotheusbriefs.
[52] Vgl. dazu die Ausführungen oben zur Datierung der Gefangenschaftsbriefe.
[53] Fuchs, Eine vierte Missionsreise, 45.
[54] Nach Pape wird ταχύς „von der Geschwindigkeit des Gehens od. Laufens, von Menschen und Thieren" verwendet (Pape, Handwörterbuch II, 1077). Die Wendung ὡς τάχιστα wird im Sinn von „sobald als" verwendet (vgl. ebd.). Die Wendung ἐν τάχει erscheint bei Philo von Alexandria nicht, aber achtmal in den Schriften von Flavius Josephus (vgl. Ant 6,163; 11,93; 17,83; Bell 1,380.480; 2,45; 3,90; 5,264). Nach Ant 6,163 bittet z. B. der Prophet Samuel den Vater von David, diesen sofort (ἐν τάχει) holen zu lassen, nachdem der Vater Samuel mitgeteilt hatte, dass er noch einen Sohn habe. Nach Ant 17,83 kündigt Herodes sein baldiges Kommen an (ἥξοι ἐν τάχει), und zwar dann, wenn alles wie geplant vollbracht worden sei. In der LXX erscheint der Ausdruck zwölfmal (Deut 11,17; 28,20; Jos 8,18.19; 1. Sam 23,22; Ps 2,12; Hes 29,5; 3. Macc

tiv kurzer Zeit, und das bedeutet wohl kaum erst etwa in einem halben Jahr oder noch länger, zurückkehren will.[55] So schreibt er auch in 2. Tim 4,9 an Timotheus, dass dieser sich beeilen soll, „schnell (ταχέως) zu mir [nach Rom?] zu kommen", und das soll nach 2. Tim 4,21 noch vor Winteranfang geschehen (vgl. auch Phil 2,19).

Nach Abwägen der verschiedenen Argumente scheint mir eine Abfassung der Pastoralbrief vor bzw. während der ersten römsichen Gefangenschaft (die ich auf 60–62 n. Chr. datiere) ausgeschlossen zu sein. Das Argument von Fuchs, dass Paulus in Röm 15,19-23 definitiv feststelle, „dass für ihn die Missionsarbeit im Osten beendet ist" und der Titusbrief somit vor dem Römerbrief entstanden sein müsse,[56] ist sicher ernst zu nehmen, was jedoch kaum bedeutet, dass Paulus die von ihm begründeten Gemeinden nun völlig hinter sich lassen möchte. Vielmehr ist es durchaus denkbar, dass Paulus nach ingesamt knapp fünf Jahren Abwesenheit am Ende der ersten römischen Gefangenschaft wieder in die Regionen zurückkehrte, in denen er auf der 2. und 3. Missionsreise gewirkt hatte. Dass er in diese Regionen nochmals zurückkehren wollte, deuten auf jeden Fall sowohl der Philipperbrief als auch der Philemonbrief an (vgl. Phil 1,25f.; 2,24; Phlm 22), es sei denn, man datiert sie in die Zeit der Wirksamkeit des Apostels während der 3. Missionsreise in Ephesus. Und sollte Paulus tatsächlich nach der Freilassung zuerst nach Spanien gereist sein (wie 1. Clem 5,7 andeutet), so wäre die Zeit der Abwesenheit sogar noch (wesentlich?) länger gewesen. Die konkrete Ankündigung seines baldigen Besuchs in Philippi und bei Philemon (in Kolossä) deutet allerdings darauf hin, dass Paulus am Ende der ersten römischen Gefangenschaft entweder nicht (mehr) vorhatte, direkt nach Spanien weiterzureisen oder nur kurz dort bleiben wollte.

Nach Clemens Romanus (ca. 96 n. Chr. oder früher) kam Paulus noch „bis an äußerste Ende des Westens" (εἰς τὸ τέρμα τῆς δύσεως), nachdem er im Osten und Westen Herold für das Evangelium geworden war (1. Clem 5,6f.), d. h. wohl nach Spanien.[57] Nach Löhr gibt es „berechtigte Zweifel an der chronologischen Abfolge Lk–1 Clem".[58] „Wer die Paulus-Notiz in 1 Clem aus den erwähnten neutestamentlichen Stücken entstanden

---

5,43; Sir 27,3; Bar 4,24.25). Die Wendung wird im Sinn von „in Eile/Schnelligkeit" oder im Sinn von „bald/demnächst" verwendet (vgl. auch Montanari, Brill Dictionary, 2089).

[55] Vgl. dazu auch Lk 18,8; Apg 12,7; 22,18; 25,4; Röm 16,20; Offb 1,1; 22,6. Jeweils an den Stellen, an denen nicht Gott bzw. Jesus Christus Subjekt der Handlung ist, die „in Schnelle" geschehen soll (so in Apg 12,7; 22,18; 25,4), handelt es sich m. E. eindeutig um einen relativ kurzen Zeitraum, bis das Angekündigte geschehen soll. Zum Gebrauch von ταχέως in den Paulusbriefen vgl. 1. Kor 4,19; Gal 1,6; Phil 2,19.24; 2. Thess 2,2; 1. Tim 5,22; 2. Tim 4,9.

[56] Fuchs, Eine vierte Missionsreise, 41.

[57] Vgl. dazu u. a. Dubowy, Klemens, 1914; Löhr, Paulus-Notiz, 197–213.

[58] Löhr, Paulus-Notiz, 212.

sein lässt, muss zugleich ihre frei Verwendung und Weiterentwicklung konstatieren. Denn eine direkte wörtliche Beziehung ist nicht herzustellen".[59] Löhr folgert daraus und weil er „auch sonst in 1 Clem keine Indizien für die Tendenz zur historischen Ausmalung und legendarischen Vorschreibung" entdeckt, „dass der Verfasser in der Paulus-Notiz auf vorhandene Informationen über das Wirken und das Ende des Paulus im Westen zurückgreift, ohne dass aus seiner knappen und anspielenden Art die Details noch erkennbar wären".[60]

Da das Nomen τέρμα („Ende, Grenze, Ziel") auch das Ziel, um welches die Wagen beim Wettrennen nach links biegen mussten, bezeichnet, könnte sich der Ausdruck auch auf den westlichen Wendepunkt des *circus maximus* in Rom (mit ca. 385 000 Plätzen) beziehen. Dieser befand sich auf der südwestlichen Seite des Palatins. Allerdings wird in 1. Clem 5,6 betont, dass Paulus sowohl im Osten als auch im Westen bzw. sowohl „im Aufgang/Osten als auch im Untergang/Westen" (ἐν τε τῇ ἀνατολῇ καὶ ἐν τῇ δύσει) Herold geworden war (κῆρυξ γενόμενος), woraufhin er den „edlen Ruhm seines Glaubens empfing". Und nachdem Paulus die Gerechtigkeit der ganzen Welt (ὅλον τὸν κόσμον) gelehrt habe und bis ans „Ende des Untergangs/Westens" gekommen sei und vor Führern (das Evangelium) bezeugt habe, sei er „zur heiligen Stätte" gegangen, wobei er ein „großes Vorbild des Ausharrens" geworden sei (1. Clem 5,7). Der Zusammenhang deutet somit an, dass Paulus nach der Überzeugung des Clemens, der nach Petrus und Linus der dritte „Bischof" von Rom gewesen sein soll[61], doch noch nach Spanien gekommen ist und dort das Evangelium verkündigt hat. Überprüfbar ist allerdings nicht mehr, ob das auch tatsächlich so geschehen ist. Aber es ist doch davon auszugehen, dass Clemens dafür eine begründete Überlieferung besaß.

Insgesamt scheint mir die Rekonstruktion von Metzger gut begründet zu sein[62], auch wenn man in Einzelfällen anders entscheiden wird. So scheint z. B. 1. Tim 1,3 („So wie ich dich bat, als ich nach Mazedonien abreiste, in Ephesus zu bleiben ...") anzudeuten, dass der 1. Timotheusbrief von Mazedonien aus geschrieben wurde.[63] Sollte Paulus den Titusbrief etwa zeitgleich geschrieben haben, so könnte Tit 3,12[64] voraussetzen, dass es sich um das Nikopolis in der Provinz Mazedonien handelt.[65] Allerdings scheint Tit 3,12 eher anzudeuten, dass Paulus damals erst vorhatte, nach Nikopolis weiterzureisen und dort zu überwintern. In dem Fall ist es denkbar bzw. wahrscheinlich, dass es sich um die römische Kolonie Actia Nikopolis in Epirus (damals im Nordwesten der römischen Provinz

---

[59] Ebd., 213.
[60] Ebd. Vgl. auch Michaelis, Einleitung, 250.
[61] Vgl. Irenäus, Ad haer 3,3,1-3.
[62] Vgl. dazu die oben unter 4.5.1.
[63] Das Kompositum προσμεῖναι in 1. Tim 1,3 deutet vielleicht darauf hin, dass Paulus selbst auch Ephesus zumindest kurz besucht hat, als er Timotheus den Auftrag gab, hier zu bleiben und die Gemeindearbeit zu koorinieren.
[64] „Wenn ich Artemas oder Tychikus zu dir senden werde, so beeile dich, zu mir nach Nikopolis zu kommen, denn ich habe beschlossen, dort zu überwintern."
[65] So auch die Schlussbemerkung des *Textus Receptus*.

Achaja) handelt[66], von wo aus Paulus später Titus mit einem Auftrag in das illyrische Dalmatien sandte (vgl. 2. Tim 4,10). Es ist durchaus denkbar, dass Paulus zu der Zeit, als er auf der dritten Missionsreise in Illyrien das Evangelium verkündete (vgl. Röm 15,19), auch schon in diesem Nikopolis verweilte. In Tit 3,12 scheint auf jeden Fall vorausgesetzt zu sein, dass Titus wusste, um welches Nikopolis es sich handelte.

Ob die zweite römische Gefangenschaft und die Hinrichtung des Paulus auf das Jahr 64 n. Chr. – den Beginn der allgemeinen Christenverfolgung in Rom – oder später (etwa 66/67 n. Chr.) zu datieren ist, kann nicht eindeutig entschieden werden.[67] Auf Grund der Daten, die wir in den Pastorbriefen vorfinden, ist eine Hinrichtung (kurz?) vor dem Beginn der allgemeinen Christenverfolgung in Rom denkbar. Der 2. Timotheusbrief deutet auf jeden Fall an, dass er relativ kurz nach der Festnahme (und unmittelbar nach dem ersten Verhör; vgl. 2. Tim 4,16) abgefasst worden sein muss, worauf m. E. u. a. auch die vielen Personen, die Paulus rückblickend erwähnt (vgl. z. B. 2. Tim 1,15; 4,10.14.20), hinweisen. Er weiß um seine baldige Hinrichtung (vgl. 2. Tim 4,6-8) und bestellt Timotheus zu sich, der sich beeilen soll, „vor dem Winter zu kommen" (2. Tim 4,21; vgl. auch 2. Tim 4,9). Diese Erwartung der schnellen Hinrichtung in Rom und der Hinweis, dass ihn (in Rom?) bei seiner ersten Verteidigung alle (Gläubigen) verlassen haben (2. Tim 4,16), deutet vielleicht doch darauf hin, dass der Beginn der allgemeinen Christenverfolgung in Rom bereits Vergangenheit war. Für die Datierung ist zudem zu beachten, dass Priska und Aquila gemäß 2. Tim 4,19 zur Zeit der Abfassung des Briefs offenbar (wieder) in Ephesus wohnten, während sie zur Zeit der Abfassung des Römerbriefs (wohl im Winter 56/57 n. Chr.) in Rom wohnten (vgl. Röm 16,3).

Somit datiere ich die Hinrichtung des Paulus in Rom etwa auf den Winter 63/64 n. Chr. oder – wahrscheinlicher (auch im Einklag mit der von Eusebius übernommenen Überlieferung) – auf 66/67 n. Chr. Gehen wir von der Hinrichtung etwa im Winter 63/64 n. Chr. aus, so wäre Paulus wohl im Frühjahr 62 n. Chr. von der ersten römischen Gefangenschaft befreit worden, hätte dann die Reise

---

[66] Vgl. dazu auch u. a. Niederwimmer, Zenan, 268. Dieses Nikopolis wurde im Jahr 31 v. Chr. von Augustus auf einer Halbinsel in Epirus in Griechenland als Erinnerung an den Sieg bei Actium gegründet. Die Ruinen der Stadt, in der auch Epiktet wirkte, werden heute „Paleoprévesa" genannt. Erst ca. 100 n. Chr. (unter Kaiser Trajan) wurde Epirus selbständige römische Provinz. Bis dahin gehörte es zu den Provinzen Achaja und Mazedonien. Nach Tacitus gehörte Nikopolis zur römischen Provinz Achaja (vgl. Tacitus, Ann. 2,53).

[67] Nach Eusebius, der einer älteren Tradition folgt, wurde Paulus bei seiner zweiten Gefangenschaft unter Kaiser Nero etwa 67 n. Chr. enthauptet (Eusebius, Hist. Eccl. 2,25,5; vgl. ebd. 3,1,3; 2,22,2), und nach Dionysius von Korinth (um 170 n. Chr.) sind Paulus und Petrus zur gleichen Zeit in Italien den Märtyrertod gestorben (vgl. Eusebius, Hist. Eccl. 2,25,8).

(möglicherweise über Kreta, wo er Titus zurückließ; vgl. Tit 1,5) in die römische Provinz Asia (Ephesus? – vgl. 1. Tim 1,3; eventuell auch Kolossä – vgl. Phlm 22) und von dort weiter nach Mazedonien (Philippi? – vgl. Phil 1,24; 2,25f.) angetreten. Im Winter 62/63 n. Chr. wäre er dann in Nikopolis (Epirus?) geblieben, hätte aber vorher schon in Mazedonien den 1. Timotheusbrief und wohl auch den Titusbrief geschrieben. Von Nikopolis wäre er dann (über Korinth?; vgl. 2. Tim 4,20) in Richtung Ephesus gereist und möglicherweise in der Provinz Asia (Ephesus oder Troas?; vgl. auch 2. Tim 1,4.15-18; 4,13) etwa im Sommer 63 n. Chr. gefangen genommen und im folgenden Winter oder spätestens im Frühling des Jahres 64 n. Chr. in Rom hingerichtet worden. Der 2. Timotheusbrief wäre somit etwa im Sommer des Jahres 64 n. Chr. geschrieben worden (vgl. 2. Tim 4,21). Allerdings ist, wie erwähnt, wohl eher von einer Hinrichtung etwa 66/67 n. Chr auszugehen. In dem Fall hätte Paulus mehr Zeit für diese „Rundreise" gehabt, und ein Aufenthalt in Spanien würde ebenfalls drin liegen.

4.5.4 Zur Datierung des 1. Timotheusbriefs

Da in *1. Tim 5,18 augenscheinlich Lk 10,7 zitiert* wird[68], muss das Lukasevangelium bereits schriftlich vorgelegen haben (vgl. 1. Kor 9,9, wo die gleiche Aussage Jesu noch nicht als „Schrift" zitiert wird). Dieses wurde jedoch erst in der Zeit von 57 bis ca. 60 n. Chr. geschrieben.[69]
Als der 1. Timotheusbrief geschrieben wurde, hatte Paulus Timotheus wohl noch nicht allzu lange in Ephesus zurückgelassen (vgl. 1. Tim 1,3), plante aber, in naher Zukunft wieder nach Ephesus zurückzukehren (vgl. 1. Tim 3,14f.; 4,13). Die Tatsache, dass der Verfasser in 1. Tim 1,20 erwähnt, dass er Hymenäus und Alexander „dem Satan übergeben" hat (vgl. dazu auch 1. Kor 5,5), „damit sie erzogen werden, nicht länger zu lästern", und dass Timotheus indirekt vor ihnen gewarnt wird, deutet darauf hin, dass es sich möglicherweise um Personen in Ephesus handelt, woraus wir folgern könnten, dass Paulus selbst ebenfalls in Ephesus war, bevor er Timotheus hier zurückließ und nach Mazedonien weiterreiste, obwohl das nicht zwingend ist. In Mazedonien hat Paulus wohl sein Versprechen eingelöst, die Philipper zu besuchen (vgl. Phil 1,24-26;

---

[68] Vgl. dazu die Ausführungen oben unter 4.5.2.
[69] Vgl. dazu Thiessen, Verfasserschaft, 247ff. Ich gehe davon aus, dass Lukas Theophilus, dem er sein Doppelwerk widmet (vgl. Lk 1,3; Apg 1,1), in Philippi kennen gelernt hat. In Philippi blieb Lukas offenbar, bis er am Schluss der 3. Missionsreise mit Paulus nach Jerusalem reiste (vgl. den „Wir-Bericht" von Apg 20,5 an). In der Zeit, als Paulus in Cäsarea gefangen war (von Frühling 57 bis Herbst 59 n. Chr.), hatte Lukas somit Zeit, „alles von Anfang an genau nachzuforschen und es dir, hochedler Theophilus, zu schreiben" (vgl. Lk 1,3).

2,25).⁷⁰ Etwa um diese Zeit muss er den 1. Timotheusbrief verfasst haben (vgl. 1. Tim 1,3). Wie oben angedeutet wurde, ist es gut möglich, dass er bei der Abfassung des 1. Timotheusbriefs (und des Titusbriefs) in Thessalonike war.⁷¹ Von da aus war die Weiterreise auf der Via Egnatia in Richtung Nikopolis (vgl. Tit 3,12) relativ einfach.

Dass in 1. Tim 4,12 von der „Jugend" (νεότης) des Timotheus die Rede ist, spricht nicht gegen diese „Spätdatierung", denn als νέος („Jugendlicher, Jüngling") wurden junge Männer nach der ein- bis zweijährigen Sport- und Militärausbildung (im Gymnasium), die etwa im Alter von 18 Jahren (als ἔφηβος – nach der Pubertät) begann, bezeichnet, und sie blieben solche mindestens bis sie etwa 30-jährig waren (vgl. auch Apg 7,58: ... παρὰ τοὺς πόδας νεανίου καλουμένου Σαύλου).⁷²

Wenn Paulus nach der Abfassung des 1. Timotheusbriefs und des Titusbriefs in Nikopolis (in Epirus?) überwintert hat und im folgenden Jahr erneut verhaftet wurde, so muss der Winter, der in 2. Tim 4,21 angesprochen wird, der nach Nikopolis folgende Winter (63/64 oder 66/67 n. Chr.?) sein. Der 1. Timotheusbrief ist demnach *zwischen der ersten und der zweiten römischen Gefangenschaft* (ca. 62–66 n. Chr.) geschrieben worden, und zwar wahrscheinlich in Mazedonien (vgl. 1. Tim 1,3) *etwa im Spätsommer oder Herbst des Jahres 62 oder (wahrscheinlicher) des Jahres 65 n. Chr.*⁷³

4.5.5 Zur Datierung des Titusbriefs

Gemäß Tit 3,12 plant der Verfasser des Titusbriefs, in Nikopolis (wohl in Epirus) zu überwintern, wo Titus ihn in dieser Zeit aufsuchen soll. Wahrscheinlich ist er selbst noch nicht in Nikopolis, sondern will demnächst dorthin weiterreisen. Auf jeden Fall muss der Brief in einem Spätsommer oder Herbst geschrieben worden sein. Vorher hatte der Verfasser Titus auf Kreta gelassen, um die Gemeinden zu unterstützen (vgl. Tit 1,5).

---

⁷⁰ Ich gehe nicht davon aus, dass Paulus anschließend im mazedonischen Nikopolis, das ca. 40 km nördlich von Philippi lag, überwintern wollte (vgl. Tit 3,12), sondern in Actia Nikopolis in Epirus (vgl. dazu die Ausführungen oben).

⁷¹ Vgl. unter 4.1.2.

⁷² Vgl. Steimle, Religion, 61; König, Athletics, 48. In Beröa ist durch eine Inschrift die Ordnung des Gymnasiums ausführlich belegt (vgl. dazu König, Athletics, 50ff.). Ein wichtiger Zweck der Einrichtung war die athletische Ausbildung, die für den Krieg zurüsten sollte. Es ist möglich, dass die Sport- und Kampfsprache z. B. im 1. Timotheusbrief daran anknüpft (vgl. 1. Tim 1,18ff.; 4,10; 6,12; vgl. auch 2. Tim 2,3ff.; 4,7).

⁷³ Jaroš datiert die „letzte Missionstätigkeit" des Paulus in die Jahre 62–64 n. Chr., wobei er annimmt, dass Paulus den 2. Timotheusbrief „während seiner zweiten und letzten römischen Gefangenschaft, vermutlich im Herbst des Jahres 64", schrieb (Jaroš, Das Neue Testament, 164f.).

Die sprachliche und inhaltliche *„Nähe" zum 1. Timotheusbrief* – bei allen Unterschieden, die vorhanden sind – spricht m. E. nicht nur dafür, dass die Briefe vom gleichen Verfasser stammen, sondern auch dafür, dass sie zeitlich nahe beieinanderliegen müssen.[74] Die vorhandenen Unterschiede in der Wortwahl und der Akzentuierung[75] sprechen nicht dagegen. Vielmehr sind die Unterschiede durch die unterschiedliche Empfängerschaft und ihre Situation begründet. Somit ist der Titusbrief in die Nähe des 1. Timotheusbriefs zu datieren.

Die Tatsache, dass Paulus nach Tit 3,12 in Nikopolis überwintern wollte, während er gemäß 1. Tim 3,14f. und 4,13 Timotheus (in Ephesus) besuchen möchte – nach 1. Tim 3,14 „in Schnelle/Kürze", wobei er allerdings mit Verzögerung rechnet –, muss nicht unbedingt dafür sprechen, dass der Titusbrief (viel) später geschrieben wurde (auf jeden Fall sollte man nicht in unseren Zeitverhältnissen denken). So ist es m. E. durchaus denkbar, dass der Titusbrief gleichzeitig mit oder kurz nach dem 1. Timotheusbrief verfasst wurde. Vielleicht hat Paulus die Briefe zusammen abgeschickt, plante anschließend von Mazedonien aus nach Nikopolis weiterzureisen, dort zu überwindern, Titus, den er dorthin bestellte (vgl. Tit 3,12), dann nach Dalmatien zu delegieren (vgl. 2. Tim 4,10) und anschließend in Richtung Ephesus weiterzureisen.

Der Titusbrief ist dementsprechend wohl wie der 1. Timotheusbrief *zwischen der ersten und der zweiten römischen Gefangenschaft (ca. 62–66 n. Chr.)* geschrieben worden.[76] Wenn Paulus nach der Abfassung des 1. Timotheusbriefs und des Titusbriefs in Nikopolis (in Epirus?) überwintert hat (vgl. Tit 3,12) und erst im darauf folgenden Jahr erneut verhaftet wurde (in Ephesus?), so muss der Winter, der in 2. Tim 4,21 angesprochen wird, der nach Nikopolis folgende Winter (63/64 oder 66/67 n. Chr.?) sein. Der Titusbrief muss somit etwa *im Sommer oder Herbst des Jahres 62 oder (wahrscheinlicher) des Jahres 65 n. Chr.* geschrieben worden sein.

4.5.6 Zur Datierung des 2. Timotheusbriefs

Nach Michaelis befand Paulus sich zur Zeit der Abfassung des 2. Timotheusbriefs in Rom,

> „wo ihn nach 1,17 Onesiphorus bereits besucht hat, der aber nach 4,19 seither wieder nach Ephesus zurückgekehrt sein muss [vorausgesetzt wird auch hier offensichtlich, dass Timotheus damals noch in Ephesus war]. Nur in 1,17 wird freilich der Ortsname Rom genannt. Da Pls sich jedoch, als Onesiphorus ihn besuchte, nach 1,16 in Haft befand und sich nach 1,8; 2,9 (vgl auch 4,6ff.16f) noch immer in Haft

---

[74] Vgl. dazu die Ausführungen oben zur Einheitlichkeit der Pastoralbriefe.
[75] Vgl. dazu u. a. Fuchs, Agape, 93–125; ders., Bisher unbeachtet, 15–33.
[76] Vgl. auch u. a. Jaroš, Das Neue Testament, 164f.

befindet, muss er sich auch noch immer in Rom aufhalten (die geographischen Angaben in 4,10 sprechen nicht dagegen)".[77]

Diese Annahme ist gut begründet, sodass wir von einer Abfassung in Rom ausgehen können bzw. müssen. Paulus spricht in 2. Tim 4,16 von seiner „ersten Verteidigung" (ἐν τῇ πρώτῃ μου ἀπολογίᾳ), bei welcher der Herr ihm nach 2. Tim 4,17 beistand (ὁ δὲ κύριός μοι παρέστη) und er „aus dem Rachen des Löwen" gerettet wurde. Mauerhofer bezieht dies auf die erste Gefangenschaft in Rom, aus der Paulus befreit wurde (vgl. z. B. Phil 1,7.16.25f.; 2,24).[78] Allerdings ist wohl das erste Verhör am Anfang der zweiten römischen Gefangenschaft (oder bereits in Ephesus?) gemeint. Zahn schreibt dazu:

> „Mit seinem Beistand und seiner Stärkung des Pl bei jener Gerichtsverhandlung, die mit dessen Errettung aus äußerster Todesgefahr endigte, hat nach der Anschauung des Apostels der Herr den Zweck verfolgt, dass durch ihn die Predigt vollendet werde und alle Völker sie hören. Dieses Ziel war also zur Zeit jener Apologie überhaupt noch nicht, weder durch Pl noch durch andere Missionare erreicht[,] ... Damit dies aber durch Pl und, wie das stark betonte δι' ἐμοῦ [‚durch mich'] sagt, gerade durch ihn und nicht durch andere geschehe, hat der Herr ihm damals vor Gericht beigestanden und ihn zu erfolgreicher Verteidigung gestärkt; und damit dieser Zweck nun auch wirklich erreicht werde, ward er aus Löwenrachen herausgerissen."[79]

Zu beachten sind auch die vielen *Orts- und Personenangaben*, die sich besonders im 2. Timotheusbrief finden, wobei sichtbar wird, dass Paulus offenbar auf noch nicht lange zurückliegende Ereignisse verweist. Dabei handelt es sich u. a. um folgende Ortsangaben, die oft mit Personenangaben verbunden werden: Mazedonien (1. Tim 1,3: Paulus), Kreta (Tit 1,4; Titus), Korinth (2. Tim 4,20: Erastus), Nikopolis (Tit 3,12: Paulus), Troas (2. Tim 4,13: Mantel und Pergamentrollen), Milet (2. Tim 4,20: Trophimus), Ephesus (1. Tim 1,3: Timotheus; 2. Tim 4,12: Tychikus), Asia (2. Tim 1,15: „Alle ... unter ihnen sind Phygelus und Hermogenes"), Thessalonike (2. Tim 4,10: Demas), Galatien (2. Tim 4,10: Kreszenz), Dalmatien (2. Tim 4,10: Titus); Rom (2. Tim 1,16f.: Paulus und Onesiphorus).

Dieser Onesiphorus lebte offenbar am gleichen Ort, an dem Timotheus zu der Zeit der Briefabfassung wirkte, da Paulus das „Haus des Onesiphorus" später grüßen lässt (vgl. 2. Tim 4,19). Und wie 2. Tim 1,15f. nahelegt, handelt es sich dabei augenscheinlich um die Provinz Asia, d. h. wohl um Ephesus. Andererseits ist zu beachten, dass in Kol 4,14 und Phlm 24 jeweils ein Demas Grüße ausrichtet und demnach bei Paulus in der Gefangenschaft sein muss. Handelt es sich bei dem Demas, der in 2. Tim 4,10 als einer erwähnt wird, der Paulus ver-

---

[77] Michaelis, Einleitung, 237.
[78] Mauerhofer, Einleitung 2, 182; anders z. B. Fuchs, Unerwartete Unterschiede, 22ff.
[79] Zahn, Einleitung I, S. 406f.

lassen und „das jetzige Zeitalter" lieb gewonnen hat, um die gleiche Person, dann ist der 2. Timotheusbrief ziemlich sicher nach dem Kolosser- und dem Philemonbrief geschrieben worden – und das bedeutet m. E. nach der ersten Gefangenschaft in Rom –, es sei denn, dass Demas doch wieder zu Paulus zurückgekehrt ist, was wohl, wenn überhaupt, längere Zeit benötigt hätte.

Während Paulus am Ende der ersten römischen Gefangenschaft konkret mit seiner baldigen Freilassung rechnet bzw. im Philipperbrief davon überzeugt ist (vgl. Phil 1,24f.; 2,24), während er gemäß 2. Tim 4,6-8 (vgl. 2. Tim 4,6b: „… der Zeitpunkt meines Abscheidens ist herangetreten") und auch gemäß 2. Tim 4,18 („Der Herr wird mich retten von jedem bösen Werk und mich in sein himmlisches Reich hineinretten …") *mit seiner baldigen Hinrichtung rechnet*. Es ist m. E. nicht davon auszugehen, dass Paulus in Cäsarea vor seiner Berufung auf den Kaiser solche Erwartungen einer baldigen Freilassung hegte, die dann auf jeden Fall gründlich enttäuscht worden wären.

Die folgende Gegenüberstellung zeigt die „Nähe" des 2. Timotheusbriefs zum Philipperbrief, die gleichzeitig deutlich den Unterschied in Bezug auf die Zukunftserwartung (Freilassung/Hinrichtung) des Autors bei der Abfassung zum Ausdruck bringt:

„Ich habe Sehnsucht, *abzuscheiden* (ἀναλῦσαι)" (Phil 1,23).	„… der Zeitpunkt *meines Abscheidens* (τῆς ἀναλύσεώς μου) ist herangetreten" (2. Tim 4,6b).
„Wenn ich aber auch *als Trankopfer ... gesprengt werde* (εἰ καὶ σπένδομαι)" (Phil 2,17).	Denn ich werde schon *als Trankopfer gesprengt* (ἤδη σπένδομαι)" (2. Tim 4,6a).
„Nicht, dass ich … schon vollendet *sei* (οὐχ ὅτι ... ἤδη τετελείωμαι)" (Phil 3,12).	„… *ich habe den Lauf vollendet* (τὸν δρόμον τετέλεκα)" (2. Tim 4,7).
„… und jage auf das Ziel zu, hin zu dem Kampfpreis (βραβεῖον) …" (Phil 3,14).	„Weiterhin *liegt mir bereit der Siegeskranz* (στέφανος) der Gerechtigkeit" (2. Tim 4,8).

Wir müssen also davon ausgehen, dass der 2. Timotheusbrief *während der zweiten römischen Gefangenschaft* des Paulus geschrieben wurde, und *zwar kurz vor der Hinrichtung des Apostels*. Wahrscheinlich wurde Paulus *um 66/67 n. Chr. hingerichtet*, auch wenn nicht ausgeschlossen ist, dass da bereits etwas früher geschah (etwa im Winter 63/64 n. Chr.; vgl. 2. Tim 4,21). Deshalb datiere ich den 2. Timotheusbrief auf *ca. 63/64 oder (wahrscheilicher) auf ca. 66/67 n. Chr.*

5. Literarkritik, Pseudepigrafie und Paulusschule

In Bezug auf die Literarkritik der Paulusbriefe ist zu beachten, dass diese nicht einfach „zeitlose Episteln", sondern, wie Schmithals richtig bemerkt, „stets auf die besondere Situation der einzelnen Adressaten bezogene Schreiben" sind[2], obwohl die Paulusbriefe sehr wohl auch „liturgische" oder „theologische" Ausführungen enthalten können, die sich nicht direkt auf die Empfänger beziehen. Schmithals betont weiter treffend, dass an „dem konkret gezielten Charakter paulinischer Paränesen überhaupt ... aufs Ganze der Paulusbriefe gesehen kein Zweifel bestehen" kann.[3] Auch wenn es gleichzeitig stimmt, dass Paulus „ein exzellenter Schrift- und Briefsteller" ist[4], was nach Schmithals „nicht nur im Hinblick auf die Fülle kleiner stilistischer Feinheiten, in deren Beherrschung Paulus mit jedem zeitgenössischen Schriftsteller konkurrieren kann", gilt, sondern auch für die „mancherlei fixierten Lehrtexte und Lehrsätze ... sowie analoge, aber unmittelbar brieflich konzipierte Stücke"[5], so sind doch beide Aspekte auch z. B. in Bezug auf die Literarkritik der Briefe zu beachten.

Die Frage dabei muss nach Schmithals sein, „ob sich der jeweilige Brief *am besten* als literarische Einheit oder *besser* als Kompilation aus mehreren Schreiben verstehen läßt".[6] Das Prinzip von Schnelle, dass die Teilungshypothesen zu verwerfen seien, solange nicht „der unbedingte Nachweis erbracht" werde, ist nach Schmithals „schon an sich methodisch mehr als fragwürdig ... Die Hypothese der Integrität eines Briefs hat nicht mehr Recht als die Hypothese einer redaktionellen Komposition".[7] Diese Problematik entspreche derjenigen,

> „die sich bei der Frage nach der *Authentizität* der Paulusbriefe einstellt. Wer die ‚Echtheit' eines Briefs nur als *ultima ratio* bestreiten will, hat noch immer Gründe gefunden, z. B. mit Schlier auch den Epheserbrief oder mit Michaelis die Pastoralbriefe wegen ihres *Anspruchs*, von Paulus geschrieben worden zu sein, für paulinisch zu halten".[8]

Für Schmithals sind „Beobachtungen zu literarischen Brüchen, Umstellungen und anderen Verwerfungen im Gedankengang" als „klassisches Kriterium der Literarkritik" von „nicht geringem Gewicht und überdies von besonders großem Umfang".[9] „Glossierungen" weisen nach ihm „keineswegs stets auf die Hand eines Sammlers oder Herausgebers hin", doch sei es

---

[2] Schmithals, Methodische Erwägungen, 109f.
[3] Schmithals, Judaisten, 47.
[4] Vgl. dagegen Wilamowitz-Moellensdorf, Literatur und Sprache, 279.
[5] Schmithals, Methodische Erwägungen, 136.
[6] Ebd., 125.
[7] Ebd., 128.
[8] Ebd., 129.
[9] Ebd., 136.

"methodisch geboten, im einzelnen und insgesamt die Frage zu stellen, ob mit der Sammlung eine Redaktion einherging, die das Erbe des Paulus im Sinne und für die Situation des Sammlers aktualisierte, und ob also einzelne Zusätze, die man zu erkennen glaubt, nicht miteinander zusammenhängen und vom Herausgeber der Sammlung stammen".[10]

Wenn beide Aspekte, nämlich die schriftstellerische Begabung des Paulus mit entsprechender bewusster Wortwahl[11] bei gleichzeitigem „gezielten Charakter paulinischer Paränesen", beachtet werden, wird man in Bezug auf die Literarkritik vorsichtiger sein – und zwar sowohl in Bezug auf die Frage der „Glossierungen" als auch auf die Frage der Authentizität der Paulusbriefe –, als Schmithals das ist. Das bedeutet nicht, dass man die „Spannung" innerhalb der Briefe „zwischen schriftstellerischem Können einerseits und entsprechendem Unvermögen andererseits in die Persönlichkeit des Paulus" verlegen muss, wie Schmithals anderen Autoren vorwirft[12]. Denn wenn Schmithals betont, dass die

„literarischen Brüche, künstlichen Nähte und unerwarteten Einschübe … angesichts der im übrigen unstrittigen schriftstellerischen Potenz des Paulus als solche ein wesentliches Kriterium jeder literarkritischen Analyse [seien], das durch ein methodisches Prinzip wie das der ‚unbedingten Notwendigkeit von Teilungshypothesen' nicht entmachtet werden darf"[13],

so übersieht er dabei offensichtlich, dass Paulus auch bei seinem Briefeschreiben nicht nur und nicht in erster Linie ein Schriftsteller ist. Zudem weist Schmithals richtig darauf hin, dass es „*den* antiken Brief", an dem wir die paulinischen Briefe objektiv messen könnten, nicht gibt und dass „Gattung oder Gattungen des paulinischen Gemeindebriefs … nirgendwo deutliche Parallelen" haben.[15]

Auch wenn Schmithals richtig bemerkt, dass es sich um „eine Frage nach der *Plausibilität* und insofern [um] eine Frage des *wissenschaftlichen Ermessens*" handelt[16], so führt er m. E. selbst dieses Vorgehen, bei dem alle „schriftstellerischen Auffälligkeiten" bereits als Anlass für die literarkritische Teilungshypothesen genommen werden, *ad absurdum*, wenn er in den „antiken Originalbriefen" keine Verdoppelungen von „festen Stücken" findet[17], anschließend aber bemerkt, dass sich „solche Dubletten" im *Corpus Paulinum* „häufig beobachten" ließen, wobei er dafür viele Beispiele aufführt[18]. Es ist m. E. keineswegs

---

[10] Ebd., 122.
[11] Vgl. dazu neben den Beispielen weiter unten auch u. a. Wick, Paulus, 82ff.; Baum, Semantic Variation, 271–292; Fuchs, Liebe, 93–125; ders., Bisher unbeachtet, 15–33.
[12] Schmithals, Methodische Erwägungen, 137f.
[13] Ebd., 138f.
[15] Ebd., 140.
[16] Ebd., 139.
[17] Ebd., 141.
[18] Ebd., 141.

plausibel, dass ein Redaktor oder „Sammler" auf diese Weise mit den kanonischen Schriften umgegangen wäre. Dafür fehlen konkrete Belege. Viel plausibler ist es, wenn die „Brüche" und „Dubletten" als Teil des „echten" Paulus gesehen werden.

Gleiches gilt in Bezug auf die Frage nach der Authentizität der Schriften: Die 13 Briefe, welche im Neuen Testament unter dem Namen des Apostels Paulus erscheinen, lassen sich eher als authentische Briefe des außerordentlichen jüdischen Heidenapostels in unterschiedlichen realen Situationen seines langjährigen Dienstes verstehen denn als pseudepigrafische Schreiben mit fiktiven Empfängern und Situationen. Pokorný und Heckel betonen grundsätzlich richtig, dass gerade die paulinischen Briefe „keine systematische Gesamtdarstellung enthalten" wollen, „sondern zuallererst auf bedrängende Fragestellungen aus den jeweiligen Gemeinden antworten, theologisch-seelsorgerliche Orientierung vermitteln und praktische Wegweisung geben."[19] Deshalb spricht es nicht gegen die Echtheit, wenn ein Schreiben nicht dem Römerbrief ähnelt oder zentrale Begriffe des Römerbriefs nicht vorkommen.

Tsuji, der von einem pseudepigrafischen Verfasser der Pastoralbriefe ausgeht[20], weist zudem wieder neu darauf hin, „dass im Frühchristentum wie im nichtchristlichen Altertum literarische Fälschungen unabhängig von ihrem Inhalt negativ beurteilt wurden".[21] Er spricht von einer „feststehenden Tatsache", „dass es im Umfeld des Neuen Testaments die Idee des geistigen Eigentums und dementsprechend auch eine Echtheitskritik gab".[22] Wurde eine Schrift trotzdem unter einem „falschen" Namen veröffentlicht, so ging es primär darum, der Schrift größere Akzeptanz und Bekanntschaft zu verschaffen, sodass die Benutzung eines Pseudonomus legitimierenden Charakter hatte.[23] Nach Schnabel sind

---

[19] Pokorný/Heckel, Einleitung, 118.

[20] Vgl. dazu auch Frenschkowski, Pseudepigraphie, 263–270. Frenschkowski geht davon aus, dass Timotheus und/oder Titus nicht die eigentlichen Empfänger, sondern wohl die (der) Verfasser der Pastoralbriefe sind (ist).

[21] Tsuji, Persönliche Korrespondenz, 256; vgl. auch z. B. Frenschkowski, Pseudepigraphie, 251. Zum Thema „Pseudepigrafie und Neues Testament" vgl. auch u. a. Frey/Herzen/Janssen, Pseudepigraphie und Verfasserfiktion, 2009; Baum, Pseudepigraphie und literarische Fälschung, 2001; Hengel/Frey, Anonymität, 196–251; Donelson, Pseudepigraphy, 1986; Zimmermann, Anonymität, 65–68; Brox, Falsche Verfasserangaben, 645–655; Speyer, Die literarische Fälschung, 1971; ders., Religiöse Pseudepigraphie, 21–58; Aland, Problem, 24–34; Schnabel, Der biblische Kanon, 59–96; Guthrie, Introduction, 1011–1028; Mauerhofer, Einleitung 2, 295ff.; Lea, Pseudonymity, 535–559; Meade, Pseudonymity, 1987; Wilder, Pseudonymity, 2004.

[22] Tsuji, Persönliche Korrespondenz, 256; vgl. auch z. B. Frenschkowski, Pseudepigraphie, 251; Speyer, Die literarische Fälschung, 16.

[23] Vgl. dazu u. a. Zimmermann, Anonymität, 65; Baum, Peudepigraphie und literarische Fälschung, 45.

diese zwei Aspekte in Bezug auf die Schriften des Neuen Testaments nicht mit dem Wahrheitsverständnis der Christen vereinbar.[24] Deshalb wurden Personen, die unter dem fiktiven Namen eines Apostels Schriften veröffentlichten, ihres Amtes enthoben, wie das Beispiel des Presbyters in der Provinz Asia, der im 2. Jahrhundert die Paulusakten pseudonym abgefasst hat[25], zeigt.[26] Auch der Kirchenhistoriker Eusebius weist am Anfang des 4. Jahrhunderts n. Chr. pseudepigrafische Schriften, die unter dem Namen eines Apostels veröffentlicht wurden, aufs Schärfste zurück.[27] Die literarische Fälschung, die als „Lüge" beurteilt wurde[28], war in der Antike Grund für das Exil[29], und Kaiser Claudius ordnete sogar an, solchen Personen die Hände zu amputieren[30].

Gemäß Trummer entspringt die Wahl des literarischen Paulus-Testaments im 2. Timotheusbrief „nicht nur der Absicht, die Verkündigung des Paulus im bessern Sinne zu aktualisieren, sondern erhebt auch den Anspruch, den Abschluß der ‚pl' Korrespondenz zu bilden, um damit weitere pseudepigraphische P-Literatur unmöglich zu machen".[31] Es ist jedoch kaum vorstellbar, dass jemand, der selbst auf eine solche vortäuschende Methode eingestiegen ist, andere von derselben auf diese Weise abzuhalten versuchen würde.[32] Zudem hätte ein Pseudonym bei der „Wahl des literarischen Paulus-Testaments" wohl sorgfältiger die Daten an die aus den übrigen bereits bekannten apostolischen Schriften angepasst.[33]

Ein Beispiel von vielen, die zeigen, dass der Apostel Paulus nicht einfach an „seine (einheitliche) Sprache" und „seinen (einheitlichen) Stil"[34] gebunden ist, sondern auf die jeweiligen Empfänger und ihre Situation eingeht, ist der Philipperbrief, was zur nötigen Vorsicht in Bezug auf die Anwendung der Literarkritik führen sollte. So gebraucht der Verfasser des Briefs z. B. in Phil 1,27 in Bezug auf den „Wandel" der Christen nicht das sonst bei Paulus geläufige Verb περιπατέω[35], sondern das Verb πολιτεύομαι („sich als Bürger verhalten"), das

---

[24] Vgl. dazu Schnabel, Der biblische Kanon, 91ff.; Brox, Falsche Verfasserangaben, 70.
[25] Vgl. Tertullian, Bapt 17,5.
[26] Vgl. auch z. B. Frenschkowski, Pseudepigraphie, 240ff.
[27] Vgl. Eusebius, Hist Eccl 6,12,1ff.
[28] Vgl. Plato, Resp 2,382c, 3,389b und 414c–e.
[29] Vgl. Herodot, Hist 7,6.
[30] Vgl. Sueton, Claud 5,15,2.
[31] Trummer, Paulustradition, 246.
[32] Zur Bedeutung der Authentizität bzw. Pseudepigrafie in Bezug auf die „kanonische" Bedeutung der Pastoralbriefe vgl. Porter, Pauline Authorship, 105–123.
[33] Vgl. dazu auch u. a. Guthrie, Introduction, 1011ff.
[34] Was den rhetorischen Stil des Paulus vgl. u. a. Schellenberg, Rethinking, 2013.
[35] Vgl. z. B. Röm 8,4; 13,13; 1. Kor 3,3; 7,17; 2. Kor 4,2; 5,7; Gal 5,16; Eph 2,2.10; 4,1; Kol 1,10; 1. Thess 2,12. An den letzten drei Stellen erscheint das Verb jeweils in Verbindung mit dem Adverb ἀξίως, ebenso wie das Verb πολιτεύομαι in Phil 1,27,

sonst im Neuen Testament nur in Apg 23,1 vorkommt (und zwar an dieser Stelle im Mund des Paulus). Dabei spielt er wohl darauf an, dass Philippi eine römische Kolonie war (vgl. Apg 16,10)[36], wobei die Bürger einen besonderen Status im Römischen Reich hatten. Paulus betont in dem Zusammenhang, dass die Christen nicht in erster Linie Bürger einer besonderen römischen Stadt sind, sondern dass ihr „Bürgerrecht" (πολίτευμα; vgl. Eph 2,12, wo der Begriff πολιτεία erscheint) im Himmel ist (Phil 3,20), wobei zu beachten ist, dass die Wurzel des Begriffs in den Paulusbriefen sonst nur in Eph 2,12 und 2,19 vorkommt. Andererseits erscheint z. B. das Wort κέρδος („Gewinn") in Phil 1,21 und 3,7 und sonst im Neuen Testament nur noch in Tit 1,11.

Überhaupt sollten u. a. die „Wortgewalt" des Paulus und die vielen „Neologismen"[37] – d. h. Begriffe, die möglicherweise Neuschöpfungen des Paulus sind –, welche in den Paulusbriefen auftauchen, zur Vorsicht mahnen. Deshalb stellt Luz in seinen Ausführungen über den Kolosserbrief mit Recht fest, dass „auch die unbestrittenermaßen echten Paulusbriefe manchmal theologisch sehr eigene Akzente" tragen.[38] Nach Jaroš gleicht Paulus beim Reden „einem feurige Lava speienden Vulkan".[39] „Und es ist nicht viel anders, wenn er diktiert oder schreibt oder seine Notizen zur sprachlich-formalen Ausgestaltung einem Mitarbeiter überlässt. Ersamus von Rotterdam hat seine Sprachgewalt sogar über die Ciceros gestellt."[40]

Zudem legt Haacker dar, dass die Argumente für die Annahme der Pseudepigrafie von Paulusbriefen oft „dogmatischer" Art sind.[41] Manchmal scheint eine einseitig verstandene Rechtfertigungslehre das „Maß aller Dinge" in Bezug auf die Frage nach der Authentizität der Paulusbriefe zu sein.[42] Haacker hat den Eindruck,

> „dass die gelehrten Darstellungen der Theologie des Paulus einen Hang zu einem *Hyper-* oder *Gnesiopaulinismus* haben, indem sie bestimmte ‚Kernstellen' (z. B. Röm 3,28 oder 10,4) zu stark herausstreichen und zum Massstab erheben, an dem der historische, in Quellen belegte Paulus selbst gemessen werden soll".[43]

---

wobei zu beachten ist, dass das Adverb sonst im Neuen Testament lediglich in Röm 16,2 und 3. Joh 6 erscheint.

[36] Vgl. dazu Pilhofer, Philippi 1, 122ff.; Pilhofer, Antiochien und Philippi, 154–165.
[37] Vgl. dazu u. a. Reiser, Sprache, 70f.; Buchegger, Neologismen, 13–35.
[38] Luz, Kolosser, 187.
[39] Jaroš, Das Neue Testament, 145.
[40] Ebd.
[41] Vgl. dazu auch z. B. Haacker, Rezeptionsgeschichte, 209–228.
[42] Vgl. dazu Haacker, Rezeptionsgeschichte, 212ff.
[43] Ebd., 226.

Haacker plädiert deshalb dafür, dass Argumente mit „der" Theologie des Paulus „in der Diskussion über die Echtheit der überlieferten Paulusbriefe besser ausgeklammert oder wenigstens deutlich heruntergestuft werden".[44]

Viele Neutestamentler gehen heute von der Existenz einer „Paulusschule" aus[45], wonach die „Deuteropaulinen" von Anhängern einer solchen „Paulusschule" geschrieben worden sein sollen[46]. Dabei wird die Frage, wer am Ende das „pseudepigrafische" Schreiben verfasst hat, „faktisch als gleichgültig gesehen".[47] Als „Sitz der Paulusschule" bietet sich nach Schnelle Ephesus an.[48] Gemäß Frenschkowski gibt es jedoch „schlechterdings keine Indizien für die Existenz einer Paulusschule" im Sinn einer „Institution, die von einem festen topographischen Zentrum her Menschen prägt, die mit ihr verbunden waren und sind".[49]

Somit muss mit Feine betont werden, dass die neutestamentlichen Paulusbriefe „einschließlich der Past am sichersten geschichtlich zu begreifen [sind] als Erzeugnisse *eines* großen Geistes aus der apostolischen Zeit, eben des Pls."[50]. Bleibt zu hoffen, dass sie wieder vermehrt gewürdigt werden und Paulus wieder stärker in seiner ganzen theologischen Breite verstanden wird.

---

[44] Ebd.

[45] Vgl. dazu u. a. Conzelmann, Schule, 85–96; Ollrog, Paulus, 114ff.; Müller, Anfänge, 1988; Schmeller, Schulen, 2001; Frenschkowski, Pseudepigraphie, 253–262; Schenke, Weiterwirken, 505–518.

[46] Gemäß Schmeller legt vor allem der Kolosserbrief wegen seiner „Schulterminologie" und der Weiterentwicklung des paulinischen Gedankenguts einen Schulhintergrund nahe (vgl. Schmeller, Schulen, 206f.). Wie oben gezeigt wurde, betonen jedoch gerade in Bezug auf dieses Schreiben immer mehr Neutestamentler im deutschsprachigen Raum (zurecht), dass bei einer nachpaulinischen Datierung vieles ungeklärt bleibt.

[47] Frenschkowski, Pseudepigraphie, 254.

[48] Vgl. Schnelle, Einleitung, 53. Vgl. auch Ludwig, Verfasser, 211ff.

[49] Frenschkowski, Pseudepigraphie, 260f.

[50] Feine, Einleitung, S. 101.

6. Bibelstellenregister (Auswahl)

Apg 2,11	311	Röm 3,21ff.	358
Apg 2,42-47	312	Röm 3,24	182, 255
Apg 8,23	67	Röm 3,25	64
Apg 14,23	180, 312	Röm 4,6-8	262
Apg 15,1ff.	294	Röm 4,25	262
Apg 15,23ff.	291	Röm 5,1	191, 262
Apg 16,1f.	351	Röm 5,10	65, 262
Apg 17,22ff.	267	Röm 5,12	185
Apg 19,1-10	316	Röm 5,12ff.	182, 185
Apg 19,9-10	306, 308	Röm 5,16	185
Apg 19,11-40	308	Röm 5,5	100
Apg 19,30f.	222	Röm 5,6	111
Apg 20,1	222	Röm 5,6-8	198
Apg 20,4	120	Röm 5,8	111
Apg 20,17-28	312	Röm 5,9	64, 65
Apg 20,19	126	Röm 6,2	183
Apg 20,20	265	Röm 6,3-5	182
Apg 20,20-21	261	Röm 6,3f.	95, 207
Apg 20,20-36	288	Röm 6,4	182
Apg 21,27–28,31	305	Röm 6,4ff.	210
Apg 25,16	228	Röm 6,6	66
Apg 25,7	243	Röm 6,10f.	183
Apg 27,1ff.	224	Röm 6,17	359
Apg 27,9-10	229	Röm 6,19	362
Apg 28,11	229	Röm 7,4	64, 65
Apg 28,16	226	Röm 7,24	66
Apg 28,20	226	Röm 8,3	64, 66
Apg 28,30f.	226, 351	Röm 8,7	64
		Röm 8,23	64, 182
Röm 1,1-7	269, 291	Röm 8,29f.	68
Röm 1,7	218	Röm 8,32	132
Röm 1,11	121	Röm 8,35	100
Röm 1,12	196, 236	Röm 8,38	328
Röm 1,18	58, 70	Röm 8,39	100, 245, 255
Röm 1,18ff.	262	Röm 9,22f.	251
Röm 1,21ff.	132, 133	Röm 9,23	251
Röm 1,27	75	Röm 9,24	55
Röm 2,17ff.	296	Röm 9,27f.	191
Röm 3,21	72	Röm 10,1	130

Röm 10,8	191	1. Kor 2,7	68
Röm 10,15	191	1. Kor 2,8	110
Röm 10,17	191	1. Kor 2,9-10	72
Röm 10,18	191	1. Kor 3,6ff.	104
Röm 11,16ff.	97	1. Kor 3,10–14	102
Röm 11,33	70	1. Kor 3,11	104
Röm 11,35	53	1. Kor 3,21-22	194
Röm 12,1-5	315	1. Kor 4,1-21	290, 311, 336
Röm 12,2	132	1. Kor 4,16-17	261, 311
Röm 12,4	67	1. Kor 5,11	58
Röm 12,6-8	315	1. Kor 5,9	58
Röm 12,11	126, 260	1. Kor 6,11	196
Röm 12,16	131	1. Kor 6,15-17	181
Röm 12,19	53	1. Kor 6,16	181
Röm 13,1ff.	287, 291 311, 315	1. Kor 7,29ff.	359
Röm 13,12	80, 116	1. Kor 8,5	59
Röm 13,13	80	1. Kor 8,6	106, 110, 154, 183, 278
Röm 13,14	81	1. Kor 8,11	111
Röm 14,5	89	1. Kor 9.4.5.6	59
Röm 14,11	136, 140	1. Kor 9,9-14	317
Röm 14,14	54	1. Kor 9,17	73
Röm 14,15	111	1. Kor 9,20-22	270
Röm 14,17	89, 158	1. Kor 9,22	264
Röm 15,4	110	1. Kor 10,16	111
Röm 15,4ff.	275	1. Kor 10,31–11,2	261
Röm 15,5	109	1. Kor 10,32-33	270
Röm 15,12	191		
Röm 15,19ff.	97, 225, 312	1. Kor 11,1f.	311, 336
Röm 15,32	238	1. Kor 11,3	123
Röm 16,1f.	355	1. Kor 11,23	311
Röm 16,2	110	1. Kor 11,23ff.	111
Röm 16,3	293	1. Kor 11,25	64, 316
Röm 16,4	222	1. Kor 11,27	111
Röm 16,13	196		
Röm 16,17	132, 359	1. Kor 12,12ff.	180, 181
Röm 16,26	283	1. Kor 12,13	87, 95, 194
		1. Kor 12,27f.	320
1. Kor 1,1ff.	337	1. Kor 12,28	180, 311, 316
1. Kor 1,2	68, 196, 309	1. Kor 14,1-22	262
1. Kor 10,4	244	1. Kor 14,16	150
1. Kor 1,4ff.	173	1. Kor 14,23-40	262
1. Kor 1,5	100	1. Kor 14,24	246

1. Kor 14,27	194
1. Kor 15,1-2	311, 336
1. Kor 15,3	111
1. Kor 15,8-20	251
1. Kor 15,9	74, 180
1. Kor 15,22	111
1. Kor 15,23-28	184
1. Kor 15,25-27	183
1. Kor 15,32	222
1. Kor 15,40	178
1. Kor 15,45	240
1. Kor 15,48	178
1. Kor 15,48f.	178
1. Kor 16,10-11	311
1. Kor 16,10-18	311
1. Kor 16,15-18	320
1. Kor 16,24	245
2. Kor 1,1ff.	337
2. Kor 1,8	222, 223
2. Kor 1,8ff.	308
2. Kor 1,12	93
2. Kor 1,20	150
2. Kor 2,14	111, 130
2. Kor 2,15	130
2. Kor 2,16	130
2. Kor 3,10	89
2. Kor 3,12	89
2. Kor 4,4	55
2. Kor 4,7	197
2. Kor 4,10-11	70
2. Kor 5,1	178
2. Kor 5,10	183, 194
2. Kor 5,18	108
2. Kor 6,3-4	327
2. Kor 6,6	249
2. Kor 6,14	362
2. Kor 7,5	242
2. Kor 7,15	121
2. Kor 8,5	238
2. Kor 8,20	59
2. Kor 11,2	181
2. Kor 11,7	185
2. Kor 11,23	221
2. Kor 12,1-5	199
2. Kor 13,4	210
Gal 1,1	272
Gal 1,4	182, 185
Gal 1,6-9	359
Gal 1,13	93, 180
Gal 1,15	136
Gal 2,9-10	291
Gal 2,21	111
Gal 3,26	245
Gal 3,28	92, 325
Gal 4,3	89
Gal 4,8	56
Gal 4,9	89
Gal 4,10	89
Gal 5,6	149
Gal 5,23	361
Gal 5,24	112
Gal 6,6-10	299
Gal 6,6ff.	315, 317
Gal 6,8	196
Gal 6,9	59, 300
Eph 1,1	215, 218
Eph 1,3	111, 147, 156, 161
Eph 1,3-14	62, 100, 134, 139, 143, 144, 151, 154, 156, 160, 173
Eph 1,4	128, 160
Eph 1,5	68, 160, 176
Eph 1,6	119, 160
Eph 1,7	63, 85, 99, 163, 182
Eph 1,8	145, 159
Eph 1,8-10	145
Eph 1,9	67, 86, 160, 176
Eph 1,10	144, 162, 183
Eph 1,11	68, 160
Eph 1,12	96, 119, 160, 162, 197
Eph 1,12-13	162

Eph 1,12-14	155	Eph 2,15	64, 65, 88
Eph 1,13f.	96	Eph 2,16	65, 87, 89, 96
Eph 1,14	54, 64, 96, 119, 160, 182	Eph 2,17-19	135
Eph 1,15	112, 116, 160	Eph 2,18	84, 87, 151, 159
Eph 1,15f.	63, 216	Eph 2,19	97
Eph 1,15ff.	139, 144, 151, 155, 329	Eph 2,20	102
Eph 1,16	156	Eph 2,21	101, 102
Eph 1,16f.	159	Eph 3, 1f.	216
Eph 1,17	70, 81, 136, 151, 162	Eph 3,1	73, 114, 124, 198
Eph 1,18	82, 84, 85, 110, 136, 146, 160, 176, 183, 197, 329	Eph 3,10	81, 83, 179, 181
		Eph 3,11	88, 112
Eph 1,19	85, 130, 132, 138, 150, 154, 197, 207	Eph 3,12	129
		Eph 3,13	73, 198
Eph 1,19–22	74	Eph 3,14	136, 139, 159, 288
Eph 1,20	110	Eph 3,14ff.	139, 144, 151
Eph 1,20f.	135, 178	Eph 3,14ff.	145, 150, 151
Eph 1,20-22	76, 137	Eph 3,15	83, 139
Eph 1,21	77, 110, 136, 153, 178, 182, 183	Eph 3,16	85, 136, 150
		Eph 3,16-19	157
Eph 1,21-23	137, 141	Eph 3,17	100, 104
Eph 1,22-23	154	Eph 3,18	118, 138, 150
Eph 1,23	85, 104, 138	Eph 3,19	84, 86, 100, 104, 149, 150, 197
Eph 2,1	96, 185, 198		
Eph 2,1ff.	94, 182	Eph 3,19-20	150
Eph 2,2	76, 93	Eph 3,19-31	150
Eph 2,3	93, 96, 185	Eph 3,2	73, 95, 124, 222
Eph 2,5	94, 198	Eph 3,2.9	73
Eph 2,22	84, 102	Eph 3,20	130, 148, 149
Eph 2,6	94	Eph 3,20-21	150
Eph 2,6f.	182	Eph 3,21	113, 145, 150, 175, 181
Eph 2,7	85	Eph 3,2ff.	73, 86, 198
Eph 2,8	196	Eph 3,3	69
Eph 2,11	86, 196	Eph 3,3-5	86
Eph 2,11f.	96	Eph 3,4	68, 147
Eph 2,11ff.	163	Eph 3,4-5	69
Eph 2,12	95, 96, 98, 183, 189, 329	Eph 3,5	69, 72, 84
Eph 2,13	64, 65, 73	Eph 3,7	73, 130
Eph 2,13-18	191	Eph 3,8	74, 163, 175
Eph 2,14	64, 88, 96	Eph 3,9	68, 69, 70, 73, 116
Eph 2,14-15	87, 218	Eph 3,9f.	183
Eph 2,14-16	67	Eph 4,1-10	178
Eph 2,14-18	191	Eph 4,1	106, 110, 114, 141

Eph 4,1-3	173
Eph 4,2	67, 126, 142, 149
Eph 4,3	67, 102, 141
Eph 4,4	110, 141, 183, 197, 329
Eph 4,4-5	154
Eph 4,4-10	63, 144, 151, 157
Eph 4,5	87, 95, 106
Eph 4,6	110, 143, 153
Eph 4,7-10	138
Eph 4,8	131, 137, 163, 174, 175
Eph 4,9	138
Eph 4,9f.	141
Eph 4,10	137, 138, 143, 178, 182
Eph 4,11	180
Eph 4,11ff.	152
Eph 4,12	102
Eph 4,12-14	75
Eph 4,13	82, 83, 85, 142
Eph 4,14	75, 78, 79
Eph 4,15	102
Eph 4,16	101
Eph 4,17	108, 132
Eph 4,17-19	132
Eph 4,17ff.	115, 133
Eph 4,18	96, 98
Eph 4,19	78
Eph 4,20	108, 132
Eph 4,20-22	66
Eph 4,21	95, 216
Eph 4,22	77, 94, 116
Eph 4,23	132
Eph 4,24	81, 116
Eph 4,25	116
Eph 4,27	186
Eph 4,29	113, 194
Eph 4,30	64, 182
Eph 4,32	67, 107, 111, 127, 128
Eph 5,1	109, 129
Eph 5,2	130, 132, 150, 157
Eph 5,4	148
Eph 5,5	160
Eph 5,8	80, 108, 129
Eph 5,10	108
Eph 5,12	70
Eph 5,13	246
Eph 5,13f.	70
Eph 5,15-20	144
Eph 5,16	144
Eph 5,17	144
Eph 5,18	84, 104, 158
Eph 5,18-20	157
Eph 5,19	144, 174
Eph 5,20	140, 144, 148, 156, 159, 196
Eph 5,22	106
Eph 5,22-32	115
Eph 5,22–6,6	115
Eph 5,23	235, 288
Eph 5,25	132
Eph 5,26	191
Eph 5,26f.	183
Eph 5,27	128, 181
Eph 5,28f.	125, 181
Eph 6,10	85, 150
Eph 6,1-4	115
Eph 6,4	106
Eph 6,5	106, 128
Eph 6,6	107, 115
Eph 6,7	106
Eph 6,8	194
Eph 6,8f.	183
Eph 6,9	106, 196
Eph 6,10ff.	79, 291
Eph 6,11	75, 79, 116, 186
Eph 6,12	76, 196
Eph 6,14	81, 116
Eph 6,15	175
Eph 6,16	186
Eph 6,18	118, 144, 148, 157, 196
Eph 6,19	68, 129
Eph 6,19-20	129
Eph 6,19f.	223
Eph 6,1ff.	137
Eph 6,20	113, 114, 188
Eph 6,21	109, 120, 216

Eph 6,21f.	119, 211, 218	Phil 2,15	129, 132
		Phil 2,16	125
Phil 1,1	118, 180, 313, 315, 355	Phil 2,16-17	125
Phil 1,3	148	Phil 2,17	125, 229
Phil 1,5	142	Phil 2,19	54
Phil 1,7	159	Phil 2,21	244
Phil 1,7ff.	131	Phil 2,23	229, 244
Phil 1,9	82, 159, 161	Phil 2,24	225
Phil 1,9-11	155, 161	Phil 2,25	122
Phil 1,10	130	Phil 3,6	180, 358
Phil 1,11	119, 133, 160	Phil 3,8	149, 197
Phil 1,12ff.	226	Phil 3,9	358
Phil 1,13	224	Phil 3,10	126, 135
Phil 1,17	142	Phil 3,10f.	135
Phil 1,19	101, 284	Phil 3,14	328
Phil 1,20	129, 229	Phil 3,17-19	132
Phil 1,22	125	Phil 3,17-21	287
Phil 1,24	125	Phil 3,17–4,9	336
Phil 1,26	225	Phil 3,19	135, 359
Phil 1,27	110, 125, 187, 207	Phil 3,20	132, 178, 207, 235
Phil 1,28	359	Phil 3,20f.	283, 292, 328
Phil 1,29	126, 135	Phil 3,20–4,5	271
Phil 1,29f.	141	Phil 3,21	74, 129, 132, 135, 138, 207
Phil 1,30	124	Phil 4,1-3	315
Phil 2,1	126, 127, 141, 194	Phil 4,3	53
Phil 2,1-4	133, 173	Phil 4,6	130, 148
Phil 2,1-11	178	Phil 4,6-20	148
Phil 2,2	142	Phil 4,7	149
Phil 2,2f.	131	Phil 4,8	133, 194, 248
Phil 2,3	126, 135, 142, 149	Phil 4,9	123, 132, 149, 287
Phil 2,5-11	287	Phil 4,12	135
Phil 2,6	140	Phil 4,13	149, 283
Phil 2,6-11	63, 133, 141, 150, 162, 171, 278, 292, 328	Phil 4,17	131
		Phil 4,18	130, 150
Phil 2,7	135	Phil 4,19f.	113, 150
Phil 2,8	65, 135	Phil 4,20	150
Phil 2,9	135	Phil 4,21	150
Phil 2,9-11	77, 137	Phil 4,22	118
Phil 2,10	136, 138, 140, 178		
Phil 2,11	135	Kol 1,1	168
Phil 2,12	125, 128	Kol 1,2	111, 217
Phil 2,13	130, 136	Kol 1,1-3	280

Kol 1,3	156	Kol 2,5	125
Kol 1,3f.	63, 160	Kol 2,6	107, 109, 112, 149
Kol 1,3ff.	155	Kol 2,7	78, 101, 102
Kol 1,4	116, 245	Kol 2,7f.	158
Kol 1,5	95, 116, 160, 162	Kol 2,8	77, 82, 89, 109
Kol 1,5ff.	155	Kol 2,11	65, 87, 89, 94
Kol 1,6	95, 102, 119	Kol 2,12	94
Kol 1,7	120, 123, 132, 280	Kol 2,12f.	126
Kol 1,8	84, 157	Kol 2,13	94, 185
Kol 1,9	82, 130, 145, 148, 156, 159, 160	Kol 2,14	89
		Kol 2,15	116
Kol 1,9-10	82	Kol 2,15-16	108
Kol 1,9-20	151, 155, 156	Kol 2,16	89
Kol 1,10	102, 106, 110, 119	Kol 2,18	77, 126
Kol 1,11	85, 119	Kol 2,19	67, 101
Kol 1,12	160	Kol 2,20	89
Kol 1,13	153	Kol 2,22	78
Kol 1,14	63, 99	Kol 2,23	83, 126
Kol 1,15	140	Kol 3,1	94, 110
Kol 1,15f.	116	Kol 3,1ff.	132, 207
Kol 1,15-20	63, 133, 140, 50, 162	Kol 3,2f.	207
Kol 1,16	76, 140, 143, 153, 194	Kol 3,3	71
Kol 1,16f.	110, 162	Kol 3,4	70, 206
Kol 1,17-18	143	Kol 3,7	93, 94
Kol 1,18	135, 154	Kol 3,8	116
Kol 1,19	136, 176	Kol 3,9	66, 78, 116
Kol 1,20	64, 65, 89, 108, 162, 194	Kol 3,10	82, 116, 140
Kol 1,20-22	65, 66	Kol 3,11	87, 89, 92, 97
Kol 1,21	65, 96	Kol 3,12	107, 116, 126, 142
Kol 1,22	65, 73, 89, 128, 206, 207	Kol 3,12-13	67
Kol 1,23	95, 101, 114	Kol 3,12-17	213
Kol 1,23-25	86	Kol 3,13	106, 128
Kol 1,24	136, 198	Kol 3,14	102
Kol 1,25	73	Kol 3,14-15	67
Kol 1,26	68, 69, 73	Kol 3,14f.	67
Kol 1,27	72, 85, 95, 162	Kol 3,15	198
Kol 1,28	145	Kol 3,16f.	144
Kol 1,29	74, 124, 129, 207	Kol 3,17	108, 140, 158
Kol 2,1	123	Kol 3,18	106
Kol 2,2	68, 82, 83, 101, 147	Kol 3,18f.	115
Kol 2,2-3	70	Kol 3,20	108, 115
Kol 2,4ff.	82	Kol 3,21	115

Kol 3,22	106, 115, 128
Kol 3,23	106, 115, 128
Kol 3,24	160
Kol 3,25	115
Kol 3,5-10	115
Kol 4,2-4	144
Kol 4,2-18	212
Kol 4,3	68, 114, 129
Kol 4,3f.	129, 131, 222, 223, 226
Kol 4,4	70
Kol 4,5	144
Kol 4,6	59, 113
Kol 4,7	120, 216
Kol 4,7f.	120, 122, 169, 211
Kol 4,8	121
Kol 4,9	120, 211
Kol 4,10	121, 224
Kol 4,10-14	211, 226
Kol 4,11	87, 122
Kol 4,12	122, 280
Kol 4,12f.	213
Kol 4,16	215
Kol 4,17	280
Kol 4,18	114, 280
1. Thess 1,1	45
1. Thess 1,2-4	54
1. Thess 1,3	116
1. Thess 1,6	290
1. Thess 1,7	59
1. Thess 1,13ff.	299
1. Thess 2,12	55, 110
1. Thess 2,2	129
1. Thess 2,3	75
1. Thess 2,7	299
1. Thess 2,9	55, 258
1. Thess 3,2	121, 122, 305
1. Thess 3,3	52
1. Thess 3,3-4	306
1. Thess 3,4	52
1. Thess 3,9	53
1. Thess 3,10	238, 258

1. Thess 3,11	53
1. Thess 3,11-13	53, 54, 121
1. Thess 3,12	53, 299
1. Thess 3,12–5,15	300
1. Thess 3,12–5,22	321
1. Thess 3,13	54, 118
1. Thess 4,1	53, 54, 299
1. Thess 4,1ff.	53
1. Thess 4,4	293
1. Thess 4,5	56
1. Thess 4,7	55
1. Thess 4,11	55, 59
1. Thess 4,12	299
1. Thess 4,13ff.	36
1. Thess 4,14	111
1. Thess 4,15	56
1. Thess 5,5	80, 238
1. Thess 5,9	54
1. Thess 5,11-22	292
1. Thess 5,12	53, 355
1. Thess 5,12-13	320
1. Thess 5,12ff.	53
1. Thess 5,14	55
1. Thess 5,15	299
1. Thess 5,21f.	36
1. Thess 5,23	58
1. Thess 5,24	55
1. Thess 5,28	45
2. Thess 1,1	312
2. Thess 1,1-2	45
2. Thess 1,3	116
2. Thess 1,6	53
2. Thess 1,7	54
2. Thess 1,8	56
2. Thess 1,11	130, 155
2. Thess 2	60
2. Thess 2,1	53
2. Thess 2,1ff	58
2. Thess 2,1ff.	36
2. Thess 2,2	40, 52

2. Thess 2,3	57, 58
2. Thess 2,4	247
2. Thess 2,8	241
2. Thess 2,8f.	57
2. Thess 2,11	75
2. Thess 2,12	58
2. Thess 2,13	54
2. Thess 2,13-14	54
2. Thess 2,14	54
2. Thess 2,15	42, 78
2. Thess 2,16-17	53, 54, 121
2. Thess 3,1	59
2. Thess 3,1f.	57
2. Thess 3,4	59
2. Thess 3,5	53, 57
2. Thess 3,6	42, 55
2. Thess 3,6ff.	55
2. Thess 3,7	59
2. Thess 3,8	258
2. Thess 3,9	59
2. Thess 3,10	57
2. Thess 3,11	55
2. Thess 3,12	54
2. Thess 3,13	59
2. Thess 3,14	58
2. Thess 3,16	58
2. Thess 3,17	42
2. Thess 3,18	45, 58
1. Tim 1,1	234, 237, 272, 290, 323, 349
1. Tim 1,1-2	281, 290, 313, 340, 341
1. Tim 1,1-10	313
1. Tim 1,2	231, 236, 251, 320, 341
1. Tim 1,3-5	290, 316
1. Tim 1,3ff.	298, 302, 338, 342
1. Tim 1,3-20	277, 305, 307
1. Tim 1,4	73, 306
1. Tim 1,5	252, 258, 277, 338
1. Tim 1,6	243
1. Tim 1,7	242
1. Tim 1,7ff.	267, 297
11. Tim 1,8f.	361
. Tim 1,8-16	339
1. Tim 1,9	253
1. Tim 1,9-10	296
1. Tim 1,10	307, 325, 359
1. Tim 1,11	237
1. Tim 1,11-17	287
1. Tim 1,12	238
1. Tim 1,12ff.	251, 270
1. Tim 1,13-10	296
1. Tim 1,14	241, 250, 255, 282, 338
1. Tim 1,15–2,15	342
1. Tim 1,18	244, 258
1. Tim 1,18-20	290, 316
1. Tim 1,20	304, 306
1. Tim 2–5	281
1. Tim 2,1	258, 290, 339
1. Tim 2,1-2	287, 324
1. Tim 2,1ff.	240, 282, 290, 291, 315, 318, 319
1. Tim 2,1-7	318, 339
1. Tim 2,2	318
1. Tim 2,3-6	278
1. Tim 2,4	237, 240
1. Tim 2,5	239
1. Tim 2,6	240, 253
1. Tim 2,8	339
1. Tim 2,9	248, 319
1. Tim 2,9-10	318
1. Tim 2,1-15	318
1. Tim 2,10	248, 318
1. Tim 2,11-14	274
1. Tim 2,11-15	276
1. Tim 2,11ff.	294
1. Tim 2,12-14	276
1. Tim 2,15	274, 318, 319
1. Tim 3,1	322
1. Tim 3,1-7	306, 340
1. Tim 3,1-13	327
1. Tim 3,2	248, 294, 313, 322, 340
1. Tim 3,3	255

1. Tim 3,4-5	315	1. Tim 5,17ff.	314, 315, 320, 327
1. Tim 3,5–6,15	314	1. Tim 5,19-25	339
1. Tim 3,6	276	1. Tim 5,20	246
1. Tim 3,6f.	186	1. Tim 5,20-21	340
1. Tim 3,7	254	1. Tim 5,21	237, 244
1. Tim 3,9	252	1. Tim 5,22	322
1. Tim 3,10	317	1. Tim 5,24	244
1. Tim 3,11	248, 254	1. Tim 6,1ff.	296
1. Tim 3,12	315	1. Tim 6,1-2	282, 307, 320
1. Tim 3,13	310	1. Tim 6,2	290, 325
1. Tim 3,14	269, 341	1. Tim 6,3-4	263
1. Tim 3,14-15	277	1. Tim 6,5	253
1. Tim 3,14–4,16	341	1. Tim 6,6ff	277
1. Tim 3,14–5,2	319	1. Tim 6,9	243, 255, 359
1. Tim 3,14–6,19	341, 342	1. Tim 6,17-19	325
1. Tim 3,15	59, 93, 315	1. Tim 6,11	244, 340
1. Tim 3,15-16	271, 315, 342	1. Tim 6,11-14	294
1. Tim 3,16	247, 274, 287, 324, 340	1. Tim 6,11-16	277, 290
1. Tim 3,16–4,1	282	1. Tim 6,1-19	307
1. Tim 3,18	237	1. Tim 6,12	244
1. Tim 4,1-4	274	1. Tim 6,13	292
1. Tim 4,1ff.	274, 296, 297, 306, 359	1. Tim 6,13ff.	324
1. Tim 4,1-16	290	1. Tim 6,13-16	324
1. Tim 4,5	258	1. Tim 6,14-16	278
1. Tim 4,6	236, 244	1. Tim 6,15	241, 253
1. Tim 4,6-16	306, 341	1. Tim 6,15-16	274, 287
1. Tim 4,6–5,16	315	1. Tim 6,16	85
1. Tim 4,12	94, 401	1. Tim 6,17-19	290
1. Tim 4,12-16	269	1. Tim 6,19	310
1. Tim 4,14	255, 322	1. Tim 6,20	243
1. Tim 4,16	274, 342	1. Tim 6,20-21	298
1. Tim 5,1-2	318, 321	1. Tim 6,21	278, 279
1. Tim 5,1-16	320		
1. Tim 5,3	319	2. Tim 1,1	236, 255, 349
1. Tim 5,3ff.	294, 307, 317	2. Tim 1,1-2	281, 320
1. Tim 5,5	238, 258	2. Tim 1,2	236, 241, 251, 265, 278, 340
1. Tim 5,5-7	294	2. Tim 1,2-5	320
1. Tim 5,10	244	2. Tim 1,3	238, 252, 258
1. Tim 5,11-15	276	2. Tim 1,3ff.	270, 278, 279, 293, 313, 339
1. Tim 5,14ff.	319		
1. Tim 5,15	243		
1. Tim 5,17-18	317	2. Tim 1,5	252

2. Tim 1,6	255, 322	2. Tim 3,4	243
2. Tim 1,6-8	279, 303	2. Tim 3,6	293
2. Tim 1,7	247, 284	2. Tim 3,7	237
2. Tim 1,8	114, 282, 338, 339	2. Tim 3,8	253
2. Tim 1,8-10	360	2. Tim 3,10	244
2. Tim 1,9	237, 240, 250	2. Tim 3,11	351
2. Tim 1,9f.	339	2. Tim 3,14	313
2. Tim 1,9ff.	279	2. Tim 3,14ff.	268, 298
2. Tim 1,10	234, 237, 239	2. Tim 3,15	248, 255, 31
2. Tim 1,12	244	2. Tim 3,15-17	284
2. Tim 1,13	255	2. Tim 4,1	279, 324
2. Tim 1,14	243, 244	2. Tim 4,1ff.	339, 359
2. Tim 1,15	289, 315	2. Tim 4,2	246, 279
2. Tim 1,16	114, 251, 315, 340	2. Tim 4,4	243, 253, 298
2. Tim 1,16-18	290	2. Tim 4,5	302
2. Tim 1,18	251, 339, 340	2. Tim 4,7	244
2. Tim 2,1	339	2. Tim 4,8-18	324
2. Tim 2,1ff.	278, 340	2. Tim 4,9	239
2. Tim 2,2	244, 313, 321, 340	2. Tim 4,11	224, 330
2. Tim 2,5	278	2. Tim 4,12	120
2. Tim 2,7	242	2. Tim 4,14	339
2. Tim 2,7-8	340	2. Tim 4,14-15	293, 304, 314
2. Tim 2,10	237, 255, 290	2. Tim 4,15	244
2. Tim 2,11-13	340	2. Tim 4,16	311
2. Tim 2,12f.	254	2. Tim 4,17	237, 290
2. Tim 2,14-26	315	2. Tim 4,18	178, 285, 339
2. Tim 2,16	243	2. Tim 4,19	315
2. Tim 2,17-18	293, 304, 314	2. Tim 4,21	239, 321
2. Tim 2,19-26	321	2. Tim 4,22	239, 279, 290
2. Tim 2,19ff.	315		
2. Tim 2,20f.	251	Tit 1,1	236, 237, 319, 350
2. Tim 2,21	250	Tit 1,1-4	232, 269, 287, 291, 310,
2. Tim 2,22	244, 252, 338, 340		332, 338, 340, 342
2. Tim 2,22-26	277	Tit 1,2	237, 329
2. Tim 2,22–3,16	302	Tit 1,10	291, 298
2. Tim 2,22–3,17	307	Tit 1,10-16	291, 326
2. Tim 2,23	242	Tit 1,10ff.	295
2. Tim 2,24	279	Tit 1,11	300
2. Tim 2,25	237	Tit 1,11-16	297
2. Tim 2,26	186, 254, 289	Tit 1,12	267
2. Tim 3,1ff.	293, 314	Tit 1,1-3	273
2. Tim 3,2	253, 255	Tit 1,2f.	253

Tit 1,3	234, 237, 272, 300, 323
Tit 1,3-4	342
Tit 1,4	231, 236, 267, 300, 320, 323
Tit 1,5	270, 283, 322, 356
Tit 1,5f.	321
Tit 1,5ff.	313, 320, 326, 327, 340
Tit 1,6	322
Tit 1,6-7	317
Tit 1,6-8	295
Tit 1,6ff.	319, 332
Tit 1,7	356
Tit 1,7-9	321, 326
Tit 1,7-14	294
Tit 1,8	324
Tit 1,8–2,12	326
Tit 1,9	318
Tit 1,9ff.	340
Tit 1,13	302, 307
Tit 1,14	253, 295
Tit 1,14-16	267, 296, 303
Tit 1,15	242, 252, 338
Tit 1,16	56, 250
Tit 2,1-10	295
Tit 2,2	248, 324, 338
Tit 2,3	248
Tit 2,5	295, 296
Tit 2,8	295
Tit 2,9-10	268, 282, 320
Tit 2,9f.	325
Tit 2,10	296, 300, 323
Tit 2,10ff.	267, 3273, 23
Tit 2,10-3,8	332
Tit 2,10–3,8	301, 333
Tit 2,11	239, 240, 250, 272, 286
Tit 2,11-12	254
Tit 2,11-14	328, 333
Tit 2,11-15	340
Tit 2,11-3,8	307
Tit 2,11–3,8	268, 282, 283, 303, 306
Tit 2,11f.	359
Tit 2,11ff.	240
Tit 2,13	300, 323, 328, 333
Tit 2,13-14	329
Tit 2,13–3,8	329
Tit 2,14	240, 268, 303, 362
Tit 2,18	312
Tit 3,1	250
Tit 3,1-2	287, 295, 299
Tit 3,1-2.8	267
Tit 3,1-8	287, 311
Tit 3,1ff.	282, 287, 295, 320
Tit 3,3	243, 273
Tit 3,3-7	284, 360
Tit 3,4	240, 272, 286, 300, 323
Tit 3,4ff.	273, 303, 333
Tit 3,5	240, 312
Tit 3,6	300, 323
Tit 3,7	250, 329
Tit 3,8	278, 281, 295
Tit 3,9	242, 243, 267, 270, 294, 295
Tit 3,9-11	286, 291
Tit 3,9-15	287, 311
Tit 3,10-11	307
Tit 3,11	328
Tit 3,12	120, 239
Tit 3,12-15	270
Tit 3,15	236, 239, 278, 279
Phlm 2	122
Phlm 4-6	155
Phlm 4-5	63
Phlm 5	116
Phlm 6	63, 162
Phlm 8	106
Phlm 9	114, 226
Phlm 10	226
Phlm 13	226
Phlm 16	115
Phlm 18	115
Phlm 22	221
Phlm 23	121, 223
Phlm 23f.	211

7. Bibliografie

Aageson, J. W., Paul, the Pastoral Epistles, and the Early Church (LOPS), Peabody/ Massachusetts: Hendrickson Publishers, 2008

Aalen, S., Begrepet πλήρωμα i Kolosser- og Efeserbrevet, in: TTK 23 (1952), 49–67

Aichele, G., Kanon als Intertext: Einschränkung oder Befreiung?, in: Alkier/Hays, Bibel im Dialog, 159–178 (englisch: Canon as Intertext. Retraint or Liberation?, in: Alkier/Hays, Reading, 139–156)

Aland, K., Das Problem der Anonymität und Pseudonymität in der christlichen Literatur der ersten beiden Jahrhunderte, in: Ders., Studien zur Überlieferung des Neuen Testaments und seines Textes, Berlin: Walter de Gruyter, 1967, 24–34

Alford, H., Alford's Greek Testament, Grand Rapids: Baker, 1980, Bd. III

Alkier, St., Intertextualität, in: Erlemann u. a., Neues Testament und Antike Kultur 1, 60–65

Alkier, St., Intertextualität – Annäherungen an ein texttheoretisches Paradigma, in: D. Sänger (Hg.), Heiligkeit und Herrschaft. Intertextuelle Studien zur Heiligkeitsvortellungen und zu Psalm 110 (BTS 55), Neukirchen-Vluyn: Neukirchener, 2003, 1–26

Alkier, St., Neutestamentliche Wissenschaft – Ein semiotisches Konzept, in: ders./Hays, Bibel im Dialog, 343–360

Alkier, St./Hays, R. B. (Hg.), Die Bibel im Dialog der Schriften. Konzepte intertextueller Bibellektüre, Tübingen/Basel: Francke, 2005

Allen, G., Intertextuality, London/New York: Routledge, 2000

Anderson, K. L., „But God Raised Him from the Dead." The Theology of Jesus' Resurrection in Luke-Acts (PBM), Bletchley/Waynesboro: Paternoster, 2006

Arnold, C. E., Power and Magic. The Concept of Power in Ephesians, Eugene: Wipf and Stock, 1997 (= Cambridge: Cambridge University Press, 1989)

Awjmelaeus, L., Die Rezeption der Paulusbriefe in der Miletrede (Apg 20:18–35) (AASF B 232), Helsinki: Suomalainen Tiedeakatemia, 1987

Ballhorn, E., Das historische und das kanonische Paradigma in der Exegese: Ein Essay, in: Ders./Steins, Bibelkanon, 9–30

Ballhorn, E./Steins, G. (Hg.), Der Bibelkanon in der Bibelauslegung. Methodenreflexionen und Beispielexegesen, Stuttgart: Kohlhammer, 2007

Barnett, A. E., Paul Becomes a Literary Influence, Chicaco: University of Chicago Press, 1941

Barr, G. K., Scalometry and the Pauline Epistles (JSNT SS 261), London/New York: T. & T. Clark International, 2004

Barth, F., Einleitung in das Neue Testament, Gütersloh: Bertelsmann, 1908

Barthens, R., Der Tod des Autors, in: Jannidis u. a., Texte, 185–197

Bartholomä, Ph. F., 2Thess 2:2 und 3:17: Some Evidence Against the Non-Pauline Authorship Hypothesis, in: W. Hilbrands (Hg.), Sprache lieben – Gottes Wort verstehen. Beiträge zur biblischen Exegese (Festschrift H. v. Siebenthal), Gießen: Brunnen, 2011, 289–308

Bauer, W., Wörterbuch zum Neuen Testament, hg. von K. Aland//B. Aland, Berlin/New York: Walter de Gruyter, 6. Aufl. 1988

Baum, A. D., Pseudepigraphie und literarische Fälschung im frühen Christentum, Tübingen: Mohr Siebeck, 2001

Baum, A. D., Semantic Variation within the *Corpus Paulinum*. Linguistic Considerations Concerning the Richer Vocabulary of the Pastoral Epistles, in: Tyndale Bullein 59.2 (2008), 271–292

Benoit, P., Leib, Haupt und Pleroma in den Gefangenschaftsbriefen, in: Ders., Exegese und Theologie. Gesammelte Aufsätze, Düsseldorf: Patmos, 1965, 246–279

Berger, K., Formen und Gattungen im Neuen Testament, Tübingen/Basel: Franke, 2005

Berger, K., Hellenistische Gattungen und Neues Testament, in: ANRW II,25,2 (1084), 1031–1432

Berger, K., Kommentar zum Neuen Testament, Gütersloh: Gütersloher Verlagshaus, 2011

Berndt, F./Tonger-Erk, L., Intertextualität. Eine Einführung (Grundlagen der Germanistik 53), Berlin: Schmidt, 2013

Barrett, C. K./Thornton, C.-J. (Hg.), Texte zur Umwelt des Neuen Testaments, Tübingen: Mohr Siebeck, 2. Aufl. 1991

Best, E., A Critical and Exegetical Commentary on Ephesians (ICC), Edinburgh: Clark, 1998

Best, E., Recipients and Title of the Letter to the Ephesians, in: ANRW II,25,4, 3247–3279

Best, E., The Use of Credal and Liturgical Material in Ephesians, in: Ders., Essays on Ephesians, Edinburch: T & T Clark, 1997

Best, E., Who Used Whom? The Relationship of Ephesians and Colossians, in: NTS 43 (1997), 72–96

Beyer, K., Semitische Syntax im NT (Bd. I/1), Göttingen: Vandenhoeck & Ruprecht, 1962

Bieringer, R., „… was die Welt im Innersten zusammenhält". Eine exegetische Untersuchung zu ἀνακεφαλαιώσασθαι in Eph 1,10, in: Wolter, Ethik als angewandte Ekklesiologie, 3–35

Bietenhard, H., Die himmlische Welt im Urchristentum und Spätjudentum (WUNT 2), Tübingen: Mohr Siebeck, 1951

Bird, A. E., The Authorship of the Pastoralepistles: Quantifying Literary Style, in: Reformed Theological Review 56 (1997), 131

Black, D. A., The Peculiarities of Ephsians and the Ephesian Adress, in: Grace Theological Journal 1/1981, 59–73

Blass, F./Debrunner, A./Rehkopf, Fr., Grammatik des neutestamentlichen Griechisch, Göttingen: Vandenhoeck & Ruprecht, 18. Aufl. 2001

Boismard, M.-É., Paul's Letter to the Laodiceans, in: Porter, Canon, 44–57

Bormann, L., Der Brief des Paulus an die Kolosser (ThHK 10/1), Leipzig: Evangelische Verlagsanstalt, 2012

Bossinade, J., Poststrukturalistische Literaturtheorie, Stuttgart/Weimar: Metzler, 2000

Braun, H., Geschichte des Gottesvolkes und christliche Identität. Eine kanonisch-intertextuelle Auslegung der Stephanusepisode Apg 6,1–8,3 (WUNT II/279), Tübingen: Mohr Siebeck, 2010

Breytenbach, C., Paulus und Barnabas in der Provinz Galatien: Studien zu Apostelgeschichte 13f; 16,6; 18,23 und den Adressaten des Galaterbriefes (Arbeiten zur Geschichte des antiken Judentums und des Urchristentums 38), Leiden/New York Köln: Brill, 1996

Breytenbach, C. (Hg.), Paulus, die Evangelien und das Urchristentum. Beiträge von und zu Walter Schmithals zu seinem 80. Geburtstag, Leiden: Brill, 2004

Brocke, Christoph vom, Thessaloniki – Stadt des Kassander und Gemeinde des Paulus. Eine frühe christliche Gemeinde ein ihrer heidnischen Umwelt (WUNT II/125), Tübingen: Mohr, 2001

Broer, I., Einleitung in das Neue Testament: Studienausgabe, Würzburg: Echterverlag, 2006, 2 Bde.

Broich, U., Formen der Markierung von Intertextualität, in: Ders./Pfister, Intertextualität, 31–47

Broich, U./Pfister, M. (Hg.), Intertextualität: Formen, Funktionen, anglistische Fallstudien (Konzepte der Sprach- und Literaturwissenschaft), Berlin: Walter de Gruyter, 1985

Bronkamm, G., Paulinische Anakoluthe, in: Ders., Das Ende des Gesetzes. Paulusstudien. Gesammelte Aufsätze 1 (Beiträge zur evangelische Theologie 16), München: Kaiser, 1963, 76–92

Brown, E., The Death of the Messiah. From Gethsemane to the Grave. A Commentary on the Passion Narratives in the Four Gospels, vol. 2, New York u.a.m.: Doubleday, 1994

Brox, N., Falsche Verfasserangaben. Zur Erklärung der frühchristlichen Pseudepigraphie (SBS 79), Stuttgart 1975

Brox, N., Lukas als Verfasser der Pastoralbriefe?, in: Jahrbuch für Antike und Christentum 13 (1970), 62-77

Bruce, F. F., The Epistles to the Colossians, to Philemon and to the Ephesians (NIC), Grand Rapids: Eerdmans, 1984

Bruce, F. F., 1 and 2 Thessalonians (WBC 45), Dallas TX: Word, 2002

Brucker, R., ‚Christushymnen' oder ‚epideiktische Passagen'? Studien zum Stilwechsel im Neuen Testament und seiner Umwelt (FRLANT 176), Göttingen: Vandenhoeck & Ruprecht, 1997

Bruggen, J. van, Die geschichtliche Einordnung der Pastoralbriefe (TVG), Wuppertal: Brockhaus, 1981

Buchegger, J., Erneuerung des Menschen. Exegetische Studien zu Paulus (TANZ 40), Marburg: Francke, 2003.

Buchegger, J., Mögliche paulinische Neologismen. Ein Beitrag zur Erforschung des paulinischen griechischen Wortschatzes, in: JETh 15 (2001), 13–35

Bujard, W., Stilanalytische Untersuchung zum Kolosserbrief. Als Beitrag zur Methodik von Sprachvergleichen (StUNT 11), Göttingen: Vandenhoeck & Ruprecht, 1973

Büllesbach, C., Das Verhältnis der Acta Pauli zur Apostelgeschichte des Lukas. Darstellung und Kritik der Forschungsgeschichte, in: Horn, Das Ende des Paulus, 215–237

Bultmann R./Lührmann, D., Art. ἐπιφαίνω, in: ThWbNT IX, 8–11

Cadbury, H. J., Roman Law and the Trial of Paul, in: F. J. F. Jackson/K. Lake (Hg.), The Acts of the Apostles, Vol. V: Additional Notes to the Commentary (The Beginnings of Christianity, Part I), Grand Rapids: Baker Books, 1966, 297–338

Cadbury, H. J., The Dilemma of Ephesians, in: NTS 5 (1958/9), 91–102

Cadwallader, A. H., Refuting an Axiom of Scholarship on Colossae. Fresh Insights from New and Old Inscriptions, in: Ders. (Hg.), Colossae in Space and Time. Linking to an Ancient City (NTOA/StUNT 94), Göttingen: Vandenhoeck & Ruprecht, 2011, 151–179

Carson, D. A./Moo, D. J., Einleitung in das Neue Testament, Gießen: Brunnen, 2010

Carson, D. A./Moo, J. M./Morris, L., An Introduction to the New Testament, Leicester: Apollos/InterVarsity Press,1992

Carter, M., Archiereis and Asiarchs: A Gladiatorial Perspektive, in: Greek, Roman, and Byzantine Studies 44 (2004), 41–68

Clogg, F. B., An Introduction to the New Testament, London: University of London Press, 1940

Collins, R. F. (Hg.), The Thessalonian Correspondence (BETL 87), Leuven: University Press/Peeters, 1990

Conzelmann H./Lindemann, A., Arbeitsbuch zum Neuen Testament, Tübingen: Mohr Siebeck, 13. Aufl. 2000

Conzelmann, H., Die Schule des Paulus, in: C. Andersen/G. Klein (Hg.), Theologia Crucis. Signum Crucis (FS für E. Dingkler), Tübingen: Mohr Siebeck, 1979, 85–96

Coutts, J., The Relationship of Ephesians and Colossians, in: NTS 3 (1957/58), 201–207

Crüsemann, F., Studien zur Formgeschichte von Hymnus und Danklied in Israel, Neukirchen-Vluyn: Neukirchener, 1968

Cullmann, O., Einführung in das Neue Testament, München/Hamburg: Siebenstern, 1968

Cullmann, O., Tradition als exegetisches, historisches und theologisches Problem, Zürich: Zwingli, 1954

Dahl, N. A., Benediction and Congratulation, in: Ders., Studies, 279–329

Dahl, N. A., Das Geheimnis der Kirche nach Epheser 3,8-10, in: Ders., Studies, 349–363

Dahl, N. A., Adresse Proömium des Epheserbriefes, in: Ders., Studies, 313–329

Dahl, N. A., Einleitungsfragen zum Epheserbrief, in: Ders., Studies, 3–105

Dahl, N. A., Ephesians and Qumran, in: Ders., Studies, 107–144

Dahl, N. A., Studies in Ephesians: Intoductory Questions, Text- & Edition-Critical Issues, Interpretation of Texts and Themes, hg. v. D. Hellholm/V. Blomkvist/T. Fornberg (WUNT 131), Tübingen: Mohr Siebeck, 2000

Debelius, M./Greeven, H., An die Kolosser, Epheser, an Philemon (HNT 12), Tübingen: Mohr Siebeck, 3. Aufl. 1953

Deissmann, A., Paulus – Eine kultur- und religionsgeschichtliche Skizze, Mohr: Tübingen, 2. Aufl. 1925

Dicke, G., Quelle, in: G. Braungart u. a. (Hg.), Reallexikon der deutschen Literaturwissenschaft, Bd. 3, Berlin: Walter de Gruyter, 203–205

Dockx, St., Chronologie zum Leben des Heiligen Petrus, in: C. P. Thiede (Hg.), Das Petrusbild in der neueren Forschung, Wuppertal: Brockhaus, 1987, 85–108

Dohmen, Ch., Biblische Auslegung. Wie alte Texte neue Bedeutungen haben können, in: F.-L. Hossfeld/L. Schwienhorst-Schönberger (Hg.), Das Manna fällt auch heute noch. Beiträge zur Geschichte und Theologie des Alten, Ersten Testaments (HBS 44) (FS Erich Zenger), Freiburg i.B.: Herder, 2004, 174–191

Donelson, L. R., Pseudepigraphy and Ethical Argument in the Pastoral Epistles (Hermeneutische Untersuchungen zur Theologie 22), Tübingen: Mohr Siebeck, 1986

Draisma, (Hg.), Intertextuality in Biblical Writings. Essays in honour of Bas van Iersel, Kampen: KOK, 1989

Dronsch, K., Text und Intertextualität. Versuch einer Verhältnisbestimmung auf interdisciplinärer Grundlage, in: Herrmann/Hübenthal, Intertextualität, 26–39

Dübbers, M., Christologie und Existenz im Kolosserbrief. Exegetische und semantische Untersuchungen zur Intension des Kolosserbriefs (WUNT II/191), Tübigen: Mohr Siebeck, 2005

Dubowy, E., Klemens von Rom über die Reise Pauli nach Spanien (Biblische Studien 19/3), Freiburg: Herder, 1914

Ebner, M./Schreiber, S., (Hg.): Einleitung in das Neue Testament, Stuttgart: Kohlhammer, 2008

Eckstein, H.-J., Auferstehung und gegenwärtiges Leben nach Röm 6,1-11. Präsentische Eschatologie bei Paulus?, in: Ders., Der aus Glauben Gerechte wird leben. Beiträge zur Theologie des Neuen Testamens (BVB 5), Münster: LIT, 2003, 36–54

Eichhorn, J. G., Einleitung in das Neue Testament, Leipzig: Weidmann, Bd. III/1, 1812

Eisele, W., Der gemeinsame Glaube der Auserwählten Gottes. Zum Glaubensbegriff der Pastoralbriefe nach Tit 1,1-4, in: Weidemann/Eisele, Meisterschüler, 81–114

Elliger, W., Ephesos – Geschichte einer antiken Weltstadt (UB 375), Stuttgart u. a.: Kohlhammer, 1985

Ellis, E. E., Traditions in the Pastoral Epistles, in: Early Jewish an Christians Exegesis-Studies, in Memory of William H. Brownlee, hg. v. C. A. Evans/W. F. Stinespring, Atlanta/Georgia, 1987, 237–253

Engelmann, H., Asiarchs, in: Zeitschrift für Papyrologie und Epigraphik 132 (2000), 173–175

Engelmann, M., Unzertrennliche Drillinge?: Motivsemantische Untersuchungen zum literarischen Verhältnis der Pastoralbriefe (BZNW 192), Berlin/Boston : Walter de Gruyter, 2012

Erlemann, K./Noethlichs, K. L./Scherberich, K./Zangenberg, J. (Hg.), Neues Testament und Antike Kultur, Neukirchen-Vluyn: Neukirchener, 2004–2008, 5 Bde. (Bd. 1, 2. Aufl. 2004; Bd. 2, 2005; Bd. 3, 2005; Bd. 4, 2006; Bd. 5, 2008)

Falk, D. F., Material Aspects of Prayer Manuscripts at Qumran, in: Leonhard/Löhr, Literature or Liturgy?, 33–87

Fee, G. D., 1 and 2 Timothy, Titus (NIBC 13), Massachusetts: Hendrickson Publishers, 2. Aufl. 1988

Feine, P., Die Abfassung des Philipperbriefes in Ephesus – mit einer Anlage über Röm 16,2-20 als Epheserbrief, Gütersloh: Bertelsmann, 1916

Feine, P., Einleitung in das Neue Testament, Leipzig: Quelle & Meyer, 5. Aufl. 1930

Fiedrowicz, M., Theologie der Kirchenväter. Grundlagen frühchristlicher Glaubensreflexion, Freiburg/Basel/Wien: Herder, 2007

Förster, A., Zwischen freier Benutzung, Zitat und Plagiat. Urheberrechtliche Grundfragen zur Intertextualität, in: Herrmann/Hübenthal, Intertextualität, 40–51

Foucault, M., Was ist ein Autor?, in: Jannidis u. a., Texte, 198–229

Frank, N., Der Kolosserbrief im Kontext des paulinischen Erbes. Eine intertextuelle Studie zur Auslegung und Fortschreibung der Paulustradition (WUNT II/271), Tübingen: Mohr Siebeck, 2009

Frenschkowski, M., Pseudepigraphie und Paulusschule. Gedanken zur Verfasserschaft der Deuteropaulinen, insbesondere der Pastoralbriefe, in: F. W. Horn (Hg.), Das Ende des Paulus. Historische, theologische und literaturgeschichtliche Aspekte (BZNW 106), Berlin/New York: Walter de Gruyter, 2001, 239–272

Frey, J./Herzen, J./Janssen, M. (Hg.), Pseudepigraphie und Verfasserfiktion in frühchristlichen Briefen (WUNT 246), Tübingen: Mohr Siebeck, 2009

Friedrich, G., 1. Thessalonischer 5,1-11, der apologetische Einschub eines Späteren, in: ZThK 70 (1973), 288–315

Friesen, J., Asiarchs, in: Zeitschrift für Papyrologie und Epigraphik 126 (1999), 275–290

Friesen, J., Imperial Cults and the Apocalypse of John: Reading Relevation in the Ruins, Oxford: Oxford University Press, 2001

Friesen, J., Twice Neokoros: Ephesus, Asia and the Cult of the Flavian Imperial Family (Religions in the Graeco-Roman World), Brill: Brill Academic, 1993

Fuchs, R., Artemis of Ephesus, The Ruler Cult, and the Language of the "Pastoral Epistles": Considerations regarding differences and similarities of terminology in the letters to Timothy and Titus (im Erscheinen)

Fuchs, R., Bisher unbeachtet: Zum unterschiedlichen Gebrauch von ἀγαθός, καλός und καλῶς in den Schreiben an Timotheus und Titus, in: EJTh 1 (2006), 15–33

Fuchs, R., Ein Gott, der Vater, ein Herr, Jesus Christus. Verwendung und Vermeidung der Gottesbezeichnung „Vater" in den Gemeinde- und Pastoralbriefen des Paulus, in: JETh 26 (2012), 63-91

Fuchs, R., Eine vierte Missionsreise des Paulus im Osten? Zur Datierung des ersten Timotheusbriefs und des Titusbriefs, in: JETh 25 (2011), 33–58

Fuchs, R., Ist die Agape das Ziel der Unterweisung (1. Tim 1,5)?: Zum unterschiedlichen Gebrauch des ἀγαπ- und des φιλ-Wortstamms in den Schreiben an Timotheus und Titus, in: JETh 18 (2004), 93-125

Fuchs, R., Unerwartete Unterschiede. Müssen wir unsere Ansichten über „die" Pastoralbriefe revidieren? (BWM 12), Wuppertal: SCM R. Brockhaus, 2003

Gayston, K./Herdan, G., The Authorship of the Pastorals in the Light of Statistical Lenguistics, in: NTS 5 (1959), 1–15

Gehring, R. W., Hausgemeinde und Mission: Die Bedeutung antiker Häuser und Hausgemeinschaften von Jesus bis Paulus (TVG), Gießen: Brunnen, 2000

Genette, G., Implizierter Autor, implizierter Leser?, in: F. Jannidis u. a. (Hg.), Texte zur Theorie der Autorschaft, Stuttgart: Reclam, 2000, 233–246

Gérard, G., Palimpseste. Die Literatur auf zweiter Stufe, Frankfurt a.M.: Suhrkamp, 1983

Gerber, C., Antijudaismus und Apologetik. Eine Lektüre des Titusbriefs vor dem Hintergrund der Apologie Contra Apinionem desFlavius Josephus, in: C. Böttrich/J. Herzer (Hg.), Josephus und das Neue Testament. Wechselseitige Wahrnehmungen (WUNT 209), Tübingen: Siebeck Mohr Siebeck, 2007, 335–363

Gerber, C., Die alte Braut und Christi Leib. Zum ekklesiologischen Entwurf des Epheserbriefs, in: NTS 59/2 (2013), 192–221

Gese, H., Die Weisheit, der Menschensohn und die Ursprünge der Christologie als konsequente Entfaltung der biblischen Theologie, in: Ders., Alttestamentliche Studien, Tübingen: Mohr Siebeck,1991, 218–248

Gese, M., Das Vermächtnis des Apostels, Tübingen: Mohr Siebeck, 1997

Gielen, M., Paulus – Gefangener in Ephesus?, Teil 1, in: BN 131 (2006), 79–103 und Teil 2, in: BN 133 (2007), 67–77

Gnilka, J., Der Brief an die Epheser (HThK 10/2), Freiburg i.Br.: Herder, 4. Aufl. 1990

Gnilka, J., Der Kolosserbrief (HThK 10), Freiburg i.B.: Herder, 1980

Godet, F., Einleitung in das Neue Testament, Deutsch bearbeitet von E. Reineck, Bd. 1: Die Briefe des Apostels Paulus, Hannover: Carl Meyer, 1894

Goutts, J., Ephesians 1:1-14 and 1 Peter 1,3-13, in: NTS 3 (1956–57), 115–127

Grant, R. M., An Historical Introduction to the New Testament, London: Harper & Row, 1963

Grayston, K./Herdan, G.,The Authorship of the Pastoral Epistles in the Light of statistical Linguistics, in: NTS 6 (1959/60), 1–15

Grohmann, M., Aneignung der Schrift. Wiege einer christlichen Rezeption jüdischer Hermeneutik, Neukirchen-Vluyn: Neukirchener, 2000

Guthrie, D., New Testament Introduction, Leicester: Apollos und Downers Grove: Intervarsity, 4. Aufl. 1990

Guthrie, D., The Pastoral Epistle: An Introduction and Commentary, InterVarsity Press, 1990 (Neudruck 2009)

Guthrie, D., The Pastoral Epistles and the Mind of Paul, London: Tyndale House, 1956

Haacker, K., Der Römerbrief als Friedensmemorandum, in: NTS 36 (1990), 25–41

Haacker, K., Der Brief des Paulus an die Römer (ThHK 6), Leipzig: Evangelische Verlagsanstalt, 1999

Haacker, K., Rezeptionsgeschichte und Literarkritik. Anfragen an die *communis opinio* zum Corpus Paulinum, in: ThZ 3/65 (2009), 209–228

Haacker, K., Urchristliche Mission und kulturelle Identität: Beobachtungen zur Strategie und Homiletik des Apostels Paulus, in: ThBeitr 2 (1988), 61–72

Haacker, K., Verwendung und Vermeidung des Apostelbegriffs, in: NovT 30 (1988), 9–38

Häfner, G., Das Corpus Pastorale als literarisches Konstrukt, in: ThQ 4/187 (2007), 258–273

Häfner, G., Die Pastoralbriefe, in: Ebner/Schreiber, Einleitung, 450–473

Häfner, G., „Nützlich zur Belehrung" (2.Tim 3,16): Die Rolle der Schrift in den Pastoralbriefen im Rahmen der Paulusrezeption (HBS 25), u.a. Freiburg/Basel: Herder, 2000

Hagner, D. A., The New Testament. A Historical and Theological Introduction, Grand Rapids: Baker Academic, 2012

Hahn, F., Taufe und Rechtfertigung. Ein Beitrag zur paulinischen Theologie in ihrer Vor- und Nachgeschichte, in: Ders., Studien zum Neuen Testament, Bd. II (WUNT 192), Tübingen: Siebeck Mohr Siebeck, 2006, 241–270

Hahn, F., Theologie des Neuen Testaments, Bd. 1: Die Vielfalt des Neuen Testaments, Tübingen: Siebeck Mohr Siebeck, 2002

Hainz, J., Ekklesia. Strukturen paulinischer Gemeinde-Theologie und Gemeinde-Ordnung, Regensburg: Pustet, 1972

Harding, M., Disputed and Undisputed Letters of Paul, in: Porter, The Pauline Canon, 129–168

Harnack, A. von, Neue Untersuchungen zur Apostelgeschichte und zur Abfassungszeit der synoptischen Evangelien, Leipzig: Hinrichs'sche Buchhandlung, 1911

Harnack, A. von, Das Problem des zweiten Thessalonicherbriefs, in: SPAW 1910, 560–578 = A. v. Harnack, Kleine Schriften zur alten Kirche, Band II: Berliner Akademieschriften 1908–1930 (Opuscula IX 1), Leipzig: Zentralantiquariat der Deutschen Demokratischen Republik, 1980, 101–119

Harrison, E. F., Introduction to the New Testament, Grand Rapids: Eerdmans, Neuauflage 1971

Harrison, N. P., The Problem of the Pastoral Epistles, Oxford: Oxford University Press, 1921

Haufe, G., Gnostische Irrlehre und ihre Abwehr in den Pastoralbriefen, in: K. W. Kröger (Hg.), Gnosis und Neues Testament, Berlin: Evangelische Verlagsanstalt, 1973, 325–339

Hays, R. B., Echoes of Striptures in the Letters of Paul, New Haven/London: Yale University Press, 1989

Hays, R. B., Schriftverständnis und Intertextualität bei Paulus, in: ZNT 14 (2004), 55–64

Heckel, U., Der Segen im Neuen Testament. Begriff, Formeln, Gesten. Mit einem praktisch-theologischen Ausblick (WUNT 150), Tübingen: Mohr Siebeck, 2002

Heinemann, W., Zur Eingrenzung des Intertextualitätsbegriffs aus textlinguistischer Sicht, in: Klein/Fix, Textbeziehungen, 21–37

Helbig, J., Intertextualität und Markierung. Untersuchungen zur Systematik und Funktion der Signalisierung von Intertextualität (Beiträge zur neueren Literaturgeschichte III/141), Heidelberg: Universitätsverlag C. Winter, 1996

Hengel, M./Frey, J., Anonymität, Pseudepigraphie und „literarische Fälschung" in der jüdisch-hellenistischen Literatur, in: M. Hengel, Judaica et Hellenistica. Kleine Schriften I (WUNT 90), Tübingen: Mohr Siebeck, 1996, 196–251

Hengel, M., Das Christuslied im frühesten Gottesdienst, in: W. Baier u. a. (Hg.), Weisheit Gottes – Weisheit der Welt (FS J. Ratzinger), Bd. 1, St. Ottilien: EOS, 1987, 357–404

Herrmann, K., Dialogizität und Intertextualität. Terminologische Fingerübungen im Hinblick auf die Zitatgedichte Ernst Meisters, in: Herrmann/Hübenthal, Intertextualität, 12–25

Herrmann, K./Hübenthal, (Hg.), Intertextualität. Perspektiven auf ein interdisziplinäres Arbeitsfeld (Sprache & Kultur), Aachen: Shakter, 2007

Herwig, H., Literaturwissenschaftliche Intertextualitätsforschung im Spannungsfeld konkurrierender Intertextualitätsbegriffe, in: Zeitschrift für Semiotik 24/2–3 (2002), S: 163–176

Herz, P., Asiarchen und Archiereiai. Zum Provinzialkult der Provinz Asia, in: Tyche 7 (1992), 93–115

Herzer, J., Abschied vom Konsens?: Die Pseudepigraphie der Pastoralbriefe als Herausforderung an die neutestamentliche Wissenschaft, in: ThLZ 129 (2004), Heft 12, 1267–1282

Herzer, J., Formen ethischer Weisungen in dokumentarischen Papyri unter besonderer Ausrichtung auf 1Tim und Tit, in: Roland Deines, Jens Herzer und Karl-Wilhelm Niebuhr (Hg.), Neues Testament und hellenistisch-jüdische Alltagskultur: Wechselseitige Wahrnehmungen, III. Internationales Symposium zum Corpus Judaeo-Hellenisticum Novi Testamenti 21.–24. Mai 2009 (WUNT 274), Leipzig/Tübingen: Mohr Siebeck, 2011, 329–356.

Hieke, Th., Vom Verstehen biblischer Texte. Methodisch-hermeneutische Erwägungen, in: ZNT 12 (2003), 65–76

Hoehner, H. W., Ephesians. An Exegetical Commentary, Grand Rapids: Baker, 2002 (Neudruck 2007)

Hofius, O., Der Christushymnus Philipper 2,6-11. Untersuchungen zu Gestalt und Aussage eines urchristlichen Psalms (WUNT 17), Tübingen: Mohr Siebeck, (1976) 2. Aufl. 1991

Hofius, O., „Erstgeborener vor aller Schöpfung" – „Erstgeborener aus den Toten". Erwägungen zu Struktur und Aussage des Christohynmnus Kol 1,15-20, in: Ders., Paulusstudien II (WUNT 143), Tübingen: Siebeck Mohr Siebeck, 2002, 215–233

Hofius, O., Gemeindeleitung und Kirchenleitung nach dem Zeugnis des Neuen Testaments. Eine Skizze, in: Ders., Exegetische Studien, 218–239

Hofius, O., Gott hat unter uns aufgerichtet das Wort von der Versöhnung (2 Kor 5,19), in: Ders., Paulusstudien (WUNT 51), Tübingen: Mohr Siebeck, 1989, 15–32

Holthuis, S., Intertextualität. Aspekte einer rezeptionsorientierten Konzeption, Tübingen: Stauffenburg, 1993

Holtzmann, H. J., Kritik der Epheser- und Kolosserbriefe, Leipzig: Engelmann, 1872

Homscheid, Th., Interkontextualität. Ein Beitrag zur Literaturtheorie der Neomoderne (Film – Medium – Diskurs 21), Würzburg: Königshausen & Neumann, 2007

Horn, F. W. (Hg.), Das Ende des Paulus. Historische, theologische und literaturgeschichtliche Aspekte, Berlin: Walter de Gruyter, 2001

Houwelingen, R. van, A Godfighter becomes a Fighter for God, in: P. G. R. de Villiers/ J. W. van Henten, Coping with Violence in the New Testament, Leiden/Boston: Brill, 2012, 83–100

Hübenthal, S., Wie kommen Schafe und Rinder in den Tempel? Die ‚Tempelaktion' (Joh 2,13-22) in kanonisch-intertextueller Lektüre, in: Herrmann/Hübenthal, Intertextualität, 69–81

Hübner, H.,Intertextualität – die hermeneutische Strategie des Paulus? Zu einem neuen Versuch der theologischen Rezeption des Alten Testaments im Neuen, in: Ders., Biblische Theologie als Hermeneutik. Gesammelte Aufsätze, Göttingen: Vandenhoeck & Ruprecht, 1995, 252–271

Hübner, H., An Philemon. An die Kolosser. An die Epheser (HNT 12), Tübingen: Mohr Siebeck, 1997

Ihwe, J. (Hg.), Literaturwissenschaft und Linguistik. Ergebnisse und Perspektiven, Bd. II/2, Frankfuhrt a.M.: Athenäum, 1972

Jaroš, K., Das Neue Testament und seine Autoren: Eine Einführung (UTB 3087), Weimar/Wien: Böhlau, 2008.

Jaroš, K. (Hg.), Das Neue Testament nach den ältesten griechischen Handschriften. Die handschriftliche griechische Überlieferung des Neuen Testaments vor Codex Sinaiticus und Codex Vaticanus (NTHss), Ruhpolding/Mainz: Rutzen und Wien/ Würzburng: Echter, 2006

Jewett, R., Paulus-Chronologie. Ein Versuch, München: Kaiser, 1982

Jewett, R., The Thessalonian Correspondence: Pauline Rhetoric and Millenarian Piety (Foundations and Facets: New Testament), Philadelphia: Fortress, 1986

Johnson, L. T., The First and Second Letters to Timothy (AncB 35A), New York u. a.: Doubleday, 2001

Jülicher, A., Einleitung in das Neue Testament. Neubearbeitet in Verbindung mit E. Fascher, Tübingen: Mohr Siebeck, 7. Aufl. 1931

Jung, F., Soter: Studien zur Rezeption eines hellenistischen Ehrentitels im Neuen Testament (NTA neue Folge 39), Münster: Aschendorf, 2002

Kahl, W., Psalm 2 und das Neue Testament. Intertextuelle Aspekte anhand ausgewählter Beispiele, in: D. Sänger (Hg.), Gottessohn und Menschensohn. Exegetische Studien zu zwei Paradigmen biblischer Intertextualität (BThS 67), Neukirchen-Vluyn: Neukirchener 2004, 232–250

Kaser, M., Römisches Privatrecht. Ein Studienbuch, München: Beck, 16. Aufl. 1992

Kenny, A., A Stylometric Study of the New Testament, Oxford: Clarendon Press, 1986

Kiley, M., Colossians as Pseudepigraphy (BiSe 4), Sheffield: JSOT Press, 1986

Kimmich, D./Renner, R. G./Stiegler, B. (Hg.), Texte zur Literaturtheorie der Gegenwart, Stuttgart: Reclam, 2003

Kirby, J. C., Ephesians. Baptism and Pentecost. An Inquiry into the Structure and Purpose of the Epistle to the Ephesians, London: SPCK, 1968, 132–138

Klein, J./Fix, U. (Hg.), Textbeziehungen. Linguistische und literaturwissenschaftliche Beträge zur Intertextualität, Tübingen: Stauffenburg, 1997

Knaap, E. van der, Das Gespräch der Dichter. Ernst Mestiers Hölderlin- und Celan-Lektüre, Frankfurt a.M. u. a.: Peter Lang, 1996

Köhler, K., „Allen bin ich alles geworden, um auf jeden Fall einige zu retten" (1 Kor 9,22b). Das Ende des Paulus und der Anfang der Kirche, in: R. Hoppe/K. Köhler (Hg.), Das Paulusbild der Apostelgeschichte, Stuttgart: Kohlhammer, 2009, 193–234

König, J., Athletics and Literature in the Roman Empire, Cambridge: Cambridge University Press, 2005

Kreitzer, L., Hierapolis in the Heavens: Studies in the Letter to the Ephesians (Library of New Testament Studies 368), London: T&T Clark, 2007

Kretschmar, G., Der paulinische Glaube in den Pastoralbriefen, in: F. Hahn/H. Klein, Glaube im Neuen Testament (FS für H. Binder), Neukirchen-Vluyn: Neukirchener, 1982, 115–140

Kristeva, J., Bachtin, das Wort, der Dialog und der Roman, in: Ihwe, Literaturwissenschaft, 345–375 (= Kimmich/Renner/Stiegler, Texte, 2003, 334–348)

Kristeva, J., Probleme der Textstrukturation, in: Ihwe, Literaturwissenschaft, 484–507

Krumbiegel, F., Erziehung in den Pastoralbriefen. Ein Konzept zur Konsolidierung der Gemeinden (ABG 44), Leipzig: Evangelische Verlagsanstalt, 2013

Kucicki, J., Eschatology of the Thessalonian Correspondance. A comparative study of 1 Thess 4, 13–5, 11 and 2 Thess 2, 1-12 to the Dead Sea Scrolls and the Old Testament Pseudepigrapha, Frankfurt/M. u. a.: Peter Lang, 2014

Kuhn, K. G., Der Epheserbrief im Lichte der Qumrantexte, in: NTS 7 (1960/61), 334–346

Kümmel, W. G., Einleitung in das Neue Testament, Heidelberg: Quelle & Meyer, 21. Aufl. 1983

Künemann, G., Handbuch über die Briefe an die Thessalonicher (KEKNT), Göttingen: Vandenhoeck & Ruprecht, 1878

Läpple, A., Christliches aus Höhle 7?, in: Ders. (Hg.), Die Schriftrollen aus Qumran. Übersetzung und Kommentar. Mit bisher unveröffentlichten Texten, Augsburg: Pattloch, 1997, 507–513

Laub, F., Paulinische Autorität in nachpaulinischer Zeit (2 Thess), in: Collins, The Thessalonian Correspondence, 403–417

Lea, T. D., Pseudonymity and the New Testament, in: D. A. Black/D. Dockery (Hg.), New Testament Criticism and Interpretation, Grand Rapids: Zondervan, 1991, 535–559

Leppä, O., The Making of Colossians. A Study of the Formation and Purpose of a Deutero-Pauline Letter, Helsinki: The Finnish Exegetical Society und Göttingen: Vandenhoeck & Ruprecht, 2003

Lerle, E., Moderne Theologie unter der Lupe, Neuhausen-Stuttgart: Hänssler, 1987

Leonhard, C./Löhr, H. (Hg.), Literature or Liturgy? (WUNT II/363), Tübingen: Mohr Siebeck, 2014

Liebelt, M., Allgemeines Priestertum, Charisma und Struktur. Grundlagen für ein biblisch-theologisches Verständnis geistlicher Leitung, Wuppertal: Brockhaus, 2000

Lincoln, A. T., Ephesians (BWC 42), Dallas: Word Books, 1990

Lincoln, A. T., The Use of the OT in Ephesians, in: JSNT 14 (1982), 16–57

Lindemann, A., Bemerkungen zu den Adressaten und zum Anlaß des Epheserbriefes, in: ZNW 67 (1976), 235–251

Lindemann, A., Die Aufhebung der Zeit. Geschichtsverständnis und Eschatologie im Epheserbrief, Gütersloh: Gütersloher Verlagshaus, 1975

Lindemann, A., Paulus im ältesten Christentum. Das Bild des Apostels und die Rezeption der paulinischen Theologie in der frühchristlichen Literarur bis Marcion (BHTh 58), Tübingen: Mohr Siebeck, 1979

Lindemann, A., Zum Abfassungszweck des Zweiten Thessalonicherbriefs, ZNW 68 (1977), 35–47

Lips, H. von, Glaube – Gemeinde – Amt. Zum Verständnis der Ordination in den Pastoralbriefen (FRLANT 122), Göttingen: Vandenhoeck & Ruprecht, 1979

Lips, H. von, Von den „Pastoralbriefen" zum „Corpus Pastorale": Eine Hallische Sprachschöpfung und ihr modernes Pendant als Funktionsbestimmung dreier neutestamentlicher Briefe, in: Reformation und Neuzeit. 300 Jahre Theologie in Halle (1694 – 1994), Göttingen: Walter de Gruyter, 1994, 49–71.

Lohmeyer, E., Die Briefe an die Philipper, an die Kolosser und an Philemon (KEKNT), Göttingen: Vandenhoeck & Ruprecht, 9. Aufl. 1953

Löhr, H., Ethik und Tugendlehre, in: Erlemann u. a., Neues Testament und Antike Kultur 3, 151–180

Löhr, H., Zur Paulus-Notiz in 1 Clem 5,5-7, in: Horn, Das Ende des Paulus, 197–213

Lohse, E., Das apostolische Vermächtnis: Zum paulinischen Charakter der Pastoralbriefe, in: W. Schrage (Hg.), Studien zum Text und zur Ethik des Neuen Testaments (FS Heinrich Greven) (BZ NW 47), Berlin/New York: Walter de Gruyter, 1986, 266–281

Lohse, E., Die Entstehung des Neuen Testaments, Stuttgart/Berlin/Köln/Mainz: Kohlhammer, 5. Aufl. 1991

Lohse, E., Entstehung des Neuen Testaments, Stuttgart/Berlin/Köln/Mainz: Kohlhammer, 2. durchgesehene Aufl. 1975

Lona, H. E., Die Eschatologie im Kolosser- und Epheserbrief (Forschung zur Bibel 48), Würzburg: Echter, 1984

Looks, C., Das Anvertraute bewahren. Die Rezeption der Pastoralbriefe im 2. Jahrhundert (Münchener Theologische Beiträge), München: Utz, 1999

Ludwig, H., Der Verfasser des Kolosserbriefs – Ein Schüler das Paulus, Göttingen: Dissertation, 1974

Lührmann, D., Das Offenbarungsverständnis bei Paulus und in paulinischen Gemeinden (WMANT 16), Neukirchen-Vluyn: Neukirchener, 1965

Luttenberger, J., Prophetenmantel oder Bücherfutteral? Die persönlichen Notizen in den Pastoralbriefen im Licht antiker Epistolographie und literarischer Pseudepigraphie (ABG 40) Evangelische Verlagsanstalt: Leipzig, 2012

Luz, U., Der Brief an die Ephseer (NTD 8/1), Göttingen: Vandenhoeck & Rupreckt, 1998

Luz, U., Der Brief an die Kolosser, in: J. Becker/U. Luz, Die Briefe an die Galater, Epheser und Kolosser (NTD), Göttingen: Vandenhoeck & Ruprecht, 18. Gesamtauflage 1998, 181–244

Lyonnet, S., La bénédiction de Eph 1,2-14 et son arrière-plan dudaique, in: A la rencontre de Dieu (Mémorial A. Gelin), Le Puy: Xavier Mappus, 1961, 341–352

Malherbe, J., The Letters of the Thessalonians: A New Translation with Introduction and Commentary (AncB 32b), New York: Doubleday, 2000

Marshall, H., Rezension der Monographie von G. Wilson, Luke and the Pastoral Epistles (SPCK), London 1979, in: JSNT 10 (1981), 69–74

Marshall, H./Towner, Ph. H., The Pastoral Epistles (ICC), Edinburgh: T. & T. Clark LTD, 1999

Marshall, H., The Pastoral Epistles in Recent Study, in: A. J. Köstenberger/T. L. Wilder (Hg.), Entrusted with the Gospel: Paul's Theology in the Pastoral Epistles, Nashville/Tennessee: B. & H. Academic, 2010

Marshall, I. H., 1 and 2 Thessalonians, Vancouver: Regent College Publishing, 2. Aufl. 2002

Martin, M., 1 and 2 Thessalonians (The New American commentary 33), Nashville TN: Broadmann Press, 1995

Mauerhofer, E., Einleitung in die Schriften des Neuen Testaments Neuhausen/Stuttgart: Hänssler, 1995, Bd. 2

Meade, D. G., Pseudonymity and Canon: An Investigation Into the Relationship of Authorship and Authority in Jewish and Earliest Christian Tradition, Grand Rapids: Eerdmans, 1987

Mealand, D. L., Computers in New Testament Research: An Interim Report, in: JSNT 17 (1988), 97–115

Mealand, D. L., The Extent of the Pauline Corpus: A Multivariate Approach, in: JSNT 59 (1995), 61–92

Mealand, D. L., Positional Stylometry Reassessed: Testing A Seven Epistle Theory of Pauline Authorship, in: NTS 35 (1989), 266–286

Menken, J. J., 2 Thessalonichans (New Testaments Readings), London: Routledge, 1994

Merklein, H., Paulinische Theologie in der Rezeption des Kolosser- und Epheserbriefes, in: Ders., Studien, 409–453

Merklien, H., Die Ekklesia Gottes. Der Kirchenbegriff bei Paulus und in Jerusalem, in: Ders., Studien, 296-318

Merklien, H., Studien zu Jesus und Paulus (WUNT 43), Tübingen: Mohr Siebeck, 1987

Merz, A., Die fiktive Selbstauslegung des Paulus. Intertextuelle Studien zur Intention und Rezeption der Pastoralbriefe (NTOA 52), Göttingen: Vandenhoeck, 2004

Metzger, W., Die letzte Reise des Apostels Paulus. Beobachtungen und Ergägungen zu seinem Itinerar nach den Pastoralbriefen, Stuttgart: Calwer, 1976
Michaelis, W., Die Gefangenschaft des Paulus in Ephesus und das Itinerar des Timotheus. Untersuchungen zur Chronologie des Paulus und der Paulusbriefe, Gütersloh: Bertelsmann, 1925
Michaelis, W., Einleitung in das Neue Testament, Bern: Haller, 3. Aufl. 1961
Mittelstaedt, A., Lukas als Historiker. Zur Datierung des lukanischen Doppelwerkes, Tübingen: Francke, 2006
Mitton, C. L., The Epistle to the Ephesians. Its Authorship, Orignin and Purpose, Oxford: Clarendon, 1951
Montanari, Franco, The Brill Dictionary of Ancient Greek, hg. v. M. Goh und Ch. Schroeder, Leiden/Boston: Brill, 2015
Morgenthaler, R., Statistik des neutestamentlichne Wortschatzes, Zürich: Gotthelf, 3. Aufl. 1982
Moule, C. F. D., The Problem of the Pastoral Epistles, in: BJRL 47 (1965), 430–452
Mounce, W. D., Pastoral Epistles (WBC 46), Nashville u. a.: Nelson, 2000
Müller, P., Anfänge der Paulusschule. Dargestellt am zweiten Thessalonicherbrief und am Kolosserbrief (AThANT 74), Zürich: TVZ, 1988
Müller, U. B., Der Brief des Paulus an die Philipper (ThHK 11/1), Freiburg: Herder, 2. Aufl. 2002
Murphy O'Connor, J., 2 Timothy Contrasted with 1 Timothy and Titus, RB 98.3 (1991), 403–418
Mussner, F., Beiträge aus Qumran zum Verständnis des Epheserbriefes, in: J. Blinzler/O. Kuss/F. Mussner (Hg.), Neutestamentliche Aufsätze (FS Josef Schmid), Regensburg: Putest, 1963, 185–198
Mutschler, B., Glaube in den Pastoralbriefen: Pistis als Mitte christlicher Existenz (WUNT 256), Tübingen: Mohr Siebeck, 2010
Neudorfer, H.-W., Der erste Brief des Paulus an Timotheus (HTA), Wuppertal: R. Brockhaus und Gießen: Brunnen, 2004
Neudorfer, H.-W., Der Brief des Paulus an Titus (HTA), Wuppertal: R. Brockhaus und Gießen: Brunnen, 2012
Neumann, K. J., The Authenticity of Pauline Epistles in the Light of stylostastistical Analysis (SBL Dissertation Series 120), Atlanta/Georgia: Scholars Press, 1990
Nicholl, C. R., From Hope to Despair in Thessalonica. Situation 1 and 1 Thessalonians (MSSNTS 126), Cambridge: Cambridge University Press, 2004
Nicklas, T., Leitfragen leserorientierter Exegese. Methodische Gedanken zu einer „biblischen Auslegung", in: Ballhorn/Steins, Bibelkanon, 45–61
Niebuhr, K.-W. (Hg.), Grundinformationen Neues Testament: Eine bibelkundlich-theologische Einführung (UTB 2108) Göttingen: Vandenhoeck & Ruprecht, 4. Aufl. 2011
Niederwimmer, K., Zenan, der Jurist (Tit 3,13), in: Ders., Quaestiones Theologiae (NNW Beihefte 90), hg. v. W. Pratscher/M. Öhler, Berlin: Walter de Gruyter, 1998, 267–279
Norden, E., Angostos Theos, Darmstadt: WBG, 4. Aufl. 1956

Norden, E., Die antike Kunstprosa vom 6. Jahrhundert v. Chr. bis in die Zeit der Renaissance, Leibzig/Berlin: Teubler, 3. Aufl. 1915

Oberlinner, L., Die Pastoralbriefe, Bd. 3: Kommentar zum Titusbrief (HThK XI/2.3), Freiburg: Herder, 1996

O'Brien, P. T., The Letter to the Ephesians (Pillar NT Commentary), Grand Rapids: Eerdmans, 1999

Ochel, W., Die Annahme einer Bearbeitung des Kolosser-Briefes im Epheser-Brief in einer Analyse des Epheser-Briefes untersucht, Würzburg: Triltsch, 1934

Ollrog, W.-H., Paulus und seine Mitarbeiter. Untersuchungen zu Theorie und Praxis der paulinischen Mission (WMANT 50), Neukirchen-Vluyn: Neukirchener, 1979

Omerzu, H., Der Prozeß des Paulus. Eine exegetische und rechtshistorische Untersuchung der Apostelgeschichte, Berlin: Walter de Gruyter, 2002

Omerzu, H., Das Schweigen des Lukas. Überlegungen zum offenen Ende der Apostelgeschichte, in: Horn, Das Ende desPaulus, 127–156

Ostmeyer, K.-H., Kommunikation mit Gott und Christus: Sprache und Theologie des Gebetes im Neuen Testament (WUNT 197), Tübingen: Mohr Siebeck, 2006

Paschke, B. A., The cura morum of the Roman Censors as Historical Background for the Bishop and Deacon Lists of the Pastoral Epistles, in: ZNW 98 (2007), 105–119

Peppard, M., „Poetry", „Hymns" and „Traditional Material" in New Testament Epistles or How to Do Things with Indentations, in: JSNT 30 (2008), 319–342

Percy, E., Die Probleme der Kolosser- und Epherserbriefe, Gleerup: Lund, 1946

Pfister, M., Konzepte der Intertextualität, in: Broich/Pfister, Intertextualität, 1–30

Pilhofer, P., Antiochien und Philippi. Zwei römische Kolonien auf dem Weg des Paulus nach Spanien, in: Ders., Die frühen Christen und ihre Welt. Greifwalder Aufsätze 1996–2001. Mit Beiträgen von Jens Börstinghaus und Eva Ebel (WUNT 145). Tübingen: Mohr Siebeck, 2002, 154–165

Pilhofer, Peter, Philippi 1. Die erste christliche Gemeinde Europas (WUNT 87), Tübingen: Mohr Siebeck, 1995

Pokorný, P./Heckel, U., Einleitung in das Neue Testament. Seine Literatur und Theologie im Überblick (UTB 2798), Tübingen: Mohr Siebeck, 2007

Pokorný, P., Art. Pseudepigraphie I., in: TRE 27 (1997), 645–655

Pokorný, P., Der Brief des Paulus an die Kolosser (ThHK), Berlin: Evangelische Verlangsanstalt, 2. Aufl. 1990

Pollhill, J. B., The Relationship between Ephesians and Colossians, in: RExp 70 (1973), 439–450

Porter, St. E. (Hg.), Paul and Pseudepigraphy (PAST 8), Leiden: Brill, 2011

Porter, St. E., Pauline Authorship and the Pastoral Epistles: Implications for Canon, in: Bulletin for Biblical Research 5 (1995), 105–123

Prior, M., Paul the Letter-Writer and Second Letter to Timothy (JSNTS 23), Sheffield: JSOT Press, 1989

Quinn, J. D., The Letter to Titus (AncB 35), New York u.a.: Doubleday, 1990

Rand, M., Fundamentals of the Study of Piyyut, in: Leonhard/Löhr, Literature or Liturgy?, 107–126

Reicke, B., Chronologie der Pastoralbriefe, in: ThLZ 2 (1976), Sp. 81–94

Reicke, B., Re-examining Paul's Letters: The History of Pauline Correspondence, Harrisburg: Trinity, 2001

Reinmuth, E., Der zweite Brief an die Thessalonicher, in: N. Walter/E. Reinmuth/P. Lampe: Die Briefe an die Philipper, Thessalonicher und an Philemon (NTD 8/2), Göttingen: Vandenhoeck & Ruprecht, 1998, 157–202

Reiser, M., Bürgerliches Christentum in den Pastoralbriefen?, in: Biblica 74/1 (1993), 27–44

Reiser, M., Sprache und literarische Formen des Neuen Testaments (UTB 2197), Paderborn: Schöningh, 2001

Rhode, J., Urchristliche und frühkatholische Ämter. Eine Untersuchung zur frühchristlichen Amtsentwicklung im Neuen Testament und bei den apostolischen Vätern (Theologische Arbeiten 33), Berlin: Evangelische Verlagsanstalt, 1976

Richards, E. R., Paul and First-Century Letter Writing. Secretaries, Composition and Collection, Downers Grove: InterVarsity, 2005

Richards, E. R., The Secretary in the Letters of Paul (WUNT II/42), Tübingen: Mohr Siebeck, 1991

Richards, W. A., Difference and Distance in Post-Pauline Christianity: An Epistolary Analysis of the Pastorals (SBL 44), New York: Peter Lang Publishing, 2002

Ridderbos, H., Begründung des Glaubens, Heilsgeschichte und Heilige Schrift, Wuppertal: Brockhaus, 1963

Riesenfeld, H., Unpoetische Hymnen im Neuen Testament? Zu Phil 2,1–11, in: J. Kiilunen (Hg.), Glaube und Gerechtigkeit. In Memoriam Rafael Gyllenberg (SESJ 38), Helsinki: Selbstverlag, 1983, 155–168

Riesner, R., Apostelgeschichte, Pastoralbriefe, 1. Clemens-Brief und die Martyrien der Apostel in Rom, in: Petrus und Paulus in Rom: Eine interdisziplinäre Debatte, Breisgau 2011; Heid, (Ed.), in collaboration with Haehling, R. von/Michael Strocka, V./Vielberg, M., Freiburg/Basel/Wien: Herder, 2011, 153–179

Riesner, R., Die Frühzeit des Apostels Paulus. Studien zur Chronologie, Missionsstrategie und Theologie, Tübingen: Mohr Siebeck, 1994

Riesner, R., Once more: Luke-Acts and the Pastoral Epistles, in: E. E. Ellis, History and Exegesis, New York/London: T. & T. Clark, 2006, 239–258

Riesner, R., Taufkatechese und Jesus-Überlieferung (2 Tim 2,11-13; Röm 6,3-11; Jak 1,2-27; 1 Petr 1-4; Joh 2,7-29; 2 Kor 1,15-22), in: Lehnert, V. A./Rüsen-Weinhold, U., Logos – Logik – Lyrik. Engagierte exegetische Studien zum biblischen Reden Gottes, Festschrift für Klaus Haacker zum 65. Geburtstag (Arbeiten zur Bibel und ihrer Geschichte Bd. 27, Evangelische Verlagsanstalt), Leipzig: Evangelische Verlagsanstalt, 2007, 305-339.

Robinson, T., Grayston and Herdan's 'C' Quantity Formula and the Authorship of the Pastoral Epistles, NTS 30 (1984), 282–288

Röcker, F. W., Belial und Katechon. Eine Untersuchung zu 2Thess 2,1-12 und 1Thess 4,13–5,11 (WUNT II/262), Tübingen: Mohr Siebeck, 2009

Roller, O., Das Formular der Paulinischen Briefe. Ein Beitrag zur Lehre vom antiken Briefe (BWANT), Stuttgart: Kohlhammer, 1933

Roloff, J., Die Kirche im Neuen Testament (Grundrisse zum Neuen Testament: NTD Ergänzungsreihe 10), Göttingen: Vandenhoeck & Ruprecht, 1993

Roloff, J., Einführung in das Neue Testament, Stuttgart: Reclam, 2003

Roon, A. van, The Authenticity of Ephesians (Supplements to Novum Testamentum), Leiden: Brill, 1974

Rose, H. J., The Clausulae of the Pauline Corpus, in: JThS 97 (1923–24), 17–43

Schaefer, Ch., Judentum und Gnosis?: Die Gegnerpolemik im Titusbrief als Element literarischer Konstruktion, in: Weidemann, H.-U./Eisele, W. (Hg.), Ein Meisterschüler: Titus und sein Brief (SBS 214), Stuttgart: Katholisches Bibelwerk, 2008, 55–80

Schellenberg, R. S., Rethinking Paul's Rhetorical Education: Comparative Rhetoric and 2 Corinthians 10–13, Atlanta: SBL, 2013

Schenk, W., Die Briefe an Timotheus I und II und an Titus (Pastoralbriefe) in der neueren Forschung (1945–1985), in: ANRW 25.4 (1987), 3404–3438

Schenke, H.-M., Das Weiterwirken des Paulus und die Pflege seines Erbes durch die Paulus-Schule, in: NTS 21 (1974/75), 505–518

Schenke, H.-M./Fischer, K. M., Einleitung in die Schriften des Neuen Testaments, Bd. I: Die Briefe des Paulus und die Paulinismen, Berlin: Evangelische Verlagsanstalt, 1978

Schilling, W., Untersuchungen zum 2. Thessalonicherbrief (Erfurter Theologische Studien 27), Leipzig: Benno, 1972

Schlarb, E., Die gesunde Lehre. Häresie und Wahrheit im Spiegel der Pastoralbriefe (MThSt 28), Marburg: Elwert, 1990

Schlatter, A., Die Geschichte der ersten Christenheit, Darmstadt: WBG, 5. Aufl. 1971

Schlatter, A., Die Kirche der Griechen im Urteil des Paulus, Stuttgart: Calwer, 2. Aufl. 1959

Schleiermacher, F. D. E., Ueber den sogenannten ersten Brief des Paulos an Timotheos: Ein kritisches Sendschreiben an J. C. Gass, Berlin, 1807

Schlier, H., Christus und die Kirche im Epheserbrief (BHTh 6), Tübingen: Mohr Siebeck, 1930

Schmeller, Th., Schulen im Neuen Testament? Zur Stellung des Urchristentums in der Bildungswelt seiner Zeit. Mit einem Beitrag von C. Cebulj zur johanneischen Schule (HBS 30), Freiburg/Basel/Wien: Herder, 2001

Schmid, J., Der Epheserbrief des Apostels Paulus (Biblische Studien), Freiburg: Herder, 1928

Schmid, J., Zeit und Ort der paulinischen Gefangenschaftsbriefe mit einem Anhang über die Datierung der Pastoralbriefe, Freiburg: Herder, 1931

Schmidt, J. E. C., Historisch-kritische Einleitung ins Neue Testament, Gießen, 1809

Schmithals, W., Apokalyptik, Eschagologie und Literarkritik, in: Breytenbach, Paulus, 174–198

Schmithals, W., Judaisten in Galatien?, in: Breytenbach, Paulus, 39–77

Schmithals, W., Literarkritische Analyse des Kolosserbriefs, in: M. Trowitzsch (Hg.), Paulus, Apostel Jesu Christi (FS für Günter Klein), Tübingen: Mohr Siebeck, 1998, 149–170

Schmithals, W., Methodische Erwägungen zur Literarkritik der Paulusbriefe, in: Breytenbach, Paulus, 107–144

Schnabel, E. J., Der biblische Kanon und das Phänomen der Pseudonymität, in: JETh 3 (1989), 59–96

Schnackenburg, R., Der Brief an die Epheser (EKK), Neukirchen-Vluyn: Neukirchener und Ostfildern: Patmos, Studienausgabe 2013

Schneider, M., Intertextualität und neutestamentliche Textanalyse. Entdeckungen in der Passio secundum Johannem J. S. Bachs, in: Herrmann/Hübenthal, Intertetualität, 95–109

Schneider, M., Texte – Intertexte – Schrift. Perspektiven intertextualler Bibellektüre, in: Strecker, Kontexte, 361–376

Schnelle, U., Einleitung in das Neue Testament, Göttingen: Vandenhoeck & Ruprecht, 8. Aufl. 2013

Schnelle, U., Gerechtigkeit und Christusgegenwart. Vorpaulinische und paulinische Tauftheologie, Göttingen: Vandenhoeck & Ruprecht, 2. Aufl. 1986

Schnelle, U., Paulus. Leben und Denken, Berlin/New York: Walter de Gruyter, 2003

Schnelle, U., Theologie des Neuen Testaments (UTB 2917), Göttingen: Vandenhoeck & Ruprecht, 2. Aufl. 2014

Schnider, F./Stenger, W., Studien zum neutestamentlichen Briefformular (NTTS 11), Leiden: Brill, 1987

Schreiber, S., Der erste Thessalonicherbrief, in: Ebner, M./Schreiber, (Hg.), Einleitung in das Neue Testament, Stuttgart: Kohlhammer, 2008, 384–396

Schreiber, S., Der zweite Thessalonicherbrief, in: Ebner/Schreiber; Einleitung, 440–449

Schubert, P., Form and Function of the Pauline Thanksgivings (BZNW 20), Berlin: Töpelmann, 2. Aufl. 1957

Schwarz, R., Bürgerliches Christentum im Neuen Testament?: Eine Studie zu Ethik, Amt und Recht in den Pastoralbriefen (ÖBS 4), Klosterneuburg: Österreichisches Katholisches Bibelwerk, 1983

Schweizer, E., Der Brief an die Kolosser (EKK), Neukirchen-Vluyn: Neukirchener und Ostfildern: Patmos, Studienausgabe 2013

Schweizer, E., Theologische Einleitung in das Neue Testament (GNT 2), Göttingen: Vandenhoeck & Ruprecht, 1989

Schwemer, A. M., Gott als König und seine Königsherrschaft in den Sabbatliedern aus Qumran, in: M. Hengel/A. M. Schwemer (Hg.), *Königsherrschaft Gottes und himmlischer Kult im Judentum, Urchristentum und in der hellenistischen Welt*, WUNT 55, Tübingen: Mohr Siebeck, 1991, 45–118

Scriba, A., Von Korinth nach Rom. Die Chronologie der letzten Jahre des Paulus, in: Horn, Das Ende des Paulus, 157–173

Sellin, G., Adresse und Intention des Epheserbriefes, in: Traowitzsch, Paulus, 171–186

Sellin, G., Über einige ungewöhnliche Genitive im Epheserbrief, in: ZNW 83 (1982), 85–107

Siebenthal, H. von, Griechische Grammatik zum Neuen Testament. Neubearbeitung und Erweiterung der Grammatik Hoffmann/von Siebenthal, Gießen/Basel: Brunnen und Riehen/Basel: Immanuel, 2011

Sinn, U., Das antike Olympia. Götter, Spiel und Kunst, Münschen: Beck, 2004

Smith, C. S., Pauline Communities as 'Scholastic Communities': A Study of the Vocabulary of 'Teaching' in 1 Corinthians, 1 and 2 Timothy and Titus (WUNT II/335), Tübingen: Mohr Siebeck, 2012

Speyer, W., Die literarische Fälschung im heidnischen und christlichen Altertum. Ein Versuch ihrer Deutung (HAW I/2), München: Beck, 1971

Speyer, W., Religiöse Pseudepigraphie und literarische Fälschung im Altertum, in: Ders., Frühes Christentum im antiken Strahlungsfeld. Ausgewählte Aufsätze I (WUNT 50), Tübingen: Mohr Siebeck, 1989, 21–58

Spicq, C., Les Épîtres pastorales (Etudes Bibliques), Paris: Gabalda, 1969, Bd. 1

Standhartihger, A., Studien zur Entstehungsgeschichte und Intention des Kolosserbriefs (NT.S 94), Leiden: Brill, 1999

Stegemann, W., Amerika, du hast es besser, in: R. Anselm/St. Schleissing/K. Tanner (Hg.), Die Kunst des Auslegens. Zur Hermeneutik des Christentums in der Kultur der Gegenwart, Frankfurt, 1999, 99–114

Steimle, Chr., Religion im römischen Thessaloniki. Sakralorographie, Kult und Gesellschaft 168 v. Chr. – 324 n. Chr. (STAC 47), Tübingen: Mohr Siebeck, 2008

Steinmann, A./Tillmann, F., Der zweite Thessalonicherbrief, in: dies., Die Briefe an die Thessalonicher und Galater (Die Heilige Schriift des Neuen Testaments V), Bonn, Hanstein, 1935, 54–76

Steins, G., Kanon und Anamnese. Auf dem Weg zu einer Neuen Biblischen Theologie, in: Ballhorn/Steins, Bibelkanon, 110–129

Steins, G., Die „Bindung Isaaks" im Kanon (Gen 22). Grundlagen und Programm einer kanonisch-intertextuellen Lektüre (Herders Biblische Studien 20), Freiburg: Herder, 1999

Steins, G., Kanonisch-intertextuelle Bibellektüre – *my way*, in: Herrmann/Hübenthal, Intertextualität, 55–68

Stettler, C., Der Kolosserhymnus. Untersuchungen zu Form, traditionsgeschichtlichem Hintergrund und Aussage von Kol 1,15-20 (WUNT II/131), Tübingen: Mohr Siebeck, 2000

Stettler, H., An Interpretation of Colossians 1:24 in the Framework of Paul's Mission Theology, in: H. Kvanlbein/J. Ådna (Hg.), The Misson oft he Early Church in Jews and Gentiles (WUNT 127), Tübingen: Mohr Siebeck, 2000, 185–208

Stettler, H., Die Christologie der Pastoralbriefe (WUNT 105), Tübingen: Mohr Siebeck, 1998

Steyer, K., Irgendwie hängt alles mit allem zusammen – Grenzen und Möglichkeiten einer linguistischen Kategorie ‚Intertextualität', in: Klein/Fix, Textbeziehungen, 83–106

Stierle, K., Werk und Intertextualität, in: Kimmich/Renner/Stiegler, Texte, 349–360

Strack, H. L./Billerbeck, P., Kommentar zum Neuen Testament aus Talmud und Midrasch, München: Beck'sche Verlagsbuchhandlung, 1926 (10., unveränderte Auflage 1994), 4 Bde.

Strecker, Ch. (Hg.), Kontexte der Schrift, Bd. II: Kultur, Politik, Religion, Sprache – Text (FS W. Stegemann), Stuttgart: Kohlhammer, 2005

Strecker, G., Literaturgeschichte des Neuen Testaments (UTB 1682), Göttingen: Vandenhoeck & Ruprecht, 1992

Strelan, R., Paul, Artemis, and the Jews in Ephesus (Beihefte zur Zeitschrift für die neutestamentliche Wissenschaft und die Kunde der älteren Kirche 80), Berlin: Walter de Gruyter, 1996

Strobel, A., Schreiben des Lukas?: Zum sprachlichen Problem der Pastoralbriefe, NTS 15 (1969), 191–210

Stuhlmacher, P., Biblische Theologie des Neuen Testaments, Bd. 2: Von der Paulusschule bis zur Johannesoffenbarung, Göttingen: Vandenhoeck & Ruprecht, 2. Aufl. 2012

Stuhlmacher, P., „Er ist unser Friede" (Eph 2,14). Zur Exegese und Bedeutung von Eph 2,14-18, in: Ders. Versöhnung, Gesetz und Gerechtigkeit. Aussätze zur biblischen Theologie, Göttingen: V&R, 1981, 224–245

Suhl, A., Paulus und seine Briefe. Ein Beitrag zur paulinischen Chronologie, Stuttgart: Katholisches Bibelwerk, 2005

Taschner, J., Taschner, Kanonische Bibelauslegung – Spiel ohne Grenzen?, in: Ballhorn/Stein, Bibelkanon, 31–44

Theobald, M., Der Epheserbrief, in: Ebner/Schreiber, Einleitung, 408–424

Theobald, M., Der Kolosserbrief, in: Ebner/Schreiber, Einleitung, 425–439

Theobald, M., Der Philipperbrief, in: Ebner/Schreiber, Einleitung, 365–383

Thiede, C. P., Paulus – Schwert des Glaubens, Märtyrer Christi, Augsburg: Sankt Ulrich, 2004

Thielman, F., Ephesians (BECNT), Grand Rapids: Baker Academic, 2010

Thiessen, H. C., Introduction to the New Testament, Grand Rapids: Eerdmans, 1969

Thiessen, J., Die Stephanusrede Apg. 7,2–53 untersucht und ausgelegt aufgrund des alttestamentlichen und jüdischen Hintergrundes, Nürnberg: VTR, 1999

Thiessen, J., Demut als christliche Lebensweise. Eine Studie zu den Paulusbriefen in ihrem hellenistischen und biblischen Kontext, in: European Journal of Theology 24:1 (2015), 5–18

Thiessen, J., Gottes Gerechtigkeit und Evangelium im Römerbrief. Die Rechtfertigungslehre des Paulus im Vergleich zu antiken jüdischen Auffassungen und zur Neuen Paulusperspektive (EDIS 8), Frankfurt a.M.: Peter Lang, 2014

Thiessen, J., Gott hat Israel nicht verstoßen. Biblisch-exegetische und theologische Perspektiven in der Verhältnisbestimmung von Israel, Judentum und Gemeinde Jesu (EDIS 3), Frankfurt a.M.: Peter Lang, 2010

Thiessen, J., Die Rezeption neutestamentlicher Schriften im 1. Clemensbrief und in den Ignatiusbriefen, in: Grosse, S./Klement, H. (Hg.), Für eine reformatorische Kirche mit Biss. Festschrift für Armin Sierszyn (STB 9), Münster/Zürich: LIT, 2013, 289–314

Thiessen, J., Zorndemonstration Gottes mit Heilsabsicht? Zur Problematik der Syntax und der Bedeutung von Römer 9,22-23, in: Filología Neotestamentaria VXIII (2010), 37–72

Thiessen, J., Zu Verfasserschaft und Datierung der synoptischen Evangelien, in: Ders. (Hg.), Kontroversen in der synoptischen Frage. Standpunkte, Untersuchungen und

Lösungsansätze zur Entstehung der ersten drei Evangelien, Riehen: Immanuel und Hammerbrücke: jota, 2. Aufl. 2011, 217–268

Titzmann, M., Strukturale Textanalyse. Theorie und Praxis der Interpretation, Stuttgart: UTB, 3. Aufl. 1993

Torm, F., Die Psychologie der Pseudonymität im Hinblick auf die Literatur des Urchristentums (SLA 2), Gütersloh: Bertelsmann, 1932

Torm, F., Über die Sprache in den Pastoralbriefen, in: ZNW 18 (1918), 225–243

Towner, Ph. H., The Letters to Timothy and Titus (NICNT), Grand Rapids/Camebridge: Eerdmans, 2006

Trebilco, P., The Early Christians in Ephesus from Paul to Ignatius (WUNT 166), Tübingen: Mohr Siebeck, 2004

Trummer, P., Mantel und Schriften (2Tim 4,13), BZ 18 (1974), 193–207

Trummer, P., Die Paulustradition der Pastoralbriefe (Beiträge zur biblischen Exegese und Theologie 8), Frankfurt: Peter Lang, 1978

Tsuji, M., Persönliche Korrespondenz des Paulus: Zur Strategie der Pastoralbriefe als Pseudepigrrapha, in: NTS 56 (2010), 253–272

Unnik, W. C. van, Einführung in das Neue Testament, Wuppertal: Brockhaus, 1967

Vielhauer, Ph., Geschichte der urchristlichen Literatur – Einleitung in das Neue Testament, die Apokryphen und die apostolischen Väter, Berlin/New York: Walter de Gruyter, 1978

Vleugels, G., De brieven aan de Kolossenzen en aan de Efeziërs in synopsis: Een studie van hun literaire verwantschap, Dr. theol. dissertation, Potchefstrooms University for Christian Higher Education, 1997

Voelz, J., Multiple Signs and Double Text: Elements of Intertextuality, in: Draisma, Intertextuality, 27–42

Vorster, W., Intertextuality and Redaktionsgeschichte, in: Draisma, Intertextuality, 15–26

Wagner, J., Die Anfänge des Amtes in der Kirche: Presbyter und Episkopen in der frühchristlichen Literatur (TANZ 53), Tübingen: Francke, 2011

Walker, P., Revisiting the Pastoral Epistles – Part I, in: European Journal of Theology XXI (2012), 4–16

Walker, P., Revisiting the Pastoral Epistles – Part II, in: European Journal of Theology XXI (2012), 120–132

Wall, R. W., The Funtion of the Pastoral Letter within the Pauline Canon of the New Testament: A Canonical Approach, in: St. E. Porter (Hg.), The Pauline Canon (Pauline Studies 1), Atlanta: SBL, 2004, 27–44

Weber, B., Werkbuch Psalmen III. Theologie und Spiritualität des Psalters und seiner Psalmen, Stuttgart: Kohlhammer, 2010

Wegenast, K., Das Verständnis der Tradition bei Paulus und in den Deuteropaulinen (WMANT 8), Neukirchen-Vluyn: Neukirchener, 1962

Weidemann, H.-U., Titus, der getaufte Heide – Überlegungen zu Tit 3,1-8, in: Weidemann/Eisele, Meisterschüler, 31–54

Weima, J. A., 1–2 Thessalonians (BECNT), Grand Rapids: Baker Academic, 2014

Weise, E., Paulus, Apostel Jesu Christi, Lehrer der Gemeinden, Inaugural-Dissertation, Eberhard-Karls-Universität zu Tübingen 1997 (unveröffentlicht).

Weise, G., Zur Spezifik der Intertextualität in literarischen Texten, in: Klein/Fix, Textbeziehungen, 39–48

Weiser, A., Die gesellschaftliche Verantwortung der Christen nach den Pastoralbriefen (Beiträge zur Friedensethik Band 18), u. a. Stuttgart: Kohlhammer, 1994.

Weiser, A., Der zweite Brief an Timotheus (EKK 16/1), Neukirchen: Benzinger/Neukirchener, 2003

Weiß, P., Asiarchen sind Archiereis Asias. Eine Antwort auf J. Friesen., in: N. Ehrhardt/L. Günther (Hg.), Widerstand – Anpassung – Integration. Die griechische Staatenwelt und Rom (FS Jürgen Deininger), Steiner/Stuttgart: Franz, 2002, 241–254

Weißenborn, Th., Apostel, Lehrer und Propheten: Eine Einführung in das Neue Testament, Marburg an der Lahn: Francke Verlag, 2012

Weizsäcker, C., Das Apostolische Zeitalter der Christlichen Kirche, Freiburg: Mohr Siebeck, 2. Aufl. 1892

Westermann, C., Das Loben Gotes in den Psalmen, Göttingen: Vandenhoeck & Ruprecht, 4. Aufl. 1986

Wick, P., Der Philipperbreif: Der formale Aufbau des Briefs als Schlüssel zum Verständnis seines Inhalts (BWANT 7), Stuttgart/Berlin/Köln: Kohlhammer, Heft 15, 1994.

Wick, P., Bibelkunde des Neuen Testaments, Stuttgart: Kohlhammer, 2004

Wick, P., Paulus. Mit einem Beitrag von Jens-Christian Maschmeier, Göttingen: Vandenhoeck & Ruprecht, 2006

Wieland, G. M., The Singnificance of Salvation: A Study of Salvation Language in the Pastoral Epistles (PBM), Milton Keynes/Colorado Springs/Hyderabad: Paternoster, 2006

Wikenhauser, A./Schmid, J., Einleitung in das Neue Testament, Freiburg: Herder, 6. Aufl. 1973

Wilamowitz-Moellensdorf, U. von, Die griechische und lateinische Literatur und Sprache (Die Kultur der Gegenwart I/8), Berlin/Leipzig: Teuben, 4. Aufl. 1924

Wilckens, U., Theologie des Neuen Testament, Bd. 1: Geschichte der urchristlichen Theologie, Teilband 3: Die Briefe des Urchristentums. Paulus und seine Schüler. Theologen aus dem Bereich judenchristlicher Heidenmission, Neukirchen-Vluyn: Neukirchener, 2. Aufl. 2011

Wilson, R. McL, A Critical and Exetical Commentary an Colossians and Philimon (ICC), Londen/New York: T & T Clark, 2005

Wilson, G., Luke and the Pastoral Epistles, London: SPCK, 1979

Wilder, T. L., Pseudonymity, the New Testament, and Deception: An Inquiry into Intention and Reception, Lanham: University Press of America, 2004

Witherington, B., Letters and Homilies for Hellenized Christians, Volume 1: A Socio-Rhetorical Commentary on Titus, 1-2 Timothy and 1-3 John, Downers Grove/Illinois,Nottingham/England: IVP Academic & Apollos, 2006

Witulski, Th., Kaiserkult in Kleinasien. Die Entwicklung der kultisch-religiösen Kaiserverehrung in der römischen Provinz Asia von Augustus bis Antonius Rius (NTOQ 63), Göttingen: V&R, 2007

Moyise, St., Intertextualität und historische Zugänge zum Schriftgebrauch im Neuen Testament, in: Alkier/Hays, Bibel im Dialog, 23–34 (englisch: Intertextuality and Historical Approaches to the Use of Scripture in the New Testament, in: Alkier/Hays, Reading, 23–32)

Moyise, St., Intertextuality and Biblical Studies: A review, in: Verbum et ecclesia 23 (2002), 418–431

Wolde, E. van, Trendy Intertextuality?, in: Draisma, Intertextuality, 43–49

Wolff, Ch., Der erste Brief des Paulus an die Korinther: Zweiter Teil: Auslegung der Kaitel 8-16 (THK), Berlin: Evangelische Verlagsanstalt Berlin, 1982

Wolter, M., Der Epheserbrief als nachpaulinischer Paulusbrief. Zusammenfassung, in: Ders., Ethik als angewandte Ekklesiologie, 189–210

Wolter, M., Der Brief an die Kolosser (ÖTKNT), Gütersloh: Gütersloher Verlagshaus, 1993

Wolter, M., Die Pastoralbriefe als Paulustradition (FRLANT 146), Göttingen: V&R, 1988

Wolter, M., Ethik als angewandte Ekklesiologie. Der Brief an die Epheser, Roma: Benedictina, 2005

Wrede, W., Die Echtheit des zweiten Thessalonicherbriefs untersucht (Texte und Untersuchungen XXIV/2), Leipzig: Hinrichs, 1903

Zimmermann, R., Anonymität, Pseudonymität und Pseudepigraphie, in: Neues Testament und Antike Kultur, hg. v. K. Erlemann, K. L. Noethlichs, K. Scherberich und J. Zangenberg, Neukirchen-Vluyn: Neukirchener, Bd. 1, 2. Aufl. 2004, 65–68